manual clásico de cocina

Ana María Herrera

EL PAIS
AGUILAR

EL PAÍS
AGUILAR

© Ana María Herrera y Ruiz de la Herrán, 1950-1960.
© Herederos de Ana María Herrera y Ruiz de la Herrán.
© 1998 Ediciones El País S.A./Grupo Santillana de Ediciones S.A.
© 2005 Santillana Ediciones Generales, S.L.
Torrelaguna, 60, 28043 Madrid.
Teléfono 91 744 90 60 Fax: 91 744 90 93

Primera edición, 1998
Novena edición, 2005

Creación Gráfica: Tau Diseño

ISBN: 84-03-59656-1
Depósito legal: M-38.313-2005
Printed in Spain/Impreso en España por Ibérica Grafic, S. A.

> *"La salud de todo el cuerpo se fragua en la
> oficina del estómago"*
> Miguel de Cervantes

La primera edición del *Manual de cocina* se publicó en el año 1950 bajo los auspicios de la Sección Femenina del Movimiento, institución para la que trabajaba de auxiliar su autora, y mi abuela, Ana Mª Herrera, ocupación que compatibilizaba con la de profesora de cocina en la Escuela de Hogar del Instituto Lope de Vega de Madrid y en otros centros docentes, ya que era diplomada de la Academia de Gastrónomos de Madrid.

La gran afición que sentía por la técnica culinaria, llevó a Ana Mª Herrera a concebir la idea de escribir un libro de cocina que diese plena satisfacción a las necesidades de la época, por lo que, al carecer de medios propios, propuso el proyecto a la Sección Femenina, cuyas responsables aceptaron de inmediato.

A partir de su publicación, el *Manual de cocina* alcanzó una gran difusión y las ediciones se fueron sucediendo. Mientras tanto, la autora, estimulada por el éxito obtenido, escribió otros dos libros que también fueron publicados por la Sección Femenina: *Cocina regional* (1953) y *Recetario de olla a presión y batidora* (1958).

Después de la jubilación y fallecimiento de Ana Mª Herrera, el *Manual de cocina* continuó su carrera ascendente de ediciones, si bien se omitió el nombre de la autora de este libro, que empezó a aparecer como obra colectiva de la Sección Femenina. Cuando se extinguió esta institución, el *Manual* pasó a formar parte de los fondos editoriales del Ministerio de Cultura, quien en los últimos años ha otorgado esporádicamente autorizaciones para la reedición de la obra, quedando su autora de esta manera, y por espacio de casi 40 años, relegada al olvido.

Hace ahora seis años, los herederos de Ana Mª Herrera nos propusimos recuperar su memoria e iniciamos los trámites para que se reconociese la autoría de las obras que había escrito, consiguiendo, en el año 1995, que el *Manual de cocina* se inscribiese a su nombre en el Registro de la Propiedad Intelectual.

A continuación, nos fijamos el objetivo de reeditar el libro de forma regular, recuperando plenamente las señas de identidad de la obra original. Aquí, queremos dejar constancia de nuestro agradecimiento a Emilio Gil y Enrique Helguera, así como a la editorial El País-Aguilar, por la calurosa acogida que les mereció el proyecto, así como por la ilusión, cariño y esfuerzo que han puesto en alumbrar esta magnífica edición.

Por último, nos gustaría apuntar varias razones que, a nuestro juicio, explican el gran éxito alcanzado por el *Manual de cocina:* en primer lugar, el libro se escribió en una época severamente marcada por la penuria y la escasez de productos alimenticios, lo que explica la preocupación fundamental de la autora por conseguir que los ingredientes de las recetas resultasen baratos y asequibles.

Por otra parte, dentro del ámbito familiar, la actividad culinaria había sido competencia tradicionalmente femenina, por lo que el acceso generalizado de la mujer al mundo laboral, que ya se iniciaba en aquel momento, hacía necesaria la simplificación y agilización de la forma de cocinar, lo cual no podía ir en detrimento de la calidad de los platos.

En la adecuada combinación de estas dos exigencias radica el mérito del *Manual de cocina*, que se ha convertido en la pieza fundamental del proceso de modernización de las técnicas culinarias y en el marco de referencia ineludible de todos los libros de cocina que se han publicado posteriormente en nuestro país.

En conclusión puede afirmarse que, después de más de 30 ediciones, en la actualidad el *Manual de cocina* es un clásico de la gastronomía española que no ha perdido ninguna vigencia, a pesar del tiempo transcurrido desde que se escribió.

Madrid, 15 de octubre de 1998.
ÁNGEL FERNÁNDEZ DÍAZ

PRIMERA PARTE
NOCIONES GENERALES

VACA O BUEY

Es la carne de mayor consumo.

La de primera calidad se caracteriza por su color rojo vivo, y la capa que recubre de grasa firme y blanco; se dividen en trozos, y éstos, a su vez, en calidades.

Primera calidad.- Solomillo, lomo bajo, alto, o chuletas, cadera, babilla, tapa y contratapa.
Segunda calidad.- Espaldilla, aguja, morcillo y tapa de chuletas.
Tercera calidad.- Falda, pecho, pescuezo y rabo.

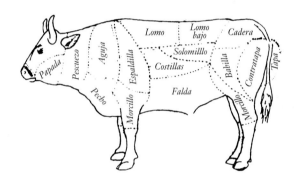

DIVISIONES DE LA VACA

El *solomillo*: sirve para hacer asados y emparrillados; es una pieza muscular que está situada entre las costillas y es la parte más apreciada de la vaca o buey.

El *lomo de vaca*: se compone de dos partes: lomo alto y lomo bajo. El lomo alto es la parte más ancha; se emplea para rosbif y entrecot.

El *lomo bajo* es la parte más estrecha; se utiliza para asados y bistecs.

De la *cadera*, es la parte más escogida, se hacen buenos asados, filetes y braseados.

De la *tapa* se sacan unos filetes excelentes.

La *contratapa* es buena para guisados, pues aunque es carne muy magra, resulta algo seca.

La *espaldilla* es el cuarto delantero de la res; se emplea para braseados y guisados en trozos.

La *aguja* y *tapa* de chuletas es carne muy sabrosa y tierna, aunque de poca presentación; se utiliza para guisado con patatas, ragús, estofados, etc.

El *morcillo*, que es músculo de la pantorrilla, es carne gelatinosa, muy a propósito para el cocido.

El *pecho* es la parte interna entre el cuello y las patas delanteras.

La *aleta* es la parte delantera del pecho que no tiene hueso y únicamente va envuelta en la piel. Sirve para guisados y ragús, y es muy buena para el cocido. La parte magra del pecho sirve muy bien para estofados y para hacer caldos.

El *pescuezo* y el *rabo* sólo sirven para caldos y sopas.

DIVISIONES DE LA TERNERA

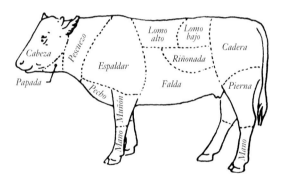

La ternera de primera calidad es carne de un blanco sonrosado bastante firme y abundante en grasa.

La ternera de segunda calidad tiene la carne algo rojiza, un poco parecida a la de cerdo; es fina y su grasa sonrosada. Hay muchas personas que la prefieren, pues les parece más hecha y de mayor sabor que la primera.

La parte mejor de la ternera es la pierna. En ella se encuentra la *tapa* (rabadilla), que es exquisita, lo mismo asada que emparrillada, en filetes, etcétera. De la *contra*, son muy buenos los filetes, aunque menos jugosos.

Para asados es preferible la *riñonada,* que comprende el solomillo y el lomo, o sea la parte de chuletas deshuesadas.

Las chuletas se sacan del lomo sin deshuesar, quitando el solomillo y cortando al través; si se deja el solomillo, salen las chuletas de riñonada.

El *lomo bajo, tapa de chuletas, aguja* y *falda* son preferibles para asados, ragús y *blanquettes*.

La *aleta de ternera* se emplea para rellenar.

La *cabeza de ternera* es un manjar delicado. Tiene que estar muy fresca.

La *mano de ternera* sirve para confeccionar gelatinas, aunque también se guisa.

DIVISIÓN DEL CORDERO

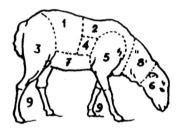

1.- Lomo.
2.- Espaldar.
3.- Pierna.
4.- Costillas.
5.- Espaldilla.
6.- Cabeza.
7.- Faldilla.
8.- Cuello.
9.- Patas.

Su carne se presta a diferentes preparados culinarios.

Cuando el animal es de primera calidad, tiene una grasa blanca y abundante. La carne es muy densa, de grano fino y color rojo pardo.

La parte mejor del cordero es la pierna; ha de ser corta y gruesa y debe estar cubierta de una espesa capa de grasa. Resulta excelente asada.

Otras de las partes más sabrosas son las primeras chuletas y las chuletas sin hueso.

La *espaldilla* deshuesada se sirve asada y rellena. También sirve para ragús y caldereta.

El *riñón* de cordero, también excelente, debe estar envuelto en una espesa capa de grasa.

El cordero recién muerto resulta duro, por eso es conveniente tenerlo colgado al fresco durante un par de días.

El cordero *lechal* es, como la ternera, una carne muy fina, pero menos nutritiva. Se conserva muy poco; por tanto, hay que comprarlo recién sacrificado. Su mejor guiso es asado; de esta forma resulta un plato suculento.

El *cabritillo* es menos fino que el cordero, pero, en cambio, su precio es más económico. La pierna de cabrito asada es muy buena. El resto se emplea para ragús o guisado.

EL CERDO

Es una de las carnes más nutritivas, pero tiene el inconveniente de ser demasiado grasa y, por tanto, de difícil digestión. La carne de cerdo debe consumirse en invierno, pues con el calor puede resultar nociva. El cerdo de primera calidad tiene la carne toda rodeada de grasa y el tocino abundante, blanco y ligeramente rosado.

Del cerdo se aprovecha todo. Se divide del modo siguiente: *Lomo*, que generalmente se prepara asado en un solo trozo, aunque también se hace en chuletas. *Solomillo*, se utiliza, sobre todo, para asados. *Pierna*, una vez curada, es el jamón. *Brazuelo, codillo* o *lacón,* es jamón de inferior calidad. *Cabeza*, para confeccionar queso de cerdo. *Pescuezo*, se emplea para embutidos. *Tocino*, fresco, salado o entreverado. *Manteca de cerdo, riñones, hígado, telilla, sesos, oreja* y *lengua,* todo ello muy bueno y sabroso y con diferentes aplicaciones en la cocina.

La parte más apreciada del cerdo es el jamón.

Los productos elaborados con la carne del cerdo pertenecen al grupo de chacinería y son:

Salchichón.	Lomo embuchado.
Chorizo.	Jamón.
Longaniza.	Sobrasada.
Salchicha.	Mortadela.
Butifarra.	

CÁLCULO DE LAS RACIONES

Todas las carnes pierden al cocer del 20 al 35 por 100 de su peso inicial, lo cual habrá de tenerse en cuenta cuando haya que calcular la comida para un determinado número de personas.

Corrientemente se calcula a 150 gramos de carne por persona, pero esto depende, naturalmente, de la importancia de la comida. Si se toman varios platos, la cantidad de carne podrá ser menos, y, en cambio, habrá que aumentar la proporción si la comida se compone de dos platos, como es hoy día corriente.

Las carnes de vaca, ternera y cordero tienen una merma análoga al asarlas o emparrillarlas. Un trozo de dos kilos queda reducido a kilo y medio.

Cuando se guisa la carne, la merma es mucho mayor. La carne de cerdo pierde la tercera parte de su peso inicial; por tanto, un trozo de kilo y medio quedará reducido, después de hecho, a un kilo de carne.

TIEMPO QUE TARDAN ALGUNOS PREPARADOS DE CARNE EN HACERSE

Carne de vaca:

Solomillo asado al horno.- Treinta minutos un kilo de carne; un cuarto de hora cada medio kilo más de carne.

Bistecs salteados a la parrilla.- Cuatro minutos el primer lado, cuatro minutos segundo lado.

Bistecs salteados.- Cuatro minutos el primer lado, tres minutos el segundo lado.

Estofados y guisados.- Dos horas y media dos kilos y medio de carne a fuego lento. Cada medio kilo más, un cuarto de hora.

Cocido de huesos, carne y legumbres.- De cuatro a cinco horas de hervor lento.

Ternera:

Ternera asada.- Cincuenta minutos un kilo.

Estofada, guisada o rellena en un trozo.- Dos kilos, dos horas de fuego lento.

Hígado guisado en un trozo.- Una hora.

Cortado en trozos.- Un cuarto de hora.

Chuletas a la parrilla.- Cinco minutos por cada lado.

Chuletas salteadas.- Cuatro minutos por cada lado.

Guisados.- Media hora rehogando la carne, una hora para cocción.

Riñones a la *broche*.- Veinte minutos.

Riñones salteados.- Quince minutos.

Cordero lechal y cabritillo:

Asado.- Una hora un kilo.

Chuletas a la parrilla.- Cinco minutos.

Cerdo:

Asado al horno.- Una hora y media por kilo.

Chuletas salteadas.- Quince minutos.

MODO DE FREÍR, EMPARRILLAR Y BRASEAR LAS CARNES

Una de las maneras más corrientes de hacer los filetes es friéndolos en una sartén; pero hacen falta varios requisitos para que la carne salga en su punto. Se corta la carne de la parte del lomo de la vaca (que es lo que se llama entrecot), de solomillo o de la cadera: los filetes se limpian de nervios y de gordo y se cortan del grueso de dos centímetros.

Se cubre de grasa el fondo de una sartén pequeña y fuerte, se arrima al fuego bien prendido, y cuando está la grasa bien caliente, se echa la carne. Se deja cocer por un lado de cuatro a cinco minutos y sin pincharla se vuelve del otro, dejándola otros tres o cuatro minutos, según guste más o menos hecha. No se debe echar la grasa sobrante sobre ella. Al retirar la carne de la sartén se le pone la sal.

Se llama carne emparrillada a la que se asa sobre una parrilla puesta sobre el fuego. La emparrillada debe tener los barrotes gruesos y redondos, y la mejor lumbre para ello son las brasas de leña o carbón vegetal. Se coloca la parrilla sobre las brasas bien prendidas y se deja que se caliente antes de poner la carne para evitar que ésta se pegue a los barrotes.

No se debe dar varias vueltas a la carne, sino una sola vez; cuando está asada de un lado se la pasa del otro. Si están bien prendidas las brasas, bastarán de cada lado cinco minutos. Se da vuelta a la carne con dos cucharas de madera para no pincharla. Antes de quitar la carne de la parrilla se sazona con sal y un poco de pimienta.

Brasear es someter la carne a una cocción lenta y prolongada en una cacerola herméticamente cerrada, para que se haga por concentración. Se puede hacer de dos maneras: poniendo a cocer todos los avíos con la carne en crudo (estofado) o rehogándola previamente a lumbre viva, para que se forme una corteza exteriormente que impida salir el jugo. Para los braseados se emplea carne de vaca, ternera de la parte de cadera, babilla o tapa cortada en un solo trozo, de forma que luego, después de hecha, se pueda cortar en lonchas a través de la hebra. Una vez limpia la carne de gordo y nervios, se ata con varias vueltas de bramante al través de la hebra y se pone en una cacerola proporcionada al tamaño del trozo que quepa justamente, ya que al mermar por la cocción quedará holgada. Se añaden los avíos que integren la receta y se deja cocer tapada herméticamente durante dos horas y media a fuego lento.

DESPOJOS

Manera de limpiar la lengua de vaca y ternera.

Se lava perfectamente la lengua y se despoja de la parte de arriba. Se pone a la lumbre una olla con abundante agua, y cuando rompe el hervor se sumerge la lengua y se deja hervir cinco minutos. Pasado este tiempo se pone sobre una tabla y con un cuchillo se la raspa hasta quitarle la piel durísima que la cubre.

Una vez limpia, se guisa según receta.

CALLOS

Manera de limpiar y cocer los callos de vaca o ternera.

Requiere una limpieza esmerada, se remojan en agua fresca durante cuatro o cinco horas, cambiándoles a menudo el agua; después se frotan con un cepillo, antes se les tiene un rato en vinagre, luego se les lava varias veces hasta que no quede nada de suciedad en ellos.

Se cortan en trocitos y se ponen en una cacerola cubiertos de agua fría y se someten a ebullición durante seis minutos, se sacan con la espumadera y bien escurridos se ponen en una cacerola cubiertos de agua fría, se añade una cebolla, ajo, pimienta en grano y se dejan cocer hasta que estén muy tiernos (de cuatro a cinco horas); entonces se aderezan según el guiso.

MANOS O PATAS DE VACA, TERNERA Y CERDO

Manera de limpiarlas y cocerlas.

Se lavan perfectamente, quitándoles bien los pelos; se raspan y se ponen a remojar en agua fresca durante un buen rato.

Se parten a la larga con la cuchilla, se atan con varias vueltas de bramante y se someten a una ebullición fuerte durante cinco minutos, se escurren y se zambullen en agua fría para dejarlas perfectamente limpias.

Para cocerlas se ponen en una cacerola, se cubren de agua fría y se sala ésta en proporción de 10 gramos de sal por litro de agua. Se ponen a cocer a fuego moderado. Cuando rompe el hervor se espuman perfectamente, se tapan y se dejan cocer (unas tres horas) hasta que estén muy tiernas y puedan deshuesarse fácilmente.

Cuando estén cocidas, se les quita el bramante, se deshuesan y se guisan según receta.

HÍGADO

Cómo se limpia.

Siempre se ha de dar preferencia al hígado de ternera o cerdo, por resultar más fino. El hígado, al revés de otras carnes, no ha de reposar, sino que se debe elegir lo más fresco posible.

Para que el hígado resulte tierno se ha de freír de prisa a fuego vivo y con poca grasa. Si se sirve con una salsa, no debe hervir con ella, pues se endurece. Cuando el hígado se pone guisado, se debe hervir una hora hasta que se ablande.

RIÑONES

Cómo se limpian.

Los riñones tienen que ser muy frescos; los mejores son los de ternera y cerdo. Necesitan una previa limpieza, para evitar que tengan sabor desagradable; una vez desprovistos de pellejo, gordo y sebo, se abren dando un corte horizontal, se cortan en pedazos y se ponen en un colador de agujeros grandes. En una cacerola con agua hirviendo se sumerge el colador con los riñones, dejándolos escaldar medio minuto, se sacan del agua y se sacude para escurrirlos, se secan con un paño y se guisan según la receta.

SESOS

Cómo se limpian.

Los sesos necesitan una limpieza y cocción previa, cualquiera que sea el guiso. Se ponen a desangrar en agua fresca, cambiándoles varias veces el agua. Cuando sale el agua limpia, se sumergen en agua templada y se dejan durante diez minutos; se les quita entonces la telilla que los envuelve y se lavan.

Se ponen en una cacerolita cubiertos de agua fría, se añade un poco de cebolla y zanahoria picada y un poco de vino blanco, perejil y unos granos de pimienta; se pone en el fuego, y cuando rompe a hervir se dejan cocer a un lado, despacio, durante un cuarto de hora. Se escurre el agua y se conservan tapados para que no se oscurezcan.

MOLLEJAS

Cómo se limpian.

Las mollejas se ponen en remojo, en agua fresca, para dejarlas limpias de sangre. Después conviene escaldarlas, para lo cual se ponen en una cacerola al fuego con agua fría, y cuando rompe el hervor se espuman y se dejan hervir durante dos minutos. Se escurren, se lavan en agua fría y se les quita el pellejo, nervio y sebo que tengan. Después se ponen sobre una servilleta, se tapan con otra y se pone encima una tabla con mucho peso para que tomen buena forma. Después se guisa como indique la receta.

EL POLLO.- Un pollo joven y de buena clase debe tener la piel blanca y fina, el cuello y las patas gruesos.

El extremo de la ternilla del pecho debe ceder a la presión de los dedos si el ave es tierna.

LA POULARDA.- Es una polla cebada exclusivamente con alimentos de primera calidad y condenada a una inmovilidad absoluta en sitio oscuro. Su carne es más exquisita que la de pollo y si es joven tiene todas las características de aquél.

EL CAPÓN.- Como el pollo, debe estar bien cebado.

EL PAVO.- Se debe observar, más que su tamaño, el que esté bien cebado y sea joven; las patas muy rojas y escamosas indican que el pavo es viejo.

EL PATO.- Para ser bueno no debe tener más de seis meses, con el pico flexible y la grasa gris perla. La piel, suave, y los tendones, duros.

EL PICHÓN.- Tiene el color de la espalda y del vientre de un color rosado; el cuello y las patas gruesos. Es muy bueno y tierno para asar.

LA CAZA.- Tiene su época de veda durante varios meses al año, desde el 15 de febrero al 1 de septiembre, menos para las codornices, que termina el 1 de agosto, y las aves acuáticas, el 31 de mayo.

EL CONEJO.- Debe tener el cuello corto.

LA LIEBRE.- Las rodillas abultadas y carne firme y cebada. La liebre suele guisarse con su sangre y también se hace con ella un exquisito pastel.

EL FAISÁN.- El buen faisán debe ser elegido como el pollo. Cuando tiene las patas ásperas indica que es viejo.

Para que adquiera sabor y esté tierno hay que dejarlo descansar varios días después de sacrificarlo. La palabra *faisandé* indica cuándo una carne ha llegado al límite de su frescura. La perdiz y el perdigón no conviene comerlos recién matados, aunque no es preciso dejarlos tanto tiempo como el faisán. La perdiz hembra es más tierna y jugosa que el macho; se conoce en que no tiene espolón. El perdigón es gordo y redondo, de carne tierna al tacto, pico flexible y patas amarillas.

LA BECADA.- Necesita, como el faisán, varios días de reposo después de muerta para que adquiera sabor y esté tierna. Recién muertas no se las puede comer.

TIEMPO QUE SE TARDA EN ASAR ALGUNAS AVES Y PIEZAS DE CAZA

	Minutos por kilo		Minutos por kilo
Pollo	30	Pichón	20
Pavo	35	Perdigones	15
Pato joven	35	Becadas	15
Ganso	40	Codorniz	20
Faisán	30	Liebre y conejo	25

Las aves rellenas y asadas se pesan después de rellenarlas.

MANERA DE PREPARAR LAS AVES

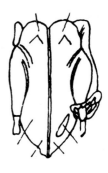

Después de muertas y bien desangradas, se zambullen durante medio minuto en agua hirviendo, sujetándolas por las patas, de modo que queden bien cubiertas de agua. Se sacan y se despluman con gran facilidad.

No debe usarse este procedimiento cuando las aves han de ser trufadas. Una vez desplumada el ave, se cortan las patas y se le quita la piel. En vez de quemarlas, que se estropean, se sumergen medio minuto en agua hirviendo y con la mano envuelta en un trapo se tira del pellejo, el cual se saca como un guante. Para flamear las aves se pone un poco de alcohol en el recipiente, se le prende fuego y se pasa por la llama varias veces para quitar los residuos de las plumas.

Para armar las aves para asarlas, se procede del modo siguiente: después de vaciada, quitados los cañones y flameadas con la llama de alcohol se limpian con una servilleta, se cortan las puntas de las alas y las patas. El pescuezo se corta, tirando hacia abajo del pellejo por delante del buche y por la base de la cabeza, se corta ésta, echando luego la piel hacia la espalda, se doblan las alas hacia atrás sujetando el pellejo del pescuezo, sobre el que quedan colocadas con un hilo que se introduce con una aguja especial.

Para rellenar un ave.- Es imprescindible conservar entera la piel del pescuezo para que cubra luego el relleno, que se sujetará dando unas puntadas por la espalda. No conviene poner la piel muy tirante, porque al cocer puede romperse y escaparse el relleno.

Una vez preparada el ave, se puede asar de dos maneras: al horno o en una cazuela.

Para asarlas al horno, se pueden envolver en lonchas de tocino o untarlas en manteca de cerdo, introduciéndoles una cucharada de ello y un poco de sal. Una vez preparado, se coloca sobre una parrilla y ésta sobre una tartera, en la que se ponen unas cucharadas de caldo, y se introduce en el horno bien caliente. Se rocía de cuando en cuando con su grasa y se le da vuelta para que se dore bien; a los quince minutos de estar sobre un lado se le pone del otro, y, por último, se le pone con la pechuga hacia arriba.

Para conocer cuándo está en su punto, se introduce un tenedor en la juntura del muslo y la pechuga; si entra fácilmente, se puede retirar ya del horno.

También se conoce pinchando en el muslo; si la gota que brota es rosada, es que no está bien cocido.

El segundo sistema es el de asar en cazuela. Se introduce en el ave una cucharada de manteca y un poco de sal, se pone en una cazuela honda con manteca de cerdo, se acerca al fuego y se dora el ave. Cuando se ha dorado, se le añade una copa de coñac o de jerez, se tapa con otra cazuela para que conserve el vaho y se deja cocer a fuego lento para que se haga con calma y se haga por dentro. Siempre que se destape para mirarlo se escurre el vaho de la tapadera sobre el ave. Si el ave que se asa es grande, se ponen en el fondo dos cucharas de madera atravesadas para que no se agarre.

Una vez asadas por cualquiera de los procedimientos, se dejan reposar cinco o seis minutos, se quitan los hilos y se trinchan.

La salsa o jugo se desgrasa, se le añaden unas cucharadas de caldo y se conservan al calor; el ave se sirve trinchada en una fuente previamente calentada, y se adorna con berros, lechuga o patatas asadas. Aparte se sirve la salsa en una salsera.

MODO DE TRINCHAR UN AVE

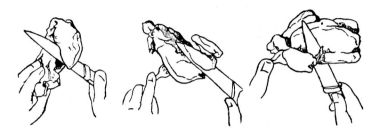

Se coloca en una tabla con la pechuga hacia arriba, se aparta con un tenedor el muslo, sin pincharlo, introduciendo al mismo tiempo el cuchillo, que, cortando con cuidado, irá buscando la coyuntura del hueso al final del muslo, conseguido lo cual, de un golpe se separa fácilmente; el muslo se parte en dos, buscando la coyuntura de la pata. Una vez quitados los muslos, se procede a trinchar las alas, procurando sacarlas con la pechuga.

Para ello se hinca el tenedor horizontalmente debajo de su arranque, se busca la articulación y se corta tirando hacia adelante; así se arranca el alón con media pechuga. Pegados al caparazón quedan dos filetes de carne muy fina, que se desprenden con la punta del cuchillo. Si el ave es grande, con los muslos y la pechuga se pueden hacer varias partes. Cuando el ave está rellena, se le saca éste, se corta en lonchas y se coloca en el centro de la fuente. Alrededor se ponen los trozos de pechuga y muslos, alternando.

PREPARACIÓN DE PESCADOS Y MARISCOS

El estado de frescura de los pescados se comprueba fácilmente por su olor; el pescado fresco da un olor marino no penetrante, que indica su procedencia; también se conoce por la tersura de la carne y en la firmeza y brillantez de las escamas. En los pescados blancos el color de su carne es sonrosado, y en los peces azules el lomo tiene un color plateado.

Los pescados se preparan principalmente: cocidos, asados, emparrillados y al horno.

PESCADOS COCIDOS

Para cocer el pescado se emplea el *caldo corto*. Éste se puede hacer con leche o vino blanco, según el pescado que se vaya a cocer. Para el cocimiento del pescado blanco, como el rodaballo, lenguado, platija, etcétera, se pone por cada litro de agua un cuarto de litro de leche, sal y medio limón hecho rodajas y quitada la piel amarilla.

Para el salmón, merluza, rape, truchas, etcétera, se pone en el agua por cada litro medio decilitro de vino blanco, una zanahoria y una cebolla cortada en lonchas muy finas, media hoja de laurel, un ramo de perejil y unos granos de pimienta negra. Según la clase y tamaño del pescado, se seguirán diferentes normas para su cocción. Para cocer el pescado se emplean las besugueras con rejilla y el pescado se coloca sobre ella. Se echa sobre ella el líquido frío hasta que cubre el pescado, se tapa y se deja cocer.

Los rodaballos, lenguados y demás pescados planos, cuando el agua rompe a hervir, hay que parar el hervor, echando un vaso de agua fría, pues el pescado está ya cocido. Se retiran del fuego y se dejan en un sitio a buen temple.

Los pescados de bulto, como la merluza, el salmón, la lubina, etcétera, necesitan más cocción. Cuando el pescado pesa menos de dos kilos, se cuece lo mismo, y al romper el hervor se dejan a un lado en el caldo caliente, sin que hierva apenas. Cuando el pescado es mayor de dos kilos, se dejará hervir despacio durante un cuarto de hora.

Quince minutos antes de servir el pescado se le saca del caldo con la rejilla y se le deja escurrir, tapándolo con un paño para que no se reseque.

El pescado debe hervir despacio y ponerlo siempre en agua fría para evitar que la piel se rompa, cosa que no sucede si el agua se va calentando poco a poco.

Los pescados cocidos se presentan generalmente enteros sobre una fuente, adornándolos con perejil, lechuga, patatas o verduras cocidas, como remolacha, zanahoria, etcétera. Y la salsa aparte. Sólo se cubren con la salsa los pescados a los que se les haya quitado la piel y los que se presenten en filetes.

PESCADOS EMPARRILLADOS

Los pescados para emparrillados se untan de aceite y se ponen sobre la parrilla en lumbre de carbón vegetal cuando los barrotes estén bien calientes. Si éstos están fríos, el pescado se agarra y al retirarlo se estropea.

El pescado emparrillado se sirve con mantequilla derretida o aceite, vinagre y limón.

PESCADOS FRITOS

La fritura de los pescados requiere aceite abundante y buen punto de calor. Si no se pone aceite suficiente, se quema y amarga; si está poco caliente, el pescado se ablanda y se deshace, y si está demasiado caliente, se quema por fuera y sale crudo por dentro. El buen punto es cuando el aceite echa humo. Durante la fritura es preciso acercar o alejar la sartén del fuego para graduar el calor del aceite. El pescado se prepara para freírlo de varias formas:

Envuelto en harina.

Remojado en leche y envuelto en harina.

Envuelto en harina y rebozado en huevo.

Remojado en huevo batido y envuelto en pan rallado.

Preparando una masa clarita con harina y agua y envolviendo el pescado en ella.

El pescado hay que servirlo en seguida de frito.

PESCADOS AL HORNO

El pescado al horno se pone generalmente sin líquido; únicamente grasa, mantequilla o aceite y los avíos o condimentos que lleve la receta.

Si el pescado es en rodajas o filetes, se hace en diez minutos; si es una pieza grande, se le da unos cortes en el lomo, dejándolo hacer de quince a veinte minutos, según su peso.

Conviene regarlo a menudo con su jugo. El modo de preparar el pescado depende del tamaño y clase de ellos.

El pescado pequeño se pone frito. Todos los pescados menos grandes se prestan a la fritura, haciendo de los de tamaño grande rodajas y filetes y rebozándolos de una de las maneras anteriormente dichas.

Los pescados grasos se deben poner cocidos, pues resultan menos indigestos.

CRUSTÁCEOS Y MOLUSCOS

El mejor caldo corto para cocer los mariscos es el del agua del mar, a la que se agrega perejil, laurel y tomillo; pero no disponiendo de ella, se prepara según la clase y tamaño.

LANGOSTA

Para una langosta de un kilo, cuatro litros de agua, medio decilitro de buen vinagre, 30 gramos de sal, 10 gramos de pimienta negra, perejil, laurel y tomillo.

La langosta se ha de cocer viva, para lo cual se dobla la cola y se ata, dándole varias vueltas de bramante. Cuando rompe a hervir el agua se zambulle rápidamente la langosta y se tapa para que hierva de nuevo en seguida. Cuando rompe de nuevo el hervor se deja durante veinte minutos si su peso es de un kilo, y media hora si es de dos.

Transcurrido este tiempo, se separa del fuego y se deja enfriar en su propio caldo.

La langosta cocida se sirve con cualquier salsa fría, vinagreta o mayonesa.

Para partirla, se separa la cabeza del caparazón, se hace un corte en la parte de abajo de éste a todo lo largo y se saca la cola entera, que se sirve en rodajas delgadas, conservándolas en el mismo orden en que se han cortado. En una fuente ovalada se colocan la cabeza y el caparazón, de manera que parezca entera la langosta; encima del caparazón se coloca la cola, y las partes sacadas de las patas y pinzas se ponen alrededor de la fuente; luego se adorna a gusto con limón, remolacha, huevos cocidos, etcétera, y se sirve aparte una salsa fría.

LANGOSTINOS

Para cocer los langostinos se emplea un caldo corto parecido al de la langosta, menos el vinagre.

Se lavan en agua fría, se arquean un poco y se ponen en una cacerola con una cebolla cortada, dos ramas de perejil, 10 gramos de sal, varios granos de pimienta y un litro de agua fría.

Se acerca al fuego, y cuando rompe a hervir se dejan unos minutos, en seguida se retiran y se dejan enfriar en el caldo del cocimiento.

PERCEBES

Se lavan primero en agua fría; en una cacerola grande se pone agua y sal en proporción de 10 gramos por litro. Cuando el agua rompe a hervir, se echan los percebes, que deben quedar bien cubiertos por el agua, dejándolos hervir cinco minutos, contados desde que empieza de nuevo el hervor.

ALMEJAS

Las almejas no se deben poner en agua, pues corren el riesgo de que se abran y pierdan el jugo que tienen, quedando secas.

Cuando se van a limpiar se ponen en agua y se las envuelve con la mano para que al chocar unas con otras no se abran.

Cuando la almeja esté viva y entreabra la concha, al tocarla se cierra rápidamente, permaneciendo abierta cuando esté muerta.

Esto mismo puede decirse de los mejillones.

ÉPOCAS DE VEDA DE ALGUNOS MARISCOS

Los mariscos tienen una época en que no se deben comer.

Bogavante, cebrajo, cigalas.- 1 de agosto hasta el 15 de octubre.
Centollos.- 1 de julio hasta noviembre.
Cigalas del Mediterráneo.- 1 de marzo a 1 de agosto.
Langosta.- 10 de agosto a 15 de octubre.
Langostinos.- 1 de julio a 1 de octubre.
Mejillones.- 1 de febrero a 1 de octubre.
Percebes, almejas.- 1 mayo a 1 de septiembre.

CARACOLES

Manera de limpiar y preparar los caracoles.

Los mejores caracoles son los de viña, y su mejor época el otoño.

Para limpiarlos hay que hacerlos ayunar durante diez días.

La baba, al endurecerse, forma un tabique, quedando dentro los caracoles.

Con la punta de un cuchillo se perfora el tabique y se lavan en un barreño de agua tibia, frotándoles para que se les quite la tierra; se aclaran en varias aguas y se tiran en un barreño. Echando sobre ellos dos o tres puñados de sal y un vaso de vinagre y agua tibia. Se dejan por espacio de dos horas, removiéndolos de cuando en cuando para que suelten bien la baba. Al cabo de las dos horas se añade más agua para que se limpien bien, restregándolos y cambiándolos el agua hasta que queden limpios por completo.

Luego se ponen en una cacerola con abundante agua fría y se dejan un rato para que saquen el cuerpo fuera. En seguida se ponen a fuego vivo para que hiervan pronto, y se dejan cocer ocho minutos.

Se escurren y se guisan del modo siguiente:

Se pone una cacerola al fuego con bastante aceite y se echa una cebolla, ajo y perejil picado; se rehoga bien el conjunto, se añade jamón en cuadraditos y un poco de salsa de tomate; se adereza con laurel, tomillo, pimienta y clavo, y se sazona con sal. Se añade el agua necesaria y se deja hervir durante tres horas.

Se sirven en cazuela de barro.

ÉPOCAS DEL AÑO EN QUE ABUNDAN ALGUNOS PESCADOS

Salmonetes, salmón, palometa, besugo.- Noviembre a febrero.

Verdel, chicharro.- Octubre a febrero.

Atún, bonito, sardinas.- Julio a octubre.

Japuta.- Noviembre a febrero.

Gallos, merluza, lenguados, pescadilla.- Todo el año.

LOS HUEVOS

Modo de comprobar su frescura.

El huevo fresco tiene el cascarón diáfano y sonrosado por transparencia.

Los huevos frescos, al partirlos en un plato, presentan la yema, una masa compacta y firme, en medio de la clara.

Para conocer su frescura antes de partirlos, se sumergen en una vasija llena de agua fría, uno a uno, con cuidado; los que estén frescos quedan en el fondo, los que son menos suben a la mitad y los que flotan deben rechazarse por viejos.

Los huevos deben tener un peso de 50 a 55 gramos.

Los huevos pasados por agua se hacen poniendo en un cacillo agua a hervir, y cuando rompe el hervor, se echa el huevo con cuidado, dejándolo hervir tres minutos; cuando pasa este tiempo se saca y se envuelve en una servilleta.

Para hacerlos duros se les debe dejar hervir durante diez minutos, contándolos desde que empieza el agua a hervir. Si son grandes se dejan quince minutos.

Los huevos *mollets* o al cristal no deben cocer más de cinco minutos y medio, o seis si son muy gordos, refrescándolos inmediatamente. Al ponerlos a cocer es conveniente echarles media cucharadita de sal por litro de agua. Los huevos al plato hay que hacerlos la mitad del tiempo encima de la placa y la otra mitad al horno; la yema debe quedar blanda.

Los huevos en *cocotte* se ponen en una placa al baño de María y se meten en el horno. También puede hacerse metiendo las *cocottes* en una cacerola al baño de María y se meten en el horno, dejándolos cocer, tapados, lentamente.

Los huevos moldeados se cuecen lo mismo que los huevos en *cocotte*.

VEGETALES

Modo de preparar las verduras y legumbres.

La regla general para preparar las verduras es ponerlas a cocer en agua hirviendo con sal; en algunas, como las judías verdes y espinacas, se debe añadir al agua un poco de bicarbonato de sosa, esto las deja más verdes. Hay que cuidar que las verduras, una vez puestas en el agua, no dejen de hervir a borbotones para que no se oscurezcan, sacándolas en seguida del agua, cuando están, refrescándolas con agua fría y poniéndolas a escurrir. Algunas verduras, como el cardo y las alcachofas, tienen tendencia a ponerse negras; para evitarlo, al limpiarlas se frotan con limón, y para cocerlas se añade una cucharada de harina y otra de vinagre por litro de agua, y cuando ésta hierve, se echan las verduras, dejándolas cocer destapadas. Después de cocidas se refrescan como las otras verduras y se ponen en un escurridor para que apuren bien el agua.

Para pelar los tomates se escaldan durante dos minutos en agua hirviendo, se refrescan y se quita la piel sin ninguna dificultad; para quitarles la simiente se cortan por la mitad y se estrujan, quedando el tomate limpio; se puede cortar en cuadraditos y freírlo a lumbre lenta durante ocho minutos.

Para hacer una salsa, se lavan sin pelar y se cortan en trozos; con muy poco aceite se ponen a estofar a lumbre lenta durante diez minutos y cuando han consumido todo el líquido que tienen se les pasa por el chino para que resulte una salsa espesa; en esta salsa se pueden poner otros ingredientes, según receta.

Las patatas deben ponerse a cocer con el agua fría y dejar que ésta se caliente gradualmente hasta hervir; de este modo se cuecen sin temor a que se abran.

Para pelar patatas, zanahorias y nabos debe emplearse un cuchillo especial que tiene dos cortes. Este procedimiento supone una economía, puesto que se les quita solamente la piel.

Las cebollas se escaldan en agua hirviendo durante dos minutos, se refrescan y se les quita la piel muy fácilmente.

Las legumbres secas conviene ponerlas en remojo para reblandecerlas de la piel que las cubre.

Todas las legumbres, menos los garbanzos, se deben poner a cocer en agua fría, añadiendo, siempre que les haga falta, más agua fría.

Los garbanzos se pondrán a cocer con el agua hirviendo, añadiéndoles siempre agua caliente.

Unas y otras deben hervir muy despacio para evitar que se deshagan.

EL ARROZ

El arroz tiene su guiso peculiar y típico, que es la paella, pero tiene otros muchos platos que son dignos de tener en cuenta.

Sirve, además, de guarnición de carnes y pescados; el arroz admite doble cantidad de agua que de grano, y algunas clases (Calasparra) admiten un poco más. De esta manera el arroz queda cocido y el grano suelto.

El dar el punto al arroz depende mucho de la calidad del arroz y del agua (unas ablandan más que otras). La manera clásica de hacer la paella es la empleada en Valencia. Se utiliza una sartén especial de bordes bajos y dos asas, sobre un fuego de leña, disminuyendo la lumbre a medida que el arroz va cociendo; el tiempo de cocción suele ser de veinte minutos.

En otras regiones emplean las cazuelas de barro, en las que resulta bien, aunque es menos clásico.

Corrientemente se hace en sartén de hierro, sobre la chapa, y se sirve en una fuente, adornándolo con algún ingrediente. De un modo u otro, lo esencial es que el arroz sea bueno y tenga agua y grasa necesaria, ateniéndose en todo lo demás a la receta.

TÉRMINOS QUE SE EMPLEAN PARA DESIGNAR ALGUNAS OPERACIONES

ADEREZAR.- Disponer un manjar para que tenga buena presentación.

ADOBAR.- Preparar en crudo carnes o pescados con un aliño, para asar o freír después.

BLANQUEAR.- Hervir durante un tiempo determinado las carnes, verduras o pescados, cuyas partes colorantes se extraen de ese modo (algunas veces se sumergen en agua fría en seguida).

BRASEAR.- Cocer a fuego lento y cerrado herméticamente un manjar.

CALDO CORTO.- Caldo que se prepara para cocer pescado o mariscos, compuesto de agua con algunas verduras y vino, vinagre o leche, según la clase de pescado.

COCER.- Someter al fuego un alimento hirviéndolo en agua, caldo, al vapor, al baño de María o al horno, hasta que esté tierno.

COLOREAR.- Dar color a un caldo o salsa con caramelo quemado.

'CONCASSÉ'.- Vocablo francés adaptado al español, y que quiere decir picar un poco grueso perejil, tomate, perifollo, etcétera.

CUAJAR.- Dejar espesar o solidificarse un manjar.

CHAMUSCAR.- Es pasar las aves por una llama de alcohol.

DECANTAR.- Cambiar un líquido de vasija sin que se mezclen los posos.

DESHUESAR.- Dejar limpia de huesos una carne o ave.

DORAR.- Freír un alimento hasta dejarlo de un bonito color.

COLOR DORADO.- Dorar al horno, barnizando con un poco de huevo o mantequilla.

EMPANAR.- Envolver en huevo y pan rallado una carne o pescado antes de freír.

ENHARINAR.- Envolver en harina para freír o rehogar.

ENTRADAS.- El primer plato que se sirve después de la sopa equivale a principio.

ESCALDAR.- Someter los alimentos a una breve cocción para ablandarlos o mondarlos.

ESCALFAR.- Cuajar un manjar en agua hirviendo.

ESCALOPES.- Filetes de ternera cortados al través. Los verdaderos escalopes se sacan de las chuletas deshuesadas.

ESPUMAR.- Retirar cuidadosamente con una cuchara o espumadera la espuma e impureza de un caldo o salsa hasta dejarlo completamente limpio.

ESTOFAR.- Guisado en el que todos los componentes se ponen crudos y a la vez. Hacer cocer las carnes o verduras en un recipiente bien cerrado para evitar la evaporación.

FARSA.- Es el picadillo formando masas de carnes, pescados o verduras, que sirve para rellenar.

FLAMEAR.- Lo mismo que chamuscar.

FILETE.- Es la parte más carnosa que tienen las reses debajo de las costillas. También se llaman filetes las tiras que se sacan de las pechugas de las aves o de los pescados.

FREÍR.- Poner un alimento en grasa hirviendo.

FUMET.- Extracto de pescado o ave.

GLASEAR.- Meter un alimento al horno para abrillantarlo.

GRATINAR.- Guiso con queso o pan rallado que se mete al horno para que se forme una corteza dorada.

GRUMOS.- Bolas que se forman en las sopas, papillas y salsas que no han sido revueltas convenientemente.

GUARNICIÓN.- Todo lo que sirve para adornar un plato, ya sean hortalizas, trufas, setas, etcétera.

JULIANA.- Verduras cortadas en tiritas finas.

LAMAS.- Trufas cortadas en rodajas finas.

LARDEAR.- Envolver en lonchas de tocino un ave o carne para asar.

MACEAR.- Dar golpes a una carne con una maza para ablandarla, rompiendo sus fibras.

MACERAR.- Poner en un líquido en frío algunas sustancias cuyos principios se quieren extraer.

MECHAR.- Traspasar la carne con un agujón especial para meter en los cortes jamón o tocino.

MACEDONIA.- Conjunto de varias clases de hortalizas y frutas.

MOLDEAR.- Tomar un molde para dar forma a algún alimento.

MONTAR UNA PIEZA.- Platos montados sobre zócalos y muy adornados.

REDUCIR.- Es continuar cociendo un líquido, salsa o caldo, para que vaya perdiendo volumen por ebullición y se concentre.

REHOGAR CON GRASA.- Dar vuelta sobre el fuego vivo en una sartén o cacerola a los alimentos, para que tomen color antes de añadirles salsa o caldo.

SALPICÓN.- Picadillo de carne, jamón o ave, que se emplea para relleno de croquetas, empanadillas u hojaldre.

SALSEAR.- Echar encima de un pescado o carne hecho la salsa que le corresponde.

SALTEAR.- Freír vivamente, dando saltos por medio de golpes dados al mango de la sartén, algún alimento, sin que se pegue o se tueste.

SAZONAR.- Condimentar cualquier alimento con sal y especias.

TORNEAR.- Dar con el cuchillo diferentes formas a las hortalizas que han de servir de guarnición a un plato.

TRABAR.- Ligar o engordar una salsa.

TRINCHAR.- Cortar las aves por la coyuntura y dividirlas en trozos. Cortar la carne en rodajas iguales.

BLANCO.- Un blanco se llama a un líquido formado por agua, un poco de harina y limón o vinagre, con el que se cuecen algunas verduras, como el cardo y las alcachofas, para que no se oscurezcan.

También se sumergen en un blanco las manitas de cordero y la cabeza de ternera.

3 cacerolas
(14, 19, 24 centímetros).
3 ollas (2, 3, 5 litros).
2 cazos o perolitos.
1 besuguera (40 centímetros).
1 hervidor de leche (3 litros).
2 sartenes.
1 sartén pequeñita.
1 paellera.
2 parrillas.
1 colador de tela metálica.
1 chino.
1 tamiz.
1 escurreverduras.
1 rallador.
2 cacillos.
2 espumaderas.
1 cazuela de barro.
1 fuente refractaria
(40 centímetros).
1 mortero.
1 seta.
2 cucharas de madera.
2 tenedores de madera.
1 abrelatas.

1 chocolatera
y molinillo.
1 molinillo de café.
1 máquina de picar
universal.
1 machete.
1 tabla.
1 mazo.
2 graseras con tapa.
1 manga para café.
1 manga pastelera.
2 boquillas rizadas.
1 molde bizcocho
(18 centímetros).
1 molde de flan.
1 placa para horno.
1 juego de cortapastas.
1 rodillo de empanadas.
6 moldes individuales
de flan.
1 tenedor para fritos.
1 cuchillo grande.
1 cuchillo para mondar
patatas y tomates.
1 sacacorchos.

EQUIVALENCIA DE PESOS Y MEDIDAS

En los recetarios de cocina es muy corriente indicar las cantidades en gramos unas veces, y otras, en cucharadas, tazas o decilitros.

La equivalencia de estas medidas es la siguiente:

Una cucharada de las de sopa equivale a 20 gramos.

Una cucharada colmada equivale a 25 gramos de harina.

Una cucharada de café molido equivale a 20 gramos.

Una cucharadita de sal equivale a 10 gramos.

Siete cucharadas de sopa hacen un decilitro de líquido.

Una cucharada colmada de mantequilla hace 30 gramos.

Un vaso de los de vino hace un decilitro.

Un vaso de los de agua o una taza de desayuno equivale a un cuarto de litro.

Un pellizco de sal equivale a 3 gramos.

Un polvillo de sal equivale a 1 gramo.

Todos los recipientes que se usen para medir deben llenarse al ras, igualando lo que exceda con el filo de un cuchillo, a menos que la receta indique las cantidades colmadas, en cuyo caso se hacen de la forma indicada.

CONSEJOS PARA EL EMPLEO DE ALGUNOS ALIMENTOS

Pan rallado.

Para rehogar los empanados (carne, pescados, croquetas) no se debe emplear el pan tostado en el horno, que no empapa el huevo y se oscurece demasiado al freírlo.

El pan rallado indicado en estos usos es el atrasado de varios días. Se le quita la corteza, y la miga se envuelve en un paño limpio. La miga deshecha se pasa por un tamiz y se utiliza. Este pan puede conservarse en un cacharro de loza.

MODO CASERO DE HACER MANTEQUILLA

Es preciso una leche muy buena para que forme una nata espesa.

Una vez cocida y enfriada la leche (de un día para otro mejor), se recoge la nata formada con una espumadera y se echa en un tazón de loza. Se puede guardar la nata varios días, teniéndola en sitio fresco. Una vez reunida la cantidad de nata suficiente, se bate con un tenedor de madera hasta que se disgregan los componentes y se va uniendo la mantequilla. Cuando está hecha una bola se pone bajo el chorro del agua, triturándola con la mano hasta que el agua sale limpia.

Se conserva en sitio fresco.

MODO DE UTILIZAR LA MANTEQUILLA EN LOS GUISOS

Hay que saber emplear la mantequilla en la cocina, que no debe ser tratada como el aceite; éste ha de freírse y soportar mucho calor, y en cambio la mantequilla si se calienta mucho se quema y adquiere mal sabor. Si necesariamente ha de freírse, se le agregan unas cucharadas de aceite fino para que no se queme la leche que siempre contiene la mantequilla.

MANTEQUILLA CLARIFICADA

Se pone la mantequilla en una cacerola y se deja derretir a fuego muy lento hasta que se haga aceite, cuidando de que no fría. La leche queda en el fondo, y entonces se coge con cuidado la parte clara y se tira el poso blanco.

MODO DE PREPARAR EL ACEITE PARA FRITOS

Conviene freír una cantidad de una vez y tenerla preparada en una botella.

Se pone el aceite en una sartén, se le pone una corteza de limón o una miga de pan empapada en vinagre, y se fríen hasta que la corteza o el pan estén muy negros. Se separa entonces la sartén del fuego y se agrega un trozo de patata mondada al aceite para que pase de freír y no se ponga negro. Cuando está tibio se echa en botellas.

MODO DE DESLEÍR LAS YEMAS SIN QUE SE CORTEN

Si a una yema de huevo se le añade de pronto algún líquido caliente, se corta, formándose unos granitos duros; para evitar esto se calienta poco a poco.

Se echan las yemas en una taza, se mueven con una cuchara y se templa, añadiendo con cuidado una cucharada de salsa, caldo o agua caliente, según la receta.

Ya templada, se añaden las demás con menos cuidado, y una vez desleídas se emplean.

Para que no se corten las yemas al cocer se les pone un poco de harina.

Cuando en una salsa se pone harina y yemas de huevo, conviene cocerla para que no tenga sabor a harina y huevos crudos.

DIFERENTES TIPOS DE HARINA DE TRIGO

La harina es el producto de la molturación del trigo puro. Industrialmente los fabricantes la clasifican en harina fuerte y harina floja o corriente. Es harina fuerte la llamada de flor, y se nota que es recia al tacto. Para bollos, hojaldres, etcétera, y es la que generalmente se emplea en cocina para espesar salsas, cocer cremas, etcétera. En cambio, la harina fuerte no sirve para estos usos, porque en cuanto empieza a hervir se aclaran las salsas y se tornan líquidas. Hay otras clases de harinas, especial para pescado, que se emplea mucho en Andalucía, que es muy gruesa al tacto y de un color blanco amarillento. Esta harina da mejor resultado en las frituras de pescado que la más fina.

MODO DE LIGAR LAS SALSAS

Se llama ligar las salsas cuando, después de hecha, se la completa con yemas o mantequilla y harina, revolviéndola al mismo tiempo con un batidor o cuchara hasta dejarla fina y mezclada.

Cuando se añade harina y mantequilla, se amasan ambas cosas primero, se añaden unas cucharadas de salsa, caldo o agua y se agrega al conjunto.

Las salsas resultan más finas pasadas por colador de agujeros muy finos y juntos, llamado chino.

Además se emplean la estameña y la muselina, resultando de este modo unas salsas muy finas.

MODO DE SUSTITUIR LA NATA EN LOS PLATOS

A muchos preparados de cocina y repostería hay que ponerles nata, que es la crema de la leche cruda. No es fácil obtener este producto siempre que se quiere, y para sustituirlo se puede utilizar la crema de la leche. Se deja reducir por evaporación la leche a la tercera parte de su volumen, agregándole una parte de mantequilla.

En algunos preparados de repostería se puede sustituir la nata por claras de huevo batidas a punto de nieve en la proporción de dos claras por cuarto de litro de leche o de nata.

CLARAS DE HUEVO

Las claras de huevo sobrantes deben guardarse en sitio fresco y tapadas para que no se sequen. Se conservan buenas por espacio de varios días. Para montarlas (batidas) han de estar perfectamente desprovistas de yemas, y se baten adicionándoles antes de empezar a batir dos o tres gotas de limón o vinagre por clara.

COLA DE PESCADO O GELATINA

La cola de pescado se utiliza para dar consistencia a la gelatina y también en otros preparados de repostería, pero unos y otros siempre se consumen fríos.

La cola de pescado viene en hojas transparentes como agua. Estas hojas se indica en gramos la cantidad necesaria en cada receta. Para emplearlas hay que ponerlas a remojar en agua fría durante una o dos horas; han de estar muy remojadas, sobre todo el borde de las hojas, para que se disuelvan instantáneamente en el líquido caliente. De otro modo enturbiaría la gelatina.

MODO DE RECALENTAR EL PESCADO FRÍO

Se toma una hoja de papel de barba, se unta en aceite frío y se coloca el pescado sobre ella; se dobla la hoja y se envuelven los bordes para que cierren herméticamente. Se coloca sobre una parrilla y ésta sobre fuego suave; se deja unos minutos, se da la vuelta y se sirve.

De esta forma no tiene gusto a recalentado.

CONDIMENTOS

La pimienta blanca inglesa es la que debe emplearse para sazonar torda clase de guisos, porque no aparece luego en forma de puntitos negros, como sucede al usar la pimienta negra molida. Esta se utiliza principalmente para las carnes y los adobos, pero no indicando la receta pimienta negra en grano o molida, se debe utilizar siempre la pimienta blanca.

La pimienta se evapora mucho, perdiendo fuerza; por tanto, se debe conservar en un tarro de cristal con la tapa hermética, o en el molinillo moliendo una porción en el momento de utilizarla para obtener todo su aroma y buen gusto.

Hay unas especies llamadas francesas, que no son otra cosa que la mezcla de varias de ellas molidas.

La más corriente es la siguiente:

Pimienta blanca, una parte.
Clavo molido, media parte.
Canela molida, media parte.
Nuez moscada rallada, cuarta parte.

Se mezclan todas, se pasa por un tamiz fino y se guardan en frasco de cristal. Hay otra mezcla menos corriente para los guisos, y que se utiliza más para embutidos y adobos.

Esta mezcla es de especias y hierbas aromáticas pulverizadas.

Proporciones a partes iguales.

Laurel.
Tomillo.
Canela.
Clavillos.
Nuez moscada.
Hinojo.
Azafrán.
Hierbabuena.

Las hierbas aromáticas se secan al aire y a la sombra, se machacan en el mortero con las especias y, cuando están pulverizadas, se pasan por el tamiz y se guardan en frasco con tapón de cristal.

También se prepara en la cocina la sal especiada, que se utiliza principalmente para fiambres, y se prepara del modo siguiente:

Sal fina, 100 gramos.
Pimienta blanca molida, 20 gramos.
Especias compuestas, 20 gramos.

Se mezclan estos ingredientes en un papel blanco y se conservan en una caja o bote que cierre bien y en sitio seco.

El pimentón es otro condimento empleado en algunos platos de la cocina española y que, además, se utiliza para algunos embutidos. Lo hay dulce y picante.

CANTIDADES DE ALGUNOS ALIMENTOS QUE DEBEN CALCULARSE POR PERSONA

	Gramos por persona
Arroz en paella	100
Legumbres, judías, garbanzos, etcétera	100
Carne para bistec	125
Ternera para asar	150
Vaca para asar o brasear	175
Pescado cocido o frito	200
Verdura de hojas, repollo, lombarda, etcétera	350
Judías verdes, coliflor, acelgas, etcétera	250
Guisantes frescos	400
Habas frescas	500
Hígado	150
Macarrones	85
Patatas para cocidas o fritas	300
Pastas para sopa, fideos, letras, etcétera	12
Caldo para sopa	250

PREPARACIÓN Y CONSERVACIÓN DE ALGUNOS ALIMENTOS

Manteca de cerdo.

Es muy conveniente derretir la manteca de cerdo en casa. Esta operación debe hacerse aprovechando la época más cruda del invierno, las heladas y mayores fríos de los tres primeros meses, para que su conservación sea más perfecta. Se efectuará del modo siguiente:

Se cortan las pellas en pedazos pequeños y se dejan en agua fría durante dos horas.

Se pone un caldero al fuego, se escurren las pellas y se echan unas pocas, removiendo sin parar para que se vaya derritiendo y hagan líquido. Después se va agregando el resto poco a poco, según se van ablandando, hasta que toda esté derretida y hierva; entonces se retira a un lado y se deja cocer suavemente, revolviendo de cuando en cuando. Cuando se hace mucha cantidad, tardará un par de horas en hacerse; pero derritiendo sólo tres o cuatro litros, se deja una hora. Los chicharros deben quedar un poco dorados y su olor debe ser agradable.

Se cuela por un tamiz fino y se guarda en vasijas de barro. Se ponen éstas al fresco durante quince días, y mejor aún si es durante las heladas.

Para que la manteca resulte blanca y espumosa, después de pasarla por el tamiz se bate con las varillas mientras esté caliente y hasta que se enfríe.

Los recipientes de barro o cristal deben estar escrupulosamente limpios. Para prepararlos, se lavan con agua de sosa y jabón, y muy aclarados en varias aguas se ponen a escurrir boca abajo hasta que estén perfectamente secos.

Modo de preparar el sebo.

Poco empleado en España, el sebo procede de la riñonada de ternera, y su preparación es la siguiente:

Una vez quitado el riñón, se lava, se corta en trozos pequeños, se pone en una cacerola, se cubre de agua, se acerca al fuego y se pone a derretir. Una vez evaporada el agua y que sólo quede el sebo líquido se pasa por un paño y se guarda en una orza.

Aceite para frituras.

Para freír bien es preciso poner la grasa abundante. Esta grasa, que puede ser aceite o aceite con manteca, puede servir repetidas veces si se tiene el cuidado de filtrarla cada vez a través de un tamiz muy espeso.

Se debe pasar en caliente, y con este cuidado se podrá economizar mucha grasa, pues esta operación la limpia de los residuos de pan rallado, harina tostada, etcétera, que van quedando depositados en el fondo de la sartén al hacer los fritos.

Conviene advertir que la grasa procedente de pescados debe conservarse en recipiente aparte y usarse sólo para freír éstos.

Adobo en crudo para lengua o cualquier carne.

Se puede conservar de doce a treinta y seis horas cualquier alimento puesto en él.

En una vasija de barro o loza donde quepa bien la carne se prepara un litro de vino, medio de vinagre, cinco cucharadas de aceite, sal, cinco gramos de pimienta negra, un clavillo, tomillo, tres ramas de perejil, varios dientes de ajo, una cebolla, tres o cuatro zanahorias y un poco de apio.

Todos estos ingredientes se ponen muy picados y en ellos se introduce la carne, procurando quede bien tapada por el adobo. Se le da vueltas de cuando en cuando con dos cucharas de madera.

Salmuera para conservar carne, lengua, etcétera.

Dos litros de agua, un kilo de sal, 100 gramos de sal de nitro, 175 gramos de azúcar morena, cinco gramos de pimienta en grano, tomillo y laurel.

En una vasija de barro se pone la lengua o carne, y cuando la salmuera esté fría se vierte sobre ella, poniendo encima una tabla con peso para que no flote. Todos los días se da vuelta a la carne con dos cucharas de madera, no empleando nunca las manos.

En esta salmuera se pueden conservar hasta doce días, si es invierno. Después se prepara para consumirla según la receta.

Escabeche para pescados fritos.

Para toda clase de pescado, si es de tamaño grande, se corta en rodajas, y si es pequeño, se fríe entero. Cuando es atún o bonito, conviene desangrarlo, dejándolo en agua durante una hora.

Una vez limpio el pescado, se deja que escurra bien el agua, se sazona de sal, se enharina ligeramente y se fríe en abundante aceite, dejándolo dorado por igual. Se va colocando en una vasija de barro o loza.

En el aceite sobrante, pasado por un tamiz para quitarle residuos, se fríen varios dientes de ajo, laurel, tomillo, orégano y varios granos de pimienta. Cuando están fritos estos ingredientes se añade una cucharada de pimentón, y en seguida se agrega vinagre y vino, en proporción de cada medio litro de aceite tres cuartos de vino blanco e igual cantidad de vinagre; se sazona de sal y se deja cocer unos tres minutos, echando entonces el caldo sobre el pescado, que debe quedar cubierto por él. Se tapa, y cuando está frío puede consumirse.

Todas estas conservas son para consumirlas en días sucesivos, pues si se quiere conservar para guardar hay que emplear procedimientos de esterilización, que no son oportunos de este lugar.

Puré de carne para tostadas, emparedados, mediasnoches, etcétera.

Estos purés, de procedencia inglesa, se han generalizado mucho, pues resultan prácticos y relativamente económicos al prepararlos en casa, sobre todo si se aprovecha para ello restos de carne, ave o caza.

Lo característico de estos purés es que la carne esté cocida y sea muy grasosa.

En invierno se conservan por espacio de varios días; en verano, en cambio, hay que meterlos en la nevera para que no fermenten.

Es conveniente envasarlos en frascos de cristal o loza.

Para medio kilo de carne cocida, dos cucharadas de salsa española, 100 gramos de mantequilla, una cucharada de vino, sal, pimienta negra molida. Se hace la salsa española aprovechando huesos, recortes de carne, cortezas de tocino y, en general, todo el sobrante que haya.

Se pone todo en una cacerola y se agrega una cebolla picada fina, un par de zanahorias y la manteca, se rehoga todo y se agrega una cucharada de harina, dejándola dorar. Se añade entonces un litro de agua hirviendo o caldo, perejil, un diente de ajo, dos o tres gramos de pimienta y un poco de sal. Se deja hervir durante una hora muy despacio, se pasa la salsa por un chino sin apretar mucho y se vuelve a poner al fuego, se deja cocer otra vez (espumándola perfectamente) como una media hora quedando hecha la salsa.

Se toma la carne, se corta en trocitos, se pica en la máquina y se machaca en el mortero, añadiéndole la mantequilla. Cuando todo está hecho una papilla fina y bien mezclada, se añaden dos cucharadas de salsa española bien fría, adicionada previamente con una cucharada de jerez. Bien mezclado todo y se remueve con cuchara de madera.

Se tienen preparados unos frascos de boca ancha, se llenan con el puré, apisonándole bien para que no queden resquicios; se cubre con un disco de papel cortado a la medida de la boca del frasco y colocado directamente sobre el puré, y luego otro papel de barba mayor, que se sujeta al frasco con unas vueltas de hilo. Se colocan los frascos en lugar seco.

Puré de jamón o lengua.

Doscientos cincuenta gramos de jamón cocido, 100 gramos de mantequilla, 50 gramos de tocino de jamón, una cucharada de salsa española muy concentrada, pimienta y sal al paladar.

Para el puré de lengua es la misma proporción y se procede en todo igual que para hacer el puré de carne.

Terrinas.

La terrina es el nombre que se da a los recipientes de gres o loza y a los alimentos que en ellas se conservan.

Hay gran variedad de terrinas, pues se hacen de hígado (*foie-gras*), muy a propósito para viajes y comidas de campo.

Terrinas de hígado de ternera.

Cuatrocientos gramos de hígado de ternera, 75 gramos de tocino, 30 gramos de miga de pan, 75 gramos de tocino cortado en lonchas muy finas, tres cucharadas de vino blanco, una cucharadita de coñac, una yema de huevo, una clara, media cebolla, una rama de perejil, sal, pimienta blanca molida, una pizca de canela y nuez moscada.

Se pica muy finamente en la máquina el hígado, tocino, cebolla, perejil y miga de pan, pasándolo dos veces por la máquina de picar.

Se pone el conjunto en un plato, se agrega la yema, el vino, el coñac, sal y especias; se añade la clara a punto de nieve y se mezcla todo.

Se prepara la terrina, se pone en ella el picadillo, cubriendo todo con lonchas de tocino; se cubre con la tapadera y se pone a cocer al baño de María en agua fría, primero en la chapa y cuando rompe a hervir se mete en el horno con calor moderado durante una hora; entonces se destapa y se prueba si está cocido. Ha de ofrecer resistencia, y si al comprimirlo sale blanco el jugo, está en su punto; si sale rosado, hay que cocerlo más.

Se deja enfriar, durante doce horas, se vierte entonces manteca de cerdo derretida hasta cubrir la superficie y se tapa herméticamente. Se guarda en sitio fresco.

Pasta de hígado de cerdo.

Doscientos cincuenta gramos de hígado de cerdo, 250 gramos de tocino fresco, sal, pimienta y nuez moscada.

En la máquina se pica el tocino y el hígado, pasándolo dos veces; se pone el picadillo en un plato y se añade sal, pimienta y la ralladura de media nuez moscada.

En una terrina se echa el picadillo, se tapa y se procede como en la receta anterior.

SEGUNDA PARTE

MINUTAS DIARIAS DE COMIDA Y CENA PROPIAS DE CADA ESTACIÓN

TODAS LAS RECETAS DE ESTE LIBRO
ESTÁN CALCULADAS PARA SEIS PERSONAS

PRIMAVERA

PRIMAVERA

Los productos propios de esta estación son los siguientes:

CARNE.- En esta estación la carne es abundante. Hay cerdo fresco, vaca, ternera, cordero lechal y cordero pascual; éste comienza a estar en su punto.

AVES.- Abundan las gallinas, pollos, pavos, capones, poulardas y pichones.

CAZA.- En el mes de marzo tenemos patos salvajes, becadas y cercetas.

PESCADOS.- El mar ofrece todavía buenos besugos, rodaballos, salmón, lubina, lenguado, salmonetes, pescadillas, merluza, caballa, dorada y mero.

CRUSTÁCEOS.- Langosta, cangrejos de mar y cangrejos de río, langostinos. Al principio de la estación hay ostras, mejillones y almejas.

LA HUERTA.- Acelgas, guisantes, alcachofas, coles de Bruselas, coliflor, zanahorias. En abril empiezan las cebolletas, habas, rábanos, acederas, espárragos y nabos, escarolas, lechugas y berros.

FRUTA.- Hay una gran variedad: manzanas, peras, naranjas, mandarinas, plátanos, fresas, cerezas, albaricoques, nísperos y fresones.

MINUTA PRIMERA

COMIDA

Acelgas en menestra manchega.
Pecho de ternera a la provenzal.

ACELGAS EN MENESTRA MANCHEGA

INGREDIENTES Y CANTIDADES

Acelgas	2 kilos.	Ajos	2 dientes.
Patatas	1 kilo.	Aceite	5 cucharadas.
Huevos	2 piezas.	Pimienta y sal.	

MODO DE HACERLO

Se toman las acelgas y una a una se les quitan todas las hojas verdes, dejando la penca limpia; se quitan las hebras y se lavan. Se cortan en tiras y después en trocitos pequeños como dados y se ponen a cocer en abundante agua hirviendo con sal.
Ya cocidas, se sacan del agua y se echan en un colador para que escurran.

Se mondan las patatas y se cortan en la misma forma que las acelgas.

En una sartén se echa el aceite, se acerca al fuego, y cuando está caliente se fríen las patatas muy doraditas, se sacan, y en el mismo aceite se echan los ajos y se dejan freír hasta tostarse. Se sacan entonces y se echan las acelgas, se rehogan, se agregan las patatas y se mezcla todo.

Se baten los huevos, se echan en la sartén sobre el conjunto y revolviendo bien se deja cuajar el huevo unos minutos. Se sirve en seguida.

TERNERA A LA PROVENZAL

Se emplea la carne de guisado, pecho, tapa de chuletas, morcillo, costillas, etcétera.

INGREDIENTES Y CANTIDADES

Ternera	1 kilo.	Cebollas	1/4 kilo.
Aceite	4 cucharadas.	Caldo	2 cubitos.
Ajos	2 dientes.	Laurel	1/2 hoja.
Perejil picado	2 cucharadas.	Tomillo, sal y pimienta.	

MODO DE HACERLO

Se corta la ternera en trozos regulares y las cebollas, si son grandes. Se pican los ajos.

Se pone el aceite en una cacerola, se acerca al fuego y cuando está caliente se echa la ternera, las cebollas, el ajo, laurel y tomillo.

Se deslíen los cubitos de caldo en medio litro de agua y se echa la mitad sobre la ternera. Se acerca ésta al fuego y cuando rompe a hervir se tapa la cacerola y se mete en el horno (que debe estar bien caliente), para que cueza por espacio de dos horas, removiendo de cuando en cuando para que no se agarre.

Cuando está cocido se agrega el resto del caldo, sal, pimienta y perejil picado, se deja cocer cinco minutos y se sirve.

(No se pasa la salsa).

CENA

Puré de patatas al queso.
Timbal de merluza.

PURÉ DE PATATAS AL QUESO

INGREDIENTES Y CANTIDADES

Patatas	1 kilo.	Queso rallado	50 gramos.
Mantequilla	40 gramos.	Yema	1.
Caldo	3 cubitos.	Agua	1 1/2 litros.

MODO DE HACERLO

Se cuecen las patatas con piel, y una vez cocidas se pelan y se pasan por tamiz.

El puré que se obtiene se pone en una cacerola, añadiéndole litro y medio de agua hirviendo y los cubitos de caldo disueltos en ésta. Se deja hervir cinco minutos, moviendo sin parar; se separa del fuego y se adiciona la mantequilla. En una sopera se ponen la yema de huevo y el queso rallado, se deslíe con un poco de agua y batiendo para que ligue se va añadiendo el puré poco a poco.

TIMBAL DE MERLUZA

INGREDIENTES Y CANTIDADES

Merluza	1 kilo.	Harina	3 cucharadas.
Espinacas	1 kilo.	Mantequilla	50 gramos.
Leche	3/4 litros.	Aceite	2 cucharadas.
Laurel, ajo, cebolla y sal.			

MODO DE HACERLO

Se preparan las espinacas quitando los tallos, lavándolas en varias aguas y se cuecen durante diez minutos en agua hirviendo con sal. Pasado este tiempo se lavan en agua fría y se dejan en un colador para que escurran, estrujándolas con la mano para que suelten toda el agua.

En una sartén se pone el aceite, se calienta y se fríe un diente de ajo, se deja tostar y se saca. Se echan las espinacas y se rehogan; una vez rehogadas, se cubre con ellas el fondo de una fuente de horno.

Se parte la merluza en filetes, se coloca en una besuguera, se cubre de agua, se añaden unas rajitas finas de cebolla, media hoja de laurel y sal. Se acerca al fuego y cuando rompe a hervir se deja cocer un minuto.

Se sacan los filetes con una espumadera y se van colocando sobre las espinacas uno al lado de otro.

Con la leche, la harina y la mantequilla se hace una besamel en la forma acostumbrada; se cubre la merluza y se mete en el horno (que debe estar caliente) durante diez minutos. Se sirve en la misma fuente.

MINUTA TERCERA

COMIDA

Potaje de garbanzos.
Filetes sobre canapés.

POTAJE DE GARBANZOS

INGREDIENTES Y CANTIDADES

Garbanzos	500 gramos.	Huevos duros	1.
Espinacas	250 gramos.	Pan	1 rebanada.
Patatas	250 gramos.	Aceite	3 cucharadas.

Perejil, ajo y una corteza de jamón.

MODO DE HACERLO

Se ponen a remojar los garbanzos el día antes. Se preparan las espinacas quitándoles el tallo y lavándolas bien, se escaldan en agua hirviendo durante cinco minutos, se lavan después y se escurren bien para que apuren el agua.

En una olla proporcionada se pone agua a calentar con la corteza de jamón bien raspada y lavada; cuando rompe a hervir se echan los garbanzos, media hoja de laurel y se deja cocer suavemente durante dos horas. Cuando están a media cocción se echan las espinacas y las patatas partidas a cuadraditos y se dejan cocer con los garbanzos. En una sartén pequeña se pone el aceite, se calienta al fuego y se fríe un diente de ajo, una rama de perejil y la rebanada de pan muy doradita. Se machaca todo en el mortero y se vierte sobre los garbanzos, añadiéndoles la clara de huevo picada y la yema desleída en un poco de caldo del potaje y se deja cocer todo junto suavemente hasta que esté en su punto.

FILETES SOBRE CANAPÉS

INGREDIENTES Y CANTIDADES

Se cortan seis filetes de 100 gramos de lomo de vaca.

Carne	600 gramos.	Manteca de cerdo	3 cucharadas.
Pan	6 rebanadas.	Tocino fresco	50 gramos.
Caldo	1 cubito.	Vino blanco	1/2 vaso.
		Cebolla picada	2 cucharadas.

MODO DE HACERLO

Se limpian los filetes de gordo y pellejos y se dejan del mismo tamaño.

Se ponen los recortes en una cacerola con una cucharada de manteca y la cebolla muy picada, se rehoga todo y se añade el vino y el cubito de caldo desleído en una taza de agua hirviendo. Se deja cocer a fuego lento una hora, añadiendo poquitos de agua hasta que la cebolla esté blanda para poderla pasar y hacer una salsita. Entonces se pasa por el chino y se reserva.

Se untan las rebanadas de pan con un poco de mantequilla y se ponen en una placa de horno para que se doren. Cuando están muy doraditas se ponen en una fuente calentada.

Se cortan seis trocitos de tocino iguales y se fríen ligeramente en las dos cucharadas de manteca, se reservan en un plato, y en la grasa que se obtiene se fríen los filetes uno a uno y a lumbre viva. Se colocan sobre las rebanadas de pan y encima de cada uno un trocito de tocino.

Se acerca la salsa al fuego, y cuando esté bien caliente se vierte sobre los filetes y se sirve en seguida.

CENA

Verduras estofadas.
Pastelillos de bacalao.

VERDURAS ESTOFADAS

INGREDIENTES Y CANTIDADES

Judías verdes	1/2 kilo.	Habas	1/2 kilo.
Guisantes	1 kilo.	Lechuga	1 pieza.
Tomates	1/4 kilo.	Patatas	1/2 kilo.
Cebollas	1/4 kilo.	Aceite	4 cucharadas.

Ajo, perejil, laurel, pimentón y pimienta.

MODO DE HACERLO

En una cacerolita con agua hirviendo con sal se echan las habas desgranadas, y si son pequeñas y tiernas se echa también la cáscara cortada en tiritas pequeñas y finas, agregando al mismo tiempo una rodaja de limón. Cuando han cocido cinco minutos se sacan. Se refrescan con agua fría y se reservan.

En otra cacerola se pone el aceite, se calienta y se añade la cebolla cortada en tiras finas, las judías partidas a lo largo, los guisantes desgranados y la lechuga cortada en trozos. Se tapa y se deja rehogar.

Se escaldan los tomates en agua hirviendo durante dos minutos y se les quita la piel. Se parten en pedacitos y se añaden a la cacerola, y a continuación las habas ya escurridas. Se agrega un ajo picado, una rama de perejil y una puntita de laurel. Se sazona de sal, se tapa bien y se retira a una esquina del fuego para que hiervan sin parar, pero suavemente hasta que estén tiernas. A media cocción se agregan las patatas mondadas y cortadas en cuadraditos, se añade un poco de pimienta y se deja cocer hasta que estén tiernas todas las verduras, pero enteras.

PASTELILLOS DE BACALAO

INGREDIENTES Y CANTIDADES

Bacalao	1/2 kilo.	Patatas	1 kilo.
Huevos	2 piezas.	Mantequilla	30 gramos.

Perejil, pimienta, nuez moscada y cebolla.

MODO DE HACERLO

Se pone en remojo el bacalao durante veinticuatro horas, cambiando el agua varias veces. Se ponen a cocer las patatas sin piel, pero enteras; a media cocción se añade el bacalao cortado en trozos y se deja cocer hasta estar en su punto las patatas, cuidando que no se deshagan. Se saca el bacalao y se le quitan las espinas y la piel. Se desmenuza y pasa por una máquina o, en su defecto, se machaca en un mortero de piedra junto con las patatas. Hecha una pasta se pone en una fuente y se agrega un poco de ajo picado, perejil y cebolla pasada por la máquina y la mantequilla derretida. Se prueba de sal y se echan los huevos batidos, reservándolo un poco.

Se moldean unas bolas, se aplastan un poco y se van colocando en una placa de horno bien enharinada. Se untan con el huevo batido reservado antes, se espolvorea con pan rallado y se cuecen a horno fuerte para que se doren y no se sequen. Se sirve sobre fuente con servilleta.

MINUTA QUINTA

Budín de coliflor.
Hígado de ternera a la francesa.

BUDÍN DE COLIFLOR

INGREDIENTES Y CANTIDADES

Una coliflor	1 kilo aprox.	Harina	75 gramos.
Leche	1 litro.	Perejil	1 rama.
Cebolla picada	1 cucharada.		

Nuez moscada, sal, pimienta blanca.

MODO DE HACERLO

Se pone a cocer la coliflor en agua hirviendo con sal. En una sartén o cacerola se pone la mantequilla, se calienta y se añade la cebolla picada. Se tapa y se deja estofar suavemente hasta que se enternezca. Entonces se añade la harina, se rehoga, se agrega la leche poco a poco sin dejar de mover y se deja cocer durante diez o doce minutos hasta que engorda.

Se escurre la coliflor ya cocida y se pasa por tamiz. Esta pasta se mezcla con la mitad de la besamel, se agregan las yemas, sal, pimienta blanca y un poco de perejil picado y, por último, las claras a punto de nieve. Bien mezclado todo se echa en un molde untado de mantequilla y se pone a cocer al baño de María en el horno con calor moderado unos tres cuartos de hora.

Durante este tiempo se pasa la mitad de la besamel reservada por el chino, se agrega poco a poco el resto de leche caliente hasta dejarla en buen punto y se reserva al calor.

Cuando está cuajado el budín se vuelca en fuente redonda, calentada, levantando poco a poco el molde para que no se deshaga el budín y se vierte por encima la salsa besamel.

HÍGADO DE TERNERA, A LA FRANCESA

INGREDIENTES Y CANTIDADES

Hígado	600 gramos.	Caldo	1 cubito.
Aceite	3 cucharadas.	Agua	5 cucharadas.
Vino blanco	4 cucharadas.	Perejil picado	1 cucharada.
Mantequilla	25 gramos.	Limón (zumo)	1/2 cucharada.
Sal y pimienta.			

MODO DE HACERLO

Se corta el hígado en seis filetes alargados de un centímetro de grueso, se ponen en un plato y se salpimentan.

Se echa el aceite en una sartén de mango largo, se calienta y se añaden los filetes, salteándolos a lumbre viva por espacio de cinco minutos. Se separan del fuego, se pasan a un plato hondo, dejándolos tapados y al calor.

En la misma sartén se echa la mantequilla, se calienta y se fríe la harina, que se deslíe añadiéndole el cubito de caldo desleído de antemano en cinco cucharadas de agua hirviendo, se agrega el vino, perejil, ajo picado y se deja cocer tres minutos, removiendo con una cuchara.

Se retira del fuego y se agrega el jugo que haya soltado el hígado y unas gotas de limón y se vierte muy caliente sobre el hígado colocado en una fuente. Se puede adornar con puré de patatas.

CENA

Patatas en ajo pollo.
Besugo a la donostiarra.

PATATAS EN AJO POLLO

INGREDIENTES Y CANTIDADES

Patatas	2 kilos.		Azafrán	1 papel.
Almendras	6.		Aceite	3 cucharadas.
Pan	1 rebanada.		Ajo	2 dientes.
Perejil, sal y pimienta.				

MODO DE HACERLO

Se quita la piel a las patatas, se lavan y después se parten en trozos regulares y se ponen en una cacerola.

En una sartén pequeña se echa el aceite, se calienta y se echan los dientes de ajo, las almendras, la rebanada de pan y el perejil.

Bien dorado todo, se saca y se pone en el mortero, echando el aceite sobrante en la cacerola, sobre las patatas y se acerca al fuego, donde se rehogan un poco.

Se machacan los avíos del mortero con el azafrán hasta hacer una pasta, que se deslíe con un poco de agua y se echa sobre las patatas. Se agrega agua caliente hasta cubrirlas ligeramente, se sazona de sal y pimienta y se deja cocer suavemente hasta que estén en su punto.

BESUGO A LA DONOSTIARRA

INGREDIENTES Y CANTIDADES

2 besugos que pesen 3/4 de kilo cada uno de ellos.
Aceite   5 cucharadas.   Ajos   2 dientes.
Limón, sal y pimienta.

MODO DE HACERLO

Se limpian los besugos quitándoles las escamas, se lavan y se espolvorean de sal.

Una hora antes de presentarlos a la mesa se pone una parrilla sobre fuego vivo de carbón vegetal. Cuando está caliente se untan con aceite crudo los barrotes, se coloca encima el besugo ligeramente untado de aceite y se deja hasta que esté tostado por un lado y se le da la vuelta.

Bien asados por ambos lados, se ponen sobre una fuente calentada y se rocían con el aceite bien caliente (en el que se habrían frito ajos), adicionándole el zumo de medio limón y un poco de pimienta negra molida.

COMIDA

Arroz a la primavera.
Manos de ternera a la vinagreta.

ARROZ A LA PRIMAVERA

INGREDIENTES Y CANTIDADES

Arroz	1/4 kilo.	Cebollitas	1/4 kilo.
Manteca	75 gramos.	Alcachofas	1/2 kilo.
Guisantes	1/2 kilo.	Zanahorias	3.
Patatas	3.	Harina	3 cucharadas.
Yemas	1.	Caldo	2 cubitos.
Aceite	3 cucharadas.	Agua	3/4 litro.
Sal y laurel.			

MODO DE HACERLO

Se limpian y preparan las verduras, torneando las patatas y las zanahorias en forma de bolas, y quitando las hojas duras de las alcachofas se dejan sólo los fondos. Una vez lavadas se cuecen por separado las patatas, y el resto de las verduras, ya cocidas, se ponen a escurrir.

En una sartén se ponen las tres cucharadas de aceite y se rehogan las verduras, dejándolas en la sartén al calor.

En una cacerola se pone a hervir doble cantidad de agua que de arroz, a la que se agrega sal y una puntita de hoja de laurel. Cuando se rompe a hervir se echa el arroz y se deja cocer durante quince minutos. Se moldea en forma de rosco en una fuente redonda y en el centro se pone el conjunto de verduras, menos los fondos de las alcachofas, que se colocan alrededor.

Se cubre todo con la salsa y se sirve en seguida.

SALSA

En un cazo se pone la mitad de la mantequilla, se rehoga la harina y se añade un cuarto de litro de caldo hecho con los cubitos Maggi y se deja cocer dos minutos, se liga con la yema de huevo, se salpimenta y se vierte sobre el arroz en el momento de servirlo.

MANOS DE TERNERA A LA VINAGRETA

INGREDIENTES Y CANTIDADES

Tres manos de ternera.		Huevo picado	1 pieza.
Aceite	1 decilitro.	Alcaparra	1 cucharada.
Vinagre	3 cucharadas.	Cebolla picada	1 cucharada.
Perejil picado	1 rama.	Caldo de ternera	3 cucharadas.
Sal y pimienta.			

MODO DE HACERLO

Se lavan perfectamente las manos de ternera, quitándoles bien las cerdas, y se ponen a remojar en agua fría durante una hora.

Se cortan a lo largo con una cuchilla, se atan con unas vueltas de bramante para que no se deshagan al cocer, y se escaldan, poniéndolas en una cacerola con abundante agua fría, se acercan al fuego y se someten a una ebullición fuerte durante cinco minutos; se separan del fuego y se sumergen en agua fría para dejarlas completamente limpias.

Se ponen en una cacerola limpia, se cubren de agua fría y se echa sal en proporción de diez gramos por litro de agua, una hoja de laurel y unas tiras de cebolla. Se acerca al fuego, y cuando rompe a hervir se espuma muy bien, se tapan y se dejan hervir moderadamente hasta que estén cocidas para poder deshuesarlas fácilmente (unas tres horas). Una vez cocidas se quitan los hilos y se colocan en una fuente, cubriéndolas de vinagreta.

SALSA A LA VINAGRETA

En un recipiente se ponen el aceite y el caldo de ternera y se bate fuertemente, se agrega el vinagre y todos los demás ingredientes, menos el huevo picado. Se mezcla con la espátula, se sazona de sal y pimienta y, por último, se agrega el huevo picado y se vierte en la fuente sobre las manos de ternera.

Puede adornarse con rodajas de tomate.

MINUTA OCTAVA

CENA

Acelgas con puré de patatas.
Salmonetes a la oriental.

ACELGAS CON PURÉ DE PATATAS

INGREDIENTES Y CANTIDADES

Acelgas	1 kilo.	Aceite	3 cucharadas.
Patatas	1 kilo.	Ajo	1 diente.
Leche	4 cucharadas.	Mantequilla	30 gramos.

MODO DE HACERLO

Se limpian las acelgas y se cortan en trocitos. En un puchero con abundante agua hirviendo y sal se ponen a cocer durante media hora. Ya cocidas, se lavan y se ponen a escurrir.

Se mondan las patatas y se ponen a cocer hasta que estén tiernas. Se sacan del agua y se pasan por el tamiz para hacer un puré fino. Este puré se pone en un cacillo, se le añade la mantequilla y la leche y se acerca al fuego, donde se deja cocer unos minutos, sin dejar de mover para que no se agarre.

En una sartén se pone el aceite, se acerca al fuego y se refríe el ajo. Cuando está bien tostadito se saca, se echan las acelgas y se rehogan muy bien.

En una fuente redonda se ponen las acelgas en montículo y alrededor la guarnición de puré de patatas.

SALMONETES A LA ORIENTAL

INGREDIENTES Y CANTIDADES

Salmonetes	6 en un kilo.	Tomates	1/4 kilo.
Aceite	3 cucharadas.	Limones	2.
Mantequilla	30 gramos.	Vino blanco	1/2 copa.

MODO DE HACERLO

Se limpian los salmonetes, sin quitarles las cabezas; se les hace una incisión a un lado, el lomo se unta de mantequilla y se colocan uno al lado de otro en una besuguera. Se sazona de sal, se cubren con un papel untado de mantequilla y se meten al horno moderado durante diez minutos.

A media cocción se rocían de vino blanco.

Se quitan con cuidado y se ponen en una fuente alargada, colocados en fila. Encima de cada salmonete se pone un montoncito de tomate *concasé* y una línea de perejil picado y se adorna la fuente con rodajas de limón.

TOMATE 'CONCASÉ'

En una sartén se pone el aceite, y cuando está caliente se agrega una cucharadita de cebolla picada y medio diente de ajo. Se deja rehogar, y cuando está cocida la cebolla se agregan los tomates pelados, exprimidos y cortados en cuadraditos. Se sazona de sal y se dejan freír a lumbre viva unos cinco o seis minutos.

MINUTA NOVENA

Judías blancas en ensalada.
Bacalao de Alcántara

JUDÍAS BLANCAS EN ENSALADA

INGREDIENTES Y CANTIDADES

Judías	500 gramos.	Cebolla picada	1 cucharada.
Aceite	4 cucharadas.	Perejil	1 rama.
Vinagre	3 cucharadas.	Ajo	1/2 diente.

MODO DE HACERLO

En un puchero, cubiertas de agua fría se ponen a cocer las judías; cuando rompen a hervir se quita el agua, se vuelve a cubrir de agua fría y se pone de nuevo a la lumbre, añadiéndoles una hoja de laurel y un diente de ajo, dejándolas cocer suavemente hasta que estén tiernas, pero enteras. Entonces se sacan del agua y se echan en una fuente, cubriéndolas con una salsa vinagreta.

Se puede adornar la fuente con una bordura de medias rodajas de tomate.

SALSA VINAGRETA

En un tazón se pone el aceite, el vinagre y un poco de agua de las judías, sal y un poco de pimienta blanca; se mezcla bien con un batidor y se añade la cebolla, ajo y perejil picadísimo. Bien mezclado todo, se utiliza.

BACALAO DE ALCÁNTARA

INGREDIENTES Y CANTIDADES

Bacalao	1/2 kilo.	Tocino de jamón	100 gramos.
Patatas	100 gramos.	Cebolla	100 gramos.
Aceite	750 gramos.	Espinacas	1 kilo.
Pimienta.			

MODO DE HACERLO

Se desala el bacalao, poniéndolo en remojo veinticuatro horas.

Se hacen trozos y con cuidado se quitan las espinas, dejando los trozos enteros, después se pasan por harina y se rehogan en un poco de aceite; se mondan las patatas, se cortan en rodajas y se colocan en una fuente de barro refractario; sobre ésta se ponen los trozos de bacalao ya rehogados.

Se pica la cebolla y se fríe, esparciéndola sobre el bacalao.

Se cuecen las espinacas durante diez minutos, se lavan y se escurren bien, se machacan con la media luna y se rehogan.

Hecho esto, se colocan sobre el bacalao y la cebolla y se espolvorea el pimentón por encima, se derrite el tocino de jamón y se echa sobre el conjunto y medio vaso de agua, se sazona de sal y pimienta y se deja estofar lentamente hasta que se consuma. Se sirve en la misma fuente.

MINUTA DÉCIMA

CENA

Habas a la hortelana.
Huevos fritos con migas.

HABAS A LA HORTELANA

INGREDIENTES Y CANTIDADES

Habas desgranadas	1 kilo.	Lechugas	2.
Tocino	120 gramos.	Cebollas	5.
Alcachofas	4.	Caldo	3/4 litro.
Harina, perejil, sal y pimienta.		Manteca	30 gramos.

MODO DE HACERLO

Se escogen unas habas muy tiernas, se desgranan; se dejan limpias de hojas las alcachofas y se cortan en cuatro pedazos, se pican las lechugas, se corta el tocino en pedacitos y se quita lo verde de las cebollas.

En una cacerola se pone a derretir la manteca y el tocino. Se fríe éste un poco y se añaden las habas, la lechuga, las alcachofas y la sal, se deja rehogar unos minutos, al cabo de los cuales se tapa y se retira a una esquina, dejándolo cocer quince minutos, moviendo de vez en vez la cacerola, pero sin destaparla. Se añade la harina al caldo y el perejil y la pimienta se deja cocer unos cuarenta minutos, hasta que estén tiernas las habas y demás verduras.

HUEVOS FRITOS CON MIGAS

INGREDIENTES Y CANTIDADES

Pan   250 gramos.
Ajo   2 dientes.
Aceite   9 cucharadas.

MODO DE HACERLO

En una fuente honda se pica el pan con los dedos a pedacitos. Se rocía de agua salada y se tapa unas dos horas.

En una sartén se pone el aceite que se caliente y se fríen los ajos, cuando están muy tostados se sacan y se echan las migas preparadas; se dejan freír, moviéndolas constantemente para que no se agarren, y cuando estén sueltas y muy doradas se ponen en el centro de una fuente en montículo, y alrededor, en corona, los huevos fritos.

MINUTA UNDÉCIMA

COMIDA

Conjunto de verduras moldeadas con mayonesa.
Calamares en su tinta.

CONJUNTO DE VERDURAS MOLDEADAS CON MAYONESA

INGREDIENTES Y CANTIDADES

Arroz	250 gramos.
Coles de Bruselas	250 gramos.
Guisantes desgranados	250 gramos.
Zanahorias	250 gramos.
Manteca o mantequilla	50 gramos.
Aceite	5 cucharadas.
Huevos	2.
Sal, laurel.	

Mayonesa

Huevos	1.	Aceite	2 decilitros.
Vinagre	2 cucharadas.	Sal, pimienta.	

MODO DE HACERLO

En agua hirviendo con sal se cuecen las verduras, después de limpias; ya cocidas, se escurren en un colador y se rehogan en el aceite frito con un diente de ajo. Cuando están rehogadas, se echan los huevos en la sartén y se revuelven con la verdura.

En una cacerola se pone medida el doble de cantidad de agua que de arroz, la manteca de cerdo, media hoja de laurel y sal. Se lava el arroz en un colador y cuando rompe a hervir el agua de la cacerola se echa en ella y se tapa, dejándolo hervir despacio unos quince minutos. Se separa del fuego, se deja reposar en el horno otros cinco o seis minutos y se prepara el plato.

En un molde de flan o bizcochos, untado de aceite, se pone una capa de arroz, se alisa y se pone una de verdura, otra de arroz, otra de verdura y otra de arroz; en total, tres capas de arroz y dos de verdura. Se apisona un poco con la seta de madera y se vuelca en una fuente redonda, adornándola alrededor con algunas coles de Bruselas y una rodaja de zanahoria.

Se sirve aparte una salsa mayonesa. (Véase *Salsa mayonesa*).

CALAMARES EN SU TINTA

INGREDIENTES Y CANTIDADES

Calamares	1 kilo.	Aceite	5 cucharadas.
Cebollas	1/4 kilo.	Harina	1 cucharada.
Tomates	1/4 kilo.	Ajo y perejil.	

MODO DE HACERLO

Se limpian los calamares, reservando las bolsitas de tinta, y ya limpios, si son grandes, se cortan los cuerpos en aros con unas tijeras, y si son pequeños, se rellenan con las patas y alas, sujetándolas con un palillo.

En una sartén se pone el aceite y cuando está caliente se echa la cebolla, un diente de ajo y una rama de perejil, todo muy bien picadito; se deja estofar lentamente y se agregan los tomates asados quitados las pieles, se rehoga todo y se añaden los calamares, dejándolos cocer durante una hora bien tapados. A la media hora se les agrega la tinta pasada por un colador tamiz y la cucharada de harina tostada. Si están muy secos se agrega un poco de agua y se dejan cocer a lumbre floja hasta que estén en su punto.

MINUTA DUODÉCIMA

CENA

Zanahorias con arroz blanco.
Budín de salmón.

ZANAHORIAS CON ARROZ BLANCO

INGREDIENTES Y CANTIDADES

Zanahorias	1 kilo.	Vino	3 cucharadas.
Aceite	5 cucharadas.	Harina	1 cucharada.
Cebollas	1/2 kilo.	Arroz	2 tazas.
Tomate	100 gramos.	Manteca	30 gramos.
Laurel, pimienta y ajo.			

MODO DE HACERLO

Se raspan las zanahorias y se lavan, cortándolas en tiras finas. Se corta la cebolla menudita y se escalda en agua hirviendo el tomate para quitarle la piel.

En una cacerola se pone el aceite y cuando está caliente se echa la cebolla, la zanahoria y el tomate; se añade ajo, laurel y se rehoga unos diez minutos a fuego lento. Pasado este tiempo se añade cuarto de litro de agua hirviendo y se deja que cueza lentamente hasta que se consuma y estén tiernas las zanahorias.

Se decanta la salsa que queda y se espesa con la harina tostada y se agrega el vino.

Se pone en una fuente redonda, se echa la salsa por encima y se guarnece de moldecitos de arroz blanco.

ARROZ BLANCO

En un cacillo se pone el arroz y se cubre de agua fría. Se arrima al fuego y se deja hervir cinco minutos justos. Pasado este tiempo se echa en un colador y se lava al chorro de la fuente.

En una cacerola se miden cuatro tazas de agua, se añade sal y se pone al fuego; cuando hierve se echa el arroz, media hoja de laurel y la manteca de cerdo y se deja hervir quince minutos.

Se separa del fuego, se deja reposar cinco minutos y se moldea.

BUDIN DE SALMÓN

INGREDIENTES Y CANTIDADES

Salmón	1 lata 1/2 kilo.	Huevos	2.
Pan	200 gramos.	Leche	1/4 litro.
Jerez	1 cucharada.	Mantequilla	30 gramos.
Salsa de tomate 3 cucharadas.			

MODO DE HACERLO

Se corta el pan en rebanadas finas y se empapan en la leche.

Sobre la tabla se pica el salmón con la media luna para que quede muy fino. Entonces se moja el pan con la leche, se sazona de sal y pimienta y se deja reposar un rato. Pasado un tiempo se añaden las yemas, el jerez y las cucharadas de tomate; las claras, a punto de nieve.

Bien mezclado se echa en un molde untado de grasa y espolvoreado de pan rallado y se mete en el horno hasta que esté cuajado, que se conoce en que se despega de las paredes del molde.

Se deja enfriar y se desmolda en una fuente, cubriéndola con una salsa de alcaparras.

SALSA

INGREDIENTES Y CANTIDADES

Mantequilla	50 gramos.	Leche	1/4 litro.
Harina	1 cucharada.	Alcaparras	50 gramos.
Sal, pimienta y nuez moscada.			

MODO DE HACERLO

Se pone la mitad de la mantequilla en un perol, cuando se derrite se echa la harina y se rehoga durante unos minutos; sin que tomen color se añade la leche hirviendo moviendo con las varillas para que no se apelotone, se sazona de sal y pimienta y una pizca de nuez moscada.

Se retira del fuego y se agrega el resto de la mantequilla, moviendo para ligarla, se añaden las alcaparras y se emplea.

COMIDA

Macarrones con espinacas.
Lengua de vaca estofada.

MACARRONES CON ESPINACAS

INGREDIENTES Y CANTIDADES

Macarrones	400 gramos.	Mantequilla	50 gramos.
Espinacas	1 kilo.	Aceite	3 cucharadas.
Queso	30 gramos.	Harina	1 cucharada.

MODO DE HACERLO

Se escogen macarrones gruesos y se ponen a cocer en un puchero con abundante agua hirviendo, con sal, durante veinte o veinticinco minutos. Cuando están tiernos se separan del fuego y se dejan reposar un rato tapados, después se lavan con agua fría y se ponen a escurrir. Se limpian las espinacas lavándolas en varias aguas y se ponen a cocer en agua hirviendo con sal durante diez minutos. Pasado este tiempo se separan del fuego, se refrescan en agua fría y se escurren bien, estrujándolas para que suelten toda el agua, y se pican finamente sobre la tabla.

En una sartén se pone aceite, se arrima al fuego y cuando esté caliente se echa un diente de ajo, que se dejará dorar; se echan las espinacas, se rehogan bien y se reservan.

En un cazo se pone la mantequilla y la cucharada de harina, se rehoga bien sin que tome color y se añade la leche hirviendo, moviendo bien para que no se hagan grumos. Se deja hervir unos minutos y se separa.

En una sartén grande se echa la mitad de la mantequilla, y los macarrones escurridos se saltean y se les mezcla las espinacas rehogadas.

Bien mezclado todo se vierte en una fuente de barro refractario, se cubre con la besamel y se espolvorea la superficie con el queso rallado.

Se meten en el horno, que debe estar fuerte, unos cinco o seis minutos para que se doren y se sirve en el mismo recipiente sobre bandeja con servilleta.

LENGUA DE VACA ESTOFADA

INGREDIENTES Y CANTIDADES

Lengua	950 gramos.	Pimienta	1 cucharadita.
Aceite	5 cucharadas.	Cebolla picada	150 gramos.
Vino blanco	5 cucharadas.	Zanahorias	3 piezas.
Vino dulce	5 cucharadas.	Chocolate	1/2 onza.
Ajos, sal y laurel.			

MODO DE HACERLO

En una cacerola con agua hirviendo se sumerge la lengua, dejándola hervir cinco minutos. Entonces se separa del fuego y sobre una tabla se raspa con un cuchillo para quitarle toda la piel, que es muy dura.

Ya limpia por completo se pone en una cacerola y se le echan todos los ingredientes, dejándola en ellos un par de horas, al cabo de las cuales se coloca sobre el fuego y tapado herméticamente se deja cocer a fuego lento durante tres horas.

De vez en vez se destapa y se da una vuelta a la lengua, dejando escurrir en el guiso el vapor de la tapadera. Cuando está tierna se escurre la lengua y se deja enfriar, cortándola en lonchas finas, y se adorna con las zanahorias cortadas en rodajas. Se pasa la salsa por el chino, se vierte encima de la lengua y se sirve.

MINUTA DECIMOCUARTA

CENA

Puré de guisantes.
Emparedados de jamón con ensalada.

PURÉ DE GUISANTES

INGREDIENTES Y CANTIDADES

Guisantes secos desgranados	1/2 kilo.	Apio	1 rama.
Mantequilla	30 gramos.	Lechuga	6 hojas.
Puerros	2.	Zanahorias	1.
Sal, pimienta y un trozo de pan.			

MODO DE HACERLO

En una vasija se ponen los guisantes cubiertos de agua fría y se dejan en remojo durante veinticuatro horas. En una cacerola se echa la mantequilla, se deja derretir y se incorpora el verde de los puerros cortados en trozos pequeños. Se deja estofar moderadamente diez minutos y se agregan los guisantes, las zanahorias, el apio y las hojas de lechuga, se añade un litro de agua y se deja cocer moderadamente una hora.

Cuando están tiernos se quitan las hebras y se pasan por un tamiz, quedando un puré espeso; se aclara con caldo, que se puede preparar con cuatro cubitos de caldo en un litro de agua; se vuelve a colar y se pone a calentar nuevamente.

Cuando rompe a hervir se echa en la sopera sobre unas rebanadas de pan tostadas al horno.

Los guisantes secos pueden sustituirse por tres cuartos de kilo de guisantes frescos y cuarto kilo de patatas.

EMPAREDADOS DE JAMÓN

INGREDIENTES Y CANTIDADES

Pan de molde	1 pieza.	Harina	2 cucharadas.
Jamón	50 gramos.	Huevos	2.
Ternera picada	150 gramos.	Mantequilla	30 gramos.
Leche	1/4 litro.	Aceite para freírlos.	

MODO DE HACERLO

Se corta el pan en rebanadas finas.

En una sartén se pone mantequilla, la ternera picada y el jamón; se rehoga despacio durante cinco minutos y se añade la leche, reservando un poco para desleír las dos cucharadas de harina. Cuando el preparado de la sartén rompe a hervir, se echa la harina desleída y se deja cocer despacio diez minutos, sin dejar de mover para que no se agarre. Se sazona de sal y un poco de ralladura de nuez moscada y se retira del fuego.

Con una espátula se extiende sobre una rebanada un poco de relleno, se tapa con otro y se unen bien los bordes. Se repite la operación con todas las rebanadas y cuando están todas rellenas se cortan en triángulo, se pasan por huevo batido y se fríen en aceite caliente hasta que estén doraditas.

Ya escurridas se sirven en una fuente sobre servilleta.

Aparte se sirve ensalada de lechuga.

MINUTA DECIMOQUINTA

COMIDA

Menestra de verduras.
Cordero asado.

MENESTRA DE VERDURAS

INGREDIENTES Y CANTIDADES

Guisantes	1 kilo.	Patatas	1/2 kilo.
Alcachofas	1/4 kilo.	Harina	2 cucharadas.
Judías verdes	1/2 kilo.	Cebolla	100 gramos.
Zanahorias	1/4 kilo.	Aceite	5 cucharadas.
Jamón	100 gramos.		

MODO DE HACERLO

Se pone al fuego una cacerola con agua y cuando rompe a hervir se echan los guisantes desgranados, las zanahorias raspadas y cortadas en cuadraditos y las judías cortadas y sin hebras en trozos de tres centímetros. Se le agrega sal y se le deja cocer media hora; se le echan las patatas cortadas en pedacitos. Se limpian las alcachofas, se cortan en cuatro pedazos, se les quitan las hojas duras y se ponen a cocer en agua hirviendo con una rodaja de limón. Cuando están tiernas se sacan y se lavan en agua fría.

En una sartén se echa el aceite y se acerca al fuego y cuando está caliente se le añade la cebolla picada muy fina; cuando está muy dorada se le añade el jamón cortado en cuadraditos y la harina, se rehoga un poco y se vierte el conjunto en la cacerola de las verduras, en las que se deja un poco de agua en que han cocido; se les añaden las alcachofas, se sazona de sal y pimienta blanca y se deja cocer suavemente unos diez minutos.

CORDERO ASADO

INGREDIENTES Y CANTIDADES

Una pierna de cordero de kilo y medio de peso; manteca de cerdo o aceite, cincuenta gramos.

MODO DE HACERLO

Se elige el cordero que no sea muy crecido, se limpia, se le hace una cortadura en los nervios, se le echa sal, se frota por todos los sitios un poco de ajo y se pone en una tartera al horno untado de manteca.

Se le da vuelta para que se dore por igual, regándolo con su propio jugo para que no se seque. Tardará en hacerse unas dos horas; a media cocción se rocía con una copa de coñac, esto le hará tostarse mejor. Se sirve trinchado en fuente adornada con hojas de lechuga, sirviendo aparte ensalada y el jugo sobrante en una salsera.

CENA

Puré de Cuaresma.
Tortilla de habas.

PURÉ DE CUARESMA

INGREDIENTES Y CANTIDADES

Judías blancas	200 gramos.	Puerros	6.
Mantequilla	40 gramos.	Zanahorias	4.
Patatas	1/4 kilo.	Cebollas	1.

MODO DE HACERLO

En una cacerola se ponen las judías cubiertas de agua fría, se hacen hervir y después de un rato de hervor se agregan las verduras picadas y se dejan cocer hasta que estén muy tiernas, casi deshechas.

Se pasan por un chino, agregándoles un poco de agua hirviendo si le hace falta, y se vuelve a poner al fuego en ebullición unos minutos, se sazona y se retira del fuego, agregándole la mantequilla.

Ya para servirlo se le agregan unas rebanaditas de pan muy tostado en el horno para que tome color dorado.

TORTILLA DE HABAS

INGREDIENTES Y CANTIDADES

Huevos	6.	Cebollas	1 grande.
Habas muy tiernas	1/4 kilo.	Aceite	5 cucharadas.

MODO DE HACERLO

Se escogerán unas habas muy tiernas y pequeñas, se cortan los cantos y se desgranan, picando las vainas muy menuditas, y se echan en agua con el zumo de un limón.

En una cacerola con abundante agua hirviendo se escaldan durante cinco minutos o diez y se ponen a escurrir.

Se pone al fuego la sartén con aceite, y cuando está caliente se echa la cebolla picada. Se deja rehogar un poco y se añaden las habas. Lentamente se dejan estofar hasta que estén muy tiernas y fritas.

Se baten los huevos, se sazona y se echa sobre las habas; se deja cuajar por un lado la tortilla y se le da vueltas para que se cuaje por el otro.

Se sirve en fuente redonda.

MINUTA DECIMOSÉPTIMA

COMIDA

Patatas con bacalao.
Aguja de ternera a la jardinera.

PATATAS CON BACALAO

INGREDIENTES Y CANTIDADES

Patatas	2 kilos.	Cebolla	2 cucharadas.
Bacalao	1/4 kilo.	Harina	1 cucharada.
Aceite	4 cucharadas.	Pimentón	1/2 cucharada.
Ajo y pimienta.			

MODO DE HACERLO

Se pone a remojo el bacalao la víspera. Se pone a calentar el aceite y se echa un diente de ajo hasta que se dore. En este punto se echa la cebolla, se deja rehogar y se agrega el bacalao en trozos y limpio de escamas. Se deja estofar un poquito y se echa todo sobre las patatas cortadas en trozos y colocadas en una cacerola. Se pone ésta sobre la lumbre y se rehoga, añadiéndoles media cucharadita de pimentón dulce. Se mueven de vez en vez para que no se agarren y cuando están bien rehogadas se cubren ligeramente de agua y se dejan hervir despacio.

A medio cocer se agrega la cucharadita de harina tostada, se sazona de sal y pimienta y se dejan cocer hasta que están muy tiernas.

AGUJA DE TERNERA A LA JARDINERA

INGREDIENTES Y CANTIDADES

Aguja de ternera	1 kilo.	Alcachofas	6.
Guisantes	1/2 kilo.	Nabos	2.
Zanahorias	100 gramos.	Espárragos	100 gramos.
Vino	1 vaso.	Cebollas	100 gramos.
Mantequilla	25 gramos.	Aceite	5 cucharadas.
Laurel y pimienta.			

MODO DE HACERLO

Se corta en trozos la carne y se rehoga en el aceite puesto en una cacerola y caliente, se añade la cebolla picada, un vaso de vino, una hoja de laurel, pimienta y sal. Déjese cocer lentamente, añadiendo agua en pequeñas cantidades hasta quedar tierna.

Se desgranan los guisantes y se ponen a cocer en agua hirviendo. Las zanahorias y los nabos, después de raspados, se cortan en rodajas y se añaden a los guisantes. Después de quitar las hojas duras y cortar las puntas a las alcachofas, se parten por la mitad y se cuecen con agua hirviendo con zumo de limón.

Por último, se cortan las puntas de los espárragos y se cuecen en agua hirviendo con sal.

Cuando todas las hortalizas están cocidas se ponen en un escurridor para que apuren el agua.

En una sartén sobre el fuego se saltean las verduras con mantequilla, dejándolas cocer al fuego.

Cuando la carne está tierna se saca de su salsa y se pasa ésta por el chino, echando la mitad sobre las verduras, rehogándolas con ella.

Se coloca la carne en el centro de la fuente; alrededor, las hortalizas, menos las alcachofas, que se sacan antes, poniéndolas sobre el borde de la fuente. El resto de la salsa, bien caliente, se vierte sobre la carne.

MINUTA DECIMOCTAVA

CENA

Calabacín al horno.
Manos de ternera rebozadas.

CALABACÍN AL HORNO

INGREDIENTES Y CANTIDADES

Calabacines   6.
Aceite   8 cucharadas.
Sal, pimienta y perejil.

Pan rallado.
Ajo.

MODO DE HACERLO

Se cortan los calabacines por la mitad y se colocan en una fuente de horno con el corte hacia arriba. Se espolvorean con pan rallado, ajo, perejil, un poco de pimienta y sal. Se calienta en aceite y se fríe un ajo; cuando está dorado se saca y se echa el aceite caliente sobre los calabacines. Se agrega un poco de agua y se cuecen al fuego. Cuando han hervido unos cinco minutos se meten en el horno para que se hagan; deben quedar doraditos.

Se sirve en la misma fuente.

MANOS DE TERNERA REBOZADAS

INGREDIENTES Y CANTIDADES

Manos de ternera	3.	Huevos	2.
Pan rallado	150 gramos.	Limón	1.
Aceite suficiente para freírlas.			

MODO DE HACERLO

Se escaldan, poniendo las manos de ternera, después de limpias, en abundante agua fría, y se someten a un hervor fuerte durante cinco minutos. Después se refrescan en agua fría para dejarlas perfectamente limpias.

Se ponen a cocer en una cacerola bien cubierta de agua fría con sal, en proporción de diez gramos de sal por litro de agua.

Se tapan y se dejan cocer con calma hasta que estén tiernas y se puedan deshuesar con facilidad (unas tres horas aproximadamente). Una vez deshuesadas, se adoban con unas gotas de limón, se cortan en pedazos regulares, se pasan por huevo batido, se envuelven en pan rallado y se fríen en aceite bien caliente hasta que estén muy doraditas.

COMIDA

Guisantes en salsa verde con arroz blanco.
Aleta de ternera rellena, con ensalada.

GUISANTES EN SALSA VERDE

INGREDIENTES Y CANTIDADES

Guisantes	2 kilos.	Arroz	200 gramos.
Perejil	1 ramillete.	Manteca	1 cucharada.
Ajo	1/2 diente.	Laurel	1/2 hoja.
Cebolla	1/2	Harina	2 cucharadas.
Aceite	3 cucharadas.		

MODO DE HACERLO

Se desgranan los guisantes y se ponen a cocer en agua hirviendo con sal.

En una sartén se pone el aceite, se acerca al fuego y se fríe la cebolla, sin que tome color, se saca y se echa en el mortero, añadiendo el ramillete de perejil, el ajo y un poco de sal; se machaca todo hasta hacer pasta y se deslíe con un poco de agua de los guisantes, vertiendo la mezcla sobre éstos a media cocción.

En el aceite restante de la cebolla se rehoga la harina y se agrega a los guisantes. Se rectifica de sal y se dejan cocer despacio hasta que estén tiernos.

En un cazo se pone a hervir doble cantidad de agua que de arroz, se añade sal, el laurel y la manteca. Cuando rompe a hervir se echa el arroz bien lavado y escurrido y se deja quince minutos destapado; transcuridos éstos se separa del fuego y se deja reposar cinco minutos.

Se moldea y se pone en el centro de una fuente y los guisantes alrededor.

ALETA RELLENA CON ENSALADA

INGREDIENTES Y CANTIDADES

Aleta de ternera	750 gramos.	Vino	1 vaso.
Huevos	2.	Jamón	50 gramos.
Cebolla	2.	Harina	1 cucharada.
Aceite	5 cucharadas.	Azúcar	1 cucharada.
Sal y pimienta.			

MODO DE HACERLO

Se pica la cebolla muy menudita; con un poco de aceite se fríe la mitad, haciéndolo muy despacio para que se dore, sin que esté dura. Cuando está dorada se echa el jamón picado en la máquina, y se rehoga un poco con la cebolla, poniendo ésta a escurrir para que suelte el aceite.

Se baten los huevos y se añade la cebolla con el jamón, haciéndose una tortilla en sartén grande bien extendida.

Se abre la aleta por el medio, se limpia de pellejos y se aplasta con el mazo de la carne. Se extiende encima la tortilla, procurando que quede del mismo tamaño, y se envuelve con la carne para formar un rollo. Se cose con hilo fuerte y se reboza de harina.

Se pone al fuego una sartén con el resto del aceite y se rehoga la ternera hasta que tome bastante color, sacándola entonces y echando la cebolla. Cuando esté bien dorada se agrega el azúcar para que se tueste y después la harina, se echa el vaso de vino para desleírlo y se vierte el conjunto sobre la ternera, que estará en una cacerola; se añade sal, media hoja de laurel y se tapa herméticamente, dejándola cocer suavemente hasta que esté muy tierna. Si hiciera falta, se añaden pequeñas cantidades de agua hirviendo hasta que se haga.

Una vez hecha se saca de la cacerola, se quita el hilo y, ya fría, se trincha en rodajas y se adorna la fuente con rajas de tomate o las hojas blancas de la lechuga.

MINUTA VEINTE

CENA

Sopa de macarrones.
Merluza imperial.

SOPA DE MACARRONES

INGREDIENTES Y CANTIDADES

Macarrones gruesos	200 gramos.	Caldo	6 cubitos.
Queso rallado	25 gramos.	Tapioca	2 cucharadas.

MODO DE HACERLO

Se parten los macarrones en trozos pequeños y se ponen a cocer en agua hirviendo con sal durante veinte minutos; una vez cocidos se dejan reposar un rato cerca del calor y después se sacan del agua y se ponen en un escurridor, lavándolos al chorro del agua. Bien lavados y sueltos, se dejan escurrir.

En una cacerola se pone a hervir litro y medio de agua; cuando rompe el hervor se echan los cubitos y la tapioca, se deja cocer cinco minutos y se añaden los macarrones bien escurridos, se deja dar un hervor y se retira, se echa en la sopera y se le echa el queso rallado por encima y se sirve.

MERLUZA IMPERIAL

INGREDIENTES Y CANTIDADES

Merluza	1 kilo.	Huevos	1.
Zanahorias	1/4 kilo.	Patatas	1/4 kilo.
Remolacha	1/4 kilo.	Aceite	1 1/2 decilitro.
Guisantes	1/4 kilo.	Limones	2.
Sal, pimienta y vinagre.			

MODO DE HACERLO

Se escoge una cola de merluza muy fresca o un trozo de centro, pero que sea cerrada. Se pone en una cacerola cubierta de agua fría, a la que se añade unas rodajas de limón, otras de cebolla, una rama de perejil, un diente de ajo y media hoja de laurel. Se añade la sal suficiente y se acerca al fuego, dejándola hervir tapada diez minutos, contados desde que rompe el hervor.

Ya cocida, se retira del fuego y se saca con cuidado, colocándola en una rejilla para que escurra.

Se ponen a cocer cada una de las verduras por separado, y cuando están, se pican en cuadraditos pequeños y se reservan.

En un tazón se pone la yema del huevo, se le agrega un polvo de sal y unas gotas de vinagre y se mueve con una espátula de madera o tenedor. En seguida se va incorporando el aceite poco a poco y sin dejar de batir, y cuando ha absorbido todo el aceite y está muy espesa se separa la mitad y la otra se adelgaza mezclándole la clara batida a punto de nieve. De esta mayonesa se echa un par de cucharadas a cada una de las verduras, que se mezclan con ella. La mayonesa reservada se pone en una manga con boquilla rizada para decorar el plato.

En una fuente blanca alargada se coloca la merluza y alrededor los montoncitos de verduras, alternando los colores. Con la mayonesa puesta en la manga se adorna la merluza y los montoncitos de verdura; por último, se adorna el borde de la fuente con medias rodajas de limón.

La mayonesa se pone en la salsera y se sirve aparte.

MINUTA VEINTIUNA

COMIDA

Zanahorias con jamón.
Calamares rellenos.

ZANAHORIAS CON JAMÓN

INGREDIENTES Y CANTIDADES

Zanahorias	1 kilo.	Agua	1 litro.
Jamón	100 gramos.	Caldos	4.
Manteca de cerdo	50 gramos.	Harina	1 cucharada.

MODO DE HACERLO

Se deslíen los caldos en un litro de agua hirviendo.

Se raspan las zanahorias, que deben ser muy pequeñitas; si son grandes las zanahorias, se cortan en trozos y se moldean, quitándoles la parte leñosa.

En una cacerola ancha se pone la manteca, y cuando está caliente se echan las zanahorias y el jamón cortado en trocitos cuadrados, se sazona de sal, se añade la cucharada de harina y se deja cocer a fuego lento un cuarto de hora, moviendo de cuando en cuando para que no se agarre. Pasado este tiempo se agrega el caldo muy caliente, y cuando rompe el hervor se tapa y se deja cocer muy despacio, hasta que estén tiernas las zanahorias con la salsa en buen punto.

CALAMARES RELLENOS

INGREDIENTES Y CANTIDADES

Calamares	1 kilo.	Cebollas	1 grande.
Jamón	50 gramos.	Piñones	25 gramos.
Huevos duros	1.	Vino blanco	1 vaso.
Pan rallado	3 cucharadas.	Perejil	1 rama.
Aceite	4 cucharadas.	Harina	30 gramos.
Sal y pimienta.			

MODO DE HACERLO

Se limpian los calamares, que deben ser de tamaño regular; se les quitan las patas y tripas, tirando éstas.

Bien lavados y blancos los cuerpos, se les quitan las aletas y se reservan. Se pican en la máquina el jamón, las patas y las aletas de los calamares; en una sartén se ponen dos cucharadas de aceite y se fríe mucha cebolla picada; en un plato se mezcla el picadillo hecho con el jamón y los calamares, el pan rallado, los huevos cocidos duros, y picada la cebolla, un poco de perejil y ajo y una cucharada de vino blanco, se sazona de sal y pimienta y se amasa el conjunto.

En una cacerola se pone el aceite y se echan los calamares pasados por harina. Cuando se ha dorado un poco se echa el resto de cebolla. Cuando han tomado un poco de color se agrega el vino, los piñones machacados y un poco de agua y se deja cocer todo muy despacio hasta que estén tiernos los calamares. Entonces se sacan, se dejan enfriar y se cortan en rodajas. Se pasa la salsa por el chino y se vierte en la fuente sobre los calamares colocados en hilera, adornándolos con unos triángulos de pasta quebrada.

TRIÁNGULOS

INGREDIENTES Y CANTIDADES

Harina	100 gramos.	Aceite	2 cucharadas.
Mantequilla	10 gramos.	Leche	2 cucharadas.

MODO DE HACERLO

En un recipiente se echan la mantequilla derretida y la leche con la sal, se amasa con harina y cuando se ha reunido una bola de masa fina se deja reposar una media hora. Pasado este tiempo, se extiende del grueso de medio centímetro y se cortan doce triángulos, que se colocan en una placa y se cuecen al horno.

CENA

Alcachofas al natural.
Croquetas a la milanesa con salsa estofada.

ALCACHOFAS AL NATURAL

INGREDIENTES Y CANTIDADES

Alcachofas	1 kilo.	Ajo	2 dientes.
Aceite	4 cucharadas.	Perejil	1 rama.
Limón	2 cucharadas.	Pan rallado, sal y pimienta.	

MODO DE HACERLO

Se preparan las alcachofas quitándoles las hojas duras y cortándoles las puntas. Después se entreabren un poco las hojas y se van poniendo en agua acidulada.

En una cacerola ancha o cazuela se colocan de pie, una al lado de otra, apretaditas, para que al hervir no se caigan. Se les echa sal, pan rallado, perejil y ajo picado, pimienta y limón, se rocía con aceite crudo y se echa agua, que no pase del borde de la alcachofa, y se dejan cocer suavemente, añadiendo agua poco a poco hasta que están tiernas.

Cuando están cocidas, se meten en el horno unos cinco minutos, para que se dore el pan rallado.

CROQUETAS A LA MILANESA EN SALSA ESTOFADA

INGREDIENTES Y CANTIDADES

Macarrones	200 gramos.	Leche	1/2 litro.
Queso Gruyère o Parma	100 gramos.	Huevos	2.
Mantequilla	50 gramos.	Pan rallado.	
Harina	6 cucharadas.	Sal y pimienta.	

MODO DE HACERLO

Se parten los macarrones muy menuditos y se cuecen en agua hirviendo y sal durante veinticinco minutos. Se lavan y se ponen a escurrir.

En una sartén se pone la mantequilla y la harina y se agrega la leche hirviendo de golpe, moviendo en seguida para que no se hagan grumos.

Se sazona de sal, un poco de pimienta y se deja hervir hasta que se espesa. Se añaden entonces los macarrones y la mitad del queso rallado, se mezcla bien y se echa en una fuente para que se enfríe.

Ya fría la pasta, se hacen unas croquetas de forma alargada, que se envuelven con la otra mitad del queso rallado, se pasan por huevo batido y se rebozan en pan rallado, friéndolas en aceite caliente hasta que estén doraditas. Se sirven en fuente con servilleta y aparte una salsa estofada.

SALSA ESTOFADA DE TOMATE

INGREDIENTES Y CANTIDADES

Tomates	1/4 kilo.	Laurel	1 hoja.
Zanahorias	125 gramos.	Ajo	2 dientes.
Cebollas	1/4 kilo.	Manteca	30 gramos.
Vino	1 vaso.		

MODO DE HACERLO

Se pone a derretir la manteca en una sartén y se echa la cebolla picada, el ajo, perejil y la zanahoria partida en rodajas, se agregan los tomates partidos, se rehoga y se añade el vino blanco y el laurel. Todo mezclado, se añade un cuarto de litro de agua, se tapa y se deja cocer una hora muy lentamente. Cuando las zanahorias están muy tiernas, se pasa la salsa por el chino, apretando muy bien para que pase toda; se sazona de sal y se vuelve a poner al fuego y se deja cocer hasta que quede una salsa espesita, se vuelve a sazonar de sal y se sirve muy caliente en salsera.

MINUTA VEINTITRÉS

COMIDA

Garbanzos a la catalana.
Ragú de cordero.

GARBANZOS A LA CATALANA

INGREDIENTES Y CANTIDADES

Garbanzos	500 gramos.	Manteca de cerdo	50 gramos.
Butifarra	150 gramos.	Tomates	3.
Cebollas	2.	Huevos	2.
Sal y pimienta.			

MODO DE HACERLO

Se ponen a remojar la víspera. En agua hirviendo con sal se ponen a cocer, y cuando empiezan a estar cocidos se preparan del modo siguiente:

En una sartén se pone la manteca de cerdo, y cuando está caliente se fríe la cebolla picada fina; a continuación se añaden los tomates, sin piel ni pepitas y muy picaditos; cuando está todo bien frito se añade la butifarra hecha rodajas gruesas.

Este conjunto se echa en una cacerola, donde se agregan los garbanzos sin caldo. Se dejan dar unos hervores, moviendo la cacerola para que los garbanzos no se deshagan, y a continuación se agrega algo de caldo de los mismos, se rectifica de sal, se añade pimienta y se deja cocer muy lentamente hasta que estén tiernos y en su punto.

Al servirlos se cubren con los huevos duros muy picaditos.

RAGÚ DE CORDERO

INGREDIENTES Y CANTIDADES

Cordero	1 1/2 kilo.	Vino blanco	1 decilitro.
Patatas pequeñas	1/2 kilo.	Agua	1 litro.
Cebollitas	1/4 kilo.	Ajos	1 diente.
Manteca	50 gramos.	Harina	25 gramos.

Apio, zanahorias, sal y pimienta.

MODO DE HACERLO

Se corta en trozos el cordero de la parte de la paletilla, cuello y pecho, y se sazona de sal y pimienta.

En una sartén se pone la manteca de cerdo, se acerca al fuego y, ya caliente, se rehogan los trozos de cordero.

Una vez dorados, se van echando en una cacerola, en la que se había puesto el apio, la zanahoria y el vino. Se tapa la cacerola, dejando cocer el cordero moderadamente.

En la grasa sobrante de freír el cordero se rehogan las cebollitas, que deben ser muy pequeñas, y se incorporan las patatas mondadas y enteras. Se saltean un minuto y se echan en la cacerola del cordero.

En la misma sartén se rehoga la harina, y una vez dorada se le añade el agua, se deja hervir un poco y se agrega a la cacerola, se rectifica de sal y se tapa, poniéndola a horno fuerte, donde se deja cocer una hora.

Se sirve salpicado de perejil picado.

MINUTA VEINTICUATRO

CENA

Guisantes con lechuga.
Soldaditos de pavía.

GUISANTES CON LECHUGA

INGREDIENTES Y CANTIDADES

Guisantes	2 kilos.	Harina	1 cucharada.
Lechuga	2 piezas.	Huevos	1.
Aceite	1 cucharada.	Cebolla	1.
Tocino de jamón	25 gramos.	Sal y pimienta.	

MODO DE HACERLO

Se desgranan los guisantes y se preparan las lechugas quitándoles las hojas una por una y lavándolas bien; después se pican.

En un poco de agua hirviendo se ponen a cocer los guisantes, agregándoles a continuación la lechuga escurrida; se sazona y se deja cocer.

Se pone al fuego una sartén con la cucharada de aceite y se añade el tocino de jamón para que se derrita. Cuando ha hecho bastante grasa se añade la cebolla picada, dejándola freír, y cuando está dorada se añade una cucharada bien colmada de harina. Se rehoga un poco y, sin dejarlo tostar demasiado, se deslíe con un poco de caldo de los guisantes. Se vierte sobre éstos y se deja cocer el conjunto hasta que estén cocidas las verduras y en su salsa.

Se retira del fuego y se incorpora a los guisantes el huevo batido poco a poco, y sin cesar de mover.

SOLDADITOS DE PAVÍA

INGREDIENTES Y CANTIDADES

Bacalao	350 gramos.	Levadura prensada	10 gramos.
Harina	160 gramos.	Aceite crudo	2 cucharadas.
Agua	14 cucharadas.	Aceite suficiente para freírlos.	

MODO DE HACERLO

Se escoge el bacalao de la parte del centro y se pone a remojar la víspera, cambiándole varias veces el agua.

Al día siguiente se hacen tiras finas y se ponen en una vasija, se sazonan de sal y zumo de limón y se reservan.

En un recipiente se pone la harina y se forma en su centro un hueco, en el que se coloca un poco de sal y la levadura prensada, las dos cucharadas de aceite crudo y el agua fría; se mezcla todo y se deja tapado en sitio templado, y una vez aumentada la pasta, o sea que haya levado, se procede a bañar las tiras y freírlas.

Se sirve en una fuente sobre servilletas, adornada con un ramo de perejil.

COMIDA

Coliflor margarita.
Morcillo de ternera en salsa.

COLIFLOR MARGARITA

INGREDIENTES Y CANTIDADES

Coliflor	1 mediana.	Huevos	3.
Patatas	1 kilo.	Aceite	2 decilitros.
Remolacha	2 piezas.	Vinagre	2 cucharadas.
Sal y pimienta.			

MODO DE HACERLO

Se ponen a cocer las patatas con piel, y una vez cocidas se les quita la piel y se cortan en cuadraditos.

Se cuecen las remolachas, poniéndolas con agua fría y dejándolas hervir aproximadamente tres horas. Cuando están tiernas se les quita la piel y se cortan en rodajas.

Se cuecen dos huevos durante doce minutos, empezando a contar cuando rompe el hervor. Cuando están, se refrescan en agua fría, se descascarillan, partiéndolos horizontalmente por la mitad y quitándoles las yemas, que se pican muy menuditas, reservando las claras.

En una cacerola honda se pone a cocer agua abundante, y cuando rompe el hervor se sumerge la coliflor, quitadas las hojas verdes y el tronco; dejándola entera se añade sal y se deja hervir destapada unos quince o veinte minutos. Pasados éstos se pincha por el tallo para ver si está cocida y se saca con cuidado para que no se deshaga, poniéndola a escurrir.

Se hace mayonesa, poniendo la yema en un tazón, añadiéndole unas gotas de vinagre y un poco de sal. Se bate con tenedor de madera y se va agregando el aceite gota a gota.

Cuando ha absorbido todo el aceite, se rectifica de sal y vinagre y se sazona con un poco de pimienta agregándoles, por último, la clara batida a punto de nieve, mezclándola con espátula.

En una fuente redonda se ponen las patatas picadas en el centro, la coliflor formando media esfera, y se cubre todo con la mayonesa.

Encima de la coliflor se forma una margarita con las hojas formadas por las claras cortadas en tiras. La semilla de la margarita se hace con la yema picada, y alrededor de la fuente se adorna con la remolacha. Se sirve muy frío.

MORCILLO DE TERNERA EN SALSA

INGREDIENTES Y CANTIDADES

Carne de morcillo	1 1/4 kilo.	Perejil picado	1 cucharada.
Manteca o aceite	50 gramos.	Ajos	2 dientes.
Cebolla picada	200 gramos.	Puerros	3.
Vino blanco	1 vaso.	Sal y pimienta.	

MODO DE HACERLO

Se limpia el morcillo de gordo y se le da algunos cortes para que no se encoja.

En una cacerola se pone la manteca, la cebolla, el perejil, los puerros y el ajo, todo bien picadito; se sazona la carne de sal y pimienta y se coloca sobre las verduras. Se deja freír a lumbre viva para que se dore, pero sin dejar de mover para que no se agarre. Cuando esté dorada se le añade un vaso de vino blanco bueno, y otro de agua y se deja que continúe cociéndose a poco fuego hasta que esté tierna, aproximadamente dos horas. Se pincha con una aguja de mechar, y si penetra con facilidad está en su punto.

Entonces se pasa la salsa por un colador, apretando mucho con la seta para que engorde con la cebolla. Póngase esta salsa al fuego para darle un hervor y se vierte sobre la ternera cortada en rodajas y puestas en una fuente.

Se adorna alrededor con costrones de pan frito o de pasta quebrada.

MINUTA VEINTISÉIS

CENA

Guisantes con tocino.
Bacalao encebollado.

GUISANTES CON TOCINO

INGREDIENTES Y CANTIDADES

Guisantes	2 kilos.		Harina	1 cucharada.
Tocino magro	125 gramos.		Agua	3 decilitros.
Mantequilla	30 gramos.		Cebolla	1.
Sal y pimienta.				

MODO DE HACERLO

Se corta el tocino en pedacitos cuadrados y se echan en agua hirviendo; cuando rompe de nuevo el hervor se tiene hirviendo cinco minutos, se sacan, se escurren y se ponen en una cacerola al fuego con la mantequilla, se fríen durante cinco minutos, se añade la harina y se rehoga cuatro minutos.

Se agregan los guisantes, la cebolla entera y pelada y el agua.

Cuando estén tiernos los guisantes, se quita la cebolla y se sirve.

BACALAO ENCEBOLLADO

INGREDIENTES Y CANTIDADES

Bacalao	750 gramos.		Cebolla	1/2 kilo.
Huevos	2.		Aceite	1 decilitro.

MODO DE HACERLO

Se pone el bacalao a remojo durante veinticuatro horas, cambiándole el agua varias veces; al día siguiente se desmiga y se coloca en un escurridor.

En una sartén se pone a calentar el aceite y se fríe la cebolla, picada muy finamente; cuando empieza a tomar color se añade el bacalao, bien escurrido, y se deja estofar hasta que ha consumido el agua que suelta; ya en su punto, se echan los dos huevos bien batidos, moldeándolo en forma de tortilla. Se sirve en fuente redonda.

COMIDA

Budín de verduras.
Estofado de vaca con patatas.

BUDÍN DE VERDURAS

INGREDIENTES Y CANTIDADES

Repollo	2 kilos.	Patatas	1/4 kilo.
Zanahorias	1/4 kilo.	Harina	2 cucharadas.
Guisantes	1/4 kilo.	Leche	3/4 litro.
Alcachofas	3.	Mantequilla	20 gramos.
Huevos	3.	Aceite	5 cucharadas.

MODO DE HACERLO

Se corta el repollo en tiras y se pone a cocer en agua hirviendo con sal. Se parten las zanahorias, se cortan en cuadraditos y se ponen a cocer los guisantes desgranados.

Se quitan las hojas duras a las alcachofas, se cortan en cuatro y se cuecen en agua hirviendo con un poco de zumo de limón.

Se cuecen las patatas con piel, poniéndolas en agua fría; ya cocida, se les quita la piel y se cortan en cuadraditos.

Cuando están tiernas todas las verduras, se escurren y se mezclan, rehogándolas en una sartén con aceite, en el que se añaden dos huevos batidos y se echan en un molde redondo previamente untado de aceite frito y espolvoreado de pan rallado. Se mete en el horno durante media hora para que tome consistencia. Se pincha con una aguja de calcetar, y si sale limpia, se saca del horno y se moldea en una fuente. Se cubre con la besamel y se sirve.

BESAMEL

En una sartén se pone la mantequilla y se echa la harina, rehogándolo, sin que tome color; se agrega la leche hirviendo y se deja cocer unos minutos, moviendo sin parar para que no se hagan grumos.

Cuando está en su punto se vierte un poco sobre el budín y se adorna con alcachofas. El resto de la besamel se sirve en salsera aparte.

ESTOFADO DE VACA CON PATATAS

INGREDIENTES Y CANTIDADES

Pecho de vaca	750 gramos.	Pimiento verde c.	1.
Patatas	1 kilo.	Cebolla	1.
Aceite	4 cucharadas.	Tomates	2.
Zanahorias	2.	Vino blanco	1 vaso.
Laurel, ajo, tomillo y sal.			

MODO DE HACERLO

Se escoge un trozo de pecho limpio y se corta en trozos.

Se pone al fuego una cacerola con aceite, y cuando está caliente se rehoga la carne a lumbre viva. Cuando haya tomado bastante color se añade la cebolla picada, las zanahorias partidas en rodajas, el pimiento en tiras partidas y el tomate partido en trozos. Se rehoga nuevamente todo junto durante unos minutos y se le añade entonces el vino, una hoja de laurel y una pizca de tomillo. Cuando da un hervor se añade agua hirviendo hasta cubrir la carne y un poco de sal, se tapa bien la cacerola y se deja cocer la carne durante tres horas a fuego suave.

Cuando esté tierna la carne se añaden las patatas mondadas y partidas, si son grandes, o enteras, si son pequeñas; y si es preciso se agrega un poco más de agua. Se rectifica de sal y se pone a hervir muy despacio hasta que estén las patatas cocidas.

Se sirve todo junto en una fuente.

Menestra a la lombarda.
Huevos fritos al nido con tomate.

MENESTRA A LA LOMBARDA

INGREDIENTES Y CANTIDADES

Patatas	600 gramos.	Guisantes	1/2 kilo.
Puerros	6.	Leche	1/2 litro.
Queso rallado	30 gramos.	Jamón	50 gramos.
Mantequilla	30 gramos.	Fideos cintas	100 gramos
Un trozo de apio y sal.			

MODO DE HACERLO

Se cortan en trocitos las patatas, los puerros, el jamón y el apio. En una cacerola se pone un litro de agua, la leche y los guisantes; se añaden todos los ingredientes picados y se dejan cocer despacio una hora.

Cuando están tiernas, se agregan la mantequilla, los fideos y el queso, se deja cocer seis o siete minutos y se aparta, dejándolo reposar un rato antes de servirlo.

HUEVOS FRITOS AL NIDO CON TOMATE

INGREDIENTES Y CANTIDADES

Huevos	6.	Pan de molde	6 rebanadas.
Mantequilla	25 gramos.	Leche	6 cucharadas.
Aceite suficiente para freírlos.			

MODO DE HACERLO

Se cortan seis rebanadas de pan de dos dedos de altas, y con un cuchillo se hace un hueco, sacando parte de la miga sin que llegue abajo (en forma de cazuelita); se pone en este hueco una cucharada de leche y una bolita de mantequilla.

Se pone abundante aceite en una sartén y se echa, cuando está caliene, a una cazuelita; se deja freír un poco y se casca un huevo encima para que quede justamente la yema en el hueco, la clara se esparce y cubre el costrón, se echa con la paleta aceite encima y cuando está frito se coloca en la fuente. Se fríen todos de la misma forma y se colocan en corona en una fuente y en el centro salsa de tomate.

MINUTA VEINTINUEVE

Espinacas a la crema.
Rizos de ternera con arroz blanco.

ESPINACAS A LA CREMA

INGREDIENTES Y CANTIDADES

Espinacas	3 kilos.	Leche	1/2 litro.
Mantequilla	40 gramos.	Harina	30 gramos.

MODO DE HACERLO

Se limpian las espinacas, quitando los tallos y reservando solamente las hojas; se lavan bien en agua fría y se ponen a cocer en abundante agua hirviendo con sal.

Pasados diez minutos de hervor se retiran y se lavan en agua fría, se escurren en un colador, apretando bien para que escurran el agua por completo. Se pican sobre la tabla y se ponen en una cacerola con la mitad de la mantequilla; se incorpora medio litro de besamel, se mezcla bien y se sirve.

SALSA BESAMEL

En una sartén se pone la mantequilla y la harina, se rehoga, dejándola cocer, y antes que tome color se añade poco a poco la leche. Se mueve sin cesar con espátula para que no se formen grumos y se deja cocer unos minutos.

RIZOS DE TERNERA CON ARROZ BLANCO

INGREDIENTES Y CANTIDADES

Tapa de ternera	1/2 kilo.	Tocino de jamón	100 gramos.
Aceitunas	100 gramos.	Huevo duro	1.
Zanahorias	1.	Tomate	1.
Vino blanco	1 vaso.	Aceite	1/2 decilitro.
Cebolla	1.	Harina	2 cucharadas.

MODO DE HACERLO

Se cortan doce filetes muy delgados y se aplastan con el mazo. Se hace tiras el tocino de jamón y se mezcla con la mitad de aceitunas deshuesadas, y el huevo duro picado, se coloca en los filetes y se hacen rollitos, se sujetan con dos vueltas de hilo para que no se salga el relleno; se envuelven en harina y se fríen en el aceite caliente.

En la grasa restante se echa la cebolla picada, y cuando se dora se añade la zanahoria en rodajas y las aceitunas deshuesadas, se añade el vino, y todo junto se vierte en una cacerola sobre los rizos; se añade medio vaso de agua y sal y se deja estofar a la lumbre suave, hasta que estén tiernos.

Ya en su punto se sacan los rizos, se quita el hilo, y en la cacerola se añade un cuarto de litro de agua y la mantequilla amasada con las dos cucharadas de harina, se deja hervir diez minutos y se vierte sobre los rizos puestos en una fuente.

Se sirve con moldes de arroz blanco.

ARROZ BLANCO

INGREDIENTES Y CANTIDADES

Arroz	250 gramos.	Agua	1 vaso.
Mantequilla	25 gramos.	Sal.	

MODO DE HACERLO

En un cazo se pone el agua con un poco de sal. Cuando rompe el hervor se echa el arroz, previamente lavado y escurrido, se deja cocer quince minutos y se retira, se añade la mantequilla y se deja reposar tapado unos diez minutos. Pasado este tiempo, se moldea en tacitas pequeñas.

CENA

Calabacines rellenos.
Bacalao al gratín.

CALABACINES RELLENOS

INGREDIENTES Y CANTIDADES

Calabacines pequeños	6.	Aceitunas	50 gramos.
Aceite o manteca	1 decilitro.	Jamón	50 gramos.
Huevos duros	2.	Cebolla	1.
Harina	2 cucharadas.	Miga de pan	50 gramos.
Alcaparras	50 gramos.	Perejil picado	1 cucharada.

Salsa.

Cebolla	1.	Ajos	1 diente.
Zanahorias	2.	Perejil	1 rama.
Puré de tomate	1 cucharada.	Vino blanco	2 cucharadas.
Sal y pimienta.			

MODO DE HACERLO

Se hace picadillo con el huevo duro, las alcaparras, aceitunas y el jamón.

Se pone a remojar la miga de pan en un poco de leche y se pica muy menuda la cebolla.

Se pone a freír un par de cucharadas de aceite y se fríe la cebolla. Cuando empieza a dorarse se añade el picadillo y la miga de pan mojada en leche y se deja cocer hasta ponerlo en papilla muy gorda, se sazona de sal y pimienta, se añade perejil picado, se mezcla bien y se retira del fuego.

Se raspan los calabacines con un cuchillo y se vacían por una de sus extremidades, empleando el mango de una cuchara y poniendo cuidado en no perforarlos; se rellenan con el picadillo y se unta mucho la abertura por donde se han llenado de huevo batido y pan rallado para que no se salga el relleno. Y se fríe con un poco de aceite. Ya preparados igualmente todos los calabacines, se colocan en una cacerola.

En una sartén se pone el aceite sobrante de los calabacines y se añade la cebolla y la zanahoria, ambas picadas, se rehogan un poco y se añade una cucharada de harina, se dora y se agrega el tomate, ajo, perejil, vino blanco; se sazona de sal y pimienta y se añade medio litro de agua. Se deja que rompa a hervir y se echa sobre los calabacines, añadiendo agua hasta cubrirlos ligeramente, y se dejan cocer suavemente durante una hora.

Cuando están cocidos (se conoce si se pueden atravesar fácilmente con un alfiler), se sacan los calabacines a una fuente, se pasa la salsa por el chino y bien caliente se echa sobre éstos, sirviéndolos en seguida.

BACALAO AL GRATÍN

INGREDIENTES Y CANTIDADES

Bacalao	750 gramos.	Huevos	1.
Patatas	1 kilo.	Harina	2 cucharadas.
Mantequilla	75 gramos.	Leche	1/4 litro.
Queso	50 gramos.	Limón, sal, pimienta y nuez moscada.	

MODO DE HACERLO

Se escoge el bacalao más bien grueso, se corta en trozos y se pone a desalar durante veinticuatro horas, cambiando el agua varias veces; ya desalado, se pone en una cacerola, se cubre de agua fría, se añade el jugo de medio limón y una cucharada de leche y se pone a fuego suave para que se vaya calentando lentamente, y antes que rompa a hervir se tapa la cacerola y se deja al calor de veinte a veinticinco minutos, sin hervir. Pasado este tiempo, se retira.

Se mondan las patatas y se ponen a cocer enteras en agua fría, con un poco de sal. Cuando están cocidas (pero sin dejar que se deshagan) se sacan del agua, se ponen en la boca del horno para que se sequen y se pasan por un tamiz para hacer un puré fino. Se pone éste en una cacerola y se agrega la sal y pimienta molida y la mitad de la mantequilla.

Se bate muy bien, y por último, se echa la yema del huevo. Se trabaja bien este puré, moviéndolo con una cuchara de madera.

Con la otra mitad de la mantequilla, la leche y la harina se hace una besamel (véase salsa besamel), que se sazona con sal, pimienta blanca y un poco de nuez moscada.

Cuando está hecha, agregar una cucharada de queso y mezclar.

Una fuente resistente al fuego se unta bien de mantequilla derretida y se le hace una bordura con puré de patatas puesto en una manga con boquilla ancha y rizada. En el centro se coloca la mitad de la salsa, encima se coloca el bacalao un poco desmigado y sin espinas y se cubre con el resto de la salsa. Se espolvorea con el resto del queso, cuidando no caiga en el borde de patatas; se rocía con un poco de mantequilla derretida y se mete al horno no muy fuerte para que se dore en seguida.

Se sirve en el mismo plato.

VERANO

VERANO

Los productos propios de esta estación son los siguientes:

CARNE.- Vaca, ternera y carnero.

AVES.- Pollos, pichones, gallinas, ánades y pintadas.

PESCADOS.- Merluza, bonito, doradas, lenguados, truchas, lubinas, sardinas y boquerones.

CRUSTÁCEOS.- Langosta, centollos, langostinos y cangrejos.

HUERTA.- Judías, acederas, zanahorias, tomate, pimientos, pepino, lechugas, acelgas, calabacines, cebollas, patatas y remolachas.

FRUTAS.- En junio: fresas, brevas, grosellas, cerezas, frambuesas, albaricoques y ciruelas.

Más adelante: melocotones, uvas, sandías, melones, pavías, paraguayas, peras, higos, almendras y avellanas.

MINUTA PRIMERA

COMIDA

Patatas y remolachas a la moderna.
Filetes de carne a la alemana.

PATATAS Y REMOLACHAS A LA MODERNA

INGREDIENTES Y CANTIDADES

Patatas	1 3/4 kilo.	Huevos	3.
Remolachas	1/2 kilo.	Vinagre	2 cucharadas.
Aceite	2 decilitros.	Sal y pimienta.	

MODO DE HACERLO

Se lavan las patatas y se ponen a cocer con piel; cuando están tiernas se pelan y se reservan un par de ellas, que se pasan por tamiz para hacer un puré; el resto se pica a cuadraditos.

Se pone a cocer la remolacha con agua fría y sal, se acerca al fuego y se deja cocer tres horas aproximadamente. Cuando pueden atravesarse con un alfiler se sacan y se les quita la piel, y se cortan seis rodajas iguales; el resto se pica a cuadraditos como las patatas, se ponen en un plato y se cubren de vinagre. Pasada una hora se ponen en un escurridor, se mezclan con las patatas y se colocan en una fuente ovalada y grande.

Se ponen dos huevos en un cazo cubiertos con agua fría, se acercan al fuego y se dejan cocer doce minutos, pasados los cuales se ponen en agua fría. Ya bien fríos se descascarillan con cuidado y se cortan en rodajas (empleando para ello el aparatito de cortar huevos).

Con el huevo restante se hace una mayonesa, poniendo la yema en un tazón, añadiéndole un poco de sal y unas gotas de vinagre. Se bate de prisa y se va añadiendo poco a poco el aceite sin dejar de batir hasta que adquiera la consistencia debida; entonces se rectifica de vinagre, se le añade la clara batida a punto de nieve y se mezcla con una espátula.

El puré hecho con las patatas se mezcla y afina con unas cucharadas de mayonesa y se introduce en una manga pastelera con boquilla rizada gruesa.

Sobre las patatas y remolachas mezcladas puestas en una fuente se extiende la mayonesa hasta que queden cubiertas por completo; a lo largo, en el centro se colocan las seis rodajas de remolacha, y con el puré puesto en la manga se hace un cordón

113

alrededor de la fuente, marcando una rosa sobre cada rodaja de remolacha. Por último, se colocan las rodajas de huevo adornando los bordes de la fuente, colocando las rodajas más anchas en el centro de ella. Se sirve muy frío.

FILETES DE CARNE A LA ALEMANA

INGREDIENTES Y CANTIDADES

Carne picada	400 gramos.	Leche	2 cucharadas.
Pan rallado	200 gramos.	Huevos	2.
Cebolla	150 gramos.	Pimienta blanca.	
Tocino	25 gramos.	Nuez moscada.	
Sal.			

MODO DE HACERLO

Se pica en la máquina el tocino, y la carne a continuación, con la cebolla, y se coloca todo en una fuente honda. Se le añade un huevo batido, un poco de ralladura de nuez moscada, zumo de limón y pimienta, se sazona de sal y se le mezcla doscientos gramos de pan rallado y se agregan las dos cucharadas de leche.

Se amasa haciendo unas bolas que se aplastan, se envuelven en harina, después en huevo y, por último, en pan rallado, y se fríen en una sartén con aceite que sólo cubra el fondo, y la lumbre suave hasta que estén dorados; se escurren bien y se sirven en una fuente adornada con un buen ramo de perejil en el centro.

Aparte se acompaña una ensalada de lechuga.

MINUTA SEGUNDA

CENA

Calabacines al horno.
Pescadilla en rollitos.

CALABACINES AL HORNO

INGREDIENTES Y CANTIDADES

Calabacines	2 kilos.	Limón	1.
Aceite	5 cucharadas.	Pimienta.	
Pan rallado	6 cucharadas.	Sal.	
Ajos	2 dientes.	Perejil.	

MODO DE HACERLO

Se cogen los calabacines tiernos y pequeños, se pelan y se cortan por la mitad.

En una cacerola con agua hirviendo con sal se cuecen durante seis minutos, al cabo de los cuales se sacan, se escurren y se colocan apretaditos, uno al lado del otro, en una fuente de horno.

Se riegan con el aceite, se cubren con el pan rallado mezclado con la pimienta, el ajo picado y el perejil, se exprime el limón y se meten en el horno hasta que estén cocidos y dorados.

PESCADILLA EN ROLLITOS

INGREDIENTES Y CANTIDADES

Pescadillas	1 kilo.	Perejil	1 rama.
Huevos	2.	Harina	50 gramos.
Mantequilla	50 gramos.	Maizena	1 cucharada.
Limón	2.	Pimienta	1 polvo.
Cebolla	1/2.	Tinte ámbar	3 gotas.

Aceite suficiente para freír y sal.

MODO DE HACERLO

Se limpian las pescadillas y se abren a lo largo para quitarles las espinas; se les quita la cabeza y la cola y se enrollan, sujetándolas con un palillo; se rebozan en harina y en huevo y se fríen.

Con las espinas y la cabeza de las pescadillas se confecciona un caldo de pescado del modo siguiente:

En un plato se echan los desperdicios del pescado, la cebolla, el perejil y un cuarto de litro de agua; se acerca al fuego y se deja hervir despacio una hora hasta que quede reducido a un decilitro, se pasa por el chino y se liga con la cucharada de maizena, se le añaden las gotas de ámbar y se deja al calor sin que hierva.

Se cuece durante doce minutos el otro huevo y se pone al chorro del agua; cuando esté frío se descascarilla y se hacen rodajas finas con el aparatito cortahuevos. Se corta el limón en rodajas y se reserva.

Se bate la mantequilla, añadiéndole un poco de sal, pimienta y el perejil picadísimo. Cuando esté como una pomada se pone en la manga pastelera con boquilla rizada; en una fuente redonda se pone la servilleta y se colocan de pie los rollitos de pescadilla ya fritos, encima de cada uno se coloca una rodaja de limón, otra de huevo y encima una flor de mantequilla. Se sirven recién fritos y la salsa bien caliente en una salsera aparte.

MINUTA TERCERA

Arroz a la marinera.
Rollo de vaca con zanahorias.

ARROZ A LA MARINERA

INGREDIENTES Y CANTIDADES

Arroz	500 gramos.	Tomate	1.
Gambas	100 gramos.	Pimientos	2.
Cangrejos	6.	Guisantes	
Rape	1/4 kilo.	desgranados	100 gramos.
Cebolla picada	1 cucharada.	Aceite	1 decilitro.
Calamares	1/4 kilo.	Ajo, perejil, azafrán, sal y pimienta.	

MODO DE HACERLO

Se limpia el pescado y se parte en trocitos pequeños, se quitan las cáscaras a las gambas y se preparan los cangrejos.

En una sartén se calienta el aceite y se fríe el pimiento cortado en tiras, se saca cuando está frito y se reserva; a continuación se fríe la cebolla picada y cuando esté dorada se echa el tomate picado sin piel ni pepitas. Cuando está frito todo, se echa el pescado, los mariscos y los guisantes y se deja estofar lentamente hasta que estén tiernos los calamares y guisantes.

En el mortero se machaca un ajo, una rama de perejil y unas hebras de azafrán; ya hecho pasta se saca con una cuchara y se echa en el refrito.

En una sartén de dos asas se echa el refrito, se añade el pimiento y el doble de cantidad de agua que de arroz, se sazona de sal y pimienta y se pone a cocer a lumbre viva. Cuando rompe el hervor se echa el arroz en el centro de la sartén y se deja que se extienda y empiece a cocer deprisa. A los tres minutos se va suavizando el fuego y se deja cocer ya más despacio unos diez minutos. Cuando ha transcurrido ese tiempo se separa del fuego y se deja reposar tapado unos cinco o seis minutos. Después se sirve.

ROLLO DE VACA CON ZANAHORIAS

INGREDIENTES Y CANTIDADES

Carne de vaca picada	500 gramos.	Huevos	2.
Tocino	50 gramos.	Pan rallado	1 taza.
Aceite o manteca	5 cucharadas.	Vino blanco	1 vaso.
Perejil, ajo, nuez moscada y sal.			

MODO DE HACERLO

En una fuente honda se pone la carne y el pan rallado, añadiéndole sal, perejil, ajo picado y un poco de ralladura de nuez moscada, y se amasa todo bien, añadiéndole un huevo batido.

Se hacen dos rollos iguales, se rebozan muy bien en huevo batido y harina y se fríen en el aceite puesto en la sartén al fuego, dejándolos muy dorados. En el aceite que queda de freír los rollos se echa la cebolla, y cuando toma color dorado se agrega la harina para que se dore también y se añade un vaso de agua. Se pone todo en una cacerola, se acerca al fuego y cuando rompe a hervir se sumergen los rollos, que deben cocer suave una media hora, dándoles vueltas para que cuezan por igual. Cuando están se colocan en una fuente y se cortan en rodajas gruesas, pasando la salsa por el chino y vertiéndola muy caliente sobre la carne. Se coloca alrededor una guarnición de zanahorias.

ZANAHORIAS SALTEADAS

INGREDIENTES Y CANTIDADES

Zanahorias	1/2 kilo.
Tocino de jamón	50 gramos.
Sal y pimienta.	

MODO DE HACERLO

Se raspan las zanahorias y se ponen a cocer en agua hirviendo con sal. Cuando están tiernas, que puedan atravesarse con alfileres, se sacan, se lavan en agua fría y se ponen a escurrir. En una sartén se pone a derretir el tocino de jamón cortado en cuadraditos. Cuando empieza a dorarse se echan las zanahorias cortadas en rodajas, salteándolas un par de minutos, guarneciendo en seguida la fuente de carne con ellas.

MINUTA CUARTA

CENA

Judías verdes con mayonesa.
Croquetas de sesos.

JUDÍAS VERDES CON MAYONESA

INGREDIENTES Y CANTIDADES

Judías verdes	1 1/4 kilo.	Huevos	1.
Tomates	1/4 Kilo.	Vinagre	2 cucharadas.
Aceite	10 cucharadas.	Cebolla picada	1.

MODO DE HACERLO

Se quitan las puntas de las judías, cortando después los cantos para cortar las hebras, partiéndolas por la mitad a lo largo.

En una olla con abundante agua hirviendo y sal se echan las judías. Cuando rompe nuevamente el hervor se agrega una pizca de bicarbonato de sosa y se deja hervir fuertemente hasta que estén cocidas. Entonces se sacan del agua, se lavan en agua fría y se ponen a escurrir.

Se escogen los tomates enteros y duros, se lavan y se cortan en rodajas finas. En un tazón se bate la yema del huevo con un poco de sal y unas gotas de vinagre y poco a poco se va agregando el aceite, batiendo sin cesar hasta que lo absorba todo y tenga consistencia debida. Se rectifica entonces de vinagre, se agrega la clara batida a punto de nieve y se mezcla con la espátula; se sazona de sal y pimienta y se cubren las judías puestas en una fuente grande, blanca, procurando queden cubiertas. Se coloca una corona de rodajas de tomate alrededor, poniendo sobre cada rodaja un puntito de cebolla picada menuda.

CROQUETAS DE SESOS

INGREDIENTES Y CANTIDADES

Sesos de corderos	2.	Harina	6 cucharadas.
Leche	3/4 litro.	Pan rallado	100 gramos.
Mantequilla	35 gramos.	Huevos	2.

Aceite para freírlas, sal y nuez moscada.

MODO DE HACERLO

Se desangran perfectamente los sesos poniéndolos a remojar en agua fría, cambiándola varias veces; ya desangrados, se meten en agua templada para quitarles la telilla que los envuelve.

Se ponen a cocer cubiertos de agua fría con sal, unas tiritas finas de cebolla, dos ramas de perejil, un clavillo y una cucharada de vinagre o vino blanco. Cuando han cocido unos diez minutos se sacan del agua y se dejan escurrir; sobre la tabla se pican en trozos menudos.

En una sartén se pone la mantequilla; cuando está derretida se echa el seso y se rehoga, añadiendo la leche, menos una tacita, con la que se deslíe la harina. Cuando la leche rompe a hervir se agrega la harina desleída, un poco de nuez moscada rallada, sal y pimienta, y moviendo sin parar se deja cocer unos minutos a lumbre floja.

Se vierte en una fuente y se deja enfriar durante cinco o seis horas; pasado este tiempo se toman trocitos de masa y se moldean unas croquetas que se envuelven en harina, después se rebozan en huevo batido y, por último, en pan rallado; se fríen en el aceite muy caliente.

Se sirven en una fuente sobre una servilleta, adornándola con un ramillete de perejil fresco.

MINUTA QUINTA

COMIDA

Macarrones al gratín.
Cebollas rellenas.

MACARRONES AL GRATÍN

INGREDIENTES Y CANTIDADES

Macarrones	500 gramos.	Mantequilla o tocino	
Miga de pan	50 gramos.	de jamón	75 gramos.
Queso rallado	100 gramos.	Sal y pimienta.	

MODO DE HACERLO

Se parten los macarrones en pedazos y se cuecen en abundante agua hirviendo, con sal, durante veinte minutos. Pasados éstos, se separan del fuego, se dejan reposar tapados unos diez minutos, se lavan en agua fría y se escurren muy bien. En una sartén se derrite un poco de mantequilla o tocino y se rehogan los macarrones.

En una fuente de horno se pone una capa de queso y pan rallado mezclados, encima se extiende una capa de macarrones y se rocía con tocino derretido o mantequilla, cubriéndolo de queso y pan. Se pone otro tanto de macarrones, cubriéndolo con queso y pan, rociando con mantequilla o tocino la superficie, y se meten en el horno, que debe estar fuerte para que se gratinen.

CEBOLLAS RELLENAS

INGREDIENTES Y CANTIDADES

Cebollas	12.	Aceite	6 cucharadas.
Carne picada	400 gramos.	Vino blanco	3 cucharadas.
Huevos	1.	Harina	50 gramos.
Pan rallado	100 gramos.		

Sal, pimienta, perejil, ajo, canela y limón.

MODO DE HACERLO

En una fuente honda se pone el picadillo de carne, se añade sal, perejil, pimienta, ajo picado y una pizca de canela, se añaden dos cucharadas de leche, el zumo de limón y la yema del huevo y se hace una masa, que se divide en doce partes.

Se escogen las cebollas muy igualitas, se cortan por arriba y se quitan las capas del centro hasta dejarlas en el grueso de medio centímetro. Se introduce una porción de carne dentro de cada cebolla, se barniza la superficie con la clara batida y se pasan por harina.

En una sartén se pone el aceite, se acerca al fuego y se fríe la superficie de las cebollas, echándolas boca abajo; cuando están doradas éstas, se van colocando en una cacerola de pie, una al lado de otra.

En el aceite que queda se fríe un poco de cebolla picada; cuando está dorada se echan dos cucharadas de harina y tres de vino, y se vierte en la cacerola, se agrega agua hasta cubrirlas, se sazonan y se dejan cocer suavemente hasta que están tiernas. Entonces se pone en el horno unos diez minutos y se sirven.

MINUTA SEXTA

CENA

Judías verdes a la castellana.
Sardinas rebozadas.

JUDÍAS VERDES A LA CASTELLANA

INGREDIENTES Y CANTIDADES

Judías verdes	1 kilo.	Ajo	2 dientes.
Pimientos	1 kilo.	Pimentón	1/2 cucharada.
Aceite	5 cucharadas.	Perejil y sal.	

MODO DE HACERLO

Se cuecen las judías con agua y sal hasta que estén tiernas, se ponen a escurrir y se reservan.

Se asan los pimientos en el horno, se les quita la piel y se hacen tiritas. En una sartén se pone el aceite, se acerca al fuego y se fríen los ajos, se sacan cuando están refritos; se separa la sartén del fuego y se añade una pizca de pimentón; se echan las judías y los pimientos, se rehogan mezclados y se sirven.

123

SARDINAS REBOZADAS

INGREDIENTES Y CANTIDADES

Sardinas	1 1/4 kilo.	Huevos	2.
Harina	100 gramos.	Aceite	100 gramos.

MODO DE HACERLO

Se escogen las sardinas muy frescas y grandes, se les quita la cabeza y espina y se ponen a escurrir.

En una sartén se pone el aceite, se acerca al fuego y cuando está caliente se van friendo las sardinas del modo siguiente:

Se dejan las sardinas abiertas en forma de abanico, se pasa por harina, después por huevo batido y se van echando en el aceite caliente. Cuando están doradas por ambos lados se van colocando en una escurridora.

Cuando están todas se colocan en una fuente adornada con unas rodajas de limón.

Se sirve al mismo tiempo una ensaladilla de lechuga.

COMIDA

Patatas con besamel.
Hígado de ternera con arroz blanco.

PATATAS CON BESAMEL

INGREDIENTES Y CANTIDADES

Patatas	1 1/2 kilo.	Queso rallado	25 gramos.
Leche	3/4 litro.	Mantequilla	30 gramos.
Harina	5 cucharadas.	Aceite o tocino	
Sal, perejil y pimienta.		de jamón	30 gramos

MODO DE HACERLO

Se ponen las patatas con piel cubiertas de agua fría y sal en una cacerola, se acercan al fuego y se dejan cocer hasta que están tiernas. Cuando están se sacan del agua y se les echa un poco de vinagre para que no se deshagan, se mondan y se cortan en rodajas.

En una sartén se pone el aceite o tocino, cuando está caliente se echan las patatas y se agrega un poco de perejil picado, sal y pimienta y se rehogan bien; ya rehogadas se extienden en una fuente de horno.

En una sartén se echa la mantequilla, se derrite y se añade la harina; se rehoga sin que tome color y se agrega la leche. Se revuelve bien para que no se hagan grumos, se sazona de sal y se deja cocer cinco minutos, pasados los cuales se vierte sobre las patatas. Se espolvorean con el queso rallado y se meten a horno fuerte cinco minutos.

HÍGADO DE TERNERA
CON ARROZ BLANCO

INGREDIENTES Y CANTIDADES

Hígado de ternera	750 gramos.	Arroz	250 gramos.
Cebolla picada	250 gramos.	Manteca	50 gramos.
Vino blanco	1 vaso.	Laurel	1 hoja.
Pan rallado	3 cucharadas.	Sal.	
Aceite	2 cucharadas.	Pimienta.	

MODO DE HACERLO

Se limpia el hígado y se pica en la tabla con la media luna a trozos pequeños; se pica también la cebolla en la misma forma.

En una cacerola puesta al fuego se pone el aceite y cuando está caliente se echa la cebolla. Cuando haya tomado un poco de color se agrega el hígado picado y se rehoga un poco con la cebolla, se añade sal, vino, un polvo de pimienta y una hoja de laurel. Cuando haya dado un hervor, se añade medio vaso de agua y se deja estofar durante media hora.

Pasado este tiempo se agregan las dos cucharadas de corteza de pan rallado, se deja hervir suavemente unos diez minutos y se reserva al calor.

Para servirlo se pone en una fuente redonda el arroz moldeado en forma de rosco y en el centro picadillo con la salsa.

ARROZ BLANCO

Se mide el agua en proporción de doble medida que de arroz y se lava éste al chorro de agua fría en un colador.

En una cacerola proporcionada se pone el agua, se acerca al fuego y al romper el hervor se añade el arroz ya escurrido, la manteca de cerdo y media hoja de laurel. Se deja hervir quince minutos y se aparta a un lado para que repose; pasados unos diez minutos se moldea.

MINUTA OCTAVA

CENA

Lechugas al queso.
Empanadillas de patatas.

LECHUGAS AL QUESO

INGREDIENTES Y CANTIDADES

Lechugas	6.	Mantequilla	50 gramos.
Queso	30 gramos.	Sal y pimienta.	

MODO DE HACERLO

Se escogen seis hermosas lechugas y se les quitan las hojas más duras; se lavan y se zambullen en agua hirviendo en una cacerola puesta al fuego; se dejan hervir diez minutos, se pasan por agua fría después y se escurren apretándolas con las manos.

Una vez escurridas se parten por la mitad a lo largo, se doblan en dos y se van colocando en una tartera untada de mantequilla, se sazona de sal y pimienta, se añade un decilitro de agua o caldo y se pone al fuego vivo. Cuando rompa el hervor se tapa y se meten a horno moderado unos cincuenta minutos. Terminada la cocción se escurren las lechugas, se colocan en una fuente de gratinar, se añade el caldo de la cocción, se espolvorean de queso rallado y unos trocitos de mantequilla y se meten a horno fuerte para que se gratinen.

Puede mezclarse el queso con una mitad de pan rallado.

EMPANADILLAS DE PATATAS

INGREDIENTES Y CANTIDADES

Relleno

Patatas	1 kilo.	Picadillo de ternera	150 gramos.
Mantequilla	25 gramos.	Cebolla picada	1 cucharada.
Harina	50 gramos.	Leche	3 cucharadas.
Sal.		Harina	1 cucharada.
Aceite para freírlas.		Aceite	2 cucharadas.
		Pimienta.	

MODO DE HACERLO

En primer lugar se prepara el relleno, que conviene esté hecho de antemano. En una sartén se pone el aceite y se fríe la cebolla picada; cuando empieza a tomar color se echa el picadillo, se rehoga bien y se añade la harina. Bien rehogado todo el conjunto se agrega un poco de leche, se da un hervor, se echa en un plato y se reserva.

Se cuecen las patatas con piel, se mondan y se pasan por tamiz, se sazonan, se añade la mantequilla y se amasan, agregándole la harina necesaria para ligarlas.

Se extiende con el rollo (espolvoreando de harina la masa) hasta dejarla del grueso de medio centímetro. Con un cortapastas liso o con el borde de un vaso se marcan unos discos con la masa, se pasa la hoja de un cuchillo por debajo, se da la vuelta al disco y se pone un poco de relleno en uno de los lados. Se dobla en dos, dándole forma de empanadilla, uniendo los bordes, y se fríen en aceite bien caliente.

MINUTA NOVENA

COMIDA

Marmitako.
Filetes empanados.

MARMITAKO

INGREDIENTES Y CANTIDADES

Atún fresco	1/2 kilo.	Tomates	2.
Cebolla	1.	Guisantes	
Ajo	2 dientes.	desgranados	125 gramos.
Patatas	1 kilo.	Aceite	3 cucharadas.
Pimiento, perejil, sal y pimienta.			

MODO DE HACERLO

En una cazuela de barro se pone al fuego el aceite y la cebolla, se dora un poco y se añade el atún partido en trozos, se rehoga bien, se añaden los ajos y el perejil bien machacados y el tomate partido en pedazos y sin piel, se revuelve bien y se agregan los guisantes, las patatas cortadas en trozos regulares y el pimiento; se añade una hoja de laurel, se sazona de sal y pimienta, se cubre de agua y se deja cocer muy lentamente por espacio de una hora. Al servirlo se agregan unas rebanadas de pan tostado al horno, y se sirve en la cazuela rodeada de una servilleta.

FILETES EMPANADOS

INGREDIENTES Y CANTIDADES

Carnes	750 gramos.	Aceite	1 decilitro.
Huevos	1.	Pan rallado	200 gramos.
Sal, pimienta, perejil y limón.			

MODO DE HACERLO

Se escoge un trozo de tapilla y se cortan seis filetes iguales de unos ciento veinticinco gramos, se golpean con el mazo y se les pone pimienta, perejil, sal y un poco de jamón, se pasa por huevo batido y después por el pan rallado.

En una sartén plana se pone el aceite que cubra todo el fondo y se acerca al fuego, y cuando está caliente se fríen los filetes hasta que estén dorados.

Se sirve en una fuente con ensalada de lechuga.

MINUTA DÉCIMA

CENA

Tomates al horno.
Huevos escalfados con besamel.

TOMATES AL HORNO

INGREDIENTES Y CANTIDADES

Tomates	12.	Pan rallado	50 gramos.
Aceite	1 decilitro.	Perejil, sal y pimienta.	

MODO DE HACERLO

Se escogen los tomates iguales, redondos y muy duros, se cortan a la mitad, se vacían de agua y simiente y se ponen boca abajo para que escurran.

En una sartén se calienta el aceite y se fríen los tomates durante dos minutos, se sacan con la espumadera y se colocan en una tartera con el corte hacia arriba.

Se mezcla el pan rallado con el perejil, ajo y pimienta, y se cubren los tomates; se rocían con el aceite sobrante de freírlos y se introducen en el horno fuertecito durante veinte minutos para que terminen de hacerse.

Se pueden servir fríos si gustan.

HUEVOS ESCALFADOS CON BESAMEL

INGREDIENTES Y CANTIDADES

Huevos	6.	Harina	5 cucharadas.
Pan	6 rebanadas.	Mantequilla	50 gramos.
Leche	3/4 de litro.	Queso rallado	25 gramos.
Sal, pimienta y nuez moscada.			

MODO DE HACERLO

Se cortan seis rebanadas de pan del centro de las barras, del grueso de un centímetro. Se tuestan a la parrilla y cuando están tostadas se untan de mantequilla y se colocan en una fuente redonda.

En una cacerola de bordes altos se pone un litro de agua con medio decilitro de vinagre, se pone al fuego y cuando hierve se van echando los huevos uno a uno, dejándolos hervir durante tres minutos. Se sacan con la espumadera sobre un plato con agua fría, se recortan las claras para dejarlas iguales y se coloca cada uno sobre una rebanada de pan.

Se pone una sartén al fuego con la mantequilla; cuando esté derretida se agrega la harina, se rehoga sin que tome color y se añade la leche poco a poco, moviendo con las varillas para que no se formen grumos. Se sazona de sal, pimienta blanca y nuez moscada y se deja cocer muy suavemente durante cinco minutos, se aparta del fuego y se incorpora el queso rallado, moviendo con la espátula para mezclarlo; ya mezclado se cubren los huevos con unas cucharadas de salsa, echando el resto en el fondo de la fuente. Se meten en el horno fuerte dos minutos y se sirven en la misma fuente.

COMIDA

Patatas a la lyonesa.
Merluza al rojo y blanco.

PATATAS A LA LYONESA

INGREDIENTES Y CANTIDADES

Patatas	2 kilos.	Aceite	1 decilitro.
Cebollas	250 gramos.	Mantequilla	50 gramos.
Perejil, pimienta y sal.			

MODO DE HACERLO

Se mondan las patatas y se cortan en rodajas finas como para tortilla de patatas. Se pica también la cebolla en tiritas muy delgadas.

En una sartén se pone el aceite, se calienta, se echa la cebolla y un poco de sal; se tapa y antes de que se dore se añaden las patatas; se dejan cocer a fuego moderado, moviéndolas de cuando en cuando para que no se agarren, cosa fácil por la poca grasa. Cuando están cocidas (no fritas) se ponen en una fuente de horno, se añade la mantequilla en pedacitos, se sazona de sal y pimienta y se meten en el horno para que se tuesten un poco por encima. Se sacan del horno se salpican de perejil picado y se sirven en la misma.

MERLUZA AL ROJO Y BLANCO

INGREDIENTES Y CANTIDADES

Merluza	1 kilo.	Leche	1/2 litro.
Jamón	50 gramos.	Harina	2 cucharadas.
Huevos	1.	Mantequilla	30 gramos.
Aceitunas	6.	Aceite	3 cucharadas.
Sal, laurel y limón.			

MODO DE HACERLO

Se escoge un trozo de merluza de la parte de la cola, se limpia y se le da un corte a lo largo de uno de los dos lados para quitarle la espina del centro, abriéndola como si fuera un abanico.

Se pica el jamón, el huevo cocido duro y las aceitunas; con este picadillo se rellena el sitio donde estuvo la espina, se cierra y se ata con hilo para que no se salga el relleno al cocer.

En una besuguera se coloca la merluza, ya rellena, se cubre de agua, se añaden unas tiras finas de cebolla, rama de perejil, media hoja de laurel, una cucharada de aceite y sal, se acerca al fuego y cuando rompe a hervir se mete en el horno durante quince minutos.

Pasado este tiempo se quita de la besuguera con cuidado y se deja escurrir en una fuente; bien escurrido, se cubre con la besamel, y con una salsa de tomate muy espesa se adorna por encima.

BESAMEL

En una sartén se pone la mantequilla derretida, se añade la harina sin que tome color; se agrega la leche sin dejar de moverla para que no se formen grumos, y se deja hervir durante cinco minutos.

SALSA DE TOMATE

En una sartén se ponen unas cucharadas de aceite, media cebolla picada y se rehoga, se agrega el tomate cortado a pedazos y se deja cocer muy lentamente a un lado de la lumbre una media hora; pasado este tiempo, se pasa por el chino, se pone en un cazo y se agrega una cucharadita de maizena desleída en una cucharadita de vino blanco, y se deja que dé un hervor. Cuando está muy espeso se pone en una manga pastelera y con cuidado se traza una raya todo lo largo de la cola, sobre la besamel.

MINUTA DUODÉCIMA

CENA

Gazpacho andaluz.
Conchas de menudillos de aves con puré de patatas.

GAZPACHO ANDALUZ

INGREDIENTES Y CANTIDADES

Tomates	1/4 kilo.	Aceite	5 cucharadas.
Pimientos	2 piezas.	Vinagre	2 cucharadas.
Ajo	1 diente.	Miga de pan	150 gramos.

MODO DE HACERLO

En un mortero o almirez se pone el ajo, el pimiento cortado en tiras y un poco de sal; se machaca todo junto, agregando poco después el tomate cortado en trozos y la miga de pan mojada y estrujada. Bien mezclado se va agregando el aceite poco a poco, trabajándolo con la mano del mortero como si fuera mayonesa. Cuando haya absorbido todo el aceite, se aclara en un poco de agua y se vierte sobre un colador puesto encima de un recipiente hondo y aplastándolo con la seta se va añadiendo hasta litro y medio de agua fría. Cuando ha pasado todo se agrega el vinagre, se rectifica de sal y se vierte en la sopera sobre unos trocitos de pan. Se sirve muy frío.

CONCHAS DE MENUDILLOS DE AVES CON PURÉ DE PATATAS

INGREDIENTES Y CANTIDADES

Menudillos de ave	6.	Patatas	1/2 kilo.
Tomates	1/2 kilo.	Mantequilla	50 gramos.
Jerez	2 cucharadas.	Aceite	2 cucharadas.
Sal, laurel y pimienta.		Leche	2 cucharadas.

MODO DE HACERLO

Se cortan los menudillos en trocitos pequeños, se saltean con la mitad de la mantequilla y se reparten entre doce conchas, se cubren con unas cucharadas de salsa de tomate y se adornan con un enrejado de puré de patatas puesto en la manga pastelera.

SALSA DE TOMATE

En una sartén se pone el aceite y dos cucharadas de cebolla picada, se deja rehogar tapada y cuando empieza a tomar color se añade el tomate cortado en trozos, media hoja de laurel y dos cucharadas de jerez. Se deja cocer lentamente unos veinte minutos y se pasa por un tamiz para hacer salsa fina, se sazona de sal y pimienta y se emplea.

PURÉ DE PATATAS

Se ponen a cocer las patatas mondadas y enteras. Cuando están tiernas se escurren del agua y se pasan por tamiz. Se pone el puré en un cazo, se agrega la leche y la mantequilla y se deja que dé un hervor. Se pone en una manga con boquilla gruesa rizada y se hacen unas líneas haciendo cuadros sobre las conchas, y en el cruce de éstas se marca una flor. Se meten a horno fuerte un momento y se sirven calientes en una fuente sobre una servilleta.

COMIDA

Pisto.
Carne fiambre con patatas salteadas.

PISTO

INGREDIENTES Y CANTIDADES

Calabacines	1 kilo.	Cebollas	1/2 kilo.
Tomates	1 kilo.	Aceite	6 cucharadas.
Pimientos	1 kilo.	Ajo	1 diente.
Sal.			

MODO DE HACERLO

En una sartén se pone el aceite y cuando está caliente se echa la cebolla picada muy menudita, el ajo y el perejil, también picados.

Se parten los pimientos y se les quita la simiente, se cortan en pedacitos y se añaden a la sartén. Todo junto se deja rehogar tapado y a lumbre suave.

Se pelan los calabacines, se parten a cuadraditos y se ponen en una cacerola. Se escaldan los tomates con agua hirviendo durante dos minutos, se les quita la piel y semilla y se cortan en pedacitos. Se unen a los calabacines en una cacerola, se añaden al refrito de la sartén y todo junto se deja cocer lentamente y tapado hasta que estén en su punto.

CARNE FIAMBRE

INGREDIENTES Y CANTIDADES

Carne	500 gramos.	Tocino de jamón	50 gramos.
Pan	200 gramos.	Cebolla	1.
Huevo	1.		
Nuez moscada, perejil, pimienta y sal.			

MODO DE HACERLO

Se corta la carne en pedacitos y se pica en la máquina (se pasa dos veces para que salga fina). Una vez picada la carne se pica también la cebolla en la misma máquina, mezclando ambas cosas.

En un recipiente hondo se pone la carne con la cebolla, se añade el pan rallado, perejil picado, ralladura de nuez moscada, el zumo de limón y el huevo, se sazona de sal y pimienta y se amasa todo junto para mezclarlo bien.

Se hacen dos partes con la masa, se extiende en una tabla y se pone encima el jamón hecho tiritas finas, se cubre con la otra mitad y se hace un rollo que se envuelve muy apretado en una tela fina y se cose o se ata con un bramante.

Caldo para cocer la carne

Agua	2 litros.		Laurel	1 hoja.
Vino	1 vaso.		Zanahorias	2.
Cebollas	2.		Ajo	1 diente.
Perejil, sal y pimienta en grano.				

MODO DE HACERLO

Se ponen todos los ingredientes en una cacerola y cuando rompe a hervir el agua se echa la carne y se deja hervir lentamente durante dos horas, dándole vueltas de cuando en cuando.

Transcurrido este tiempo se saca la carne y se prensa, sin quitar la tela; cuando está completamente fría se trincha en rodajas de un centímetro de grueso; alrededor se guarnece con patatas salteadas.

PATATAS SALTEADAS

INGREDIENTES Y CANTIDADES

Patatas	1 kilo.		Perejil	1 rama.
Mantequilla	30 gramos.		Pimienta.	

MODO DE HACERLO

Se escogen unas patatas pequeñas y lo más iguales posible, y se ponen a cocer en agua fría y sal. Se acercan al fuego y se dejan cocer hasta que estén tiernas, pero sin deshacerse.

Se dejan enfriar un poco, se les quita la piel, se ponen enteras en una sartén con la mantequilla, dejándola saltear hasta que se doren un poco. Se salpican de perejil picado y se guarnece la fuente de la carne.

MINUTA DECIMOCUARTA

CENA

Judías verdes a la lyonesa.
Atún o bonito a la vinagreta.

JUDÍAS VERDES A LA LYONESA

INGREDIENTES Y CANTIDADES

Tocino de jamón	100 gramos.	Judías	1 kilo.
Cebolla	500 gramos.	Aceite	4 cucharadas.
Sal y pimienta.			

MODO DE HACERLO

Limpias las judías, se ponen a hervir a borbotones en abundante agua hirviendo con sal. Al romper a hervir se adiciona la punta de una cucharilla de bicarbonato de sosa. Cuando están cocidas se refrescan en agua fría y se ponen a escurrir.

Se cortan en tiritas el jamón y las cebollas, se ponen en una sartén con aceite caliente y se dejan cocer lentamente hasta que la cebolla esté tierna y algo dorada. Se incorporan entonces las judías muy bien escurridas, se sazonan de sal y pimienta, se saltean durante cinco minutos, se espolvorean con perejil picado y se sirve.

ATÚN O BONITO A LA VINAGRETA

INGREDIENTES Y CANTIDADES

Atún o bonito	1.200 gramos.	Cebolla picada	1 cucharada.
Aceite	5 cucharadas.	Alcaparras	1 cucharada.
Vinagre	2 cucharadas.	Perejil picado	1 cucharada.

MODO DE HACERLO

Se cuece el pescado al caldo corto, del modo siguiente:

En una cacerola se pone el pescado partido en seis trozos regulares, se cubre de agua, se le añade un casco de cebolla en tiras finitas, ajo, una rama de perejil, media hoja de laurel y zumo de limón, se sazona de sal y unos granos de pimienta y se deja cocer diez minutos; se deja enfriar en la misma agua y ya frío se pone a escurrir.

En un tazón se mezcla el aceite con el vinagre, la cebolla picada, alcaparras, perejil, sal, pimienta blanca. Se mezcla bien, se vierte encima del atún puesto en una fuente después de bien escurrido.

Se adorna la fuente con medias rodajas de tomates.

MINUTA DECIMOQUINTA

COMIDA

Ensalada de pepinos.
Morcillo de ternera a la portuguesa con puré de patatas.

ENSALADA DE PEPINOS

INGREDIENTES Y CANTIDADES

Pepinos	1 kilo.	Tomate	1.
Huevos duros	2.	Aceite	3 cucharadas.
Cebolla	100 gramos.	Vinagre	2 cucharadas.

MODO DE HACERLO

Se mondan los pepinos, se cortan en rodajas finas y se ponen en un escurridor con una cucharada de sal molida, teniéndolos en maceración una hora, al cabo de la cual habrán soltado una cantidad de líquido; se lavan entonces los pepinos y se ponen a escurrir. Este líquido se tira.

En una fuente se pone el tomate y la cebolla picada y un huevo duro hecho rodajas; se añade el pepino, se mezcla el aceite, vinagre y sal en una taza y se vierte por encima. Puede adornarse con un huevo cocido (reservado para este fin) muy picadito.

MORCILLO DE TERNERA
A LA PORTUGUESA

INGREDIENTES Y CANTIDADES

Morcillo de ternera	1 1/2 kilo.	Vino blanco	1 vaso.
Aceite	5 cucharadas.	Ajo	1 diente.
Cebolla picada	200 gramos.	Tomate	500 gramos.
Perejil	1 rama.	Tocino	100 gramos.
Sal y pimienta.			

MODO DE HACERLO

Se limpia el morcillo, dándole unos cortes en la piel para que no se encoja demasiado. Se calienta el aceite en una sartén se rehoga la carne hasta dejarla bien dorada.

Se pone la carne en una cacerola y se añade a la sartén el tocino cortado en pedacitos y la cebolla picada; se deja dorar todo, se añade el tomate, sin piel ni pepitas y cortado en dados; se mezcla bien y se vierte sobre la carne puesta en la cacerola. Se agrega el vino, perejil, ajo, sal y pimienta y, bien tapado, se deja cocer todo, despacio, hasta que esté tierno. Entonces se saca la carne, se pasa la salsa por un colador (apretando mucho para que pase todo), se pone la carne en fuente calentada y se vierte la salsa por encima.

MINUTA DECIMOSEXTA

CENA

Guisantes a la inglesa.
Conchas de pescado gratinadas.

GUISANTES A LA INGLESA

INGREDIENTES Y CANTIDADES

Guisantes   3 kilos.
Mantequilla   75 gramos.
Sal.

MODO DE HACERLO

Se escogen unos guisantes muy tiernos, se desgranan y se ponen a cocer en agua hirviendo con sal, aproximadamente unos treinta minutos.

Se apartan y se escurren perfectamente, se echan en una besuguera caliente y se pone encima la mantequilla para que se derrita con el calor, se mueve para que todos los guisantes se impregnen de la mantequilla y se sirven.

CONCHAS DE PESCADO GRATINADAS

INGREDIENTES Y CANTIDADES

Merluza	1/2 kilo.	Tocino de jamón	50 gramos.
Leche	3/4 litro.	Queso rallado	50 gramos.
Harina	7 cucharadas.	Cebolla picada	1 cucharada.

Sal, pimienta blanca y nuez moscada.

MODO DE HACERLO

Se limpia la merluza y se pone a cocer cubierta de agua, un poco de cebolla, media hoja de laurel y unas rodajas de limón. Se deja hervir diez minutos, se saca del agua y se deja enfriar. Se desmenuza, quitándole las espinas y la piel; se reserva, por último.

En una sartén se pone el tocino cortado en pedacitos y la cebolla picada.

A fuego lento se deja freír hasta que la cebolla y los tocinitos empiezan a tomar color; entonces se echa el pescado desmenuzado y se rehoga. Se agrega la leche, reservando una tacita, donde se deslíe la harina. Cuando rompe a hervir el preparado de la sartén se añade la harina desleída y, sin dejar de mover para que no se agarre, se deja hervir muy moderadamente durante diez minutos.

Se separa del fuego y se llenan doce conchas, espolvoreando la superficie con queso rallado. Cuando estén llenas las doce conchas se colocan en una placa y se meten a horno fuerte durante dos o tres minutos para que se doren. Se sirve en una fuente, con servilleta doblada.

COMIDA

Tallos de acelgas a la napolitana.
Empanadillas al horno.

TALLOS DE ACELGAS A LA NAPOLITANA

INGREDIENTES Y CANTIDADES

Acelgas	1 1/2 kilo.	Cebolla	1.
Manteca	30 gramos.	Zanahorias	2.
Queso rallado	50 gramos.	Tomates	1/2 kilo.
Vino	1 vaso.	Ajo	2 dientes.
Laurel, tomillo, perejil, sal y pimienta.			

MODO DE HACERLO

Se confecciona una salsa española rápida. Se pone en una sartén la grasa y se añade la cebolla picada y la zanahoria, se rehoga un poco y se añade el tomate partido, el vino, laurel, perejil, una pizca de tomillo y pimienta. Se cubre de agua y se deja que rompa el hervor; entonces se separa del fuego vivo y se deja cocer con calma durante un par de horas. Cuando todos los avíos están tiernos, casi deshechos, se pasa la salsa por el chino y se reserva.

Entre tanto, se preparan las acelgas.

Se limpian los tallos de hojas, se raspan y se lavan, se cortan a trozos regulares y se ponen a cocer en agua hirviendo con sal hasta que estén tiernas. Ya en su punto, se ponen a cocer en agua hirviendo con sal hasta que estén tiernas. Ya en su punto, se ponen en un escurridor hasta que apuren bien el agua. En una cazuela de horno se pone una capa de acelgas, se cubren con unas cucharadas de salsa y se espolvorea de queso. Se vuelve a colocar otra tanda de tallos, se cubren nuevamente de salsa y se espolvorean con el resto del queso. Se mete la cazuela al horno, que ha de estar moderado, pues conviene que se haga con cierta lentitud para que tomen las acelgas el sabor de la salsa.

Se sirve en la misma fuente de horno, sobre bandeja rodeada de una servilleta.

EMPANADILLAS AL HORNO

INGREDIENTES Y CANTIDADES

Pasta		*Relleno*	
Harina	500 gramos.	Ternera picada	350 gramos.
Aceite fino	1 1/2 decilitro.	Cebolla	200 gramos.
Agua	1 decilitro.	Tomates	250 gramos.
Sal	15 gramos.	Aceite	3 cucharadas.
		Pimiento encarnado	2

Pan rallado, vino.blanco, sal y pimienta.

MODO DE HACERLO

Se prepara primero el relleno para que esté frío cuando se vaya a emplear.

En una sartén se ponen las dos cucharadas de aceite, se calienta y se echa la cebolla picada. Cuando empieza a tomar color se añade la carne picada y el tomate sin piel ni pepitas y cortado en cuadraditos.

Se asan los pimientos sobre la placa para quitarles la piel y la semilla, se cortan en pedacitos y se echan en la sartén de la carne, se sazona de sal y pimienta, se añaden tres cucharadas de vino blanco y se deja cocer despacio unos treinta minutos. A media cocción se añade una cucharada de corteza de pan rallado.

Cuando está a punto se echa en un plato y se deja enfriar. Mientras se enfría el relleno se prepara la pasta. En un recipiente grande se pone la harina pasada por tamiz, se abre un hueco en el centro y se echa la sal, el aceite y el agua.

Se hace primero la mezcla con una cuchara y después se va amasando hasta que la masa no se pegue a las manos. Ya en su punto, se extiende sobre la mesa, espolvoreando de harina, y se aplana con el rodillo, dándole dos o tres dobleces, como se hace con el hojaldre. Hecho esto se vuelve a estirar, se afina hasta dejarla del grueso de dos milímetros.

De trecho en trecho se va colocando el relleno, se tapa doblando la masa sobre éste, y con un vaso de los de agua se cortan en redondo.

Se aplastan los bordes para que no se salga el relleno y con unas pinzas se hace un adorno en el borde. Cuando están todas, se ponen en una placa espolvoreadas de harina, se barnizan con un poco de huevo y se meten en el horno. Cuando están doradas, se colocan en una fuente sobre una servilleta y se sirven calientes.

Puede servirse al mismo tiempo una ensalada de lechuga.

CENA

Patatas en ensalada.
Filetes de gallo encapotados.

PATATAS EN ENSALADA

INGREDIENTES Y CANTIDADES

Patatas	2 kilos.	Aceite	5 cucharadas.
Tomates	3 piezas.	Vinagre	3 cucharadas.
Cebolla picada	1 cucharada.	Perejil	1 rama.
Ajo, sal y pimienta blanca.			

MODO DE HACERLO

Se lavan las patatas para quitarles toda la tierra y se ponen a cocer cubiertas de agua fría, con un puñado de sal, durante veinte minutos.

Cuando están cocidas se sacan del agua y se dejan enfriar un poco, se les quita la piel, se cortan en rodajas finas y se colocan en una fuente.

Se escogen los tomates redondos y duros, se lavan y se cortan en rodajas, colocándolas alrededor de las patatas.

En un tazón se mezcla el aceite con el vinagre y se añade la cebolla picada menudísima, el ajo y el perejil, igualmente picados; se sazona en rodajas, colocándolas alrededor de las patatas.

FILETES DE GALLO ENCAPOTADOS

INGREDIENTES Y CANTIDADES

Gallos	3/4 kilo.	Harina	2 cucharadas.
Aceite	3 cucharadas.	Vino	1 decilitro.
Pan rallado	100 gramos.	Agua	1 decilitro.
Huevos	2.		

Sal, aceite para freírlos y limón.

MODO DE HACERLO

Se limpian los gallos, quitándoles el pellejo y sacando los filetes. Se ponen en una besuguera con un poco de zumo de limón, agua y sal, y se les da un hervor. Se dejan enfriar y se reservan.

En un cacillo se pone la harina, se deslíe con el vino, se añaden las tres cucharadas de aceite frito y el agua hirviendo, se acerca al fuego y se deja cocer hasta que quede como una besamel espesa. Se sazona de sal y se introducen los filetes de gallo, colocándolos sobre el mármol, espolvoreado de harina. Cuando están fríos se pasan por harina, después por huevo batido y, por último, en pan rallado. se fríen en aceite caliente y cuando están dorados se sacan.

Se sirven en una fuente sobre servilleta, adornándolos con gajos de limón.

MINUTA DECIMONOVENA

COMIDA

Calabacines empanados.
Atún encebollado.

CALABACINES EMPANADOS

INGREDIENTES Y CANTIDADES

Calabacines	6.	Pan rallado	200 gramos.
Huevo	2.	Limón	1.
Harina	50 gramos.	Perejil	1 manojo.

Sal y aceite para freírlos.

MODO DE HACERLO

Se mondan los calabacines y se cortan a lo largo en tiras de un centímetro de grueso. Se sazonan de sal, se enharinan y después se rebozan en huevo batido, envolviéndolos perfectamente en pan rallado y aplastándolos con un cuchillo para que quede bien sujeto el pan; se fríen en el aceite caliente y se escurren.

Se sirven en una fuente, con servilleta, adornándola con perejil y rodajas de limón.

ATÚN ENCEBOLLADO

INGREDIENTES Y CANTIDADES

Atún	1 kilo.	Ajo	5 dientes.
Cebolla	300 gramos.	Perejil	1 rama.
Tomates	500 gramos.	Nueces mondadas	50 gramos.
Aceite	7 cucharadas.	Pimientos	3.
Sal y pimienta.			

MODO DE HACERLO

Se escaldan los tomates dejándolos hervir dos minutos, se sacan del agua, se les quita la piel y las pepitas y se cortan en cuadraditos. Se pica la cebolla muy menudita y se añade el ajo y perejil, picaditos también, y las nueces mondadas. Bien revuelto todo, se reserva.

Se escoge el atún de la parte central, se le quita la piel y espina y se hace filetes.

En una cacerola se echa una cucharada de aceite frito y se va colocando una tanda del picadillo y encima un lecho de filetes de atún, se sazona de sal y pimienta. Se vuelve a poner otro picadillo y otro de atún, para terminar cubriendo el conjunto con los pimientos cortados en tiras. Se rocía con aceite y se tapa con un plato boca abajo para que no escape el vapor y se pone a cocer muy lentamente hasta que todo esté bien cocido con el jugo que suelten los ingredientes.

Ya en su punto, se destapa y se mete en el horno un ratito para que consuma y quede en su salsa.

Se sirve en la misma cazuela, con servilleta alrededor.

MINUTA VEINTE

CENA

Patatas al jugo.
Tortilla de judías verdes con jamón y salsa de tomate.

PATATAS AL JUGO

INGREDIENTES Y CANTIDADES

Patatas	1 1/2 kilo.	Cubitos de caldo	3.
Mantequilla	70 gramos.	Sal y pimienta.	

MODO DE HACERLO

Se pelan las patatas y se cortan en rodajas finas.

Se colocan en una tartera resistente al fuego un poco honda y se añade el agua, en donde se han disuelto los cubitos de caldo. Deben quedar cubiertas por él. Se meten en el horno y se dejan cocer, rociando a menudo con su caldo.

Cuando se haya consumido el caldo se echa la mantequilla cortada en pedazos y se dejan en el horno hasta que se doren.

Se sirven en la misma tartera, rodeada con una servilleta.

TORTILLA DE JUDÍAS VERDES CON JAMÓN Y SALSA DE TOMATE

INGREDIENTES Y CANTIDADES

Huevos	6.	Tocino de jamón un poco	
Judías verdes	1/2 kilo.	magro	75 gramos.
Aceite	4 cucharadas.	Tomates	3/4 kilo.

MODO DE HACERLO

Se ponen a cocer las judías en agua hirviendo con sal. Cuando están tiernas se ponen a escurrir; ya bien secas con un paño, se cortan en trocitos de un centímetro de largo.

En una sartén se ponen los tomates cortados en trozos, se dejan cocer, tapados, despacio, y cuando están deshechos se pasan por el chino (apretando bien para que no queden sin pasar más que la piel y las pepitas). La salsa obtenida se pone de nuevo en la sartén y se le añaden dos cucharadas de aceite frito, se acerca al fuego y se deja cocer despacio hasta que quede una salsa un poco espesa; se sazona de sal y de azúcar y se reserva.

En una sartén se pone a derretir el tocino de jamón, cortado en cuadraditos; se dejan dorar un poco y se añaden luego las judías, rehogándolas muy bien.

Se baten los huevos (tres) y se sazonan de sal, se añade la mitad de las judías y se hace una tortilla envuelta, poniendo en la sartén una cucharada de aceite; debe quedar blandita.

Se coloca en una fuente alargada y se repite la operación, haciendo otra tortilla con los otros huevos y la otra mitad de las judías.

Ya en la fuente las dos, se cubren con la salsa de tomate bien caliente.

MINUTA VEINTIUNA
COMIDA

Ensalada rusa.
Merluza a la bilbaína.

ENSALADA RUSA

INGREDIENTES Y CANTIDADES

Patatas	1 kilo.	Guisantes	
Zanahorias	1/2 kilo.	desgranados	1/4 kilo.
Remolacha	1/4 kilo.	Judías verdes	1/2 kilo.
Huevos	1.	Alcaparras	1 cucharada.
Aceite	1 1/2 decilitro.	Sal, pimienta y vinagre.	

MODO DE HACERLO

En una cacerola se ponen las patatas con piel, cubiertas de agua fría y un poco de sal. Se acercan al fuego y se dejan cocer hasta que estén tiernas, pero sin deshacerse. Cuando están cocidas se dejan enfriar un poco, se les quita la piel y se cortan en cuadraditos.

Se ponen las remolachas en otra cacerola con agua fría y se dejan cocer hasta que estén tiernas (unas dos horas). Se pelan y una parte se corta en cuadraditos y la otra en rodajas finas para el adorno.

Se cuecen por separado las restantes verduras, picándolas menuditas, como las anteriores.

Se abre el huevo, se separa la yema de la clara, poniendo aquélla en un tazón; se le agrega un polvo de sal y unas gotas de vinagre y se bate de prisa. A continuación se va agregando el aceite poco a poco, batiendo sin parar hasta que absorba todo y tenga consistencia; entonces se separa un poco para el adorno y el resto se ablanda con la clara batida a punto de nieve y se sazona de sal y pimienta.

En un recipiente se ponen la mitad de las patatas con la mitad de cada una de las otras verduras y, bien mezcladas, se les agrega un poco de mayonesa aclarada, se coloca en el centro de una fuente ovalada formando un poco de montículo y se cubre con unas cucharadas de mayonesa.

Cada una de las verduras restantes se mezclan con una cucharada de mayonesa y se van colocando alrededor del centro, formando montoncitos y alternando los colores. En el borde de la fuente se colocan las medias rodajas de remolacha y, por último, se pone la mayonesa reservada en una manga con boquilla fina rizada y se marcan unas florecillas, poniendo una alcaparra en medio. Con el resto de las alcaparras se adorna el montículo del centro.

MERLUZA A LA BILBAÍNA

INGREDIENTES Y CANTIDADES

Merluza	1 1/4 kilo.	Harina	100 gramos.
Huevos	2.	Limón	2.
Sal y aceite para freírla.			

MODO DE HACERLO

Se escoge la merluza de la parte abierta y muy fresca. Con un cuchillo que corte bien se descarna la espina central y se despelleja del centro hacia los bordes con un cuchillo plano. Una vez quitada la piel, se cortan las faldas, de las que se hacen filetes. La merluza quedará en dos trozos redondos y largos, de los que se harán filetes y cortándolos al través. Se aplastan con la palma de la mano contra la mesa, se sazonan y enharinan, poniéndolos unos al lado de otros sobre la tabla.

Se pone el aceite en la sartén, se acerca al fuego y cuando está caliente se pasan los filetes por el huevo batido y se van friendo hasta que estén dorados. Se ponen a escurrir y se sirven, adornando la fuente con trozos de limón.

MINUTA VEINTIDÓS

CENA

Ajo blanco.
Nidos de patatas.

AJO BLANCO

INGREDIENTES Y CANTIDADES

Almendras crudas	75 gramos.	Aceite	6 cucharadas.
Miga de pan	100 gramos.	Vinagre	3 cucharadas.
Ajo	1 diente.	Agua	1 1/2 litro.

MODO DE HACERLO

En un almirez o mortero se echan el diente de ajo, las almendras escaldadas y quitadas la piel y un poco de sal. Se machacan poco a poco, mojando la mano del mortero en un tazón de agua.

Cuando está hecha una pasta fina, se agrega la miga de pan empapada de agua y estrujada, se mezcla bien con la pasta y se va agregando poco a poco el aceite batiendo sin cesar, como si fuera mayonesa. Cuando haya absorbido todo el aceite se agrega un par de cucharadas de vinagre y se va aclarando con agua poco a poco. Cuando está bien desleído se echa en una sopera y se agrega el resto de agua hasta completar litro y medio.

Se cortan una rebanadas de pan de un dedo de gruesas y se meten en el horno. Cuando están tostadas se cortan unos costroncitos y se echan en la sopera en el momento de servirla.

NIDOS DE PATATAS

INGREDIENTES Y CANTIDADES

Para los nidos

		Relleno	
Patatas	1 kilo.	Cebollas	100 gramos.
Mantequilla	30 gramos.	Vino	1/2 vaso.
Leche	2 cucharadas.	Pan rallado	2 cucharadas.
Huevos	1	Aceite	3 cucharadas.
Carne picada	250 gramos.	Sal, pimienta, nuez moscada y ajo.	

MODO DE HACERLO

Se prepara primero el relleno.

En una sartén se pone el aceite, se calienta y se echa la cebolla picada menudísima, se rehoga un poco y se agrega la carne, el vino y se deja cocer lentamente hasta que esté tierna; entonces se sazona de sal, pimienta y nuez moscada y se echa el pan de corteza, rallado.

Se ponen a cocer las patatas con piel, y cuando están cocidas se mondan y se pasan por un tamiz para hacer puré fino. se añade la mantequilla derretida, la leche y la yema del huevo y se amasa bien.

Se hacen doce bolas y se aplastan un poco, haciendo un hueco en el centro. En dicho hueco se pone un par de cucharadas de relleno y se van colocando en una placa enharinada. Cuando están todos los nidos hechos se bate la clara a punto de nieve y con una cuchara se va poniendo un montoncito en cada nido, se meten en el horno, que debe estar caliente, y cuando están dorados se sacan.

COMIDA

Patatas al tocino.
Fiambre de pescado con ensalada.

PATATAS AL TOCINO

INGREDIENTES Y CANTIDADES

Patatas	1 1/4 kilo.	Aceite	1 cucharada.
Tocino magro	125 gramos.	Harina	2 cucharadas.
Cubitos de caldo	2.	Cebollitas	12.
Agua	3/4 litro.		

MODO DE HACERLO

Se parte el tocino en cuadraditos y se pone en una cacerola al fuego con una cucharada de aceite. Cuando empieza a dorarse se agregan las cebollitas y se dejan hasta que tomen color. Se retiran entonces el tocino y las cebollas a un plato.

En la misma grasa se dora un poco de harina, se deslíe en tres cuartos de litro de agua, se sazona de sal y pimienta y una rama de perejil y se deja hervir. Cuando rompe el hervor se echan las patatas cortadas en trozos regulares, el tocino y las cebollas. Se tapa la cacerola y se deja cocer a fuego lento.

Cuando están cocidas se quita el perejil, se deslíen los cubitos de caldo en un poco de agua y se agrega a las patatas.

Se ponen en una legumbrera, se espolvorean de perejil picado y se sirven.

FIAMBRE DE PESCADO CON ENSALADA

INGREDIENTES Y CANTIDADES

Bonito o merluza	750 gramos.	Huevos	2.
Gambas	1/4 kilo.	Pan rallado	200 gramos.
Tocino de jamón	50 gramos.	Limón	1.
Sal, pimienta y nuez moscada.			

MODO DE HACERLO

Se pone a partes iguales el bonito o la merluza, se despellejan en crudo, se quitan las espinas y se pica sobre la tabla o máquina.

Se corta el tocino en tiritas finas.

En un recipiente se pone el pescado, después de picado muy fino; se añade el pan rallado, sal, pimienta, perejil y nuez moscada. Se agregan los huevos y se mezcla, haciendo una masa compacta.

Se hacen dos partes de ella, y en la parte de abajo se ponen las tiritas de tocino y las gambas peladas, se coloca encima la otra parte de masa, se hace un rollo y se envuelve bien apretado en un paño fino, se ata con un bramante y se pone a cocer durante tres cuartos de hora.

Caldo para cocer el fiambre

Agua	1 1/2 litros.	Ajo	1 diente.
Cebollas	1.	Vino	1 vaso.
Zanahorias	2.	Laurel	1 hoja.
Perejil, sal y pimienta en grano.			

MODO DE HACERLO

Se ponen todos los ingredientes en una cacerola, y cuando rompe el hervor se echa el rollo de pescado ya preparado, se deja cocer tres cuartos de hora a hervor constante, añadiendo agua hirviendo si se consume, para que el fiambre esté cubierto siempre. Pasado este tiempo se saca, se prensa, sin quitar el paño, durante seis horas. Pasado este tiempo se trincha en rodajas de un centímetro y se colocan en una fuente, adornándola con lechuga.

MINUTA VEINTICUATRO

CENA

Judías verdes con tomate.
Bacalao al gratín.

JUDÍAS VERDES CON TOMATE

INGREDIENTES Y CANTIDADES

Judías	1 1/2 kilos.	Tomates	1 kilo.
Agua	4 cucharadas.	Cebollas	100 gramos.

MODO DE HACERLO

Se limpian las judías, quitándoles las puntas y cortándoles los bordes donde pueden tener hebras, y se ponen a cocer en abundante agua hirviendo con sal.

Cuando están tiernas se ponen en un escurridor y se dejan hasta que hayan apurado toda el agua.

Se ponen dos cucharadas de aceite en una sartén y se agrega la cebolla muy picada, se deja rehogar un poco y se añade el tomate picado. Se tapa y se deja estofar hasta que esté deshecho. Se pasa entonces por tamiz o colador fino, apretando con la seta para que pase toda la pulpa; se vuelve a poner en la sartén y se deja calentar.

En otra sartén se ponen las otras cucharadas de aceite, se fríe un diente de ajo; cuando está muy tostado se echan las judías y se rehogan, añadiendo la salsa de tomate. Se mezcla bien y se sirve.

BACALAO AL GRATÍN

INGREDIENTES Y CANTIDADES

Bacalao	1 kilo.	Queso rallado	50 gramos.
Patatas	1 kilo.	Huevo	1.
Mantequilla	75 gramos.	Leche	1/2 litro.
Harina	2 cucharadas.	Limón	1.
Sal, pimienta y nuez moscada.			

MODO DE HACERLO

Se escoge el bacalao muy grueso, se corta en trozos y se pone a desalar veinticuatro horas, cambiando el agua varias veces. Ya desalado, se pone en una cacerola, se cubre de agua fría y se añade el jugo de un limón y una cucharada de leche, y se pone un poco al fuego para que se vaya calentando lentamente, y antes que rompa a hervir se tapa la cacerola y se deja al calor durante veinte minutos *sin hervir*; pasado este tiempo se retira.

Se mondan las patatas y se ponen a cocer enteras en agua fría y un poco de sal. Cuando están cocidas (sin deshacerse) se sacan del agua, se ponen en la boca del horno para que se sequen y se pasan por el tamiz para hacer un puré fino. Se pone en una cacerola y se agrega sal, pimienta molida y la mitad de la mantequilla. Se trabaja bien y, por último, se echa la yema del huevo.

Con la otra mitad de la mantequilla, la leche y la cucharada de harina se hace una salsa besamel (véase *Salsa besamel*), que se sazona con sal, pimienta blanca y nuez moscada. Cuando está hecha se agrega la mitad del queso rallado y se mezcla bien.

En una fuente resistente al fuego se unta el fondo de mantequilla derretida y se hace una bordura con el puré de patatas; en el centro se echa la mitad de la salsa, encima se coloca el bacalao un poco desmigado y sin espinas y se cubre con el resto de la salsa. Se espolvorea con el queso rallado, cuidando que no caiga sobre la bordura, y se mete en el horno muy fuerte para que se dore en seguida.

COMIDA

Tomates rellenos a la italiana.
Atún mechado con patatas risolés.

TOMATES RELLENOS A LA ITALIANA

INGREDIENTES Y CANTIDADES

Tomates	12.	Mantequilla	30 gramos.
Huevos duros	2.	Tomate para salsa	1/2 kilo.
Aceite	2 cucharadas.	Harina	20 gramos.
Queso rallado	2 cucharadas.	Leche	1/4 litro.

MODO DE HACERLO

Se escogen doce tomates pequeños, iguales y muy lisos. Con un cuchillo pequeño se hace una circunferencia en la parte superior de los tomates; se levantan y con una cucharita se vacía de agua y pepitas, quedando de esta manera como una cazuelita; se pone dentro sal y se colocan boca abajo para que escurran. Después se rellenan.

En una sartén se ponen las dos cucharadas de aceite y se echa el tomate partido en trozos. Cuando están deshechos se pasan por el chino y se hace una salsa, que se reserva al calor.

Se confecciona una salsa besamel con el cuarto litro de leche. En un cazo se pone la mitad de la mantequilla; cuando se derrite se añade la harina y se deja cocer unos minutos; se deslíe con la leche hirviendo, se sazona de sal, nuez moscada y pimienta molida, y se deja cocer cinco minutos.

Se pican los huevos cocidos duros y se mezcla en la besamel.

Se retira la salsa del fuego y se rellenan con ella los tomates. Una vez rellenos se espolvorean con el queso rallado y se riegan con mantequilla derretida.

Se colocan en una tartera, previamente untada de aceite, y se meten a horno muy fuerte para que se gratine la superficie en breves minutos.

Para servirlos se colocan en una fuente, cubierto el fondo de ésta con la salsa de tomate.

ATÚN MECHADO CON PATATAS 'RISOLÉS'

INGREDIENTES Y CANTIDADES

Atún	1 1/4 kilo.	Tomates	2.
Tocino	50 gramos.	Cebolla	1.
Aceite	3 cucharadas.	Ajo	1 diente.
Vino	1 copa.	Perejil	1 rama.

Laurel, sal y pimienta en grano.

MODO DE HACERLO

Se escoge el atún del centro, se pone un rato en agua fría para que se desangre. Se quita la piel, ayudándose con un cuchillo fino, y con la punta de éste se abren unas incisiones profundas, donde se meten unos trocitos de tocino y unos granos de pimienta. Cuando se han puesto tres o cuatro mechas por cada lado se envuelve en harina y se rehoga en una sartén con el aceite caliente hasta dorarlo por igual.

Se pone en una cazuela proporcionada (mejor, de barro, o a falta de éste, de porcelana), y en aceite se fríe la cebolla y el ajo, echándolo todo sobre el atún. Se agrega el laurel, unos granos de pimienta, el vaso de vino, los dos tomates enteros, se sazona de sal y se deja cocer a fuego lento durante una hora. Pasado este tiempo se saca el atún y se coloca en una fuente, pasando la salsa por el chino, vertiéndola encima muy caliente.

Se guarnece con las patatas *risolés*, puestas en dos grupos a los lados.

PATATAS 'RISOLÉS'

INGREDIENTES Y CANTIDADES

Patatas	3/4 kilo.	Mantequilla	30 gramos.

MODO DE HACERLO

Se escogen unas patatas muy pequeñas o se moldean del tamaño de nueces.

Se mondan las patatas y se ponen a cocer al fuego, cubiertas de agua fría, con un poco de sal. Cuando rompe a hervir se dejan cinco minutos, pasados los cuales se sacan del agua y se escurre ésta, volviéndolas a poner en la misma cacerola.

Se les agrega la mantequilla y se meten al horno fuerte moderado de veinte a veinticinco minutos. Cuando están doraditas se sacan del horno y se colocan en la fuente.

MINUTA VEINTISÉIS

CENA

Fritada de pimientos y tomates.
Conchas de salmón a la parisién.

FRITADA DE PIMIENTOS Y TOMATES

INGREDIENTES Y CANTIDADES

Pimientos	1 kilo.	Tomates	2 kilos.
Aceite	1/2 decilitro.	Cebolla	1/4 kilo.
Ajos, sal y azúcar.			

MODO DE HACERLO

En una sartén grande se pone el aceite, se deja calentar, y se fríen dos dientes de ajo y la cebolla muy picadita. Se añade sal y se tapa. A continuación se añaden los pimientos cortados en trozos.

Se escaldan los tomates con agua hirviendo, se quitan la piel y pepitas y se cortan en cuadraditos. Se agregan a la sartén y se añade media cucharadita de azúcar y, a lumbre muy floja y tapada la sartén, se deja cocer lentamente hasta que esté en su punto.

Se sirve en una fuente caliente, adornándola alrededor con doce picatostes en forma de triángulo.

CONCHAS DE SALMÓN A LA 'PARISIÉN'

INGREDIENTES Y CANTIDADES

Salmón	1 bote de 1/4.	Harina	40 gramos.
Gambas crudas	1/4 kilo.	Mantequilla	50 gramos.
Vino blanco	1 copa	Queso	25 gramos.
Cebolla	1/2	Huevo	1.
Patatas	400 gramos.		
Nuez moscada, sal y pimienta.			

MODO DE HACERLO

Se pone a cocer medio litro de agua, la cebolla cortada en tiras finas, sal y dos granos de pimienta. Cuando hayan hervido diez minutos se echan las gambas, después de bien lavadas, y se cuecen unos cinco minutos.

Se cuela el caldo por un tamiz y se reserva. Se pelan las gambas y se mezclan con el salmón, previamente desmigado, en un plato.

En una cacerolita puesta al fuego se echan treinta gramos de mantequilla y la harina; se cuece, sin dorarla, durante cuatro o cinco minutos y se deslíe con el caldo del pescado que se reservó. Cuando ha hervido unos tres o cuatro minutos el salmón mezclado con las gambas, se sazona de sal y pimienta, nuez moscada y se agrega la yema; con este preparado se rellenan las conchas, dejando sin llenar un borde, que se cubre con un cordón de puré de patatas.

Se espolvorean con queso rallado y se meten al horno para que se coloreen.

PURÉ DE PATATAS

Se mondan las patatas, se cortan en trozos y se cuecen en agua con sal; se escurren y se pasan por un tamiz para hacer puré. A éste se le añaden veinte gramos de mantequilla y una o dos cucharadas de leche. Se pone en una manga con boquilla gruesa rizada y se emplea.

MINUTA VEINTISIETE

COMIDA

Arroz a la milanesa.
Pimientos rellenos.

ARROZ A LA MILANESA

INGREDIENTES Y CANTIDADES

Higadillos	3.	Arroz	500 gramos.
Jamón	50 gramos.	Queso	50 gramos.
Cebolla	1.	Aceite	5 cucharadas.
Guisantes desgranados	200 gramos.	Tomate	100 gramos.

MODO DE HACERLO

En una sartén se pone el aceite y se fríe cebolla picada, los higadillos y el jamón. Bien rehogado el conjunto, se agrega el tomate picado, se deja freír, y se echa el arroz.

Cuando esto está rehogado se agrega doble cantidad de agua hirviendo, en la que habrán cocido los guisantes, agregando éstos y el queso rallado, dejándolo cocer a lumbre viva.

Cuando ha absorbido completamente el caldo se unta un molde con grasa se llena con el arroz, se pone al horno unos minutos para acabarlo de secar y se vuelca en una fuente.

PIMIENTOS RELLENOS

INGREDIENTES Y CANTIDADES

Pimientos encarnados	12.	Cebolla	1.
Carne de vaca	1/2 kilo.	Tomates	2.
Pan rallado	200 gramos.	Ajo	1 diente.
Vino blanco	1 vaso.	Perejil	1 rama.
Aceite	1 decilitro.		

Sal, nuez moscada y pimienta.

MODO DE HACERLO

En un recipiente se pone la carne picada en la máquina, se agrega el pan rallado empapado en leche, sal, pimienta, un poco de ralladura de nuez moscada y se mezcla todo, haciendo una masa, de la que se hacen doce bolas.

Se preparan los pimientos, cortándolos por la parte del tallo, quitándoles el corazón y las pepitas, y se rellenan con las bolas de carne; se pasan por harina y huevo batido y se rehogan en el aceite puesto en la sartén al fuego. Ya rehogados todos, en el aceite sobrante se echa la cebolla picada y el tomate; se rehogan ambas cosas y se agrega una cucharada de harina y el vino blanco, se deja dar un hervor y se echa sobre los pimientos puestos en la cazuela. Se agrega agua hasta cubrir los pimientos y se deja cocer suavemente unos tres cuartos de hora. Cuando están tiernos los pimientos se sacan con cuidado y se colocan en una fuente. Se pasa la salsa por el chino y, bien caliente, se vierte sobre ellos para servirlos.

MINUTA VEINTIOCHO

Patatas a la judía.
Sardinas a la marinera.

PATATAS A LA JUDÍA

INGREDIENTES Y CANTIDADES

Patatas	1 1/2 kilos.	Huevo	1.
Aceite	5 cucharadas.	Mostaza	1/2 cucharada.
Vinagre	5 cucharadas.	Sal.	
Vino dulce	1 vaso.	Pimienta.	

MODO DE HACERLO

Se escogen unas patatas grandes, se pelan y se cortan en cuadraditos regulares, como dados grandecitos. Se ponen en agua hirviendo con sal y se dejan cocer cinco minutos.

Se sacan del agua, se escurren bien y se vuelven a poner en la misma cacerola, quitada aquélla. Se rocían con un vaso de vino cariñena. Se tapa y se deja cocer ocho minutos a horno moderado. Hay que cuidar que no se deshagan. Se pone la yema del huevo en un tazón y se agrega un poco de sal y unas gotas de vinagre y se bate sin interrupción, añadiéndole el aceite a chorrito fino. Cuando ha absorbido el aceite y está espeso, se agrega el vinagre, la mostaza y el vino que haya quedado de cocer las patatas. Bien mezclado todo, se agrega la clara batida a punto de nieve y se mezcla bien con la espátula hasta dejar una salsa muy fina, un poco fluida.

Se ponen las patatas en una legumbrera, se vierte por encima la salsa y se mueven (cuidando que no se rompan), para que queden bien envueltas. Se sirven en seguida.

SARDINAS A LA MARINERA

INGREDIENTES Y CANTIDADES

Sardinas	1 1/2 kilo.	Aceite	5 cucharadas.
Tomates	1 1/2 kilo.	Ajo	1 diente.
Pimientos	1/2	Perejil.	
Cebollas	1/4 kilo.	Sal y pimienta.	

MODO DE HACERLO

Se escogen unas sardinas muy frescas y de tamaño grande y se les quita la cabeza, tripas y espinas, dejándolas abiertas en forma de abanico.

Se pican los pimientos y cebollas en trozos menuditos, y el tomate se escalda en agua hirviendo durante dos minutos; se les quita la piel y pepitas y se pican también en cuadraditos pequeños, mezclando todos los picadillos en un recipiene.

En una cazuela de barro se ponen dos cucharadas de aceite, luego se echa un puñado de verduras picadas, se extienden bien, encima se pone una tanda de sardinas abiertas, se cubren con otra de verduras picadas, y así sucesivamente, hasta concluir con una tanda del picadillo; se rocía con el aceite, se pica un poco de ajo y perejil y se tapa con un plato boca abajo para que no salga el vapor, o poniendo encima una cacerola con agua se acerca al fuego y se deja cocer muy lentamente durante dos horas. Pasadas éstas se destapa, y si queda algo de líquido se deja cocer un poco más, hasta que no quede más que su grasa.

Puede servirse en la misma cazuela, rodeada de una servilleta o volcando en una fuente redonda el contenido de la cazuela.

MINUTA VEINTINUEVE

COMIDA

Ñoquis de patatas.
Morros y sesos de ternera a la vinagreta.

ÑOQUIS DE PATATAS

INGREDIENTES Y CANTIDADES

Patatas	850 gramos.	Jamón	75 gramos.
Mantequilla	100 gramos.	Huevos	3.
Harina	115 gramos.	Miga de pan	
Queso rallado	100 gramos.	rallada	1 cucharada.
Sal y pimienta.			

MODO DE HACERLO

Se escogen las patatas grandes y se asan al horno; ya asadas, se parten por la mitad y se vacían con una cucharilla, echando la pulpa en un recipiente cerca del fuego. Se agregan cuarenta gramos de mantequilla y se trabaja con una cuchara hasta hacer una pasta fina. Se baten dos yemas y dos claras y se agregan a cucharadas a la pasta y, por último, se echa la harina y el jamón.

Se mezcla todo muy bien, se forman bolitas que se aplastan un poco con un tenedor y se van colocando sobre una tabla espolvoreada de harina.

Se pone una cacerola grande con agua. Cuando rompe a hervir se echan la mitad de los ñoquis (han de cocer holgadamente, por lo que habrá que echarlos en dos o tres veces), se tapa y, sin que rompa de nuevo el hervor, se deja al fuego un cuarto de hora. Cuando están cocidos, lo que se conoce cuando ofrecen resistencia al tacto, se retiran en un escurridor y se dejan apurar sobre una servilleta.

Se unta de mantequilla una fuente de barro refractario, se espolvorea de queso y se coloca un lecho de ñoquis; se espolvorea nuevamente con queso y se coloca otra capa de ñoquis, y así hasta terminar.

Se mezcla lo que queda de queso con el pan rallado y se espolvorea por encima.

Se derrite lo que queda de mantequilla y se rocía con ella la cubierta de los ñoquis, sobre el pan y queso rallados.

Se mete a horno muy fuerte y en cuanto está dorada la superficie se sirve.

MORROS Y SESOS DE TERNERA A LA VINAGRETA

INGREDIENTES Y CANTIDADES

Morros	750 gramos.	Seso	1.
Harina	75 gramos.	Aceite	5 cucharadas.
Cebollas	2.	Alcaparras	1 cucharada.
Zanahorias	1.	Tomates	1/4 kilo.
Vinagre	6 cucharadas.	Limón	1.

Perejil, laurel, sal, tomillo y pimienta.

MODO DE HACERLO

Se raspan y lavan bien los morros, se ponen en un puchero bien cubiertos de agua fría y se acercan al fuego. Cuando rompe a hervir, se dejan tres minutos y se lavan en agua fría.

En un puchero o cacerola grande se ponen tres litros de agua, en la que se deslíe la harina, se acerca al fuego y se deja que hierva, dándole algunas vueltas para que no se agarre; se añade el zumo de medio limón, una cebolla en pedazos, la zanahoria, tres cucharadas de vinagre, perejil, laurel, sal, pimienta en grano y tomillo. Cuando rompe de nuevo a hervir se echa el morro cortado en trozos y frotados éstos con limón, y se deja cocer suavemente hasta que están tiernos (aproximadamente hora y media). Se limpia el seso, quitándole la telilla y venas que le envuelven, y cuando empiezan a estar tiernos los morros se añade el seso y se deja cocer una media hora.

Ya tiernas ambas cosas, se sacan y se dejan escurrir y enfriar.

Se hace una vinagreta en un tazón, poniendo el aceite, vinagre, sal y un poco de cebolla picada menudísima, pimienta, perejil y ajo picado, batiéndolos con unas varillas.

En una fuente blanca alargada se ponen los trozos de morro en el centro a lo largo, y a los lados el seso hecho filetes, y se cubre todo con la vinagreta, a la que se añade una cucharada de alcaparras.

Se adornan los lados de la fuente con medias rodajas de tomate.

CENA

Calabacines al gratín.
Rape estofado.

CALABACINES AL GRATÍN

INGREDIENTES Y CANTIDADES

Calabacines	2 kilos.		Leche	1/2 litro.
Aceite	1/2 litro.		Harina	30 gramos.
Mantequilla	30 gramos.		Queso	30 gramos.

MODO DE HACERLO

Se cortan los calabacines, antes mondados, en rodajas del grueso de medio centímetro.

En una cacerola se pone el aceite, se acerca al fuego y cuando está caliente se echan los calabacines y un poco de sal; se tapan y se dejan hacer con el jugo que sueltan. Cuando han consumido éste y están tiernos, se ponen en una fuente refractaria, se cubren de besamel, se espolvorean de queso rallado, se rocían con un poco de mantequilla derretida y se mete a horno fuerte unos minutos.

Cuando se dora la superficie se saca y se sirve en seguida en la misma fuente.

BESAMEL

En una sartén se pone la mantequilla y se agrega la harina, dejándola cocer un poco.

Antes de que tome color se echa la leche hirviendo y se mueve rápidamente con las varillas para evitar que se hagan grumos. Se deja cocer muy despacio durante cinco minutos y se vierte sobre los calabacines.

RAPE ESTOFADO

INGREDIENTES Y CANTIDADES

Rape	2 kilos.	Vinagre	1 cucharada.
Aceite	1 1/2 decilitro.	Sal.	
Agua	2 vasos.	Pimienta.	
Ajo	1/2 diente.	Laurel.	
Chocolate	1/2 onza.		

MODO DE HACERLO

Se corta el rape en trozos y bien enharinados se fríen.

En un mortero se machacan el ajo y perejil y se añade el chocolate desleído con las cucharadas de aceite, vinagre y agua, se vierte todo sobre el rape puesto en una cacerola, se añade media hoja de laurel, sal y pimienta, y bien tapado se deja cocer a fuego suave durante media hora. Se sacan los trozos a una fuente, se cuela la salsa por encima y se sirve.

OTOÑO

OTOÑO

Los productos propios de esta estación son los siguientes:

CARNES.- Vaca, ternera y cordero. En noviembre empieza a sacrificarse el cerdo.

AVES.- Pollos, pavos, patos, pichones y gansos.

CAZA.- Faisán, codornices y perdices. En octubre: conejo, liebre, corzo, jabalí y becasinas.

PESCADOS.- Rodaballo, barbo, sardinas arenques, anchoas, bonito, merluza, lubina, lenguado, pescadilla, mero y bacalao.

CRUSTÁCEOS.- Langosta, langostinos, camarones o quisquillas y centollos.

MOLUSCOS.- Almejas, ostras, percebes y mejillones.

HUERTA.- Judías, nabos, setas, berenjenas, puerros, coles de Bruselas, salsifís, remolachas, pimientos, tomates, lechugas, escarola y apio.

FRUTAS.- Ciruelas, higos, membrillos, uvas, peras, manzanas, melón, melocotones, sandías, plátanos, dátiles y granadas.

En noviembre: castañas, boniatos, nísperos del Japón, piñas, chirimoyas y caquis.

Es la estación propia para preparar conservas de frutas.

COMIDA

Garbanzos a la vinagreta.
Albóndigas.

GARBANZOS A LA VINAGRETA

INGREDIENTES Y CANTIDADES

Garbanzos	500 gramos.	Tomate	1.
Huevo	1.	Ajo	1 diente.
Cebolla picada	1 cucharada.	Perejil	1 rama.
Aceite	4 cucharadas.	Alcaparras	1 cucharada.
Vinagre	2 cucharadas.	Huesos	
Laurel, sal y pimienta.		de jamón	1 trozo.

MODO DE HACERLO

Se ponen a remojo los garbanzos en un recipiente cubierto de agua templada y un puñado de sal.

Al día siguiente se pone un puchero con agua, una hoja de laurel, un trozo de cebolla y un hueso de jamón; se acerca al fuego y cuando rompe el hervor se echan los garbanzos, previamente lavados con agua templada. Cuando rompe a hervir nuevamente se espuma con cuidado y se dejan cocer suavemente hasta que estén tiernos (se conoce que están tiernos cuando tienen el pico abierto).

Se quita el agua y se pone en una legumbrera, cubriéndolos con una salsa vinagreta hecha del modo siguiente:

Se pone a cocer el huevo durante diez o doce minutos, se refresca en agua fría y se descascarilla, se saca la yema y se pone en un tazón, donde se bate, añadiéndole el aceite y el vinagre, y agregándole la cebolla picadísima, ajo, perejil y alcaparras.

Se mezclan bien todos los ingredientes y se vierten encima de los garbanzos.

ALBÓNDIGAS

INGREDIENTES Y CANTIDADES

Carne de vaca picada	500 gramos.	Cebolla	1.
Aceite	6 cucharadas.	Ajo	1 diente.
Tocino	50 gramos.	Limón	1.
Huevos	2.	Canela	1/2 cucharada.
Pan rallado	200 gramos.	Vino blanco	1/2 vaso.
		Leche	2 cucharadas.

Pimienta, perejil, nuez moscada y harina.

MODO DE HACERLO

Se pica la carne en la máquina y al mismo tiempo el tocino y un poco de cebolla.

En una fuente se pone el picadillo, se sazona de sal, pimienta, canela y una pizca de ralladura de nuez moscada, se añade un huevo y la clara de otro (reservando la yema), un poco de perejil picado y se amasa, mezclando al mismo tiempo el pan rallado y las dos cucharadas de leche.

Hecha una masa, se hacen las albóndigas, se pasan por harina y se fríen en el aceite puesto en la sartén al fuego, y bien doraditas van colocándose en una cacerola. En el aceite sobrante se fríe el resto de cebolla picada, y cuando está dorada se echa una cucharada de harina.

Cuando ha tomado color se vierte el vino blanco y un vaso de agua, se sazona de sal y se vierte sobre las albóndigas, dejándolas hervir suavemente durante una hora; pasado este tiempo se sacan las albóndigas a una fuente y se pasa la salsa por el chino, añadiéndole un poco de agua si estuviese consumida, se vuelve a poner al fuego, se liga con la yema de huevo y, bien caliente, se vierte sobre las albóndigas.

CENA

Berenjenas a la crema.
Pastelillos de patata.

BERENJENAS A LA CREMA

INGREDIENTES Y CANTIDADES

Berenjenas	1 kilo.	Harina	2 cucharadas.
Mantequilla	30 gramos.	Yemas	2.
Leche	1/2 litro.	Aceite	5 cucharadas.

MODO DE HACERLO

Se mondan las berenjenas, se cortan en rodajas de medio centímetro y se ponen en un plato espolvoreado de sal fina, durante un cuarto de hora.

Se pone la leche al fuego (reservando media taza para desleír la harina en frío), se agrega la mantequilla y un poco de sal y cuando rompe a hervir se agrega la harina desleída y, moviendo sin parar, se deja cocer lentamente durante cinco minutos.

Se pone una sartén al fuego con aceite, se echan las berenjenas y se tapan. Se dejan hervir hasta que estén tiernas a lumbre floja. Se retira la besamel del fuego, se agregan las yemas y se echa un poco hasta cubrir el fondo de la tartera. Se ponen encima las berenjenas y se cubren con el resto de salsa hasta que queden bien cubiertas. Se calienta al horno y se sirven.

PASTELILLOS DE PATATA

INGREDIENTES Y CANTIDADES

Patatas	1 kilo.	Aceite o mantequilla	25 gramos.
Jamón	100 gramos.	Cebolla picada	1 cucharadita.
Harina	50 gramos.	Queso rallado	25 gramos.
Sal y pimienta.			

MODO DE HACERLO

Se mondan las patatas y se ponen a cocer hasta que estén tiernas. Ya cocidas se sacan del agua y se ponen en un plato en la boca del horno para secarlas; cuando están secas se pasan por el tamiz para hacer un puré fino.

En una sartén se ponen veinticinco gramos de mantequilla o aceite, se añade la cebolla picada y se deja estofar para que se ponga blanda y sin dorar; en este punto se echa el jamón muy picadito, se rehoga un poco y se reserva.

En un recipiente hondo se pone el puré de patatas, se sazona de sal y pimienta y se agrega el jamón con la grasa de haberlo rehogado, las dos yemas de huevo, una cucharada de harina espolvoreada y, por último, las claras batidas a punto de nieve. Bien mezclado se hacen unas bolas que se aplastan y se van colocando en una placa engrasada, se barniza con un poco de mantequilla líquida, se espolvorean de queso rallado y se meten al horno fuerte hasta que se doran (unos cinco minutos).

Se sirven en una fuente con servilleta doblada y se adorna con un montoncito de berros en el centro.

Patatas en salsa verde.
Ternera guisada.

PATATAS EN SALSA VERDE

INGREDIENTES Y CANTIDADES

Patatas	1 1/2 kilos.	Aceite	5 cucharadas.
Cebolla picada	2 cucharadas.	Ajos	2 dientes.
Perejil	2 buenas ramas.		
Sal y pimienta.			

MODO DE HACERLO

Se mondan las patatas y se cortan en rodajas de medio centímetro de gruesas.

Se calienta aceite en una cacerola y se fríen los ajos; fritos ya, se sacan a un plato, se echa la cebolla y cuando empieza a dorarse se echan las patatas y se rehogan; ya rehogadas se cubren ligeramente de agua hirviendo, se agrega sal y pimienta y los ajos machacados en un mortero, el perejil picado muy menudito y se dejan hervir lentamente hasta que estén cocidas, procurando que no se deshagan. Si las patatas son nuevas conviene añadirle una cucharadita de harina de trigo al rehogarlas.

TERNERA GUISADA

INGREDIENTES Y CANTIDADES

Ternera	1 kilo.	Perejil picado	1 cucharada.
Ajos	2 dientes.	Cebolla	1/4 kilo.
Puerros	3.	Huevos cocidos	1 yema.
Vino blanco	1 copa.	Aceite	
Sal y pimienta en grano.		o mantequilla	75 gramos.

MODO DE HACERLO

En una cacerola se pone el aceite, la cebolla y el perejil, los puerros y el ajo, todo picadito, se sazona con sal y pimienta y se coloca la carne encima de las verduras y a lumbre suave se va rehogando para que no se quemen aquéllas. Cuando está bien dorada se echa el vino, se cubre de agua hirviendo y se tapa, dejándola hervir muy suavemente durante dos horas.

Se pincha con una aguja de hacer media y si penetra sin resistencia es que está cocida; entonces se saca a un plato para que se enfríe y se prepara la salsa. Se pasa ésta por un colador apretando mucho la seta para que pase toda la cebolla y engorde la salsa, se añade la yema del huevo duro machacado en el mortero y desleída con un poco de caldo se pone al fuego, se rectifica de sal y pimienta.

Se trincha la ternera, se coloca en una fuente caliente, se vierte la salsa hirviendo por encima, y se sirve adornando la fuente con unos triángulos de pan frito.

CENA

Sopa mallorquina.
Huevos rellenos al foie-gras.

SOPA MALLORQUINA

INGREDIENTES Y CANTIDADES

Pan	300 gramos.	Tomates	3.
Repollo	1 kilo.	Cebollas	3.
Ajo	3 dientes.	Perejil	2 ramas.
Aceite	1 decilitro.	Agua, sal y pimienta.	

MODO DE HACERLO

Se pone el aceite en una cazuela de barro, se acerca al fuego, se fríen los ajos y se sacan a un plato cuando están dorados.

Se añade la cebolla cortada en trozos y cuando está dorada se añade el repollo picado y se rehoga; bien rehogado se añade una cucharadita de pimentón y los tomates picados, sin piel ni pepitas. Se rehoga un poco más y se echa agua hasta cubrir bien las verduras.

Se machacan los ajos y desleídos en un poco de agua se agregan al guiso. Se sazona de sal y se deja cocer hasta que esté tierno el repollo, añadiendo de cuando en cuando agua hirviendo para recuperar el volumen perdido por evaporación.

Cuando está tierna la verdura se pone el pan hecho rebanadas y al arrancar el hervor se separa del fuego y se tapa, dejándolo reposar un poco.

Se vierte en una sopera y se sirve.

HUEVOS RELLENOS AL 'FOIE-GRAS'

INGREDIENTES Y CANTIDADES

Huevos	7.	Mantequilla	75 gramos.
Foie-gras	50 gramos.	Leche	1/2 litro.
Patatas	600 gramos.	Harina	50 gramos.
Guisantes	300 gramos.	Sal y pimienta.	

MODO DE HACERLO

Se cuecen los guisantes, se pasan por un tamiz para hacer un puré y se reservan.

Se cuecen seis huevos durante doce minutos y se refrescan en agua fría. Se cuecen las patatas mondadas y una vez cocidas se pasan por un tamiz. El puré obtenido se pone en un cacillo, se acerca al fuego y se le agrega veinticinco gramos de mantequilla y dos o tres cucharadas de leche. Se mueve sin parar para que no se agarre y cuando está muy fino se reserva. Se parten los huevos a la mitad a lo largo, se sacan las yemas y se machacan en el mortero, mezclándose *foie-gras*, y se rellenan los huevos, dándole forma un poco abombada.

Se hace una besamel con la leche, mantequilla y harina en la forma acostumbrada y se les mezcla el puré de guisantes y la yema del huevo.

En una fuente de horno se colocan los huevos en dos filas, se cubren con la salsa preparada y con el puré de patatas puesto en una manga con boquilla ancha rizada se hace bordura alrededor.

Se mete al horno y se sirve caliente en la misma fuente.

*Macarrones con tomate.
Carne rellena con acelgas salteadas.*

MACARRONES CON TOMATE

INGREDIENTES Y CANTIDADES

Macarrones	600 gramos.	Tomates	1 kilo.
Mantequilla	50 gramos.	Aceite	2 cucharadas.
Queso	50 gramos.	Cebolla picada	2 cucharadas.
Sal y pimienta.			

MODO DE HACERLO

En abundante agua hirviendo con sal se cuecen los macarrones durante veinte minutos; pasado este tiempo se dejan reposar, tapados, unos diez minutos, y después se refrescan al chorro del agua fría.

En una sartén se pone a freír la cebolla con las dos cucharadas de aceite y se incorpora el tomate cortado en trozos, se deja cocer un cuarto de hora. Se pasa por el chino, apretando bien para que quede una salsa espesita, y se le añade la mitad de la mantequilla.

En otra sartén se echan los macarrones, después de estar bien escurridos, y se saltean con la otra mitad de la mantequilla. Se ponen en una tartera de horno, se cubren con la salsa de tomate y se espolvorean con el queso rallado.

Se meten a horno fuerte unos minutos y se sirven en la misma fuente.

CARNE RELLENA CON ACELGAS SALTEADAS

INGREDIENTES Y CANTIDADES

		Para la salsa	
Falda de ternera	500 gramos.	Manteca	50 gramos.
Tocino de jamón	100 gramos.	Zanahoria	1
Carne de		Cebolla	1
vaca picada	250 gramos.	Ajos	2 dientes.
Miga de pan	100 gramos.	Perejil	1 rama.
Jerez	1 copita.	Laurel	1 hoja.
Aceitunas	6.	Sal, pimienta y vino blanco.	

MODO DE HACERLO

Se extiende la ternera sobre la mesa y se iguala.

En una fuente honda se pone la carne picada, el tocino de jamón cortado en cuadraditos, la miga de pan rallada y empapada de leche, sal, pimienta, nuez moscada y la copa de jerez. Se amasa y se le da la forma de una salchicha; en ella se incrustan las aceitunas deshuesadas, y se pone en el centro de la ternera. Se enrolla ésta, haciendo una especie de rollo perfectamente envuelto, y se cose o ata para que se sostenga.

En una cacerola se pone la manteca y se dora el rollo, se añade la cebolla y zanahoria cortada en pedazos, el ajo, perejil, laurel y vino blanco. Se sazona de sal y unos granos de pimienta y se adiciona agua hasta cubrirlas. Se tapa y se deja cocer durante dos horas o dos horas y media, y cuando está tierna se saca la carne de la cacerola y se quitan los hilillos.

Se corta en rodajas, se pasa la salsa por el chino y se vierte por encima muy caliente. Se adorna la fuente con unas acelgas salteadas y se sirve.

ACELGAS SALTEADAS

INGREDIENTES Y CANTIDADES

Acelgas   1/2 kilo.
Aceite   3 cucharadas.
Ajo, sal y pimienta.

MODO DE HACERLO

Se limpian las acelgas, quitándoles toda la parte verde y dejando sólo los tallos.

Se cortan en tiras de un centímetro de anchas por tres de largas y se ponen a cocer en abundante agua hirviendo con sal y el zumo de medio limón. Cuando están muy tiernas se sacan del agua, se dejan escurrir muy bien y se saltean en una sartén con las tres cucharadas de aceite, en el que se habrán frito dos dientes de ajo.

Se sazona de sal y pimienta y se sirven con la carne.

MINUTA SEXTA

CENA

Porrusalda.
Tortillas rellenas en salsa.

PORRUSALDA

INGREDIENTES Y CANTIDADES

Bacalao	1/4 kilo.	Aceite	4 cucharadas.
Puerros	6.	Ajos	2 dientes.
Patatas	1 kilo.	Pimienta negra	2 granos.

MODO DE HACERLO

Se escoge el bacalao de la parte gruesa y se pone a remojo durante doce horas, cambiándole el agua varias veces.

En la cacerola, bien cubierta de agua fría, se pone el bacalao, se acerca al fuego y cuando se forma espuma, antes de romper el hervor se retira del agua, conservando ésta y desmenuzando el bacalao.

En una cacerola al fuego se pone el aceite, se fríen los ajos, se retiran y se echan los puerros cortados en trozos y en seguida las patatas peladas y cortadas en cuatro cascos; se rehoga todo, se agrega el bacalao desmenuzado y se añade el agua de haberlo cocido. Se machacan los ajos y pimienta, se deslíen con una cucharada de agua caliente y se vierte sobre las patatas, se sazona de sal y se deja cocer todo durante una hora a fuego lento.

TORTILLAS RELLENAS EN SALSA

INGREDIENTES Y CANTIDADES

Huevos	4.	Leche	6 cucharadas.
Harina	4 cucharadas.	Aceite	3 cucharadas.

Relleno

Leche	1/2 litro.	Mantequilla	25 gramos.
Jamón	75 gramos.	Harina	60 gramos.
Queso	25 gramos.		

Salsa

Tomates	1/4 kilo.	Cebolla picada	1 cucharada.
Vino blanco	2 cucharadas.	Perejil	1 rama.
Aceite	3 cucharadas.	Almendras	
Sal y pimienta.		crudas	30 gramos.

MODO DE HACERLO

Se baten los huevos como para tortilla y se le añaden las seis cucharadas de leche con la harina desleída, se mezcla todo, se añade sal, se hacen tres tortillas redondas en sartén grandecita y se reservan.

En una sartén se echa la mantequilla y el jamón picado, se rehoga éste, se agrega la harina, se deja cocer un poco y sin que tome color se añade la leche hirviendo y se deja cocer lentamente unos cinco minutos. Debe quedar gorda como una pasta de croquetas. Se retira del fuego, se deja enfriar un poco y se hacen tres partes.

Sobre una tabla se extienden las tortillas y en el centro de cada una se coloca el relleno, doblando sobre éste los bordes de la tortilla; se colocan luego éstas en una fuente de horno.

En una sartén se pone el aceite y se echa la cebolla picada, medio diente de ajo y perejil, se agrega el tomate picado y se deja freír todo unos diez o doce minutos.

Se pasa por el colador chino para hacer una salsa y se vuelve a poner ésta al fuego.

En un mortero se machacan las almendras, previamente escaldadas y quitadas la piel. Cuando están hechas una pasta fina se deslíen con un poco de agua y se agregan a la salsa; se echa también el vino blanco y se deja hervir cinco minutos. Se vierte sobre las tortillas colocadas en la fuente de horno, se espolvorean con el queso y se meten en el horno, que debe estar fuerte, unos cinco minutos.

COMIDA

Patatas y judías verdes a la extremeña.
Merluza rellena con salsa de tomate.

PATATAS Y JUDÍAS VERDES A LA EXTREMEÑA

INGREDIENTES Y CANTIDADES

Patatas	1 kilo.	Tomates	2.
Judías verdes	3/4 kilo.	Pimientos	2.
Cebolla	1 pieza.	Aceite	1/2 decilitro.

Ajo, perejil, laurel, sal y pimienta.

MODO DE HACERLO

Se mondan las patatas y se cortan en trozos grandecitos.

Se escogen las judías de La Granja tiernas y se cortan en tiras. Se pica la cebolla menudita, se quita la piel a los tomates y se corta el pimiento en tiras.

En una cazuela de barro se ponen las judías, patatas, cebolla, tomate picado y pimiento. Se añade una hoja de laurel, una rama de perejil, ajo picado, sal y pimienta; se rocía de aceite crudo y se tapa, poniendo una cacerola con agua encima. Se acerca al fuego y se deja cocer lentamente, sin destapar, durante una hora. Cuando han consumido el jugo que sueltan y están tiernas las judías, se sirven.

MERLUZA RELLENA CON SALSA DE TOMATE

INGREDIENTES Y CANTIDADES

Una cola de merluza de 1 kilo.

Jamón	50 gramos.	Gambas	1/4 kilo.
Pan rallado	50 gramos.	Champiñón	150 gramos.
Vino blanco	1 copa.	Huevo	1.
Aceite	1 decilitro.	Sal, pimienta blanca y perejil.	

MODO DE HACERLO

Se golpea el centro de la merluza con el mango del cuchillo para desprender la espina.

Se da un corte junto a la cola para cortar la espina y se tira de ella con cuidado de no romperla por la mitad. Se escama la merluza y se cortan las raspas.

En una sartén se pone el aceite y se fríe el jamón menudito, se agregan las gambas sin cáscaras, picadas, y a continuación los champiñones, picados muy finamente. Se remoja la miga de pan con un poco de leche, y bien escurrida y hecha una pasta se agrega también. Se añade el huevo batido, una cucharada de vino blanco, sal, pimienta y nuez moscada y se mezclan bien. Con este conjunto se rellena la cola en el hueco de la espina, se envuelve en harina, sobre todo el sitio por donde se ha rellenado, para que no se salga el relleno.

En una besuguera se colocan rodajas finas de patatas, para que la cola no se agarre al fondo; se coloca sobre ellas la merluza, se rocía con aceite fino, se espolvorea con el pan rallado y perejil picado y se mete al horno.

Cuando está asada y muy doradita se coloca con cuidado en una fuente, y se sirve aparte una salsa de tomate.

CENA

Berenjenas al horno.
Rape a la malagueña.

BERENJENAS AL HORNO

INGREDIENTES Y CANTIDADES

Berenjenas	1 kilo.	Pan rallado	50 gramos.
Aceite	1 decilitro.	Ajo, perejil, pimienta y sal.	

MODO DE HACERLO

Se escogen las berenjenas pequeñas y tiernas, se pelan y se cortan por la mitad, se espolvorean de sal y se dejan un cuarto de hora.

Pasado este tiempo, se escurren y se secan.

En una sartén se pone el aceite a calentar y se rehogan las medias berenjenas, colocándolas después en una fuente de horno.

Se espolvorean de pan rallado, en el que habrá mezclado perejil y ajo picado y un poco de pimienta; se rocía con el aceite que sobró de rehogarlas y se meten al horno hasta que estén doradas.

RAPE A LA MALAGUEÑA

INGREDIENTES Y CANTIDADES

Rape	1 1/2 kilo.	Almendras	12.
Cebolla	1.	Tomates	1/2 kilo.
Aceite	4 cucharadas.	Pan	1 rebanada.
Azafrán, ajo, perejil y sal.			

MODO DE HACERLO

Se hace el rape en rodajas y se coloca en una besuguera de barro, se espolvorea con un poco de sal y se meten al horno unos diez minutos.

En una sartén se pone a calentar el aceite y se fríe una rebanada de pan, una rama de perejil y las almendras. Cuando esté todo frito se echa en el mortero. En el mismo aceite se fríe la cebolla muy picada y cuando empieza a dorarse, el tomate picado. Se deja freír diez minutos, se pasa por el chino y se vuelve a poner en la sartén.

Se machacan los avíos del mortero con cinco hebras de azafrán, se deslíen con un poco de agua del rape y se vierte todo sobre el pescado con el tomate.

Se sazona de sal y pimienta y se deja cocer muy despacio durante quince minutos.

Debe quedar un poco de salsa.

COMIDA

Judías a la madrileña.
Budín de salmón.

JUDÍAS A LA MADRILEÑA

INGREDIENTES Y CANTIDADES

Judías blancas	600 gramos.	Pimentón	1 cucharadita.
Aceite	4 cucharadas.	Harina	1 cucharadita.
Cebolla picada	1.	Chorizo	100 gramos.
Sal, laurel y ajos.			

MODO DE HACERLO

Se ponen las judías en un puchero cubiertas de agua fría, se acercan al fuego y cuando rompen a hervir se retiran y se les quita el agua. Se las vuelve a cubrir con agua fría, se añade una hoja de laurel y se deja que rompa a hervir nuevamente. Entonces se separan a un lado para que cuezan muy despacio y sin parar, añadiendo siempre que sea preciso agua fría en pequeñas cantidades. Cuando empiezan a estar tiernas se pone una sartén al fuego con aceite y se fríe un diente de ajo, la cebolla picada muy menudita; en cuanto esté dorada se añade la harina y una pizca de pimentón y se rehoga todo; se vierte sobre las judías y se añade el chorizo, se sazona de sal y un poco de pimienta y se deja cocer muy lentamente hasta que estén tiernas. Se apartan del fuego y se dejan en reposo al calor, pero sin que hiervan, para que no se deshagan.

Se sirven en legumbrera con el chorizo, hecho rodajas, alrededor.

BUDÍN DE SALMÓN

Salmón	1 bote 1/2 kilo.	Trufas	1.
Jerez	1 cucharada.	Huevos	2.
Mantequilla	30 gramos.	Leche	1/4 litro.
Pan	2 barras 100 gramos.	Sal y pimienta.	

MODO DE HACERLO

Se corta el pan en rebanadas finas y se empapan con leche.

Se pica el salmón sobre la tabla, y cuando está muy fino se mezcla con el pan y la leche. Se sazona de sal y pimienta y se deja reposar una hora.

Pasado este tiempo se añaden las yemas, la mantequilla derretida, la trufa picada, el caldo de ella y las claras batidas a punto de nieve. Bien mezclado todo, se echa en un molde untado de grasa y espolvoreado de pan rallado, y se pone al baño de María hasta que está cuajado, lo que se conoce en que se despega del alrededor.

Se deja enfriar un poco y se desmolda en una fuente redonda, cubriéndolo con una salsa blanca de alcaparras.

Salsa

Mantequilla	70 gramos.	Leche	1/4 litro.
Harina	1 cucharada.	Alcaparras	3 cucharadas.
Sal, pimienta blanca y nuez moscada.			

MODO DE HACERLO

Se pone la mitad de la mantequilla en un perol; cuando se derrite se agrega la harina y se rehoga, sin que tome color.

Se añade la leche hirviendo, moviendo sin parar con las varillas para que no se formen grumos. Se sazona de sal, pimienta y nuez moscada y se deja hervir unos minutos.

Se retira del fuego, se agrega la otra mitad de la mantequilla, moviendo para ligarla; se añaden las alcaparras y se sirve.

CENA

Puré de patatas.
Conchas de huevo a la florentina.

PURÉ DE PATATAS

INGREDIENTES Y CANTIDADES

Patatas	750 gramos.	Apio	1 trozo.
Cebollas	100 gramos.	Zanahorias	2.
Aceite	4 cucharadas.	Harina	1 cucharada.
Sal y laurel.			

MODO DE HACERLO

Se mondan las patatas y se cortan en trozos.

En una olla con agua fría se ponen las patatas, se acercan al fuego y cuando rompe el hervor se echan las zanahorias raspadas y cortadas a lo largo, el trozo de apio y la cebolla (reservando un poquito) picada, se agrega media hoja de laurel y se deja hervir sin parar hasta que estén todos los ingredientes muy cocidos.

En una sartén se pone el aceite, y cuando está caliente se fríe el poquito de cebolla reservada; cuando esté dorada se agrega la harina para que se dore también, se vierte sobre las patatas, pasándolas por el tamiz fino; se aclara con el caldo de haberlas cocido pasado por el chino y se calienta todo junto, echándolo en la sopera sobre unas rebanadas finas de pan tostado al horno.

CONCHAS DE HUEVO A LA FLORENTINA

INGREDIENTES Y CANTIDADES

Huevos	6.	Mantequilla	70 gramos.
Espinacas	600 gramos.	Harina	2 cucharadas.
Queso rallado	50 gramos.	Leche	1 decilitro.
Sal, pimienta y nuez moscada.			

MODO DE HACERLO

Se limpian las espinacas, quitándoles los tallos, y se ponen a cocer con agua hirviendo y sal durante diez minutos; pasados éstos se aclaran en agua fría y se estrujan con las manos para que suelten toda el agua verde. Se hace un puré con ellas, pasándolas por un tamiz o picándolas sobre la tabla con una cuchilla, y se rehoga en veinte gramos de mantequilla.

En un perol se hace el revuelto de huevos, poniendo veinte gramos de mantequilla; se añade la harina y antes de que se dore se echan los huevos, la leche y la mitad del queso, se añade sal y pimienta blanca y se mueve con la cuchara hasta que esté cuajado. Se preparan doce conchas, se reparte puré de espinacas en el fondo de las conchas, aplanándolo todo con la cuchara; se llenan con el revuelto de huevos, se espolvorean con el resto del queso, se rocía con la mantequilla líquida y se ponen en el horno muy fuerte unos momentos para que doren, sin que endurezcan los huevos.

Se sirve sobre fuente, cubierta con una servilleta.

MINUTA UNDÉCIMA

COMIDA

Patatas con arroz y almejas.
Cordero al chilindrón.

PATATAS CON ARROZ Y ALMEJAS

INGREDIENTES Y CANTIDADES

Patatas	1 1/2 kilo.	Aceite	4 cucharadas.
Arroz	100 gramos.	Cebolla picada	1 cucharada.
Almejas	1/2 kilo.	Azafrán	5 hebras.
Ajo	1 diente.	Sal, pimienta y perejil.	

MODO DE HACERLO

Se lavan las almejas y se dejan un rato en agua.

Se mondan las patatas, se lavan y se cortan en trozos regulares.

En una cacerola se pone al fuego el aceite y se fríe la cebolla finamente picada, un diente de ajo y una rama de perejil. Una vez fritos estos avíos se sacan al mortero y se echan en la cacerola las patatas y almejas, rehogándolas con media cucharadita de pimentón.

Se machacan en el mortero los avíos fritos con el azafrán, se deslíen con un poco de agua y se vierten sobre las patatas. Se cubren bien de agua, se añade sal y se dejan cocer despacio hasta que estén tiernas; entonces se echa el arroz, se deja cocer diez minutos más, se aparta y después de otros diez minutos de reposo se sirve en seguida para que el arroz no se abra. Debe quedar suelto y jugoso, con un poco de caldo.

CORDERO AL CHILINDRÓN

INGREDIENTES Y CANTIDADES

Cordero	1 1/2 kilo.	Pimientos encarnados	6.
Cebolla	1.	Aceite	6 cucharadas.
Tomate	1.	Tocino de jamón	75 gramos.
Harina, sal y pimienta.			

MODO DE HACERLO

Se escoge el cordero de la parte delantera y se corta en trozos regulares.

En una sartén se pone a calentar el aceite y se echa la cebolla picada, el ajo y perejil, se deja freír lentamente y cuando está tierna la cebolla se echan los tomates, sin piel ni pepitas y cortados en cuadraditos; se dejan freír diez minutos.

En una cazuela de barro se pone una cucharada de aceite y el tocino de jamón picado. Se echan los trozos de cordero y se van rehogando lentamente, se añaden dos dientes de ajo y se agrega la salsa de tomate y los pimientos cortados en tiras. Se sazona de sal y se deja cocer, tapado, muy despacio, hasta que está tierno el cordero. Se sirve en la misma cazuela, rodeada de una servilleta y espolvoreado de perejil fresco picado.

CENA

Coliflor al natural.
Timbal de carne duquesa.

COLIFLOR AL NATURAL

INGREDIENTES Y CANTIDADES

Una coliflor de 2 kilos.		Aceite	1 decilitro.
Ajos	2 dientes.	Sal y pimienta.	

MODO DE HACERLO

Se parte la coliflor, separando los tallos, y se pone a cocer en abundante agua hirviendo, con sal, durante veinte minutos. Se pincha por el tallo para ver si está cocida, y si pincha con facilidad el tenedor, se separa del fuego y se refresca, poniéndola a escurrir en un colador.

En una sartén se pone a calentar el aceite, se fríen los dientes de ajo y ya bien dorados se sacan y se echa la coliflor, se saltea bien caliente, se sazona de sal y pimienta y se sirve en fuente calentada previamente.

TIMBAL DE CARNE DUQUESA

INGREDIENTES Y CANTIDADES

Patatas	1 kilo.	Ajos	1 diente.
Carne picada	1/2 kilo.	Vino blanco	1 vaso.
Aceite	4 cucharadas.	Tocino	50 gramos.
Mantequilla	50 gramos.	Pan rallado	3 cucharadas.
Cebolla	1/4 kilo.	Sal y pimienta.	

MODO DE HACERLO

Se pelan las patatas y se ponen a cocer en agua fría con sal. Ya cocidas se escurren y se pasan por tamiz para hacer un puré fino, se pone en una cacerola y se añaden cuarenta gramos de mantequilla y un par de cucharadas de leche, se acerca al fuego y se mueve bien con la espátula para que quede muy fino.

Se pone en una sartén el aceite, se fríe el tocino hecho trocitos pequeños, se agregan el ajo y la cebolla, picados en la máquina para que queden finos, y se deja rehogar. A continuación se agrega la carne finamente picada y se rehoga también.

Se echa el vino, una hoja de laurel, se sazona de sal y pimienta y se deja cocer lentamente durante una hora.

En una fuente refractaria se unta el fondo con un poco de grasa y se extiende una capa fina de puré de patatas, se echa la carne encima y se cubre completamente con el puré, alisándolo con un cuchillo o espátula humedecida con agua; se barniza con el resto de mantequilla líquida y se espolvorea con queso rallado, metiéndolo a horno fuerte durante diez minutos.

Bien dorada la superficie, se sirve en la misma fuente, colocada sobre otra mayor, con servilleta.

COMIDA

Cocido a la catalana.

COCIDO A LA CATALANA

INGREDIENTES Y CANTIDADES

Morcillo de vaca	350 gramos.	Butifarra blanca	100 gramos.
Tocino	100 gramos.	Garbanzos	200 gramos.
Pan rallado	50 gramos.	Gallina	1 despojo.
Huevo	1.	Col	1 kilo.
Harina	25 gramos.	Fideos finos	100 gramos.
Carne magra		Patatas	400 gramos.
(picada)	150 gramos.	Perejil, ajo, sal y pimienta.	

MODO DE HACERLO

Se ponen a remojar los garbanzos durante catorce o quince horas con agua templada y sal.

Se pone un puchero al fuego con tres litros de agua y se echa la carne, el tocino y el despojo, y cuando rompe el hervor se ponen los garbanzos y un poco de sal.

Se quita la espuma cuidadosamente, se tapa y se deja hervir a cocción lenta y continua más de dos horas. Pasado este tiempo se añade la butifarra y la col, bien lavada y partida.

Se pone la carne picada en un plato, se añade ajo picado perejil y el pan rallado, se añade el huevo y la harina y se amasa todo, haciendo una pelota de forma cilíndrica, que se agrega al puchero. Se deja cocer una hora aproximadamente y se echan las patatas y el azafrán, añadiendo el agua hirviendo suficiente, siempre que se vea que se consume demasiado.

Cuando están tiernas las patatas, se cuela el caldo en una cacerola, se pone a hervir y se echan los fideos, que deben cocer cinco minutos, y se apartan a un lado para que reposen.

Se sirve la sopa en una sopera, y el cocido aparte, con la carne, tocino, butifarra y pelota, en fuente aparte.

Debe sacarse para la sopa litro y medio de caldo.

CENA

Sopa dorada.
Salmonetes al horno.

SOPA DORADA

INGREDIENTES Y CANTIDADES

Judías blancas frescas	600 gramos.	Mantequilla o aceite	50 gramos.
Calabaza amarilla	250 gramos.	Cubitos de caldo	2.
Cebollas	100 gramos.		

MODO DE HACERLO

Puede hacerse con judías secas, en cuyo caso deben ponerse a remojar durante seis o siete horas.

En una cacerola se pone la mantequilla o aceite y la cebolla picada y se deja cocer suavemente hasta que esté dorada.

Se agregan las judías desgranadas (o escurridas, si son secas) y la calabaza picada. Se añade agua hirviendo y se deja cocer suavemente, tapado, hasta que están muy tiernas. Se pasan entonces por el chino, apretando para que pase todo. Si está demasiado espeso, se aclara con un poco de agua.

Se añaden los caldos desleídos con un poco de agua hirviendo, se rectifica de sal y se calienta bien, añadiendo unos trocitos de pan tostado al horno.

SALMONETES AL HORNO

INGREDIENTES Y CANTIDADES

Salmonetes	2 kilos.	Cebollas	2.
Aceite	6 cucharadas.	Ajos	2 dientes.
Vino blanco	1 vaso.	Pan rallado.	
Perejil, limón, pimienta y sal.			

MODO DE HACERLO

Se escogen seis salmonetes de igual tamaño, que entre todos pesen dos kilos.

Se les quitan las escamas y se vacían, sin quitarles la cabeza y los higadillos, y se les hace un par de incisiones en el lomo.

En una besuguera de horno se extiende un poco de cebolla y ajo picado. Se rocía con tres cucharadas de aceite y se colocan encima los salmonetes, uno al lado del otro; se los sazona de sal y pimienta; se echa sobre ellos otro poco de cebolla y ajo, se espolvorean de pan rallado, se rocían con otras tres cucharadas de aceite y vino blanco y se meten en el horno durante media hora. En el momento de servirlo se añade perejil picado y limón.

Se sirve en la misma tartera.

Judías a la bilbaína.
Timbal de salchichas.

JUDÍAS A LA BILBAÍNA

INGREDIENTES Y CANTIDADES

Judías blancas	1/2 kilo.	Cebolla	1.
Jamón	100 gramos.	Ajos	2 dientes.
Aceite	4 cucharadas.	Perejil, sal y pimienta.	
Pimientos encarnados	3.		

MODO DE HACERLO

Se ponen a cocer las judías con agua fría. Al romper el hervor se añade un poco de agua, repitiéndose esta operación dos veces más, para romper el hervor tres veces. Después se deja cocer con calma hasta que estén tiernas.

En una sartén se pone el aceite y se calienta para freír la cebolla picada, el ajo y los pimientos cortados en cuadraditos y se deja rehogar un poco; se agrega el jamón, cortado también, y todo junto se agrega a las judías. Se sazonan de sal y pimienta, se añade perejil picado y se deja cocer suavemente. Deben quedar jugosas con una salsita espesa, para lo cual se machacan en el mortero un par de cucharadas de judías y se agregan después, desleídas con un poco de agua.

TIMBAL DE SALCHICHAS

INGREDIENTES Y CANTIDADES

Patatas	1 kilo.	Vino	2 cucharadas.
Salchichas	1 1/2 kilo.	Leche	4 cucharadas.
Mantequilla	40 gramos.	Harina	2 cucharadas.
Huevos	2.	Sal y pimienta.	

MODO DE HACERLO

Se ponen a cocer las patatas sin piel, pero partidas en trozos, y ya cocidas se pasan por tamiz para hacer un puré fino, al que se añade la mantequilla, la leche, harina, pimienta, sal; se mezcla todo y se añaden los huevos batidos, reservando una cucharada para barnizar.

Se cuecen las salchichas con dos cucharadas de vino blanco, durante cinco minutos.

Se unta un molde desmontable, de dieciocho centímetros, con un poco de grasa y se espolvorea de harina.

Se llena el molde hasta la mitad con el puré de patatas y se colocan las salchichas en forma de radios, clavándolas un poco en el puré; se acaba de llenar el molde con el resto de puré, reservándose un poco, que se pone en manga pastelera con boquilla ancha rizada, con lo que se decora la superficie. Se barniza de huevo, con ayuda de un pincel, y se mete a horno muy caliente para que se dore en seguida, sin secarse.

Se desmolda en fuente, con servilleta, y se sirve caliente.

CENA

Sopa de rape.
Croquetas de jamón a la española.

SOPA DE RAPE

INGREDIENTES Y CANTIDADES

Rape	500 gramos.	Tomates	300 gramos.
Almendras	25 gramos.	Azafrán	5 hebritas.
Pan	250 gramos.	Aceite	5 cucharadas.
Cebolla picada	1 cucharada.	Ajo	1 diente.

Perejil, sal, pimienta y pimentón.

MODO DE HACERLO

Se limpia el rape y se pone a cocer durante cinco o seis minutos.

Se separa del fuego, se saca del caldo y se reserva éste. Se quitan las espinas al pescado y se desmenuza.

En una sartén se pone el aceite, se calienta y se fríen las almendras, el ajo y una rama de perejil. Cuando están fritos estos avíos se echan en el mortero y se añade a la sartén la cebolla picada, y cuando está dorada se echa el tomate sin piel ni pepitas y cortado en cuadraditos; se deja freír cinco o seis minutos y se agrega media cucharadita de pimentón dulce.

Se machacan los avíos del mortero, se deslíen con un poco de agua y se echan en la sartén con el tomate. Se deja cocer unos cinco minutos y se vierte el conjunto en una cazuela, añadiendo el caldo de haber cocido el rape y completando con agua fría hasta obtener litro y medio de líquido.

Se corta el pan en rebanadas muy finas y se echan en el caldo frío de la sopa, se sazona de sal y pimienta y se acerca al fuego, se tapa la cazuela y se deja que vaya calentándose poco a poco, y cuando rompe a hervir se retira, se añade el rape desmenuzado por encima y se sirve.

CROQUETAS DE JAMÓN A LA ESPAÑOLA

INGREDIENTES Y CANTIDADES

Carne picada	125 gramos.	Huevos	1.
Jamón	50 gramos.	Harina	10 cucharadas.
Leche	3/4 litro.	Nuez moscada.	
Manteca	40 gramos.	Pimienta blanca.	
Pan rallado	200 gramos.	Sal y aceite suficiente para freírlas.	

MODO DE HACERLO

En una sartén se pone la manteca y cuando se derrita se añade la carne picada.

Esta carne puede ser de vaca, ternera o cerdo. Se desmenuza bien y se añade el jamón cortado a pedacitos.

Cuando la carne está hecha se añaden ocho cucharadas de harina. Se revuelve bien y se deslíe añadiendo la leche fría y moviendo con las varillas para que no se formen grumos; se deja cocer un buen rato. Se sazona de sal, nuez moscada y pimienta blanca y se vierte sobre una fuente para que se enfríe.

Pasadas seis horas, se toman porciones con una cuchara y se moldean unas croquetas, que se van pasando por harina o pan rallado fino pasado por tamiz y se van colocando en una tabla.

Se bate el huevo con una cucharada de harina, se le agregan tres de agua y se van rebozando las croquetas con ayuda de los dos tenedores. Se envuelven en pan rallado y se fríen en aceite caliente y abundante, para lo cual se emplea una sartén pequeña y un poco honda. Se les da la vuelta en seguida, y en cuanto estén doradas se sacan y se van poniendo sobre el escurridor de fritos.

Se sirven calientes sobre una fuente con servilleta.

COMIDA

Potaje de coles.
Merluza abuñolada.

POTAJE DE COLES

INGREDIENTES Y CANTIDADES

Col	1 kilo.		Mano de cerdo	1.
Patatas	1/2 kilo.		Tocino	200 gramos.
Morcilla	100 gramos.		Tomates	3.
Punta de jamón	100 gramos.		Zanahorias	2.
Aceite	2 cucharadas.		Cebolla picada	1 cucharada.
Cecina	100 gramos.		Pimienta, sal y perejil.	

MODO DE HACERLO

En un puchero grande se ponen dos litros de agua fría y se echan la punta de jamón, la cecina, mano de cerdo y tocino. Se acerca al fuego y se deja que rompa el hervor.

Entonces se echa la col picada menudita y la zanahoria cortada en rodajas, se añade un poco de sal y se deja cocer hasta que esté tierna la col, aproximadamente un par de horas.

A media cocción se echan las patatas. Se pone el aceite a calentar, se echa la cebolla y se tapa para que se ablande, dejándola hacer a lumbre floja. Ya tierna, se añade un diente de ajo picado, una rama de perejil y el tomate. Se deja freír un poco y se echa sobre las coles. Se sazona de sal y pimienta y se deja cocer hasta el final.

Se sirve en fuente honda, con los aditamentos trinchados alrededor.

MERLUZA ABUÑOLADA

INGREDIENTES Y CANTIDADES

Merluza en filetes	3/4 kilo.	Sal	5 gramos.
Levadura prensada	5 gramos.	Aceite	2 cucharadas.
Agua	2 decilitros.	Aceite suficiente para freír.	

MODO DE HACERLO

Se escoge la merluza de la parte abierta y se corta en filetes finos. Se añade sal y se reserva.

En un tazón se pone la harina, se forma un hoyo y se ponen en él dos cucharadas de aceite, cinco gramos de sal y la levadura desleída en dos cucharadas de agua templada. Se mezcla todo, añadiendo el resto del agua; se tapa el tazón y se deja levar en sitio templado durante una hora.

Pasado este tiempo, se pone al fuego una sartén con aceite, y cuando está caliente se bañan los filetes en la pasta preparada y se fríen hasta que están dorados.

Se sirve en una fuente adornada con unas hojas blancas de lechuga.

CENA

Puré de judías.
Mediasnoches rellenas al gratín.

PURÉ DE JUDÍAS

INGREDIENTES Y CANTIDADES

Judías encarnadas	350 gramos.	Vino tinto	1 copa.
Cebollas	100 gramos.	Patatas	1.
Aceite	3 cucharadas.	Ajo	1 diente.
Perejil, sal, laurel y tomillo.			

MODO DE HACERLO

En un puchero al fuego se ponen las judías, cubiertas de agua fría, y se dejan hervir. Al romper el hervor se escurren de agua y se vuelven a poner con agua fría; se le añade perejil, media hoja de laurel y una pizca de tomillo y se dejan cocer libremente hasta que estén tiernas.

A media cocción se pone el aceite en la sartén, se calienta y se fríen lentamente la cebolla y el ajo picado, se deslíen con un poco de agua y se agregan las judías. Se echan las patatas y el vino tinto y se dejan cocer hasta que están muy tiernas.

Entonces se escurren en un colador, reservando el caldo. Se pasan por un tamiz y se van aclarando con el caldo en el que han sido cocidas, y si están demasiado espesas se agrega un poco de agua. Se vuelven a poner al fuego, y cuando rompe a hervir se echan en la sopera sobre unas rebanadas de pan tostado al horno y muy doradas.

MEDIASNOCHES RELLENAS AL GRATÍN

INGREDIENTES Y CANTIDADES

Mediasnoches	12.	Harina	5 cucharadas.
Foie-gras	100 gramos.	Mantequilla	50 gramos.
Lecha	1/2 litro.	Queso rallado	50 gramos.

MODO DE HACERLO

En un perol se pone la mitad de la mantequilla y la harina, se deja cocer un poco, sin que tome color, y se agrega la leche hirviendo. Se mueve sin parar para que no se agarre y se deja cocer cinco minutos.

Se saca el *foie-gras* de la lata, se incorpora a la besamel y se añade una cucharada de queso rallado. Se sazona de sal y se rellenan las mediasnoches del modo siguiente:

Se parten por la mitad, se cubren con el relleno, dándoles forma un poco abombada, y se dejan enfríar un poco.

Se barnizan con mantequilla líquida, se espolvorean con bastante queso, se rocían un poco más con mantequilla y en una lata de horno se ponen a horno fuerte para que se doren en seguida.

Se sirven en una fuente con servilleta, adornada con escarola rizada.

COMIDA

Arroz con bacalao.
Hígado a la asturiana.

ARROZ CON BACALAO

INGREDIENTES Y CANTIDADES

Arroz	500 gramos.	Pimientos encarnados	2.
Bacalao	300 gramos.	Ajo	1 diente.
Tomates	1/2 kilo.	Agua	4 vasos.
Cebollas	100 gramos.	Aceite	1 decilitro.

Perejil, sal, azafrán y pimienta negra.

MODO DE HACERLO

Se pone a desalar el bacalao durante doce horas. Se desmenuza, lavándole varias veces en agua fría, y se reserva.

En una cazuela se pone el aceite, se calienta y se echa la cebolla y ajo picado y el pimiento cortado en tiras. Se deja freír despacio y se añade el tomate, sin piel ni pepitas y picado menudito.

Se deja freír un poco, se añade el bacalao desmigado y se rehoga con el conjunto durante tres o cuatro minutos.

Se machacan en un mortero dos o tres granos de pimienta, una rama de perejil y tres hebras de azafrán. Se deslíe con un poco de agua y se echa a la cazuela. Se añaden los cuatro vasos de agua y se deja que rompa a hervir. entonces se echan dos vasos de arroz (que suele ser medio kilo), se sazona de sal y se deja hervir destapado veinte minutos. Los primeros diez minutos, a lumbre viva; después se va disminuyendo la lumbre. A los veinte minutos se aparta y se deja reposar diez minutos.

HÍGADO A LA ASTURIANA

INGREDIENTES Y CANTIDADES

Hígado de ternera o cordero	1 kilo.	Tocino	50 gramos.
Piñones o almendras	25 gramos.	Cebolla	200 gramos.
Manteca	50 gramos.	Tomates	1/4 kilo.
Ajo, sal y pimienta.		Vino blanco	1 decilitro.

MODO DE HACERLO

Se corta el tocino en trocitos y se pone en una sartén con la manteca, se arrima al fuego, y cuando se haya dorado se añade el hígado cortado en trocitos pequeños y la cebolla finamente picada. Pasados unos momentos se añade el tomate mondado y cortado en trocitos y el vino blanco, se sazona de sal y pimienta, se tapa y se deja cocer lentamente durante una hora. A media cocción se machacan los piñones o almendras y el ajo, y desleídos con un poco de agua se agregan al guiso y se deja cocer con calma hasta que esté en su punto.

Se sirve en una fuente blanca y se puede adornar con picatostes.

CENA

Sopa sabrosa.
Sardinas al horno.

SOPA SABROSA

INGREDIENTES Y CANTIDADES

Patatas	200 gramos.	Zanahorias	2.
Repollo	100 gramos.	Tomates	2.
Cebolla	1.	Hueso de jamón	1.
Aceite	2 cucharadas.	Arroz	50 gramos.
Ajos, sal y perejil.			

MODO DE HACERLO

En una cacerola se pone el aceite, se deja calentar y se echa la cebolla picada, el ajo y perejil, se agrega el tomate picado y el repollo y zanahorias picadas también. Con la cacerola tapada se deja rehogar despacio durante cinco minutos; entonces se añade el hueso de jamón y litro y medio de agua y se deja cocer despacio durante una hora y media. Bien cocido el conjunto de verdura, se agregan las patatas cortadas en cuadraditos y se añade agua, si hace falta, y cuando están cocidas las patatas se agrega el arroz. A los quince minutos de cocción lenta se separa del fuego, y después de un ligero reposo se sirve.

SARDINAS AL HORNO

INGREDIENTES Y CANTIDADES

Sardinas	3 docenas.	Limón	1.
Aceite	1 decilitro.	Ajo	1 diente.
Pan rallado	100 gramos.		

MODO DE HACERLO

Se limpian las sardinas, se les quita la espina y se dejan abiertas en forma de abanico. Se echa sal (si no la tienen) y unas gotas de limón, se untan de aceite crudo y se pasan por pan rallado. Se colocan en una tartera de horno untada de aceite, se espolvorean de perejil picado, se rocían de aceite y limón y se meten en el horno hasta que el pan esté dorado.

Se sirven en la fuente, rodeada de una servilleta.

COMIDA

Cocido a la andaluza.
Ensalada de pimientos.

COCIDO A LA ANDALUZA

INGREDIENTES Y CANTIDADES

Garbanzos	250 gramos.	Calabaza	1/4 kilo.
Morcillo de vaca	1/2 kilo.	Patatas	1/2 kilo.
Tocino	150 gramos.	Judías verdes	1/2 kilo.
Huesos blancos	2.	Chorizo	200 gramos.
Costilla añeja	1 trocito.	Manteca	2 cucharadas.

MODO DE HACERLO

Sobre la lumbre se pone un puchero con la carne, el tocino, costilla, huesos y la cebolla asada; se llena de agua y se deja hervir. Al romper el hervor se echan los garbanzos, remojados la víspera, y cuando hierve nuevamente se espuma muy bien. Se retira a un lado para que cueza muy despacio. Añádase sal.

Se preparan las judías, quitándoles las puntas y hebras, cortándolas con cuchillo fino, y se ponen a cocer en agua hirviendo con sal.

Cuando el caldo está hecho, se aparta todo, para hacer la sopa. En la olla se echan las judías ya cocidas con los garbanzos, se añaden las patatas y calabaza, el chorizo, la manteca y un poco de agua de cocer las judías; se agrega una cucharadita de pimentón, se sazona de sal y un poco de pimienta y se deja cocer hasta consumir el caldo y esté en su grasa.

Se pone al fuego una cacerola con el caldo, y cuando hierve se echan cincuenta gramos de fideos partidos, se sazona y se deja cocer cinco minutos; se retiran entonces y se dejan reposar.

Se sirve la sopa y después el cocido en una fuente grande, y la carne y el tocino y el chorizo, trinchado alrededor, y en la salsera aparte la salsa para el cocido.

SALSA

Se saca la calabaza una vez cocida y se echa en un plato. En el mortero se machacan dos granos de pimienta y un diente de ajo. Bien hecha una pasta, se agrega un tomate asado sin piel y la calabaza bien cocida y escurrida. Se machaca todo, se añaden tres cucharadas de vinagre y se sirve.

ENSALADA DE PIMIENTOS

INGREDIENTES Y CANTIDADES

Pimientos encarnados	1 kilo.	Aceite	3 cucharadas.
Tomates	2.	Vinagre	3 cucharadas.
Cebolla	1.	Sal.	

MODO DE HACERLO

Se ponen a asar los pimientos sobre unas ascuas de carbón vegetal o sobre la chapa de la cocina. Cuando la piel está tostada se envuelven en un paño y se dejan al calor durante una hora. Se les quita la piel y pepitas y se hacen tiritas, que se colocan en una fuente.

Se corta la cebolla en aros y se pone encima de los pimientos, y los tomates se cortan en rodajas y se ponen alrededor.

En un tazón se pone el aceite, el vinagre y un poco de sal. Se mezcla todo y se vierte encima de los pimientos.

MINUTA VEINTIDÓS

Fideos con almejas.
Budín de hígado.

FIDEOS CON ALMEJAS

INGREDIENTES Y CANTIDADES

Patatas	1/2 kilo.	Cebolla	1.
Fideos		Aceite	3 cucharadas.
entrefinos	1/4 kilo.	Tomates	150 gramos.
Almejas	1/2 kilo.	Pimentón	1/2 cucharadita.
Ajo y perejil.			

MODO DE HACERLO

Se pican las patatas en trozos pequeñitos, después de mondarlas y lavarlas.

Las almejas se ponen en agua fría y se dejan un rato en ella, después de lavarlas.

En una sartén se pone el aceite, se calienta y se echa la cebolla muy bien picadita, y cuando empieza a dorarse se agrega el tomate, mondado y picado también; se añade media cucharadita de pimentón y se deja freír seis o siete minutos. Se vierte entonces en una cacerola, se añaden las patatas, un poco de ajo y una rama de perejil, machacados en el mortero y desleídos con un poco de agua, y las almejas. Se rehoga todo durante un minuto y se añade agua caliente hasta que queden cubiertas las patatas. Se sazona de sal y se deja cocer lentamente una media hora. Cuando empiezan a estar tiernas las patatas se añaden los fideos partidos y se dejan cocer unos cinco o seis minutos más, y se aparta a un lado para que reposen sin hervir, pues los fideos han de quedar sueltos y con un poco de caldo para que estén jugosos.

BUDÍN DE HÍGADO

INGREDIENTES Y CANTIDADES

Hígado	1/2 kilo.	Mantequilla	50 gramos.
Tocino	200 gramos.	Agua	1 1/2 decilitro.
Cebolla picada	2 cucharadas.	Huevos	3.
Ajo	2 dientes.	Pan rallado	2 cucharadas.
Harina de arroz	60 gramos.	Sal.	

MODO DE HACERLO

En una cacerolita se pone a calentar un decilitro de agua. Cuando rompe el hervor se retira del fuego y se echan veinticinco gramos de mantequilla y la harina de arroz disuelta en medio decilitro de agua. Se sazona de sal y se acerca al fuego nuevamente dejándola cocer hasta que, despegándose de las paredes del cazo, se forma una bola. Entonces se pone en un plato y se deja enfriar.

En un perolito se pone el resto de la mantequilla, la cebolla y los ajos muy picados y se dejan dorar; se añade una rama de perejil picado y se reserva. En un mortero se machaca el tocino, desprovisto de corteza y cortado en trocitos pequeños; cuando está hecho una pasta muy fina se agrega el hígado quitada la piel y cortado en trocitos, se sigue machacando y se añade el frito de cebolla y la papilla de arroz.

Bien mezclado todo se pasa por un tamiz, apretando mucho con la seta hasta que no quede nada.

Se recoge todo lo pasado y se le añaden las yemas de los huevos y a continuación las claras batidas a punto de nieve. Se mezclan bien con la espátula y se vierte en un molde redondo y bien untado de mantequilla. Se pone a cocer al baño de María, y cuando rompe el hervor el agua se mete en el horno en el mismo baño, dejándolo unos tres cuartos de hora aproximadamente.

Se nota si está cocido cuando ofrece un poco de resistencia al tacto. Se saca del horno, se deja unos cinco minutos, se desmolda en fuente redonda y se cubre con una salsa de pepinillos.

SALSA

INGREDIENTES Y CANTIDADES

Vinagre	1/2 decilitro.	Mantequilla	1 cucharadita.
Jugo de carne	2 decilitros.	Pepinillos picados	2 grandes.
Harina	10 gramos.	Perejil picado	1 cucharada.
Tomillo, pimentón y sal.			

MODO DE HACERLO

Si no hay a mano jugo de carne, puede hacerse diluyendo en dos decilitros de agua hirviendo dos cubitos de caldo Maggi.

En una cacerola puesta al fuego se echa el vinagre, una pizca de tomillo, dos o tres granos de pimienta y se deja hirviendo hasta que el líquido casi se haya consumido, quedando como una cucharadita; entonces se añade el caldo y se pasa por el chino.

En la misma cacerola, ya limpia, se ponen la mantequilla y la harina, se mezcla y se deslíe con el jugo preparado, se mueve con la espátula para que no se formen grumos y se acerca al fuego hasta que se ligue. Se añaden los pepinillos y el perejil, y bien caliente se vierte por encima.

Arroz a la italiana.
Merluza a la asturiana.

ARROZ A LA ITALIANA

INGREDIENTES Y CANTIDADES

Arroz	400 gramos.	Puré de tomate	2 cucharadas.
Salchichas	200 gramos.	Cebolla	2 piezas.
Mantequilla	25 gramos.	Queso rallado	40 gramos.
Higadillos	2 gramos.	Vino blanco	2 decilitros.
Sal y pimienta.			

MODO DE HACERLO

En una cacerola al fuego se pone la mitad de la mantequilla y una cebolla picada en la máquina, se rehoga, y cuando empieza a tomar color se añade el arroz. Se le da una vuelta y se agrega un litro de agua, se sazona de sal y pimienta y se deja hacer veinte minutos. A media cocción se añade el queso.

Las salchichas se ponen a cocer al horno con el vino blanco durante cinco o seis minutos, moviéndolas de cuando en cuando para que se hagan bien.

En una sartén se pone el resto de la mantequilla y se añade la otra cebolla, picada también en la máquina; cuando haya tomado color se añaden los higadillos picados, el tomate, sal y pimienta. Se tapa, y a fuego muy lento se deja cocer un cuarto de hora. A media cocción se añaden las salchichas, cortadas en trocitos.

Se moldea el arroz en un molde de corona, se vuelca en fuente redonda y en el centro se pone el picadillo.

MERLUZA A LA ASTURIANA

INGREDIENTES Y CANTIDADES

Merluza	6 rodajas.		Almejas	24 piezas.
Aceite	1 decilitro.		Sidra	3 decilitros.
Cebolla	1 grande.		Harina	25 gramos.

MODO DE HACERLO

Se elige un centro de merluza y se hacen seis rodajas iguales, de unos ciento setenta y cinco gramos de peso aproximadamente, y se pone a cocer al caldo corto durante cinco o seis minutos. Se deja enfriar el caldo de la cocción y se pone a escurrir. Se da un hervor a las almejas. En una cacerola se pone el aceite, se calienta y se echa la cebolla picada muy menudita. Cuando empieza a dorarse se echa la harina y el pimentón, dejándolo tostar un poco. Se deslíe con el agua de las almejas y se añade la sidra. Se deja hervir con el conjunto, muy lento, durante media hora, y mientras hierve se coloca el pescado en una tartera de horno, se adorna con las almejas (a las que se quita la media cáscara que no tiene carne) y unas tostaditas de pan y se añade la salsa por encima.

Se mete al horno durante cinco minutos y se sirve en la misma fuente.

Fideos a la catalana.
Huevos con pimientos.

FIDEOS A LA CATALANA

INGREDIENTES Y CANTIDADES

Fideos	400 gramos.	Ajo	1 diente.
Costillas de cerdo	200 gramos.	Avellanas	10 piezas.
Salchichas	100 gramos.	Piñones	25 gramos.
Cebolla	1.	Caldos	2 cubitos.
Tomates	250 gramos.	Pimentón	1/2 cucharadita.
Tocino	100 gramos.	Azafrán	3 hebras.
Queso rallado y sal.			

MODO DE HACERLO

En una cazuela de barro se pone al fuego el tocino cortado en trozos y las costillas partidas en pedazos. Se rehoga hasta que toma un color dorado y se agrega la cebolla picada, dejándola freír lentamente hasta que tome color. A continuación se añaden el ajo picado, el tomate escaldado y picado, sin piel ni pepitas, y la cucharadita de pimentón. Se hace un sofrito y se agrega litro y medio de agua, los cubitos de caldo y las salchichas cortadas en trocitos, y se deja hervir cinco o seis minutos. Pasado este tiempo, se echan los fideos partidos en trozos y se sazonan de sal.

En un mortero se machacan las avellanas, piñones, el azafrán y perejil; hecha una pasta, se deslíe con un poco de caldo de los fideos y se vierte sobre ellos, dejándolos hervir veinte minutos muy despacio. Se espolvorean con el queso rallado y se sirven en la misma cazuela.

HUEVOS CON PIMIENTOS

INGREDIENTES Y CANTIDADES

Huevos	6.	Cebollas	1/4 kilo.
Pimientos encarnados	1 kilo.	Aceite	1 decilitro.
Sal.			

MODO DE HACERLO

En una sartén se pone el aceite, se calienta y se echa la cebolla picada y el pimiento picado en tiras, se sazona de sal y a lumbre floja se deja hacer lentamente.

Cuando está la cebolla muy tierna y el pimiento también, se aparta y se echa en una fuente calentada, poniendo alrededor seis huevos fritos.

Macarrones escondidos.
Pecho de ternera asado con coles de Bruselas.

MACARRONES ESCONDIDOS

INGREDIENTES Y CANTIDADES

Huevos	1.	Cebolla	1.
Manteca de cerdo	2 cucharadas.	Tomate	1/2 kilo.
Leche	2 cucharadas.	Macarrones	500 gramos.
Harina	400 gramos.	Queso rallado	50 gramos.
Aceite	4 cucharadas.	Chorizo	100 gramos.
Sal.			

MODO DE HACERLO

En un recipiente se bate ligeramente el huevo, se separa una cucharada en una tacita y el resto se mezcla con las dos cucharadas de leche, se añade un poco de sal y se va añadiendo harina poco a poco hasta hacer una masa, que se deja reposar durante media hora.

En una cacerola con abundante agua hirviendo con sal se echan los macarrones, dejándolos hervir unos veinte minutos. Pasado este tiempo se ponen en un escurridor y se lavan en agua fría, dejándolos escurrir bien. Se pone el aceite, se calienta, se echa la cebolla picada; cuando empieza a dorarse se añade el tomate, previamente escaldado, quitada la piel y cortado en cuadraditos; se deja freír unos ocho minutos y se añade el chorizo cortado en rodajas.

Escurridos los macarrones, se mezclan con el tomate y se le añade el queso.

Una vez reposada la masa, se retira la mitad sobre la mesa, espolvoreada de harina, y se estira con el rodillo, dejándola del grueso de un papel de barba. Con ella se forra el interior de un molde de bizcocho desmontable, de veintiún centímetros, bien untado de grasa; se echan los macarrones, se espolvorean de queso y se cubren con la otra mitad de masa laminada al mismo grueso. Se unen los bordes y se forma un cordón alrededor. Con los recortes de masa se hacen unos adornos encima, se barniza con el huevo batido reservado y se mete a horno muy caliente hasta que se dora bien. Se desmolda en una fuente con servilleta y se sirve.

PECHO DE TERNERA ASADO
CON COLES DE BRUSELAS

INGREDIENTES Y CANTIDADES

Pecho de ternera	750 gramos.	Zanahorias	2.
Manteca	2 cucharadas.	Tocino	50 gramos.
Cebolla	1 grande.	Coles de Bruselas	750 gramos.
Sal, perejil, laurel y pimienta.			

MODO DE HACERLO

Se extiende el trozo de carne sobre la mesa, se le quita las piltrafas y después de golpearle con el mazo se espolvorea de sal y se enrolla, atándole con varias vueltas de bramante.

En una sartén se pone una cucharada de manteca y se dora el rollo por todos sus lados. En una cacerola se pone el resto de grasa, el tocino cortado en trocitos, la cebolla, zanahoria y las piltrafas quitadas a la carne; se coloca encima la carne, se sazona de sal, unos granos de pimienta, media hoja de laurel y perejil, se añade medio litro de agua, y cuando rompe a hervir fuerte se pone un papel de barba; sobre éste, la tapadera, y se mete al horno durante dos horas para que cueza a hervor suave y continuo, rociando de vez en cuando con salsa.

Mientras se hace la carne se escaldan las coles de Bruselas en agua hirviendo con sal, se cuecen durante diez minutos, se escurren bien, y cuando la carne está asada se decanta la grasa, y en ella se saltean las coles y se dejan al calor.

Se saca la carne a un plato, y en la cacerola donde ha cocido se añade un cuarto de litro de agua y se deja cocer cinco minutos. Transcurridos, se pasa por el chino, apretando bien para que pase todo y quede una salsa espesa.

En una fuente calentada se pone la carne trinchada en el centro, echándole la salsa por encima.

En una legumbrera calentada se sirven las coles de Bruselas.

CENA

Acelgas en adobillo.
Pescadillas al vino gratinadas.

ACELGAS EN ADOBILLO

INGREDIENTES Y CANTIDADES

Acelgas	1 1/2 kilo.	Vinagre	2 cucharadas.
Aceite	1 decilitro.	Pimentón	1 cucharadita.
Huevo cocido	1.	Miga de pan, ajo y pimienta.	
Sal.			

MODO DE HACERLO

Se lavan las acelgas en varias aguas y se pican en trozos menudos pencas y hojas.

En una cacerola con abundante agua hirviendo y sal se ponen a cocer hasta que estén tiernas. Entonces se les quita el agua, se lavan en agua fría y se ponen a escurrir.

En una sartén se pone el aceite, se calienta y se fríe un diente de ajo. Cuando está muy dorado se saca éste y se separa la sartén del fuego. Todavía caliente el aceite, se echa el pimentón y las dos cucharadas de vinagre y en seguida las acelgas, bien escurridas. En el mortero se machacan el ajo, dos o tres granos de pimienta y una miga de pan mojada en agua y estrujada. Hecha una pasta, se deslíe en una taza de agua y se echa sobre las acelgas, mezclándolas bien. Se rectifica de sal y se deja cocer unos minutos. Se puede servir en una legumbrera con el huevo duro muy picado, espolvoreado por encima.

PESCADILLAS AL VINO GRATINADAS

INGREDIENTES Y CANTIDADES

Pescadillas	1 kilo.	Harina	1 cucharada.
Mantequilla	50 gramos.	Vino blanco	1/2 vaso.

Pan rallado, ajo, sal y pimienta.

MODO DE HACERLO

Se limpian las pescadillas, se cortan en rodajas gruesas y se colocan en una tartera de porcelana untada con un poco de mantequilla.

Con las cabezas y raspas, ajo, perejil, cebolla y pimienta en medio litro de agua se hace un caldo, dejando hervir el conjunto durante una hora. Se pasa por el chino y se reserva el caldo.

En una cacerolita se pone la mitad de la mantequilla y se dora la harina, que se deslíe en el caldo hecho; se deja hervir un poco y se agrega el vino. Se tiene un minuto hirviendo, se sazona y se vierte por encima del pescado, se pone al fuego y cuando rompe el hervor se retira, se espolvorea de pan rallado y perejil picado, se rocía con el resto de mantequilla derretida y se mete al horno durante diez o doce minutos.

Se sirve en la misma tartera, rodeado de servilleta.

COMIDA

Patatas estofadas.
Espaldilla de carnero con nabos.

PATATAS ESTOFADAS

INGREDIENTES Y CANTIDADES

Patatas	2 kilos.	Aceite	5 cucharadas.
Cebollas	100 gramos.	Pimentón	1 cucharadita.
Ajo	2 dientes.	Vino blanco	3 cucharadas.
Perejil	1 rama.	Harina	1 cucharada.
Laurel	1/2 hoja.	Sal y pimienta.	

MODO DE HACERLO

En una cazuela se ponen las patatas, después de mondadas y cortadas en trozos regulares. Se les agrega la cebolla picada muy fina, el ajo, laurel, pimentón, perejil y pimienta; se rocía con el aceite, se acerca al fuego y se deja rehogar lentamente unos diez minutos, moviendo con una cuchara para evitar que se agarre. Pasado este tiempo, se añade agua hirviendo hasta que apenas las cubra y se deja cocer lentamente un cuarto de hora.

Cuando están tiernas, se tuesta la harina en una sartén, se deslíe con el vino blanco y un poco de agua y se vierte sobre las patatas, dejándolas cocer suavemente hasta que están tiernas, pero sin deshacerse.

Cuando se van a servir se espolvorean con perejil picado.

ESPALDILLA DE CARNERO CON NABOS

INGREDIENTES Y CANTIDADES

Espaldilla de carnero	1 1/2 kilo.	Cebollitas	12
Nabitos	1/2 gramos.	Harina	1 cucharada.
Manteca de cerdo	100 gramos.	Azúcar	1 cucharada.
Ajo	1 diente.	Perejil	1 rama.
Sal, pimienta, laurel y clavillo.			

MODO DE HACERLO

Se deshuesa la espaldilla, se enrolla y se ata, y la mitad de la grasa puesta en una cacerola se rehoga hasta dejarla bien dorada. Se retira a un plato, se escurre toda la grasa de la cacerola, se echa la harina, se tuesta a fuego moderado y se deslíe con un cuarto de litro de agua caliente. Cuando rompe el hervor se pone la carne, perejil, laurel, clavillo y ajo; se agrega sal y pimienta y se tapa, poniéndolo dos horas, volviéndola de vez en cuando.

Se raspan los nabitos, y pasados por azúcar se doran en la otra mitad de la grasa.

Cuando están dorados, se sacan, y se fríen las cebollitas, dejándolas dorar también, agregando ambas cosas al guisado tres cuartos de hora antes de terminar. Cuando está tierna y en su punto, se saca la espaldilla, se quita el bramante y se corta en seis trozos. Se coloca en una fuente con los nabos y cebollitas alrededor, pasando la salsa por encima. Se sirve muy caliente.

CENA

Sopa de ajo costrada.
Merluza con tomate.

SOPA DE AJO COSTRADA

INGREDIENTES Y CANTIDADES

Aceite	6 cucharadas.	Pimentón	1 cucharadita.
Ajo	3 dientes.	Agua	1 1/2 litro.
Pan	2 barras.	Huevo	1.
Sal.			

MODO DE HACERLO

En una cazuela se pone el aceite, se calienta y se echan los dientes de ajo. Cuando están bien tostados se sacan y se echa el pan, cortado en rebanadas muy finas, y el pimentón. Se rehoga lentamente, dándole vueltas para que se haga por igual, y se agrega el agua fría, se sazona de sal y se deja cocer muy despacio unos cinco minutos.

Se bate el huevo y se extiende por encima, se espolvorea de pan rallado y se mete en el horno para que se costre.

Se sirve en la misma cazuela.

MERLUZA CON TOMATE

INGREDIENTES Y CANTIDADES

Merluza en rodajas	1 kilo.	Ajo	2 dientes.
Tomates	1 kilo.	Perejil picado	1 cucharada.
Vino blanco	1 decilitro.	Aceite	1 decilitro.
Sal.			

MODO DE HACERLO

Se hace la salsa de tomate muy espesa. Se cortan los tomates en trozos y se echan en la sartén con un poco de aceite frito. Cuando empiezan a freír se separan a un lado y se deja que vaya haciéndose muy lentamente, dándoles vueltas de vez en cuando para que no se agarren. Cuando está frío se pasa por el chino, apretando mucho para que salga la pulpa y quede una salsa espesa. Se vuelve a poner en la sartén, donde se había frito un diente de ajo muy picado, y se le adiciona vino blanco, sal y un poco de pimienta. Se tapa y se deja reducir un poco.

Las rodajas de merluza se sazonan con sal y un poco de limón y se dejan un ratito. Pasado éste, se colocan en una besuguera de porcelana y se le echa por encima la salsa de tomate, sacudiendo un poco la besuguera para que la salsa corra un poco por debajo del pescado, y se espolvorea con perejil y el ajo picado. Se rocía con el resto del aceite y se pone a cocer primero en la placa y después en el horno unos veinte minutos, hasta que se haya consumido el agua que suelta la merluza al empezar a cocer.

Riñones con arroz.
Boquerones huecos.—Ensalada.

RIÑONES CON ARROZ

INGREDIENTES Y CANTIDADES

Riñones	300 gramos.	Aceite	5 cucharadas.
Carne de vaca picada	300 gramos.	Vino blanco	1 vaso.
Cebolla	200 gramos.	Laurel	1 hora.

Pan rallado, 1 cucharada y sal.

| Arroz | 1/4 kilo. | Manteca de cerdo | 50 gramos. |
| Agua | 1/2 litro. | Laurel | 1 hoja. |

MODO DE HACERLO

Se pican los riñones muy menuditos y en una sartén sin aceite se ponen en la lumbre. Al rato habrán soltado un líquido; se les quita, se lavan bien con agua fría y se escurren. En otra sartén se pone el aceite, y cuando está caliente se echa la cebolla picada muy menudita, se rehoga un poco y se añade la carne picada en la máquina y los riñones bien escurridos; se añade el vino blanco, sal y el laurel y se tapa, dejando cocer lentamente como una media hora. Se agrega la cucharada de pan tostado rallado y un poco de agua y se deja cocer otro cuarto de hora, hasta que quede en su grasa.

En una cacerola se pone a hervir el agua, a la que se añade la hoja de laurel y un poco de sal. Se acerca al fuego, y cuando rompe a hervir se agrega el arroz bien lavado y escurrido y la manteca de cerdo. Se deja hervir veinte minutos y se aparta, dejándolo reposar un rato tapado.

Se echa en un molde de rosco, y si no lo hay se pone en una fuente formando corona con dos cucharas y en el centro se pone el guiso de la carne y riñones, sirviéndose bien caliente.

BOQUERONES HUECOS.- ENSALADA

INGREDIENTES Y CANTIDADES

Boquerones	1 kilo.	Agua	10 cucharadas.
Harina	5 cucharadas.	Levadura	1 cucharadita.
Clara de huevo	1.	Aceite para freír.	
Sal.			

MODO DE HACERLO

Se escogen los boquerones grandes y muy frescos (si son salados, no sirven). Se les quita la cabeza y se abren, quitándoles la espina del centro, y abiertos se ponen a escurrir.

En un recipiente se echa la harina con la levadura, un poco de sal y se agrega el agua para hacer una pasta cremosa. Se agrega la clara batida a punto de nieve y se mezcla bien.

Se pone aceite abundante en una sartén, y cuando está bien caliente se toman los boquerones abiertos por la cola, se introducen en la pasta y se van echando en la sartén y se fríen muy dorados, poniéndolos a escurrir.

Se sirven muy calientes, con ensalada aparte. Puede hacerse este guiso también con sardinas.

CENA

Patatas castellanas.
Huevos fritos con pimientos asados.

PATATAS CASTELLANAS

INGREDIENTES Y CANTIDADES

Patatas	2 kilos.	Pimentón	1 cucharadita.
Cebollas	1 pieza.	Ajo	1 diente.
Aceite	5 cucharadas.	Laurel	1/2 hoja.
Harina	1 cucharada.	Sal, pimienta.	

MODO DE HACERLO

En una cacerola se pone a calentar el aceite y se echa la cebolla picada y el ajo. Cuando empieza a dorarse se agregan las patatas, mondadas y partidas en trozos regulares, y el pimentón. Se deja rehogar un rato y se añade la harina, dándole varias vueltas con las patatas para que se doren.

Se añade agua hirviendo hasta cubrirlas, se añade sal, un poco de pimienta y el laurel y se deja cocer suavemente de tres cuartos a una hora.

HUEVOS FRITOS CON PIMIENTOS ASADOS

INGREDIENTES Y CANTIDADES

Pimientos	1 kilo.	Aceite	3 cucharadas.
Ajo	2 dientes.	Huevos	6.
Sal.			

MODO DE HACERLO

Se escogen los pimientos grandes y encarnados y se ponen a asar sobre la placa, dándoles vueltas para que no se quemen y se asen por todos lados. Cuando está tostada toda la piel, se envuelven en un paño limpio y se dejan al calor durante una hora. Se les quita la piel y después se hacen tiras y se reservan.

En una sartén se pone el aceite, se calienta, y cuando está se fríen los dientes de ajo. Cuando están oscuros, se echan los pimientos y se dejan rehogar, dándoles varias vueltas.

Se ponen en una fuente y alrededor se colocan seis huevos fritos.

INVIERNO

Los productos propios de esta estación son los siguientes:

CARNES.- Carnero, cerdo fresco, vaca, época de matanza, embutidos de todas clases y conservas de carnes.

AVES.- Gansos, pavos, pollos y poulardas.

CAZA.- Liebre, conejo, corzo, faisán, perdices y becadas.

PESCADOS.- Pescadillas, besugos, rodaballos, calamares, lenguados, salmonetes, salmón, truchas, doradas y castañetas.

HORTALIZAS.- Cardos, espinacas, coliflor, lombarda, apio, coles de Bruselas, coles, berzas, escorzoneras, lechugas, escarolas, achicorias y berros.

FRUTAS.- Peras, manzanas, naranjas, limas, limones dulces, castañas, avellanas y nueces.

MINUTA PRIMERA

Judías al caserío.
Filetes de hígado empanados con ensalada.

JUDÍAS AL CASERÍO

INGREDIENTES Y CANTIDADES

Judías blancas	1/2 kilo.	Cebolla	1.
Pimientos colorados	3.	Ajos	2 dientes.
Tocino entreverado	50 gramos.	Aceite	3 cucharadas.
Perejil, sal y pimienta.			

MODO DE HACERLO

Se ponen a cocer las judías blancas en agua fría. Cuando rompen a hervir se quita el agua y se pone de nuevo a la lumbre con agua fría, dejándolas cocer con mucha calma hasta que estén tiernas.

En una sartén se pone el aceite, se calienta y se echa el tocino cortado en trocitos y la cebolla picada; cuando empieza a dorarse se añaden los pimientos (que pueden ser del tiempo o en conserva) cortados en cuadraditos, y cuando está rehogado se echa sobre las judías. Se añade sal, pimienta y un poco de perejil y se dejan cocer suavemente unos diez minutos.

Las judías han de quedar con algo de salsa, para lo cual se pasan por un tamiz un par de cucharadas de judías para espesar un poco el caldo.

FILETES DE HÍGADO EMPANADOS, CON ENSALADA

INGREDIENTES Y CANTIDADES

Hígado	1/2 kilo.	Aceite	1 decilitro.
Pan rallado	100 gramos.	Sal, ajo y perejil.	

MODO DE HACERLO

Se cortan seis filetes de hígado, que pesen aproximadamente medio kilo, y se condimentan con un poco de sal, ajo picado y perejil. Se dejan un ratito y después se van pasando por el pan rallado y se ponen a freír en una sartén, cubierto el fondo de aceite. Cuando se doran por un lado se les da la vuelta por el otro para que se frían. Se escurren bien y se colocan en una fuente, sirviendo aparte, al mismo tiempo, una ensalada de escarola.

MINUTA SEGUNDA

CENA

Repollo relleno.
Tortilla de patatas.

REPOLLO RELLENO

INGREDIENTES Y CANTIDADES

Repollo	1 kilo.	Leche	1/4 litro.
Jamón	100 gramos.	Harina	3 cucharadas.
Aceite	2 cucharadas.	Queso rallado	25 gramos.
Cebolla picada	1 cucharada.	Vino blanco	3 cucharadas.
Mantequilla	1 cucharada.	Sal.	

MODO DE HACERLO

Se corta el repollo, sacando las hojas enteras. En agua hirviendo con sal se cuecen hasta que están tiernas, pero sin que se deshagan.

Se pone en una sartén la mantequilla, se acerca al fuego y cuando está derretida se agrega la harina y se deja cocer, sin que tome color, y se le añade la leche hirviendo, moviendo sin parar para que no se hagan grumos. Se deja cocer y se le añade el jamón picadito. Cuando está bastante espesa se aparta y se deja enfriar.

Sobre un paño se van colocando las hojas de repollo y en cada una se pone una cucharada de besamel, envolviendo para hacer unos paquetitos, y se van colocando uno al lado del otro en una fuente de barro refractario. En una sartén se fríe con las dos cucharadas de aceite la cebolla picada; cuando está dorada se echa el vino blanco y un poco de agua de haber cocido el repollo, se vierte sobre los rellenos, se espolvorea de queso y se deja cocer un poco en el horno. Se sirve en la misma fuente.

TORTILLA DE PATATAS

INGREDIENTES Y CANTIDADES

Patatas	1 1/4 kilos.	Aceite	1 decilitro.
Huevos	6.	Cebolla	1.
Sal.			

MODO DE HACERLO

Se mondan las patatas y después de lavarlas se cortan muy finitas. Se pica la cebolla muy fina también.

En una sartén se pone el aceite, y cuando está caliente se echa la cebolla. Se empieza a rehogar y en seguida se echan las patatas, a las que se añade sal, y se tapan, moviéndoles de vez en cuando, hasta que estén tiernas.

Se baten los huevos con un poco de sal y se hacen dos tortillas a buena lumbre, dándoles la vuelta en seguida que se cuajen por un lado para que no se resequen. Se sirven en una fuente grande, una al lado de otra.

MINUTA TERCERA

COMIDA

Macarrones con setas.
Rollos de vaca con puré de patatas.

MACARRONES CON SETAS

INGREDIENTES Y CANTIDADES

Macarrones	1/2 kilo.	Cebolla picada	2 cucharadas.
Setas en conserva	1 lata.	Tocino de jamón	100 gramos.
Tomates	1/4 kilo.	Aceite	4 cucharadas.
Queso	25 gramos.	Sal.	

MODO DE HACERLO

En una olla con agua hirviendo con sal se cuecen los macarrones partidos por la mitad durante veinte minutos. Pasado este tiempo, se separan del fuego y se lavan en agua fría, escurriéndolos bien.

En una sartén se pone el aceite, se acerca al fuego, y cuando está caliente se echa la cebolla y las setas picadas en trocitos después de lavadas; se añade sal y se deja estofar al lado del fuego; a medio hacer se agrega el tocino picado.

Aparte se escaldan los tomates en agua hirviendo durante dos o tres minutos. Se sacan, y cuando están fríos se les quita la piel y se parten por la mitad, se les quitan las pepitas, se cortan en cuadraditos pequeños y se echan al mismo tiempo que el tocino de jamón, dejando cocer el conjunto hasta que las setas estén tiernas.

Se ponen los macarrones en fuente, se echa el picadillo encima, se espolvorea el queso y se sirve.

ROLLOS DE VACA CON PURÉ DE PATATAS

INGREDIENTES Y CANTIDADES

Carne de vaca picada 1/2 kilo.
Tocino 50 gramos.
Harina 2 cucharadas.
Sal, perejil y nuez moscada.

Huevos 1.
Pan rallado 1 taza.
Aceite 1 decilitro.

Salsa

Cebolla 1 cucharada.
Harina 1 cucharada.

Vino blanco 1 vasito.
Laurel 1/2 hoja.

MODO DE HACERLO

En una fuente honda se pone la carne, el pan rallado, perejil, ajo picado y un poco de ralladura de nuez moscada; se amasa un poco y se añaden las dos cucharadas de leche, la harina y el huevo batido. Bien mezclado todo, se hacen tres partes de la masa, formando tres rollos iguales, que se envuelven en harina. En una sartén se pone el aceite, se acerca al fuego, y cuando está caliente se fríen, dándoles vueltas para que se doren por igual.

En el aceite que sobre de freírlos se echa la cucharada de cebolla picada, y cuando está dorada se añade la cucharada de harina para que se dore también. Se agrega el vino blanco y otro tanto de agua, la hoja de laurel, sal y pimentón. Cuando rompe a hervir se vierte sobre los rollos puestos en una cacerola y se dejan cocer, muy suavemente para que no se abran, una media hora, dándoles vueltas con cuidado para que se cuezan por igual.

Para servirlos, se colocan en una fuente rodeada de puré de patatas, pasando la salsa por el chino, echándola por encima bien caliente.

PURÉ DE PATATAS

INGREDIENTES Y CANTIDADES

Patatas 1/2 kilo.
Leche 3 cucharadas.
(véase _Puré de patatas_)

Mantequilla 30 gramos.
Sal.

MINUTA CUARTA
CENA

Patatas y zanahorias guisadas.
Croquetas de salmón o bonito.

PATATAS Y ZANAHORIAS GUISADAS

INGREDIENTES Y CANTIDADES

Patatas	1 kilo.	Harina	2 cucharadas.
Zanahorias	1/2 kilo.	Vino blanco	3 cucharadas.
Cebolla	1 pequeña.	Caldo	1 cubito.
Aceite	4 cucharadas.	Sal.	

MODO DE HACERLO

Se mondan las patatas y se cortan en trozos regulares, más bien pequeños. Se raspan las zanahorias y se cortan en tiras de medio centímetro de grueso.

En una cacerola se pone el aceite, se calienta y se echa la cebolla picada, y cuando empieza a dorarse se echan las patatas y las zanahorias, agregando al mismo tiempo harina; se deja rehogar el conjunto durante unos minutos, moviendo sin parar para que no se agarre al fondo la harina, y entonces se echa agua caliente para cubrir las patatas. Se agrega el cubito de caldo y un poco de sal y se deja cocer suavemente hasta que están tiernas; se añade el vino blanco y se deja dar unos hervores para que tome el sabor.

Para servirlo, se hace en legumbrera espolvoreada de huevo duro muy picadito. Esto se puede suprimir, por razón de economía.

CROQUETAS DE SALMÓN O BONITO

INGREDIENTES Y CANTIDADES

Harina	10 cucharadas.	Salmón	1 lata pequeña.
Leche	3/4 litro.	Mantequilla	50 gramos.
Huevo	1.	Aceite	2 decilitros.

Pan rallado, nuez moscada, sal y pimienta.

MODO DE HACERLO

En una sartén se pone la mantequilla, y cuando está caliente se echan nueve cucharadas de harina, que se deja rehogar, sin que tome color. En seguida se incorpora la leche poco a poco, y cuando rompe a hervir se agrega el salmón picadísimo sobre la tabla, nuez moscada, sal y pimienta, moviendo sin parar; se deja cocer seis o siete minutos, hasta que está muy gorda la pasta. Entonces se echa en una fuente y se deja enfriar durante tres o cuatro horas.

Se bate un huevo, añadiéndose una cucharada de harina y dos de agua, y se van tomando porciones de la pasta, ya fría, formando unas croquetas, que se envuelven en un poco de harina, pasándolas por el huevo batido y el pan rallado.

Se fríen en el aceite bien caliente, puesto en una sartén pequeña y honda; se sirven bien calientes sobre una fuente con servilleta.

CENA

Lentejas Villalar.
Carne de vaca a la moderna.

LENTEJAS 'VILLALAR'

INGREDIENTES Y CANTIDADES

Lentejas	1/2 kilo.	Limón	1/2.
Jamón o chorizo	100 gramos.	Pan	1/2 barra.
Manteca de cerdo	50 gramos.	Nuez moscada.	
Huevo duro	1 pieza.	Sal, pimienta.	

MODO DE HACERLO

Se ponen a cocer las lentejas cubiertas de agua fría y se dejan cocer hasta que están tiernas, sin que se deshagan, añadiéndoles el agua poco a poco para que cuando estén cocidas no les quede mucho caldo.

En una sartén se pone a derretir la manteca de cerdo, y en ella se fríen unos cuadraditos de pan. Una vez fritos se sacan a un plato, y se echa en la sartén el jamón cortado en cuadraditos.

Cuando está bien rehogado se echa sobre las lentejas, más el zumo de medio limón y un poco de ralladura de nuez moscada, y se rehoga muy bien el conjunto, moviendo la cacerola para evitar que se deshagan con la cuchara; se sazona de sal y pimienta. Cuando se van a servir se echan en legumbrera, cubriendo la superficie con el huevo duro picadito y los trocitos de pan fritos alrededor.

CARNE DE VACA A LA MODERNA

INGREDIENTES Y CANTIDADES

Carne de
  vaca de la tapa 800 gramos.
Manteca   100 gramos.
Cebolla grande   1.
Sal y pimienta en grano.

Perejil.
Laurel.
Setas   125 gramos.
Aceitunas 50 gramos.
Tomillo.

MODO DE HACERLO

En una cacerola que ajuste bien la tapa se pone el aceite, se calienta y se echa la cebolla cortada en rajas, las aceitunas y setas picadas, laurel, tomillo y perejil, y encima la carne. Se agrega sal y pimienta, se tapa bien y se pone a cocer al horno por espacio de tres horas. Debe cocerse lentamente. Cuando está tierna se retira la carne a un plato y se pasa la salsa por el chino, apretando mucho para que quede muy espesita. Se corta la carne en rodajas, se pone en una fuente calentada, encima la salsa y alrededor las patatillas doradas.

PATATAS DORADAS

Se escoge medio kilo de patatas muy pequeñitas e iguales y se ponen a cocer al vapor. Una vez cocidas se les quita la piel y se ponen en una tartera untada de mantequilla, se les echa sal y un poco de mantequilla derretida por encima y se meten en el horno para que se doren. Suelen tardar una media hora, a horno bien caliente.

MINUTA SEXTA

Cardo salteado.
Congrio en cazuela.

CARDO SALTEADO

INGREDIENTES Y CANTIDADES

Cardo	2 kilos.	Manteca	1 cucharada.
Aceite	5 cucharadas.	Ajo	2 dientes.
Sal, pimienta, limón y perejil.			

MODO DE HACERLO

Se escogen unos cardos muy blancos y tiernos, se limpian, quitando primero los bordes de las pencas, y raspándolos por dentro y fuera se restriega con limón y se van poniendo cortados en tiras en una fuente honda con agua fría, en la que se ha exprimido el zumo de medio limón. Cuando todo está limpio, se cortan las tiras en cuadraditos y se dejan en el agua acidulada.

En una olla se pone agua abundante con sal, se acerca al fuego, y cuando rompe a hervir se agregan dos cucharadas de harina desleídas en un poco de agua fría. A continuación se echa el cardo, se tapa y se deja que rompa a hervir; entonces se destapa un poco y se deja cocer destapado unas dos horas o dos horas y media. Una vez cocido el cardo se saca del agua y se deja escurrir sobre un paño limpio. Se pone el aceite en una sartén, se añade la manteca, se calienta y se fríen los dientes de ajo. Cuando están muy tostados se sacan y se echa el cardo, que se deja saltear, añadiéndole un poco de pimienta.

Al servirlo se le exprime un poco de zumo de limón.

CONGRIO EN CAZUELA

INGREDIENTES Y CANTIDADES

Congrio	1 kilo.	Aceite	1 1/2 decilitro.
Cebollas	1/4 kilo.	Vino blanco	1 decilitro.
Zanahorias pequeñas	6.	Ajo	2 dientes.
Tomates	1/4 kilo.	Limón.	
Laurel y sal.		Perejil.	

MODO DE HACERLO

Se escoge el congrio de la parte abierta, porque la parte cerrada tiene muchas espinas, y se corta en lonchas de dos o tres centímetros de gruesas. Se corta la zanahoria y las cebollas en tiritas delgadas y los tomates se despojan de la piel y pepitas y se reservan en un plato.

En una cazuela se echa un poco de aceite frito en el fondo y se cubre con la mitad del picadillo de verduras mezclado; se colocan encima los trozos de congrio uno al lado del otro y se cubren con el resto del picadillo, se rocía con el resto de aceite frito, el ajo y el perejil picado, media hoja de laurel y sal. Por último, se añade el vino, se tapa la cazuela y se deja cocer al horno dos horas y media. Se sirve poniendo el congrio en una fuente y las verduras como guarnición alrededor.

COMIDA

Arroz con menudillos.
Caldereta de cordero.

ARROZ CON MENUDILLOS

INGREDIENTES Y CANTIDADES

Arroz	1/2 kilo.	Cebolla picada	2 cucharadas.
Menudillos	3.	Tomates	2.
Aceite	1 1/2 decilitro.	Perejil, ajo, azafrán y sal.	

MODO DE HACERLO

En una sartén se pone el aceite, se calienta y se echa la cebolla picada; cuando está dorada se agrega el tomate picado y media cucharadita de pimentón. Cuando está frito se echa en una cazuela de barro, se añaden los menudillos picados y se rehogan.

Se machacan en el mortero un diente de ajo, una rama de perejil y unas hebras de azafrán; se deslíen con un poco de agua y se agregan a la cazuela.

Se mide el arroz y se echa doble cantidad de agua sobre el refrito; se sazona y se deja que rompa a hervir. En este punto se añade el arroz y se deja cocer destapado durante quince minutos; pasado este tiempo se separa del fuego, se tapa la cazuela y se deja reposar un rato. Después se sirve.

CALDERETA DE CORDERO

INGREDIENTES Y CANTIDADES

Cordero	1 1/2 kilo.	Cebolla	250 gramos.
Manteca	100 gramos.	Harina	2 cucharadas.
Ajos	2 dientes.	Hierbabuena.	
Pimientos y sal.			

MODO DE HACERLO

En una cazuela se pone la manteca, se calienta al fuego y se fríen los dientes de ajo. Cuando están tostados se sacan y se echa el cordero cortado en trozos, se tapa y se deja rehogar hasta que tome color dorado.

Se agrega la cebolla picada y la harina, se mezcla bien, cuidando que no se agarre al fondo; se cubre de agua hirviendo y se deja cocer tapado hasta que la carne esté tierna. Se machacan unos granos de pimienta, los dientes de ajo frito y un poco de hierbabuena, se sazona y se deja cocer hasta que la salsa está pastosa. No se pasa la salsa.

MINUTA OCTAVA

CENA

Lombarda a lo San Quintín.
Besugo al minuto.

LOMBARDA A LO SAN QUINTÍN

INGREDIENTES Y CANTIDADES

Lombarda	1 1/2 kilo.	Manteca de cerdo	2 cucharadas.
Patatas	6 medianas.	Manzanas	4.
Cebollas	2.	Vinagre	4 cucharadas.
Tocino salado	200 gramos.	Agua	1 1/2 decilitro.
Sal, perejil y laurel.			

MODO DE HACERLO

Se corta el tocino en trocitos y se echa en agua fría. Se pica la lombarda, se pelan las manzanas, cortándolas en trocitos, y se pican las cebollas en tiritas finas.

En una cazuela de barro se ponen dos cucharadas de manteca de cerdo y las cebollas picadas, se acerca al fuego y se dejan freír hasta que tienen color dorado, se añade la lombarda, las manzanas y los trocitos de tocino, se rocían con el vinagre, se sazona de sal y pimienta, se añade perejil, laurel, el agua y se hace cocer a fuego vivo.

Cuando rompe el hervor, se tapa herméticamente la cazuela y se mete en el horno, dejando cocer lentamente dos horas y media.

Media hora antes de terminar la cocción se agregan las patatas peladas y cortadas en trozos y se dejan cocer hasta terminar el tiempo.

Se sirve en la misma cazuela.

BESUGO AL MINUTO

INGREDIENTES Y CANTIDADES

Besugo	1 1/2 kilo.	Perejil	1 rama.
Aceite	6 cucharadas.	Huevo duro	1.
Vinagre	4 cucharadas.		

MODO DE HACERLO

Se escogen dos besugos de setecientos cincuenta gramos aproximadamente; se limpian de escamas y se les hacen dos incisiones en el lomo.

En una besuguera se colocan y se rocían con el aceite y el vinagre, añadiéndoles la sal necesaria.

Se mete en el horno, que esté fuerte, y se deja de quince a veinte minutos, rociándolos de cuando en cuando con su grasa para que no se resequen.

Cuando estén dorados, se sacan, se colocan en una fuente y se espolvorean con el huevo duro picado. Se adorna la fuente con dos ramas de perejil, una en cada extremo.

MINUTA NOVENA

COMIDA

Potaje blanco.
Carne de vaca mechada.

POTAJE BLANCO

INGREDIENTES Y CANTIDADES

Garbanzos	3/4 kilo.	Patatas	1/2 kilo.
Judías blancas	1/4 kilo.	Arroz	100 gramos.
Manteca de cerdo	75 gramos.	Cebolla	1.
Laurel	1 hoja.	Ajo y sal.	

MODO DE HACERLO

Se ponen a remojar los garbanzos la víspera. En un puchero grande se pone a hervir litro y medio de agua con una hoja de laurel, una cabeza de ajos, la manteca de cerdo y cebolla. Cuando rompe el hervor se echan los garbanzos, dejándolos hervir despacio.

En un cazo se ponen a cocer las judías, cubiertas de agua fría. Al romper el hervor se les quita el agua, poniéndolas otra vez a hervir con agua fría. Al empezar a cocer nuevamente se echan en la olla donde están los garbanzos, dejando hervir ambas cosas muy lentamente, pero sin interrupción. Cuando empiezan a estar tiernos los garbanzos se agregan las patatas, cortadas en trozos regulares, añadiéndole un poco de agua caliente, si hace falta, y sal, y media hora antes de comer se añade el arroz, que se debe hervir diez minutos, dejándolo después en reposo otros diez. Se sirve en seguida, para evitar que se pase el arroz.

CARNE DE VACA MECHADA

INGREDIENTES Y CANTIDADES

Carne de vaca (de redondo, cadera o tapa)	850 gramos.	Zanahorias	2.
		Chocolate	1/2 onza.
		Tocino	50 gramos.
Vino blanco	1 vaso.	Cebollas	2.
Aceite	5 cucharadas.		

Perejil, pimienta en grano, sal y laurel.

MODO DE HACERLO

Se deja la carne limpia de gordos, nervios y pellejos. Se corta el tocino en tiritas de un centímetro de anchas y con una aguja de mechar se introducen dentro de la carne siguiendo la hebra. Una vez mechado, se envuelve en un poco de harina y se dora a lumbre viva en una sartén con aceite.

Cuando la carne ha tomado color oscuro se pone en una cacerola de tamaño apropiado y se añaden las cebollas y zanahorias partidas, el laurel, vino y los granos de pimienta, más el aceite sobrante de rehogarla. Se cubre de agua hirviendo, se sazona y se tapa, dejándola hervir tres horas a hervor continuo y moderado. Cuando empieza a estar tierna se agrega el chocolate desleído en un poco de agua y se mete en el horno para que termine de hacerse.

Cuando la carne está completamente tierna se saca y se deja enfriar para trincharla, y se pasa la salsa por el chino, volviendo a introducir la carne en ella para que se conserve caliente.

Se sirve acompañada de una ensalada.

CENA

Sopa de cebolla tostada.
Calamares a la marinera.

SOPA DE CEBOLLA TOSTADA

INGREDIENTES Y CANTIDADES

Cebolla	250 gramos.	Caldos	3 cubitos.
Mantequilla	25 gramos.	Queso rallado	50 gramos.
Harina	40 gramos.	Aceite	3 cucharadas.
Agua	1 1/2 litro.	Pan	2 barras.
Sal y pimienta blanca.			

MODO DE HACERLO

Se corta la cebolla muy finita y se pone en una cacerola con el aceite frito, se sazona y se deja freír lentamente hasta que esté tierna, sin que tome color. Una vez que esté bien cocida, se echa la harina, se rehoga un poco y se agrega el agua hirviendo y los cubitos de caldo. Cuando rompe a hervir de nuevo se epuma y se deja cocer lentamente un cuarto de hora.

Pasado este tiempo se pasa por un colador, apretando bien la seta, y se pone a hervir de nuevo. En una cazuela se coloca el pan cortado en rebanadas finas, doradas de antemano en el horno, y se echa el caldo hirviendo por encima, se espolvorea de queso, se rocía de mantequilla líquida y se mete a horno fuerte para que se gratine.

Se sirve en la misma cazuela, rodeada de servilleta.

CALAMARES A LA MARINERA

INGREDIENTES Y CANTIDADES

Calamares	2 kilos.	Ajo	2 dientes.
Aceite	1 decilitro.	Perejil	1 rama.
Cebollas	2.	Pimienta	1 cucharadita.
Harina	1 cucharada.	Sal.	

MODO DE HACERLO

Puede hacerse con voladores o sepias, aunque resulta menos fino.

Se limpian los calamares, se vacían las bolsas y se cortan con las tijeras en anillos y las patas en pedazos.

En una cacerola se pone el aceite, se calienta y se echa la cebolla y los ajos picados, se agregan los calamares y el pimentón y se deja rehogar despacio. Cuando han soltado bastante agua, se añade una pizca de pimienta y se deja cocer a fuego muy lento hasta que estén tiernos.

Se dora un poco la harina en la sartén, se deslíen con un poco de agua y se agrega a la cacerola, dejándolo dar unos hervores.

Se sirve en una fuente con su salsita.

MINUTA UNDÉCIMA

COMIDA

Canelones con besamel.
Bacalao a la vizcaína.

CANELONES CON BESAMEL

INGREDIENTES Y CANTIDADES

Canelones	2 cajas.	Aceite	3 cucharadas.
Ternera picada	250 gramos.	Harina	4 cucharadas.
Jamón	50 gramos.	Queso	50 gramos.
Vino blanco	1/2 decilitro.	Leche	1/2 litro.
Mantequilla	60 gramos.	Tomates	1/2 kilo.
Cebolla picada	1 cucharada.	Pan rallado	2 cucharadas.
Pimienta y sal.			

MODO DE HACERLO

Se hace el relleno en primer lugar.

En una sartén se pone un poquito de mantequilla y se echa la cebolla picada muy fina. A un lado de la lumbre se deja estofar, y cuando empieza a dorarse se echa el jamón, la carne y se deja rehogar. Se agrega el pan rallado tostado en el horno y el vino blanco. Se deja cocer unos cinco minutos, se añade una cucharada de queso rallado y se deja enfriar.

En una cacerola u olla se pone agua abundante, se acerca al fuego y cuando hierve se echa sal, una cucharada de aceite y la tercera parte de los canelones. Éstos hay que cocerlos en tres veces, para que no se peguen unos a otros. Cuando han hervido veinte minutos se sacan a un recipiente en agua fría, y una vez lavados se ponen sobre un paño para que apuren el agua.

En una sartén se pone a freír el aceite, y cuando está se echa el tomate partido en trozos, a lumbre suave se deja freír un cuarto de hora y se pasa por un colador para hacer una salsa espesita.

En un cazo se ponen treinta gramos de mantequilla y la harina, se acerca al fuego y se deja cocer, sin que tome color. Se añade poco a poco la leche hirviendo, se mueve sin parar para que no se hagan grumos y se deja cocer despacio unos minutos.

Se preparan los canelones poniendo una cucharada del relleno preparado en el centro y se doblan los lados sobre él. Se cubre el fondo de una fuente de horno con la salsa de tomate, se colocan los canelones a medida que se van rellenando uno al lado de otro. Se cubre todo con la salsa besamel y se espolvorean con queso rallado. Se rocía con un poco de mantequilla líquida y se meten a horno fuerte unos cinco minutos.

Se sirve en la misma fuente.

Puede hacerse la pasta en casa, del modo siguiente:

PASTA DE HUEVO

INGREDIENTES Y CANTIDADES

Huevo	1.
Agua	1 taza.
Harina	300 gramos aproximadamente.

MODO DE HACERLO

Se bate un poco el huevo, se añade el agua y se va agregando harina para hacer una masa compacta y fina. Se envuelve en una servilleta espolvoreada de harina y se deja reposar durante una hora. Pasada ésta se extiende con el rodillo sobre la mesa, espolvoreada de harina, hasta dejarla del grueso de una cartulina, y se cortan unos cuadraditos de seis o siete centímetros, y se van colocando sobre placas.

Se cuecen como los otros, pero dejándolos cocer sólo doce minutos.

BACALAO A LA VIZCAÍNA

INGREDIENTES Y CANTIDADES

Bacalao	1 kilo.	Manteca de cerdo	100 gramos.
Aceite	1 decilitro.	Yema de huevo cocido	2.
Jamón	100 gramos.	Pimientos choriceros	5.
Perejil	2 ramas.	Cebollas blancas	1 kilo.
Ajo	3 dientes.	Migas de pan	75 gramos.
Pimienta y sal.			

MODO DE HACERLO

Se escoge un buen bacalao, se corta en trozos regulares y se pone a desalar durante veinticuatro horas, cambiándole el agua varias veces. En una cazuela de barro se pone el aceite, la manteca de cerdo y el jamón picado. Se calienta y se añaden los ajos enteros y las cebollas picadas. Se añade también el perejil y se deja cocer el conjunto, tapado y a lumbre floja, durante cuatro horas. Añadiendo en varias veces un poco de agua hirviendo para que cueza la cebolla y se ponga hecha puré. Cuando ha pasado este tiempo se sumergen los pimientos en agua hirviendo durante diez minutos y se raspan con una cuchara, echando lo raspado en la cazuela. Se machacan los pellejos en el mortero con un poco de miga de pan y se deslíen con un poco de agua, añadiendo a la cazuela lo obtenido, pasándolo por un colador. Se machacan en el mortero las yemas de huevo y, desleídas con un poco de agua, se agregan también a la cazuela, sazonando la salsa y añadiéndole un poco de pimienta. Se deja cocer una hora a fuego muy suave.

Se escama el bacalao con cuidado para no estropear la piel y se ponen los trozos en una tartera cubierta de agua fría. Se acerca al fuego y antes de que rompa a hervir se retira y se sacan los trozos del bacalao, que se introducen en la cazuela de la salsa con la piel hacia arriba. Se deja cocer muy despacio y de vez en cuando se sacude la cazuela para que no se agarre al fondo el bacalao. Cuando está tierno éste se separa del fuego y se sirve.

Patatas y zanahorias al vino.
Rape en salsa de almendras.

PATATAS Y ZANAHORIAS AL VINO

INGREDIENTES Y CANTIDADES

Patatas	1 kilo.	Pimentón	1 cucharadita.
Zanahorias	1/2 kilo.	Perejil	1 rama.
Cebolla	1.	Aceite	1/2 decilitro.
Ajo	1 diente.	Vino	3 cucharadas.
Pimienta y sal.			

MODO DE HACERLO

Se mondan las patatas y se cortan en trozos iguales. Se raspan las zanahorias y se cortan en tiras, quitándoles la parte leñosa del centro. En una cazuela se pone el aceite, se calienta y se echa la cebolla y el ajo picado. A continuación se añaden las patatas, zanahorias y el pimentón, y se deja rehogar a lumbre viva para que no se agarren. Cuando están bien rehogadas se agrega perejil, media hoja de laurel y la harina, se les da una vuelta con las patatas y se cubren de agua hirviendo. Se sazonan de sal y pimienta, se añade el vino y se dejan cocer despacio hasta que están muy tiernas.

RAPE EN SALSA DE ALMENDRAS

INGREDIENTES Y CANTIDADES

Rape	1 1/2 kilo.	Perejil	1 rama.
Tomates	1/2 kilo.	Pan	1 rebanada.
Almendras	50 gramos.	Ajo	1 diente.
Cebolla	2 cucharadas.	Azafrán	3 o 4 hebras.
Aceite	1/2 decilitro.	Sal y pimienta.	

MODO DE HACERLO

Se limpia el rape y se corta en rodajas, que se colocan en una besuguera o fuente refractaria, se añade sal y se reserva.

En una sartén se calienta el aceite y se fríe la rebanada de pan, el ajo, la rama de perejil y las almendras. Frito todo, se echa en un mortero, y en el aceite se fríe la cebolla y el tomate, cortado en trozos. Se deja cocer despacio un cuarto de hora y se pasa por colador. En el mortero se machacan los avíos fritos con una hebras de azafrán. Bien hecha una pasta, se deslíe con un poco de agua y se echa sobre la salsa obtenida del tomate, con la que se mezcla. Se sazona de sal y pimienta y se echa sobre el rape colocado en la besuguera. Se acerca al fuego, se deja cocer un poco y se mete en el horno unos quince minutos. Se sirve en la misma fuente.

COMIDA

Judías con chorizo.
Ternera en blanquete.

JUDÍAS CON CHORIZO

INGREDIENTES Y CANTIDADES

Judías	1/2 kilo.	Aceite	3 cucharadas.
Patatas	1/4 kilo.	Harina	2 cucharadas.
Chorizo	100 gramos.	Cebolla picada	1 cucharada.
Sal.			

MODO DE HACERLO

Se ponen a cocer las judías con el chorizo, cubiertas de agua fría. Cuando rompen a hervir se añade un poco más de agua fría para romper el hervor y se dejan que continúen cociendo despacio. A las dos horas se agregan las patatas mondadas, partidas si son grandes o enteras si son pequeñas.

En una sartén se pone el aceite, se calienta y se fríe la cebolla picada. Cuando empieza a tomar color se añade la harina para que se dore; entonces se incorpora a las judías el refrito, se sazona de sal y se dejan cocer muy lentamente hasta que esté todo en su punto.

Pecho de ternera	1 kilo.	Huevo	1.
Agua fría	1 litro.	Harina	3 cucharadas.
Cebolla	1.	Zumo de limón	1/2 cucharada.
Zanahorias	1.	Cebollitas	1/4 kilo.
Mantequilla	50 gramos.		

Perejil, laurel, sal y pimienta en grano.

Se corta la ternera en trozos regulares y se pone a remojar en agua fría durante una hora. Pasado este tiempo, se ponen a escurrir los trozos de carne y se colocan en una cacerola, se cubren con un litro de agua fría, se añade la cebolla, zanahorias, perejil, laurel y unos granos de pimienta y se deja cocer a fuego lento y tapada durante una hora.

Se preparan las cebollitas, quitándoles la primera cubierta, y se ponen a cocer aparte en una cacerola pequeña. Cuando están tiernas, que se puedan atravesar fácilmente con un alfiler, se ponen a escurrir.

Una vez cocida la ternera se saca de la cacerola y se deja en un plato tapada, se cuela el caldo sobrante y se reserva. En una cacerolita se pone al fuego la mitad de la mantequilla y la harina, se deja cocer un poco, sin dorarse, y se añade poco a poco el caldo de la ternera, se deja cocer unos minutos y se le añade la otra mitad de la mantequilla y la yema del huevo. Se adiciona el zumo de limón y las cebollitas cocidas, se deja que el conjunto dé unos hervores y se vierte sobre los trozos de ternera colocados en una fuente honda calentada. Para servirla, se espolvorea con perejil picado.

CENA

Coliflor con besamel.
Empanada al horno.

COLIFLOR CON BESAMEL

INGREDIENTES Y CANTIDADES

Coliflor	1 1/2 kilos.	Aceite	3 cucharadas.
Leche	3/4 litro.	Queso rallado	25 gramos.
Harina	3 cucharadas.	Mantequilla	50 gramos.

MODO DE HACERLO

Se escoge una coliflor fina y blanca y de un peso aproximado de un kilo y medio. Se le quitan las hojas verdes y troncos y sacando los tallos se pone a cocer en abundante agua hirviendo con sal hasta que se puedan atravesar fácilmente los tallos con un alfiler. Entonces se pone a escurrir.

En un cazo se pone la mitad de la mantequilla y la harina, se deja cocer, sin que tome color, y se incorpora poco a poco la leche hirviendo rápidamente para que no se hagan grumos; se deja cocer unos minutos y se separa del fuego. En una sartén se ponen las tres cucharadas de aceite, se calienta y se fríe un ajo, que se saca una vez dorado. Se echa la coliflor, dejándola rehogar unos minutos. Se vierte en una fuente de porcelana o barro refractario y se cubre con la besamel hecha. Se rocía con la otra mitad de mantequilla derretida y se espolvorea de queso rallado. Se mete a horno fuerte, para que se gratine, unos seis minutos.

EMPANADA AL HORNO

INGREDIENTES Y CANTIDADES

Masa		*Relleno*	
Harina	300 gramos.	Cebolla	1.
Huevos	1.	Aceite	1/2 decilitro.
Manteca o aceite	75 gramos.	Jamón o chorizo	200 gramos.
Leche	1/2 decilitro.	Pimientos	2.
Levadura prensada	20 gramos.	Sal	6 gramos.
Tomate	100 gramos.		

MODO DE HACERLO

Si los pimientos son frescos, se asan y se les quitan la piel y semillas, haciéndolos tiras. En una sartén se pone el aceite, se calienta, se fríe la cebolla finamente picada; cuando empieza a dorarse se echa el tomate picado, sin piel ni pepitas.
A continuación se les agrega el jamón o chorizo cortado en pedacitos y el pimiento y se deja rehogar lentamente unos seis minutos. Se separa del fuego y se deja enfriar.

Mientras se enfría se hace la masa. Se separan de la harina noventa gramos, se echa en un recipiente y se hace un hueco en el centro, donde se echa la levadura en tres cucharadas de agua templada. Se amasa, y una vez obtenida una masa compacta y fina se deja levar, echándola en un recipiente con agua templada. Cuando sube a la superficie está en su punto.

El resto de la harina se pone en un recipiente, se agrega el huevo batido (reservándose un poco), la leche y la mantequilla, y se hace una masa fina. Cuando la primera masa ha levado se juntan las dos masas, trabajándolas bien para que se unan. Se deja reposar una hora. Transcurrida ésta se extiende la mitad de la masa con el rodillo sobre la mesa, espolvoreada de harina, hasta dejarla del grueso del canto de un duro. Se pone sobre una placa engrasada y se extiende el relleno. Se estira la otra mitad de la masa y se extiende encima del relleno, tapando éste. Se doblan los bordes de la masa haciendo una especie de cordón o trenza, se barniza de huevo y se mete al horno.

COMIDA

Cocido castellano.
Ensalada de escarola.

COCIDO CASTELLANO

INGREDIENTES Y CANTIDADES

Carne de vaca (morcillo)	1/2 kilo.	Repollo	1 kilo.
Punta de jamón	150 gramos.	Chorizo	150 gramos.
Tocino salado	150 gramos.	Puerros	3.
Huesos de caña	2 piezas.	Zanahorias	2.
Garbanzos	300 gramos.	Nabo	1.
Patatas	750 gramos.	Sal.	

Relleno

Huevos	3.
Pan rallado	100 gramos.
Perejil y ajo.	

MODO DE HACERLO

Se ponen en remojo los garbanzos la noche anterior con agua templada y un puñado de sal. Por la mañana se lavan y se meten en una bolsa de malla para que no se descascarillen.

En una olla grande se pone bastante agua, la carne, huesos y jamón, a fuego vivo. Cuando rompe el hervor, se echa la bolsa con los garbanzos, se añade un poco de sal y se espuma cuidadosamente. Hecho esto, se retira a un lado para que hierva despacio, pero sin parar.

Pasada una hora se añade el tocino, puerros y zanahorias y se deja hervir despacio durante tres horas, añadiendo siempre agua hirviendo o muy caliente para que no se interrumpa el hervor.

En cacerola aparte se pone agua para cocer la verdura, echando ésta cuando está hirviendo, y se añade un poco de sal. Una vez cocida se escurre bien y se rehoga con un poco de acite, en el que se freirá antes un diente de ajo. Se reserva al calor.

Una hora antes de comer se saca el caldo, dejando un poco en la olla para cocer las patatas, que se echarán peladas enteras, añadiendo el chorizo. Se sazona y se deja cocer despacio. Las patatas se cuecen casi con el vapor del caldo que queda en la olla.

Se hace el relleno batiendo los huevos y añadiéndoles el pan rallado, perejil, ajo picado y un poco de sal; se hacen bolas no muy grandes, que se fríen en aceite muy caliente, dejándolas doraditas. Se echan en el cocido a medio cocer las patatas y se dejan hervir hasta que están en su punto.

Se pone a hervir el caldo para hacer la sopa y se echan setenta gramos de pasta de huevo (estrellas, letras, ojo de perdiz, etcétera); cuando rompe el hervor se deja cocer cinco minutos y se aparta a un lado del fuego. Se sirve la sopa en la sopera. En una fuente grande se ponen los garbanzos (sacados de su bolsa), las patatas a un lado y la verdura a otro. En fuente aparte se sirve la carne, tocino, chorizo y jamón con los rellenos, sirviendo al mismo tiempo una ensalada de escarola.

CENA

Lentejas guisadas.
Besugo a la española.

LENTEJAS GUISADAS

INGREDIENTES Y CANTIDADES

Lentejas	500 gramos.	Aceite	4 cucharadas.
Pimentón	1 cucharada.	Pan	1 rebanada.
Harina	1 cucharada.	Ajo	2 dientes.

Laurel, perejil, sal y pimienta.

MODO DE HACERLO

Una vez escogidas y limpias las lentejas, se dejan un rato en agua fría para que floten las que están vacías, que se quitarán, y lavándolas de nuevo se ponen en un puchero bien cubiertas de agua fría y con una hoja de laurel. Se dejan cocer despacio, añadiéndoles agua fría siempre que lo necesiten.

Se pone a la lumbre una sartén con el aceite, se calienta y se fríe un diente de ajo y una rebanada de pan, que se sacan una vez dorados; se añade la cebolla picada, y cuando está dorada se añade una cucharada de harina y otra pequeña de pimentón, se aparta la sartén del fuego y se echa en las lentejas.

Se machaca el ajo y el pan en el mortero. Hechos una pasta, se deslíe con un poco de agua y se vierte sobre las lentejas. Se sazonan y se dejan cocer despacio hasta que están muy tiernas, con una salsa espesita.

BESUGO A LA ESPAÑOLA

INGREDIENTES Y CANTIDADES

Dos besugos que pesen un kilo aproximadamente cada uno.

Limones	2.	Vino blanco	1 decilitro.
Aceite	4 cucharadas.	Pan rallado.	
Sal.			

MODO DE HACERLO

Se limpian los besugos y se les hacen unas incisiones en el lomo, donde se introducen unas rodajas de limón y un poco de sal. Se embadurnan con dos cucharadas de aceite y se empanan con pan rallado, mezclado con perejil y ajo picado.

Se colocan en una besuguera, se rocían con dos cucharadas de aceite y el vino blanco y se mete al horno, que debe estar bien caliente, un cuarto de hora; que esté bien dorado el pan.

Se sirve en una fuente, decorando el borde con medias rodajas de limón.

COMIDA

Tallarines con pescado.
Budín de ternera con salsa de aceitunas.

TALLARINES CON PESCADO

INGREDIENTES Y CANTIDADES

Tallarines	400 gramos.	Pimientos en conserva	1.
Rape o merluza	1/2 kilo.	Tomates	1/4 kilo.
Aceite	5 cucharadas.	Cebolla	1.
Queso rallado	25 gramos.	Sal y pimienta.	

MODO DE HACERLO

Se limpia el pescado y se corta en trozos. En una sartén se pone el aceite, se calienta y se fríe la cebolla picada. Cuando empieza a dorarse se agrega el tomate cortado en cuadraditos, previamente escaldados y mondados. Se añade una cucharadita de pimentón, el pimiento cortado en tiras y los trozos de pescado. Se deja rehogar un poco y se echa en una cacerola. Se sazona de sal y se agrega litro y medio de agua.

Se acerca al fuego, y cuando rompe a hervir se echan los tallarines partidos en trozos, dejándolos cocer veinte minutos. Se dejan reposar diez minutos y se sirven espolvoreándolos con queso rallado.

BUDÍN DE TERNERA CON SALSA DE ACEITUNAS

INGREDIENTES Y CANTIDADES

Budín

Ternera	650 gramos
Sebo de riñón	150 gramos.
Miga de pan 1	50 gramos.
Leche	1/4 litro.
Huevos	2.

Salsa

Mantequilla	50 gramos.
Cebolla picada	2 cucharadas.
Harina	1 cucharada.
Caldo	1/2 vaso.
Vino jerez	1/2 vaso.
Aceitunas	1/4 kilo.

Sal, pimienta, nuez moscada y perejil.

MODO DE HACERLO

Se limpia la ternera de pellejos y gordos y se corta en trozos. Se quita del sebo la tetilla y se parte en trocitos también.

Se desmiga el pan y se pone en un recipiente hondo, echando la leche hirviendo por encima, se tapa y se deja empapar.

Se pica en la máquina la ternera y el sebo preparado. Una vez picado se vuelve a pasar por la máquina para que salga muy fino. En un recipiente se mezcla con la carne, se vierte el conjunto en el molde preparado y se pone a cocer al baño de María, primero encima de la placa, durante media hora; después se mete en el horno en el baño de María durante tres cuartos de hora.

Cuando el budín ofrezca resistencia al tacto por el centro estará en su punto. Se hace escurrir la grasa que tenga y se desmolda en una fuente honda, virtiendo la salsa por encima.

SALSA DE ACEITUNAS

Se pone en una cacerola al fuego la mantequilla y la cebollita picada. Se deja cocer un poco y se agrega la harina. Cuando está dorada se agrega el caldo y se deja dar unos hervores. Se añade una rama de perejil, el vino y las aceitunas deshuesadas, y se deja cocer tres minutos. Se aparta del fuego y se agrega la otra mitad de la mantequilla. Se utiliza bien caliente.

CENA

Sopa de coles a la asturiana.
Mediasnoches rellenas de gambas.

SOPA DE COLES A LA ASTURIANA

INGREDIENTES Y CANTIDADES

Repollo o coles	1 1/2 kilo.	Chorizo	50 gramos.
Patatas	1/4 kilo.	Queso	50 gramos.
Cebolla picada	150 gramos.	Pan	150 gramos.
Ajo	1 diente.	Agua	1 1/2 litro.
Aceite	4 cucharadas.	Sal y pimienta blanca.	

MODO DE HACERLO

En una sartén se pone el aceite, se calienta y se echa la cebolla picada muy fina, el diente de ajo y el chorizo hecho rodajas. Se deja rehogar despacio y sin que se dore la cebolla. Se escalda el repollo en agua hirviendo y, quitándole los tallos, se corta en tiritas finas, añadiéndolo a la sartén. Se agregan también las patatas cortadas en cuadraditos y, bien rehogado el conjunto, se echa en una cacerola, añadiéndole el litro y medio de agua. Se sazona de sal y pimienta y se deja hervir media hora a hervor moderado.

Se corta el pan en rebanadas muy finas y se ponen en una cazuela de barro. Una vez cocido el repollo, se vierte el conjunto sobre el pan de la cazuela, se agrega el queso rallado y se mete en el horno fuerte unos diez minutos.

Se sirve en la misma cazuela.

MEDIASNOCHES RELLENAS DE GAMBAS

INGREDIENTES Y CANTIDADES

Mediasnoches	12.	Mantequilla	20 gramos.
Gambas crudas	350 gramos.	Huevos	1.
Leche	1/2 litro.	Harina	5 cucharadas.

Aceite para freírlas.
Pimienta blanca, nuez moscada, sal y pan rallado.

MODO DE HACERLO

Se cortan las mediasnoches por la mitad. Se quitan las cáscaras a las gambas y se pican menuditas sobre la tabla.

En una sartén se pone la mantequilla, las gambas picadas y la harina. Se deja cocer unos minutos y se agrega la leche hirviendo. Se sazona de sal, pimienta y una pizca de ralladura de nuez moscada, y se deja cocer seis o siete minutos, moviendo sin parar.

Cuando se ha conseguido una crema espesa y fina se separa del fuego y con una cuchara se va repartiendo sobre las mediasnoches, dándoles forma un poco abombada, y se dejan enfriar durante seis o siete horas.

Se bate el huevo, al que se agrega un cascarón de leche y una cucharada de harina, y se van mojando cada una de las mediasnoches rellenas sólo por la parte del relleno, y se pasan por miga de pan rallado.

En una sartén pequeña con abundante aceite se fríen por la parte rebozada, y bien doradas se sacan y se ponen a escurrir. Se sirven en una fuente, sobre una servilleta.

COMIDA

Garbanzos y judías con acelgas.
Lomo de cerdo con leche.

GARBANZOS Y JUDÍAS CON ACELGAS

INGREDIENTES Y CANTIDADES

Garbanzos	1/4 kilo.	Manteca de cerdo	50 gramos.
Judías blancas	1/4 kilo.	Ajo	1 cabeza.
Acelgas	1/2 kilo.	Chorizo y manteca	100 gramos.
Cebolla	1.	Sal, laurel y pimienta en grano.	

MODO DE HACERLO

Se ponen en remojo los garbanzos y judías, por separado.

Se pican las acelgas, quitándoles toda la hoja verde y cortando la penca en tiritas y después en cuadraditos, y se ponen a cocer en agua hirviendo con sal. Cuando están tiernas se sacan del agua y se ponen a escurrir. En una olla se pone a hervir agua, y cuando rompe el hervor se echan los garbanzos, la cebolla partida en trozos, la cabeza de ajos y la manteca de cerdo.

En una cacerola aparte se ponen a cocer las judías con agua fría, dejándola a un lado para que hiervan despacio.

Cuando empiezan a enternecerse los garbanzos se añaden las acelgas, el chorizo y las judías. Se sazona y se deja cocer el conjunto hasta que esté todo muy tierno, pero sin deshacerse.

LOMO DE CERDO CON LECHE

INGREDIENTES Y CANTIDADES

Carne de cerdo	800 gramos.	Leche	1 litro.
Pimienta en grano y sal.			

MODO DE HACERLO

Si es un trozo de la cinta, sale mucho mejor.

Se deja el trozo completamente limpio de gordo, se pone éste a derretir y se rehoga el trozo de carne, sin que tenga mucho color. Se añade la leche, varios granos de pimienta y un polvo de sal y se deja cocer hasta que esté tierno.

Se corta en lonchas finas y se vierte la salsa por encima.

CENA

Coliflor al ajoarriero.
Pescadilla en salsa verde.

COLIFLOR AL AJOARRIERO

INGREDIENTES Y CANTIDADES

Coliflor	1 1/2 kilo.	Perejil picado	1 cucharada.
Aceite	4 cucharadas.	Pimentón	1 cucharada.
Ajo	2 dientes.	Vinagre	1 cucharada.

MODO DE HACERLO

Se corta en tallos la coliflor y se pone a cocer en abundante agua hirviendo con sal.

Una vez cocida se escurre y se reserva al calor. En una sartén se pone el aceite a calentar y se fríen los dientes de ajo. Cuando están dorados se sacan y se añade el aceite retirado del fuego, el pimentón y el vinagre.

Se machacan los ajos con la cucharada de perejil y un poco de sal. Cuando está hecho una pasta se deslíe con cuatro cucharadas de caldo de cocer la coliflor y se vierte sobre la sartén. Se mezcla bien y se vierte sobre la coliflor bien caliente puesta en una fuente.

PESCADILLA EN SALSA VERDE

INGREDIENTES Y CANTIDADES

Pescadilla   1 1/2 kilo.
Aceite   4 cucharadas.
Ajos y sal.

Cebolla picada   2 cucharadas.
Perejil fresco   1 buena rama.

MODO DE HACERLO

Se limpia la pescadilla y se corta en rodajas, se reboza en harina y se rehoga en el aceite a lumbre floja. Ya rehogada, se va colocando en una fuente refractaria.

En el aceite que queda de freír la pescadilla se fríe la cebolla picada; antes de que se dore se añade la cucharada de harina y se rehoga, sin que tome color.

En el mortero se machaca el perejil con un poco de sal y medio diente de ajo. Hecho una pasta, se deslíe con un decilitro de agua y se mezcla con el refrito de la sartén. Se vierte sobre la pescadilla y se deja hervir despacio un cuarto de hora.

Macarrones con carne a la maltesa.
Fritos variados.

MACARRONES CON CARNE A LA MALTESA

INGREDIENTES Y CANTIDADADES

Macarrones gruesos	400 gramos.	Cebollas	1/2 kilo.
Carne de vaca picada	500 gramos.	Manteca de cerdo	50 gramos.
		Tomates en conserva	1 kilo.
Sebo de riñonada	100 gramos.	Queso	50 gramos.
		Sal, laurel y pimienta.	

MODO DE HACERLO

En abundante agua hirviendo con sal se cuecen los macarrones durante veinte minutos. Pasado este tiempo, se dejan reposar al calor, pero sin hervir, otros veinte minutos. Después se echan en un colador grande, se lavan al grifo y se dejan escurrir muy bien.

Se pica la carne en la máquina, pasándola dos veces para que salga fina; en lumbre muy lenta se pone a derretir el sebo de riñón.

Se pica la cebolla muy fina.

En una cacerola se pone el sebo y la manteca, se calienta y se echa la cebolla picada, se rehoga un poco y se agrega la carne, el tomate picado y una hoja de laurel. Se añade un poco de sal y pimienta y, tapada la cacerola, se deja cocer a fuego lento durante una hora o más, moviendo de vez en cuando para que no se agarre. Cuando está cocida la carne y en su grasa, se prepara el plato.

En una fuente de barro refractario se pone una capa de macarrones, se cubre con otra de carne y se espolvorea con queso rallado. Se repite la operación hasta terminar con los ingredientes, cubriendo bien la superficie de queso rallado; se rocía un poco de grasa y se mete al horno fuerte unos minutos para que se costre.

Se sirve en la misma fuente.

FRITOS VARIADOS

Bolas de patata.
Crepes de merluza.
Gambas con gabardina.

BOLAS DE PATATA

INGREDIENTES Y CANTIDADES

Patatas	1 kilo.	Chorizo	100 gramos.
Mantequilla	1 cucharada.	Huevos	1.

MODO DE HACERLO

Se cuecen las patatas enteras y sin piel. Cuando están cocidas se escurren del agua y se meten un poco a la entrada del horno. Se pasan por un tamiz para hacer un puré fino, al que se agrega la yema del huevo, la mantequilla blanda y un poco de sal, y se amasa para mezclarlo bien. Se corta el chorizo en rodajas y se les quita la piel. Se toman cucharadas de la masa y echándose un poco de harina en la mano se hacen como unas tortitas, se pone en el centro una rodaja de chorizo y se redondea, dándole forma de una bola, sin que se vea el chorizo. Se pasan por un poco de clara y se fríen bien doraditas.

CREPES DE MERLUZA

INGREDIENTES Y CANTIDADES

Pasta		*Relleno*	
Huevos	1.	Merluza	1/4 kilo.
Yemas	1.	Huevos para rebozar	1.
Leche	4 cucharadas.	Leche	1/4 litro.
Aceite	3 cucharadas.	Harina	4 cucharadas.
Harina	2 cucharadas.	Mantequilla	1 cucharada.
Sal.		Pan rallado.	

MODO DE HACERLO

En un tazón se baten las yemas con la leche y las dos cucharadas de harina. Se agrega la clara batida a punto de nieve y se sazona con un poco de sal.

En una sartén untada con un poco de manteca o aceite se calienta y se echa la pasta con una cuchara para cubrir el fondo.

Cuando se ha cuajado se da vueltas para que se dore por el otro lado y se van colocando en la mesa una al lado de otra, hasta tres tortillas.

En un cazo se pone la mantequilla y la harina, se acerca al fuego y se deja cocer, sin que tome color. Se agrega la leche hirviendo y se mueve sin parar para que no se hagan grumos. Se añade la merluza previamente cocida y desmenuzada, sin espinas, y se deja cocer todo unos minutos para que engorde. Se echa en un plato y se deja enfriar.

Cuando está frío el relleno se cubre la mitad de las tortillas hechas doblando encima la otra mitad. Se cortan unos triángulos pequeñitos, que se rebozan en huevo y pan rallado y se fríen muy doraditos.

GAMBAS CON GABARDINA

INGREDIENTES Y CANTIDADES

Gambas	1/2 kilo.	Agua	2 decilitros.
Harina	150 gramos.	Vinagre	1 cucharada.
Claras	1.	Sal.	

MODO DE HACERLO

Si son crudas las gambas, se lavan y se ponen a cocer en agua hirviendo con sal. A los tres minutos de hervir se apartan, se cuela el caldo y se deja enfriar. Se quita a las gambas la cáscara, pero cuidando de dejarles la cola.

Se pone la harina en un recipiente, se añade el vinagre, sal y, poco a poco, dos decilitros del agua de haber cocido las gambas, bien fría.

Debe quedar como una crema espesa.

Se bate la clara a punto de nieve y se agrega a la pasta; se van envolviendo una a una las gambas, cogiéndolas por la cola, y se van friendo en aceite bien caliente.

Se sirven todos los fritos en una fuente con servilleta.

Cardo en salsa blanca.
Besugo a la donostiarra.

CARDO EN SALSA BLANCA

INGREDIENTES Y CANTIDADES

Un cardo blanco y tierno.

Harina	3 cucharadas.	Almendras crudas	50 gramos.
Ajos	1 diente.	Aceite	3 cucharadas.

MODO DE HACERLO

Se limpia el cardo, cortándole los bordes a las pencas y raspando con un cuchillo por dentro y fuera; se restriega con un limón. Se cortan tiras a lo largo y éstas en trozos de cinco centímetros. Se echan en agua, a la que se agrega zumo de limón, y se ponen a cocer en abundante agua hirviendo. Tardan aproximadamente dos horas.

Cocido el cardo, se pone a escurrir, conservando el agua de la cocción.

En una sartén se calienta el aceite y se fríe el diente de ajo. Cuando está dorado se echa en el mortero y se agrega al aceite las dos cucharadas de harina. Se cuece, sin que se tueste, y se deslíe con dos decilitros de agua de haber cocido el cardo.

Se escaldan las almendras, se les quita la piel y se machacan en el mortero con el ajo frito y un poco de sal. Hecha esta pasta fina, se deslíe con un poco de agua y se mezcla a la harina desleída. Todo mezclado se sazona con sal y pimienta, se echa en una cacerola con el cardo y se deja dar unos hervores.

Debe quedar una salsa espesita.

BESUGO A LA DONOSTIARRA

INGREDIENTES Y CANTIDADES

Dos besugos de 1 kilo de peso.
Ajos   2 dientes.
Aceite   6 cucharadas.

Limón   1.
Pimienta y sal.

MODO DE HACERLO

Se limpian los besugos, quitándoles las escamas, tripas y agallas; se espolvorean con sal y se dejan colgados en lugar fresco.

Una hora antes de presentarlo a la mesa se unta con un poco de aceite crudo y se asa a la parrilla, puesta sobre ascuas de carbón de encina. Cuando están dorados de un lado, se da vuelta al otro hasta que tienen la piel bastante tostada. Se pone en la fuente, y al servirlo se rocía con el aceite bien caliente, en el que se habrán frito los ajos, y se exprime el zumo de limón por encima.

Lentejas a la burgalesa.
Morcillo de ternera encebollado con patatas chip.

LENTEJAS A LA BURGALESA

INGREDIENTES Y CANTIDADES

Lentejas	1/2 kilo.		Tocino	30 gramos.
Cebollas	1/4 kilo.		Harina	2 cucharadas.
Aceite	4 cucharadas.			

Laurel, ajo, nuez moscada, sal y pimienta.

MODO DE HACERLO

Bien escogidas las lentejas y lavadas, se ponen a cocer cubiertas de agua fría con un diente de ajo, una hoja de laurel y el tocino. Se agrega siempre agua fría.

Cuando están casi cocidas se les añade el refrito. En una sartén se calienta el aceite y se fríe la cebolla, y cuando está dorada se echa el tomate picado y sin piel. Se deja freír a lumbre floja, y cuando está frito se añaden las dos cucharadas de harina, que se rehogan con el tomate. Se echa sobre las lentejas y se sazona con sal, pimienta y nuez moscada, y se dejan cocer despacio hasta que están tiernas.

MORCILLO DE TERNERA ENCEBOLLADO CON PATATAS CHIP

INGREDIENTES Y CANTIDADES

Morcillo	1 kilo.	Vino dulce	1 vaso.
Manteca	100 gramos.	Ajo	2 dientes.
Cebollas	2.	Laurel	1 hoja.
Patatas	500 gramos.	Perejil, sal y pimienta.	

MODO DE HACERLO

En una cacerola se pone la manteca, y cuando está bien caliente se echa la carne.

Se rehoga bien, se añaden las cebollas partidas en cuatro pedazos, el ajo, perejil, laurel y vino. Se sazona de sal y pimienta, se tapa y se deja cocer a fuego muy lento hasta que está tierna, aproximadamente una hora y media.

Se sirve en una fuente calentada con el jugo pasado por el chino y dos montones de patatas, uno a cada lado de la fuente.

PATATAS CHIP

También se llaman a la inglesa. Se escogen unas patatas lisas y, después de mondarlas, se cortan en rodajas finas (empleando para ello el aparato llamado *guillotina*, que es una tabla de madera con una cuchilla sesgada en el centro) o un cuchillo fino. Después de cortadas las rodajas se lavan en agua fría y se secan una por una con paño limpio.

Se pone a calentar aceite abundante en una sartén honda y se van echando las patatas una a una para que no se peguen. Según se van dorando se sacan muy escurridas y se espolvorean con sal fina.

Bien calientes, se ponen en la fuente con la ternera y se sirven.

CENA

Sopa de cola de buey.
Conchas de besamel.

SOPA DE COLA DE BUEY

INGREDIENTES Y CANTIDADES

Ternera	200 gramos.	Nabos	2.
Cola de vaca o buey	1/2 kilo.	Apio	2 ramos.
Huesos blancos	2.	Jerez	1 copa.
Zanahorias	2.	Cebolla	1.
Corteza de jamón	100 gramos.	Vino blanco	1 vaso.

MODO DE HACERLO

Se corta la cola en rodajas regulares y se pone a remojar en agua fría durante seis horas. En un puchero se ponen los trozos de cola, la ternera, los huesos, la corteza de jamón y tres litros de agua fría. Se pone a hervir, y cuando empieza el hervor se echan las verduras y el vaso de vino blanco y se deja hervir lentamente durante tres horas. Pasadas éstas, se pasa el caldo por un colador.

Se pone el caldo de nuevo al fuego y se agrega una clara batida para clarificarlo, dejándolo hervir cinco minutos y pasándolo por un paño húmedo.

Se pasa de nuevo a una cacerola limpia y se le agregan las verduras cortadas en trozos pequeñitos, y la carne de la cola desmenuzada se sazona de sal y se pone a hervir. En el momento de servir se añade la copa de jerez y se vierte en la sopera sobre unos costroncitos pequeñísimos de pan frito.

CONCHAS DE BESAMEL

INGREDIENTES Y CANTIDADES

Se aprovecha la ternera de la sopa.

Mantequilla	40 gramos.	Ternera cocida	200 gramos.
Harina	9 cucharadas.	Jamón	50 gramos.
Huevo	1.	Leche	3/4 litro.

Pan rallado, sal y nuez moscada.

MODO DE HACERLO

Se preparan doce conchas de moluscos grandes.

Se pica en la máquina la ternera y el jamón y en una sartén se rehoga con la mitad de la mantequilla. En un cazo se pone el resto de la mantequilla y la harina, se deja cocer, sin que tome color; se agrega la leche fría poco a poco, moviéndolo para que no se apelotone la harina, y se añade la carne y jamón rehogados. Se sazona de sal y nuez moscada y se deja cocer diez minutos; sin parar de mover, ha de quedar bien espesa.

Con una cuchara se llenan las conchas preparadas y se dejan enfriar durante cinco o seis horas.

Ya frías, se bate el huevo y se barniza la superficie, se espolvorean de pan rallado, apretando un poco con la mano para que se adhiera, y se fríen echándolas en la sartén boca abajo. Cuando están doradas se escurren sobre un paño y se colocan en una fuente, sobre una servilleta, para servirlas.

Patatas rellenas.
Merluza frita a la bilbaína.

PATATAS RELLENAS

INGREDIENTES Y CANTIDADES

Patatas	1 1/2 kilo.	Vino blanco	1 copa.
Aceite	5 cucharadas.	Harina	2 cucharadas.
Carne picada	200 gramos.	Cebollas	2 piezas.
Pan rallado	50 gramos.	Huevo	1.
Tocino de jamón	50 gramos.	Ajo, perejil, sal y limón.	

MODO DE HACERLO

Se escogen seis patatas de un tamaño grande, alargadas y lisas. Una vez peladas se cortan en dos mitades iguales a lo largo, y con una cucharilla de legumbres se vacian hasta dejarlas del grueso de poco más de medio centímetro.

En una máquina se pica la carne, el tocino y una cebolla. En un recipiente se mezcla con el pan rallado, la yema del huevo, sal, pimienta, perejil y el zumo de medio limón.

Se amasa todo y se hacen doce bolas, con las que se rellena cada una de las mitades de patata. Se unta la parte rellena con la clara de huevo un poco batida, se pasan por harina y se fríen en aceite caliente.

En el aceite que sobre, se fríe la cebolla picada y un diente de ajo, se agrega una cucharada de harina y se deslíe con un decilitro de agua, se agrega el vino blanco y se deja que rompa el hervor.

Se colocan las patatas en una cazuela, con el relleno hacia arriba. Se vierte por encima la salsa, se sazona de sal y se deja cocer lentamente hasta que están tiernas las patatas. Se puede añadir agua caliente si hace falta, pues debe quedarles salsa.

MERLUZA FRITA A LA BILBAÍNA

INGREDIENTES Y CANTIDADES

Merluza	1 kilo.		Harina	100 gramos.
Huevos	2.		Aceite	1/4 litro.
Limones	2.		Sal.	

MODO DE HACERLO

Se escoge la merluza de la parte abierta y se corta en filetes.

Se sazona de sal y se pasan por harina, aplastando los filetes con la palma de la mano, y se van colocando uno al lado del otro sobre la tabla.

Se pone a calentar el aceite en sartén pequeña y honda, y cuando está caliente se bañan en huevo los filetes y se echan en la sartén, dándole vueltas para que se doren por ambos lados.

Ya frita, se coloca en una fuente, adornando ésta con trozos de limón.

Sopa de verduras.
Croquetas de huevo.

SOPA DE VERDURAS

INGREDIENTES Y CANTIDADES

Repollo	200 gramos.	Patatas	125 gramos.
Zanahorias	125 gramos.	Tomate	1.
Cebollas	1 pequeña.	Escarola	1.
Nabos	100 gramos.	Tocino de jamón	50 gramos.
Caldo	2 cubitos.	Sal.	

MODO DE HACERLO

Se puede aprovechar la pulpa de las patatas rellenas de la minuta de la comida.

Se pican las verduras a tiritas finas y el tomate a cuadraditos. En una cacerola se pone a derretir el tocino de jamón cortado en pedacitos y se echan las verduras, dejándolas rehogar un rato; ya rehogadas, se cubren de agua hirviendo y se dejan cocer hasta que estén tiernas. Se añaden entonces las patatas, muy menuditas, y dos cubitos de caldo, y se dejan cocer hasta que están en su punto. Se sazona de sal y se sirven en la sopera.

CROQUETAS DE HUEVO

INGREDIENTES Y CANTIDADES

Huevos	5.	Mantequilla	40 gramos.
Leche	3/4 litro.	Pan rallado.	
Harina	7 cucharadas.	Aceite para freírlas.	
Sal, nuez moscada y pimienta.			

MODO DE HACERLO

Se cuecen cuatro huevos durante quince minutos y se dejan enfriar en agua fría, se descascarillan y se pican muy menuditos en tabla.

En una sartén se pone la mantequilla. Cuando está fundida se echa la harina y se deja cocer, sin que tome color. Se agrega la leche hirviendo de golpe, moviendo rápidamente para que no se apelotone, y se deja cocer cinco o seis minutos. Se añade el huevo picado, se sazona de sal, pimienta blanca y nuez moscada; se mezcla bien y se echa en una fuente para que se enfríe.

Pasadas seis horas, se toman cucharadas de la pasta y se forman las croquetas de forma alargada, pasándolas por harina; se mojan en huevo y se vuelven a pasar en pan rallado, friéndolas en sartén pequeña y honda en aceite bien caliente.

Se sirve en fuente, sobre servilleta.

Arroz con pichones.
Bacalao a la riojana.

ARROZ CON PICHONES

INGREDIENTES Y CANTIDADES

Arroz	1 taza.		Ajo	2 dientes.
Pichones	3.		Manteca	75 gramos.
Tomates	1/2 kilo.		Jamón	50 gramos.
Cebollas	1.		Sal, pimienta, azafrán y perejil.	

MODO DE HACERLO

En una cacerola se pone la manteca, y cuando está derretida se echan los pichones, cortados en trozos. Se dejan rehogar y se agrega la cebolla y ajos picados, los tomates sin piel, cortados en cuatro trozos, y el jamón partido en trozos pequeños. Lentamente se fríe el conjunto, moviendo para que no se agarre, y pasados cinco minutos se echa el arroz y se rehoga. Bien rehogado, se agrega agua a razón de dos tazas por una de arroz y se rehoga, sazonándolo con sal y pimienta. Se machacan en el mortero unas hebras de azafrán y una rama de perejil, se deslíe con un poco de agua del arroz y se agrega éste.

Se tapa y se deja hervir; ya roto el hervor, se destapa y se deja cocer durante un cuarto de hora y se mete en el horno, destapado, para que termine de cocer y se seque.

BACALAO A LA RIOJANA

INGREDIENTES Y CANTIDADES

Pimientos morrones	4.	Ajo	2 dientes.
Bacalao	1 kilo.	Pimentón	1 cucharada.
Cebollas	1/2	Aceite	2 decilitros.

MODO DE HACERLO

Se escoge el bacalao muy grueso y se pone a desalar durante veinticuatro horas, cambiándole el agua varias veces.

En una sartén se pone el aceite y se fríen los ajos y la cebolla muy lentamente para que no tome color.

Se pone el bacalao en una cacerola, se cubre de agua fría y se acerca al fuego. Cuando va a romper el hervor se aparta, se escurre el bacalao y se abre en capas, quitándole las espinas.

En una cacerola se pone una capa de bacalao, otra de cebolla, se espolvorea ligeramente con pimentón y se ponen unos trocitos de pimiento. Se pone otra tanda de bacalao, otra de cebolla y el resto de pimientos, y se acerca al fuego para que rompa el hervor. Entonces se mete en el horno para que siga cociendo, tapada, hasta que esté en su punto.

CENA

Repollo al natural.
Zarzuela de pescado.

REPOLLO AL NATURAL

INGREDIENTES Y CANTIDADES

Repollo	3 kilos.	Limón	1.
Manteca de cerdo	75 gramos.	Pimienta y sal.	

MODO DE HACERLO

Se escoge un repollo blanco y tierno y se pica menudito, quitándole los troncos; en una olla se pone la manteca de cerdo, el repollo picado y un poco de sal; se tapa bien, se pone al fuego lento y se deja que muy lentamente se vaya haciendo en su propio jugo. Cuando está muy tierno y ha consumido toda el agua que suelta, se sazona de sal y pimienta y se le exprime el jugo de un limón.

Se sirve en legumbrera.

ZARZUELA DE PESCADO

INGREDIENTES Y CANTIDADES

Calamares o voladores	1 kilo.	Rape	1/4 kilo.
Mejillones	1/2 kilo.	Merluza	1/4 kilo.
Gambas	1/2 kilo.	Aceite	10 cucharadas.
Cebolla	150 gramos.	Vino blanco	1 copa.
Ajo	2 dientes.	Tomates	1/2 kilo.
Laurel y sal.			

MODO DE HACERLO

Los mejillones se lavan y se ponen en una cazuela, cubiertos de agua fría. Se acercan al fuego, y cuando rompen a hervir se dejan dos minutos y se sacan cuando van abriendo. Se les quita la carne y se reserva el caldo.

Los calamares, después de limpios, el rape y la merluza se cortan en trozos. Las espinas y la piel que se quitan se añaden al caldo de cocer los mejillones y se dejan cocer hasta obtener un decilitro y medio de caldo; se cuela y se reserva.

En una tartera se pone la mitad del aceite, y cuando está caliente se echa la cebolla picada, el ajo, también picado, y la hoja de laurel; se deja estofar lentamente y se agrega el tomate, sin piel ni simiente, cortado en cuadraditos. Se tapa y se deja hacer a fuego lento.

Entre tanto se pone una sartén al fuego con la otra mitad del aceite, y cuando está caliente se echan los calamares rebozados en harina, se dejan freír un poco, y cuando van tomando color se agregan la merluza, el rape, las gambas y los mejillones sin cáscaras. Se sazonan de sal y pimienta y se añade el vino blanco. Se deja cocer fuertemente cinco minutos, y se echa todo en la tartera donde estaba la cebolla y el tomate; se agrega el decilitro y medio de caldo y se deja el conjunto un cuarto de hora.

Cuando se va a servir se adorna con unos costrones de pan frito. Se salpica de perejil picado.

Patatas en cazuela con bacalao.
Chuletas de ternera a la parrilla, con ensalada.

PATATAS EN CAZUELA CON BACALAO

INGREDIENTES Y CANTIDADES

Patatas	2 kilos.	Cebolla picada	2 cucharadas.
Bacalao	1/4 kilo.	Perejil picado	1 cucharada.
Ajos	2 dientes.	Harina	1 cucharadita.
Agua	3/4 litro.	Canela, sal y pimienta.	

MODO DE HACERLO

Se mondan las patatas, se cortan en lonchas de medio centímetro de grueso y se colocan en la cazuela.

Se pone a remojar el bacalao la víspera; ya desalado, se desmiga y se coloca encima de las patatas.

En una sartén se pone el aceite; cuando se calienta, se fríe un diente de ajo y la cebolla picada; se rehoga, y sin que llegue a tomar color se echa harina y se deja dorar. Se añade agua, media hoja de laurel, la cucharada de perejil picado y una pizca de canela; se sazona de sal y pimienta blanca y se vierte sobre las patatas. Se ponen sobre la chapa de la cocina, y cuando rompe el hervor se meten en el horno, tapadas, dejándolas cocer lentamente hasta que estén tiernas.

Se sirven en la misma cazuela, rodeada con servilleta.

CHULETAS DE TERNERA A LA PARRILLA CON ENSALADA

INGREDIENTES Y CANTIDADES

Seis chuletas de ternera que pesen un kilo aproximadamente.

MODO DE HACERLO

Se dejan los mangos lo más bonitos posible y se aplastan para igualarlas. Se sazonan de sal y se untan bien de aceite puesto en un plato. Cuando la parrilla está caliente se ponen sobre ella las chuletas y no deben moverse hasta que ha dejado marcada sus líneas; entonces se ponen al contrario para que se forme el enrejado. Cuando está asada por un lado se le da vueltas, repitiendo el procedimiento.

Cuando la chuleta empieza a rezumar un jugo sanguíneo está en su punto, pero se puede dejar un minuto más si gusta más hecha.

Una vez asadas todas se ponen sobre una fuente, poniendo en el fondo el jugo del asado y sobre cada una, una rodaja de mantequilla *Maître d'hotel*. Aparte se sirve ensalada de escarola.

En un tazón se ponen cincuenta gramos de mantequilla, sal, pimienta blanca, media cucharadita de jugo de limón y una cucharadita de perejil picado; se mezclan estos ingredientes con la mantequilla y se pone ésta en un papel de barba mojado. Se enrolla como si fuera un embutido y se pone en sitio fresco. Ya frío se desenvuelve y se corta en seis partes, dejándolo en sitio fresco hasta el momento de llevarlo a la mesa, que es cuando se colocan encima de las chuletas.

CENA

Sopa de gambas.
Rosca de carne.

SOPA DE GAMBAS

INGREDIENTES Y CANTIDADES

Gambas	1/4 kilo.	Ajo	2 dientes.
Aceite	4 cucharadas.	Caldos	1 cubito.
Pan	200 gramos.	Pimentón	1/2 cucharadita.
Perejil	1 rama.	Azafrán, sal y pimienta.	

MODO DE HACERLO

Se lavan las gambas y se ponen a cocer en agua hirviendo, se sacan, se reserva el caldo de cocerlas, pasándolo por un colador tamiz y se dejan enfriar. Se descascarillan las gambas y se guardan en un plato.

En una sartén se calienta el aceite y se fríe el ajo, la rama de perejil y una rebanada muy fina de pan. Bien doradito se echa al mortero y en el mismo aceite se echa el pan cortado en rebanadas muy finas y el pimentón, dándole vueltas con la paleta para que se rehogue bien. Ya rehogado se pone en una cacerola y se echan las gambas. Se machacan los avíos del mortero con unas hebras de azafrán, se deslíe con un poco de agua y se mezcla con el caldo de las gambas; se sazona de sal, pimienta y se completa con agua hasta obtener dos litros de caldo. Se echa sobre el pan, se agrega el cubito de caldo desleído en un poco de agua hirviendo y se acerca al fuego la cacerola. Cuando rompe a hervir se aparta, se deja reposar un poco al calor y se sirve en sopera.

ROSCA DE CARNE

INGREDIENTES Y CANTIDADES

Carne de vaca picada	400 gramos.	Tocino salado	50 gramos.
Pan rallado	200 gramos.	Cebolla picada	2 cucharadas.
Aceitunas	50 gramos.	Ajo	1 diente.
Aceite o manteca	75 gramos.	Perejil	1 cucharada.
Vino	4 cucharadas.	Huevos	2.

MODO DE HACERLO

En la máquina se pica la carne, las aceitunas deshuesadas, el tocino y la mitad de la cebolla.

En un recipiente se mezcla con el pan rallado, los huevos y el vino, se sazona de sal y pimienta y se amasa bien. Se hace la forma de una torta y en el centro se hace un hueco con la mano para que quede forma de rosca, se envuelve en harina y se fríe en una sartén proporcionada. Cuando se ha dorado por ambos lados se coloca en una tartera de horno redonda, se le añade por encima la salsa y se deja cocer lentamente por espacio de veinte minutos. Entonces se retira y se sirve en la misma fuente rodeada de servilleta, poniendo en el centro un montoncillo de virutas.

SALSA

Se fríe (en el aceite que queda de freír la rosca) una cucharada de cebolla picada y cuando está dorada se agrega una cucharada de harina, que se deja dorar; también se añade el vino blanco y dos decilitros de agua, se sazona de sal y se deja que hierva; cuando rompe el hervor se vierte sobre la carne puesta en la tartera y se deja cocer suavemente en el horno hasta que absorbe toda la salsa.

VIRUTAS DE ORO

INGREDIENTES Y CANTIDADES

Aceite	1 jícara	Sal.	
Vino blanco	1 jícara.	Harina suficiente.	

MODO DE HACERLO

En un recipiente se pone el aceite y el vino blanco, un poco de sal y se va añadiendo harina; primero se mueve con la cuchara y después se echa encima del mármol y se amasa con las manos. Cuando se ha obtenido una masa fina y compacta se hace una bola y se envuelve en una servilleta ligeramente húmeda, dejándola en sitio fresco. Pasada una hora se estira sobre la mesa con el rodillo y se deja muy fina, cortando unas tiras muy finas y estrechas que se fríen en aceite muy caliente hasta que están doradas.

TERCERA PARTE

RECETAS VARIADAS, PARA FORMAR OTRAS MINUTAS

CONSOMÉS Y SOPAS

EL COCIDO

El cocido es el plato más clásico en España, pues en la mayoría de los hogares españoles lo comen a diario. Cada región lo hace de un modo o añadiendo algún componente que lo haga más peculiar, pero en el fondo siempre es el mismo, pues hay varias cosas que son comunes a todas las regiones.

El cocido se hace en un puchero u olla proporcionada, más bien alto que ancho; se pone el agua fría en ella se echan las carnes, huesos, jamón, etcétera, que lleve. Cuando rompe a hervir el agua se añaden los garbanzos previamente remojados y metidos en una bolsa de malla para que no se deshagan ni pierdan la piel. Dicha bolsa tiene que ser muy holgada para que tengan sitio al aumentar de tamaño. El cocido debe cocer durante tres horas a un hervor muy lento, pero continuo. Una hora antes de sacar el caldo se le echan las patatas. La zanahoria y cebolla asada que suelen poner al caldo en algunos sitios, se echa al mismo tiempo que los garbanzos.

Al romper el hervor sube espuma oscura a la superficie, que hay que quitar cuidadosamente con la espumadera.

CALDO DE COCIDO CLÁSICO

INGREDIENTES Y CANTIDADES

Carne de vaca	1/2 kilo.	Garbanzos	250 gramos.
Huesos de caña	2 piezas.	Zanahorias	2.
Tocino fresco	125 gramos.	Puerros	3.
Gallina	1/4 kilo.	Verdura	1 kilo.
Jamón	50 gramos.	Sopa de pasta	75 gramos.
Chorizo	50 gramos.		

MODO DE HACERLO

Se ponen a remojar los garbanzos la víspera con agua templada y sal. En un puchero se pone la gallina, huesos, jamón y tocino. Se añade agua fría y se acerca al fuego vivo. Cuando rompe el hervor se espuma con esmero y se deja cocer media hora.

Se lavan los garbanzos con agua templada y se echan en la bolsa de malla, se cierra ésta y se echa en el caldo hirviendo. Se vuelve a espumar cuando rompe a hervir de nuevo y se separa el puchero a un lado para que cueza más despacio. Entonces se echan los puerros, zanahorias y cebolla, dejándolo cocer hasta que esté el caldo hecho (unas tres horas).

Se saca el caldo para la sopa, dejando un poco en la olla; en ésta se echan unas patatas mondadas, agregándole un poco de sal y el chorizo, y se deja cocer hasta que estén tiernas las patatas. Si gusta que el caldo sepa a chorizo, se agrega el que queda de cocer las patatas al de la sopa.

Se pone a calentar el caldo y cuando rompe el hervor se echan las pastas en forma de lluvia y se dejan cocer cinco minutos. Pasados éstos se retira. Aparte se cuece la verdura (que puede ser judías verdes, repollo o coliflor) en agua hirviendo con sal. Ya cocida se saca, se escurre y se rehoga en un poco de aceite con ajo frito.

Se sirve la sopa en la sopera y en una fuente grande se amontonan los garbanzos bien escurridos con las patatas alrededor y la carne trinchada. En otra fuente se sirve la verdura del cocido con el jamón, chorizo y tocino; todo trinchado y bien colocado.

CALDO A LA FRANCESA

INGREDIENTES Y CANTIDADES

Carne de vaca	750 gramos.	Cebollas	150 gramos.
Huesos blancos	125 gramos.	Nabos	100 gramos.
Zanahorias	125 gramos.	Puerros	6.
Tres litros de agua fría.			

MODO DE HACERLO

Se pone la carne y los huesos en un puchero, se cubren de agua fría, se añade sal y se pone a hervir.

Cuando empieza a formarse espuma se añade un vaso de agua fría y por tres veces se repite la operación, cuando empieza a hervir.

Se espuma muy bien, se agregan las verduras y se deja cocer a fuego lento durante tres horas.

Se pasa por un colador de tela metálica y, si se quiere más claro, por una tela mojada.

CALDO RÁPIDO

INGREDIENTES Y CANTIDADES

Carne de vaca	500 gramos.	Zanahorias	2.
Gallina	1/4 de pieza.	Nabos	2.
Puerros	2.	Cebolla	1.
Agua	1 1/2 litro.	Sal.	

MODO DE HACERLO

Se hace un picadillo con la carne y la gallina, se pone en un puchero y se añaden diez gramos de sal. Se echa en agua fría y se acerca al fuego. Cuando rompe a hervir se echa la verdura picada muy fina. Se deja hervir el conjunto durante media hora y se pasa por un trapo.

CALDO DE VERDURAS

INGREDIENTES Y CANTIDADES

Para un litro de caldo

Zanahorias	125 gramos.	Puerros	1.
Patatas	100 gramos.	Judías verdes	100 gramos.
Guisantes	100 gramos.	Nabos	50 gramos.
Garbanzos	50 gramos.		

MODO DE HACERLO

Se ponen todos los ingredientes en un puchero y se echan dos litros de agua fría; se acerca al fuego y cuando rompe el hervor se separa a un lado y se deja hervir despacio durante tres horas. Pasado este tiempo se cuela por tamiz y se utiliza.

CONSOMÉ

El consomé es un caldo hecho a la francesa al que se agregan otros ingredientes y se vuelve a hervir hasta que queda muy concentrado y clarificado; cabe hacerlo de dos maneras; económico, o sea un consomé sencillo, pero, naturalmente, no será tan bueno.

Exponemos las dos y cada cual lo hará según sus medios:

CONSOMÉ SENCILLO

INGREDIENTES Y CANTIDADES

Morcillo de vaca	1/2 kilo.	Huesos blancos	1/2 kilo.
Zanahorias	2.	Puerros	2.
Apio	1 trozo.	Cebolla tostada	1.
Agua	3 litros.	Sal.	

MODO DE HACERLO

En un puchero se ponen todos los ingredientes, la carne, despojos, huesos y verduras.

La cebolla se mete en el horno o se pone a tostar en la placa, y muy tostadita, casi negra, se echa en el caldo.

Se acerca el puchero al fuego y cuando rompe a hervir se añade un vaso de agua.

Cuando rompe a hervir por segunda vez se aparta a un lado y se deja cocer lentamente durante cinco horas. Durante toda la cocción se espuma el caldo cuidadosamente.

Una vez hecho se pasa por un paño húmedo y se utiliza.

CONSOMÉ DOBLE

INGREDIENTES Y CANTIDADES

Consomé sencillo	1 1/2 litro.	Zanahorias	2.
Carne magra	200 gramos.	Puerros	1.
Nabos	2.	Claras	1.
Sal.			

MODO DE HACERLO

En una olla se ponen las verduras y la carne partida en trozos pequeños y se incorporan el caldo y la clara.

Se acerca al fuego y cuando rompe a hervir se añade un vaso de agua fría y se mueve con espátula para que las claras no se agarren al fondo.

Cuando rompe a hervir de nuevo se tapa y se deja hervir lentamente unas dos horas; entonces se cuela por un paño húmedo y se sirve en taza caliente o frío.

Se puede agregar una cucharadita de jerez u oporto en cada taza.

Generalmente se emplea para la sopa con guarnición el consomé sencillo, utilizando el consomé doble para servirlo en tazas.

No debe ponerse nunca a este caldo ningún ingrediente feculento, como garbanzos, patatas, etcétera, pues no saldría un caldo claro y transparente.

CONSOMÉ DE AVE

INGREDIENTES Y CANTIDADES

Para litro y medio de consomé

Huesos de ternera	600 gramos.	Puerros	2.
Pechuga de gallina	1.	Nabo	1.
Despojos de gallina	1.	Cebolla	1.
Claras de huevo	2.	Zanahorias	1.
Agua fría	3 litros.	Tomate	1.
Sal.			

MODO DE HACERLO

En un puchero se ponen los huesos partidos en trozos pequeños, las verduras cortadas igualmente, la pechuga, el despojo y las claras, el agua fría y la sal. Se mueve con la espátula y se acerca a fuego vivo; cuando rompe a hervir se retira a fuego más suave para que cueza sin interrupción durante dos horas. Pasado este tiempo se pasa por un paño húmedo y se utiliza.

CONSOMÉ MADRID

INGREDIENTES Y CANTIDADES

Consomé sencillo	1 1/2 litro.	Barras de pan	2.
Cebolla picada	1 cucharada.	Huevos	2.
Aceite para freír	1 decilitro.	Sal.	

MODO DE HACERLO

Se pone el pan a remojar en agua hasta que esté blando, se saca, se pone en una servilleta y se retuerce hasta que quede completamente seco y deshecho.

En dos cucharadas de aceite se fríe la cebolla y se echa el pan, se rehoga y se añaden los huevos batidos, se deja cocer y se sazona de sal. Cuando está bien ligado se deja enfriar en un plato. Ya frío, se moldea en bolitas de tamaño de garbanzos y se fríen en el aceite bien caliente.

Se pone en la sopera y se vierte encima del consomé bien caliente, sirviéndolo en seguida para que se ablande.

CONSOMÉ A LA ITALIANA

INGREDIENTES Y CANTIDADES

Pastas	125 gramos.	Queso rallado	30 gramos.
Caldo	1 1/2 litros.	Se escogen raviolis o	
Sal.		tallarines gruesos.	

MODO DE HACERLO

En abundante agua hirviendo con sal se cuecen las pastas durante diez minutos, pasados los cuales se separan, se echan en un escurridor poniendo éste debajo del agua fría y se deja escurrir.

Se echan en una cacerola y se le añade medio litro de caldo, se acerca al fuego y se deja hervir durante cinco minutos más.

Se aparta y se deja en reposo cerca del fuego. Cuando se va a servir se pone en la sopera un litro de caldo hirviendo.

En un plato aparte se envía a la mesa el queso rallado, que debe ser de Parma, bola o gruyère.

SOPA DE MACARRONES

INGREDIENTES Y CANTIDADES

Caldo	1 litro.	Queso rallado	75 gramos.
Macarrones	350 gramos.	Mantequilla	50 gramos.
Sal.			

MODO DE HACERLO

En una cacerola con dos litros de agua hirviendo con sal se cuecen los macarrones durante quince minutos. Se separan del fuego, se escurren perfectamente y se reservan.

Se pone al fuego una cacerola con el caldo. Cuando rompe a hervir se echan los macarrones, se les da un hervor lento de cinco minutos y se separa a un lado. Se deja al calor y cuando han reposado media hora se añade el queso sacudiendo la cacerola para que forme hilos, y se esparce la mantequilla en bolitas para que se mezcle bien.

Se vuelca en una legumbrera con tapa y se sirve muy caliente.

SOPA SOLFERINO

INGREDIENTES Y CANTIDADES

Tomates	350 gramos.	Puerros	40 gramos.
Patatas	200 gramos.	Cebollas	25 gramos.
Aceite	2 cucharadas.	Caldo	1/2 litro.
Mantequilla	50 gramos.	Sal, pimienta y perejil.	

Para la guarnición, dos cucharadas de bolitas de patatas hechas con el molde.

MODO DE HACERLO

En una cacerola se ponen las dos cucharadas de aceite, se acerca al fuego y cuando está caliente se echa la cebolla y la parte blanca de los puerros muy picaditos, se tapa y se deja rehogar muy despacio. Antes de que se dore se agregan los tomates sin piel ni pepitas, un litro de agua, se añade sal, pimienta y perejil y se deja cocer despacio durante tres cuartos de hora.

Ya todo muy cocido se pasa por el chino o tamiz, se vuelve a poner el puré en la cacerola y se le agrega un litro de buen caldo, se acerca al fuego y se deja que cueza a lumbre viva; a los cinco minutos se separa a un lado, se le agregan la mantequilla y las patatas fritas de antemano en aceite fino.

SOPA DE TAPIOCA

INGREDIENTES Y CANTIDADES

Para 6 personas: 1 litro y medio de caldo.

Tapioca	30 gramos.	Yemas	2.
Sal.			

Se cuela el caldo y se pone a cocer. Cuando rompe el hervor se echa la tapioca en forma de lluvia, dándole vuelta con una cuchara para que no se haga bolas. Se deja cocer diez minutos hasta que esté transparente.

Se ponen dos yemas en la sopera, se baten un poco y se agregan dos o tres cucharadas de sopa para calentar algo las yemas. Después se vierte el resto de la sopa y en el momento de servirla se agregan unos costroncitos de pan.

SOPA ATERCIOPELADA

INGREDIENTES Y CANTIDADES

Cubitos de caldo	6.	Nata	4 cucharadas.
Tapioca	50 gramos.	Yemas	2.
Mantequilla	25 gramos.	Sal.	

MODO DE HACERLO

Se ponen los cubitos de caldo en una cacerola, añadiendo un litro y medio de agua hirviendo sobre ellos. Se acerca al fuego y cuando rompe el hervor se echa la tapioca y se deja cocer como en la receta anterior.

Se ponen en la sopera las yemas y se deslíen con la nata, y dándole vueltas con la cuchara se le añade un poco de sopa hirviendo. Se añade la mantequilla, se mueve para que se deshaga y se termina de añadir el caldo; bien mezclado todo, se sirve.

SOPA JULIANA

INGREDIENTES Y CANTIDADES

Zanahorias	100 gramos.	Nabos	100 gramos.
Lechuga	1 cogollo.	Repollo	1 hoja tierna.
Jamón	100 gramos.	Cebollas	40 gramos.
Puerros	35 gramos.	Caldo	2 litros.
Guisantes desgranados	2 cucharadas.	Mantequilla o aceite	40 gramos.
Apio	25 gramos.	Sal.	

MODO DE HACERLO

Se cortan todas las hortalizas en tiritas muy finas (julianas) y se mezclan todas menos los guisantes.

En una cacerola se pone el aceite frito o la mantequilla, se calienta y se añade el jamón cortado en cuadraditos. Se fríe un poco y se agrega el conjunto con verduras rehogándolas a fuego lento una media hora, moviendo de cuando en cuando para que no se queme. Se sazona de sal y se añade un litro de caldo, y cuando rompe a hervir se echan los guisantes y se separa a un lado para que hierva despacio, aproximadamente una hora, hasta que estén tiernas las verduras.

Cuando se va a servir se añade el otro litro de caldo hirviendo y unos costroncitos de pan frito.

El caldo puede hacerse con cubitos de caldo comercial, en la proporción de un cubito por cuarto litro de agua hirviendo.

SOPA AL FLAN
(Consomé Royal)

INGREDIENTES Y CANTIDADES

Caldo	2 decilitros.	Consomé	1 1/2 litros.
Yemas	2.	Tapioca	2 cucharadas.
Huevos	1.	Sal.	

MODO DE HACERLO

Se calienta el caldo y se baten las yemas y el huevo como para tortilla, se añade el caldo, se sazona de sal y se echan en un molde untado con mantequilla. Se pone este molde en una cacerola al baño de María con agua hirviendo y se mete en el horno, cuidando que no hierva para que no haga el flan agujeritos. A la hora se saca del horno y se deja enfriar antes de sacarlo del molde. Ya desmoldado, se corta el flan en trocitos iguales y se reserva al calor con un poco de consomé.

Se pone éste a hervir, y al romper el hervor se agrega la tapioca, se deja cocer despacio diez minutos y se vierte en la sopera, agregando los cuadraditos de flan que se reservaron. Se añade al servirlo una copa de jerez u oporto.

SOPA FLORENTINA

INGREDIENTES Y CANTIDADES

Espinacas	1/2 kilo.	Puerros	1.
Lechuga	1 pieza.	Caldo	1 litro.
Patatas	1/2 kilo.	Mantequilla	50 gramos.
Leche	1/2 litro.	Sal.	

MODO DE HACERLO

En una cacerola con abundante agua hirviendo se escaldan las espinacas durante cinco minutos. Se refrescan en agua fría y se estrujan para que no les quede agua verde.

En una cacerola se pone la mantequilla, se echa el puerro cortado en tiras, se rehoga y se agregan las patatas cortadas en trozos pequeños; se añaden las espinacas y, rehogando el conjunto, se añade la leche y el caldo. Se sazona de sal y pimienta y se deja cocer media hora a lumbre viva, y después más despacio.

Cuando las patatas están muy cocidas, se pasa por el chino o tamiz fino, procurando que pase todo. Se vuelve a poner en la cacerola y se calienta. Se sazona nuevamente y se vierte en la sopera sobre unos costroncitos de pan.

SOPA DONOSTI

INGREDIENTES Y CANTIDADES

Caldo	3 litros.	Mantequilla	50 gramos.
Cangrejos	18	Coñac	1 copa.
Arroz	250 gramos.	Vino	1 copa.
Tomate	250 gramos.	Chalota picada	1 cucharada.
Puerros	1.	Trufa	1.
Sal.			

MODO DE HACERLO

En una cacerola se pone la mantequilla, se calienta y se agrega el puerro picado, sólo la parte blanca. Se deja rehogar y se agrega el tomate cortado en trozos.

Se limpian los cangrejos, se les da un hervor, se sacan y se reservan las colitas y se machacan los caparazones, agregándolos a la cacerola con la chalota picada.

Se prende fuego al coñac para disipar el alcohol y se mezcla con el vino, agregando ambas cosas a la cacerola, se sazona de sal y pimienta y se deja cocer cinco minutos. Se añaden dos litros de caldo y cuando rompe a hervir se echa el arroz, dejándolo cocer media hora. Se pasa por el chino como si fuera puré, se pone de nuevo en la cacerola y se aclara con el otro litro de caldo.

Se calienta y se vierte en la sopera, agregándole como guarnición las colas de los cangrejos y la trufa cortada en tiras finas.

SOPA DE CREMA DE COLIFLOR

INGREDIENTES Y CANTIDADES

Coliflor	1 pequeña.	Mantequilla	30 gramos.
Patatas	1/4 kilo.	Leche	1 litro.
Agua	1 litro.	Sal.	

MODO DE HACERLO

Se quitan las hojas verdes y el tronco a la coliflor y se separan 24 florecitas pequeñas para la guarnición y se cuecen en un cacillo con agua hirviendo con sal a hervor lento para que no se deshagan.

Ya cocidos, se refrescan en agua fría y se ponen a escurrir.

Se pica el resto de la coliflor en trozos pequeños y las patatas en ruedas gruesas y se pone a cocer en un litro de agua hirviendo con sal. Una vez cocida la patata y la coliflor, se pasa por el tamiz, añadiendo para que pase el caldo de cocerla. Ya pasada, se vuelve a pasar por un colador muy fino (chino) y se pone en la cacerola, se calienta, se sazona y se incorpora la mantequilla y la leche hirviendo. Bien mezclado todo se vierte en la sopera, agregándole los tallos cocidos de la coliflor.

PURÉ DE ZANAHORIAS

INGREDIENTES Y CANTIDADES

Zanahorias	1/2 kilo.	Patatas	1/2 kilo.
Mantequilla	50 gramos.	Caldo	2 litros.
Perejil.		Sal.	

313

MODO DE HACERLO

Se escogen zanahorias tiernas, que se raspan y se cortan en rodajas finas.

Se pone en una cacerola la mantequilla, se añade la zanahoria y se deja cocer medio tapado y añadiéndole un poco de sal y la mitad del caldo media hora. Pasado este tiempo se echan las patatas peladas y cortadas en trozos (reservando un par de ellas) y se deja cocer unos cincuenta minutos hasta que esté todo hecho una papilla.

Se pasa por un tamiz y se echa en una cacerola, agregándole el resto del caldo, y se pone a hervir un poco, espumándolo.

Se cortan en cuadraditos pequeños las patatas reservadas, se fríen en aceite fino y se echan en la sopera, agregando encima el puré bien caliente, espolvoreando encima el perejil picado.

PURÉ DE GUISANTES

INGREDIENTES Y CANTIDADES

Mantequilla	50 gramos.	Caldo	1/2 litro.
Guisantes frescos		Puerros	1.
y desgranados	1/2 kilo.	Apio	1 trocito.
Maizena	1 cucharada.	Zanahoria	1.
Sal, pimienta y azúcar.			

MODO DE HACERLO

En una cacerola se pone la mantequilla, se acerca al fuego y cuando está disuelta o líquida se agrega el puerro cortado en rodajas. Se rehoga un poco y se añaden los guisantes desgranados, se sazona de pimienta, sal y una pizca de azúcar y se agrega el apio y la zanahoria raspada. Se agrega agua hirviendo y se deja cocer moderadamente hasta que los guisantes estén muy tiernos. Se pone al fuego y cuando rompe a hervir se echa la maizena disuelta de antemano en dos cucharadas de agua fría.

Cuando hierve un momento se echa en la sopera con unos costroncitos de pan, que se echan al momento de servirla.

Para hacer una sopa de crema se hace este mismo puré, agregando dos yemas en la maizena y dos cucharadas de nata cruda.

SOPA DE PESCADO

SOPA DE RAPE

INGREDIENTES Y CANTIDADES

Rape	1/2 kilo.	Almendras	50 gramos.
Tomates	400 gramos.	Aceite	1 decilitro.
Cebolla	125 gramos.	Ajo	2 dientes.
Pan	100 gramos.	Perejil, azafrán, pimienta y sal.	

MODO DE HACERLO

Se limpia el rape, se corta en rodajas y se pone a cocer cubierto de agua fría. Ya cocido, se reserva el agua y se desmenuza el rape.

En una cacerola se pone el aceite, se calienta y se echa la cebolla picada; cuando está dorada se echa el tomate partido, una rama de perejil y el ajo y azafrán machacados con las almendras. Hecho una pasta, se agrega el caldo de cocer el rape, completando con agua hasta dos litros y se deja cocer el conjunto una media hora.

Se pasa por un colador y se agrega el pescado, se acerca al fuego y cuando rompe el hervor se agrega el pan hecho rebanadas muy finas, se tapa y se retira del fuego, dejándolo reposar.

Se sirve en la sopera.

SOPA BULLABESA

INGREDIENTES Y CANTIDADES

Salmonetes	250 gramos.	Langostinos	200 gramos.
Rape	200 gramos.	Rata de mar	250 gramos.
Mero	200 gramos.	Mejillones	500 gramos.
Puerros	1.	Tomates	1/4 kilo.
Aceite	1 decilitro.	Pan	100 gramos.
Ajos	2 dientes.	cebolla	1/2.
Cangrejos de mar	6.	Sal.	

MODO DE HACERLO

Se limpian los pescados, se les quita la piel y espinas y se cortan en trozos regulares. Se raspan los mejillones y después de bien lavados se les da un hervor con una copa de vino blanco. Se retiran cuando se abren y se reserva el jugo que sueltan.

Se cortan las patas de los cangrejos y se cortan los cuerpos por la mitad.

En un recipiente se pone la carne de los mejillones, los langostinos y los cangrejos, los salmonetes, rape, mero y rata de mar; ya cortados de antemano, se rocía con el caldo de la cocción de los mejillones, sal, pimienta azafrán, laurel, tomillo y ajo machacado; un poco de vino blanco y el zumo de medio limón. En este adobo se deja el pescado un par de horas. Todos los desperdicios del pescado y mariscos se ponen a cocer con unos trozos de cebolla picada, zanahoria y una rama de perejil, se hierven durante una hora, se pasa por colador y se reserva el agua.

En una cacerola se pone el aceite, se calienta y se agregan los puerros y la cebolla cortada en tiritas finas y un diente de ajo muy picado, se deja rehogar lentamente y se añade el tomate sin piel ni pepitas y cortados en trozos pequeñísimos, se deja cocer unos minutos. Se agrega litro y medio de caldo de la cocción del pescado completándolo con agua, se sazona de sal y pimienta y se añaden los pescados en maceración. Se deja cocer el conjunto despacio unos diez minutos y se retira.

Se corta el pan en rebanadas finas, se frotan con un diente de ajo y se untan con un poco de aceite. Se meten en el horno y se doran un poco, poniéndolas en la sopera. Se pasa la sopa por un colador, y el caldo, bien caliente, se echa sobre el pan y se tapa para que se esponje y se sirve.

Los pescados se sirven en una fuente aparte, salpicado de perejil picado.

SOPA DE AJO CON PESCADO

INGREDIENTES Y CANTIDADES

Cabezas de merluza	1/4 kilo.	Puerro	1.
Gambas frescas	1/4 kilo.	Cebolla picada	1 cucharada.
Almejas	1/4 kilo.	Vino blanco	1 copa.
Zanahorias	1.	Pan	100 gramos.
Ajos	2 dientes.	Aceite	1 decilitro.
Sal.			

MODO DE HACERLO

Se corta el pan en rebanadas finas y se reserva. Se limpia el pescado y, bien lavado todo, se pone en una cacerola con un litro de agua, la zanahoria, puerro y la cebolla cortada en rajitas finas, la copa de vino blanco y sal. Se acerca al fuego y se deja cocer diez minutos a hervor lento. Pasado este tiempo se saca el pescado, se le quita las espinas y la cáscara a las gambas y almejas y se reserva en un plato, guardando el agua después de pasarla por un colador fino.

En una cazuela se pone el aceite, y cuando está caliente se doran los ajos, añadiendo las rebanadas de pan, que se dejan dorar también; se añade media cucharadita de pimentón, se rehoga un poco y se agrega el líquido de la cocción, completando con agua hasta litro y medio. Se sazona de sal y se deja cocer muy despacio diez minutos, agregando por encima el pescado.

SOPA AL CUARTO DE HORA

INGREDIENTES Y CANTIDADES

Aceite	1/2 decilitro.	Merluza	150 gramos.
Cebolla picada	1 cucharada.	Almejas	1/4 kilo.
Huevos duros	1.	Tomates	1/4 kilo.
Arroz	2 cucharadas.	Jamón	50 gramos.
Perejil	1 rama.	Gambas	1/4 kilo.
Guisantes desgranados	100 gramos.	Sal, pimienta y pimentón.	

MODO DE HACERLO

Se cuecen las almejas durante diez minutos para que se abran, se les quita la cáscara y se reserva la carne y el caldo.

En una cacerola se pone el aceite, se calienta y se echa la cebolla picadita y el jamón cortado en trocitos. Se tapa y se deja rehogar despacio para que se cueza la cebolla, se añade el tomate pelado y sin pipas finamente picado y se deja freír despacio unos cinco minutos; se agrega una pizca de pimentón y se rehoga con el conjunto, añadiendo en seguida litro y medio de agua, la merluza cortada en trocitos pequeños, las gambas peladas, los guisantes desgranados y el arroz. Se sazona de sal y un poco de pimienta, se deja hervir durante un cuarto de hora. Se añade la carne de las almejas, el caldo y el huevo duro picado, y se vierte todo en la sopera sobre unos costroncitos de pan frito.

CALDEIRADA

INGREDIENTES Y CANTIDADES

Rape	1/4 kilo.	Cebollas	1/4 kilo.
Merluza	1/4 kilo.	Ajo	3 dientes.
Rata de mar	200 gramos.	Harina	30 gramos.
Mero	200 gramos.	Perejil	1 rama.
Gallina de mar	200 gramos.	Vinagre	1 cucharada.
Aceite	2 decilitros.		

Laurel, sal, pimienta y pan para rebanadas.

MODO DE HACERLO

Se limpia el pescado, se les quita las cabezas y se corta en trozos regulares.

En una cacerola se pone el aceite, la harina, la cebolla picada, ajo, perejil y laurel, se echa el pescado y se deja en maceración durante hora y media.

Pasado este tiempo se añade litro y medio de agua fría, se sazona de sal y pimienta y se pone a fuego vivo veinte minutos.

Se sirve el caldo en una sopera, vertiéndolo sobre unas rebanadas de pan tostadas al horno y el pescado en una fuente aparte.

SOPA DE GAMBAS CON MAHONESA

INGREDIENTES Y CANTIDADES

Gambas o langostinos	1/2 kilo.	Huevos	1.
Pan	150 gramos.	Aceite	1 decilitro.

Sal, pimienta y limón.

MODO DE HACERLO

Se lavan y limpian los langostinos o gambas y se ponen a cocer en litro y medio de agua hirviendo con sal. Se deja cocer dos minutos y se pasa el caldo a una cacerola colado por el chino. Se quitan las cáscaras a las gambas y se reservan en un plato.

En un tazón se hace una mayonesa con la yema y el aceite sazonada con sal, pimienta y limón.

Se pone al fuego el caldo de cocer las gambas y cuando rompe el hervor se echa sobre el pan en la sopera. Se tapa para que el pan se esponje y cuando está, se agrega la mayonesa aclarada con un poco de caldo caliente para que no se corte al echarla en la sopa, se agregan las gambas y se sirve en seguida.

Esta sopa puede hacerse con medio kilo de almejas, pero no queda tan sabrosa.

SOPA DE ALMEJAS

INGREDIENTES Y CANTIDADES

Almejas	1/2 kilo.	Ajo	1/2 diente.
Tomates	150 gramos.	Perejil	1 rama.
Cebolla picada	2 cucharadas.	Aceite	2 cucharadas.
Caldos	2 cubitos.	Pan	150 gramos.
Pimentón	1 cucharadita.	Sal.	

MODO DE HACERLO

Se corta el pan en rebanadas y se tuesta en el horno. Ya dorado se pone en la sopera.

Se ponen a cocer las almejas, después de lavadas, en una cacerola con medio litro de agua hirviendo; cuando están abiertas se separan del fuego, se sacan del caldo y se cuela éste por un tamiz para que no pase la arena, se reserva este caldo y se sacan las almejas de las conchas, echándolas en el caldo reservado.

En una cacerola se pone el aceite, se echa la cebolla y cuando empieza a hervir y a dorarse se echa el tomate picado y el pimentón, se deja freír despacio y se le añade un poco de agua para que cueza bien; a la media hora se pasa por el chino apretando para que pase todo. Se vuelve a poner en la cacerola lo pasado y se agrega el caldo con las almejas, los cubitos de caldo y el perejil y ajo bien machacados y hecho una pasta, que se deslíe con un poco de agua. Se completa con agua fría o caliente hasta el litro y medio de líquido, se sazona de sal, pimienta y se acerca al fuego.

Cuando rompe el hervor se deja cocer unos cinco minutos y se vierte en la sopera sobre el pan. Se tapa y se deja reposar cinco minutos y se sirve.

PORRUSALDA

Bacalao	1/4 kilo.		Aceite	4 cucharadas.
Puerros	6.		Ajos	2 dientes.
Patatas	1/2 kilo.		Agua	1/2 litro.
Sal y pimienta.				

MODO DE HACERLO

Se pone a remojar el bacalao la noche antes, se escurre y se coloca en una cacerola cubierto de agua fría, se acerca al fuego y cuando rompe el hervor se separa, se saca el bacalao, se le quitan las espinas, se desmiga y se reserva el agua de haberlo cocido.

En una cacerola se pone el aceite, se fríen los ajos, se sacan y se añaden los puerros cortados en trozos; se agregan las patatas montadas y partidas en cuadraditos regulares y el bacalao. Lentamente se va rehogando el conjunto y a los diez minutos se añade el caldo de haber cocido el bacalao y medio litro de agua. Se sazona de sal y pimienta y se acerca al fuego, dejando hervir despacio durante una hora.

POTAJES DE LEGUMBRES SECAS

Es costumbre de muchos hogares españoles poner en las comidas, para empezar, un plato de legumbres; damos a continuación algunas normas y recetas para ayudar a las amas de casa.

Los garbanzos se ponen a remojar la víspera en agua templada con un puñado de sal y se ponen a cocer en agua hirviendo.

Las judías blancas y encarnadas, cuando son de buena clase, no se echan a remojar, se ponen a cocer en agua fría y cuando rompen a hervir se les cambia el agua por otra fría.

Las judías que se ponen a remojar (de mala calidad) deben ponerse con el agua hirviendo.

Las lentejas se ponen a cocer en agua fría y se rompe el hervor por tres veces añadiéndoles más agua fría.

El hervor para las legumbres debe ser lento y continuo, añadiendo el agua fría o caliente, según la clase, antes de que queden secas para que no pierdan la piel.

La sal se debe añadir a media cocción.

POTAJE DE GARBANZOS CON ARROZ

INGREDIENTES Y CANTIDADES

Garbanzos	250 gramos.	Aceite	1 decilitro.
Patatas	250 gramos.	Ajo	1 cabeza.
Arroz	100 gramos.	Cebolla	1.
Azafrán, sal y pimienta.			

MODO DE HACERLO

Se echan a remojo los garbanzos la víspera; en un puchero se pone agua con una hoja de laurel y un chorrito de aceite frito; se acerca al fuego y cuando rompe a hervir se echan los garbanzos, dejándolos cocer suavemente hasta que estén tiernos; entonces se añaden las patatas cortadas en trozos pequeños.

En una sartén se pone el aceite a calentar y se fríe la cebolla picada y los ajos; cuando están fritos éstos, se machacan en el mortero con el azafrán, se deslíen en un poco de agua y se echan junto con la cebolla y el aceite sobre los garbanzos y patatas. Se sazona de sal y pimienta y se deja cocer. A los cinco minutos se añade el arroz y se deja hervir todo quince minutos más. Se separa del fuego y se deja en reposo otros cinco minutos y se sirve.

POTAJE DE GARBANZOS CON ESPINACAS

INGREDIENTES Y CANTIDADES

Garbanzos	1/2 kilo.	Espinacas	150 gramos.
Cebollas	2.	Perejil	1 rama.
Ajo	2 dientes.	Pimiento seco	1.
Huevo duro	1.	Pan	4 rebanadas.
Aceite	1 decilitro.	Sal y pimienta.	

MODO DE HACERLO

Se tienen los garbanzos a remojo por espacio de veinticuatro horas. Al día siguiente se escurren y se lavan con agua templada, echándolos en un puchero con agua hirviendo y un par de cucharadas de aceite. Se dejan cocer suavemente hasta que estén tiernos. En una sartén se pone el aceite, se calienta y se fríen las rebanadas de pan, las cebollas finamente picadas, los ajos y la rama de perejil. Todo ello se echa al mortero, se machaca y se hace una pasta que se deslíe con un poco de caldo de los garbanzos.

Se escaldan las espinacas en agua hirviendo durante dos minutos, se refrescan en agua fría, se pican finas y se agregan a los garbanzos.

Se pone a remojo en agua caliente el pimiento seco, y ya remojado se raspa con una cuchara, echando las raspaduras en el mortero, se agrega la yema cocida del huevo y se machacan ambas cosas, se deslíen con un poco de agua y se vierten sobre los garbanzos. Se sazona de sal y pimienta y se deja cocer despacio hasta que queda en su punto (unos quince minutos).

POTAJE BLANCO

INGREDIENTES Y CANTIDADES

Judías blancas	1/4 kilo.	Cebolla	1.
Garbanzos	1/4 kilo.	Manteca de cerdo	75 gramos.
Patatas	1/4 kilo.	Ajos	1 cabeza.
Arroz	1/4 kilo.	Laurel	1 hoja.
Sal y pimienta.			

MODO DE HACERLO

Se echan en remojo los garbanzos la víspera. En un puchero con agua hirviendo se pone la cebolla, la cabeza de ajos y la hoja de laurel, se echan los garbanzos con la manteca de cerdo y se deja cocer lentamente.

En un recipiente aparte se ponen a cocer las judías con agua fría, al romper el hervor se les cambia el agua por otra fría y se dejan cocer de nuevo. A media cocción ambas legumbres, se echan las judías al puchero de los garbanzos, se dejan cocer, se añaden las patatas cortadas en trozos regulares y se sazona de sal y pimienta.

Cuando las patatas están casi cocidas se echa el arroz, se deja hervir un cuarto de hora y se deja reposar un rato, sirviéndolo a continuación.

JUDÍAS BLANCAS A LA BILBAÍNA

INGREDIENTES Y CANTIDADES

Pimientos	2.	Cebolla	1.
Judías	1/2 kilo.	Ajo	2 dientes.
Jamón	125 gramos.	Aceite	1 decilitro.
Perejil, sal y pimienta.			

MODO DE HACERLO

Se ponen a cocer las judías en agua fría, rompiendo el hervor tres veces, añadiendo de cada vez medio decilitro de agua fría, y se dejan cocer despacio hasta que estén tiernas. En una sartén se pone el aceite y se fríe la cebolla picada, el ajo, también picado, los pimientos y el jamón en cuadraditos. Bien rehogado el conjunto se echa sobre las judías, se sazona de sal y pimienta y se deja cocer suavemente.

Las judías no deben quedar secas ni muy caldosas; si es necesario se agrega más agua o se espesa el caldo, añadiéndole una cucharada de harina al refrito.

JUDÍAS A LA BRETONA
(Con judías frescas)

INGREDIENTES Y CANTIDADES

Judías frescas desgranadas	1/2 kilo.	Mantequilla	1 cucharada.
Cebollas	2.	Puré de tomate	75 gramos.
		Sal y pimienta.	

MODO DE HACERLO

Se ponen a cocer las judías en agua caliente y se dejan cocer hasta que están tiernas.

Se cortan las cebollas en rodajas y se ponen a cocer en agua hirviendo por espacio de un cuarto de hora, se escurren, se lavan en agua fría y se vuelven a escurrir.

Se pone la mitad de la mantequilla en una sartén, se echa la cebolla y se deja estofar hasta que se dora un poco, se agrega el tomate, un poco de agua, se sazona y se deja cocer durante media hora muy lentamente.

Se escurren las judías y, bien escurridas, se mezclan con el refrito, se añade el resto de la mantequilla, se mezcla bien y se sirve.

JUDÍAS ENCARNADAS A LA MACONESA

INGREDIENTES Y CANTIDADES

Judías	1/2 kilo.	Vino tinto	1 vaso.
Tocino magro	300 gramos.	Manteca	50 gramos.
Harina	1 cucharada.	Ajo	1 diente.
Cebolla	1.	Perejil, tomillo, sal y pimienta.	

MODO DE HACERLO

Se ponen a cocer las judías en una cacerola cubierta de agua, a la que se añade el vino, se acerca al fuego y cuando rompe a hervir se agrega más agua fría para romper el hervor (han de cocer siempre cubiertas de agua para que no pierdan la piel), se añade el tocino cortado en lonchas y una rama de perejil, otra de tomillo y media hoja de laurel atados con un hilo, el ajo y el clavillo, y se dejan cocer moderadamente sin perder el hervor hasta que están tiernas. Se pone a calentar la manteca y se fríe la cebolla picada; ya dorada se agrega la harina para que se dore también, añadiendo este refrito a las judías, se sacude la cacerola para que se mezcle bien, se deja dar un hervor y se sirve en legumbrera calentada, poniendo encima los trozos de tocino y espolvoreadas de perejil picado.

JUDÍAS BLANCAS CON SALCHICHAS

INGREDIENTES Y CANTIDADES

Judías	300 gramos.	Coles de Bruselas	200 gramos.
Patatas	200 gramos.	Ajo	2 dientes.
Salchichas	250 gramos.	Aceite	1/2 decilitro.
Cebolla	100 gramos.	Azafrán, sal y pimienta.	

MODO DE HACERLO

Se limpian las coles de Bruselas y se escaldan en agua hirviendo durante cinco minutos, se lavan y se dejan escurrir.

Se ponen las judías en un puchero con medio litro de agua fría, la cebolla partida en cuatro pedazos, el aceite y un poco de sal, y se dejan cocer tres cuartos de hora.

Cuando están casi cocidas se añaden las coles de Bruselas, escaldadas, las patatas y la salchicha hecha trozos, el ajo machacado con el azafrán y disueltos con un poco de agua, se sazona de sal y un poco de pimienta y se deja cocer el conjunto moderadamente hasta que esté en buen punto.

JUDÍAS ENCARNADAS A LA MADRILEÑA

INGREDIENTES Y CANTIDADES

Judías	1/2 kilo.	Aceite	3 cucharadas.
Tocino	100 gramos.	Cebolla picada	1 cucharada.
Chorizo	2.	Ajo	1 diente.
Harina	1 cucharada.	Pimentón, sal y pimienta.	

MODO DE HACERLO

Se ponen a cocer las judías con agua fría, como se ha explicado en recetas anteriores, poniendo al mismo tiempo el tocino y el chorizo y se deja cocer moderadamente hasta que estén tiernas.

Se calienta aceite y se fríe el ajo y la cebolla picada, y cuando está dorada se agrega la harina para que se dore y se separa a un lado para echar el pimentón, añadiendo todo sobre las judías. Se sazona de sal y pimienta y se deja al calor, dándole unos hervores muy ligeros, dejándolas en la lumbre algo apartadas, sin que hiervan, para que salgan enteras.

CASOLET

JUDÍAS CON CORDERO, LOMO Y SALCHICHAS

INGREDIENTES Y CANTIDADES

Espaldilla de cordero deshuesada	1/4 kilo.	Salsa de tomate	1 cucharada.
Judías blancas	1/2 kilo.	Cebollas	2.
Lomo de cerdo	1/4 kilo.	Zanahorias	1
Salchichas	1/4 kilo.	Tocino	250 gramos.
Pan rallado	1 cucharada.	Clavillo	1.
Manteca	100 gramos.		
Ajo, perejil, laurel, sal y pimienta.			

MODO DE HACERLO

Se ponen a cocer las judías bien cubiertas de agua fría, cambiándoles el agua al romper el hervor. Al ponerlas de nuevo con agua fría, se añade una cebolla, una zanahoria y las cortezas del tocino raspadas y lavadas. Cuando rompe a hervir de nuevo se separa a un lado y se dejan cocer suavemente hasta que estén tiernas.

En una cazuela de barro se pone la manteca y el tocino cortado en trozos, se calienta y se añade el cordero y el lomo partido en pedazos y se deja rehogar despacio hasta que esté dorado. Entonces se echa la cebolla y ajo muy picaditos y, ya dorados, se agrega la salsa de tomate y tres cuartos de litro de agua, incluyendo la de cocer las judías si están ya hechas. Se sazonan de sal y pimienta y se agrega laurel, tomillo y perejil atados con un hilo. Se tapa la cazuela y se deja cocer a fuego lento hasta que esté todo muy tierno. Cuando está a medio cocer se agregan las salchichas y se deja cocer el conjunto hasta el final. Entonces se quita de las judías la zanahoria y cebolla y se incorporan éstas al guiso, removiendo con la cazuela misma para que se mezcle sin partir las judías; se espolvorean por encima de pan rallado, perejil y ajo picaditos y se mete a horno fuerte para que se haga costra dorada.

Se sirve en la misma cazuela rodeada de una servilleta.

LENTEJAS GUISADAS

INGREDIENTES Y CANTIDADES

Lentejas	1/2 kilo.	Morcillas	100 gramos.
Cebolla picada	2 cucharadas.	Ajo	1 diente.
Aceite	4 cucharadas.	Harina	1 cucharada.
Sal, pimienta y nuez moscada.			

MODO DE HACERLO

Se ponen a cocer las lentejas añadiéndoles la morcilla pinchada por varios sitios con un alfiler. En una sartén se calienta el aceite y se fríe la cebolla, el ajo picado, y cuando están dorados se agrega una cucharada de harina, y fuera del fuego, para que no se queme, el pimentón. Se añaden unas cucharadas de caldo para desleír el frito y se vierte sobre las lentejas. Se sazona de sal, pimienta blanca y un poco de ralladura de nuez moscada y se dejan hervir muy despacio para que no se deshagan.

Para servirlas se corta en rodajas la morcilla y se coloca encima.

FABADA ASTURIANA

INGREDIENTES Y CANTIDADES

Fabes		Tocino rancio	
(judías especiales)	500 gramos.	(unto)	15 gramos.
Chorizo	200 gramos.	Tocino magro	125 gramos.
Morcilla	200 gramos.	Lacón	125 gramos.
Jamón	50 gramos.	Azafrán, sal y pimienta.	

MODO DE HACERLO

Se ponen a cocer las judías en agua fría y se agregan todos los ingredientes, dejando aparte el unto y el azafrán, que se machacan en el mortero y se agregan a media cocción desleídos con un poco de caldo de las judías. Se deja hervir muy despacio durante tres horas con el caldo que las cubra justamente en un puchero bien tapado.

Cuando están tiernas se sazonan de sal y se vierten.

ARROZ Y PASTAS

ARROZ

Como en otro lugar de este libro se indica, es en Valencia donde mejor se hace el arroz, por el punto exacto que acostumbran dar a su paella, cuya fama se extiende por todas partes.

El dar el punto exacto es, sobre todo, cuestión de experiencia, pero influye mucho la clase de arroz y de agua. El arroz, después de hecho y reposado, debe quedar con el grano suelto y cocido, pero sin abrir, y para esto lo mejor es poner exactamente la cantidad de agua necesaria, que es el doble de la media de arroz. Sin embargo, según los aditamentos que lleve, habrá que añadir más cantidad de agua, por ejemplo, cuando se ponga jamón, carne de cerdo, pollo, etcétera. En cambio, habrá que tenerse en cuenta cuando lleve verdura o pescados, como calamares o rape, que aportan su cantidad de agua al cocer.

Hasta tener la costumbre de hacerlo, lo más seguro es atenerse a las cantidades de las recetas y medir el arroz y el agua, añadiendo un poco más de éste por los tropezones que aquél pueda llevar, siempre que éstos no sean los que nos hemos referido anteriormente.

Vamos a dar algunas normas para su confección. El modo clásico de hacer el arroz es utilizando una sartén de hierro llamada paellera, muy ancha, de bordes bajos, con dos asas y empleando la lumbre de leña. Sin embargo, no siempre hay posibilidades de hacerlo así. En las cocinas económicas de chapa se puede hacer teniendo cuidado de ir disminuyendo el calor a medida que va embebiendo el caldo.

Para hacer el arroz en las cocinas hay dos sistemas: en el horno o en la chapa.

Para hacerlo en el horno, una vez echado el arroz en el caldo hirviendo se introduce la paella destapada en la parte baja del horno (éste debe tener calor moderado) y se deja cocer durante una hora sin necesidad de añadir ni tocar el arroz. A media cocción se sacude un poco la sartén mientras tiene líquido, pues los clásicos dicen que el arroz no se debe mover con cuchara.

Al sacarlo del horno se puede dejar reposar unos minutos antes de servirlo.

Para hacerlo sobre la chapa de la cocina, una vez hecho el refrito y añadido el arroz sobre el caldo hirviendo, se deja cocer destapado unos quince minutos, al principio más fuerte y después se va separando del centro del fuego para que cueza lo mismo por el centro que alrededor, pues si no es así corre peligro de salir duro por un lado y tierno por otro. Cuando ha consumido todo el líquido se separa por completo y se pone una tapadera durante cinco minutos, después se destapa y se deja secar.

Para que el arroz quede suelto y meloso, o sea en su punto, se le añade en el momento de romper a hervir unas gotas de zumo de limón. De este modo el arroz queda suelto, aunque sea un arroz caldoso.

Muchas personas rehogan el arroz con el refrito antes de echarle el agua, en cambio, otras no lo rehogan y lo echan sobre el caldo hirviendo; de las dos maneras puede salir en su punto si tiene el agua y la grasa justas.

ARROZ A LA VALENCIANA

INGREDIENTES Y CANTIDADES

Arroz	400 gramos.	Pimientos	1.
Pollo	1 pequeño.	Judías valencianas	200 gramos.
Jamón o lomo	100 gramos.	Cebolla picada	1 cucharada.
Salchicha	150 gramos.	Tomate	1.
Langostinos	6 piezas.	Aceite	10 cucharadas.
Anguila	200 gramos.	Ajo	1 diente.
Mejillones	250 gramos.	Azafrán, pimienta, sal y perejil.	

MODO DE HACERLO

Se prepara el pollo, cortándole en trozos después de limpio, y se pone en un puchero cubierto de agua, añadiéndole una zanahoria y una cebolla, dejándole cocer hasta que esté tierno. Se saca éste; se reserva el caldo, quitándole las verduras. Se raspan los mejillones y, después de bien lavados, se ponen a cocer en una cacerola, cubiertos de agua fría. Cuando hierven un minuto se sacan del agua y se les quita media cáscara, se ponen en un plato y se reservan. El agua se cuela y se reserva en una taza.

Se prepara la anguila después de quitada la piel y se corta en trozos; igualmente se parte en trocitos, el jamón y el magro de cerdo. Se lavan los langostinos y, sin quitarles la cáscara, se reservan.

En una sartén se pone la mitad del aceite, se calienta y se echa la cebolla; cuando empieza a dorarse se echa el tomate sin piel, cortado en pedacitos y, las judías desgranadas. A continuación se echa en la sartén el magro, el jamón y los trozos de anguila. Se tapa y se deja rehogar lentamente unos seis o siete minutos. Se añade el pollo y la salchicha y se rehoga otro minuto más.

En la paellera se echa la otra mitad del aceite, y cuando esté caliente se echa el arroz, después de haberlo medido con una taza. Se deja rehogar, sin que se dore, y cuando suena al mover la sartén como si fuera arena, se agrega el refrito.

Aparte se prepara el caldo de cocer el pollo, el de los mejillones mezclado, aumentando con agua hasta completar el doble de tazas, y se tiene al lado hirviendo en un puchero.

Cuando están reunidos en la paellera todos los ingredientes, se añade el caldo hirviendo, se agrega sal y azafrán, perejil y ajo machacados y desleídos en el caldo preparado, poniéndose la paella en el centro de la chapa para que empiece a hervir en seguida. Roto el hervor, se agregan unas gotas de limón; se deja cocer unos cinco minutos, y se ponen los langostinos y los mejillones encima, alternando con el pimiento hecho tiras. Se deja cocer sin tocar el arroz, moviendo la sartén y separándola del centro a medida que va disminuyendo el caldo. Cuando han pasado quince minutos se separa, se tapa otros cinco y transcurridos éstos se quita la tapadera y se deja reposar destapado otros seis minutos antes de servirlo.

ARROZ ABANDA

INGREDIENTES Y CANTIDADES

Arroz	600 gramos.	Tomate	200 gramos.
Rape	250 gramos.	Cebollas	100 gramos.
Almejas	500 gramos.	Aceite	2 decilitros.
Rata de mar	250 gramos.	Ajo	2 dientes.
Araña de mar	250 gramos.	Perejil	1 rama.
Langostinos	250 gramos.	Azafrán.	
Gallina o rubio	250 gramos.	Sal.	

MODO DE HACERLO

Se pone el aceite en una cacerola al fuego y se echa la cebolla picada; cuando está dorada se echa el tomate cortado en trozos, una hoja de laurel, una rama de perejil, se rehoga todo, se añaden dos litros de agua, se sazona de sal y se deja cocer.

Se limpia el pescado, se les quita las cabezas y colas y se hacen trozos regulares. Las cabezas y las colas se echan en el caldo, que estará hirviendo. A la media hora de hervor continuado se pasa el caldo por un colador, apretando bien con la seta para sacar toda la sustancia. En la misma cacerola se ponen los trozos de pescado, y las almejas, previamente lavados; se añade el caldo y se deja cocer un cuarto de hora.

Pasado este tiempo se saca el caldo, que debe quedar un litro, y se echa en una cazuela, se agrega el azafrán y ajo, machacados y desleídos con un poco de agua; se acerca al fuego y cuando hierve se echa el arroz, dejándolo cocer despacio veinte minutos.

Se sirve el arroz y los pescados en fuente aparte, pero al mismo tiempo.

ARROZ MURCIANO

INGREDIENTES Y CANTIDADES

Arroz	1/2 kilo.	Tomates	1/2 kilo.
Magro de cerdo	1/2 kilo.	Pimientos encarnados	6.
Aceite	2 decilitros.	Ajo	2 dientes.
Azafrán, sal, pimienta y perejil.			

MODO DE HACERLO

Se corta el magro en pedacitos, se rehoga en aceite y se reserva. En la misma sartén se fríen los ajos y se sacan, se echan los pimientos cortados en tiras y los tomates previamente escaldados y quitada la piel. Se deja sofreír un poco y se añaden los ajos machacados con el perejil y el azafrán, se agrega un poco de agua y la carne y se deja cocer todo unos veinte minutos. Cuando se ha consumido el caldo se añade el arroz, se rehoga bien y se agrega agua hirviendo, a razón de dos tazas por taza de arroz; se sazona de sal y se pone a lumbre viva para que rompa a hervir; entonces se mete en el horno y se deja cocer una hora con calor moderado.

ARROZ CON CORDERO

INGREDIENTES Y CANTIDADES

Espaldillas deshuesadas	1 1/2 kilo.	Arroz	250 gramos.
Manteca	50 gramos.	Cebolla	1.
Aceite	1 decilitro.	Vino blanco	1 vasito.
Caldo	2 cubitos.	Ajo	1 diente.

MODO DE HACERLO

En una cazuela se pone a calentar el aceite y la manteca y se echa la cebolla picada. Cuando empieza a dorarse se añade el ajo picado y el cordero partido en trozos, se rehoga muy bien y se le añade el vaso de vino blanco y otro de agua. Bien tapado se deja cocer despacio hasta que el cordero esté tierno y el caldo consumido; se echa el arroz y se rehoga un rato, se añade medio litro de agua con los caldos disueltos en ella y se deja cocer moderadamente en el horno una hora.

ARROZ BLANCO A LA CUBANA CON HUEVOS

INGREDIENTES Y CANTIDADES

Arroz	2 tazas.	Plátanos	6.
Manteca de cerdo	75 gramos.	Huevos	6.
Agua	4 tazas.	Sal y laurel.	

MODO DE HACERLO

Se mide el agua y se pone en una cacerola proporcionada con sal, media hoja de laurel y la mitad de la manteca de cerdo.

Se tapa y cuando rompe a hervir se echa el arroz y se deja cocer a fuego vivo; cuando está casi cocido, se añade el resto de manteca, moviendo el arroz con una cuchara; se tapa y se deja reposar.

Se cortan los plátanos en cuatro tiras y se fríen en aceite fino bien caliente. Se fríen también los huevos, y se sirve el arroz moldeado, cubierto con las tiras de plátanos y los huevos alrededor.

ARROZ A LA AMERICANA

INGREDIENTES Y CANTIDADES

Arroz	200 gramos.	Manteca	75 gramos.
Jamón	100 gramos.	Puré de tomate	4 cucharadas.
Cebollas	100 gramos.	Aceite para freír huevos y sal.	

MODO DE HACERLO

Se pone en una cacerola la mitad de la manteca y la mitad de la cebolla bien picadita, y cuando empieza a dorarse se echa el arroz y se rehoga bien, se agrega un litro de agua, sal y pimienta, y se deja cocer durante veinte minutos.

Con la mitad de la manteca se fríe el resto de la cebolla y el jamón partido en cuadraditos, se agrega el puré de tomate, sal, pimienta y un poco de azúcar.

Se moldea el arroz en forma de rosca, se echa en el centro el refrito y los huevos fritos alrededor.

ARROZ CON SALMÓN EN ROSCA

INGREDIENTES Y CANTIDADES

Salmón en conserva	350 gramos.	Cebolla picada	1 cucharada.
Mantequilla	50 gramos.	Agua	1 litro.
Leche	1/2 litro.	Perejil	1 rama.
Harina	2 cucharadas.	Arroz	200 gramos.
Sal, pimienta y nuez moscada.		Huevos duros	2.

MODO DE HACERLO

En una cacerolita se ponen treinta gramos de mantequilla y la cebolla picada, se acerca al fuego y se deja cocer. A medio dorar la cebolla se agrega el arroz, se rehoga bien y se añade el agua hirviendo. Cuando rompe el hervor nuevamente se tapa la cacerola y se mete en el horno durante media hora, hasta que esté cocido y seco.

Se desmiga el salmón y se cuece el huevo durante veinte minutos, se enfría al chorro del agua, se descascarilla y se parte en pedacitos sobre la tabla. En un perolito se pone la mantequilla restante y se echa la harina, se cuece un poco y se agrega la leche, un poco de sal, nuez moscada y pimienta; se mueve con las varillas hasta dejar una crema fina y ligera y se agrega el salmón desmenuzado.

Se moldea el arroz en forma de rosca sobre una fuente redonda, poniendo en el centro la salsa con el salmón, y se espolvorea con el huevo picado.

ARROZ A LA ITALIANA EN ROSCA

INGREDIENTES Y CANTIDADES

Arroz	400 gramos.	Mantequilla	100 gramos.
Salchicha	300 gramos.	Puré de tomate	3 cucharadas.
Higadillos		Cebollas	2.
de pollo	3.	Queso rallado	40 gramos.
Sal y pimienta.			

MODO DE HACERLO

Se pone al fuego una cacerola con cincuenta gramos de mantequilla y una cebolla bien picadita, se deja freír y cuando empieza a tomar color se rehoga el arroz y se agrega un litro de agua, se sazona de sal y pimienta y se deja cocer durante veinte minutos. A media cocción se le añade el queso.

Se ponen las salchichas en una tartera con dos cucharadas de vino blanco y se cuecen a horno fuerte durante cinco o seis minutos.

Se pone el resto de manteca en una cacerola al fuego y se echa la otra cebolla picada. Se deja dorar y se agregan los higadillos picados, se rehoga lentamente y tapados durante cinco minutos, se incorporan las salchichas y la salsa de tomate. Se deja cocer muy lentamente el conjunto durante un rato y cuando está en su punto se retira.

Se moldea el arroz en forma de rosca y en el centro se pone el picadillo, espolvoreado de queso.

PASTAS ITALIANAS

Los platos confeccionados con pastas llamadas italianas por su origen tienen gran aceptación en todas las cocinas.

Los *nouilles*, raviolis y canelones suelen hacerse en casa; pero los macarrones y tallarines es más corriente comprarlos en el comercio.

Las normas para su cocción son las mismas. Se cuecen en agua hirviendo (con sal) muy abundante; al romper el hervor fuerte se dejan cocer cinco minutos y después se separan, para que sigan cociendo lentamente hasta los veinte minutos. Cuando las pastas son gruesas, se dejan en reposo al lado del fuego durante media hora, sin hervir, añadiéndoles agua templada, se lavan al grifo, se escurren bien en un colador de agujeros grandes y se preparan según la receta.

Para cocer las pastas frescas recién hechas se sigue la misma norma pero basta cocerlas durante doce minutos.

MACARRONES A LA ITALIANA

INGREDIENTES Y CANTIDADES

Macarrones	500 gramos.	Salsa española	1/4 litro.
Queso rallado	75 gramos.	Salsa de tomate	1/4 litro.
Mantequilla	50 gramos.	Sal y pimienta.	

MODO DE HACERLO

Con un kilo de tomates, una cebolla y medio decilitro de aceite se hace una salsa de tomate espesita (véase *Salsa de tomate*).

Se confecciona una salsa española (véase en el capítulo de salsa la *Salsa española*). Se mezclan las dos salsas y se reservan.

En abundante agua hirviendo se cuecen los macarrones (que deben ser entrefinos) durante veinte minutos, se dejan en reposo diez y se lavan, escurriéndolos perfectamente.

En una tartera de horno se pone un lecho de macarrones, se cubre con un poco de las dos salsas reunidas y se espolvorea de queso, se siguen echando capas de macarrones, salsa y queso, hasta terminarlo; la última capa se cubre con abundante queso rallado, se pone la mantequilla hecha bolitas y se mete a horno fuerte cinco minutos.

MACARRONES A LA MALTESA

INGREDIENTES Y CANTIDADES

Cerdo picado	200 gramos.	Macarrones	350 gramos.
Ternera picada	200 gramos.	Queso de bola	
Sebo de riñonada	200 gramos.	y Parma rallado	100 gramos.
Salsa de tomate	1/2 litro.	Champiñones	150 gramos.
Cebolla picada	250 gramos.	Mantequilla	50 gramos.
Hígados de pollo	2.	Laurel, sal y pimienta.	

MODO DE HACERLO

Se pica la carne muy finamente en la máquina y a continuación la cebolla.

En una cacerola se pone el sebo de ternera después de lavado y picado en trocitos muy menudos, se agrega agua, se tapa y se deja al lado del fuego hasta que se haya derretido y haya consumido toda el agua; se echa la cebolla y las carnes y se deja estofar lentamente diez minutos. Se añaden los champiñones y los higadillos, se les da una vuelta y se agrega la salsa de tomate, una hoja de laurel, sal y pimienta. Se deja cocer muy suavemente durante media hora y se reserva al lado del fuego.

En abundante agua hirviendo se cuecen los macarrones en la forma ya expuesta, y después de lavados y bien escurridos se preparan en una fuente honda de barro refractario.

Se pone en el fondo una tanda de macarrones, se cubre con otra de salsa y se espolvorea de queso, continuando así hasta terminar, cubriendo la última con abundante queso y la mantequilla en pedacitos; se meten a horno fuerte y se gratinan.

MACARRONES ESCONDIDOS

INGREDIENTES Y CANTIDADES

		Pasta	
Macarrones	350 gramos.		
Chorizo	150 gramos.	Huevo	1.
Tomate	500 gramos.	Leche	1/2 decilitro.
Cebolla picada	2 cucharadas.	Manteca	
Queso	75 gramos.	de cerdo	2 cucharadas.
Aceite	1/2 decilitro.	Harina	250 gramos.
Vino	2 cucharadas.	Sal y laurel.	

MODO DE HACERLO

Se bate ligeramente el huevo y se separa un poco para barnizar el pastel.

En un recipiente se pone la harina, se abre un hueco en el centro y se echa el huevo batido, la leche, la manteca y cinco gramos de sal. Se recoge la harina y se hace una masa, que se deja reposar envuelta en un paño húmedo espolvoreado de harina. Se escaldan los tomates, se les quita la piel y pepitas; en una sartén se pone el medio decilitro de aceite, se calienta y se echa la cebolla picada, y cuando está dorada se echa el tomate y se deja freír despacio durante diez minutos. Después se echa el vino y media hoja de laurel y el chorizo cortado en rodajas, se deja estofar despacio y cuando está en su punto, o sea en su grasa, se reserva.

En un puchero con abundante agua hirviendo con sal se cuecen los macarrones durante veinte minutos, se dejan reposar otros diez, se lavan y se escurren. Ya escurridos, se envuelven con el tomate y chorizo y se mezcla el queso.

Se extiende la masa sobre la mesa espolvoreada de harina hasta dejarla fina, se forra el interior de un molde de bizcocho desmontable de veinticinco centímetros de diámetro. Ya forrado, se espolvorea de queso y se echan los macarrones. Se tapa y se unen los dos bordes a modo de cordón, se barniza de huevo y se mete al horno.

Se presenta en una fuente redonda, sobre servilleta.

MACARRONES CON SETAS (VICTORIA)

INGREDIENTES Y CANTIDADES

Macarrones	400 gramos.	Queso	50 gramos.
Setas en conserva	1/2 kilo.	Aceite	1 decilitro.
Cebollas picadas	100 gramos.	Perejil	1 rama.
Tomates	1/2 kilo.	Ajo	1 diente.
Jamón	100 gramos.	Mantequilla	30 gramos.

MODO DE HACERLO

En una cacerola con abundante agua hirviendo con sal se cuecen los macarrones, partidos en trozos, durante veinte minutos; se lavan y se escurren perfectamente, como en las demás recetas.

Se limpian muy bien las setas, si son frescas, y si son en conserva, se sacan de la lata, se escaldan en agua hirviendo para quitarles el sabor a conserva y se pican en trozos pequeños.

En una cacerola proporcionada se pone el aceite, se calienta y se echan las cebollas picadas, las setas y el jamón cortado en cuadraditos, se añade un poco de sal y se tapa, dejándolas al lado del fuego para que se vayan haciendo lentamente. A los cinco minutos se añade el tomate, previamente escaldado, quitadas la piel y semilla y cortado en cuadraditos; se deja estofar hasta que las setas están tiernas.

En una tartera honda de gratinar se mezclan los macarrones con las setas y un poco de queso, echando en la superficie el resto mezclado con una cucharada de pan rallado; se agregan unas bolitas de mantequilla y se meten a horno fuerte para que costren.

PASTA PARA 'NOUILLES'

INGREDIENTES Y CANTIDADES

Harina	250 gramos.	Huevos	1.
Mantequilla	10 gramos.	Yemas	2.
Sal	8 gramos.	Agua	2 cucharadas.

MODO DE HACERLO

Se tamiza la harina y se abre un hoyo en el centro, donde se ponen los ingredientes (sin batir los huevos). Se amasa todo hasta dejar una masa muy consistente, que no se pegue a las manos. Se deja reposar una hora y se estira sobre la mesa, espolvoreada de harina, hasta dejarla del grueso de un papel fuerte. Se corta en tiras de cinco o seis centímetros.

PASTA DE 'NOUILLES'
O TALLARINES ECONÓMICA

INGREDIENTES Y CANTIDADES

Huevo	1.	Harina	300 gramos.
Agua	1 taza.	Sal.	

MODO DE HACERLO

En un recipiente se bate ligeramente el huevo, y se añade el agua y la harina; se mezcla primero con la cuchara y después con la mano, para hacer una masa muy consistente que se pueda estirar. Se deja reposar un rato y se lamina sobre la mesa, espolvoreada de harina, al grueso de un papel, y se corta en tiras del largo y ancho que se quiera.

Se dejan secar una hora y se cuecen en abundante agua hirviendo con sal durante doce minutos.

'NOUILLES' CON JAMÓN Y TOMATE

INGREDIENTES Y CANTIDADES

Nouilles	400 gramos.	Vino	1 copa.
Tomates	1/2 kilo.	Perejil	1 rama. ➡

Cebolla	100 gramos.	Aceite	6 cucharadas.
Ajo	1 diente.	Queso	50 gramos.
Jamón	100 gramos.		

MODO DE HACERLO

Se hace cualquiera de las dos pastas antes explicadas y se cuece en la forma antes indicada. En una cacerola se pone a calentar el aceite y se echa la cebolla picada, y cuando empieza a dorarse se echa el jamón y el tomate, sin piel ni pepitas y cortado en cuadraditos; se agrega el ajo y el perejil y se deja freír durante media hora. Se agrega entonces el vino, una pizca de laurel y se deja cocer cinco minutos. Una vez refrescados y escurridos perfectamente los *nouilles*, se mezclan con la salsa y un poco de queso. Se echan en una fuente y se espolvorean por encima con bastante queso rallado.

'NOUILLES' O TALLARINES CON QUESO Y MANTEQUILLA

INGREDIENTES Y CANTIDADES

Nouilles	350 gramos.	Queso	50 gramos.
Mantequilla	50 gramos.	Sal.	

MODO DE HACERLO

Se cuecen y se escurren los *nouilles* en la forma acostumbrada y se ponen a escurrir.

En una tartera se pone la mantequilla y se calienta. Cuando está líquida se echan los *nouilles* y se embadurnan en la mantequilla, echándoles el queso por encima.

'NOUILLES' A LA ALSACIANA

INGREDIENTES Y CANTIDADES

Jamón	100 gramos.	*Nouilles*	300 gramos.
Mantequilla	100 gramos.	Hígado de pollo	2.
Trufas	2.	Harina	50 gramos.
Queso	100 gramos.	Leche	3/4 litro.

Cebolla, perejil, sal, pimienta blanca y nuez moscada.

339

MODO DE HACERLO

Se pone al fuego una cacerola con tres litros de agua y un poco de sal. Al romper a hervir se echan los *nouilles* y se dejan cocer de doce a quince minutos; se refrescan en agua fría y se ponen a escurrir.

Con la mitad de la mantequilla, la harina y la leche se hace una besamel, que se sazona con pimienta blanca y nuez moscada, se deja cocer muy despacio diez minutos y se reserva al calor.

Se pone una cacerola al fuego con un poco de mantequilla y se echa el jamón cortado en cuadraditos y los higadillos picados, se rehogan durante cinco minutos y se agregan a la salsa con las trufas picadas. Se echan los *nouilles* y se mezclan con la salsa y la mitad del queso.

Se vuelca el conjunto en una tartera de horno y se cubre la superficie con el queso restante, añadiendo la mantequilla en bolitas; se mete a horno fuerte cinco minutos. Se sirve en la misma fuente.

RAVIOLIS

INGREDIENTES Y CANTIDADES

Pasta de raviolis

Harina	250 gramos.
Mantequilla	50 gramos.
Sal	6 gramos.
Huevo	1.
Agua templada	1/2 decilitro.

Otra pasta

Harina	125 gramos.
Huevos	2.
Sal	4 gramos.
Se trabaja como los *nouilles*.	

MODO DE HACERLO

Una vez reposada la pasta durante dos horas en sitio fresco, cubierta con una servilleta húmeda, se extiende con el rodillo sobre una mesa espolvoreada de harina. Cuando está fina como un papel se van colocando en línea recta unos rellenitos del tamaño de una avellana y se dobla la tira de masa sobre sí misma, untando con un pincel con huevo batido y un poco de agua la masa alrededor del relleno para que queden bien pegados y no se abran al cocer. Con un cortapastas se cortan en forma de medias luna chiquititas.

Se pone al fuego una cacerola con agua y un poco de sal, y cuando rompe el hervor se echan los raviolis. Al romper a hervir de nuevo se dejan a un lado hirviendo suavemente durante veinte minutos. Se lavan en agua fría y se escurren, aderezándolos según la receta.

RAVIOLIS CON BESAMEL GRATINADOS

INGREDIENTES Y CANTIDADES

Relleno

Jamón magro	150 gramos.
Miga de pan	20 gramos.
Jerez	1/2 copa.
Leche	3 cucharadas.
Cebolla picada	1 cucharada.
Ajo	1 diente.
Manteca de cerdo	1 cucharada.
Huevo	1.
Espinacas	100 gramos.
Puré de tomate	2 cucharadas.

Pasta

Harina	200 gramos.
Huevo	1.
Mantequilla	20 gramos.
Agua	1/2 decilitro.

Salsa

Leche	1/2 litro.
Harina	50 gramos.
Mantequilla	50 gramos.
Queso de Parma	50 gramos.

Sal, pimienta y nuez moscada.

MODO DE HACERLO

Se hace una pasta para los raviolis, como indicamos arriba. Durante el tiempo que tiene que reposar se prepara el relleno.

Se pica el jamón en la máquina, se escaldan las espinacas en agua hirviendo con sal, se lavan y se escurren bien, apretándolas sobre un paño. Se pican sobre la tabla hasta dejarlas hechas puré y se reservan. En una sartén se pone la cucharada de manteca, se calienta y se echa la cebolla y el ajo picados, cuando empieza a dorarse la cebolla se echan el picadillo de jamón y las espinacas. Se rehoga un poco y se agregan la miga de pan empapada en leche y el jerez. Se les da unas vueltas, se sazona de sal y pimienta y se mezcla un poco de huevo batido y un poco de perejil picado.

Se revuelve bien y se echa en un plato para que se enfríe.

Ya frío el relleno y reposada dos horas la pasta, se extiende sobre la mesa espolvoreada de harina y se hacen dos partes iguales. Sobre una se coloca el relleno, como se explica más arriba; se pinta de huevo alrededor y se cubre con la mitad de la masa, apretando bien alrededor del relleno para que queden bien pegados. Con un cortapastas pequeñito de borde acanalado se cortan los raviolis del tamaño de dos o tres centímetros de diámetro y se ponen a cocer, como ya quedó explicado.

En una cacerola se ponen treinta gramos de mantequilla, se agrega la harina y se deja cocer unos momentos.

Antes de que tome color se agrega la leche y un poco de sal y se mueve con las varillas para hacer una crema fina. Se sazona de pimienta blanca y nuez moscada y se deja hervir muy despacio un cuarto de hora, agregando antes las dos cucharadas de puré de tomate.

En una fuente refractaria se colocan los raviolis después de escurridos y se vierte por encima la salsa, se espolvorea con el queso de Parma y unas bolitas de mantequilla y se mete a horno fuerte dos o tres minutos.

Se sirve poniendo la fuente refractaria sobre otra fuente, con una servilleta.

RAVIOLIS A LA ITALIANA

INGREDIENTES Y CANTIDADES

Raviolis	500 gramos.	Salsa española	1/4 litro.
Salsa de tomate	1/4 litro.	Queso rallado	100 gramos.

MODO DE HACERLO

Se hacen unos raviolis con un relleno de picadillo de salchichas o carne de cerdo, en vez del jamón, procediendo en todo igual que en la receta anterior.

Se confecciona una salsa española como en la receta *Macarrones a la italiana*, y se hace una salsa de tomates, como en la misma receta.

Cocidos, refrescados y bien escurridos los raviolis, se colocan por capas en fuente de horno; raviolis, salsa y queso rallado, terminando con una capa de queso y unas bolitas de mantequilla, y se meten al horno (que debe estar fuerte) durante tres minutos.

Se sirve en la misma fuente de gratinar sobre otra fuente, con servilleta.

CANELONES

INGREDIENTES Y CANTIDADES

Pasta para los canelones

Harina	200 gramos.	Agua	1/2 decilitro.
Huevo	1.	Mantequilla	20 gramos.

MODO DE HACERLO

Se hace la masa como la de raviolis, y una vez estirada la masa se corta en cuadrados de cinco centímetros. Se dejan secar un rato y se ponen a cocer en abundante agua hirviendo con sal y una cucharada de aceite. Se echan uno a uno. De una vez no se deben cocer muchos, para evitar que se peguen unos a otros.

Transcurridos quince minutos, se sacan y se echan en agua fría, y después se van colocando sobre un paño blanco, para que se sequen un poco antes de rellenarlos.

Uno a uno se les pone una cucharada de relleno y se enrollan, colocándolos unos al lado de otro en la tartera untada de mantequilla, cubriéndolos con la salsa que se indica en la receta anterior y espolvoreándolos de queso.

RELLENO PARA CANELONES

INGREDIENTES Y CANTIDADES

Ternera picada	150 gramos.	Jamón	150 gramos.
Hígado de pollo	2.	Mantequilla	25 gramos.
Cebolleta picada	1 cucharada.	Queso rallado	25 gramos.
Huevo	1.	Pan rallado.	
Jerez	1 copa.		

MODO DE HACERLO

Se pone a fundir la mantequilla y se añade la cebolla picada muy finamente, se deja dorar un poco y se agrega la ternera y el jamón picados en la máquina, y, hechos pasta fina, se añade una copa de jerez y los higadillos picados y se sazona, dejándolos cocer suavemente hasta consumir el vino. Se añaden el pan rallado y el huevo y se deja que quede ligado, añadiéndole el queso rallado. Una vez frío, se utiliza.

CANELONES NAPOLITANOS

INGREDIENTES Y CANTIDADES

Canelones	30 piezas.	*Salsa*
Jamón	200 gramos.	
Leche	1/4 litro.	Tomates	1/2 kilo.
Mantequilla	1 cucharada.	Zanahoria	2.
Harina	1 cucharada.	Cebolla	1 grande.
Queso rallado	2 cucharadas.	Vino blanco	1 copa.
Nuez moscada		Aceite	5 cucharadas.
Perejil, ajo, pimienta y sal.		

MODO DE HACERLO

Se pone el aceite en una cacerola, se acerca al fuego y cuando está caliente se agrega la cebolla picada y la zanahoria hecha rodajas.

Bien rehogadas ambas cosas, se agrega el tomate picado, se añade una rama de perejil y un diente de ajo, medio litro de agua y se deja cocer moderadamente, añadiendo agua caliente cuando vaya consumiendo líquido, para evitar que se agarre. A la hora y media de cocción, estando muy cocidos los ingredientes, se pasa por un colador fino, apretando bien con la seta para que pase todo y quede como medio litro de salsa espesita. Se agrega el vino blanco, se ponen a hervir de nuevo, y al arrancar el hervor se retira y se dejan al calor. Se hacen los canelones de una de las dos maneras expuestas más arriba, y mientras reposa la pasta se prepara el relleno.

En una cacerolita se pone la mantequilla y se rehoga en ella el jamón picado en la máquina, se agrega la harina y se rehoga, echándole también la leche hirviendo; se deja cocer un cuarto de hora lentamente. Cuando está hecha la besamel espesa y fina, se prueba de sal, se añade pimienta blanca, un polvito de nuez moscada y el queso rallado, y se echa en un plato para que se enfríe.

Hechos y escurridos los canelones, se rellenan como queda explicado más arriba, y se colocan en una fuente de horno, agregándole la salsa por encima y cubriéndolo con una buena capa de queso.

No se deben gratinar; se dejan sólo unos minutos al calor y se sirven.

CANELONES DE VIGILIA

INGREDIENTES Y CANTIDADES

Canelones	24.	Huevos	1.
Merluza	300 gramos.	Vino blanco	1 decilitro.
Rape	200 gramos.	Queso rallado	50 gramos.
Cebolla	1.	Langostinos	6 piezas.
Harina	40 gramos.	Mantequilla	75 gramos.
Trufas	2.	Aceite	1/2 decilitro.
Puré de tomate	2 cucharadas.	Sal y pimienta.	

MODO DE HACERLO

Se cuecen los canelones en la forma explicada en las recetas anteriores. Ya cocidos, se lavan en agua fría y se colocan sobre un paño para que escurran el agua.

Se pone una cacerola al fuego con tres cuartos de litro de agua, el decilitro de vino blanco, sal, cebolla hecha gajos, perejil y laurel. Al arrancar el hervor se echa el pescado y los langostinos, previamente limpios, y se dejan cocer, tapados, un cuarto de hora a hervor muy lento. Pasado este tiempo se saca el pescado y los langostinos y se cuela el caldo, que no lleve aditamento alguno.

En una cacerola se pone la mantequilla, se derrite y se echa la harina; se rehoga un minuto y se deslíe con el caldo de cocer el pescado reservado anteriormente. Se sazona con pimienta blanca y un poco de nuez moscada y se cuece unos minutos, agregándole el puré de tomate.

Se desmenuza el pescado, limpiándole de espinas, y se pica en la tabla. Se pasa lo picado a un recipiente y se le agrega una trufa picada, dos o tres cucharadas de la salsa preparada y una yema de huevo. Si está blando el relleno, se agrega un poco de miga de pan empapada de leche y estrujada; se sazona nuevamente de sal y se agrega la mitad del queso rallado. Se forma una masa, y de ésta se toman pequeñas porciones para rellenar los canelones, que se enrollan y se van colocando simétricamente en una fuente de horno untada de mantequilla, poniendo la salsa por encima, y se adorna con los langostinos después de quitados la cáscara. Se espolvorea con el queso restante y se mete a horno bien caliente unos minutos.

ÑOQUIS AL GRATÍN

INGREDIENTES Y CANTIDADES

Pasta de los ñoquis

Leche	1/4 litro.	Huevos	5.
Mantequilla	50 gramos.	Queso de Parma	50 gramos.
Harina	150 gramos.	Sal y nuez moscada.	

MODO DE HACERLO

En un cacillo proporcionado se pone la leche, mantequilla, sal y un polvo de nuez moscada. Cuando rompe a hervir se echa de golpe la harina y se mezcla como si fuera pasta de buñuelos. Cuando se despega de las paredes del cazo, se retira del fuego y se incorpora el queso rallado, mezclándolo bien. Una vez fría la pasta, se le incorporan los huevos uno a uno, no echando el siguiente hasta que el anterior haya sido absorbido por la masa.

Se trabaja con espátula de madera para que quede una pasta fina. Se pone en la manga pastelera, con boquilla ancha y rizada (número 12), se van echando en una cacerola de agua hirviendo con sal y se dejan cocer muy lentamente unos tres o cuatro minutos. Se sacan con una espumadera y se echan en un recipiente con agua fría y, bien refrescada, se escurren. Una vez escurridos se ponen por capas en una fuente resistente al horno, bien embadurnada de mantequilla, espolvoreando antes capa a capa con queso rallado. Cubriendo la superficie con más queso y unas bolitas de mantequilla, se ponen a gratinar a horno muy fuerte.

ÑOQUIS DE PATATAS Y JAMÓN

INGREDIENTES Y CANTIDADES

Patatas	850 gramos.	Queso rallado	75 gramos.
Jamón	75 gramos.	Harina	115 gramos.
Huevos	2.	Pan rallado	1 cucharada.
Yemas	2.	Sal y pimienta blanca.	

MODO DE HACERLO

Se cogen patatas grandes y se cuecen al vapor o se asan al horno, con piel; no deben cocerse en agua. Una vez asadas las patatas, se saca la pulpa con una cucharilla y se echa en un recipiente, se añaden cuarenta gramos de mantequilla en pedazos y se amasa hasta que quede una masa fina, se añaden los dos huevos batidos poco a poco, mezclándolos bien a la masa, y, por último, se incorpora a ésta el jamón picadísimo y la harina.

Bien mezclados todos los ingredientes, se hacen unas bolitas, que se aplastan un poco por ambos lados con un tenedor y se van colocando sobre una tabla espolvoreada de harina.

Hechos todos los ñoquis, se pone en el fuego una cacerola o cazo con agua, y cuando rompe a hervir se echan los ñoquis, que deben cocer holgadamente y a un lado del fuego para que hierva despacio. Se dejan cocer veinte minutos.

Cuando están cocidos, se sacan con la espumadera y se ponen a escurrir sobre un paño para que apuren el agua.

Se pone un poco de mantequilla en el fondo de una tartera y se van colocando los ñoquis por capas espolvoreadas de queso, poniendo encima de la última una buena superficie de queso rallado revuelto con el pan rallado; se rocía de mantequilla líquida y se pone al horno fuerte cinco minutos.

ÑOQUIS DE SÉMOLA

INGREDIENTES Y CANTIDADES

Pasta

Sémola	100 gramos.
Mantequilla	150 gramos.
Queso rallado	1 cucharada.
Yemas	2.
Leche	1/4 litro.

Salsa

Leche	300 gramos.
Harina	20 gramos.
Mantequilla	50 gramos.
Queso	50 gramos.
Sal, pimienta y nuez moscada.	

MODO DE HACERLO

Se pone a cocer la leche en un cacillo, y cuando sube se echa la sémola, moviéndola con una cuchara para que no se apelotone; se añade sal, un poco de ralladura de nuez moscada y una cucharada de mantequilla; se tapa, se mete al horno y se deja cocer con calor moderado unos veinte minutos. Se saca y se añaden las dos yemas de huevo y una cucharada llena de queso rallado, se mezcla bien y se extiende la pasta en una tartera o fuente humedecida con agua fría, y se deja enfriar durante una hora.

Se hace una salsa besamel con los trescientos gramos de leche, la harina y la mantequilla (véase *Salsa besamel*).

Fría ya la pasta, se moldean unas bolitas y se van colocando en una fuente refractaria con un poco de salsa en el fondo. Ya colocadas, se cubren con el resto de la salsa, se espolvorean con cincuenta gramos de queso y un poco de mantequilla en bolitas.

Se mete a horno muy fuerte para que se gratinen y no se consuma la salsa.

BUDINES Y 'SOUFFLÉS'

Norma para hacer y moldear los budines:

Los budines van preparados siempre con algún picadillo de carne, ave, pescado o verdura; para cuajarlos se les pone un número determinado de huevos, batidas separadamente las claras; llevan, generalmente, salsa besamel, mantequilla o nata batida, y se hacen en unos o varios moldes engrasados, que se cuecen al horno en baño de María. Se conoce que están cocidos cuando al pinchar en el centro sale la aguja de calcetar completamente limpia; entonces se saca del horno, se deja reposar unos cinco minutos y se desmolda con cuidado de no romperlo. La mayor o menor consistencia de los budines depende del número de huevos que lleve. A veces se escatiman algunos para hacer el plato más económico; entonces su consistencia es menor.

Los budines se sirven calientes o fríos y con una salsa adecuada.

BUDÍN DE MERLUZA ASALMONADA

INGREDIENTES Y CANTIDADES

Budín

Merluza	1 kilo.
Tomates	3/4 kilo.
Huevos	4.
Miga de pan	100 gramos.
Leche	1 decilitro.
Cebolla	1 entera.
Aceite	4 cucharadas.
Vino blanco	1 copa.
Sal y pimienta blanca.	

Salsa

Yemas	2.
Aceite	2 decilitros.
Vinagre	2 cucharadas.
Pepinillos	25 gramos.
Alcaparras	25 gramos.

MODO DE HACERLO

Se pone la merluza a cocer en un caldo aderezado con una copa de vino blanco, unos trozos de cebolla, una rama de perejil, unos granos de pimienta y sal. Se deja hervir muy suavemente unos diez minutos y se deja enfriar en el caldo. Después se saca y se le quita la piel y espinas y se desmenuza con un tenedor.

Se lavan los tomates, se cortan en pedazos y se pica la cebolla muy menudita.

En una sartén se pone el aceite, se acerca al fuego y se echa la cebolla; cuando empieza a tomar color, se echa el tomate y media cucharadita de azúcar y se tapa, dejándolo cocer lentamente unas dos horas. Se pasa por un colador, apretando bien con la seta, y si está claro se pone al fuego nuevamente para reducirlo, pues debe quedar una salsa espesa.

En un recipiente se pone la merluza desmenuzada, se agrega la salsa de tomate, la miga de pan empapada en la leche, las yemas de huevo, sal y un poco de pimienta.

Se mezcla con una cuchara y se agregan las claras batidas a punto de nieve. Mezclando el conjunto con una espátula, se vierte en el molde preparado de antemano, bien untado de grasa y espolvoreado de harina, y se pone al baño de María. Se puede poner a cocer sobre la chapa y al romper a hervir se mete al horno hasta que esté cuajado (una hora y media). Se pincha, y si la aguja sale limpia, se saca, y después de pasar unos cinco minutos se desmolda en fuente redonda.

Se hace una salsa mayonesa, batiendo las yemas con unas gotas de vinagre y agregándole el aceite a chorrito fino, y cuando ha absorbido toda la cantidad se sazona de vinagre, sal y pimienta blanca, y se cubre el budín, adornándolo con unas rodajas finas de pepinillos, intercalando unas alcaparras.

BUDÍN DE TERNERA AL JEREZ

INGREDIENTES Y CANTIDADES

Ternera picada	650 gramos.	*Salsa al jerez*	
Sebo de riñonada	100 gramos.		
Miga de pan	200 gramos.	Mantequilla	20 gramos.
Leche	1/4 litro.	Harina	20 gramos.
Huevos	2.	Cebolla picada	1 cucharada.
		Jerez	1 decilitro.

Sal, pimienta y nuez moscada.

MODO DE HACERLO

Se desmiga el pan y se añade la leche hirviendo, se tapa y se deja que se empape bien y se enfríe.

Se pica la ternera (que será magra) en la máquina, pasándola tres veces para que salga fina. Se quita la piel que envuelve el sebo de riñonada, se parte en pedacitos y se pasa por la máquina con la ternera.

Ya picados, se pone en un recipiente, se añade la miga de pan, las yemas de huevo, sal, pimienta y nuez moscada, y se bate con la espátula para dejarlo como una papilla fina. Se baten las claras a punto de nieve y se mezcla con el picadillo, se echa todo en un molde preparado de antemano, como en la receta anterior, y se pone a cocer al baño de María en la misma forma durante una hora.

En una cacerolita se pone la mantequilla, se añade la cebolla muy picada y se deja rehogar lentamente; se añade la harina y se deslíe con un decilitro de agua, se deja hervir un poco, se adiciona el jerez y se sazona de sal y pimienta blanca.

Una vez hecha la salsa se añaden unas aceitunas deshuesadas y cincuenta gramos de jamón cortado en cuadraditos.

Cuando ha reposado el budín, se desmolda, tapándole antes con un plato y escurriéndole la grasa que haya en la superficie. Se vuelca en una fuente y se vierte la salsa por encima.

BUDÍN DE TERNERA CON SALSA DE ACEITUNAS

INGREDIENTES Y CANTIDADES

Budín		_Salsa_	
Ternera	650 gramos.	Mantequilla	50 gramos.
Sebo de riñón	150 gramos.	Cebolla picada	2 cucharadas.
Miga de pan	150 gramos.	Harina	1 cucharada.
Leche	1/2 litro.	Caldo	1/2 vaso.
Huevos	2.	Vino de Jerez	1/2 vaso.
		Aceitunas	1/4 kilo.

Sal, pimienta, nuez moscada y perejil.

MODO DE HACERLO

Se limpia la ternera de pellejos y gordos y se corta en trozos. Se quita al sebo la telilla y se parte en trocitos también.

Se desmiga el pan y se pone en un recipiente hondo, echando la leche hirviendo por encima, se tapa y se deja empapar.

Se pica en la máquina la ternera y el sebo preparados. Una vez picados, vuelve a pasarse por la máquina para que salga muy fino. En un recipiente se mezcla con la miga de pan empapada en leche, se agregan las yemas de los huevos, sal, pimienta y nuez moscada.

Se tapa y se deja reposar un rato. Se prepara un molde como los de bizcocho bien untado en mantequilla. Se baten las claras a punto de nieve, se mezcla con la carne, se vierte el conjunto en el molde preparado y se pone a cocer al baño de María, primero encima de la placa, durante media hora; después se mete en el horno en el baño de María, durante tres cuartos de hora.

Cuando el budín ofrezca resistencia al tacto por el centro, estará en su punto.

Se hace escurrir la grasa que tenga y se desmolda en una fuente, vertiendo la salsa por encima.

SALSA DE ACEITUNAS

Se pone en una cacerola al fuego la mantequilla y la cebollita picada. Se deja cocer un poco y se agrega la harina. Cuando está dorada se agrega el caldo y se deja dar unos hervores. Se añade una rama de perejil, de vino y las aceitunas deshuesadas, y se deja cocer tres minutos. Se aparta del fuego y se agrega la otra mitad de la mantequilla. Se sirve bien caliente.

BUDÍN DE TERNERA Y AVE
CON SALSA 'PERIGUEX'

INGREDIENTES Y CANTIDADES

Budín		_Salsa_	
Ternera	125 gramos.	Caldo	1/4 litro.
Pechuga de ave	2.	Maizena	5 gramos.
Foie-gras	100 gramos.	Mantequilla	30 gramos.
Harina	30 gramos.	Jerez o jugo	
Mantequilla	30 gramos.	de trufas	1 cucharada.
Leche	50 gramos.	Trufas	1 lata.
Coñac	1 1/2 decilitro.		
Huevos	2 piezas.		
Sal, pimienta y nuez moscada.			

MODO DE HACERLO

Se deshuesan las pechugas y se pica la carne en la máquina juntamente con la ternera, que debe ser de la parte de la tapa. Ya picadas las carnes, se machacan en el mortero para hacer una pasta fina.

Se ponen treinta gramos de mantequilla en un cazo y se agregan los treinta gramos de harina, y cuando está rehogada se agrega el decilitro y medio de leche, dejándola hervir veinte minutos para que engorde la salsa. Se deja enfriar un poco y se mezcla con el picadillo de las carnes en un recipiente.

Se añade antes el *foie-gras*, y todo junto se revuelve con una espátula para que quede bien mezclado; se añaden las tres yemas, se sazona de sal, pimienta y un poco de ralladura de nuez moscada, las tres cucharadas de nata y el coñac, y, por último, se añaden las claras a punto de nieve. Se mezcla todo, se vierte en un molde untado de mantequilla y se pone a cocer al baño de María por espacio de media hora. Hecha la prueba a ver si está a punto, se saca del horno, se deja reposar diez minutos y se desmolda en una fuente, adornando la superficie con unas trufas y enviando la salsa en una salsera.

SALSA 'PERIGUEX'

En un cacillo se pone la mantequilla y se acerca al fuego; cuando está derretida se agrega la maizena y se deslíe con un cuarto de litro de caldo, se agrega el jugo de las trufas y la trufa picada. Se deja que dé unos hervores y se utiliza.

BUDÍN DE COLIFLOR

INGREDIENTES Y CANTIDADES

Coliflor	600 gramos.	Mantequilla	60 gramos.
Harina	50 gramos.	Huevos	3.
Leche	1 litro.	Cebolla	1.

Perejil, sal, pimienta blanca y nuez moscada.

MODO DE HACERLO

En agua hirviendo con sal se cuece la coliflor. Cuando esté tierna se escurre por el colador y se echa encima de una servilleta para que apure el agua. Se pasa entonces por un tamiz y se pone lo pasado en una cacerola cerca del fuego para que se evapore si tiene algo de agua. Con medio litro de leche, treinta gramos de mantequilla y treinta de harina se hace una besamel, que se sazona con sal, un poco de pimienta y una pizca de nuez moscada. Se deja cocer quince minutos muy despacio, sin parar, para que tome consistencia, y cuando espese se mezcla con la coliflor, se agregan las tres yemas de huevo y se mezclan con la espátula.

Por último, se añaden las claras a punto de nieve, y bien mezclado el conjunto se vierte en un molde untado de mantequilla. Se pone a cocer en la forma explicada en las recetas anteriores y se deja en el horno durante cuarenta minutos. Se prueba a ver si está cuajado, y en caso afirmativo se saca del horno y se deja reposar diez minutos antes de desmoldarlo.

Ya en la fuente, se cubre con una salsa besamel hecha con el medio litro de leche, la mitad de la mantequilla y quince gramos de harina, en la forma acostumbrada.

Se sirve en seguida de cubrir el budín con la salsa besamel.

BUDÍN DE MACARRONES

INGREDIENTES Y CANTIDADES

Macarrones finos	250 gramos.	Tomates	1 kilo.
Jamón magro	100 gramos.	Huevos	2.
Cebolla picada	150 gramos.	Leche	1/2 litro.
Mantequilla	50 gramos.	Harina	1 cucharada.
Perejil, sal, pimienta y nuez moscada.			

MODO DE HACERLO

Se parte la cebolla en tiritas muy finas y se rehoga con la mitad de la mantequilla; antes de que empiece a tomar color se añade un decilitro de leche, una rama de perejil y un polvito de sal, y se deja cocer despacio y tapado hasta que la cebolla está tierna. Se pasa por el chino y se reserva.

Con la leche restante, la otra mitad de la mantequilla y la harina se hace una besamel, que se deja cocer quince minutos (debe quedar espesa).

Se parten los macarrones en trozos de seis centímetros de largo y se ponen a cocer en abundante agua hirviendo con sal. Se dejan cocer en la forma acostumbrada durante veinte minutos, se separan del fuego y se escurren bien.

Ya escurridos, se pone en una cacerola la salsa besamel, el puré de cebolla, el queso rallado, el jamón cortado en cuadraditos diminutos y los macarrones. Se acerca el conjunto al fuego, se mezcla bien, sin partir los macarrones y se retira; se deja enfriar un poco y se agregan los huevos batidos, como para tortilla. Se revuelve y se vierte el conjunto en un molde untado de grasa y se pone al baño de María sobre la chapa de la cocina, y cuando rompe a hervir el agua se tapa el budín y se mete todo en el horno, para que cuaje, de veinte a treinta minutos.

Se prueba si está en su punto y se saca del horno, dejándolo reposar diez minutos antes de desmoldarlo. Cuando se desmolda se cubre con una salsa de tomate espesa, hecha con un kilo de tomates y un cuarto de kilo de cebollas, como en la receta *Salsa de tomate*.

BUDÍN DE HÍGADO DE TERNERA

INGREDIENTES Y CANTIDADES

Hígado de ternera	1/2 kilo.	*Salsa*	
Tocino	200 gramos.		
Cebolla picada	1 cucharada.	Vinagre	1/2 decilitro.
Maizena	50 gramos.	Mantequilla	1 cucharada.
Chalotas	2.	Alcaparras	1 cucharada.
Mantequilla	50 gramos.	Caldo	2 decilitros.
Pan rallado	2 cucharadas.	Pepinillos	2.
Huevos	3.	Harina	10 gramos.
Agua	1. 1/2 decilitro.		
Coñac	1 cucharada.		
Sal, pimienta blanca y nuez moscada.			

MODO DE HACERLO

En una cacerolita se pone a calentar un decilitro de agua. Cuando rompe a hervir se echan veinticinco gramos de mantequilla y la maizena desleída en medio decilitro de agua fría; se deja cocer un minuto, y cuando se despega de la cacerola se vierte en un plato y se deja enfriar.

En una sartén pequeña se ponen otros veinticinco gramos de mantequilla y se echa la cebolla y las chalotas, picado todo menudísimo; se deja dorar ligeramente, se añade una rama de perejil picado y se reserva.

Se quita la corteza del tocino y el pellejito y nervios del hígado; ambas cosas se cortan en trocitos y se pasan dos veces por la máquina de picar.

En un recipiente se mezcla la papilla de maizena y el refrito de las cebollas, se sazona de sal, pimienta blanca, nuez moscada y una cucharadita de coñac, y bien mezclado se pasa por el tamiz, apretando con la seta para que pase todo.

Se recoge lo pasado, se mezclan las tres yemas y, por último, las tres claras batidas a punto de nieve. Se incorpora al conjunto con la espátula, vertiéndolo en un molde liso engrasado, y se pone a cocer al baño de María en el horno, que debe ser con calor moderado, durante tres cuartos de hora aproximadamente.

Se conocerá que está cocido si en el centro ofrece resistencia al tacto; entonces se retira en seguida del baño María, pues si cuece demasiado toma un color grisáceo, que no es el que debe tener; se deja reposar diez minutos y se desmolda, echando la salsa por encima.

MODO DE HACER LA SALSA

Se pone al fuego una cacerolita con el vinagre, una rama de perejil y un grano de pimienta, y se deja hervir hasta que se consuma casi todo. Cuando sólo queda una cucharadita, se añade el caldo y se pasa por el colador. En la misma cacerolita se pone la mantequilla y la harina, se cuece un poco y se agrega el caldo pasado, se deslíe bien con el batidor para que espese un poco la salsa. Ya ligado, se agregan los pepinillos picados en rodajas finas y las alcaparras, se calienta bien hasta que hierva y se vierte por encima del budín.

BUDÍN DE VERDURAS VARIADAS

INGREDIENTES Y CANTIDADES

Patatas	1/4 kilo.		
Zanahorias	1/4 kilo.	*Salsa mayonesa*	
Repollo	1/2 kilo.		
Judías verdes	1/4 kilo.	Huevo	1.
Guisantes	300 gramos.	Vinagre	1 cucharada.
Huevos	2	Aceite	1 1/2 decilitro.
Besamel	4 cucharadas.	Alcaparras	2 cucharadas.
Salsa de tomate	4 cucharadas.		
Aceite	1/2 decilitro.		
Sal y pimienta.			

MODO DE HACERLO

Se cuece el repollo en agua hirviendo con sal durante quince minutos. Se lava y se pone a escurrir, se cortan cuatro rodajas iguales de zanahoria de un centímetro y medio de grueso y con la cucharilla de las verduras vacíese el centro para hacer un huevo de un centímetro. El resto de las zanahorias se pica menudo después de rasparlas, se preparan las judías verdes cortándoles las hebras, picándolas del tamaño de dos centímetros.

Se pelan las patatas y se cortan en cuadraditos.

Se pone una cacerola al fuego con agua, y cuando rompe a hervir se añade un poco de sal y se echan los guisantes, zanahorias y judías verdes.

Se dejan cocer un cuarto de hora y se agregan los cuadraditos de patatas. Se deja hervir todo junto unos veinte minutos, y si están tiernas se sacan del agua y se escurren en un colador.

En una sartén se pone el aceite, se frié un diente de ajo y se echan las verduras (reservando las rodajas de zanahoria), a las que se habrá añadido el repollo, y se rehoga durante cinco o seis minutos.

Se retira la sartén del fuego y se deja enfriar un poco, se le añaden los huevos batidos, como para tortilla, y bien mezclado todo se vierte en un molde engrasado, que se pone a cocer al baño de María, en la chapa primero y después en el horno, durante media hora. Se prueba entonces si está en su punto, se desmolda en fuente redonda y se cubre de salsa mayonesa, que se hace con la yema, el decilitro y medio de aceite y el vinagre, como en las recetas anteriores (véase *Salsa mayonesa*).

Después de bien cubierto del budín con la mayonesa, se colocan encima las cuatro rodajas de zanahorias y en el hueco del centro se ponen unas alcaparras envueltas con mayonesa; con el resto de alcaparras se hace un cordón alrededor del budín.

BUDÍN DE ESPINACAS A LA CREMA

INGREDIENTES Y CANTIDADES

Espinacas	1 manojo.	*Salsa*	
Mantequilla	30 gramos.		
Harina	25 gramos.	Chalotas picadas	1 cucharada.
Leche	1 decilitro.	Leche	1/4 litro.
Huevos	2.	Yemas	2.
Sal.	Mantequilla	30 gramos.	

MODO DE HACERLO

En agua hirviendo con sal se ponen a cocer las espinacas, después de bien lavadas en varias aguas; a los diez minutos se retiran del agua y se echan en un colador, poniéndolas bajo el chorro del agua fría. Una vez lavadas se dejan escurrir y se estrujan para que pierdan toda el agua verde.

Se pasan por un tamiz para que quede un puré fino, y se recoge lo pasado en un recipiente.

En una cacerola se pone la mantequilla, se echa la harina, se deja cocer un poco y se agrega la leche hirviendo; se mueve con las varillas para que no se hagan grumos y se sazona de sal y un poco de pimienta blanca. Cuando ha cocido despacio un cuarto de hora, se le agregan las espinacas y se añaden los huevos batidos, como para una tortilla. Se mezcla el conjunto, se vierte en un molde engrasado y se cuece durante una hora, en la misma forma que las recetas anteriores.

Después de desmoldarse en una fuente redonda, se cubre con la salsa y se sirve caliente.

SALSA CREMA

En una cacerolita se pone la mantequilla y cuando está derretida se echa la chalota picada. A fuego muy lento, se deja estofar unos cinco minutos y se añade la harina. Se sigue rehogando y se agrega el cuarto de litro de leche hirviendo, moviendo rápidamente con el batidor de varillas para que no se hagan grumos; se sazona de sal y una pizca de pimienta blanca y se deja cocer muy despacio unos diez minutos.

Se retira del fuego y se le incorpora la yema del huevo, desleída previamente con una cucharada de leche caliente. Se mueve con las varillas, se calienta bien, sin que hierva, y se cubre el budín.

Se sirve en seguida.

BUDÍN DE ESPINACAS PRINCESA

INGREDIENTES Y CANTIDADES

Espinacas	1 1/2 kilo.	Huevos	4.
Espárragos	2 manojos.	Trufa	1.
Leche	1/2 litro.	Harina	20 gramos.
Mantequilla	75 gramos.	Sal.	

MODO DE HACERLO

Se limpian las espinacas y se cuecen en agua hirviendo con sal durante diez minutos; se refrescan a chorro de agua fría y se escurren, exprimiéndolas con las manos para que suelten el agua. Se pican muy finas en la tabla y se mezclan con tres huevos batidos y una clara, dos decilitros de leche y quince gramos de mantequilla derretida, y se sazona de sal.

Bien mezclado todo, se vierte en un molde de rosca bien untado de mantequilla y se pone a cocer al baño de María en el horno hasta que esté cuajado.

Se mondan los espárragos, se cortan las puntas a dos centímetros de largo y se ponen a cocer en agua hirviendo con sal durante un cuarto de hora, y cuando están tiernos se ponen a escurrir.

En una cacerolita se pone a derretir la mantequilla, se echa la harina y antes de que tome color se añade el resto de leche, se sazona con sal, pimienta y nuez moscada y se deja cocer muy lentamente un cuarto de hora, sin dejar de moverlo con las varillas. Pasado este tiempo se retira del fuego y se agrega una yema de huevo y las puntas de espárrago.

Se desmolda el budín en una fuente redonda y se rellena el hueco central con los espárragos, salpicándolos con la trufa picada menudísima.

BUDÍN DE LEGUMBRES ARLEQUÍN

INGREDIENTES Y CANTIDADES

Huevos	3.	*Salsa*	
Mantequilla	75 gramos.		
Patatas	1/2 kilo.	Salsa de tomate	
Leche	3 cucharadas.	espesa	1 decilitro.
Espinacas	1/2 manojo.	Salsa de besamel	1 decilitro.
Zanahorias	1/2 kilo.	Alcaparras	1 cucharada.
Aceite	1/2 decilitro.		
Cebolla	1 cucharada.		
Sal, pimienta y nuez moscada.			

MODO DE HACERLO

Se mondan las patatas, se parten en trozos y se ponen en una cacerola con agua fría; se acerca al fuego y se deja cocer hasta que están cocidas, se sacan del agua, se dejan secar un poco al horno y se pasan por el tamiz. Se vuelven a poner en la cacerola y se agregan medio decilitro de leche hirviendo y treinta y cinco gramos de mantequilla. Se bate para dejarlo fino y se reserva en un plato.

Se echan las espinacas en agua hirviendo con sal y se dejan cocer diez minutos. Se lavan, se escurren y se pasan por tamiz. Se dejan secar un poco y se rehogan en dos cucharadas de aceite, en el que se habrá frito un ajo.

Se raspan las zanahorias, se pica la parte tierna y se ponen a cocer en agua hirviendo. Cuando están tiernas se escurren bien, se pasan por el tamiz, se pone de nuevo al fuego el puré obtenido y se le agregan quince gramos de mantequilla.

Se baten los huevos y se reparte en cucharadas en las tres legumbreras.

Se prepara un molde en la forma explicada; en el fondo se pone la mitad del puré de patatas, se iguala bien y se pone por encima el de zanahorias. Bien igualado se pone encima el de espinacas y, por último, el puré de patatas para que quede encima. Se dan varios golpecitos para que se igualen los purés y se mete el molde en el horno al baño de María, dejándolo cocer durante una hora.

Se prueba si está pinchando la aguja de calceta, y si sale limpia se retira del horno y se deja reposar un cuarto de hora. Se desmolda en una fuente redonda.

Se hace una salsa espesa y fina de tomate y una salsa besamel y se cubre, poniendo en el centro un cuchillo, la mitad del budín con salsa de tomate y otra mitad con la salsa besamel. Sobre la parte blanca se ponen las alcaparras, una al otro lado de otra, junto al borde, en forma de cordón.

'SOUFFLÉS'

MODO DE HACERLO

El *soufflé* es un preparado hecho a base de una papilla o besamel con una cantidad adecuada de claras de huevo montadas y cocido al horno.

Los *soufflés* se hacen y se sirven en el mismo recipiente; éstos son unas cazuelitas más o menos grandes (las hay individuales o colectivas) y un poco hondas, de metal, barro o vidrio refractario. Estas últimas son las más decorativas.

Se prepara la pasta del *soufflé* y se adicionan las claras batidas a punto de nieve fuerte, mezclándolo todo con la espátula; se unta bien de mantequilla el recipiente y se echa el preparado formando un poco de pico en el centro; bien alisado, se mete en el horno.

El tiempo de cocción depende del tamaño del *soufflé*, pero aproximadamente son necesarios de veinte a treinta minutos en los grandes y de diez a quince en los individuales.

El *soufflé* hay que servirlo inmediatamente de sacarlo del horno, porque al enfriar se baja y pierde presentación.

'SOUFFLÉ' DE POLLO

INGREDIENTES Y CANTIDADES

Pechugas de pollo	500 gramos.	Huevos	6.
Sal, pimienta y nuez moscada.		Salsa besamel	4 decilitros.

MODO DE HACERLO

Se cuecen las pechugas en el caldo hasta que estén tiernas.

Se les quita la piel y se pican sobre la tabla; después se pasan por la máquina y, por último, se machacan en el mortero para hacer una pasta fina.

Se confecciona una besamel con medio litro de lechè, cincuenta gramos de mantequilla y cincuenta gramos de harina. Cuando está reducido a cuatro decilitros se añade el picadillo y se deja enfriar. Cuando está frío se añaden las seis yemas de huevo, un poco de nuez moscada y pimienta se sazona de sal y se mezcla bien; se incorporan las claras batidas a punto de nieve, se vierte en la cazuela preparada de antemano y se cuece a horno moderado. Sírvase en seguida.

'SOUFFLÉ' DE LANGOSTA

INGREDIENTES Y CANTIDADES

Una langosta	750 gramos.	Mantequilla	100 gramos.
Langostinos	250 gramos.	Queso de Parma	15 gramos.
Leche	1/2 litro.	Trufas	2.
Harina	75 gramos.	Cebolla	1.
Huevos	4.	Zanahorias	1.

MODO DE HACERLO

Preparada la langosta, se hierve veinte minutos, se echan en el mismo recipiente los langostinos diez minutos antes de sacar la langosta.

Cuando ha transcurrido el tiempo necesario, se sacan la langosta y los langostinos y se dejan enfriar. Se saca toda la carne de ellos, rompiendo las patas de la langosta para sacarla mejor y se corta en trocitos pequeños.

Se ponen a derretir setenta y cinco gramos de mantequilla y se añade la harina, se rehoga, sin que tome color, y se agrega la leche, revolviendo con las varillas. Se sazona de sal y pimienta y se deja cocer a fuego lento durante quince minutos.

Se retira del fuego y se agrega la carne de la langosta, cuatro yemas de huevo y una trufa picadita; bien mezclado todo, se agregan las claras a punto de nieve. Se vierte la preparación en el molde *soufflé* preparado con mantequilla y se cuece a horno moderado de treinta a treinta y cinco minutos; al sacarlo del horno se adorna con la trufa picadita y los langostinos.

Sírvase en seguida, poniéndolo sobre una fuente, con servilleta.

'SOUFFLÉ' DE PATATAS

INGREDIENTES Y CANTIDADES

Cuatro patatas grandes que pesen un kilo.		Nata cruda	2 decilitros.
Mantequilla	50 gramos.	Jamón	100 gramos.
Sal.		Huevos	4.

MODO DE HACERLO

Se asan las patatas o se cuecen al vapor, se mondan y se pasa la pulpa por un tamiz para ponerla en pasta fina; se añade la mantequilla y se mueve sobre el fuego, moviendo con espátula de madera; se retira del fuego y se agrega la nata y el jamón, cortado muy menudo; se mezclan las yemas de huevo y, por último, las claras.

Se vierte la mezcla en la fuente de *soufflé* preparada de antemano y se mete a horno moderado durante veinte o veinticinco minutos.

Se sirve en seguida.

'SOUFFLÉ' DE COLIFLOR

INGREDIENTES Y CANTIDADES

Coliflor	350 gramos.	Leche	1/2 litro.
Queso rallado	75 gramos.	Mantequilla	50 gramos.
Yemas	3.	Claras	4.
Harina	30 gramos.	Sal, pimienta y nuez moscada.	

MODO DE HACERLO

Se cuece la coliflor en agua hirviendo con sal.

Se pone a cocer la leche, dejándola reducir por evaporación a tres decilitros.

Con la mitad de la mantequilla, la leche y la harina se hace una besamel, condimentada con sal, pimienta blanca y nuez moscada.

Cuando está cocida la coliflor, se escurre perfectamente y se pasa por un tamiz; se mezcla con la salsa y se deja cocer a fuego vivo dos o tres minutos. Se retira de la lumbre y se agregan las yemas, templándolas antes con dos o tres cucharadas del preparado; se agregan dos cucharadas de queso rallado y la mantequilla derretida.

Batidas las claras a punto de nieve; se mezclan con cuidado al preparado y se vierte en el recipiente de *soufflé*, bien embadurnado con mantequilla y espolvoreado de queso rallado. Se mete al norno con calor moderado durante veinte minutos.

Se sirve en seguida.

HUEVOS

HUEVOS FRITOS EN SORPRESA

INGREDIENTES Y CANTIDADES

Huevos	6.	
Salsa de tomate	6 cucharadas.	
Aceite suficiente para freír.		
Sal.		

Pasta fonse

Harina	250 gramos.
Aceite	1/2 decilitro.
Leche	1 decilitro.

MODO DE HACERLO

En un recipiente se pone la harina, y en el centro se abre un hueco y se echa el aceite frito frío, la leche y un poco de sal.

Se amasa para hacer una pasta fina y se deja reposar una hora.

Con medio kilo de tomates se hace una salsa espesita (véase *Salsa de tomate*).

Cuando la masa ha reposado, se estira hasta dejarla del grueso de un papel y se cortan unos círculos de diez centímetros de diámetro, se unta un molde de tartaleta lo suficientemente grande para que quepa un huevo, y con los círculos de masa se forra el interior, procurando que quede sobrante alrededor. En el fondo de la pasta se echa una cucharada de salsa de tomate y se casca un huevo encima, y recogiendo el sobrante de masa se unen, para dejar el huevo dentro. Encima se hace como un cordón, dándole la forma de cresta. Se pone aceite abundante en una sartén honda, y cuando está bien caliente se sacan con cuidado del molde y se echan en la sartén, se deja dorar, y muy doraditos se sacan y se colocan en una fuente con un paño para que escurran.

HUEVOS FRITOS ENCAPOTADOS

INGREDIENTES Y CANTIDADES

Salsa de besamel espesa.	1/2 litro.	Huevos	6.
Huevos para rebozar	2.	Pan rallado.	

MODO DE HACERLO

Se hace una salsa besamel con tres cuartos de litro de leche, treinta gramos de mantequilla y nueve cucharadas de harina, en la forma explicada (véase *Salsa besamel*); debe quedar espesa.

Se fríen los huevos con aceite fuerte y se sacan, poniéndolos sobre una fuente. Se espolvorea de pan rallado el mármol de la mesa y se ponen los huevos fritos, cubriéndolos perfectamente con la besamel. Se deja enfriar, y cuando toman consistencia con la pasta de croquetas se pasan por huevo y pan rallado, friéndolos en aceite abundante bien caliente para que se doren en seguida.

HUEVOS FRITOS AL NIDO

INGREDIENTES Y CANTIDADES

Huevos	6.	Nidos de pan	6.
Mantequilla	25 gramos.	Leche	6 cucharadas.
Aceite suficiente para freírlos.			

MODO DE HACERLO

Se preparan los nidos de miga de pan cortando unas rebanadas de tres centímetros de altas y cinco de diámetro; se cortan redondas, se vacían del centro, dejándolas a medio centímetro de espesor para que quede un hueco de dos centímetros de profundidad.

Ya preparados todos iguales, se echa en el interior de cada uno una cucharada de leche, un polvo de sal y se dejan empapar un rato.

Se pone una bolita de mantequilla dentro de cada nido y se coloca en cada uno una yema.

Se baten las claras a punto de nieve, y con una cuchara se llena el nido, formando copete.

Se pone en una sartén honda y recogida con aceite abundante, y cuando está caliente se echa el nido con cuidado, y con la espumadera se va regando con el aceite para que se dore por igual el nido.

Cuando la clara está dorada, se saca y se pone un momento sobre un paño blanco. Cuando todos están fritos, se colocan en corona en una fuente con servilleta, sirviendo al mismo tiempo en una salsera una salsa de tomate.

Hay que servirlos en seguida, porque al enfriarse baja la clara y pierde presentación.

HUEVOS FRITOS CON JAMÓN

INGREDIENTES Y CANTIDADES

Huevos   6.
Jamón   300 gramos.

MODO DE HACERLO

Se cortan seis lonchas de cincuenta gramos cada una, procurando que sean iguales de forma. En una fuente o tartera se ponen a remojar en leche durante una hora.

Se fríen los huevos en la forma explicada anteriormente y se ponen a escurrir en una fuente. Se quita parte del aceite de haber frito los huevos, y en poquita grasa caliente se le da una sola vuelta al jamón.

Se colocan las lonchas en círculo en una fuente redonda, encima de cada una se pone un huevo frito y en el centro un montoncito de patatas (véase *Patatas paja*).

HUEVOS FRITOS A LA SEVILLANA

INGREDIENTES Y CANTIDADES

Huevos   6.   Pimientos para asar   3.
Aceite   1/4 litro.   Chorizo   100 gramos.
Sal.

MODO DE HACERLO

Se asan los pimientos sobre la chapa o en el horno, y cuando están se envuelven en un paño durante una hora. Pasada ésta, se les quita la piel y semillas y se hacen tiras. En una sartén se pone el aceite y se fríen los huevos en la forma explicada y se dejan que escurran en una fuente con un paño.

Se quita aceite de la sartén y en poca grasa se rehoga el chorizo cortado en doce rodajas, se sacan los trozos y en la misma grasa se rehogan los pimientos.

En una fuente se ponen los pimientos; encima, en círculos, los huevos fritos, y en cada uno, dos rodajas de chorizo, con simetría.

HUEVOS FRITOS MONTSE

INGREDIENTES Y CANTIDADES

Huevos	6.		Aceite	2 decilitros.
Alcachofas	3.		Ajo	1 diente.
Espinacas	1/2 kilo.		Sal y pimienta.	

MODO DE HACERLO

Se preparan las alcachofas quitándoles las hojas duras, tomando los fondos, y se ponen a cocer (véase *Fondos de alcachofas*). Ya cocidas, se parten en cuatro partes, se pasan por un poco de harina y se fríen hasta que están doradas.

Se cuecen las espinacas durante diez minutos en agua hirviendo con sal y se refrescan en agua fría, se dejan escurrir bien y se rehogan en tres cucharadas de aceite, en el que se habrá frito el diente de ajo; se sazona de sal y un poco de pimienta.

Se fríen los huevos como ya se explicó y se prepara la fuente; en el centro, en un montoncito, las espinacas; alrededor, los huevos adornados con los cuartos de alcachofas, y entre éstos y el borde de la fuente, unos triángulos de pan frito.

HUEVOS AL PLATO

MODO DE HACERLO

Se preparan en una cazuela o tartera resistentes al fuego, individuales o proporcionadas al número de huevos que se quieran hacer, pues las hay para un huevo o dos, con objeto de que la clara saque el espesor debido.

Se pone una bolita de mantequilla en la tartera y se acerca al fuego, y cuando está derretida se casca el huevo encima; se colocan las tarteras en placa de horno, se echa un poco de agua caliente en ésta y se meten los huevos a horno fuerte dos o tres minutos.

HUEVOS AL PLATO A LA TURCA

INGREDIENTES Y CANTIDADES

Higadillos de ave	3.	Aceite	1/2 decilitro.
Jerez	1 copa.		

MODO DE HACERLO

Se hacen los huevos al plato poniendo dos en cada cazuelita, y después de hechos se colocan entre ellos unos montoncitos de higadillos de ave, salteados al jerez, hechos del modo siguiente:

Se cortan en trocitos pequeños los higadillos y se saltean en una sartén con el aceite a lumbre viva. Se escurren de la grasa y se ponen en un perolito con dos cucharadas de jerez, se acerca al fuego y, sin que hiervan, se marean un poco y se colocan en los huevos.

HUEVOS AL PLATO A LA ROMANA

INGREDIENTES Y CANTIDADES

Huevos	6.
Espinacas	1 kilo.
Mantequilla	30 gramos.
Anchoas	1 lata.
Queso de Parma	25 gramos.
Leche	3 decilitros.
Sal y pimienta.	

Salsa Mornay

Mantequilla	50 gramos.
Harina	25 gramos.
Queso rallado	25 gramos.

MODO DE HACERLO

Se limpian las espinacas y se ponen a cocer en agua hirviendo con sal. A los diez minutos de hervor se retiran y se ponen en un colador debajo del grifo del agua fría para refrescarlas. Se escurren bien, estrujándolas un poco para que dejen toda el agua verde, y ya escurridas se pican sobre la tabla. En una sartén se ponen veinticinco gramos de mantequilla y se saltean las espinacas, se sazonan de sal y un poco de pimienta y se reparten en las seis cazuelitas; se colocan encima los filetes de anchoas y se espolvorean con el queso. Se coloca un huevo en cada una (en la forma explicada) sobre las espinacas y anchoas y se cubren de salsa Mornay.

SALSA

En un perolito se pone la mitad de la mantequilla y la harina y se deja cocer unos minutos, se agrega la leche hirviendo y se mueve con rapidez para que no haga grumos. Se agrega sal, pimienta y nuez moscada y la mitad del queso rallado y se deja cocer lentamente diez minutos. Se separa del fuego y con una cuchara se cubren los huevos, espolvoreándolos con el resto del queso.

HUEVOS AL PLATO TURBIGO

Huevos	6.	Riñones de cordero	3.
Tomates	75 gramos.	Mantequilla	50 gramos.

MODO DE HACERLO

Se preparan los huevos en la forma explicada, y cuando están en su punto se guarnecen con medio riñón de cordero asado a la parrilla y al otro lado medio tomate, también asado a la parrilla. Se pone a calentar la mantequilla y cuando toma un color oscuro se pone una cucharada encima del tomate y el riñón que guarnecen cada huevo, y se sirve en seguida.

HUEVOS AL PLATO A LA MANTECA NEGRA

Huevos	6.	Mantequilla	60 gramos.
Perejil	1 ramo.	Alcaparras	100 gramos.
Sal.		Vinagre.	

MODO DE HACERLO

Se preparan los huevos en la forma explicada, y a medio cuajar se agregan a cada uno una cucharada de alcaparras y unas gotas de vinagre, sal y un poco de pimienta.

Se mete al horno, y cuando están se pone a derretir el resto de la mantequilla, y cuando empieza a quemarse se echa por encima de los huevos.

HUEVOS AL PLATO AL QUESO

Huevos	6.	Queso	100 gramos.
Mantequilla	50 gramos.		

MODO DE HACERLO

Se preparan los huevos en cazuelitas como queda explicado, se espolvorean con queso rallado por encima, se añade sal y pimienta y un poco de mantequilla líquida y se meten en el horno.

HUEVOS ESCALFADOS

Los huevos escalfados se hacen cuajados en agua hirviendo en vez de grasa.

Esta preparación de los huevos se presta a muy variados platos; por eso es conveniente saber hacerlo bien. El huevo debe quedar envuelto en la clara, quedando ésta cuajada y la yema líquida.

Es condición indispensable que los huevos sean fresquísimos, pues en caso contrario no quedan recogidos los huevos. En un litro de agua se pone el zumo de medio limón, no se pone sal.

Para escalfar los huevos debe ponerse una cacerola de bordes altos, y de una vez se pueden escalfar varios, según el ancho de la cacerola.

Cuando el agua rompe a hervir, se echan los huevos uno a uno desde el mismo borde de la cacerola, se recoge un poco la clara con la espumadera alrededor de la yema para que no se extienda, se retira un poco la cacerola y se deja que cuajen a fuego lento durante tres minutos. Se sacan con cuidado con la espumadera y se colocan en una tartera.

Cuando los huevos son muy frescos, al echarlos en el agua hirviendo se hace una bola la clara y la yema, y si no son tanto, se extiende la clara.

Para aderezarlos, se recorta un poco para igualarlos y darles buena forma, y se arreglan según receta.

Si los huevos tienen que esperar, se pueden calentar echando agua caliente en la tartera (pero no hirviendo), se dejan dos minutos en esa agua y se sacan para aderezarlos.

HUEVOS ESCALFADOS A LA FLORENTINA

INGREDIENTES Y CANTIDADES

Huevos	6.	Espinacas	1 1/2 kilo.
Leche	3 decilitros.	Mantequilla	75 gramos.
Pan rallado	2 cucharadas.	Harina	1 cucharada.
Sal, pimienta y nuez moscada.			

MODO DE HACERLO

Se cuecen las espinacas en agua hirviendo con sal durante diez minutos, se lavan, se escurren y se pican sobre la tabla.

Se hace una besamel con quince gramos de mantequilla, la leche y la harina y se sazona de sal, pimienta y nuez moscada.

Se escalfan los huevos como queda explicado y se reservan en una tartera.

Se ponen veinticuatro gramos de mantequilla en una sartén y se rehogan en ella las espinacas.

En una fuente de horno se extienden las espinacas y se cubren de besamel. Con una cuchara se hacen seis huecos a igual distancia y se colocan los huevos escalfados, se barniza todo con mantequilla derretida y se espolvorean de pan rallado.

Se pone al horno muy fuerte durante tres minutos, y para que no se endurezcan los huevos se pone debajo de la fuente un cacharro con agua fría.

Se sirve en seguida, en la misma fuente, sobre una servilleta.

HUEVOS A LA FLAMENCA

INGREDIENTES Y CANTIDADES

Huevos	6.	Puntas	
Jamón	50 gramos.	de espárragos	100 gramos.
Chorizo	100 gramos.	Aceite	5 cucharadas.
Guisantes		Cebolla picada	2.
desgranados	100 gramos.	Ajo	1 diente.
Judías verdes	100 gramos.	Tomates	3/4 kilo.
Sal, pimienta blanca y pimentón.			

MODO DE HACERLO

Se desgranan los guisantes y se cortan las judías en tiras finas y cortas y se ponen a cocer en agua hirviendo con sal. Aparte se cuecen las puntas de espárragos, procurando que no se deshagan; ya cocidos, se escurren y se reservan.

En una sartén se pone el aceite, se acerca al fuego y se echa la cebolla y el ajo picado. Cuando empieza a dorarse la cebolla se echa el tomate picado (previamente escaldados y quitada la piel) y media cucharadita de pimentón.

Cuando han transcurrido diez minutos de cocer despacio se añade el jamón picadito, se deja cocer un poco más y se añaden las verduras cocidas (menos los espárragos) y el chorizo cortado en seis rodajas; se añade medio decilitro de agua de cocer las verduras, se sazona y se deja cocer el conjunto diez minutos.

Cuando todo está en su punto se rectifica de sal y se vierte en una fuente de barro refractario, separando antes las rodajas de chorizo.

Se parten uno a uno los huevos en una taza y se van colocando sobre la salsa, haciendo un hueco con la mano del mortero, y se ponen en forma de corona. Sobre cada yema se coloca una rodaja de chorizo y unas puntas de espárragos entre los huevos.

Se mete a horno fuerte, y cuando empieza a cuajarse la clara se sacan del horno y se sirven, poniendo la fuente sobre otra, con servilleta.

HUEVOS ESCALFADOS A LA BOHEMIA

INGREDIENTES Y CANTIDADES

Huevos	6.
Tartaletas	6.
Puré de *foie-gras*	125 gramos.
Queso rallado	25 gramos.
Laurel, perejil y sal.	

Pasta quebrada

Harina	250 gramos.
Manteca	gramos.
Leche	4 cucharadas.
Sal.	

Salsa

Tomates	250 gramos.
Zanahorias	2.
Cebolla	1 grande.
Ajo	1 diente.
Vino	1/2 decilitro.
Aceite	1/2 decilitro.

MODO DE HACERLO

Se preparan las tartaletas. En un recipiente se pone la harina, se abre un hueco en el centro y se echa la manteca de cerdo, la leche y un polvo de sal. Se amasa todo para hacer una masa fina y se deja reposar una hora.

Pasada esta hora, se estira la masa sobre la mesa espolvoreada de harina y se deja del grueso de un papel, y se forran seis tartaletas de seis centímetros de diámetro y de bordes muy bajitos, se pincha el fondo, se echan unos granos de arroz y se meten al horno hasta que están doradas.

En una cacerola se pone el aceite, se calienta y se echa la cebolla picada, se rehoga un poco y se agrega la zanahoria raspada y cortada en tiritas, se rehoga otro poquito y se echa el tomate cortado en pedazos, se añade el ajo, el laurel, sal, unos granos de pimienta y medio litro de agua, dejándose cocer tapado y a fuego lento durante media hora, añadiendo pequeñas cantidades de agua a medida que se vaya consumiendo.

Cuando están muy cocidos los ingredientes se pasa por un colador fino, apretando mucho con la seta para que resulte una salsa espesa. Se vuelve a poner al fuego y se le añade el vino, dejándolo cocer unos cinco minutos.

En litro y medio de agua hirviendo con medio decilitro de vinagre se escalfan los huevos en la forma explicada.

Hechas las tartaletas, se rellenan de *foie-gras*, se coloca encima de cada una un huevo escalfado, se colocan en una fuente de horno y se cubren con la salsa. Se espolvorea el conjunto con el queso rallado y se meten al horno durante dos minutos.

Se sirve en seguida.

HUEVOS ESCALFADOS ROSSINI

INGREDIENTES Y CANTIDADES

Pasta		*Salsa*	
Harina	200 gramos.	Caldo	1/2 litro.
Aceite	1/2 decilitro.	Mantequilla	20 gramos.
Leche	1/2 decilitro.	Harina	20 gramos.
Yema	1.	Vino de Jerez	
Sal.		o Madeira	1/2 decilitro.

MODO DE HACERLO

Se prepara una masa mezclando la yema, leche, aceite y sal y añadiendo harina hasta hacer una masa fina, que no se pegue a las manos.

Se deja reposar una hora y se forran unas tartaletas, como en la receta anterior. Se cuecen al horno, y cuando están doradas se vacían del arroz y se dejan enfriar un poco.

Se escalfan los huevos en la forma explicada, y en cada tartaleta se pone una rodaja de *foie-gras* y un huevo escalfado.

Se hace la salsa poniendo a hervir el caldo, y cuando comienza el hervor se añade la mantequilla y harina mezcladas de antemano y se mueve con las varillas para que no formen grumos; se deja cocer diez minutos muy suavemente y se agrega al decilitro de vino, madeira o jerez seco.

Sobre cada huevo se coloca una rodaja fina de trufa y se colocan en una fuente, vertiendo la salsa por encima.

HUEVOS ESCALFADOS A LA PORTUGUESA

INGREDIENTES Y CANTIDADES

Huevos	6.	Champiñones	200 gramos.
Costrones de pan	6.	Trufa	1.
Tomates	500 gramos.	Caldo comercial	1 cubito.
Cebolla	50 gramos.	Aceite	1/2 decilitro.
Sal y pimienta.			

MODO DE HACERLO

En una cacerola se pone el aceite, se calienta y se echa la cebolla; cuando empieza a dorarse se echan los tomates previamente escaldados, quitados la piel y semillas y picados muy menuditos; se añade un poco de azúcar para quitarles la acidez y se deja cocer suavemente durante veinte minutos. A media cocción se echan los champiñones y la trufa cortados en rajitas delgadas, el cubito de caldo disuelto en dos cucharadas de agua caliente y veinticinco gramos de mantequilla.

Se escalfan los huevos y se fríen en aceite unos costrones de miga de pan del tamaño de cinco centímetros de diámetro. Se ponen en una fuente los costrones de pan, encima de cada uno un huevo escalfado y se cubre todo con la salsa de tomate.

Se sirve bien caliente.

HUEVOS ESCALFADOS A LA AMERICANA

INGREDIENTES Y CANTIDADES

Huevos	6	*Salsa americana*	
Arroz	1/4 kilo.		
Mantequilla	25 gramos.	Mantequilla	50 gramos.
Cebolla picada	1 cucharadita.	Tomate	1/4 kilo.
Agua	1/2 litro.	Chalota picada	1.
Perejil	1 rama.	Coñac	1 copa.
Vino blanco	2 cucharadas.		➡

Gambas o cigalas   6.
Caldo de gambas   1 decilitro.
Cangrejos   4.
Sal, laurel, pimienta blanca y pimienta cayena.

MODO DE HACERLO

En una cacerolita se ponen veinticinco gramos de mantequilla, se calienta y se echa la cucharadita de cebolla picada menudísima y se deja rehogar muy lentamente, para que no tome color, dos o tres minutos; se agrega entonces el arroz, se rehoga con todo, sin dejarlo dorar, y se agrega el medio litro de agua hirviendo. Se pone una rama de perejil, se sazona de sal y, tapado, se mete a horno fuerte unos quince minutos.

Pasado este tiempo se retira del horno, se le agregan los otros veinticinco gramos de mantequilla hecha pedacitos para que se derrita antes y se deja reposar, tapado, cinco minutos. Se reserva cerca del calor hasta que haga falta.

Se escogen seis cigalas o gambas muy hermosas, se limpian lavándolas en varias aguas, se lavan también los cangrejos y se ponen en una cacerolita sobre el fuego. Se le agregan unos trocitos de cebolla, una cucharada de vino blanco y una pizca de laurel, y se deja cocer un minuto. Se sacan, se cuela el caldo y se reserva.

En una tartera o sartén se ponen veinticinco gramos de mantequilla, se calienta y se echa la charlota picada. Se deja rehogar un momento y se incorpora el tomate y se echa la charlota picada. Se deja rehogar un momento y se incorpora el tomate cortado en trozos. Se agrega una rama de perejil y las cabezas y cáscaras de los cangrejos machacados con un poco de sal; se agrega un poco de pimienta blanca y un poco de cayena y se dejan cocer diez minutos. Se añade el coñac y el vino blanco, prendiendo fuego al echarlos para evaporar el alcohol, y se agrega también el decilitro de caldo de cocer las gambas; se deja cocer todo cinco minutos más y se pasa por el chino, apretando bien para que suelte la sustancia; se pone en un cacillo, se le agregan las colitas de los cangrejos y los veinticinco gramos de mantequilla y se reserva al calor.

Se escalfan los huevos en la forma indicada y se van colocando en la tartera cerca del fuego para que no se enfríen.

En una fuente redonda se pone un aro de pastelería y se llena con el arroz, se levanta el aro y se colocan en corona sobre el arroz los huevos escalfados; sobre cada yema se coloca una gamba o cigala pelada y se cubre todo con la salsa reservada, que debe estar bien caliente.

HUEVOS ESCALFADOS 'CLAMART'

INGREDIENTES Y CANTIDADES

Huevos	6.	*Salsa crema*	
Guisantes desgranados	1/2 kilo.	Leche	1/2 litro.
Hoja de lechuga	4.	Mantequilla	50 gramos.
Mantequilla	30 gramos.	Harina	40 gramos.
Azúcar.		Nata	1 1/2 decilitro.
Pimienta blanca y sal.		Trufas	1

Seis costrones de pan y aceite para freírlos.

MODO DE HACERLO

En una cacerolita se pone medio litro de agua y un poco de sal, se calienta, y cuando rompa a hervir se echan los guisantes desgranados y las hojas de lechuga finamente picadas, después de lavarlas en varias aguas. Se dejan cocer media hora o más hasta que están tiernos los guisantes y la lechuga, y una vez en su punto, se escurre el agua, y puesta de nuevo en la cacerola se le agrega la mantequilla, se sazona de sal, azúcar y un poco de pimienta blanca, y cuando la mantequilla se ha derretido se mueve la cacerola para que queden bien impregnados los guisantes, y se reserva.

Se cortan unos costrones de miga de pan redondos, de cinco centímetros de diámetro; se mojan en leche, se pasan por huevo batido y se fríen muy doraditos.

Se escalfan los huevos en la forma acostumbrada y se reservan.

En una fuente redonda calentada se ponen los costrones en forma de corona, encima de cada costrón un huevo escalfado; en el centro se ponen los guisantes y sobre los huevos se echa la salsa crema.

SALSA CREMA

En una cacerolita se pone la mantequilla y la harina, se deja cocer un poco, se añade la leche hirviendo y se mueve rápidamente para que no se hagan grumos. Cuando ha cocido unos diez minutos se incorpora la nata cruda sin batir; se sazona de sal y se emplea en seguida para cubrir los huevos.

Encima de cada uno se pone una rodaja fina de trufa.

HUEVOS 'MOLLETS' O AL CRISTAL

Los huevos *mollets* son unos huevos cocidos durante los minutos suficientes para que la clara quede bien cuajada y la yema se conserve líquida. Para que los huevos queden en este punto conviene hacerlos del siguiente modo:

Se colocan los huevos en un cestito de alambre o en un colador, para que todos a la vez entren en el agua (los huevos deben tener el mismo tamaño, para que todos tengan la misma cocción). Se pone a la lumbre una cacerola grande con abundante agua, y cuando rompe a hervir se mete el colador o la cesta con los huevos. En cuanto rompa a hervir de nuevo se dejan cocer cinco minutos por el reloj, y transcurridos éstos se sacan del agua caliente y se zambullen en agua fría. De este modo cesa la cocción de los huevos, que dejándolos en agua caliente seguirían tomando punto y se endurecerían.

Cuando están completamente fríos se descascarillan con cuidado, dándoles varios golpecitos con el mango del cuchillo y procurando no romper la clara para que no se escape la yema. A medida que se van pelando se van echando en agua no demasiado caliente y se tienen un par de minutos.

Este modo de preparar los huevos tiene muchas aplicaciones, y cualquier receta de huevos escalfados puede aplicarse a los huevos *mollets* y viceversa.

HUEVOS 'MOLLETS' PRINCESA

INGREDIENTES Y CANTIDADES

Huevos	6.	Sal	6 gramos.
Espárragos	1 manojo.	Trufas	1 lata pequeña.

Pasta quebrada		*Salsa crema*	
Harina	200 gramos.	Leche	1/2 litro.
Huevos	1.	Mantequilla	50 gramos.
Mantequilla	50 gramos.	Harina	40 gramos.
Leche	1/2 litro.	Nata cruda	1 1/2 decilitros.

MODO DE HACERLO

Se prepara una pasta quebrada. En un recipiente se pone la harina, se ahueca en el centro y se echa la mantequilla, leche y sal. Se va recogiendo harina después de mezclar los ingredientes hasta obtener una masa fina y compacta, que se deja reposar media hora.

Transcurrida ésta, se pone sobre la mesa espolvoreada de harina y se extiende con el rodillo hasta dejarla del grueso de una cartulina, y se forran interiormente seis tartaletas ovaladas, de un tamaño suficiente para que quepa un huevo.

Ya forradas, se pincha el fondo, se llenan de arroz y se meten a horno moderado hasta que se doran los bordes; se desmoldan, quitándoles el arroz, y se reservan.

Se limpian los espárragos, cortándolos de un largo de seis centímetros; se hace un ramillete, se atan y se ponen a cocer en agua hirviendo con sal, se cubren con una servilleta y se dejan cocer media hora.

Se retira la olla del fuego y se ponen a escurrir los espárragos.

Se hace la salsa crema del siguiente modo: en un perolito se pone la mantequilla y la harina, se deja cocer unos minutos, se agrega la leche hirviendo, se mueve rápidamente con las varillas para que no se hagan grumos.

Se deja hervir diez minutos a hervor muy suave y se retira del fuego. En este momento se incorpora la nata cruda y sin batir, moviendo la salsa con las varillas.

En una fuente redonda se colocan las tartaletas; en cada una se coloca un huevo *mollets*, hecho como queda explicado más arriba, alternando aquéllos con igual número de montoncitos de espárragos con las puntas hacia el borde de la fuente. Se cubren los huevos y la parte blanca de los espárragos con la salsa crema, espolvoreando la salsa con la trufa picada algo menudita.

HUEVOS 'MOLLETS' VILLEROY

INGREDIENTES Y CANTIDADES

Huevos	6.	Huevos batidos	2.
Salsa besamel	1/4 litro.	Pan rallado	1 taza.
Aceite	1/4 litro.	Harina	25 gramos.

MODO DE HACERLO

Se hace una salsa besamel espesa con tres decilitros de leche, cuatro cucharadas de harina y treinta gramos de mantequilla, dejándola cocer despacio quince minutos.

Se preparan con anterioridad seis huevos *mollets* en la forma acostumbrada, y una vez fríos, se descascarillan, se secan bien y se colocan en una fuente.

Se cubren de besamel y se van colocando en una placa untada de aceite y se dejan enfriar. Ya fría la salsa, se iguala, recortando las barbas de la besamel; se pasan por harina y después por huevo batido y miga de pan rallado y se fríen en aceite bien caliente, y muy doraditos se colocan en una fuente redonda de forma de corona, y en el centro se adorna con un ramo de perejil frito.

Se sirve acompañado de una salsa de tomate.

HUEVOS 'MOLLETS' A LA ALICANTINA

INGREDIENTES Y CANTIDADES

Huevos	7.	Harina	25 gramos.
Patatas	3.	Cebolla	1.
Langostinos	250 gramos.	Salsa de tomate	1 cucharada.
Mantequilla	50 gramos.	Aceite	1/2 decilitro.
Trufa	1 pieza.	Sal y pimienta blanca.	

MODO DE HACERLO

Se eligen las patatas de igual tamaño, de forma alargada. Se mondan, se parte por la mitad y se vacían con la cucharilla de las legumbres hasta dejarlas en forma de barquita.

Se ponen en una cacerola en agua fría con sal, se acercan al fuego y se deja cocer hasta que estén tiernas y puedan atravesarse con un alfiler. Se sacan, se ponen a escurrir sobre un paño y se reservan.

Se cuecen los langostinos en caldo formado con cuarto litro de agua, medio vaso de vino y una cebolla cortada en tiras finas. Ya cocidos, se descascarillan y se cortan las colas en cuadraditos. El caldo se reserva.

Se amasan cincuenta gramos de mantequilla y los veinticinco gramos de harina y se adiciona poco a poco el caldo de los langostinos, se agrega la cucharada de salsa de tomate y se deja cocer muy lentamente durante veinte minutos. Se sazona de sal y pimienta blanca.

Se preparan seis huevos *mollets*, como queda explicado más arriba.

Se pasan las barquitas por huevo y harina y se fríen en aceite hasta que queden muy doraditas; en el fondo se ponen unos trocitos de langostinos y unas cucharaditas de salsa; se coloca el huevo encima y se cubre todo con la salsa. Se espolvorea de trufa picada.

HUEVOS 'MOLLETS' NIZARDA

INGREDIENTES Y CANTIDADES

Huevos	6.	Caldo	2 decilitros.
Patatas	6.	Maizena	1 cucharadita.
Guisantes		Jerez	1 cucharadita.
desgranados	200 gramos.	Aceite	1 decilitro.
Tomates	200 gramos.	Ajo, perejil, sal y pimienta.	
Mantequilla	25 gramos.		

MODO DE HACERLO

Se tornean las patatas, que deben ser grandes y lisas, como si fueran cazuelitas de unos seis centímetros de diámetro, se vacían con una cucharilla de legumbres y se deja un centímetro de alto en el fondo.

Se ponen en una cacerola con agua fría y sal; se acerca al fuego y se dejan cocer seis minutos; pasado este tiempo se sacan, se pasan por un poco de harina y se fríen en aceite, dejándolas muy doraditas.

Se preparan los huevos *mollets* en la forma explicada y se reservan.

Se cuecen los guisantes en agua hirviendo con sal, y cuando están tiernos, pero sin deshacerse, se sacan del agua y se ponen a escurrir; ya escurridos, se saltean con veinticinco gramos de mantequilla y se dejan al calor.

Se escaldan los tomates durante dos minutos, se les quita la piel, se parten por la mitad y se estrujan para quitarles el agua y pepitas. Se cortan en cuadraditos sobre la tabla y se fríen en aceite durante diez minutos.

Se pone el caldo en una cacerola, se calienta, y cuando rompe a hervir se agrega la cucharada de maizena desleída en dos cucharadas de agua fría, se deja hervir dos minutos y se le agregan diez gramos de mantequilla y una cucharadita de jerez.

Se preparan las cazuelitas de patatas, poniendo una cucharada de guisantes en el fondo y una cucharada de salsa, se coloca un huevo y encima un montoncito de tomate frito con un punto de perejil en el centro.

En una fuente se colocan las cazuelitas y se cubre el fondo con la salsa. Se sirven muy calientes.

HUEVOS 'MOLLETS' A LA BELLA OTERO

INGREDIENTES Y CANTIDADES

Huevos	7.	Mantequilla	50 gramos.
Patatas	6.	Unas gotas de carmín y verde vegetal.	
Leche	1/4 litro.	Sal, pimienta blanca y nuez moscada.	
Harina	2 cucharadas.		

MODO DE HACERLO

Se escogen patatas muy redondas y lisas y se ponen a cocer enteras y con piel en agua fría y un poco de sal. Cuando están tiernas, que se atraviesan con un alfiler, se les quita la piel, se corta una rebanada de la parte de arriba y se vacían con una cucharilla de legumbres hasta dejarlas de un centímetro de espesor y se reservan al calor.

Se pasa por un tamiz lo sacado de las patatas y se hace un puré, agregándole diez gramos de mantequilla y una yema de huevo; de este puré se separa un poco para teñir la mitad de lo separado con dos gotas de carmín vegetal (para darle un tono color de rosa, y la otra mitad con dos gotas de verde).

Se hace una besamel con el cuarto litro de leche, la harina y treinta gramos de mantequilla (véase *Salsa besamel*), se sazona de sal, pimienta blanca y nuez moscada.

En cada patata se pone en el fondo una cucharada de besamel, encima un huevo *mollets*. Con el puré amarillo, puesto en una manga con boquilla rizada, se hace un cordón alrededor del borde de la patata. Con el puré rosa se marcan (con la boquilla de pastelería) unas florecillas a cada lado, y unas hojitas con el resto de besamel, y se meten en el horno un ratito para que se caliente.

Se colocan, para servirlos, en una fuente redonda, sobre una servilleta plegada.

Este mismo plato puede prepararse con los huevos escalfados.

HUEVOS DUROS

Los huevos duros se hacen dejándolos cocer de diez a quince minutos, según su tamaño.

No conviene dejarlos más tiempo de cocción, porque la clara sale oscura y la yema verdosa.

Se ponen en agua hirviendo para que la yema no se vaya a un lado, y desde que rompan a hervir se cuentan los minutos; si son pequeños, diez minutos: aumentando hasta quince, según su tamaño.

Pasados estos minutos, se zambullen en agua fría, y no se descascarillan hasta que están completamente fríos.

HUEVOS DUROS HERMINIA

INGREDIENTES Y CANTIDADES

Huevos	6.	Guisantes desgranados	1/2 kilo.
Patatas	3.	Zanahorias	100 gramos.
Anchoas	6 rollitos.	Aceite	2 decilitros.
Alcaparras	6.	Vinagre, sal y mostaza.	

MODO DE HACERLO

Se cuecen seis huevos durante doce minutos, se enfrían, se descascarillan y se parten por la mitad.

Se mondan las patatas y se cortan en rodajas de dos centímetros de gruesas, moldeándolas en forma ovalada, del tamaño de los huevos. Se ponen en agua fría con sal, se acercan al fuego y se dejan cocer hasta que estén tiernas.

Se cuecen por separado las zanahorias y guisantes en agua hirviendo con sal. Cuando están cocidas, se escurren.

Se hace la mayonesa con la yema del huevo restante, el aceite, y se sazona con sal, vinagre y un poco de mostaza.

En una sartén se pone medio decilitro de aceite, se fríe un ajo y se rehogan los guisantes, sacándolos a un plato.

En una fuente se colocan en círculo las rodajas de patatas y el medio huevo encima y se cubren con la mayonesa; en el centro se colocan los guisantes y alrededor y se adorna la fuente con rodajas de zanahorias.

Encima de cada huevo se coloca un turbante de anchoas con una alcaparra.

HUEVOS DUROS AURORA

INGREDIENTES Y CANTIDADES

Huevos	6.	Mantequilla	60 gramos.
Harina	50 gramos.	Queso rallado	30 gramos.
Leche	1/2 litro.	Nuez moscada.	
Salsa de tomate	6 cucharadas.	Sal.	

MODO DE HACERLO

Se cuecen los huevos durante doce minutos, al cabo de los cuales se refrescan en agua fría y se descascarillan; se parten por la mitad a lo largo y se sacan las yemas.

Se hace una besamel con la mantequilla y la harina, agregándole medio litro de leche hirviendo. Se deja cocer cinco minutos y se retira las tres cuartas partes de la salsa, dejándola al calor.

En el resto se agregan las yemas pasadas por tamiz, se mezclan y se sazonan de sal y un poco de pimienta blanca; esta pasta se pone en una manga con boquilla rizada y se rellenan las claras.

Se mezcla la besamel reservada con la salsa de tomate, se sazona de sal y un poco de nuez moscada y se reserva al calor.

Se colocan los huevos en una fuente de gratinar, se cubren con la salsa y se espolvorean con el queso rallado; se añade un poco de mantequilla derretida y se mete al horno cinco minutos.

HUEVOS DUROS A LA PRESIDENCIA

INGREDIENTES Y CANTIDADES

Huevos	7.	Mantequilla	100 gramos.
Foie-gras	75 gramos.	Harina	50 gramos.
Espinacas	600 gramos.	Leche	1/2 litro.
Guisantes	300 gramos.	Trufas	1 pieza.
Sal, pimienta y nuez moscada.			

MODO DE HACERLO

Se cuecen las espinacas en agua y sal durante diez minutos, se refrescan y se escurren bien.

Se cuecen los guisantes en agua hirviendo con sal, y cuando están muy tiernos se escurren y se pasan por tamiz para hacer puré.

Se hace una besamel con la harina, la leche y cincuenta gramos de mantequilla; se sazona de sal, pimienta y nuez moscada y se incorpora el puré de guisantes y una yema de huevo. Bien mezclado todo, se reserva al calor.

Se cuecen los huevos y se descascarillan en la forma expresada en las recetas anteiores; se parten por la mitad al largo y se sacan las yemas.

Se mezclan éstas con el *foie-gras*, machacando en el mortero para hacer una pasta fina.

Se sazona de sal y se rellenan las claras, poniendo el relleno un poco abombado.

Se rehogan las espinacas con el resto de mantequilla, se colocan los huevos encima y se meten en el horno unos minutos para calentarlos. Cuando están calientes se cubren con la salsa y se espolvorean con la trufa picada muy menudita.

HUEVOS EN COCOTERAS

Son parecidos a los huevos al plato, y en vez de servirlos en cazuelitas, se sirven en cocoteras individuales (como cacerolitas redondas y sin tapas).

Se cuecen del modo siguiente: se untan con mantequilla las cocoteras y en cada una se casca un huevo muy fresco, teniendo cuidado de no reventar la yema; se sazona de sal y se colocan todas en una tartera con agua caliente. Se introducen en el horno durante cuatro o cinco minutos, para que se cuajen.

Sirven las mismas guarniciones de los huevos al plato.

HUEVOS 'COCOTTES' CON HIGADILLOS AL GRATÍN

INGREDIENTES Y CANTIDADES

Huevos	6.	Queso rallado	25 gramos.
Higadillos de pollo	2.	Yemas.	
Mantequilla	40 gramos.	Trufas.	
Besamel	1/4 litro.	Jerez	1 copa.
Perejil, sal, pimienta y nuez moscada.			

Se hace una besamel con tres decilitros de leche, veinticinco gramos de mantequilla y una cucharada de harina. Se cuece diez minutos muy suavemente y sin cesar de moverla, para que quede muy fina; se sazona con sal, pimienta blanca y se agrega la yema del huevo, desleída en una cucharada de leche templada.

Se cortan seis rodajas de las trufas muy finitas y el resto se pica muy menudito.

Se cuecen los higadillos en agua hirviendo con sal durante tres minutos, se sacan del agua y se cortan muy menuditos.

Se ponen en una sartén al fuego veinte gramos de mantequilla y se echan los higadillos y las trufas. Cuando empieza a freír se agrega el jerez, las trufas y la cucharada de sal y de tomate, y se deja cocer cinco minutos.

Se reparte el picadillo en las seis cocoteras, se echa un huevo en cada una, se sazona con una pizca de sal y se cuecen al baño de María en el horno, como queda explicado.

Cuando empieza a cuajarse se cubren con unas cucharadas de besamel, se espolvorean con el queso rallado, se rocían con mantequilla derretida y se meten a horno muy fuerte un minuto.

HUEVOS MOLDEADOS

Huevos que se cuecen en flaneros individuales (ya sean enteros o batidos) al baño de María, y que se desmoldan para servirlos aderezados de muchas guarniciones.

Se untan los flaneros de mantequilla y se echa un huevo, clara y yema, y se meten al horno en baño de María durante tres o cuatro minutos; la clara ha de cuajarse y la yema conservarse blanda; una vez cuajados se vuelcan con cuidado en una fuente, adornándolos como indique la receta.

FLANES DE HUEVO A LA PORTUGUESA

INGREDIENTES Y CANTIDADES

Huevos	3
Leche	2 decilitros.
Mantequilla	30 gramos.
Sal.	

Salsa de tomate

Tomates	1/2 kilo.
Cebollas	100 gramos.
Aceite	3 cucharadas.
Vino blanco	1 cucharada.

MODO DE HACERLO

En una sartén se pone el aceite a calentar y se echa la cebolla picada; cuando empieza a dorarse se agrega el tomate, después de lavarlo y cortado en trozos pequeños. Se deja cocer suavemente durante media hora o más y cuando ha transcurrido este tiempo se pasa por un colador muy fino, apretando mucho con la seta para que quede una salsa espesa y fina; se agrega una cucharada de vino blanco, sal, pimienta blanca y veinte gramos de mantequilla; se mezcla todo y se reserva al calor.

En un recipiente se cascan los huevos y se baten un poco, como para tortilla; se agrega la leche caliente y un poco de sal y se reparten en seis moldecitos individuales, bien untados de mantequilla; se mezcla todo y se reserva al calor.

En un recipiente se cascan los huevos y se baten un poco, como para tortilla; se agrega la leche caliente y un poco de sal y se reparten en seis moldecitos individuales, bien untados de mantequilla. Se ponen a cocer al horno en baño de María durante un cuarto de hora, y cuando toman consistencia (se nota clavando en el centro la aguja de calcetar, y si sale limpia estará en su punto) se sacan y se dejan en agua caliente, pero no demasiado, para que no se enfríen.

Se desmoldan en una fuente y se vierte la salsa de tomate, sin que cubra los flanes.

HUEVOS MOLDEADOS AL MADEIRA

INGREDIENTES Y CANTIDADES

Huevos	6.	Trufas	1.
Huevos para rebozar	1.	Madeira	1 copita.
Mantequilla	50 gramos.	Limón	1/2
Costrones de pan	6.	Jugo de carne	1 decilitro.
Aceite para freír los costrones y sal.			

MODO DE HACERLO

Se untan perfectamente con la mitad de la mantequilla seis moldecitos de flan. Se cortan las trufas en seis rodajas y se pone una rodaja en cada uno de los moldecitos, y en seguida se casca un huevo en cada molde.

Se ponen a cocer al horno al baño de María en la forma explicada, y cuando está cuajada la clara se sacan del horno y se dejan los moldes dentro del agua caliente, para que no se enfríen.

Se cortan seis rebanadas de pan de molde y se moldean redondas; se mojan en un poco de agua con sal y se escurren bien, se pasan por huevo batido y se fríen en aceite caliente, dejándolas muy doraditas.

Se pone el jugo de carne en un cacillo y se agrega el vino de Madeira, se deja cocer dos minutos y se incorpora una cucharadita de maizena desleída en una cucharada de agua fría. Se deja que rompa a hervir nuevamente y se retira, agregándole otra mitad de la mantequilla.

En una fuente se desmoldan los huevos, poniendo uno sobre cada costrón, virtiendo la salsa caliente por encima. Puede adornarse la fuente con unos triángulos de pan frito.

TORTILLAS

Para que las tortillas salgan en el punto debido han de estar bien dobladas y de bonito color amarillo y conservarse blandas en su interior.

TORTILLA A LA FRANCESA

Se baten dos huevos con un poco de sal y un poco de perejil picado, se baten lo suficiente para que se mezclen la yema y la clara.

En una sartén pequeña se ponen dos cucharadas de aceite fino frito y se embadurna bien el fondo y las paredes; se acerca al fuego y cuando está la grasa bien caliente se echa el huevo batido. Con un tenedor se revuelve un poco el huevo para que trabe y, obteniendo esto, se deja quieta la sartén para que se forme la corteza exterior. Se mueve la sartén, y cuando se despega del fondo se inclina hacia afuera y se dobla en tres dobleces.

Se vuelca en un plato y se sirve en seguida.

TORTILLA DE JAMÓN

INGREDIENTES Y CANTIDADES

Huevos	6.	Jamón	75 gramos.
Aceite	30 gramos.	Sal.	

MODO DE HACERLO

Se corta el jamón en cuadraditos regulares y se pone a desalar en leche tibia durante una hora. Se escurre bien, se rehoga un poco en la sartén y se saca a un plato.

Se baten los huevos y se le añade el jamón. Se pone el aceite en la sartén, se calienta, se echa el huevo y se hace la tortilla como se explicó más arriba.

TORTILLA DE SETAS

INGREDIENTES Y CANTIDADES

Huevos	6.	Setas frescas	125 gramos.
Jamón	50 gramos.	Perejil picado	1 cucharada.
Aceite, sal y pimienta.			

MODO DE HACERLO

Se preparan las setas, mirándolas una por una; se raspan, se recortan un poco los pedúnculos y se lavan en varias aguas.

Se pican en pedacitos y se echan en una sartén con dos cucharadas de aceite caliente, se añade el jamón y el perejil picado y se dejan rehogar muy lentamente hasta que las setas estén tiernas. Se sacan de la sartén y se escurren de la grasa.

Se baten los huevos, se sazona de sal y pimienta y se agregan las setas. Se ponen dos cucharadas de aceite en la sartén, se calienta y se echa el batido. Se hace la tortilla como en las recetas anteriores.

TORTILLA A LA BRETONA

INGREDIENTES Y CANTIDADES

Huevos	10.	Setas	250 gramos..
Cebollas	1.	Aceite	1 decilitro.
Sal, pimienta y perejil.			

MODO DE HACERLO

Se pica muy fina la cebolla, se echa en la sartén en medio decilitro de aceite caliente puesto en la sartén, se añaden las setas y se tapan, dejándolas hacer muy lentamente hasta que estén tiernas.

Se baten los huevos, se salpimienta, se añade el frito de las setas, escurrida la grasa.

Se calienta un poco de grasa en la sartén y se hace la tortilla.

TORTILLA A LA ITALIANA

INGREDIENTES Y CANTIDADES

Huevos	8.	Macarrones	75 gramos.
Mantequilla	75 gramos.	Queso rallado	50 gramos.
Sal.			

MODO DE HACERLO

Se parten los macarrones en trocitos y se cuecen en agua hirviendo con sal durante veinte minutos; se refrescan y se pone a escurrir.

En una sartén se echa la mitad de la mantequilla, se calienta y se saltean los macarrones.

Se baten los huevos y se agrega una cucharada de gruyère rallado, se le incorporan los macarrones y se hace la tortilla a la francesa, que quede jugosa; se pone la tortilla en una fuente de gratinar, se espolvorea con bastante queso rallado y se rocía con el resto de la mantequilla.

Se coloca la fuente en una placa de horno con unas cucharadas de agua y se mete en el horno, que debe estar fortísimo, para que dore un minuto y no se endurezca la tortilla.

Se saca y se sirve en seguida.

PESCADOS

LENGUADOS

Los lenguados necesitan una preparación previa.

Para presentarlos enteros se escogen lenguados de ración, y para hacerlos filetes conviene escogerlos de buen tamaño, a medio kilo por pieza, pues no conviene que sean demasiado delgados los filetes que se saquen. En uno y otro caso hay que quitarles la piel, y aunque en algunos sitios los limpian los pescaderos, conviene saber hacerlo, pues no siempre hay facilidad para ello.

Para despellejarlos enteros se colocan sobre una tabla con la parte oscura del lenguado para abajo. Con un cuchillo que corte bien se corta la cabeza, dejándola sujeta por la piel oscura. Se da vuelta al lenguado, se coge la cabeza con un paño y se tira hacia abajo de la piel. Una vez quitada la piel oscura, se vuelve el pescado con la parte blanca hacia arriba, se hace un corte en la cola, se desprende un poco de la piel y se tira de ésta hacia arriba. De este modo queda despellejado perfectamente.

Cuando se han de sacar los filetes, conviene no despellejarlos antes, sino después de sacados los filetes.

Se hace una incisión en el centro del lenguado con un cuchillo fino y se sigue el corte siguiendo la dirección lateral a todo lo largo de la espina dorsal, separando la carne de la raspa, hasta que queden desprendidos los cuatro filetes.

Para quitarles la piel se ponen sobre la tabla con la piel hacia abajo y se coge con un paño la punta del pellejo, se introduce un cuchillo puesto de plano entre la piel y la carne, y el filete queda limpio.

Si los filetes son muy grandes, se parten por la mitad en sentido diagonal. Se aplastan ligeramente y se adornan según la receta.

FILETES DE LENGUADOS MARGUERY

INGREDIENTES Y CANTIDADES

Lenguados	1 kilo.	*Velouté* de pescado	1/4 litro.
Mejillones	1/4 kilo.	Mantequilla	150 gramos.
Gambas	1/2 kilo.	Yemas	3.

MODO DE HACERLO

Se hacen los filetes de un kilo de lenguados, procurando entren cuatro en el kilo; se aplastan un poco, se sazonan de sal y jugo de limón y se ponen en una besuguera untada de mantequilla; se agrega medio decilitro de vino blanco, se cubren con un papel blanco untado de mantequilla y se ponen a horno fuerte unos cinco minutos.

Se limpian los mejillones, y se echan en una cacerolita, se tapan y se ponen al fuego hasta que se abren, y se retiran a medida que se van abriendo, para que no se endurezcan; se vacían y se reserva el líquido que sueltan y la carne de los mejillones.

Se cuecen las gambas en agua hirviendo con sal durante un minuto, se sacan las colas y se parten por la mitad, reservándolas con los mejillones.

Con los recortes y espinas del lenguado se hace un caldo de pescado (*fumet*).

En una cacerola se pone un litro de agua, una zanahoria cortada en rodajas y una cebolla pequeña picada, un puerro, una rama de perejil y media hoja de laurel, un vasito de vino blanco y cuatro gramos de pimienta. Se tapa la cacerola, se deja cocer media hora y se pasa por el chino.

Se prepara el *velouté* para la salsa del modo siguiente: en una cacerola se ponen treinta y cinco gramos de mantequilla y treinta gramos de harina, se rehoga un poco y se añade medio litro de caldo de pescado (*fumet*), removiendo con las varillas para que resulte muy fino. Se sazona de sal y se deja cocer hasta quedar en la mitad.

PREPARACIÓN DE LA SALSA

En una cacerola esmaltada se ponen las yemas, tres cucharadas de caldo de pescado y media cucharadita de zumo de limón. Se pone cerca del fuego y se agrega la mantequilla líquida y templada poco a poco. Se sigue batiendo como si fuera mayonesa, y cuando se ha incorporado toda la mantequilla se añade el cuarto de litro de *velouté* preparado; bien mezclado todo, se deja al baño de María.

Se colocan los filetes del lenguado en escalera, poniendo entre ellos los mejillones y las gambas.

Se cubre con la salsa y se meten a horno muy fuerte unos momentos. Cuando forma una capa un poco dorada, se saca y se sirve en seguida.

390

LENGUADOS A LA MOLINERA

INGREDIENTES Y CANTIDADES

Lenguados	6 de 150 gramos.	Leche	1 decilitro.
Mantequilla	75 gramos.	Harina	50 gramos.
Aceite	1/2 decilitro.	Limones	3 piezas.
Sal.			

MODO DE HACERLO

Se limpian los lenguados, se les corta la cabeza y se quita la piel, se sazona de sal y se pasan por leche y harina.

En una sartén se pone el medio decilitro de aceite y veinticinco gramos de mantequilla, y cuando está caliente se echan los lenguados y se dejan freír despacio para que tomen color; se sacan y se colocan en una fuente en escalera. En la grasa que quede de freír los lenguados se agregan cincuenta gramos de mantequilla, se deja dorar un poco y se vierte sobre los lenguados.

Se colocan unas lonchas de limón en el borde de la fuente y sobre los lenguados se agrega un poco de zumo de limón y perejil picado.

LENGUADOS COLBERT

INGREDIENTES Y CANTIDADES

Lenguados	6.	Mantequilla	100 gramos.
Huevos	2.	Aceite	1 1/2 decilitro.
Harina	50 gramos.	Papel de barba	1 hoja.
Pan rallado, perejil y sal.			

MODO DE HACERLO

Se quita la piel negra a los lenguados y se escama bien la piel blanca, se corta la cabeza y las aletas. Se colocan sobre la mesa y con un cuchillo fino se hace un corte por el centro a todo su largo, hasta tocar la espina central; se despega un poco a cada lado los filetes y se deja una abertura ovalada, quedando al descubierto la espina. Se sazona de sal y limón. Se rebozan en harina; se pasan por huevo batido y, por último, se empanan con pan rallado pasado por el colador para que esté fino.

Se pone a calentar el aceite y se fríen muy doraditos; a medida que se van sacando se colocan sobre un paño para que escurran, y después en una fuente calentada de antemano, y en cada abertura se coloca una rodaja de mantequilla a lo *maître d'hotel* al momento de servirlo.

Se adorna la fuente con rodajas de limón y perejil frito.

PREPARACIÓN DE LA MANTEQUILLA

Se mezcla la mantequilla con un poco de zumo de limón, sal y un poco de pimienta blanca y perejil picado; se forma un cilindro y se pone en hielo, envuelto en papel de barba para que endurezca. Al momento de servir el pescado se cortan rodajas y se rellenan las aberturas del lenguado.

PEREJIL FRITO

Se cortan las hojas de un ramo de perejil, se lavan y se escurren, se colocan en un colador y se mete éste en aceite caliente, sacándolo en seguida; se escurre la grasa y se emplea.

FILETES DE LENGUADOS AL VINO BLANCO

INGREDIENTES Y CANTIDADES

Dos lenguados de 500 gramos cada uno.

Mantequilla	175 gramos.	Cebollas blancas	2.
Vino blanco,		Yemas	4.
tipo Diamante	3 decilitros.	Sal y pimienta blanca.	

MODO DE HACERLO

Se despellejan los lenguados, sacando ocho filetes.

Se unta una tartera alargada con mantequilla, se cubre el fondo con la cebolla cortada en rodajas finísimas y se colocan encima los filetes de lenguado. se sazona de sal y pimienta blanca, se añade el vino blanco y un poquito de agua y se tapan con un papel de barba untado de mantequilla y se meten al horno, que debe estar muy caliente. A los diez minutos se sacan del horno y se escurre con cuidado el líquido de cocerlo.

En un perolito se ponen cincuenta gramos de mantequilla, se acerca al fuego y cuando está se retira y se agregan veinticinco gramos de harina y se deja cocer durante dos minutos; se retira del fuego y se añade el caldo del pescado pasado por un colador, batiendo el conjunto con el batidor.

Se deslíen las yemas con dos cucharadas de caldo frío y se incorporan poco a poco a la salsa; se acerca al fuego, moviéndolo sin parar, y cuando va a hervir se retira y se añaden cien gramos de mantequilla partida en trocitos.

Se remueve bien con las varillas y se añaden unas gotas de limón, se sazona de sal, se retira y se reserva al calor al baño de María; se colocan los filetes en una fuente calentada y se cubren con la salsa.

RIZOS DE LENGUADO ORLY

Se despellejan lenguados de medio kilo y se sacan los filetes; se sazonan de sal fina, se pasan por huevo batido y pan rallado y se enrollan, sujetando los rizos con un palillo.

Se fríen en aceite, y cuando estén dorados se ponen en una fuente, y se adorna ésta con perejil frito.

Puede servirse salsa de tomate en una salsera.

LUBINA

La lubina es un pescado finísimo; su mejor preparación es ponerla cocida al caldo corto y acompañada de una salsa adecuada; si se sirve fría, se pondrá con mayonesa, salsa tártara, etcétera. Si se sirve caliente, con salsa holandesa, muselina blanca, etcétera. (Véase *Salsas*).

Si son lubinas pequeñas, pueden ponerse fritas.

MERLUZA A LA PARMESANA

INGREDIENTES Y CANTIDADES

Una cola de merluza	750 gramos.	Mantequilla	50 gramos.
Espárragos	2 manojos.	Limones	2.
Tomates	6.	Aceite	2 decilitros.
Harina	25 gramos.	Queso de Parma	50 gramos.

MODO DE HACERLO

Se preparan los espárragos; se raspan, se cortan todos iguales y se ponen a cocer en agua hirviendo con sal; ya cocidos, pero no deshechos, se sacan, se escurren bien y se colocan en una fuente de horno, se cubren de queso rallado y veinte gramos de mantequilla y se meten en el horno hasta que toman color dorado.

Se eligen unos tomates pequeños e iguales, se les corta un poco el tallo, se vacían ligeramente el agua y pepitas, se rocían de mantequilla y se meten en el horno unos diez minutos.

Se limpia de escamas y raspas la cola de merluza, se abre para quitar la espina central, sacando dos filetes iguales de las dos mitades; se espolvorean de sal fina, se enharinan y se fríen en una tartera con aceite caliente. Bien doradita por los dos lados, se coloca en una fuente. Se escurre la mitad del aceite de freírla y se echa limón y una cucharadita de perejil picado. Se acerca al fuego, y cuando toma color dorado se vierte por encima del pescado.

Se colocan los espárragos y tomates, alternando, alrededor, y unas rajas de limón sobre el pescado.

FILETES DE MERLUZA BELLAVISTA

INGREDIENTES Y CANTIDADES

Merluza, un kilo en seis filetes.

Aspic de verdura

Nabos	100 gramos.
Zanahorias	100 gramos.
Cola de pescado	10 gramos.
Agua	1/2 decilitro.

Sal, pimienta y vinagre.

Mayonesa

Huevos	2.
Aceite	1/4 litro.
Patatas 1	25 gramos.
Guisantes	100 gramos.
Judías verdes	100 gramos.

Gelatina de pescado

Caldo de pescado	1/2 litro.
Cola de pescado	30 gramos.
Claras de huevo	2.
Tomate	1.
Apio	1 trozo.
Vino blanco	1/2 copa.

MODO DE HACERLO

Se escoge la merluza de la parte del centro, para que salgan buenos filetes. Se abre, se quita la espina y del lomo se cortan seis filetes iguales, que se golpean un poco para darles buena forma. Con la espina y las faldas de la merluza se hace un caldo del modo siguiente: en una cacerola se ponen los recortes de la merluza, la espina y la piel; se añade una zanahoria cortada en rodajas, una rama de perejil, un puerro cortado en tiras y un trocito de cebolla picada; se añade un litro de agua y se deja cocer despacio un par de horas, hasta que el líquido queda reducido a la mitad.

Obteniendo medio litro de caldo, se prepara la gelatina.

En una cacerola se pone el caldo pasado por un tamiz, el tomate y apio cortado en trocitos, las claras batidas a punto de nieve y la cola de pescado (remojada de antemano en agua fría durante un par de horas). Se acerca la cacerola al fuego y cuando rompe a hervir se agrega un decilitro de agua fría en dos o tres veces; se retira a un lado y se deja cocer moviendo con espátula para que la cola no se agarre al fondo. Pasado este tiempo, se añade el vino, se cuela por una servilleta humedecida y se reserva.

Se preparan las verduras, cortándolas en cuadraditos pequeños, poniéndolas a cocer en agua hirviendo con sal; a media cocción se agregan las patatas mondadas y cortadas en cuadraditos. Cocidas las verduras, se retiran y se escurren bien en un colador.

Se prepara la mayonesa batiendo las yemas con el cuarto de litro de aceite, en la forma acostumbrada. Cuando ha absorbido todo el aceite se sazona con un poco de sal y unas gotas de limón y se agregan los diez gramos de cola de pescado, remojado de antemano, desleída en medio decilitro de agua hirviendo.

Antes de que se cuaje se separan cuatro cucharadas, dos en cada plato, y se colorean con unas gotas de carmín para dar un tono rosa y otro verde claro.

De la mayonesa reservada se bañan con una cucharada los filetes de merluza y el resto se echa en la ensalada de verduras.

Antes de que se enfríe por completo la gelatina hecha, se tapiza un molde echando un poco en el fondo y dejándola cuajar; se rellena con la ensalada de verduras y se termina de rellenar con medio centímetro de gelatina.

Se deja enfriar y se desmolda, metiéndolo un segundo en agua caliente.

En una sartén redonda se pone en el centro el *aspic* de verduras, y se colocan con simetría los filetes de merluza cubiertos de mayonesa. Sobre cada filete se marca un detalle con la mayonesa rosa y verde y con el resto de la gelatina muy picadita se decora alrededor de los filetes.

FILETES DE MERLUZA VALESCA

INGREDIENTES Y CANTIDADES

Merluza	1 1/4 kilo.	*Salsa Mornay*	
Mantequilla	20 gramos.		
Langostinos	24 piezas.	Leche	1/4 litro.
Trufas	1 latita.	Caldo de pescado	1/4 litro.
Sal.		Mantequilla	30 gramos.
		Harina	30 gramos.
		Nata	2 cucharadas.
		Queso gruyère	30 gramos.

MODO DE HACERLO

Se lavan los langostinos y se ponen a cocer en agua hirviendo con sal durante tres minutos, se sacan, se les quita la cáscara y se reserva el caldo.

Se hacen doce filetes de la merluza, se colocan en una placa untada de mantequilla, se rocían con unas cucharadas de caldo de los langostinos, se tapan con un papel untado de mantequilla y se mete la placa a horno fuerte unos diez minutos.

Cuando ha transcurrido este tiempo se sacan con cuidado y se colocan en una fuente ovalada en escalera; se cubren con la salsa y se colocan a los lados las colas de los langostinos con simetría. Sobre los filetes se pone una hilera de láminas de trufas.

SALSA MORNAY

En una cacerolita se pone la mantequilla y la harina, se deja cocer unos minutos y sin dejar que se dore se agrega la leche hirviendo, moviendo rápidamente con las varillas; se agrega el caldo de pescado, se sazona de sal, pimienta y nuez moscada y se deja cocer lentamente diez minutos. Se separa del fuego, se añade la nata y el queso rallado y se utiliza.

MERLUZA MONTECARLO

INGREDIENTES Y CANTIDADES

Merluza	1 kilo.	Huevos	2.
Mantequilla	60 gramos.	Pan rallado.	
Limones	2.	Aceite abundante para freír.	
Sal.			

MODO DE HACERLO

Se coge la merluza de la parte cerrada y se cortan seis rodajas buenas. Se sazona, se pasan por huevo batido y pan rallado y se fríen en abundante aceite bien caliente para que salgan muy doraditas. A medida que se van sacando las rodajas de la sartén se ponen a escurrir en una parrilla.

Se pone la mantequilla en una cacerolita y ésta al baño de María en agua hirviendo, para que se derrita sin freír.

Ya escurrida la merluza se coloca en una fuente, se pone una rodaja de limón encima de cada una, sobre el limón una rodaja de huevo cocido y sobre la yema un punto de perejil (véase *Perejil frito*).

Se rocía el pescado con la mantequilla derretida bien caliente y se sirve en seguida.

MERO

El mero es un pescado muy fino. Como la lubina, su mejor preparación es cocerlo al caldo corto de leche o vino blanco y servirlo con una buena salsa (véase *Salsas*).

Cualquier receta de filetes de merluza o lenguado puede ser aplicada al mero.

MERO EMPARRILLADO

INGREDIENTES Y CANTIDADES

Mero	1 1/4 kilo.	Cebolla	1.
Aceite	4 cucharadas.	Perejil y sal.	

MODO DE HACERLO

Se lavan en agua fresca los trozos de mero, se sacan y espolvorean de sal fina, se embadurnan los trozos con aceite, se cubre con la cebolla picada y el perejil y se tiene en sitio fresco durante una hora, volviéndolo varias veces.

Pasado este tiempo se le quita la cebolla y el perejil, se calienta la parrilla, se unta de aceite y se colocan los trozos de mero bien impregnados de aceite. Se pone la parrilla sobre el fuego de carbón vegetal y se deja asar por un lado unos cinco minutos, se levantan las rodajas, se vuelve a untar de aceite la parrilla y se deja asar otros dos minutos más por cada lado. Cuando se ve que la espina se desprende de los lados con facilidad, se retiran de la parrilla.

En una fuente con servilleta se colocan las rodajas de mero asadas, se untan con un poco de mantequilla para que brille un poco, se adorna la fuente con perejil fresco y se sirve.

Se sirve aparte una salsa escogida (véase *Salsas*).

RODABALLO

El rodaballo está considerado como uno de los pescados más finos y propios para banquetes. Su mejor preparación es cocido al caldo corto de leche y presentado con alguna salsa apropiada, con una guarnición de patatas cocidas.

El rodaballo en muy parecido al lenguado, de forma aplanada y casi esférica; tiene la carne blanca y dura y se limpia sin quitarle la piel.

Una vez limpio se pone un par de horas en agua fría y al tiempo de ponerlo a cocer se cambia ésta por otra limpia.

Para cocer este pescado es preciso tener unas placas hondas con rejilla, que se llaman *turboteras*, sobre la rejilla se pone el pescado y se cubre de agua fría, se agrega una zanahoria cortada en rodajas, un puerro, unas lonchas finas de cebolla, y cuando rompe a hervir se deja tres minutos y se retira a un lado del fuego, conservándolo en el mismo caldo pero sin que hierva más.

Al momento de servirlo se saca la rejilla con el pescado, se escurre bien y se coloca en una fuente sobre servilleta, alrededor se guarnece con unas patatas cocidas, en la cabeza un ramo de perejil y se sirve en salsera la salsa elegida.

RODABALLO ESCALFADO
EN SALSA HOLANDESA

Se escoge un rodaballo de un kilo y cuarto de peso, se prepara de la forma indicada más arriba y se presenta como queda dicho con una guarnición de patatas al vapor preparadas del modo siguiente:

Patatas al vapor.- Se escoge medio kilo de patatas pequeñas y se tornean con un cuchillo fino, dándoles la forma de un huevo pequeño. Se lavan con agua fría y se colocan en un colador (si no se tiene la olla especial para cocerlas). Se cubren las patatas con un paño blanco y se pone el colador en una olla con un litro de agua, se tapan las patatas y la olla y se dejan cocer unos veinte minutos procurando que la tapa ajuste para que no escape el vapor.

Cuando están cocidas se colocan alrededor del pescado adornando los extremos de la fuente con unos ramos de perejil fresco.

Aparte se sirve una salsa holandesa en salsera.

SALSA HOLANDESA

INGREDIENTES Y CANTIDADES

Mantequilla	150 gramos.	Yemas	2.
Vinagre	1 cucharada.	Agua	2 cucharadas.
Chalota picada	1 cucharadita.	Zumo de limón	1 cucharada.
Sal y pimienta.			

MODO DE HACERLO

En una cacerolita pequeña se pone el agua, el vinagre, la chalota picada, la sal y una pizca de pimienta. Se acerca al fuego y se deja cocer hasta que se consume por completo. Una vez reducido se separa del fuego y se deja enfriar, se agrega una cucharada grande de agua fría, las dos yemas y el zumo de limón; se acerca al lado del fuego y se mezcla con un batidor, no dejando de remover hasta que las yemas están hechas como una crema. En este punto se retira del fuego, y puesto el recipiente sobre la mesa se mueve con el batidor y se va agregando poco a poco la mantequilla, líquida, trabajándola como si fuera mayonesa. (Si se corta, se arregla de igual modo que aquélla.)

Una vez incorporada toda la mantequilla, se deja la salsa al baño de María para que no se enfríe hasta el momento de echarla en la salsera, calentada de antemano.

RODABALLO AL 'CHAMPAGNE'

Se cuece un rodaballo de un kilo y cuarto en un caldo corto de vino blanco (véase *Caldos cortos*), sustituyendo el vino por *champagne*.

Bien escurrido se coloca en una fuente ovalada y se deja enfriar completamente. Se separa del líquido en que ha cocido el rodaballo medio litro y se pone a cocer, añadiéndole dos claras batidas a punto de nieve y treinta gramos de cola de pescado previamente remojada en agua fría. Se deja hervir unos minutos y se filtra por una servilleta humedecida. Se deja enfriar y se cubre el rodaballo antes de que se cuaje echándola en una fuente y se deja cuajar al frío o en hielo; ya cuajada se pica sobre la tabla, poniéndola en una manga de pastelería con boquilla gruesa y se hacen unos detalles alrededor del pescado.

Se sirve muy frío, aparte en una salsera una salsa mayonesa.

SALMÓN

El salmón se puede preparar cocido en caldo corto o emparrillado y se sirve indistintamente frío o caliente. Para servirlo caliente las salsas propias son; salsa blanca, holandesa, bearnesa, mantequilla, *maître d'hotel*, etcétera y para fría: vinagreta, tártara, mayonesa, etcétera.

Para preparar el salmón cocido, que es el modo más corriente de hacerlo, se cuece en un caldo corto de vino o vinagre (véase *Caldos cortos*), calculando de veinte a veinticinco minutos de cocción por kilo de peso.

SALMÓN EMPARRILLADO

Un kilo de salmón cortado en trozos de uno y medio centímetros de grueso. Se lavan los pedazos en agua, se sacan y se salan por ambos lados. Se colocan en una fuente los trozos y se cubren con cinco cucharadas de aceite, cebolla picada y perejil; se deja en sitio fresco durante una hora, dándole vueltas para que se impregne bien de aceite.

Sobre el fuego de carbón vegetal se calienta una parrilla, y cuando está caliente se pintan los barrotes con aceite y se colocan los trozos de salmón, quitándoles antes la cebolla y el perejil; se vuelve a colocar la parrilla sobre el fuego y se deja sar cinco minutos por cada lado y dos minutos más, dándole vueltas.

Para ver si está asado se pincha el hueso, y si se separa fácilmente de la carne, están en su punto; se retira, se coloca en una fuente y se adorna con unos trozos de mantequilla a lo *maître d'hotel* (véase *Mantequilla a lo maître d'hotel).*

SALMONETES FRITOS

Seis salmonetes de ciento cincuenta gramos cada uno.

Se limpian los salmonetes con un paño, se espolvorean con sal fina, se enharinan y se fríen en aceite bien caliente hasta que estén dorados. Se colocan en una fuente uno al lado de otro.

En una sartén y en aceite limpio se fríen cien gramos de pan rallado, y cuando está dorado se agrega un poco de perejil picado y se rocía con ello los salmonetes.

Se adorna la fuente con medias rodajas de limón.

TRUCHAS FRITAS

Véase receta anterior de salmonetes fritos.

TRUCHAS CON MANTEQUILLA

INGREDIENTES Y CANTIDADES

Seis truchas, cada una de 150 gramos.

Leche	1 decilitro.	Mantequilla	250 gramos.
Limón	1.	Perejil picado, sal y pimienta.	

MODO DE HACERLO

Se pone en una tartera al fuego con ciento cincuenta gramos de mantequilla.

Se limpian las truchas, se destripan y se secan con un paño. Se remojan en leche, se envuelven en harina y se echan en la tartera con la mitad de la mantequilla. Se espolvorea de sal fina y se deja cocer moderadamente unos veinte minutos, dándoles la vuelta para que se doren por ambos lados. Con el resto de la mantequilla y el perejil se prepara la mantequilla a lo *maître d'hotel*, y una vez hecha se sazona de pimienta y un poco de limón.

Se colocan las truchas en una fuente y se echa encima la mantequilla.

SALSA 'MAÎTRE D'HOTEL'

INGREDIENTES Y CANTIDADES

Mantequilla	100 gramos.	Zumo de limón	1 cucharadita.
Perejil picado	15 gramos.	Sal y pimienta.	

MODO DE HACERLO

En una taza calentada se pone la mantequilla y se bate con la espátula, agregándole el perejil picado menudísimo, se añade sal, pimienta y un poco de zumo de limón, y cuando está como unas natillas espesas se vierte en seguida sobre las truchas sirviéndolas en seguida antes de que se cuaje.

LANGOSTA

Preparación: véase página 24.

LANGOSTA A LA AMERICANA

INGREDIENTES Y CANTIDADES

Una langosta de	1 kilo.	Chalota picada	1 cucharadita.
Coñac	1/2 decilitro.	Estragón	1 cucharadita.
Vino blanco	1/2 decilitro.	Puré de tomate	1/4 kilo.
Mantequilla	75 gramos.	Caldo de pescado	1/4 litro.
Aceite	1 decilitro.	Ajo	1 diente.
Pimienta, cayena y sal.			

MODO DE HACERLO

Se corta la langosta viva, quitando primero las pinzas y patas, después la cola siguiendo las articulaciones, y sujetando la cabeza con la mano izquierda se corta la cabeza en dos por la mitad y cada una de éstas en dos. Se reservan los intestinos, sustancia y huevos y se quita la bolsita en que se forma la arenilla.

Se pone una sartén al fuego con el decilitro de aceite, se calienta y se saltean los trozos de langosta a lumbre viva hasta que la cáscara tome color coral; se escurre el aceite, y se agregan treinta gramos de mantequilla, la chalota picada y el perifollo, se sazona de sal y pimienta y se agregan el coñac y el vino blanco; se le prende fuego para que se disipe el alcohol; se echa todo en una cacerola, se incorpora el puré de tomate, el caldo de pescado, se sazona de sal y pimienta y un poquito de cayena y se pone a cocer durante un cuarto de hora.

Durante la cocción de la langosta se pasan por tamiz los intestinos mezclados con un trozo de mantequilla, apretando bien con la seta para que pase todo.

Cuando la langosta ha cocido los quince minutos, se trasladan los trozos a otra cacerola y se agrega a la salsa la sustancia pasada por el tamiz, se deja cocer suavemente unos cinco minutos y se pasa por el chino, echando la salsa sobre los trozos de langosta, puestos en la otra cacerola.

Se guarda al calor sin que hierva más, y cuando se va a servir se coloca la langosta en una fuente, reconstruyendo ésta, colocando las patas entrelazadas en forma de bordura, se cubre con la mitad de la salsa, sirviendo el resto en salsera calentada. Se sirve aparte arroz blanco.

LANGOSTA AL ARCHIDUQUE

INGREDIENTES Y CANTIDADES

Una langosta viva de	1 1/2 kilo.	Nata	1 decilitro.
Mantequilla	75 gramos.	Whisky	2 cucharadas.
Coñac	1/2 decilitro.	Aceite	1/2 decilitro.
Yemas	2.	Besamel	2 decilitros.
Oporto de jerez	2 decilitros.		

Limón, sal y una pizca de cayena y pimienta blanca.

MODO DE HACERLO

Se pone una sartén al fuego, y cuando está caliente se agregan cincuenta gramos de mantequilla y se saltea la langosta cortada viva como para la langosta a la americana.

Bien rehogados los pedazos, se vierte por encima el coñac prendido fuego para disipar el alcohol, después el oporto y el whisky.

Se sazona de sal y pimienta y un poquitín de cayena, se vuelca todo en una cacerola, se tapa y se deja cocer moderadamente media hora.

Pasado este tiempo se sacan los trozos, se retira la carne de las cáscaras y se colocan aquéllos en una fuente calentada. Lo que queda de la cocción de la langosta se mezcla con la besamel y la nata cruda, se deja dar un hervor durante cuatro o cinco minutos y se liga con las dos yemas de huevo y el resto de la mantequilla, se añaden unas gotas de zumo de limón, se bate un poco la salsa y se vierte bien caliente sobre la langosta.

LANGOSTINOS CON SALSA TÁRTARA

Un kilo de langostinos, se lavan y se cubren de agua fría; se añaden una cebolla cortada en lonchas finas, una rama de perejil, seis gramos de pimienta, dos cucharadas de vinagre y sal. Se acerca al fuego la cazuela y se deja hervir un momento.

Se retira del fuego y se dejan enfriar en el agua en el que han cocido.

Se colocan en una fuente y se adornan con hojas tiernas de lechuga y se sirve aparte la salsa tártara.

SALSA TÁRTARA

INGREDIENTES Y CANTIDADES

Mayonesa	1/4 litro.	Chalota	1.
Huevos cocidos	2.	Pepinillo	
Perejil picado	1 cucharada.	o alcaparras	1.
Sal y pimienta.		Vinagre	1 cucharada.

MODO DE HACERLO

Se agregan a la mayonesa los huevos duros picados, la chalota, el perejil y las alcaparras o pepinillo picado, se sazona de sal, pimienta y vinagre y se aclara con medio decilitro de caldo de pescado.

ALMEJAS A LA MARINERA

INGREDIENTES Y CANTIDADES

Almejas	1 kilo.	Vino blanco	1/2 vaso.
Ajo	1 diente.	Laurel	1/2 hoja.
Perejil picado	1 cucharada.	Aceite	1 decilitro.
Cebolla	1.	Limón	1/2
Miga de pan rallado	1 cucharada.	Pimienta negra	4 granos.

MODO DE HACERLO

Se lavan bien las almejas y se ponen en una sartén con medio vaso de agua fría y se hacen cocer a fuego vivo. A medida que van abriendo se van sacando con la espumadera a otra cacerola. Se cuela por tamiz fino el agua de cocerlas y se reserva.

En una sartén se pone el aceite, se calienta y se fríe la cebolla picada y el ajo también picado, y cuando están doradas ambas cosas se añade el pan rallado y se rehoga un poco, se agrega el agua de cocer las almejas, el vino, el laurel, el zumo de medio limón y la pimienta machacada. Se deja dar un hervor y se vierte esta salsa sobre las almejas, dejándolas cocer despacio unos diez minutos. Se sazona de sal y se agrega el perejil picado.

FRITOS

Los fritos, quizá más que otro plato cualquiera, requieren buen punto y buena presentación, y para ello se necesitan varios requisitos.

Siguiendo nuestra costumbre, antes de dar las recetas daremos algunas normas para que su confección no deje que desear.

En reglas generales, los fritos requieren aceite abundante y caliente sin exageración; la temperatura del aceite debe de ser de 120 grados; pero como todas las cosas en la cocina es cuestión de experiencia; hay que retirar la sartén si se calienta demasiado para evitar que salgan oscuros, o acercarla si se ve que la grasa se enfría y no toma color dorado.

Los fritos deben quedar secos y crujientes por fuera y jugosos por dentro.

La grasa de las frituras se pondrá abundante y bien caliente, pues en caso contrario absorberá ésta y no saldrán crujientes.

Los filetes empanados, ya sean de pescado o carne, es el único frito que se hace con poco aceite, ya que la grasa sólo debe cubrir el fondo de la sartén.

Todos los fritos se harán a última hora, pues el frito frío pierde mucho; se escurrirán bien en una rejilla o sobre un paño y se presentarán en una fuente sobre una servilleta, adornada ésta con perejil frito, perejil fresco o medias rodajas de limón en el borde, si el frito es de pescado.

Los fritos variados se componen de varias clases de fritos servidos en la misma fuente. Estos se escogen entre los que más gusten, procurando que no sean todos con el mismo elemento, alternando el jamón con huevo, pescado o mariscos y sesos.

CROQUETAS

Las croquetas es uno de los fritos más corrientes y apropiados y para el que se pueden aprovechar restos de carne, ave o pescado; pero es necesario hacerlas con una pasta fina y espesa, no a base de harina, sino reduciéndola de bonita forma, empleando el huevo que precise y pan rallado para rebozarlas.

CROQUETAS DE AVE

INGREDIENTES Y CANTIDADES

Pechuga de ave	100 gramos.	Leche	3/4 litro.
Mantequilla	40 gramos	Jamón	50 gramos.
Harina	75 gramos.	Sal y nuez moscada.	

MODO DE HACERLO

Se cuece la pechuga y se aprovecha el caldo para sopa.

Se pica la pechuga en la máquina o sobre la tabla con el machete, dejándola menudísima; se pica también el jamón muy pequeñito.

En un cazo con mango se pone la mantequilla y se derrite; se echa la harina y se deja cocer unos minutos sin dejarla tomar color. Se añade la leche hirviendo, se mueve con las varillas para que no se formen grumos y se añade el picadillo de jamón y pollo, se deja cocer quince o veinte minutos sin dejar de moverla. Se sazona de sal y un poco de ralladura de nuez moscada, y cuando está muy espesa (tiene que desprenderse del batidor en copos grandes) se echa en una fuente extendida y se deja enfriar.

Ya fría se moldean las croquetas, se pasan por harina, después por huevo y pan rallado y se fríen en aceite bien caliente.

Pueden moldearse de otro modo; cuando la pasta está bien fría se despega de la fuente y se echa sobre el mármol espolvoreado de harina; se enrolla dándole la forma de un cilindro grueso y se cortan con un cuchillo trozos de cinco centímetros de largo, se rebozan en huevo y pan rallado y se fríen.

Este sistema es más rápido.

CROQUETAS A LA ESPAÑOLA

INGREDIENTES Y CANTIDADES

Jamón	50 gramos.	Harina	50 gramos.
Carne de cerdo	150 gramos.	Huevo	1.
Caldo concentrado	1/2 litro.	Cebolla picada	1 cucharadita.
Manteca de cerdo	1 cucharada.	Sal.	

MODO DE HACERLO

Se fríe o se cuece la carne y se pica muy fina. Se pica también el jamón, en una sartén se pone la manteca, se derrite y se echa la cebolla picada menudísima, se deja freír un poco y se añade el jamón picado, la carne del cerdo y la harina; se rehoga todo junto y se añade el caldo hirviendo, removiendo rápidamente con el batidor. Se sazona de sal y nuez moscada y una pizca de canela y se deja cocer un cuarto de hora sin dejar de mover.

Se retira del fuego y se mezcla un huevo batido, se deja dar un hervor al lado y se vierte en una fuente.

Para moldearlas y freírlas, véase la receta anterior.

CHULETAS DE CORDERO A LA BESAMEL

Las chuletas han de ser de palo; se monda éste para que quede el hueso limpio.

Se recorta la parte carnosa en redondo, se sazona y se fríe un poco en aceite a lumbre viva.

Se ponen encima de un plato boca abajo puesto sobre una fuente para que escurran y se dejen enfriar.

Para medio kilo de chuletas de cordero se prepara medio litro de besamel muy espesa; se toman las chuletas por el hueso y se introducen en la besamel caliente, dándoles vuelta para que se envuelvan por completo, y se van colocando sobre una fuente espolvoreada de harina. Cuando están frías se pasan por huevo y pan rallado y se fríen en aceite bien caliente. Se envuelven los palos con unas chorreritas de papel y se sirven en una fuente sobre servilleta.

SESOS ORLY

INGREDIENTES Y CANTIDADES

Seso	1.	Yemas	2.
Harina	100 gramos.	Claras	2.
Aceite fino	2 cucharadas.	Agua	1 1/2 decilitro.

Abundante aceite para freírlos, sal y pimienta blanca.

MODO DE HACERLO

Se limpia el seso y se pone a cocer, una vez cocido se corta en trozos cuadraditos y se reservan.

En un recipiente hondo se pone la harina, se agregan las yemas, el aceite, sal, una pizca de pimienta y el decilitro de agua.

Bien mezclado todo, se agregan las claras a punto de nieve y se revuelve con la espátula. Se pone el aceite en una sartén y cuando está caliente se van echando los trozos de seso en la pasta y con una cuchara se van echando en la sartén; bien dorados, se sacan y se sirven como todos los fritos.

RIZOS DE JAMÓN

Cien gramos de jamón cortado en lonchas muy finas, se cortan en tiras de cinco centímetros de anchas y diez de largas.

Se extienden en la mesa, se enrollan y se sujetan con un palillo, se pasan por harina, huevo y pan rallado y se fríen en aceite bien caliente. Al sacarlos de la sartén se quita el palillo.

LENGUADO ORLY

Se sacan unos filetes de lenguado. Se recortan para darles buena forma y se aplastan un poco. En una fuente se ponen con sal, pimienta, el zumo de medio limón y un poco de perejil; en este adobo se tienen una hora, al cabo de la cual se sacan, se envuelven en pasta Orly y se fríen en aceite abundante y bien caliente (véase *Pasta Orly*).

EMPANADILLAS

La pasta para empanadillas se hace de varias clases:

Empleando aceite, manteca de cerdo o mantequilla, y de líquido se puede emplear vino, leche o agua, mitad o agua sola.

La cantidad de líquido debe estar en proporción con la de grasa; por lo tanto, se pondrá la misma cantidad (por medida) de grasa derretida que de líquido.

La harina que se debe emplear es harina buena de flor y no trabajar demasiado la masa para que no adquiera liga.

Todas las masas requieren un reposo; por eso es conveniente dejarlas cubiertas con una servilleta ligeramente humedecida durante una hora.

Se estira la masa sobre la mesa espolvoreada de harina, teniendo en cuenta que cuanto más fina sea la masa más quebrada resultará la empanadilla.

EMPANADILLAS DE AVE
Y JAMÓN A LA BESAMEL

INGREDIENTES Y CANTIDADES

Pechuga de pollo	1.	Harina	20 gramos.
Jamón	100 gramos.	Leche	1/2 decilitro.
Mantequilla	30 gramos.	Sal.	

MODO DE HACERLO

Se cuece la lechuga o se aprovecha algún resto de ave asada y se pican el jamón y la pechuga muy finamente.

Se pone en la sartén la mantequilla, se echa la harina, se rehoga y se añade el picadillo, se agrega la leche y se deja cocer, moviendo sin parar hasta que esté muy espeso. Se sazona de sal y se echa en un plato para que se enfríe.

Entre tanto se hace una pasta con cinco cucharadas de leche, cinco de aceite fino y un polvo de sal, añadiéndole la harina necesaria para hacer una masa no muy dura y fina. Se deja reposar una hora y se moldean las empanadillas.

Sobre la mesa espolvoreada de harina se extiende la masa con el rodillo hasta dejarla muy fina.

En un extremo de la masa y a distancia conveniente se van colocando con la cucharilla montoncitos de relleno. Se dobla la pasta hacia adentro al borde del relleno y con un cortapastas se cortan en forma de medias lunas. Se van colocando sobre la tabla espolvoreada de harina y se repite la operación hasta agotar la masa y el relleno.

En abundante aceite se fríen hasta quedar doraditas, y se sirven en fuentes sobre servilletas.

CREPES

INGREDIENTES Y CANTIDADES

Pasta		*Relleno*	
Harina	50 gramos.	Jamón	50 gramos.
Leche	2 decilitros.	Higadillos	1.
Queso rallado	1 cucharada.	Puré de tomate	1 cucharada.
Huevos	2.	Cebolla picada	1 cucharada.
Mantequilla	20 gramos.	Maizena	1 cucharada.
		Leche	1/2 decilitro.
		Mantequilla	25 gramos.

Sal, pimienta, pan rallado y dos huevos para rebozar.

```
              PRECIADOS
        EL CORTE INGLES S.A.
 252521    00109 4650072 080706 19:20

 66 PAPELERIA          1 C      7,00
    98/42273566


            SUBTOTAL           7,00

        TOTAL         7,00
            . CARGO CTA.       7,00

 NGO OLLERO             AUT:006571 4
    ************7021   L   CAD: 1107
    9
    0,00 B 7/    0,00 C16/   7,00
 *)    1165 PTS        D/      0,00
                            0109 00


    VISITE NUESTROS EDIFICIOS DE:

 OGAR ........ PLAZA DEL CALLAO,2
 ISCOS-ELECTRÓNICA .. PRECIADOS,1
 IBRERÍA ............. PRECIADOS,2
 PORTUNIDADES .......... ABADA,5
 APATERIA DEPORTIVA...PRECIADOS,9
 .SR/SRTA Roberto C. Santos


 *** GRACIAS POR SU VISITA ***
```

MODO DE HACERLO

Se prepara el relleno.

En un cazo se escaldan los higadillos unos cinco minutos. Se pican muy menuditos sobre la tabla y se pica también el jamón.

En un cazo se pone la mantequilla, se derrite y se echa la cebolla; a lumbre floja se cuece cinco minutos, se agrega el jamón y los higadillos picados. Se rehoga un poco y se añade la maizena desleída con la leche, se deja cocer tres minutos y se separa del fuego, agregándole el puré de tomate, sal y un poco de pimienta. Se echa en un plato para que se enfríe y se reserva.

En un recipiente se baten los huevos, se agrega la harina, el queso y la mantequilla y, por último, la leche, se sazona con un poco de sal y se deja reposar un rato.

Se unta el fondo de una sartén pequeña con un poco de grasa, se calienta y se echan tres cucharadas de la pasta. Se acerca al fuego y con la misma sartén se extiende la pasta para que cubra todo el fondo. Cuando se despega, se da la vuelta al crepe para que se dore por ambos lados. Se van colocando estas tortillas sobre el mármol y se dejan enfriar; ya hechas todas se extiende una copa de relleno sobre una de ellas y se cubren con otra; se pegan bien las dos tortillas y con un cuchillo fino se hacen cuatro partes iguales, cada una de éstas se hace dos, y se deja reposar un ratito.

Se baten los huevos y se prepara el pan rallado (sin tostar). Se pasa cada trocito por harina, después por huevo y por último, en pan rallado, y se fríen en aceite bien caliente. Se escurren sobre un paño y se presentan en una fuente con servilleta.

BUÑUELOS DE JAMÓN A LA PIGNATELLI

INGREDIENTES Y CANTIDADES

Harina	125 gramos.	Huevos	4.
Mantequilla	50 gramos.	Agua	1/4 litro.
Jamón	50 gramos.	Sal	5 gramos.
Queso gruyère		Pimienta blanca.	
rallado	50 gramos.		

MODO DE HACERLO

En un perol se pone el agua y la mantequilla, se acerca al fuego y cuando rompe a hervir se retira y se echa de golpe la harina, revolviendo con una espátula para poner la masa fina. Se acerca de nuevo al fuego y se deja hervir un poco, revolviendo siempre con la espátula para que no se agarre. Se agrega el jamón muy picado y el queso rallado, se sazona de sal y pimienta y se deja secar un poco más en la lumbre, unos cinco minutos; estará en su punto cuando se desprenda de la cuchara y no se pegue al cazo.

Se retira del fuego y se deja enfriar. Cuando está templada la masa se agrega un huevo, y cuando lo ha absorbido se agregan los demás uno a uno, no echándolos mientras el anterior no se haya incorporado completamente a la masa.

Se deja la pasta tapada en sitio templado durante media hora.

En una sartén honda se pone a freír aceite abundante. Cuando está fuerte se separa a un lado y se deja enfriar un poco, echando un poquito de masa con una cuchara y dejándola caer empujando con otra. Cuando se han echado bastantes y ha aumentado de volumen, se acerca al fuego más vivo para que se doren.

Hay que servirlos muy calientes en fuente sobre servilleta.

CRIADILLAS DE TERNERA A LA MILANESA

INGREDIENTES Y CANTIDADES

Criadillas de ternera	6.	Aceite	4 cucharadas.
Miga de pan rallado	6 cucharadas.	Mantequilla	25 gramos.
Limón y sal.		Queso de Parma rallado	3 cucharadas.
		Huevos	2.

MODO DE HACERLO

Se les quita la piel a las criadillas, se parten por la mitad en cuatro formando gajos, se sazona de sal y limón y se dejan en maceración durante una hora. Pasado este tiempo se escurren, se pasan por harina, después por huevo y, por último, por el pan rallado mezclado con el queso.

En una sartén se pone aceite, se calienta y se agrega la mantequilla; en esta grasa se fríen lentamente las criadillas hasta que estén doradas, se ponen a escurrir y se sirven bien calientes en fuente con servilleta.

HOJALDRE Y PASTA QUEBRADA

HOJALDRE

La pasta de hojaldre tiene muchas aplicaciones en la cocina y pastelería, y como su elaboración, aunque no es difícil, resulta un poco complicada, vamos a tratar de dar algunas explicaciones a fin de facilitar su ejecución.

En primer lugar se necesita un sitio fresco donde hacer la masa (ésta ha de estar siempre fría).

Hay que utilizar harina de la mejor calidad, la llamada harina de hojaldre, que no es otra cosa que harina de fuerza de primera calidad para que no haga correa la masa.

La manteca, mantequilla o margarina que se emplee ha de ser fresquísima. De la perfecta unión de la manteca depende la perfección del hojaldre; han de tener igual consistencia para que la mantequilla se reparta por igual. El horno ha de calentar bien, pues cuanto más fría esté la masa y el horno más caliente, más subirá el hojaldre.

Es aconsejable a las personas que hacen hojaldre las primeras veces que empleen una margarina buena; su ejecución es más fácil y el hojaldre sube más.

El hojaldre recién hecho con margarina resulta bastante aceptable.

ELABORACIÓN DEL HOJALDRE

INGREDIENTES Y CANTIDADES

Harina de hojaldre	350 gramos.	Vinagre	1 cucharadita.
Mantequilla	250 gramos.	Sal	1/2 cucharadita.
Agua fría	1 decilitro.		

MODO DE HACERLO

En primer lugar se prepara la mantequilla, que debe estar dura. Si es invierno, se tendrá en agua, y en verano, en agua con hielo.

Cuando se va a emplear se coloca en un paño empolvado con harina y se ablanda sobándola, a través de él, con la mano hasta ponerla fuerte y suave.

Sobre la mesa se pone la harina formando un montón. Se ahueca con la mano hasta formar un círculo con ella y en el centro se pone el agua, la sal y el vinagre. Se mezcla todo y con una cuchara de palo se va recogiendo harina y llevándola hacia adentro. Si es preciso (pues hay harinas que absorben más líquido) se agrega una cucharada más de agua. Con las manos se hace rápidamente una bola de masa.

Como esta masa debe estar fina y no se debe amasar, hay que coger porciones de ella y aplastarlas contra la mesa. Cuando se ha triturado de esta forma toda la masa, se une haciendo una bola suave y blanda y se deja, sobre un plato espolvoreado de harina, descansar al fresco diez minutos. Ya descansada la masa, se espolvorea un poco la mesa y se coloca la masa en el centro y con la mano se aplana un poco; se extiende después con el rodillo hasta dejarla de un centímetro de grueso y se pone en el centro la mantequilla preparada, que se aplasta un poco con el rodillo.

Se toman los extremos de la masa y se doblan sobre la mantequilla, y bien soldada con las manos se hace lo mismo con los otros dos. Hecho un paquete, se espolvorea de nuevo la mesa, se aplana, se igualan los bordes con un cuchillo, *sin cortar* la masa, empujándola hacia adentro. Una vez que la masa ha quedado igualada, se le da la primera vuelta, se espolvorea la mesa con harina, se pone la masa en el centro y se espolvorea también. Se coloca el rodillo en el centro y se estira hacia arriba, se vuelve a poner el rodillo en el mismo sitio y se estira hacia abajo, empujando con un cuchillo la masa siempre que se desigualе. Cuando ha quedado extendido en una tira de unos cincuenta o sesenta centímetros de largo por veintiocho o treinta de ancho, se dobla en tres, cogiendo la parte de arriba y doblando las dos terceras partes; después se coge la de abajo y se echa encima de los dos dobleces. Se aplana suavemente con el rodillo para que se peguen los tres y se da la segunda vuelta. Se espolvorea nuevamente la mesa y se coloca la masa en el sentido contrario, se vuelve a colocar el rodillo en el centro, y haciendo siempre la misma presión suave se empuja primero hacia arriba y después hacia abajo, igualando siempre los bordes con el cuchillo. Cuando ha quedado de medio centímetro de gruesa se vuelve a doblar en tres como la vez anterior, se aplana un poco con el cuchillo para que se suelden los tres dobleces y se deja reposar al fresco durante diez minutos. Si es verano, se pone en un plato sobre hielo.

Ya están dadas dos vueltas al hojaldre. Generalmente se le dan seis vueltas, con un reposo entre cada dos, y colocando siempre la masa en sentido contrario a como se dobló la vez anterior. Una vez dada la quinta y sexta vueltas estará dispuesto para utilizarlo.

Cuando el hojaldre necesite llevar más vueltas, ya lo indicará la receta.

SEGUNDA FÓRMULA
(Más fácil)

INGREDIENTES Y CANTIDADES

Harina de hojaldre	250 gramos.	Limón	1.
Margarina o manteca		Yema	1.
de cerdo	200 gramos.	Agua fría	1 decilitro.

MODO DE HACERLO

Encima de la mesa se forma un círculo con doscientos cincuenta gramos de harina pasada por tamiz y en el centro se pone la yema, el zumo de medio limón, el agua y cinco gramos de sal. Se toma una bolita de manteca como una cucharada y se pone también en los ingredientes. Con una cuchara se va recogiendo la harina hacia el centro, y cuando no queda líquido se amasa con las manos para hacer una masa fina y suave al tacto. Amasándola unos cinco minutos, se hace una bola y se deja al fresco diez minutos.

Se tiene preparada la manteca en agua fría, y a los diez minutos se trabaja con la mano hasta que está fuerte y suave. Se hace una bola y se deja un rato más en el agua.

Ya reposada la masa, se coloca sobre la mesa espolvoreada de harina y se extiende en todas direcciones para hacer una plancha de un centímetro de gruesa. Se saca la manteca del agua, se espolvorea un poco y se pone en uno de los extremos de la masa y se envuelve en ella; se suelda bien alrededor con los dedos y se estiran un poco los extremos de la masa con el rodillo y se doblan encima, tapando la juntura de la masa. Se suelda un poco con la mano, se aplana ligeramente con el rodillo y se cubre con un paño, dejándola reposar al fresco cinco minutos.

Se vuelve a espolvorear la mesa de harina y se estira la pasta haciendo una plancha de unos ochenta centímetros de largo por cuarenta de ancho y medio centímetro de grueso, procurando pasar el rodillo siempre por igual para que se reparta bien la manteca.

Se hacen los tres dobleces como la receta anterior, procediendo en todo igual hasta su terminación.

Ya preparada la pasta de hojaldre, se deja reposar una hora y se utiliza.

Esta misma fórmula puede hacerse utilizando como grasa sebo de la riñonada de vaca o ternera. Se procede en todo lo mismo y se pone la misma cantidad de sebo que margarina o manteca de cerdo.

Se limpia el sebo, separando con cuidado las hebras que tenga. Obtenida una bola de grasa, se sumerge en agua fría y se trabaja dentro del agua como se ha explicado para la margarina y manteca.

'VOLOVÁN'

INGREDIENTES Y CANTIDADES

Harina	300 gramos.	Manteca	200 gramos.
Agua	1 decilitro.	Vinagre fuerte	1 cucharadita.

MODO DE HACERLO

Se hace la pasta de hojaldre en la forma que queda explicada, y después de reposar la tercera vuelta doble, se espolvorea la mesa con harina, se estira la masa después de espolvoreada y se hace una plancha de unos cuarenta centímetros en cuadro por medio de grueso.

Se cortan dos circunferencias de veinte centímetros y una de ellas se levanta con la espátula y se coloca sobre una placa de panadería untada de agua fría.

Sobre la otra se marca con un cortapastas de diez centímetros un círculo (que luego servirá de tapa) y se pone sobre la otra, que se habrá untado con un pincel mojado en agua con huevo batido. Bien unidos los dos discos, se barniza la superficie con el pincel mojado en huevo y agua, procurando que no caiga de los bordes, pues impediría subir al hojaldre, y se mete a horno bien caliente durante veinticinco minutos.

Bien doradito, se saca y se levanta la tapa con la punta del cuchillo, se saca la masa poco cocida que queda en el hueco y se puede rellenar.

Si se tiene que esperar, es mejor calentarlo en el horno antes de ponerle el relleno, pues se debe servir caliente, y con el relleno puesto no se debe calentar.

Relleno de volován

Puntas de espárragos	100 gramos.
Pechuga de gallina	1.
Champiñones	125 gramos.
Trufa	1.
Jugo de carne	1 cucharada.

MODO DE HACERLO

Se cuece la pechuga en un caldo con una zanahoria, un puerro, un poco de apio y un hueso de jamón. A la hora y media de cocción se saca, y si está tierna se trincha en filetes muy finos.

Se cuecen las puntas de espárragos en agua hirviendo con sal. Ya cocidas, se escurren y se reservan.

Se cuecen los champiñones del modo siguiente: se mondan cuidadosamente y se ponen en un cazo, se agrega un cuarto de litro de agua fría, veinticinco gramos de mantequilla, un cuarto de limón sin piel, dos cucharadas de vino blanco, sal, pimienta, media hoja de laurel; se acerca al fuego, y cuando rompe a hervir se retira a un lado y se dejan cocer lentamente diez minutos. Cuando están, se dejan enfriar en el mismo agua, y cuando están templados, se cortan en rebanaditas finas. Cuando todos los ingredientes están cocidos, se pone todo en el *volován*, alternando las capas, primero los filetes de pechuga, después los espárragos salteados con mantequilla y los champiñones encima, se coloca la trufa cortada en rodajitas, se agrega el caldo de las trufas y el jugo de carne. Se coloca la tapa y se sirve bien caliente.

GUARNICIÓN A LA ITALIANA

INGREDIENTES Y CANTIDADES

Nouilles	250 gramos.	Mantequilla	75 gramos.
Setas	1 lata.	Queso rallado	50 gramos.
Jamón	150 gramos.	Caldo	1/2 litro.
Una molleja de ternera y sal.			

MODO DE HACERLO

Se cuecen los *nouilles* en agua hirviendo y sal durante veinte minutos, al cabo de los cuales se sacan del agua, se lavan con agua fría y se escurren.

Se limpia la molleja, se pone en una cacerolita cubierta de agua fría y se acerca al fuego, dejándola hervir durante seis minutos. Se escurre y se parte en trocitos regulares. Se corta lo mismo el jamón. Se saca de la lata las setas, se lavan con agua fresca, se cortan en pedacitos y se dejan escurrir.

En una cacerola al fuego se ponen cuarenta gramos de mantequilla y se echan las setas, se rehogan durante cinco minutos. Se añade media cucharada de harina, se rehoga también y se deslíe con medio litro de caldo, se añaden los pedazos de molleja, de jamón y se deja cocer todo hasta reducir el caldo. Se mezclan los *nouilles* con el queso rallado y el resto de mantequilla derretida, moviéndolos con cuidado para no romperlos; se añade al conjunto de los *nouilles* el jamón y las setas y se rellena el *volován*.

PASTELILLOS DE JAMÓN Y TERNERA

INGREDIENTES Y CANTIDADES

Harina	150 gramos.	Vinagre	1 cucharadita.
Agua	1 decilitro.	Sal	1/2 cucharadita.
Mantequilla	150 gramos.		

MODO DE HACERLO

Se hace el hojaldre como queda explicado y se hace una plancha de medio centímetro de grueso. Se cortan con el cortapastas veinticuatro discos de cinco centímetros de diámetro. En los doce primeros se pone en el centro una cucharadita de picadillo de jamón y ternera y se barniza alrededor con huevo batido con agua.

Con los doce discos se cubren aquéllos ajustando los bordes, se pintan de huevo en la superficie y se meten al horno unos quince o veinte minutos.

Relleno de los pastelillos

Jamón	150 gramos.	Ternera asada	100 gramos.
Mantequilla	25 gramos.		

MODO DE HACERLO

Se pican en la máquina, para que quede fino, el jamón y la ternera. Se rehoga en una sartén con la mantequilla y se rellenan los pastelillos.

PASTELILLOS DE VIGILIA

INGREDIENTES Y CANTIDADES

Relleno de los pastelillos

Merluza	200 gramos.
Salmón	200 gramos.
Tomate	100 gramos.
Mantequilla	50 gramos.
Ajo	2 dientes.
Vino blanco	1 decilitro.
Perejil, sal y pimienta.	

Pasta quebrada

Harina	400 gramos.
Aceite	1 1/2 decilitro.
Agua	1 decilitro.
Huevos	2.
Sal.	

MODO DE HACERLO

Se confecciona la pasta quebrada del modo siguiente: sobre la mesa se pone la harina haciendo un círculo con ella y en el centro se coloca el aceite, los huevos y la sal. Con una cuchara se va recogiendo la harina de alrededor hacia el centro y con las manos se va amasando para hacer una masa fina y compacta y se envuelve en una servilleta un poco humedecida para que repose una hora. Mientras reposa la masa se hace el relleno.

Se cuecen los pescados en un caldo corto durante un minuto. Se dejan enfriar, se les quitan las espinas y piel y se desmenuzan.

Se mondan los tomates previamente escaldados, se les quitan la piel y pepitas y se pican muy menuditos.

En una sartén se fríe la cebolla picada con la mantequilla, y al dorarse se agrega media cucharada de harina. Se deja rehogar y se añade el tomate, el pescado, los ajos picados y el vino. Se sazona de sal, pimienta y se deja cocer a fuego lento veinte minutos.

Se echa entonces el perejil picado y se aparta, dejándolo enfriar.

En la mesa espolvoreada de harina se estira la masa hasta dejarla de menos de medio centímetro de grueso. Se unta la mitad de la pasta con el huevo batido con agua, y se van colocando montoncitos de picadillo a distancia de seis centímetros unos de otros; se cubren con la otra mitad de la pasta y se pega con los dedos alrededor de los montoncitos.

Con un cortapastas redondo se cortan los pastelillos, procurando que el relleno quede en el centro, y se colocan en placa de pastelería untada de grasa y se cuecen en el horno hasta que estén doraditos.

PASTELES A LA INGLESA

Los pasteles a la inglesa se cuecen y se sirven en platos especiales cubiertos de una tapadera de pasta quebrada o de hojaldre.

El relleno se hace con carne o ave y pueden servirse calientes.

PASTEL DE PERDICES

INGREDIENTES Y CANTIDADES

Relleno

Perdices tiernas	2.
Tocino	100 gramos.
Jamón	100 gramos.
Mantequilla	50 gramos.
Jerez	1 copita.
Trufas	1.
Puré de tomate	2 cucharadas.
Champiñones	100 gramos.
Sal, nuez moscada y pimienta.	

Pasta quebrada

Harina	250 gramos.
Huevos	1.
Agua	2 cucharadas.
Sal	5 gramos.
Mantequilla	75 gramos.

MODO DE HACERLO

Se confecciona la pasta del modo siguiente: encima de la mesa se pone la harina formando círculo y en el centro se le pone el huevo, la mantequilla, la sal y el agua.

Se hace la mezcla primero con la cuchara y después con la mano hasta obtener una masa fina y compacta. Entonces se hace una bola y se cubre con una servilleta, dejándola reposar una hora.

Se limpian y flamean las perdices, se trinchan en cuatro trozos cada una y se sazona de sal y pimienta.

En una cacerola se pone un poco de mantequilla y se echa el tocino cortado en lonchas finas. Se le fríe un poco y se colocan en el plato refractario donde se va a preparar el pastel, poniéndolas de forma que cubran todo el fondo.

En la grasa sobrante de freír el tocino se añaden cincuenta gramos de mantequilla, y cuando esté caliente se echan los trozos de perdiz y se rehogan bien. Cuando se han dorado se agrega la cebolla picada y se deja dorar; se añade el jerez, los champiñones, la trufa picada, el puré de tomate, sal, pimienta y un poco de ralladura de nuez moscada; se deja cocer tapado y a fuego lento durante una hora, vigilando para que no se agarre, y echando unas cucharadas de caldo si hace falta.

Pasado este tiempo, se colocan los trozos de perdiz en el plato sobre el tocino, echando encima los champiñones y la trufa, además un huevo duro picado y el resto de mantequilla. Se coloca todo muy bien para que no sobresalga del plato y quede nivelado. Se pasa la salsa de haber cocido la perdiz por el chino sobre el conjunto y se cubre con el jamón cortado en lonchas finas.

Se espolvorea de harina la mesa y se echa la pasta que quedó reposando.

Se estira con el rodillo, doblándola tres veces como si fuera pasta de hojaldre.

Se vuelve a estirar hasta dejarla del grueso de algo más de medio centímetro y se cubre el plato, cortando alrededor el sobrante y untando de agua el borde del plato para que se adhiera la pasta. En el centro se abre un hueco de unos tres centímetros de diámetro para que salga el vapor y no reviente la tapa, se hacen unos adornos con el sobrante de la pasta y un cordón alrededor, se pinta de huevo batido y se mete al horno con calor moderado durante hora y media.

Cuando está la tapa muy dorada, se saca y se sirve en una fuente sobre una servilleta o blonda.

PASTEL DE LIEBRE

INGREDIENTES Y CANTIDADES

Relleno

Ternera	250 gramos.
Magro de cerdo	250 gramos.
Tocino	300 gramos.
Trufas	1.
Huevo	1.
Vino de Jerez	1 copa.
Jugo de carne	4 cucharadas.
Los lomos y patas de una liebre.	

Pasta quebrada

Harina	350 gramos.
Mantequilla	75 gramos.
Sal	10 gramos.
Leche	1 decilitro.
Huevo	1.

MODO DE HACERLO

Se forma un círculo con la harina y en el centro se ponen los ingredientes, se mezclan y poco a poco se va recogiendo la harina hasta formar una masa compacta y muy fina, se hace una bola, se cubre con un paño húmedo y se deja reposar una hora. Transcurrida ésta, se tapiza el interior de un molde de pastel untado de grasa con la pasta laminada con el rodillo al grueso de medio centímetro, se pincha el fondo y se va colocando el relleno del modo siguiente:

Del lomo y los muslos de la liebre se hacen filetes finitos (los recortes se conservan). Se espolvorean de sal fina y se saltean con veinticinco gramos de mantequilla.

Se corta el tocino en lonchas finas y con ellas se forra el interior del molde.

Se pica en la máquina la ternera, el cerdo y los recortes sobrantes de la liebre. Una vez picados tres veces para que salga fino, se pone el picadillo en un recipiente, se añade el huevo, el vino de Jerez, sal y pimienta blanca; se mezcla bien y se cubre el fondo del pastel encima de las lonchas de tocino; sobre esta capa se ponen unos filetes de liebre, un poco de trufa picada y dos cucharadas de jugo de carne. Se vuelve a poner otra capa de picadillo, otra de filetes, cubriendo todo con otra capa de picadillo y unas lonchas de tocino.

Se tapa con una capa de pasta quebrada de medio centímetro de grueso, uniendo el borde de la tapa al saliente de pasta, untando los bordes con huevo batido. Se recorta lo que sobre y con los recortes de pasta se hace un cordón para ponerlo alrededor y otro para disimular el orificio del centro. Se barniza de huevo y se mete en el horno con calor moderado durante hora y media. Cuando está dorada la superficie, se saca, se deja reposar un poco y se saca del molde presentándolo sobre una fuente con servilleta.

VERDURAS Y HORTALIZAS

ALCACHOFAS A LA 'MAINTENON'

INGREDIENTES Y CANTIDADES

Alcachofas	12.	Queso rallado	40 gramos.
Mantequilla	75 gramos.	Harina	30 gramos.
Cebollas	50 gramos.	Sal	10 gramos.
Zanahorias	50 gramos.	Leche	3/4 litro.
Huevo	1.	Nata	3 cucharadas.
Sal y pimienta.			

MODO DE HACERLO

Se recogen unas alcachofas grandes y frescas y se dejan los fondos completamente limpios de hojas.

En un litro de agua hirviendo se echan unas gotas de limón y una cucharada de harina desleída en un poco de agua fría y diez gramos de sal.

Cuando rompe a hervir, se echan los fondos y se dejan cocer destapados hasta que están tiernos y se pueden atravesar fácilmente con un alfiler; se separan entonces del fuego y se dejan al calor hasta ponerlos en la salsa.

SALSA CREMA

En una cacerolita se pone la cebolla y la zanahoria picada muy fina y veinte gramos de mantequilla. Se acerca al fuego y se deja rehogar muy lentamente durante veinte minutos, moviendo de vez en vez; después se añade la leche y se deja cocer un rato suavemente para que tome el gusto de las verduras; se pasa la leche por el chino y se reserva.

En un perolito se pone la harina y la mantequilla y se deja rehogar unos minutos sin que tome color, se deslíe con la leche reservada y cuando rompe el hervor se añaden las tres cucharadas de nata, moviendo con las varillas, y después el queso rallado, reservando una parte.

Se calienta la yema con unas cucharadas de salsa y se agrega después a ésta, dejando hervir el conjunto unos minutos.

Se escurren muy bien los fondos de las alcachofas, se secan con un paño y en una fuente resistente al fuego se echan unas cucharadas de salsa, se colocan encima los fondos de las alcachofas y se cubren con la salsa, se espolvorean con el queso rallado y se mete al horno con calor muy fuerte para que se gratinen en seguida.

ALCACHOFAS A LA NIZARDA

INGREDIENTES Y CANTIDADES

Alcachofas	12.	Pan rallado	3 cucharadas.
Salsa de tomate	1/2 litro.	Aceite fino	1/2 decilitro.
Anchoas	1 lata.	Sal.	

MODO DE HACERLO

Se preparan las alcachofas para rellenarlas, se despojan de las hojas más duras, se tornean sus fondos haciéndoles un corte para que se sostengan de pie, y con unas tijeras se cortan a tres centímetros de altura, se vacían con la punta de un cuchillo, dándoles forma de cazuelas, se frotan con limón a medida que se van preparando y se ponen a cocer en dos litros de agua acidulada y dos cucharadas de harina.

Cuando están cocidas, se escurren y se rellenan con la salsa de tomate muy espesa, poniendo en cada una un rollito de anchoas. Se colocan en una tartera, se espolvorean de pan rallado y aceite fino y se meten al horno para que se doren.

BUÑUELOS DE ALCACHOFAS

INGREDIENTES Y CANTIDADES

Alcachofas	12.	Huevos	2.
Harina	200 gramos.	Aceite	2 cucharadas.
Cerveza	1 1/2 decilitro.	Limón y aceite para freírlos.	
Sal.			

MODO DE HACERLO

En un perol se pone la cerveza, las yemas, el aceite y sal, se mezclan bien y se incorpora la harina, se deja reposar una hora y se añaden las dos claras batidas a punto de nieve.

Se preparan los fondos de alcachofas desprovistos de hojas y se ponen a cocer como en las recetas anteriores; se cortan por la mitad y se secan con un paño, se pasan por harina, se envuelven en la pasta y se fríen en abundante aceite hasta que estén doradas.

Se sirven calientes en una fuente sobre servilleta

BERENJENAS DUQUESA

INGREDIENTES Y CANTIDADES

Berenjenas grandes	3.	Champiñones	1 lata.
Aceite	2 decilitros.	Huevos	1.
Patatas	400 gramos.	Puré de tomate	1 cucharada.
Mantequilla	60 gramos.	Cebolla	1.
Harina	50 gramos.	Vino blanco	1 decilitro.
Jamón	50 gramos.	Sal y pimienta.	

MODO DE HACERLO

Se mondan las berenjenas, se cortan por la mitad a lo largo y se vacían dándoles forma de barquitas, se sazonan de sal, se enharinan y se fríen.

Se van colocando en una tartera de barro.

En un perolito se ponen treinta y cinco gramos de mantequilla y una cucharada de aceite y se rehoga la cebolla picada muy fina.

Cuando empieza a tomar color se añade el tomate, el jamón picado y los champiñones cortados en lonchitas finas, y a continuación el decilitro de vino blanco; se sazona de sal y pimienta y se deja cocer unos quince minutos.

Cuando está en su punto se rellenan las berenjenas, se espolvorean con pan rallado y el resto de la mantequilla y se mete al horno para dorarlo.

Se cuecen las patatas, se escurren, se pasan por tamiz y se adiciona una yema y veinticinco gramos de mantequilla. Se mete en la manga pastelera y se hace un cordón alrededor de cada berenjena.

BERENJENAS 'SOUFFLÉS'

INGREDIENTES Y CANTIDADES

Berenjenas de tamaño mediano	6.	Leche	4 decilitros.
Harina	1 cucharada.	Jamón	75 gramos.
Claras	3.	Mantequilla	60 gramos.
Sal y pimienta.		Yemas	2.

MODO DE HACERLO

Con la leche, la mantequilla y la harina se hace una besamel.

Se pelan las berenjenas y se cortan a lo largo un poco más arriba de la mitad y se hacen varios cortes en la pulpa, procurando no perforar las berenjenas (la tapa no se aprovecha).

Se fríen con aceite bien caliente, se escurren y se colocan sobre un paño blanco; sin dejarlas enfriar se vacían con una cucharilla, dejándolas de medio centímetro de espesor y colocándolas a medida que se van ahuecando en una tartera untada de mantequilla.

Con todo lo que se saca de las berenjenas se hace un picadillo fino y se junta con el jamón, igualmente picado, echando ambas cosas en la besamel, que ha de estar muy espesa.

Se añaden las dos yemas, el resto de la mantequilla, sal, pimienta y las claras batidas a punto de nieve.

Se rellenan las berenjenas, se alisan con un cuchillo mojado y se meten a horno con calor moderado durante quince a veinte minutos.

Cuando están infladas, se sirven en seguida.

Este plato puede hacerse también con calabacines.

CALABACINES A LA TURCA

INGREDIENTE Y CANTIDADES

Calabacines de tamaño mediano	6.	Ajo	1 diente.
Queso de Parma	15 gramos.	Arroz	75 gramos.
Mantequilla	75 gramos.	Tomate frito	2 cucharadas.
Higadillos de pollo	6.	Cebolla	1.
Sal y pimienta.			

MODO DE HACERLO

Se mondan los calabacines; se parten por la mitad a lo largo y se vacían en forma de barquillas. En agua hirviendo con un poco de sal se cuecen durante diez minutos se escurren y se colocan en una fuente que resista al horno.

Se rehoga la cebolla picada con la mitad de la mantequilla y los hígados picados. Cuando empiezan a dorarse se añade el ajo picado, el tomate y el arroz; se agregan dos decilitros de agua hirviendo; se sazona de sal y pimienta y se deja cocer moderadamente unos veinticinco minutos. Se rellenan los calabacines, se espolvorean con el queso rallado, se rocían con el resto de la mantequilla derretida y se cuecen a horno suave de quince a veinte minutos.

CALABACINES EMPANADOS

INGREDIENTES Y CANTIDADES

Calabacines de tamaño mediano	6.	Huevos	2.
Aceite	1/4 litro.	Pan rallado	250 gramos.
Harina	50 gramos.	Limón, perejil y sal.	

MODO DE HACERLO

Se mondan los calabacines, se cortan en rodajas de medio centímetro, se sazonan de sal, se pasan por harina, se rebozan en huevo batido y pan rallado y se fríen en el aceite no demasiado fuerte, se escurren sobre un paño, se colocan en una fuente con servilleta adornada con rajas de limón y un ramo de perejil fresco.

CALABACINES AL GRATÍN

INGREDIENTES Y CANTIDADES

Calabacines gruesos	6.	Harina	20 gramos.
Leche	1/4 litro.	Cebolla	1.
Mantequilla	25 gramos.	Jamón	100 gramos.
Queso rallado	15 gramos.	Nuez moscada.	
Sal y pimienta.			

MODO DE HACERLO

Se cortan los calabacines por la mitad a lo largo y después de mondados, dándoles la forma de barquita, se ponen a cocer en agua hirviendo con sal durante unos diez minutos.

En un cazo se pone la mitad de la mantequilla, se acerca al fuego y cuando está derretida se echa el jamón picadito y a continuación la harina; se rehoga unos minutos y se agrega la leche, sal, pimienta y nuez moscada, y sin dejar de mover se deja cocer a fuego muy lento durante quince minutos.

Se llenan los huecos de los calabacines y se colocan en una fuente refractaria, se espolvorean de queso rallado, se rocían con el resto de mantequilla derretida y se meten al horno con calor moderado durante quince minutos.

Cuando la superficie está dorada, se sirve en la misma fuente sobre bandeja con servilleta.

CARDO EN SALSA BLANCA

INGREDIENTES Y CANTIDADES

Cardo tierno y blanco	1.	Ajo	2 dientes.
Harina	2 cucharadas.	Aceite	3 cucharadas.
Sal y pimienta blanca.		Almendras	30 gramos.

MODO DE HACERLO

Se escoge un cardo tierno y blanco, se quitan las hojas duras y las tiernas se raspan por dentro y por fuera con un cuchillo, quitando con cuidado todas las hebras, a medida que se raspa se frota con un limón y se van echando los trozos en un barreño con agua fría acidulada.

Se cortan las hojas tiernas y el troncho en trozos regulares y se ponen a cocer en abundante agua hirviendo, añadiendo sal, un poco de limón y una cucharada de harina por litro de agua. Se deja cocer a medio tapar hasta que esté tierno (unas dos horas). Ya cocido el cardo, se retira de la cacerola, reservando un poco de caldo de la cocción para hacer la salsa, y se pone a escurrir sobre una servilleta doblada.

En una sartén se pone el aceite y se fríen los ajos; cuando están dorados se echan las dos cucharadas de harina, se rehoga sin que tome color y se agregan tres decilitros de agua de la cocción.

Se escaldan con agua hirviendo las almendras, se pelan y se machacan en el mortero hasta hacerlas pasta, se deslíen con un

428

poco de caldo y se echan en la salsa; se deja cocer un poco y se echan los trozos de cardo bien escurridos. Se calienta bien y se sirve.

CARDO EN VARIAS SALSAS

MODO DE HACERLO

Se hace cocer el cardo como en la receta anterior y se escurre bien, primero en un colador y después sobre un paño blanco doblado.

Para servirlo se coloca en una fuente sobre una servilleta doblada y en una salsera aparte una salsa crema, holandesa, *Mornay*, etcétera (véase *Salsas*).

CARDO A LA POLONESA

INGREDIENTES Y CANTIDADES

Cardo tierno y blanco	1.	Perejil picado	2 cucharadas.
Pan rallado	50 gramos.	Aceite	1/2 decilitro.
Huevos	3.	Sal y pimienta.	

MODO DE HACERLO

Se pone a cocer el cardo en la forma explicada anteriormente y se escurre muy bien.

Se cuecen los huevos durante doce minutos, se enfrían en agua y se descascarillan, picándolos muy finos sobre la tabla.

Bien escurridos los cardos, se colocan en una fuente resistente al fuego, untada de mantequilla, se cubren con el resto de mantequilla, el huevo picado y el perejil y se meten un poco en el horno para que se caliente.

Se fríe el pan rallado con el aceite, se esparce por encima y se sirve bien caliente.

CARDO A LA ITALIANA

INGREDIENTES Y CANTIDADES

Cardo blanco y tierno	1.	Queso rallado	70 gramos.
Salsa besamel	3 decilitros.	Mantequilla	50 gramos.
Salsa de tomate	1 decilitro.	Sal.	

MODO DE HACERLO

Ya cocidos los cardos, se ponen a escurrir.

Se confecciona una besamel, a la que se adiciona el decilitro de salsa de tomate y veinticinco gramos de queso rallado gruyère o parma; diez minutos antes de servirlo se pone en una fuente refractaria, se cubre con la salsa, espolvoreándose con el resto del queso y se rocían con la mantequilla derretida. Se mete a horno fuerte durante diez minutos y se sirve.

CEBOLLAS RELLENAS AL GRATÍN

INGREDIENTES Y CANTIDADES

Cebollas grandes y blancas	4.	Leche	1/2 decilitro.
Carne de cerdo o ternera picada	150 gramos.	Aceite	1/2 decilitro.
		Harina	25 gramos.
Queso rallado	25 gramos.	Mantequilla	75 gramos.
Nuez moscada, sal y pimienta blanca.			

MODO DE HACERLO

Se pelan las cebollas y se parten por la mitad.

En agua hirviendo con sal se cuecen por espacio de veinte minutos, se sacan, se escurren y se sueltan las capas, que quedarían en forma de cazuelita. De cada cebolla se sacarán cinco o seis y las demás, que son demasiado pequeñas, se pican menuditas.

Se pone a derretir la mitad de la mantequilla y se rehoga la cebolla cocida picada y a continuación se echa el picadillo de carne; cuando empieza a tomar color se agrega la harina, se revuelve un poco y se echa la leche. Se sazona con sal, pimienta y nuez moscada, dejando hervir el conjunto muy despacio durante un cuarto de hora, sin dejar de mover para que no se agarre.

Con esta pasta se rellenan las cazuelitas y se van colocando en una fuente refractaria untada de grasa. Cuando todas están rellenas se cubren con el queso rallado, se rocían con la mantequilla derretida y el aceite frito y se cuecen a horno moderado durante diez minutos.

CEBOLLAS FRITAS

MODO DE HACERLO

Se escogen unas cebollas redondas, blancas, de tamaño regular, y se cortan en rodajas de un cuarto de centímetro; se sueltan los anillos (se retiran los centros, que no se utilizan), se pasan por harina y se fríen en aceite bien caliente. Se escurren, se sazonan de sal fina y se sirven como guarnición de huevos.

COLES DE BRUSELAS A LA MORNAY

MODO DE HACERLO

Se cuecen las coles (después de quitarles las hojitas malas) en agua hirviendo con sal durante un cuarto de hora, se sacan, se escurren perfectamente y se ponen en una fuente o sartén al fuego para secarlas, moviendo ésta para que no se quemen.

Cuando están bien calientes se les añade cincuenta gramos de mantequilla partida en trozos y se mueve la sartén para que queden bien envueltas.

Se ponen en una fuente resistente al fuego y se cubren con cuatro decilitros de salsa Mornay (véase *Salsas*), se espolvorea la superficie con veinticinco gramos de queso y se meten al horno diez minutos.

COLES DE BRUSELAS A LA FRANCESA

INGREDIENTES Y CANTIDADES

Coles de Bruselas	1 kilo.
Manteca de cerdo	2 cucharadas.
Mantequilla	75 gramos.
Sal y pimienta blanca.	

MODO DE HACERLO

Después de cocidas y escurridas las coles, se pone una sartén con la manteca de cerdo, y cuando está muy caliente se echan las coles y se saltean durante cinco minutos.

Se rectifica de sal, se añade un poco de pimienta y la mantequilla hecha trocitos para que ligue mejor. Bien envueltas se sirven en una legumbrera calentada.

COLES DE BRUSELAS A LA CREMA

INGREDIENTES Y CANTIDADES

Coles de Bruselas	1 kilo.	Leche	1/2 litro.
Mantequilla	50 gramos.	Nata cruda	1 decilitro.
Sal y pimienta blanca.			

MODO DE HACERLO

Se cuecen las coles durante diez minutos en agua hirviendo con sal, se escurren perfectamente y se ponen a cocer nuevamente con la leche durante una hora a hervor lento. Se separan del fuego y se añade la mantequilla y la nata, se sazona de sal y pimienta y sin que hierva más se echa en una legumbrera calentada y se sirve.

COLIFLOR

Modo de cocer la coliflor.

Para que la flor se cueza al mismo tiempo que el tallo es conveniente cortar con un cuchillito fino la corteza de aquél, empezando desde el troncho.

Se pone a cocer en abundante agua hirviendo a borbotones y se deja cocer destapada para que salga blanca.

Cuando los tallos están tiernos y flexibles se retira la cacerola del fuego y se echa agua fría para que la coliflor no siga cociéndose.

Se sacan con cuidado los ramitos para que no se rompan y se ponen a escurrir sobre un paño.

COLIFLOR REBOZADA

Una coliflor grande.

Después de cocida y bien escurrida se pasan los ramitos por harina, se envuelven en huevo batido y se fríen en abundante aceite.

Se escurren en una parrilla y se sirven en una fuente sobre una servilleta.

COLIFLOR A LA CREMA
(Con guarnición)

INGREDIENTES Y CANTIDADES

Coliflor mediana	1.	Harina	50 gramos.
Zanahorias	6.	Leche	1/2 litro.
Huevos	3.	Mantequilla	150 gramos.
Espinacas	1/2 kilo.	Sal, pimienta y nuez moscada.	

MODO DE HACERLO

Se quitan las hojas a la coliflor, se raspan los tallos sin deshacer la coliflor, se corta el troncho para dejarle buen asiento y se pone con agua hirviendo y sal.

Con cincuenta gramos de mantequilla, la harina y la leche se hace una besamel bien sazonada de sal, pimienta y una pizca de nuez moscada y se deja cocer muy lentamente durante un cuarto de hora.

Se limpian las espinacas y se ponen a cocer en agua hirviendo con sal durante diez minutos, se escurre bien, exprimiéndolas para que no les quede nada de agua, y se pasan por un tamiz; se añade a este puré un par de huevos batidos como para tortilla, treinta gramos de mantequilla y dos cucharadas de leche, se sazona de sal y se llenan seis moldecitos de flan untados previamente de mantequilla y se ponen a cocer al baño de María, y cuando rompe a hervir se meten en el horno hasta que estén cuajados (unos quince minutos).

Se raspan las zanahorias y se cortan en trozos iguales bien torneados; se ponen a cocer en agua hirviendo con sal y un poco de azúcar. Cuando están tiernas, se escurren y se saltean con el resto de mantequilla.

En una fuente redonda se coloca en su centro la coliflor, se cubre con la salsa añadiéndole antes una yema, y se rodea con los flanes de espinacas y las zanahorias.

COLIFLOR DUQUESA

INGREDIENTES Y CANTIDADES

Coliflor mediana	1.	Harina	15 gramos.
Patatas	800 gramos.	Queso rallado	15 gramos.
Leche	1/4 litro.	Huevos	3.
Mantequilla	100 gramos.	Sal y pimienta.	
Nuez moscada.			

MODO DE HACERLO

Se pone a cocer la coliflor en ramitos de la forma explicada, se escurre bien y se reserva.

Se mondan las patatas, se cortan en trozos y se ponen a cocer en agua y sal.

Cuando están cocidas se escurren, se pasan por tamiz y se hace un puré fino, al que se añaden dos yemas y veinticinco gramos de mantequilla.

En una cacerolita se ponen a derretir cincuenta gramos de mantequilla, se añade la harina, se rehoga sin que tome color y se agrega la leche hirviendo, moviendo rápidamente con un batidor. Se sazona de sal, pimienta y nuez moscada y se deja cocer muy despacio diez minutos; al retirarla del fuego se agrega la yema de huevo restante.

Se pone el puré de patatas con una manga pastelera con boquilla gruesa rizada y se forma una especie de nido en una fuente refractaria, en el centro se ponen los cogollos de coliflor y se cubre con la salsa; se espolvorea de queso, se rocía con la mantequilla y se mete al horno para que se dore.

COLIFLOR AL AJOARRIERO

INGREDIENTES Y CANTIDADES

Una coliflor grande.

MODO DE HACERLO

Se pone a cocer en la forma explicada, se deja escurrir y se pone en una fuente redonda.

En el mortero se machacan dos dientes de ajo y una cucharada de perejil picado; se añade sal y se hace una pasta que se labra con dos cucharadas de aceite y un poco de caldo de cocción.

En una sartén se pone medio decilitro de aceite, se calienta y se fríe un diente de ajo; ya dorado, se añade media cucharadita de pimentón y dos cucharadas de vinagre. Se mezcla el majado del mortero bien unido, se vierte por encima de la coliflor y se sirve.

ESPÁRRAGOS A LA VINAGRETA

INGREDIENTES Y CANTIDADES

Un kilo de espárragos grandes.

Modo de cocerlos.

Se limpian con un cuchillo de pelar legumbres, se lavan en agua fría y se atan en tres o cuatro manojos. Se cortan a un largo de veinte centímetros y se ponen a cocer en abundante agua hirviendo con sal, cubriéndolos con una servilleta o paño blanco para que absorba la espuma que forma, y se deja cocer moderadamente durante media hora.

Se retiran de la lumbre y se dejan enfriar en el agua de la cocción.

Una vez fríos, se colocan en la fuente sobre esparraguera y se sirve aparte la salsa. (Los espárragos se colocan en la misma dirección).

SALSA VINAGRETA

INGREDIENTES Y CANTIDADES

Aceite	1 decilitro.	Vinagre	3 cucharadas.
Huevo cocido	1.	Caldo de los	
Sal y pimienta blanca.		espárragos	3 cucharadas.

MODO DE HACERLO

Se pone en un tazón el aceite, vinagre y caldo de espárragos, se sazona de sal y un poco de pimienta blanca y se agrega el huevo picado menudísimo.

Se sirve en seguida.

En vez de vinagreta puede servirse mayonesa (véase *Espárragos con diversas salsas*).

Preparados como en la receta anterior, se sirven templados, acompañados de una salsa holandesa, Mornay, etcétera, en una salsera (véase *Salsas*).

PUNTAS DE ESPÁRRAGOS
A LA CREMA DE QUESO

INGREDIENTES Y CANTIDADES

Espárragos	1 kilo.	Huevos	4.
Mantequilla	60 gramos.	Nata cruda	2 cucharadas.
Queso Gruyère		Nuez moscada, sal y	
rallado	75 gramos.	pimienta blanca.	

MODO DE HACERLO

Se limpian los espárragos y se cortan las puntas a unos seis centímetros; se pone a cocer en agua hirviendo con sal y se escurren con cuidado para que no se rompan.

En una sartén se pone una cucharadita de mantequilla, se echan los espárragos, se acercan al fuego y se dejan calentar hasta que los espárragos queden secos del agua que suelten.

Se conservan en sitio templado.

En un cazo se pone la mitad de la mantequilla, se extiende con un dedo y se echan los huevos cascados y removiendo con las varillas se pone a cocer al baño de María como si fuera unas natillas. Cuando ha espesado un poco (sin que se cuajen), se añade el queso rallado, la nata, la pimienta, sal y el resto de mantequilla.

Se calienta al baño de María (para que no hierva) y se vierte sobre las puntas de espárragos colocadas en una legumbrera calentada.

Se sirve en seguida.

ESPÁRRAGOS A LA ANDALUZA

INGREDIENTES Y CANTIDADES

Se emplean espárragos trigueros, y si no hay se escogen espárragos verdes y delgaditos.

Espárragos	1 kilo.	Perejil	1 rama.
Pan	1 rebanada.	Ajo	3 dientes.
Aceite	5 cucharadas.	Pimentón	1/2 cucharadita.
Vinagre	1 cucharada.	Sal y pimienta.	

MODO DE HACERLO

Se lavan los espárragos y se parten en trozos hasta la parte dura.

En una cacerola se echa el aceite, se calienta y se fríen los ajos; ya dorados, se sacan y se fríe el pan y el perejil. Se saca también, y separada la cacerola de la lumbre se echa el pimentón y los espárragos. Se rehogan un poco y se tapa para dejarlos cocer despacio con el agua que ellos sueltan.

Si no es bantante, se agrega un poco de agua hirviendo y se dejan cocer hasta que estén tiernos.

Se machacan en el mortero los ajos y el pan, y desleída esta pasta con un poco de caldo de la cocción, se vierte sobre los espárragos, agregándoles la cucharada de vinagre. Se sazona de sal y pimienta y se deja hervir unos minutos. Se sirven en una legumbrera adornada con picatostes.

ESPINACAS A LA ESPAÑOLA

INGREDIENTES Y CANTIDADES

Espinacas	2 kilos.	Aceite	5 cucharadas.
Ajos	1 diente.	Sal y pimienta.	

MODO DE HACERLO

Se quitan los tallos uno a uno, se lavan las hojas en varias aguas y se ponen a cocer en abundante agua hirviendo a borbotones con sal. Cuando han cocido diez minutos se echan a un colador y se ponen bajo el chorro del agua fría. Se escurren muy bien, apisonándolas contra el fondo del colador para que suelten toda el agua, y se pican un poco sobre la tabla.

En una sartén se fríe el aceite y los ajos, cuando se doran se echan las espinacas, se sazonan de sal y pimienta y se rehogan.

Se sirve en legumbrera y se sirve vinagre aparte.

ESPINACAS A LA FRANCESA

INGREDIENTES Y CANTIDADES

Espinacas	1 kilo.	Harina	25 gramos.
Mantequilla	50 gramos.	Leche	3 decilitros.
Sal y pimienta.			

MODO DE HACERLO

Se cuecen y escurren las espinacas como en la receta anterior y se pican en la tabla hasta dejarlas muy finas.

En una cacerola se ponen la mitad de la mantequilla y la harina, se rehogan un poco y se agrega la leche hirviendo, removiendo con las varillas para que no se hagan grumos. Cuando han cocido cinco minutos, se agregan las espinacas, se sazonan de sal y pimienta y se dejan cocer otros cinco minutos, se agrega el resto de la mantequilla y se sirve en legumbrera.

ESPINACAS A LA INGLESA

INGREDIENTES Y CANTIDADES

Espinacas	2 kilos.	Mantequilla	150 gramos.
Sal.			

MODO DE HACERLO

Se cuecen las espinacas y se escurren perfectamente, envolviéndolas en una servilleta; se ponen en una cacerola al fuego para que se sequen y muy calientes se echan en la legumbrera calentada y se pone la mantequilla encima cortada en pedazos; se sirve en seguida.

TARTALETAS DE ESPINACAS

INGREDIENTES Y CANTIDADES

Espinacas	750 gramos.	Huevos	2.
Harina	150 gramos.	Leche	1 decilitro.
Mantequilla	100 gramos.	Sal.	

MODO DE HACERLO

Encima de un mármol se pone la harina formando un montoncito, que se ahueca con las manos dejando en el centro un pocito, en donde se echa un huevo, cincuenta gramos de mantequilla y sal. Se amasa hasta obtener una pasta fina, que se deja reposar un rato; transcurrido éste, se estira con el rodillo hasta dejarlo del grueso del canto de un duro, y se forran dieciocho moldes de tartaletas de cinco centímetros de diámetro. Se pincha el fondo y se reservan.

Se limpian las espinacas y se ponen a cocer en agua hirviendo con sal, se pasan por agua fría, se aprietan con la mano para que escurran bien, y se pican muy finas sobre la tabla.

En una sartén se pone la mantequilla, se echan las espinacas, la leche y el huevo, se acerca al fuego y se revuelve hasta que cuaje un poco, y con esto se rellenan las tartaletas reservadas.

Se cortan unos discos del tamaño de las tartaletas y se tapan éstas, uniendo los bordes con un poco de huevo batido. Se barnizan con un poco de yema y se meten en el horno hasta que están doradas.

Se desmoldan y se sirven en una fuente sobre servilleta.

GUISANTES

Modo de preparar los guisantes.

Los guisantes, al desgranarlos, quedan reducidos a la cuarta parte de su peso; por lo tanto, para sacar un kilo de guisantes desgranados habrá que adquirir algo más de cuatro kilos.

Los guisantes conviene que sean frescos, y para que salgan verdes hay que ponerlos a cocer con agua hirviendo a borbotones con sal y destapados.

GUISANTES CON JAMÓN A LA ESPAÑOLA

INGREDIENTES Y CANTIDADES

Guisantes desgranados	1 kilo.	Zanahorias	1.
Jamón	125 gramos.	Aceite	4 cucharadas.
Cebolla	1.	Sal y pimienta.	

MODO DE HACERLO

En una cacerola se pone el aceite, se calienta y se fríe la cebolla y la zanahoria picada; cuando empieza a dorarse se añade el jamón cortado en trozos, se rehoga un poco y se echan los guisantes, se agrega un poco de sal y se tapa con una tapadera que ajuste bien y se deja cocer muy suavemente.

De vez en vez se mueve con una cuchara, teniendo cuidado para que no revienten. Al destapar debe ponerse la tapadera encima para que el vapor caiga sobre los guisantes.

Cuando están tiernos se sirven en una fuente con triángulos de pan frito.

GUISANTES A LA ESCOCESA

INGREDIENTES Y CANTIDADES

Guisantes desgranados	1 kilo.	Tocino inglés o con veta de magro	100 gramos.
Nabos	2.	Mantequilla	100 gramos.
Zanahorias	2.	Jamón	75 gramos.
Cebolla	1.	Harina	25 gramos.
Lechuga	1.	Sal y pimienta.	

MODO DE HACERLO

En una cacerola se pone la mitad de la mantequilla y el tocino cortado en trocitos; se agrega la cebolla finamente picada y se deja rehogar lentamente para que tome algo de color; se añade el jamón picado en cuadraditos y la lechuga picada, se incorporan los guisantes y se deja rehogar todo unos seis o siete minutos. Pasado este tiempo se agrega medio litro de agua hirviendo, se sazona de sal y pimienta (teniendo en cuenta la que aportan el jamón y el tocino) y se deja cocer a fuego lento durante una hora. Cinco minutos antes de retirarlo del fuego se añade la mantequilla amasada con la harina para ligar la salsa.

Se sirve en legumbrera calentada.

GUISANTES A LA PRIMAVERA

INGREDIENTES Y CANTIDADES

Guisantes desgranados	3/4 kilo.	Leche	2 decilitros.
Zanahorias nuevas	250 gramos.	Mantequilla	50 gramos.
Espárragos	2 manojos.	Cebollitas	2.
Sal y azúcar.			

MODO DE HACERLO

Se escogen unos guisantes muy tiernos y frescos.

Se cortan las zanahorias en trozos regulares, torneándolos en forma de dientes de ajo, y se raspan los espárragos, cortando las puntas, echándolas después en agua fría.

En una cazuela se ponen cincuenta gramos de mantequilla, las zanahorias y las cebollitas, se tapa y se deja cocer durante un cuarto de hora; se añaden los guisantes, se sazona de sal y azúcar y se dejan cocer con calma durante una hora.

Se cuecen los espárragos con agua hirviendo con sal, se escurren y se añaden a los guisantes. Se añade la leche y se deja cocer muy suavemente hasta que quede reducida la salsa, que se liga cinco minutos antes de retirarla del fuego, añadiéndole el resto de mantequilla amasada con veinte gramos de harina.

Se sirve en legumbrera calentada.

HABAS A LA ASTURIANA

INGREDIENTES Y CANTIDADES

Habas tiernas	2 kilos.	Aceite	1 1/2 decilitro.
Patatitas nuevas	1/2 kilo.	Caldo	1/2 litro.
Jamón	125 gramos.	Vino blanco	1 copa.
Cebollas	125 gramos.	Pimentón	1 cucharadita.
Zanahorias	4.	Ajo	1 diente.
Sal.			

MODO DE HACERLO

Se desgranan las habas, se cortan las zanahorias en rodajitas y se pica finamente la cebolla.

Se pone el aceite en una cacerola, se calienta y se añade el ajo y jamón picado, se rehoga y se añade el pimentón, separándolo de la lumbre. A continuación se echan las habas y las zanahorias, añadiendo el vino, el caldo, la sal y una pizca de pimienta; cuando rompe a hervir se tapa y se deja cocer moderadamente durante tres cuartos de hora, se echan las patatas peladas y torneadas en forma de huevo pequeño y se deja cocer media hora más; ya en su punto, se separa del fuego y se sirve en legumbrera.

HABAS CON TOCINO

INGREDIENTES Y CANTIDADES

Habas tiernas	2 kilos.	Tocino	200 gramos.
Jamón	150 gramos.	Cebolla	100 gramos.
Manteca de cerdo	50 gramos.	Leche	1/4 litro.
Lechuga	1.	Perejil, sal y pimienta.	

MODO DE HACERLO

Se pone en una cacerola al fuego la manteca de cerdo con el tocino y jamón cortado en cuadraditos, cuando empieza a dorarse se añade la cebolla picada.

Se rehoga un poco y se agregan las habas desgranadas, la lechuga picada y una rama de perejil. Se rehoga lentamente, sin dejar de moverlo, durante diez minutos; se echa la leche, se sazona de sal y pimienta, y bien tapado se cuecen a lumbre suave durante hora y media. Ya tiernas, sin deshacerse, se echan en una fuente refractaria, se espolvorean de pan rallado, se rocía con aceite frito y se mete al horno fuerte cinco minutos.

JUDÍAS VERDES

Modo de cocerlas.

Cuando las judías son muy finas y no tienen hebras, bastará con quitarles las puntas; pero corrientemente hay que recortarlas todo alrededor con un cuchillo fino los cantos, y se echan en agua fría hasta el momento de cocerlas.

Se pone una cacerola grande al fuego con bastante agua y sal, y cuando hierve a borbotones se echan las judías. Cuando rompe a hervir de nuevo se destapan y se dejan cocer destapadas y a ebullición fuerte hasta que están tiernas. Acto seguido se echan en un colador y se refrescan al chorro de agua fría y se dejan que escurran bien. Cuando se guisan en caliente, se conserva un poco de agua de la cocción.

JUDÍAS VERDES A LA MAYORDOMA

INGREDIENTES Y CANTIDADES

Judías   1 kilo.   Mantequilla   100 gramos.
Limón, perejil picado, sal y pimienta.

MODO DE HACERLO

Se cuecen las judías y se ponen a escurrir. Se ponen en una cacerola con la mantequilla y se saltean para que saquen el agua que les haya quedado. Cuando están completamente secas y calientes se retiran del fuego, se sazonan de sal y pimienta y se remueven con cuidado para no romperlas.

Se vierte en una legumbrera calentada y se espolvorean de perejil picado.

Se sirve en seguida y muy caliente.

JUDÍAS VERDES CON JAMÓN

INGREDIENTES Y CANTIDADES

Judías verdes 1 kilo.   Cebollas   2.
Jamón   150 gramos.   Mantequilla 100 gramos.
Perejil y sal.

MODO DE HACERLO

Se cuecen las judías y se ponen a escurrir.

En una cacerola se pone la mantequilla y cuando está derretida se echa el jamón y la cebolla picada; cuando ha tomado color dorado se incorporan las judías bien escurridas y se saltean durante cinco o seis minutos.

Se sirven bien calientes, espolvoreadas de perejil picado.

JUDÍAS REHOGADAS A LA ESPAÑOLA

INGREDIENTES Y CANTIDADES

Judías verdes	1 kilo.	Ajos	1 diente.
Jamón	150 gramos.	Pimentón	1/2 cucharadita.
Aceite	1 decilitro.	Sal.	

MODO DE HACERLO

Se cuecen las judías en la forma explicada. Bien escurridas, se reservan.

En una sartén o cacerola se pone el aceite, cuando está caliente se echan los ajos, cuando están dorados se sacan y se echa el jamón cortado en trozos. Se rehoga un poco y se aparta del fuego para agregarle el pimentón, sin que se queme; se echan a continuación las judías bien escurridas y se rehogan durante cinco minutos.
Se rectifican de sal, se agrega un poco de pimienta y se sirven.

LECHUGAS

Modo de preparar las lechugas.

Las lechugas se escogen tiernas y blancas. Se lavan bien en agua fría, se quitan las primeras hojas y se corta el troncho.

En agua hirviendo con sal se someten a una ebullición fuerte de unos diez minutos, a continuación se pasan por agua fría, se escurren y se exprimen con las manos para que suelten el agua.

LECHUGAS CON SALSA HOLANDESA

INGREDIENTES Y CANTIDADES

Lechugas	6.	Mantequilla	100 gramos.
Huevos	3.	Limón	1.
Perejil y sal.			

MODO DE HACERLO

Se cuecen las lechugas durante veinte minutos, se refrescan y se escurren, exprimiéndolas hasta que queden secas.

Se colocan en una legumbrera, se calienta al horno durante unos minutos y se cubren con la salsa.

SALSA

En una cacerolita se ponen tres yemas de huevo y dos cucharadas de agua, se ponen a cocer al baño de María, moviendo con espátula hasta que espesa.

Se aparta de la lumbre y se incorpora poco a poco la mantequilla, batiendo como una mayonesa; se sazona de sal y zumo de limón y se vierte sobre las lechugas.

LECHUGAS AL QUESO

INGREDIENTES Y CANTIDADES

Lechugas buenas	6.	Queso rallado	100 gramos.
Mantequilla	100 gramos.	Caldo	1 decilitro.
Sal.			

MODO DE HACERLO

Se preparan las lechugas y se someten a ebullición fuerte durante dos minutos, se pasan por agua fría y se escurren, apretándolas con la mano.

Se parten por la mitad a lo largo y se doblan cada parte en dos.

Se colocan en una tartera untada de mantequilla, se sazona de sal y pimienta, se agrega el caldo y se ponen a la lumbre. Cuando arranca el hervor se tapan y se meten al horno durante cuarenta y cinco minutos.

Ya cocidas, se colocan en una fuente de porcelana resistente bien embadurnada de mantequilla y espolvoreada de queso rallado. Se rocían las lechugas con el líquido de haberla cocido, se espolvoreada de queso rallado, se rocían con el sobrante de mantequilla y se meten a horno muy fuerte para que se doren sin secarse.

Se sirven en la misma fuente.

LECHUGAS RELLENAS CON SALSA MORNAY

INGREDIENTES Y CANTIDADES

Lechugas buenas	6.	Pan rallado	2 cucharadas.
Picadillo de cerdo	150 gramos.	Harina	20 gramos.
Mantequilla	100 gramos.	Leche	1/2 litro.
Queso de Parma	25 gramos.	Huevo	1.

Sal, pimienta blanca y nuez moscada.

MODO DE HACERLO

Se mezcla el picadillo de cerdo con el huevo, dos cucharadas de pan rallado, sal, pimienta y nuez moscada.

Limpias las lechugas de las hojas más duras y cortados los tronchos, se cuecen con agua y sal durante veinte minutos. Se escurren bien, exprimiéndolas con las manos. Se ponen sobre un paño encima de la mesa, y en el interior de cada una se pone una sexta parte del picadillo, se doblan uniendo las puntas de las hojas con el troncho y se van colocando en una cazuela o fuente refractaria, se añaden dos decilitros de leche y veinticinco gramos de mantequilla, se sazonan y se cuecen tapadas durante cuarenta minutos.

En un cazo se mezclan cincuenta gramos de mantequilla con la harina, se incorpora el resto de la leche, se sazona de sal y pimienta y moviendo constantemente con las varillas, se deja cocer moderadamente un cuarto de hora, se adiciona la mitad del queso.

Se colocan las lechugas en una fuente, se cubren con la salsa, se espolvorean con el resto del queso, se rocía con la mantequilla sobrante y se meten a horno muy fuerte para que tome color dorado.

NABOS A LA CREMA

INGREDIENTES Y CANTIDADES

Nabos	1 1/2 kilo.	Caldo	1 litro.
Aceite	1/2 decilitro.	Huevos	2.
Mantequilla	50 gramos.	Nata	1/4 litro.

Sal y pimienta.

MODO DE HACERLO

Se escogen unos nabos de buena clase y de tamaño iguales. Si son redondos, se parten en cuatro partes y se tornean para darles forma de grandes dientes de ajo.

Ya preparados se echan en una cacerola, que se tendrá al fuego con agua hirviendo y sal, y se dejan hervir fuerte durante cinco minutos.

Se pone una sartén al fuego con medio decilitro de aceite y la mantequilla y cuando está caliente se echan los nabos, se espolvorean de sal fina y un poco de azúcar y se saltean hasta dorarlos por igual. Se sacan con la espumadera y se colocan en una cacerola, se añade el litro de caldo, se tapan y se cuecen a fuego lento hasta que están tiernos y hayan absorbido todo el caldo; se añade entonces la nata sin batir y se deja cocer suavemente otros cinco minutos. Se rectifica de sal y pimienta y se añaden dos yemas de huevo con una cucharadita de fécula, desleído todo en dos cucharadas de leche. Se mueve la cacerola para que se mezcle bien y sin que hierva más, pero muy caliente, se vierte en legumbrera y se sirve.

PATATAS

CONCHAS DE PATATAS

INGREDIENTES Y CANTIDADES

Patatas	1 kilo.	Mantequilla	50 gramos.
Queso rallado	35 gramos.	Huevos	2.
Perejil y sal.			

MODO DE HACERLO

Se mondan las patatas, se cortan en trozos y se ponen a cocer con agua y un poco de sal; ya cocidas, se escurren, se pasan por tamiz y se añaden dos yemas, la mitad de queso y la mitad de mantequilla. Bien mezclado todo se sazona de sal y pimienta y se agregan las claras a punto de nieve, moviendo la pasta con espátula. Se llenan unas conchas, se alisan con la hoja de un cuchillo, se espolvorea con el resto del queso, se vierte la otra mitad de la mantequilla derretida por encima y se meten a horno fuerte para que se doren.

Se sirven en una fuente con servilleta, adornadas con un ramo de perejil.

PATATAS A LA LIONESA

INGREDIENTES Y CANTIDADES

Patatas	1 kilo.	Aceite	1 1/2 decilitro.
Cebollas	400 gramos.	Mantequilla	50 gramos.
Sal, pimienta y perejil.			

MODO DE HACERLO

Se lavan las patatas y se ponen a cocer con la piel. Cuando están cocidas se ponen en agua fría, se pelan y se cortan en rodajas finas.

En una sartén se pone el aceite caliente y se echa la cebolla finamente picada, se añade sal, se tapa y se deja cocer lentamente; cuando empieza a tomar un poco de color se añaden las patatas, se sazonan con sal y pimienta y se saltean para que se doren un poco, cuidando que no se queme la cebolla.

Se escurren de grasa las patatas y se echan en una tartera de horno, se rocían con la mantequilla derretida y se ponen al horno para que se doren.

Se sirve en la misma fuente, espolvoreada de perejil picado.

PATATAS A LA MAYORDOMA

INGREDIENTES Y CANTIDADES

Patatas	1 kilo.	Mantequilla	50 gramos.
Leche	1/4 litro.	Perejil, sal y pimienta.	

MODO DE HACERLO

En una cacerola se ponen las patatas, mondadas y cortadas en rodajas finas.

Se añade la leche, mantequilla, sal y pimienta y se dejan cocer lentamente durante media hora. Cuando están en su punto se vierten en legumbrera y se espolvorean con perejil picado.

PATATAS A LA PARISIÉN

INGREDIENTES Y CANTIDADES

Un kilo y medio de patatas grandes.

MODO DE HACERLO

Se cortan con una cucharilla de legumbres, se sacan unas patatitas de tamaño de aceitunas gordas y se van echando a medida que se moldean en una cacerola de agua fría. Cuando están todas se lavan y se ponen en una cacerola cubiertas de agua fría para que hiervan cinco minutos; transcurridos éstos, se escurren en un colador.

En una tartera de horno se ponen medio decilitro de aceite y veinticinco gramos de mantequilla y se colocan las patatas procurando que todas toquen el fondo; se sazonan de sal y se meten en el horno, salteándolas de vez en vez para que tomen color. Ya doradas se retiran, se quita la grasa y se agrega una cucharada de mantequilla y perejil y se sirven.

PATATAS DELFINA

INGREDIENTES Y CANTIDADES

Patatas	500 gramos.	Mantequilla	75 gramos.
Huevos	2.	Harina	60 gramos.
Agua	1 decilitro.	Aceite para freírlas.	

Pan rallado, sal, pimienta y nuez moscada.

MODO DE HACERLO

Se pelan las patatas, se cortan en trozos regulares y se ponen a cocer hasta que están tiernas sin deshacerse. Se quitan del agua, se dejan secar a la entrada del horno y se pasan por un tamiz.

En un cazo se pone un decilitro de agua y treinta y cinco gramos de mantequilla, se añade un polvo de sal y se pone a hervir. Al romper el hervor se retira del fuego, se echa el golpe de harina y se mueve rápidamente acercándola al fuego otra vez.

Se deja cocer un poco, dando vueltas con la espátula, y cuando se ha hecho una bola se retira y se le añaden dos huevos. Se mezcla bien y se une al puré de patatas, al que se habrá adicionado una cucharada de mantequilla y un huevo; bien mezclado todo se vierte sobre una fuente y se deja enfriar.

Se toman porciones de esta pasta, se hacen unas bolas, que se aplastan un poco; se pasan por huevo y pan rallado y se fríen en aceite bien caliente.

PATATAS SAN FLORENTINO

INGREDIENTES Y CANTIDADES

Patatas	750 gramos.	Jamón	50 gramos.
Huevos	3.	Mantequilla	25 gramos.

Aceite para freír, harina, pan rallado y sal.

MODO DE HACERLO

Se mondan las patatas y se ponen a cocer cortadas en trozos grandes. Cuando están tiernas se sacan, se dejan secar a la entrada del horno y se pasan calientes por un tamiz.

El puré obtenido se echa en un recipiente y se le añaden dos yemas de huevo; la mantequilla y el jamón picado muy menudito.

Se espolvorea la mesa con harina y se echa el puré, se hace un cilindro y se corta en trozos iguales, que se moldean en forma de pera; se pasan por harina, huevo batido y pan rallado y se fríen en aceite bien caliente. En cada una se pone un trozo de rabo de perejil figurando al de las peras, y se sirven en una fuente sobre servilleta.

PURÉ DE PATATAS

INGREDIENTES Y CANTIDADES

Patatas	750 gramos.	Mantequilla	50 gramos.
Leche	1 1/2 decilitros.	Sal y nuez moscada.	

MODO DE HACERLO

Se cuecen las patatas mondadas, y cuando están tiernas se sacan y se pasan por tamiz. Se vuelve a poner en la cacerola, se agrega la leche caliente y la mantequilla; se trabaja con la espátula para que quede fino y se coloca en una fuente.

Se sirve como guarnición de carnes o pescados.

PATATAS FONDANTES

INGREDIENTES Y CANTIDADES

Un kilo de patatas y 100 gramos de mantequilla.

MODO DE HACERLO

Se eligen las patatas holandesas y pequeñas y se moldean en forma de huevo.

Se colocan en una cacerola sin amontonarse, se añade medio litro de agua y setenta y cinco gramos de mantequilla; se acerca al fuego y se deja cocer vivamente hasta que se consuma el líquido.

Entonces se rocían con el resto de mantequilla derretida y se meten al horno hasta que están tiernas y tienen un bonito color dorado.

Sirve para guarnición.

PATATAS ANA

INGREDIENTES Y CANTIDADES

Patatas   600 gramos.
Mantequilla   75 gramos.
Sal y pimienta blanca.

MODO DE HACERLO

Se pelan las patatas, se limpian y se cortan en rodajas sumamente finas. Se embadurna de mantequilla un molde de bizcocho, se colocan las patatas montando una sobre otras formando capas, sobre cada una se rocía un poco de mantequilla, se sazona de sal y pimienta; sobre la última se rocía la mantequilla que queda. Se tapa y se pone al fuego, se calienta bien durante cinco minutos y se introduce en el horno tapado durante una hora. Una vez cocidas y doraditas las patatas, se desmoldan en una fuente y se sirven.

PATATAS RELLENAS AL GRATÍN

INGREDIENTES Y CANTIDADES

Patatas grandes y lisas de un peso de 200 gramos cada una, 6.
Mantequilla   50 gramos.
Jamón   50 gramos.
Queso rallado   50 gramos.
Huevos   2.
Perejil picado, sal y pimienta.

MODO DE HACERLO

Se lavan las patatas, se secan con un paño y en una tartera se meten al horno dándolas vueltas para que no se queme la piel.

Ya asadas las patatas se sacan del horno y se cortan en dos pedazos a lo largo, vaciando cada mitad con una cucharilla, echando la pulpa en un recipiente y dejando las patatas vacías en forma de cazuelita.

Se aplasta con un tenedor la pulpa o se pasa por tamiz y se agregan los dos huevos sin batir, dos cucharadas de queso, el perejil y el jamón picados y se salpimenta, mezclándolo bien.

Con el preparado se rellenan las pieles de las patatas formando un poco de montículo y se colocan sobre una placa, se espolvorean con queso, se rocían con mantequilla derretida y se meten a horno fuerte para gratinarlas.

Muy doradas se sacan y se sirven en una fuente sobre una servilleta.

PATATAS SUSANA

INGREDIENTES Y CANTIDADES

Patatas grandes
  iguales y lisas   6.
Besamel   1 decilitro.
Mantequilla   60 gramos.
Sal, pimienta y nuez moscada.

Jamón   50 gramos.
Trufa   1.
Pechuga de
  pollo asado
  o cocida   60 gramos.

MODO DE HACERLO

Se prepara una besamel muy fina bien adicionada de mantequilla.

Se escogen unas patatas holandesas muy lisas y se pelan con un cuchillo especial, dejándolas iguales, se colocan de pie en una tartera bien untada de mantequilla y se meten al horno bien caliente para que se asen y tomen color.

Aproximadamente tardará de cuarenta a cincuenta minutos. Ya asadas se retiran de la tartera, y cerca del fuego, para que no se enfríen, se cortan por la parte de arriba para dejarles lo cortado como tapadera y se vacían con una cucharilla, cuidando de no romperlas.

La tercera parte de esta pulpa se separa y el resto se trabaja con una cuchara para ponerla muy fina y se sazona de sal, pimienta y un poco de nuez moscada.

Se pica el jamón y la pechuga hasta dejarlos muy finos, se agrega el puré y se adiciona la besamel hecha, la trufa picada y treinta gramos de mantequilla. Bien mezclado todo, y con una cuchara, se reparte este relleno entre las seis patatas, se embadurnan de mantequilla y se meten al horno para que se terminen de dorar.

Se sirven en una fuente de pie sobre una servilleta.

PIMIENTOS RELLENOS A LA BILBAÍNA

INGREDIENTES Y CANTIDADES

Pimientos encarnados			
en conserva	12.		
Perejil picado	1 cucharada.	Ajos	2 dientes.
Picadillo de ternera	200 gramos.	Zanahoria	1.
Picadillo de cerdo	200 gramos.	Tomate	200 gramos.
Miga de pan	50 gramos.	Vino blanco	1 vaso.
Huevos	2.	Aceite	1 1/2 decilit.
Cebollas	2.	Sal y pimienta.	

MODO DE HACERLO

En una cacerola se pone el aceite, se calienta y se echa una cebolla, zanahoria, perejil y el tomate picado, se rehoga bien y se agregan dos cucharadas de harina, se dora un poco y se deslíe con un cucharón de agua y el vino blanco. Se sazona de sal y se deja cocer a fuego lento mientras se rellenan los pimientos.

Se pone la miga de pan a remojar en leche y se pica muy fina la cebolla y el ajo.

Se pone una sartén al fuego con aceite y se echa la cebolla picada; cuando está un poco dorada se echa el ajo y los picadillos, se rehogan, se agrega el pan mojado en leche, se sazona de sal y pimienta y se deja cocer hasta que se hace una bola, despegándose del fondo; se separa del fuego y se adiciona un huevo y la cucharada de perejil picado.

Se sacan los pimientos, se escurren bien, se secan y se rellenan con el picadillo; ya llenos, se pasan por harina y huevo batido, se fríen con aceite bien caliente y doraditos se van colocando en una cacerola sin amontonarlos.

Se pasa la salsa por el colador y se vierte sobre los pimientos, dejándolos cocer suavemente hasta que están tiernos.

REMOLACHAS

Las remolachas cocidas o asadas sólo sirven para adorno de platos fríos, ensaladas o entremeses.

Se limpian de tierra y se cortan las hojas, pero no los tallos, para evitar que se desangren y resulten descoloridos.

Se meten en el horno, dándoles vueltas de cuando en cuando, hasta que están asadas; tardan de seis a ocho horas.

El modo más rápido y fácil es cocerlas.

Se ponen a la lumbre cubiertas de agua fría y un poco de sal y se dejan cocer unas tres horas. Se dejan enfriar en la misma agua. Se pelan y se cortan en rodajas.

Para conservarlas más de un día hay que tenerlas en un frasco de cristal cubiertas de buen vinagre.

SALSIFÍS AL GRATÍN

INGREDIENTES Y CANTIDADES

Manojos de salsifís	2	Queso rallado	25 gramos.
Leche	1/2 litro.	Harina	100 gramos.
Huevo	1.	Mantequilla	75 gramos.
Limón	1.	Sal.	

MODO DE HACERLO

Se limpian los salsifís, cortando la parte alta y raspándola con un cuchillo, y para que no se pongan negros se echan en un recipiente con agua y unas cucharadas de vinagre.

En una cacerola se ponen cincuenta gramos de harina, el zumo de un limón y dos litros de agua, se añade sal y se pone a hervir.

Cuando hierve se echan los salsifís y se dejan cocer una hora y media.

Cuando están tiernos, que se pueden atravesar fácilmente con un alfiler, se sacan y se ponen a escurrir.

Se ponen en un cazo cincuenta gramos de mantequilla, se agregan cuarenta gramos de harina y se rehoga, sin que tome color. Se agrega la leche, se sazona de sal y pimienta y se deja cocer lentamente unos veinte minutos, moviéndola sin cesar con el batidor.

En una fuente refractaria se ponen los salsifís, se cubren con la salsa, se espolvorean con queso y el huevo duro picado y se rocía con el resto de mantequilla. Se mete al horno fuerte para que se dore.

CHAMPIÑONES RELLENOS

INGREDIENTES Y CANTIDADES

Los champiñones son setas cultivadas.

Champiñones	24.	Perejil picado	1 cucharada.
Lenguado	1.	Salsa besamel	2 decilitros.
Puré de tomate	4 cucharadas.	Queso rallado	3 cucharadas.
Miga de pan	2 cucharada.	Sal y pimienta.	

MODO DE HACERLO

Se escogen unos champiñones del mismo tamaño, se pelan, se lavan y se cortan los pedúnculos para que queden planos y se colocan en una fuente refractaria untada de mantequilla.

Se sacan los filetes de lenguado y se hacen pasta fina machacándolos en el mortero, se mezclan con miga de pan, el puré de tomate, sal, pimienta y se deslíe con la salsa besamel, que debe estar hecha de antemano y muy espesa. De ese preparado se pone un poco en cada champiñón, se espolvorean con queso rallado, se rocía con mantequilla derretida y se meten al horno durante veinte minutos.

CHAMPIÑONES AL NATURAL
(Para guarnición)

Se recorta la parte oscura del pedúnculo y se van echando a medida en una vasija con agua fría. Se sacan y se escurren en una servilleta.

En una cacerolita se ponen los champiñones, se adiciona el zumo de limón, agua y sal, se agrega un poco de mantequilla y se acerca al fuego, dejándolos cocer cinco minutos. De cuando en cuando se sacude la cacerola para que hiervan por igual. Se apartan del fuego y se utilizan.

CHAMPIÑONES AL GRATÍN

INGREDIENTES Y CANTIDADES

Champiñones	750 gramos.	Cebolla	1.
Mantequilla	125 gramos.	Limón	1.
Leche	1/2 litro.	Huevo	1.
Harina	20 gramos.	Queso	25 gramos.
Nata cruda	100 gramos.	Sal.	

MODO DE HACERLO

Se pelan y se lavan los champiñones y se cortan los pedúnculos, colocándolos en una cacerola con la cebolla picada, cincuenta gramos de mantequilla, zumo de limón y sal; se tapa y se dejan cocer veinte minutos. Se hace una salsa con cincuenta gramos de mantequilla, la harina y la leche hirviendo y se deja cocer lentamente durante veinte minutos, moviendo con un batidor.

Se retira del fuego y se agrega la nata, dejando cocer unos minutos más. Se aparta nuevamente y se incorpora una yema.

Se colocan en una fuente refractaria los champiñones escurridos, se cubren con la salsa, se espolvorean con el queso y se rocían con veinticinco gramos de mantequilla. Se meten al horno para que se doren y se sirve.

SETAS A LA CASERA

INGREDIENTES Y CANTIDADES

Setas pequeñas	750 gramos.	Huevo	1.
Cebolla	1.	Jerez	1 copita.
Aceite	75 gramos.	Ajo	2 dientes.
Sal, perejil y pimienta.			

MODO DE HACERLO

Se limpian las setas y se les da un hervor, poniéndolas en seguida a escurrir.

Se pone el aceite en una cacerola, se calienta y se rehoga la cebolla picada, se agrega el ajo picado y las setas, se sazona de sal y pimienta y se adiciona el jerez; se tapa la cacerola y muy despacio se dejan cocer durante veinte minutos. Ya cocidas, se adiciona el huevo cocido, se mezcla todo y se vierte en una legumbrera, donde se sirven, espolvoreadas de perejil picado.

SETAS A LA PROVENZAL

INGREDIENTES Y CANTIDADES

Setas	750 gramos.	Ajos	3 dientes.
Aceite	2 decilitros.	Pan rallado, perejil y sal.	

MODO DE HACERLO

Se escogen unas setas pequeñitas, se limpian y lavan y en una tartera se meten en el horno durante cinco minutos.

Se pican los ajos y el perejil muy menuditos, se mezclan con el pan rallado.

En una fuente refractaria se ponen las setas, se esparce por encima el pan rallado mezclado con el ajo y el perejil, se rocía con el aceite y se meten en el horno con calor fuerte para que se doren durante diez minutos.

CHAMPIÑONES A LA POLONESA

INGREDIENTES Y CANTIDADES

Champiñones	750 gramos.	Huevos	3.
Limón	1.	Leche	1/2 litro.
Mantequilla	100 gramos.	Harina	40 gramos.
Trufa	1.	Queso	25 gramos.
Sal y pimienta.		Nuez moscada.	

MODO DE HACERLO

Se limpian los champiñones y se ponen en una cacerolita con un cuarto de litro de agua y treinta gramos de mantequilla; se agrega sal y se dejan cocer durante diez minutos. Se dejan enfriar y se escurren.

En una cacerolita se ponen cincuenta gramos de mantequilla y se añade la harina, se deja cocer un poco y antes de que tome color se agrega la leche, removiendo con batidor.

Se sazona de sal, pimienta y nuez moscada y se cuece durante un cuarto de hora; al separarla del fuego se agrega una yema de huevo.

Se colocan los champiñones en una fuente refractaria, se cubren con la salsa y se adorna con el huevo picado y la trufa. Se espolvorea con el queso, se rocía con el resto de mantequilla y se mete al horno.

TOMATES 'SOUFFLÉ'

INGREDIENTES Y CANTIDADES

Tomates de tamaño mediano	12.	Mantequilla	50 gramos.
Puré de tomate espeso	3 cucharadas.	Yemas	2.
Salsa besamel	1 1/2 decilitro.	Claras	4.
		Ajo, perejil, sal y pimienta.	

MODO DE HACERLO

Se prepara de antemano el puré de tomate dejándolo reducido para que quede espeso; se prepara también la besamel en la forma acostumbrada, con un cuarto de litro de leche, treinta gramos de mantequilla y dos cucharadas de harina, dejándolo hervir durante un cuarto de hora.

Se escogen unos tomates lisos y redondos de tamaño mediano y con la punta de un cuchillo fino se corta una circunferencia en la parte superior de los tomates; se levanta la tapa y con una cucharilla se vacían, quedando como una cazuelita, y colocándolos en una tartera se meten al horno para que se vayan calentando.

Se mezcla la salsa besamel con el tomate, se agregan las yemas y a continuación las claras a punto de nieve, mezclándolas con la espátula para que no bajen.

Se llenan los tomates, se espolvorean con el pan rallado, se rocía con mantequilla y se mete al horno veinticinco minutos.

Se sirve en seguida, antes que bajen.

TOMATES FRITOS A LA AMERICANA

Se cortan unos tomates en rodajas gruesas y se sazonan de sal y pimienta; se secan con un paño, se pasan por pan rallado, huevo batido y pan rallado otra vez y se fríen en aceite bien caliente.

TOMATES RELLENOS CON CHAMPIÑONES

INGREDIENTES Y CANTIDADES

Tomates	12.	Puré de tomate	1 cucharada.
Champiñones	150 gramos.	Vino blanco	1 decilitro.
Mantequilla	25 gramos.	Miga de pan	30 gramos.
Cebolla	50 gramos.	Caldo o agua	1/4 litro.
Aceite	2 cucharadas.		

Ajo, perejil, sal, pimienta y pan rallado.

MODO DE HACERLO

Se escogen unos tomates lisos y medianos; con un cuchillo fino se corta una circunferencia, se levanta la tapa y con una cucharilla se vacían, se sazonan de sal y se ponen boca abajo para que escurran.

En una sartén se pone el aceite y la mantequilla y se fríe la cebolla picada, cuando empieza a tomar color se añade el ajo y los champiñones picados. Se rehoga todo a fuego vivo, se sazona de sal y pimienta, se añade el vino y se adiciona la miga de pan remojada en caldo, el puré de tomate y el caldo y se deja cocer el conjunto hasta que resulte muy espeso, moviéndolo con una cuchara para que no se agarre. Se retira del fuego y se añade perejil picado, se rellenan los tomates, procurando que el relleno sobresalga un poco. Se colocan en fuente refractaria untada de grasa, se espolvorean de pan rallado, se rocían con aceite frito y se meten al horno durante veinte minutos.

Se sirven en la misma fuente, poniendo en el fondo unas cucharadas de salsa de tomate.

TOMATES NAPOLITANOS

INGREDIENTES Y CANTIDADES

Tomates grandes	6.	Queso rallado	50 gramos.
Macarrones	200 gramos.	Mantequilla	50 gramos.
Sal.			

MODO DE HACERLO

Se escogen unos tomates grandes, redondos y muy enteros, se parten por la mitad y se vacían.

En una cacerola con agua abundante se cuecen los macarrones cortados en trozos de dos centímetros de largo durante veinte minutos. Se lavan en agua fría y se escurren bien.

Se vuelven a poner en la cacerola y se adicionan treinta gramos de mantequilla y treinta gramos de queso, se mezcla bien y se rellenan los tomates formando un poco de copete. Se espolvorean con el resto de queso, se rocían con la mantequilla restante y se meten a horno fuerte para que gratinen.

TOMATES A LA FLORENTINA

INGREDIENTES Y CANTIDADES

Tomates medianos	12.	Huevos	1.
Espinacas	600 gramos.	Queso	50 gramos.
Leche	1/2 litro.	Harina	25 gramos.
Mantequilla	50 gramos.	Sal y pimienta.	

MODO DE HACERLO

Se limpian las espinacas y se ponen a cocer en agua hirviendo con sal durante diez minutos; se lavan y se escurren, exprimiéndolas con las manos; después se pican en la tabla.

En un cazo se derrite la mantequilla, se añade la harina, se rehoga y se adiciona la leche hirviendo, se mueve con el batidor para que no se apelotone, se sazona de sal y pimienta y se deja cocer despacio durante veinte minutos.

Terminada la cocción se añaden las espinacas, el huevo duro picado y el queso partido en cuadraditos pequeños.

Bien mezclado todo, se rellenan los tomates y se colocan en una fuente refractaria untada de mantequilla, se cuecen durante veinte minutos.

ZANAHORIAS A LA CREMA

INGREDIENTES Y CANTIDADES

Zanahorias	650 gramos.	Azúcar	1 cucharadita.
Mantequilla	50 gramos.	Huevos	2.
Leche	1/2 litro.	Harina	50 gramos.

MODO DE HACERLO

Se escogen zanahorias pequeñas y muy frescas, se raspan y se cortan rodajas delgadas, se ponen en una cacerola con el azúcar y medio litro de agua y se dejan cocer durante una hora. Pasada ésta, se escurren.

En un cacillo se pone a derretir la mantequilla, se le adiciona la harina y se rehoga, añadiendo la leche hirviendo; se sazona de sal y pimienta blanca y removiendo, sin cesar se deja hervir veinte minutos despacio.

Se separa del fuego y se agregan las yemas, se mezclan con las zanahorias y se sirven en una legumbrera.

CARNES

TERNERA AL JUGO

INGREDIENTES Y CANTIDADES

Un trozo de tapa de ternera	1 1/2 kilo.	Tocino	50 gramos.
Manteca de cerdo	50 gramos.	Huesos de vaca	2.
Vino blanco	1/2 vaso.	Sal y pimienta.	

MODO DE HACERLO

En una cacerola se pone la manteca de cerdo y el tocino cortado en lonchas.

Se acomoda la carne encima y se ponen alrededor los huesos de vaca partidos en varios trozos. Se tapa la cacerola y se deja rehogar a fuego moderado por espacio de media hora. Cuando se ha dorado por un lado se le da la vuelta, procurando no pincharla.

Una vez dorada por ambos lados se sazona de sal y pimienta y se añade el medio vaso de vino blanco y otra cantidad igual de agua hirviendo y se deja hervir tapada hora y cuarto a cocción lenta.

Una vez cocida se saca y se deja enfriar, se trincha en lonchas de un centímetro de grueso y se coloca en una fuente calentada de antemano, virtiendo por encima la salsa pasada antes por el chino y bien caliente.

Se guarnece la fuente con unos flanecitos de espinacas.

FLANES DE ESPINACAS

INGREDIENTES Y CANTIDADES

Espinacas	1 kilo.	Leche	1 decilitro.
Huevos	3.	Mantequilla	25 gramos.
Harina	25 gramos.	Sal y pimienta.	

MODO DE HACERLO

Se cuecen las espinacas en agua hirviendo con sal durante diez minutos. Se separan del fuego, se refrescan y se escurren. Se colocan en una servilleta, se retuerce ésta para extraer toda el agua que contengan y se reservan.

Se pone en una sartén al fuego la mantequilla, y cuando se derrite se echa la harina, se cuece un poco y se agregan las espinacas; se dejan rehogar unos minutos, se añade el decilitro de leche y se deja (a un lado de la lumbre) cocer suavemente unos cinco o seis minutos. Se separa del fuego, se deja enfriar un poco y se agregan los huevos batidos de antemano. Bien mezclado el conjunto, se llenan con una cuchara seis moldes de flan individuales bien untados de mantequilla y se ponen a cocer al baño de María en el horno unos diez minutos. Se pinchan con la aguja de calcetar, y si sale limpia, estará en su punto; en este caso se retiran del horno, se dejan reposar unos cinco minutos y se desmoldan, colocándolos a ambos lados de la carne.

ALETA DE TERNERA RELLENA BRASEADA

INGREDIENTES Y CANTIDADES

Aleta de ternera	700 gramos.	Cebollas	150 gramos.
Salchichas	300 gramos.	Caldo	2 decilitros.
Zanahorias	150 gramos.	Vino blanco	1 decilitro.
Aceite	2 decilitros.	Berenjenas	2.
Patatas	1/2 kilo.	Mantequilla	30 gramos.
Sal, pimienta, chalota y perejil.			

MODO DE HACERLO

En un recipiente se prepara la salchicha, quitándole la piel y haciendo un picadillo con ella; se le añade una chalota picada muy menuda, una rama de perejil picado también y tres cucharadas de vino blanco.

Se deja un rato en maceración mientras se prepara la ternera.

Se abre la aleta por la mitad, como si fuera un libro, y se limpia de gordo y de piltrafas, se sazona de sal, se pone encima de la mesa con el corte hacia arriba y se rellena con el picadillo de salchichas, enrollándolo como si fuera un paquete, atándolo con un hilo de bala.

En una tartera de horno se pone una capa de cebolla picada, se agrega una rama de perejil y se coloca encima la ternera. Se rocía con un decilitro de aceite, se sazona y se mete en el horno durante cuarenta minutos, dándole vueltas de cuando en cuando para que se dore por igual, y regándolo con su misma grasa.

Cuando empieza a dorarse la cebolla se riega con el vino blanco y a medida se va agregando poquitos de caldo hasta dos decilitros. Pasados los cuarenta minutos, se pincha con una aguja de mechar para ver si está tierna, y se retira de la tartera para que se enfríe.

Se quita de la tartera la zanahoria y la cebolla con el jugo de la ternera, se pasa por el chino, se le agrega una cucharada de maizena y diez gramos de mantequilla amasados, se deslíe con una cucharada de vino y otra de agua y se deja hervir un minuto.

Se trincha la ternera en rodajas de un centímetro, se coloca en una fuente calentada en escalera y se guarnece a un lado con las berenjenas y al otro con las patatas. La salsa, después de haber puesto unas cucharadas en la fuente se sirve bien caliente en una salsera.

BERENJENAS Y PATATAS

Se mondan las berenjenas y se cortan en cuadrados como dados, espolvoreando de sal, y se saltean en una sartén con un decilitro de aceite caliente.

Las patatas se cuecen con piel, se pelan y se cortan en cuadraditos, se les pone sal y un poco de perejil picado y se saltean con treinta gramos de mantequilla.

TAPA DE TERNERA A LA 'BRIAND'

INGREDIENTES Y CANTIDADES

Tapa de ternera	1 1/2 kilo.	*Guarnición*	
Tocino	150 gramos.		
Cebolla	100 gramos.	Zanahorias	
Caldo de ternera	3/4 litro.	pequeñitas	250 gramos.
Zanahorias	2.	Mantequilla	50 gramos.
Vino blanco	1 decilitro.	Lechugas	6.
Sal, perejil y pimienta en grano.			

MODO DE HACERLO

Se mecha la ternera con el tocino cortado en tiras, ayudándose con la aguja de mechar; ya preparada, se coloca en una cacerola sobre un lecho de zanahorias y cebollas picadas, perejil y unos recortes de tocino.

Se sazona de sal y se mete en el horno, que debe estar caliente, hasta que tome color; ya dorada, se añade el vino blanco y un poco de caldo y se deja reducir; entonces se añade el resto del caldo, se tapa herméticamente y se deja cocer lentamente en el horno unas dos horas.

Un poco antes de terminar la cocción (diez minutos) se destapa para que la carne adquiera brillo (brasear).

Ya terminada, se saca la carne a un plato y se pasa la salsa, que debe quedar reducida a dos decilitros, por el chino, se echan unas cucharadas en la fuente debajo de la carne y se sirve el resto bien caliente en una salsera.

Alrededor de la carne se ponen los cogollos de lechuga alternando con las zanahorias.

MODO DE PREPARAR LA GUARNICIÓN

Se quitan las hojas verdes de la lechuga y en agua hirviendo con sal y a la lumbre viva se cuecen durante diez minutos. Cuando se atraviesa el cogollo con un alfiler, se sacan, se refrescan en agua fría y se escurren muy bien.

Se ponen en una tartera, se rocían con veinticinco gramos de mantequilla derretida y se mete en el horno unos cinco minutos. Se sacan y se utilizan.

Las zanahorias se tornean de forma de cebollas gruesas después de rasparlas y se cuecen en agua hiviendo con sal durante diez minutos. Se refrescan en agua fría y se dejan escurrir; ya escurridas se ponen en una tartera con los veinticinco gramos de mantequilla restante y se saltean.

Preparada la carne en el centro de la fuente, se colocan en un lado los cogollos de lechuga y en el orro las zanahorias salteadas.

MEDALLONES DE TERNERA A LA 'MONTPENSIER'

Los medallones son unos bistecs pequeños sacados del solomillo de unos cinco centímetros de diámetro por dos de grueso.

INGREDIENTES Y CANTIDADES

Solomillo de ternera	1 1/2 kilo.	Jugo de carne	2 cucharadas.
Alcachofas	3.	Vino blanco	1 decilitro. ➡

Espárragos	3 manojos.	Jerez	1/2 vasito.
Trufas	1 grande.	Limón	1/2
Mantequilla	125 gramos.	Sal y pimienta.	

MODO DE HACERLO

Se preparan los fondos de alcachofas (véase *Fondos de alcachofas*) y se cuecen en agua hirviendo con sal hasta que puedan atravesarse con un alfiler. Se escurren muy bien y se ponen en una tartera con un poco de mantequilla y una bolita dentro de cada una. Se meten al horno moderado durante quince minutos.

Una vez cocidos los espárragos (véase *Modo de cocer espárragos*), se escogen doce de los mejores y el resto se corta en trocitos pequeños y se saltean con un poco de mantequilla, se sazonan de sal y un poco de pimienta y se reservan.

Se deja el solomillo perfectamente limpio de pellejos y gordos, se ata con seis ligaduras y se cortan seis medallones iguales.

En una sartén se ponen treinta gramos de manteca y dos cucharadas de aceite, se calienta y se fríen los medallones cuatro minutos por cada lado a lumbre viva y después se tapan y se dejan a un lado para que lentamente se pasen tres minutos más. Una vez hechos los medallones, se sacan en un plato y se dejan al calor; se escurre toda la grasa de la sartén, se añade el vino blanco, jerez, el jugo de carne y el caldo de las trufas, se acerca al fuego y se deja hervir un minuto; se retira y se añaden treinta gramos de mantequilla y el zumo de medio limón, se mueve bien con la espátula para ligarlo y se conserva al calor sin hervir.

En una fuente calentada de antemano se colocan a lo largo en hilera los seis medallones: sobre cada uno se coloca un fondo de alcachofa con los pedacitos de espárragos reservados y se colocan entre los medallones con las puntas hacia afuera.

Se mete un momento al horno para que se caliente y se vierte la salsa por encima de los medallones.

ESCALOPES DE TERNERA
CON SALSA DE AVELLANA

INGREDIENTES Y CANTIDADES

Seis filetes cada			
uno de	100 gramos.	Aceite	2 cucharadas.
Tomates	125 gramos.	Manteca	1 cucharada.
Cebollas	200 gramos.	Vino blanco	1 vasito.
Avellanas tostadas	100 gramos.	Ajo, perejil, sal y pimienta.	

MODO DE HACERLO

Con el aceite y la manteca bien calientes puestos en una sartén se fríen los filetes durante seis minutos por cada lado. Bien doraditos se ponen en un lado y se conservan al calor.

En la grasa de los filetes se fríe la cebolla y un ajo muy picaditos, se agrega el tomate (previamente escaldado sin piel ni semillas), se sazona de sal y pimienta, y cuando está frito se agregan las avellanas machacadas y hecha una pasta fina, un poco de perejil picado y un vasito de vino.

Se colocan los escalopes en una fuente previamente calentada y con una cucharada se echa encima de ellos la salsa.

FILETES DE TERNERA EMPANADOS CON COLES DE BRUSELAS

INGREDIENTES Y CANTIDADES

Tapa de ternera	650 gramos.	Jamón	50 gramos.
Coles de Bruselas	500 gramos.	Tocino	50 gramos.
Pan rallado, huevos, sal, leche y pimienta.			

MODO DE HACERLO

Se quitan las hojas malas a las coles y se echan en agua hirviendo con sal, dejándolas cocer diez minutos. Se refrescan y se ponen a escurrir.

Se cortan de la ternera seis filetes muy iguales no muy pequeños y se remojan en un poco de leche durante dos horas; pasado este tiempo se escurre, se sazona de sal y se pasan por harina, después por un huevo batido y, por último, se empapan bien con pan rallado.

En una sartén se pone a calentar el aceite y se fríen los filetes hasta dejarlos muy doraditos.

Se cuela la grasa que queda para que no lleve chispitas de pan y se vuelve a poner al fuego (añadiendo un poco más), y cuando está caliente se fríe el tocino cortado en cuadraditos y el jamón, se sacan ambas cosas y en la grasa se echa una cucharada de harina, se dora y se deslíe con el vino blanco y dos o tres cucharadas de agua, se sazona, se deja hervir un momento y se reserva al calor.

Se saltean las coles en veinticinco gramos de mantequilla fundida. En una fuente se colocan los filetes, se ponen encima los trocitos de jamón y alrededor las coles. Cuando se lleva a la mesa se vierte sobre los filetes de salsa bien caliente.

CHULETAS DE TERNERA A LA CASTELLANA

INGREDIENTES Y CANTIDADES

Seis chuletas de ternera, cada una de 150 gramos.

Cebollitas pequeñas	24.	Vino blanco	1 1/2 decilitro.
Aceite	1 decilitro.	Patatas	1/2 kilo.
Ajo	1 diente.	Caldo	1 decilitro.
Sal y pimienta.			

MODO DE HACERLO

Se cortan seis buenas chuletas lo más iguales posible y no muy finas, se recorta con una tijera la piel de alrededor y se igualan dándoles unos golpes con la aplastadera, se sazonan de sal fina y se pasan por harina.

Se pone una sartén al fuego con el aceite y se fríen las chuletas dejándolas dorar, se retiran y se van colocando en fuente de barro refractario, se añade vino blanco, se tapa la cazuela y se dejan cocer lentamente. En la grasa sobrante de freír las chuletas se echan las cebollitas, después de mondarlas, y veinticuatro bolitas de patata del tamaño de las cebollas, se doran unas y otras y se ponen en la cazuela de las chuletas alrededor, poniendo la cazuela a horno moderado unos veinte minutos, agregando antes un poco de caldo.

Tiernas ya las cebollas y patatas, se retira del horno y se sirve en la misma cazuela, espolvoreándolas de perejil picado y poniéndolas sobre una fuente con servilleta.

CHULETAS DE TERNERA MEDIO GLASA

INGREDIENTES Y CANTIDADES

Seis chuletas, cada una de 150 gramos.

Limón	1/2 vaso.	Mantequilla	60 gramos.
Caldo	3 cucharadas.	Aceite	2 cucharadas.
Perejil, sal y pimienta.			

MODO DE HACERLO

Se ponen en una tartera la mitad de la mantequilla y las dos cucharadas de aceite, se calienta, y cuando hace humo se ponen las chuletas de dos en dos y se dejan freír siete minutos por un lado, se vuelven con la paleta para no pincharlas y se dejan otros siete minutos. Se escurren y se colocan en una fuente previamente calentada.

Se quita la grasa de la sartén y se echa en ella el vino blanco y se pone a hervir hasta que se reduce a la mitad, se echa entonces el caldo y una cucharadita de jugo de carne, y cuando rompe el hervor se retira y se agrega el resto de mantequilla, perejil picado y una cucharada de jugo de limón; se mueve bien y se vierte sobre las chuletas, que quedarán brillantes.

Se sirve con patatas.

ENTRECOT

El entrecot es un trozo de lomo de buey, o mejor de cebón, sacado de entre las costillas. Es una chuleta grande y de un grueso entre tres o cuatro centímetros y que se hacen emparrilladas o asadas en la saltera.

MODO DE PREPARAR EL ENTRECOT

Se corta un hermoso filete de tres centímetros de grueso de la parte del lomo más bajo, se le quita el hueso si lo tiene y se limpia de nervios y gordo de la mitad para abajo, dejándole la grasa de la parte de arriba.

Se unta de aceite fino y se deja en un plato durante dos horas. Se pone a calentar la parrilla sobre un fuego bien prendido y se deja durante unos diez minutos, y según está untado el entrecot de aceite se pone sobre los barrotes calientes, que en seguida empezarán a chisporrotear. Al cabo de cuatro minutos se vuelve al otro lado, untado antes de aceite fino la parte que no está asada, y se deja otros cuatro minutos o cinco. Si se quiere que el entrecot esté más hecho, se hará en un total de doce minutos, seis de cada lado.

Al quitarlo de la parrilla se espolvorea de sal fina.

Se sirve entero en una fuente calentada y se fracciona en la mesa haciendo tres parte, cortando un poco al sesgo.

ENTRECOT A LA MAYORDOMA

INGREDIENTES Y CANTIDADES

Dos entrecots, cada uno de 350 gramos.

Salsa Mayordoma

Mantequilla	60 gramos.	Perejil	1 cucharadita.
Zumo de limón	1 cucharadita.	Sal y pimienta blanca.	

MODO DE HACERLO

En un tazón se pone la mantequilla y se añade el zumo de limón, perejil, sal y pimienta. Se mezcla con la cuchara, y cuando está hecha una pasta se pone en un papel de barba humedecido, se forma un cilindro y se pone en la nevera.

Se emparrillan los entrecots como queda dicho y se colocan enteros en una fuente calentada. Se colocan dos montones de patatas fritas y sobre cada una medio cilindro de la mantequilla preparada y quitada del papel.

Los entrecots se cortan en la mesa en tres trozos cada uno, porque si se sirven trinchados pierden el jugo.

ENTRECOT A LA BORDELESA

INGREDIENTES Y CANTIDADES

Lomo de buey, en dos trozos iguales de 800 gramos.
Sal, pimienta, laurel y limón.

Salsa bordelesa

Mantequilla	60 gramos.	Vino tinto	2 decilitros.
Ajo	1 diente.	Tuétano de vaca	50 gramos.
Caldo de carne	1 decilitro.		

MODO DE HACERLO

Se prepara el tuétano partiendo el hueso por la mitad y sacándolo entero.

Se pone a cocer en agua fría y sin sal, se acerca al fuego para que se vaya calentando lentamente y cuando rompe a hervir se retira y deja al calor durante media hora.

En una cacerola al fuego se pone el vino tinto, el ajo y una pizca de laurel, se cuece un poco y al quedar reducido a la mitad se retira, se cuela y se vuelve a poner al fuego con los chalotes picados y el caldo concentrado, se deja hervir cinco minutos y se conserva al calor, se añade un poco de limón, sal, pimienta y la mantequilla cortada en trocitos pequeños y se mueve con cuchara para ligarlo.

Se emparrillan los entrecots como en la receta anterior y puestos en la fuente se pone el tuétano cortado en rodajas encima de ellos y alrededor y se cubren con la salsa.

Se adorna la fuente con patatas *soufflés*.

PATATAS 'SOUFFLÉS'

No todas las clases de patatas sirven para hacer patatas *soufflés*; para esto hay que utilizar la llamada patata holandesa, más bien temprana, para que sea poco harinosa.

Se escogen las patatas de un tamaño mediano, se pelan procurando no pincharlas y se secan con un paño; ya secas, se cortan en rodajas un poco más gruesas que el canto de un duro y muy iguales (es condición imprescindible).

Se pone al fuego una sartén honda con aceite y sebo de la riñonada destilado, a partes iguales. Cuando esta grasa está caliente, se echan las patatas una a una y se dejan freír hasta que suben a la superficie, que es la señal de que están; se sacan con una espumadera de alambre y se echan con la misma espumadera en otra sartén preparada con grasa bien caliente, y a medida que van *souflando* se van sacando con una espumadera y poniéndolas, sin amontonar, sobre un paño. Cuando todas han pasado por la segunda fritura, se vuelve a poner al fuego la sartén y en la grasa bien caliente se van echando para que se inflen y se conservan infladas.

Pasadas todas por la tercera fritura, se sirve en dos montones a los lados del entrecot.

ROSBIF

El rosbif se saca de un trozo de lomo alto; para que sea tierno y jugoso debe ser de una res bien cebada y un trozo no menos de dos kilos.

Se prepara deshuesando la parte de las costillas y con la punta del cuchillo se levanta la piel amarillenta que le cubre y se vuelve a poner en su sitio, envolviéndolo con la mano; se ata para darle buena forma y se pone en una placa sobre un lecho de recortes de carne. Se unta todo con dos cucharadas de manteca de cerdo y se pone a horno bien caliente por espacio de cuarenta minutos. A la mitad de la cocción se le da la vuelta, se rocía con unas cucharadas de su propio jugo y se vuelve a dejar hasta terminar el asado.

Transcurrido el tiempo se saca, se espolvorea de sal y se reserva en una cacerola tapada, se quita toda la grasa del jugo y se añade cuarto de litro de agua, dejándolo cocer lentamente un cuarto de hora.

Se cuela y se reserva al calor.

Se quita al rosbif el pellejo, se trincha en lonchas finas y se colocan escalonadas en una fuente calentada con dos o tres cucharadas de jugo, se decora la fuente con dos ramos de berros y se sirve al mismo tiempo el resto del jugo en la salsera.

'CHATEAUBRIAND'

El *chateaubriand* se hace de la parte más ancha del centro del solomillo de vaca, de unos cuatro centímetros de grueso. Se escoge un buen solomillo de vaca muy grueso y del centro, se corta un gran filete de unos cuatro o cinco centímetros, se le quita la tira de carne que tiene a un lado y se limpia de nervios y gordos.

Con la aplastadera se le dan unos golpes y se colocan en un plato, se embadurna de aceite y se deja en sitio fresco una hora o dos.

Se emparrilla como se ha explicado para el entrecot, pero dejando por cada lado unos siete u ocho minutos; ya asados, se corta en tres pedazos, se coloca en una fuente calentada y se salsea con salsa *chateaubriand*, adornándolo con patatas *chip* en dos montoncitos.

SALSA 'CHATEAUBRIAND'

INGREDIENTES Y CANTIDADES

Vino blanco	1 1/2 vaso.	Chalotas	3 piezas.
Setas	100 gramos.	Jugo de carne	1 cucharadita.
Mantequilla	50 gramos.	Estragón picado	1 cucharadita.
Sal, pimienta, perejil y limón.			

MODO DE HACERLO

En una cacerolita esmaltada se pone al fuego el vino blanco, las chalotas picadas, una rama de perejil y las setas limpias y picadas; se deja cocer hasta reducir a la mitad y se pasa por el chino, se sazona de sal y pimienta y se pone a hervir de nuevo. Cuando rompe el hervor se retira, se le adiciona el jugo de carne, el estragón picado y la mantequilla batida, con un poco de perejil picado y unas gotas de limón *(maître d'hotel)*. Se mueve con espátula para ligar la salsa y se sirve en salsera calentada.

PATATAS 'CHIP'

Se escoge un kilo de patatas alargadas, y después de pelarlas se cortan en rodajas muy finas con ayuda de la guillotina (aparato para cortar las patatas). Se pasan por agua las rodajas y se secan bien una a una.

En una sartén honda se pone aceite abundante, y cuando está caliente se van friendo en pequeñas porciones, echándolas una a una, dejándolas dorar; se sacan y se espolvorean de sal fina. Hay que servirlas muy calientes.

'TOURNEDÓS'

Los *tournedós* se sacan de la parte estrecha del solomillo y son unos filetes pequeños que se sirven siempre sobre un costrón y con muy variadas guarniciones.

Para prepararlos se toma un trozo de solomillo y se limpia de nervios y de gordos; ya limpios, se ata tantas veces como *tournedós* se vayan a preparar, cortando con un cuchillo al lado de la atadura y dejando un grueso de dos centímetros. En aceite o mantequilla bien caliente se fríen, procurando que no estén demasiado hechos.

'TOURNEDÓS ROSSINI'

INGREDIENTES Y CANTIDADES

Solomillo	1 kilo.	*Foie-gras*	6 rodajas.
Pan	200 gramos.	Trufas	2 grandes.
Aceite	1 decilitro.	Salsa al jerez	1/4 litro.
Sal y pimienta.			

Se prepara la salsa al jerez (véase *Salsa al jerez*).

Se cortan seis discos de pan de un centímetro de grueso y de seis centímetros de diámetro, quitando de antemano las cortezas del pan.

Se fríen en aceite bien caliente para que queden dorados y se colocan en círculo en una fuente redonda.

Se ata el solomillo en seis veces, dejando los *tournedós* a dos centímetros de gruesos, se saltean en mantequilla y aceite a partes iguales y se colocan sobre los costrones de pan.

Se corta el *foie-gras* en seis rodajas y se saltean con un poco de mantequilla, se coloca una rodaja sobre cada *tournedó* y sobre ella una lámina de trufa.

Preparada la salsa se añade el resto de la trufa finamente cortada y se vierte en la fuente. Se sirve muy caliente.

'TOURNEDÓS' DUQUESA

INGREDIENTES Y CANTIDADES

Solomillo de vaca	1 kilo.	Alcachofas	6.
Pan	6 rodajas.	Jerez	1 copa.
Champiñones frescos	6.	Aceite	2 decilitros.
Mantequilla	25 gramos.	Puré de tomate	1 cucharada.
Patatas	500 gramos.	Trufa	1.
Harina	10 gramos.	Huevos	1.
Sal y pimienta.			

MODO DE HACERLO

Se limpia el solomillo de nervios y gordos, se ata convenientemente y se cortan seis filetes de dos o tres centímetros de grueso. Se preparan las alcachofas quitándoles las hojas duras y cortándolas a tres centímetros de altas, se ahuecan del centro para dejarlas en forma de cazuela, a medida que se van limpiando se frotan con limón y se van echando en agua acidulada.

Cuando los seis fondos están preparados se pone a hervir medio litro de agua con unos trozos de limón y el zumo de medio, medio decilitro de aceite y sal, y cuando rompe a hervir se echan los fondos de alcachofas y se dejan hervir despacio unos veinte minutos. Cuando están tiernas (se pinchan con un alfiler) se sacan y se reservan al calor.

Se ponen a cocer las patatas sin piel, pero enteras, en agua fría con sal, se acercan al fuego y se dejan cocer unos veinte minutos. Cuando están tiernas se sacan, se meten un poco al horno para que se sequen y se pasan por tamiz. se pone el puré obtenido en un cacillo, se agrega la mantequilla y una yema de huevo y se mezcla bien al calor, pero sin cocer.

En una sartén se pone el aceite y cuando está caliente se fríen los seis costrones cortados de miga de pan y se sacan muy doraditos. Se retira de la sartén la grasa y se deja como medio decilitro, y en ella, bien caliente, se saltean los *tournedós* dejándolos no muy hechos.

En la grasa sobrante se agrega la harina, se deja dorar un poco y se añade el puré de tomate, el jerez, decilitro y medio de agua, la trufa picada muy fina y las cabezas de champiñones previamente limpias, se sazona de sal y pimienta y se deja cocer muy despacio unos diez minutos.

En una fuente calentada se colocan los discos de pan en círculos, sobre ellos los filetes quitado el bramante y encima de cada uno una cabeza de champiñón.

Se colocan entre ellos las alcachofas; se pone el puré de patatas en una manga con boquilla gruesa rizada y se marcan unas espirales dentro de las alcachofas rellenando éstas. En el centro de la fuente se echa la salsa bien caliente y se sirve en seguida.

'TOURNEDÓS' A LA ROYAL

INGREDIENTES Y CANTIDADES

Solomillo de vaca	1 kilo.	Huevos	2.
Judías verdes finas	500 gramos.	Pan	200 gramos.
Puré de tomate	2 cucharadas.	Mantequilla	150 gramos.
Patatas	1 kilo.	Trufa	1.
Vinagre de estragón	1 copita.	Aceite	2 decilitros.
Perifollo picado	1 cucharadita.	Sal.	

MODO DE HACERLO

Se escogen unas judías tempranas para que sean tiernas, se les quita las puntas y hebras y se ponen a cocer en agua hirviendo con sal; al romper el hervor se agrega una pizca de bicarbonato y se cuecen destapadas hasta que salgan muy verdes.

A los diez minutos, si están tiernas, se sacan del agua, se lavan en agua fría y se ponen a escurrir.

Se escogen unas patatas grandes, se mondan y con una cucharilla especial se cortan en forma de avellanas un poco gruesas.

En una cacerola se ponen cincuenta gramos de mantequilla y cuando está caliente se echan las patatitas, se sazonan de sal, se tapa y se dejan freír hasta que tengan un bonito color dorado.

En una cacerolita se pone al fuego el vinagre, se cuece unos minutos para que se reduzca a la mitad, se agrega el tomate y cuando está espeso se retira, se deja enfriar un poco, se incorporan las dos yemas de huevo, se revuelve con un batidor y sin dejar de batir se cuece a fuego lento hasta conseguir una crema fina.

Se separa la cacerola del fuego y se añade poco a poco cien gramos de mantequilla derretida y el perifollo picado.

Se descorteza el pan y se cortan seis discos de un centímetro de grueso y de unos seis de diámetro y se fríen muy dorados en aceite bien caliente.

Se quita la mitad de la grasa y se saltea la carne preparada en seis filetes redondos en la forma explicada en las anteriores recetas.

Los otros cincuenta gramos de mantequilla se ponen en la sartén, se calienta y se saltean las judías después de escurrirlas.

En una fuente redonda se ponen las judías en el centro formando montículos y alrededor los discos de pan con los *tournedós* encima, se cubren con la salsa preparada y se pone una lámina de trufa; las patatas avellanadas se colocan alrededor de los *tournedós*.

'TOURNEDÓS' A LA ALSACIANA

INGREDIENTES Y CANTIDADES

Solomillo	750 gramos.	*Guarnición*	
Arroz	250 gramos.	Guisantes	1 kilo.
Aceite	2 cucharadas.	Cebollitas	
Cebolla picada	1 cucharadita.	francesas	150 gramos.
Agua	1/2 litro.	Mantequilla	50 gramos.
Jamón magro	100 gramos.	Agua	1/2 litro.
Mantequilla	25 gramos.	Harina	15 gramos.
Ajo, perejil, sal y pimienta blanca.			

MODO DE HACERLO

Se ata el solomillo y se cortan seis filetes como en las recetas anteriores.

En una cacerola se ponen dos cucharadas de aceite, se calienta y se agrega una cucharadita de cebolla finamente picada, se rehoga y antes de que tome color se agrega el arroz, un tallito de apio y una rama de perejil, se deja cocer veinte minutos a lumbre suave y se deja reposar un rato. Con un molde de centímetro y medio de alto y seis de diámetro se moldean unos costrones y se van colocando en círculo en una fuente calentada.

Se desgranan los guisantes, se limpian las cebollitas quitándoles las capas exteriores y dejándolas del tamaño de una avellana gorda.

En una cacerola se ponen ambos ingredientes, se añaden la mantequilla, menos quince gramos, el medio litro de agua, un poco de sal y pimienta, se tapan con un papel untado en mantequilla y se deja cocer durante media hora.

Se mezclan quince gramos de mantequilla y los quince gramos de harina, y cuando están tiernos los guisantes y las cebollitas se agrega la mezcla hecha y se deja cocer quince minutos más. Se retiran y se reservan.

Se pone un poco de grasa en una sartén y a lumbre viva se saltean los *tournedós* y se van colocando sobre los moldes de arroz colocados en círculo en la fuente. En el centro se ponen los guisantes.

Se corta el jamón en seis cuadrados de medio centímetro de grueso, se saltea con un poco de mantequilla y se coloca un trozo sobre cada *tournedó*. Se sirve bien caliente.

SOLOMILLO ASADO AL HORNO

INGREDIENTES Y CANTIDADES

Solomillo	1 kilo.	Tocino saladillo	100 gramos.
Berros	1 manojo.	Sal.	

MODO DE HACERLO

Se limpia perfectamente un trozo de la parte del centro de grasa y nervios. Se corta el tocino en tiritas finas y con una aguja de mechar se pasan unas tiras de un lado a otro del solomillo, pero superficialmente, en el sentido de través y sólo en la parte de encima, y a la distancia de dos centímetros. Se ata con varias vueltas de hilo; se unta de manteca de cerdo y se coloca en una parrilla, y ésta sobre una tartera, en cuyo fondo se ponen dos o tres cucharadas de vino blanco bueno.

Se mete al horno, que debe calentar bastante para que se haga en seguida la corteza y no se escape el jugo, y se deja en el horno de veinticinco a treinta minutos, regándolo de cuando en cuando con su grasa.

Una vez retirado del horno se rocía de sal fina y se pone en una cacerola, dejándolo reposar tapado cinco o seis minutos.

Pasado este tiempo se pone sobre una tabla, se quita el hilo que lo sujeta y se trincha a rodajas delgadas con un cuchillo de hoja estrecha y afilada; ya cortado se coge entero con las dos manos, se aprieta por las extremidades y se coloca en una fuente calentada de antemano, quedando igual de forma que antes de trinchado, echando en la fuente el jugo que haya soltado al cortarlo. Se aderiza la fuente con berros y se sirven aparte unas patatas a la mayordoma.

PATATAS A LA MAYORDOMA

Se escoge un kilo de patatas nuevas y pequeñas y se tornean en forma de pequeños huevos. Se lavan y se ponen en cacerola proporcionada, cubriéndolas con medio litro de agua fría y setenta y cinco gramos de mantequilla partida en trozos.

Se sazona de sal y pimienta y se tapan, dejándolas cocer a fuego vivo hasta consumirse el agua. Entonces se retiran del fuego, se espolvorean de perejil picado y se meten en el horno sin tapar hasta brasearlas un poco durante diez minutos. Se retiran y se tapan, dejándolas unos minutos.

Se sirven calientes.

SOLOMILLO BRASEADO CON PATATAS DELFINA

INGREDIENTES Y CANTIDADES

Solomillo de vaca	1 1/2 kilo.	Coñac	2 cucharadas.
Tocino para mechar	50 gramos.	Mantequilla	50 gramos.
Jugo de carne	3 decilitros.	Harina	1 cucharada.
Vino blanco	1 1/2 decilitro.	Una loncha de tocino.	
Sal.			

MODO DE HACERLO

Se limpia y se mecha el solomillo como se ha explicado para el solomillo asado.

En una cacerola proporcionada se pone la loncha de tocino en el fondo y encima se coloca el solomillo preparado ya; se vierte por encima un decilitro de jugo de carne y las dos cucharadas de coñac y se pone a hervir hasta que se haya consumido. Se añade entonces el vino blanco, sal, pimienta, y cuando rompe a hervir se tapa herméticamente la cacerola, se introduce en el horno bien caliente y se deja cocer de cuarenta a cincuenta minutos.

De cuando en cuando se destapa la cacerola y con una cuchara se rocía la carne con su propio jugo.

Ya cocido el solomillo se destapa la cacerola, dejándola un poco en el horno para que tome un poco de brillo. Transcurridos unos cinco minutos se saca a otra cacerola y se tapa.

En una cacerolita se pone al fuego la mantequilla y la harina y se cuece sin parar de moverlo hasta que se dora. Se agregan los dos decilitros de jugo de carne y se deja cocer a un lado del fuego muy lentamente cinco minutos.

Se desengrasa el jugo de brasear el solomillo y se añade a la salsa, se rectifica de sal y pimienta y se reserva.

Se trincha el solomillo como se explicó para el solomillo asado y se pone en la fuente calentada echando en el fondo dos o tres cucharadas de salsa. El resto se sirve en salsera.

Se guarnece la fuente con las patatas Delfina.

PATATAS DELFINA

INGREDIENTES Y CANTIDADES

Patatas	1/2 kilo.	Sal	2 gramos.
Agua	1 1/2 decilitro.	Huevos	2.
Mantequilla	50 gramos.	Huevos	
Harina	45 gramos.	para rebozar	2.
Pan rallado.			

MODO DE HACERLO

Se pone una cacerola al fuego con las patatas mondadas y cortadas en trozos iguales, se añade sal y agua fría y se dejan hervir media hora, y sin deshacerse se escurren y se dejan secar un poco en la puerta del horno. Se pasan por un tamiz y se reservan al calor.

Se pone el agua en un cacillo con la mantequilla y la sal, y cuando rompe a hervir se echa de golpe la harina y se mueve con la espátula para hacer una pasta fina.

Cuando se apelotona en la cuchara separándose de las paredes del cazo, se retira y se añaden los huevos uno a uno, batiendo sin parar hasta que los absorba la masa; entonces se añade el puré de patata, mezclando ambos ingredientes.

Se echa esta pasta en una fuente y se deja enfriar: ya fría, se moldean unas croquetas que se pasan por huevo y pan rallado y al momento de servirlas se fríen en abundante aceite caliente, escurriéndolas en un paño.

Se colocan en los lados de las fuentes en dos montones.

REDONDO DE VACA A LA BURGUESA

INGREDIENTES Y CANTIDADES

Redondo	1 kilo.
Mano de ternera	1 kilo.
Manteca de cerdo	2 cucharadas.
Caldo o agua	1 litro.
Harina	1 cucharada.
Aceite	3 cucharadas.
Laurel, tomillo, perejil y sal.	

Adobo		*Guarnición*	
Vino blanco	2 decilitros.	Zanahorias	2 docenas.
Cebolla	100 gramos.	Cebollitas	2 docenas.
Coñac	2 copas.	Nabos	2 docenas.
Ajos	2 dientes.	Guisantes	
		desgranados	200 gramos.
		Caldo.	1/2 litro.

MODO DE HACERLO

Se deja el redondo bien limpio de nervios, pellejo y gordos; ya limpio se mecha, introduciendo por el centro dos tiras de tocino de un centímetro de grueso y del largo de la carne, ayudándose de la aguja gruesa de mechar.

En un recipiente hondo se pone la carne mechada y se cubre con la cebolla y ajo picados, el vino, coñac y aceite, dándole vueltas de cuando en cuando y dejándolo durante tres horas en ese adobo.

Se escogen unos nabos y zanahorias pequeñísimos, del tamaño de bellotas gruesas; se desgranan los guisantes y se cuecen en agua hirviendo con sal; ya cocidos se sacan y se escurren.

Se limpian las cebollitas y se cuecen con el medio litro de caldo, y una vez cocidas se reservan.

Se saca la carne del adobo y se seca. En una cacerola se pone al fuego la manteca de cerdo, se calienta y se echa la carne, se rehoga bien a lumbre viva por todas partes, se añaden las cebollas del adobo y se rehoga también hasta que se dore; entonces se echan todos lon ingredientes del adobo y se deja cocer con la cacerola destapada hasta que se consume todo. Se escurre toda la grasa y se echa el litro de caldo, la mano de ternera limpia y escaldada, se tapa la cacerola y se mete en el horno, dejándola cocer durante cuatro horas, dándole vueltas de cuando en cuando durante la cocción. Cuando la aguja de mechar penetre fácilmente estará cocido.

Se retira la carne de la cacerola y se deja en un plato; se pasa la salsa y se pone en una cacerolita al fuego, dejándola cocer durante unos cinco minutos.

Se pone la carne en la cacerola nuevamente y toda la guarnición alrededor, se echa la salsa y se deja cocer despacio cinco o seis minutos.

Se trincha la carne en rodajas, se ponen escalonadas en la fuente y en los extremos la mano de ternera partida en dos mitades, a un lado y otro de la guarnición de hortalizas, y se vierte la salsa muy caliente por encima.

'CARRÉ' DE CERDO ASADO

Un trozo de lomo de la parte de chuletas que tenga seis palos.

Se descarga, se dejan bien recortados y se ata, dándole una vuelta de hilo entre palo y palo para que tenga buena forma.

Se ponen los recortes en el fondo de una tartera, sobre éstos el *carré*, se baña con tres cucharadas de aceite, se espolvorea de sal fina y se pone a asar al horno con calor moderado durante cuarenta y cinco minutos.

De cuando en cuando se riega el asado con la grasa del fondo. A mitad del tiempo se le da la vuelta, se espolvorea de sal y se deja hasta terminar la cocción.

Una vez asado se quita de la tartera, se desengrasa y se añade al jugo un cuarto de litro de caldo, se deja cocer hasta reducir a decilitro y medio, se pasa por tamiz y se reserva.

Se corta en seis partes el *carré* y se coloca en una fuente, poniendo en cada palo un papillote, se añaden tres cucharadas de jugo del asado en la fuente y se adorna con ramos de berro.

El resto del jugo se sirve en salsera.

SOLOMILLO DE CERDO AL JEREZ

INGREDIENTES Y CANTIDADES

Solomillo	1 kilo.	Jerez	1 copa.
Jamón	50 gramos.	Cebollitas	12.
Manteca	3 cucharadas.	Caldo	3 cucharadas.
Sal y pimienta.			

MODO DE HACERLO

Se limpia el solomillo, recortando todos los desperdicios, y se introducen unas tiritas de jamón ayudándose de la aguja de mechar. Se ata con unas vueltas de hilo y se embadurna con la manteca de cerdo. Se colocan los recortes en una tartera y sobre ellos el solomillo ya preparado, se rocían con jerez y con el caldo y se pone a asar en el horno durante una hora.

Se limpian las cebollitas quitándoles la primera capa, y a la mitad del tiempo de cocción del solomillo se colocan a los lados en la tartera, se rocían con grasa del asado y se dejan hasta el final. Debe calentar bien el horno para que el asado y las cebollitas salgan dorados y de cuando en cuando se rocían con su jugo.

Cuando esté hecho se quita el hilo, se trincha y se pone en una fuente, adornándolo con las cebollitas.

Aparte se sirven unas patatas fritas.

LOMO DE CERDO TRUFADO

INGREDIENTES Y CANTIDADES

Lomo de cerdo	1/2 kilo.	Huevo	1.
Babilla de ternera	250 gramos.	Aceite	3 cucharadas.
Sal, pimienta y nuez moscada.		Trufas	1 latita.

MODO DE HACERLO

Se quita el hueso, se limpia de grasa el trozo de lomo y se le dan dos cortes a lo largo en forma de zigzag, para que quede abierto a modo de un libro, se iguala cortándole un poquito de carne (unos ciento cincuenta gramos), que se pasan por la máquina con la ternera. Hecho el picadillo, se vuelva a pasar para que resulte fino y se pone en un recipiente donde se añade el caldo de trufas, sal, pimienta y nuez moscada y la trufa cortada en pedazos; se añade el huevo y se empasta bien, formando como un cilindro que se coloca en el centro del lomo y se envuelve, quedando en la misma forma que tenía antes de abrirlo. Se ata bien para que no se escape el relleno y se coloca en una tartera sobre los huesos y recortes de magro. Se riega con el aceite y se mete en el horno durante tres cuartos de hora, regándolo de vez en vez con grasa. Al cabo de cierto tiempo se clava la aguja de mechar para ver si está en su punto, pues si brota algo de líquido rosado, le falta aún. Cuando está asado se saca, se le quita el hilo y se deja reposar al calor.

Se quita la grasa de la tartera y en el jugo se agrega un cuarto de litro de agua y se deja hervir despacio un cuarto de hora, se traba con una cucharadita de maizena, desleída con una copa de jerez. Se trincha la carne y se coloca en la fuente. Se adorna la fuente con puré de patatas, puesto en manga pastelera.

PURÉ DE PATATAS

INGREDIENTES Y CANTIDADES

Patatas	1/2 kilo.	Leche	3 cucharadas.
Mantequilla	25 gramos.	Yema	1.
Sal y nuez moscada.			

MODO DE HACERLO

Se ponen a cocer las patatas enteras, poco mondadas; ya cocidas se escurren en un colador y se ponen un poco al horno para que se sequen y se pasan por un tamiz para hacer un puré. El puré obtenido se coloca en una cacerola apropiada y se añade la mantequilla y tres cucharadas de leche hirviendo; se trabaja bien sobre el fuego y cuando está muy fina se incorpora la yema, y ya en su punto se pone en una manga de pastelería con boquilla gruesa rizada y se marca una guarnición alrededor de la carne.

LOMO DE CERDO CON MANZANAS

INGREDIENTES Y CANTIDADES

Lomo de cerdo	750 gramos.	Cebolla	1.
Manzanas	1/2 kilo.	Mantequilla	50 gramos.
Cerveza	2 decilitros.	Azúcar	50 gramos.
Zanahoria	1.	Harina	15 gramos.
Sal, laurel y pimienta.			

MODO DE HACERLO

Se limpia el lomo de grasa y se derrite ésta con dos o tres cucharadas de aceite fino.

En una cacerola se coloca el trozo de lomo con grasa derretida, una cebolla y una zanahoria cortada en trozos, media hoja de laurel, un poco de sal y tres gramos de pimienta.

Se mete al horno bien caliente, y cuando se haya dorado bien por todos los lados se añade la cerveza, se tapa la cacerola y se deja cocer despacio durante hora y media.

Se pelan las manzanas, se cortan en cuatro y después cada trozo por la mitad, se quitan los centros y se dejan todos los trozos iguales.

Las mondas, bien lavadas, y los corazones, quitadas las semillas, se echan a la cacerola de la carne.

Se colocan las manzanas en una tartera, se rocían con una copa de vino blanco, el azúcar y la mantequilla, y se meten en el horno hasta que están tiernas y doradas.

Cuando el lomo está en su punto, se saca del horno y se deja reposar un poco. Se pasa la salsa por el chino y se reserva al calor.

Se trincha el lomo y se coloca en una fuente. Se cubre con su salsa y se adorna alrededor con los gajos de manzana.

CHULETAS DE CERDO EMPANADAS CON SALSA DE ALCAPARRAS

INGREDIENTES Y CANTIDADES

Chuletas de palo, cada una de 150 gramos	6.	Harina	50 gramos.
Puré de tomate	1 cucharada.	Aceite	2 decilitros.
Cebolla picada	1 cucharada.	Huevos	2.
Pan rallado	200 gramos.	Alcaparras	25 gramos.
Vino blanco	1 decilitro.	Sal, pimienta y limón.	
Pepinillos en vinagre	25 gramos.		

MODO DE HACERLO

Se preparan las chuletas limpiando el hueso y dejando al descubierto unos tres centímetros, se aplanan un poco y se igualan, se sazonan de sal y pimienta, se pasan por harina, después por huevo, batido con una cucharada de aceite y, por último, por pan rallado, se dejan bien empapadas aplastando con un cuchillo para que se adhiera el pan rallado, y se van friendo a medida en una sartén con el aceite hasta dejarlas bien doraditas.

En la grasa de freírlas, pasada por tamiz y puesta en una cacerola, se dora la cebolla picada, se echa el vino blanco, un decilitro de agua, la salsa de tomate, las alcaparras, los pepinillos picados y un poco de perejil picado muy fino, se sazona de sal y pimienta y se deja cocer despacio durante veinte minutos.

Se colocan las chuletas en una fuente en círculo y en cada mango se pone un papillote de papel de barba.

En el centro se pone la salsa espolvoreada de huevo duro picado.

Sobre cada chuleta se pone una rodaja de limón rizado con un punto de perejil picado en el centro.

PIERNA DE CORDERO RELLENA

INGREDIENTES Y CANTIDADES

Una pierna de cordero de	1 kilo.	Nabos	12.
Trufa	1.	Carne de cerdo o de ternera	150 gramos.
Jamón	50 gramos.	Manteca	100 gramos.
Huevos	1.	Tocino	50 gramos.
Zanahorias	12.	Vino ajerezado	2 decilitros.
Cebollitas	24.	Laurel	1/2 hoja.
Aceite	1 decilitro.	Sal y pimienta.	

MODO DE HACERLO

Se limpia la pierna de grasa, se abre y se deshuesa, dejando únicamente el hueso de mango. La pierna deshuesada y abierta se espolvorea de sal fina y se reserva.

Se pica en la máquina carne de cerdo y se mezcla con el jamón picado, la trufa y una yema de huevo.

Bien empastado se extiende en una capa sobre la pierna, se enrolla y se le da su forma primitiva cosiéndola con hilo y sujetando bien los extremos.

Se corta el tocino en tiritas y se mecha la superficie, ayudándose con la aguja de mechar; se coloca en un recipiente, se rocía con vino, se añade sal y un poco de pimienta, y en este adobo se deja por espacio de cuatro horas. Pasado este tiempo se seca bien la pierna, se pone en una cacerola y se rehoga con la manteca de cerdo bien caliente hasta dejarla muy doradita, se le agrega el adobo y se deja cocer tapada y despacio en el horno durante dos horas.

Se tornean las zanahorias y los nabos en forma de bellotas gruesas y se rehogan en aceite caliente hasta que tomen color dorado.

Se preparan las cebollas quitándoles la primera capa y, mondadas todas, se escaldan en agua hirviendo, se escurren y se rehogan como las zanahorias y nabos, hasta que estén doradas.

A media cocción de la carne se agregan las hortalizas a los lados, se añade cuarto de litro de caldo y se vuelven a tapar, dejando cocer el conjunto hasta el final.

Ya tierna la carne se saca a una cacerola y se deja reposar, se sacan las cebollas, zanahorias y nabos, se desgrasa la salsa, se liga con una cucharadita de maizena y se reserva.

Se trincha la carne en lonchas de un centímetro de grueso, se vuelve a colocar en su forma primitiva, se cubre el mango con un papillote de papel de barba y se coloca en una fuente; alrededor la guarnición de las cebollas, zanahorias y nabos, se echan unas cucharadas de salsa en la fuente, y el resto se sirve en una salsera bien caliente.

SILLA DE CORDERO ASADA CON PATATAS DUQUESA

INGREDIENTES Y CANTIDADES

Para 10 personas:

Una silla de cordero de	2 1/2 kilos.
Manteca o mantequilla	100 gramos.
Caldo	1/2 litro.

MODO DE HACERLO

La silla comprende los lomos enteros del animal.

Se enrolla de cada lado la falda del vientre, se sujeta con unas vueltas de hilo y se hacen unas incisiones en la piel con la punta de un cuchillo afilado.

Se pinta por todos los lados con manteca de cerdo y se coloca sobre una parrilla y ésta en una tartera en la que se pone cuarto litro de caldo.

Se mete a horno bien caliente durante una hora y media, y a media cocción se baña con una copa de jerez. De cuando en cuando se rocía con un poco de grasa derretida, sin tocar la de la tartera.

Tres minutos antes de sacarlo del horno se sazona con sal fina.

Cuando se va a servir se pone en una fuente. Se liga el jugo ya desengrasado con una cucharada de maizena desleída en una copa de vino blanco y se deja hervir despacio diez minutos, se echan unas cucharadas sobre la carne y el resto se sirve en una salsera.

Se guarnece la fuente con unas pequeñas pirámides de patatas duquesa.

PATATAS DUQUESA

INGREDIENTES Y CANTIDADES

Patatas	600 gramos.	Yemas	1.
Mantequilla	30 gramos.	Sal, pimienta y nuez moscada.	

MODO DE HACERLO

Se mondan las patatas y se ponen en agua fría con un poco de sal; ya cocidas se escurren y se secan un poco al horno pasándolas en seguida por el tamiz. Se mezcla la mantequilla y la yema de huevo, se sazona de sal, pimienta y nuez moscada, y se pone en manga de pastelería con boquilla gruesa rizada y se marcan unas pequeñas pirámides sobre una placa untada de grasa. Se mete al horno fuerte unos minutos, y cuando estén doradas se colocan alrededor de la carne.

'MUTTON CHOPS'

Es la chuleta de la parte de la riñonada. Un trozo de silla o centro de un kilo y medio se corta por la mitad a lo largo quitando el hueso de la espina dorsal, se quita también la piel, se enrolla empezando por la parte del pecho y terminando en el lomo y se hacen dos cilindros.

Se atan en seis partes cada una y se cortan seis *chops* de cada lado; se aplastan ligeramente para igualarlas, se untan de aceite fino y se emparrillan a lumbre viva unos cinco minutos del primer lado y tres del segundo, y se espolvorean de sal fina.

Para servirlas se colocan en escalera en una fuente calentada de antemano, adornándolas con dos montones de patatas paja.

'NOISETTES' DE CORDERO A LA MARENGO

Los *noisettes* son unos filetitos de carne de cordero, que se sacan de la pierna o deshuesado el lomo.

Se recortan redondos y se limpian de gordo y nervios, aproximadamente de un peso de ochenta gramos.

INGREDIENTES Y CANTIDADES

Pierna de cordero	1 kilo.	Cebolla	1.
Tocino	100 gramos.	Zanahorias	1.
Manteca	100 gramos.	Calabacines	3.
Pan	200 gramos.	Jerez	1 copa.
Harina	25 gramos.	Patatas	300 gramos.
Mantequilla	35 gramos.	Aceite	1 decilitro.
Sal, pimienta y perejil.			

MODO DE HACERLO

Despojada la pierna de la piel y huesos se cortan seis rodajas de dos centímetros de grueso, y bien igualadas se sazonan de sal fina, se mechan con unas tiras de tocino, ayudándose con la aguja de mechar, y se pasan por harina.

En una sartén se ponen cincuenta gramos de manteca de cerdo y se rehogan los *noisettes* hasta que tengan bonito color, se añade media cebolla y una zanahoria partida en trocitos, se sigue rehogando y se añade el jerez, un decilitro de agua, una rama de perejil, sal y pimienta, y muy lentamente y tapado se deja cocer hora y cuarto.

Se descorteza el pan, se cortan seis discos de un centímetro de grueso, se humedece en agua con sal y se fríe en aceite bien caliente mezclado con cincuenta gramos de manteca; ya dorados se colocan en un plato y se cuela la grasa para que no tenga pizcos.

Se mondan las patatas y con una cucharilla especial se hacen en forma de bolitas y se fríen muy despacio en la grasa que sobró de freír los discos de pan.

Se escogen unos calabacines medianos y se cortan en cuatro partes, se pelan, y se tornean unas cazuelitas de tres centímetros de altas, vaciándolas del centro con la cucharilla de legumbres.

En agua hirviendo con sal se cuecen hasta que se pueden atravesar con un alfiler; entonces se sacan y se ponen a escurrir; se pasan por harina y se fríen en grasa caliente.

Se pica la otra media cebolla muy menudita, se rehoga con mantequilla y cuando haya tomado color dorado se añade el jamón cortado en trocitos pequeños.

Se rehoga un poco y se agregan tres cucharadas de la salsa obtenida de la carne pasada por el colador, se cuece unos cinco minutos, se llenan las cazuelas hechas con los calabacines y se van poniendo a medida en una tartera y se meten en el horno.

En una fuente alargada calentada previamente se colocan en el centro los discos de pan, sobre éstos, los *noisettes*, se cubren con la salsa pasada por el chino y a los lados se ponen los calabacines.

En los extremos de la fuente se colocan dos montones de patatas.

CHULETAS DE CORDERO A LA PARMESANA

INGREDIENTES Y CANTIDADES

Chuletas de cordero bien hechas	6.	Mantequilla	50 gramos.
Aceite	1/2 decilitro.	Patatas	500 gramos.
Huevos	2.	Cebollas	100 gramos.
Queso de Parma	50 gramos.	Limón	1.
Perejil, sal y pimienta blanca.			

MODO DE HACERLO

Se eligen unas chuletas de lomo, y para que sean de buen tamaño se cortan a razón de dos costillas cada una, se suprime uno de los huesos y se les quita el de la espina dorsal, se limpia de piel y grasa y se rasca el mango para dejarlo limpio, dejándolo de cuatro a cinco centímetros de largo, se aplanan con el mazo dejándolas bien redondas.

En una sartén se pone el aceite, y cuando está caliente se espolvorean de sal fina las chuletas y se fríen. Una vez hechas se escurren y se reservan.

Se ponen a cocer las patatas mondadas y las cebollas cortadas a pedazos.

Cuando están tiernas se escurren de agua, se secan unos minutos en la entrada del horno y se pasan por un tamiz; el puré así obtenido se mezcla con veinticinco gramos de mantequilla, una yema, sal, pimienta blanca y nuez moscada.

Se reparte el puré en las seis chuletas poniendo un montoncito sobre cada una, y con un cuchillo humedecido se extiende sobre la chuleta, se alisa, dándole la misma forma. Se pinta un poco de yema, se espolvorea con el queso de Parma rallado y se rocía con el resto de mantequilla derretida.

Sobre una tartera se meten en el horno, que debe calentar bien, y cuando tenga un bonito color se sacan, se colocan en una fuente poniendo en los mangos medias rodajas de limón y dos ramos de perejil.

LENGUA DE VACA Y TERNERA

Modo de preparar y cocer una lengua de un kilo y medio de peso:

Se lava perfectamente y se descarga de toda la parte de arriba, quitándole huesos, nervios y gordos, reservando todo lo quitado para añadirlo al caldo.

En una cacerola se ponen tres litros de agua y cuando rompe el hervor se sumergen la lengua y los despojos y se tienen en ebullición ocho o diez minutos. Se sacan de este agua, se coloca la lengua sobre una tabla y con un cuchillo se raspa por todas partes para quitarle la corteza durísima que tiene.

Una vez desprovista por completo de ella se lava nuevamente y se pone en una cacerola sobre unas cortezas de tocino y los despojos, alrededor una cebolla picada, una zanahoria, una hoja de laurel, rama de perejil, sal y pimienta en grano, se echa por encima un litro de agua fría y un decilitro de vino blanco y se pone sobre la lumbre a hervir.

Ya roto el hervor se tapa la cacerola, se mete en el horno y se deja cocer moderadamente sin interrupción dos horas y media o tres.

El tiempo de cocción y los ingredientes estarán en proporción con el tamaño y peso de la lengua.

LENGUA DE TERNERA EN SALSA PICANTE

INGREDIENTES Y CANTIDADES

Lengua de ternera de 750 gramos, después de descargada, 1.

Caldo de cocer la lengua	1/2 litro.	Aceite	1/2 litro.
		Mantequilla	50 gramos.
Harina	2 cucharadas.	Pepinillos	6.
Alcaparras	1 cucharada.	Cebollitas	6.

Pimienta, sal y pan rallado.

MODO DE HACERLO

Se cuece la lengua como se explica en la receta anterior; cuando está tierna que se puede atravesar con una aguja de mechar se saca, se escurre y se reserva. Se pasa el caldo por el chino y si hay más del medio litro se deja hervir para que se concentre más hasta obtener la cantidad necesaria.

Se pone la mantequilla en una cacerola sobre el fuego y se doran las cebollitas previamente despojadas de la primera capa; cuando están doradas se añade la harina y se dora también; entonces se deslíe con el medio litro de caldo de la lengua, se deja hervir y se espuma.

Hecha la salsa se añaden los pepinillos cortados en rodajas y las alcaparras.

Se trincha la lengua en rodajas de un centímetro de grueso, se sazona de limón, se embadurna de aceite y se pasan por pan rallado. En una parrilla se meten en el horno hasta que adquieren un bonito color dorado. Se ponen en la fuente calentada y en el momento de servir se vierte la salsa por encima.

LENGUA DE VACA A LA MODERNA

INGREDIENTES Y CANTIDADES

Lengua de vaca de 750 gramos	1.	Jerez	1 copa.
Cebollitas	24	Tocino	100 gramos.
Zanahorias	12	Manteca	50 gramos.
Aceitunas	24	Agua	1/2 litro.

Ajo, laurel, perejil, tomillo, sal y pimienta.

Se escalda la lengua en agua hirviendo durante dos minutos, se pasa por agua fresca y se quita la piel dura con un cuchillo.

Limpia completamente se mecha con el tocino hecho tiras finas. Una vez mechada se rehoga en la manteca de cerdo caliente, se agrega el jerez, los tomates mondados y sin pepitas, se añade medio litro de agua, el perejil, laurel y tomillo (atados con un hilo), sal y pimienta. Se tapa y se deja cocer suavemente una hora en el horno; se saca entonces, se añaden las cebollitas, las zanahorias raspadas y cortadas en rodajas gruesas y las aceitunas deshuesadas, se tapa otra vez la cacerola y se mete nuevamente en el horno hasta que la lengua esté tierna.

Se trincha la lengua en rodajas, se colocan las cebollitas, zanahorias y aceitunas alrededor, se pasa la salsa por el chino y se vierte por encima bien caliente.

LENGUA DE CORDERO A LA COSMOPOLITA

INGREDIENTES Y CANTIDADES

Lenguas de cordero	6.	Manteca de cerdo	75 gramos.
Patatas	400 gramos.	Trufa	1.
Guisantes	200 gramos.	Mantequilla	25 gramos.
Champiñones	1 latita.	Tomates	200 gramos.

Sal, pimienta, laurel, tomillo y cebollas.

MODO DE HACERLO

Se sumergen las lenguas en agua hirviendo durante unos minutos, se sacan y se raspan para quitarles la piel.

Se ponen en una cacerola cubiertas de agua fría, se sazonan con sal, una pizca de laurel, una cebolla cortada en trozos, unas zanahorias y un poco de tomillo; se tapa y se deja cocer durante dos horas.

Pasado este tiempo se sacan del agua y se dejan enfriar algo.

Con la manteca puesta en una cacerola se rehoga la cebolla picada fina y cuando haya tomado color se añade la harina, el jerez y los tomates previamente escaldados sin piel ni pepitas y cortados en cuadraditos. Se agregan dos decilitros y medio de caldo de la lengua, se sazona de sal y pimienta y se incorpora la trufa y los champiñones cortados en cuadraditos finos. En este conjunto se ponen las lenguas y se deja cocer todo muy despacio durante una hora.

Entre tanto se prepara el puré. Se ponen a cocer las patatas mondadas y los guisantes desgranados en agua hirviendo con sal. Cuando están cocidos se escurren y se secan un poco en el horno, se pasan por tamiz para hacer el puré, al que se incorpora una yema y la mantequilla. Bien mezclado todo se pone en una manga de boquilla ancha rizada. Se ponen las lenguas en el centro de una fuente y con el puré se hace una bordura alrededor; se cubre la lengua con la salsa bien caliente y se sirve.

MORROS DE TERNERA

INGREDIENTES Y CANTIDADES

Morro	1.	Vinagre	1 decilitro.
Harina	75 gramos.	Manteca	2 cucharadas.
Cebollas	2.	Limón	1/2.
Zanahorias	1.	Clavo	1.
Perejil, laurel, sal y pimienta.			

MODO DE HACERLO

Se lavan y raspan con un cuchillo y se ponen en una cacerola, se cubren de agua fría y se ponen al fuego. Cuando rompen a hervir se deja que cuezan a borbotones tres minutos, al cabo de los cuales se retiran y se refrescan con agua fría.

En una cacerola se ponen a hervir cuatro litros de agua, se añade el vinagre, la manteca, cebolla y zanahoria picadas, el clavillo, varios granos de pimienta, una rama de perejil, una hoja de laurel y sal.

Cuando rompe a hervir se agrega la harina desleída en un poco de agua fría, se mueve con la espátula para que no se apelotone y cuando rompe a hervir de nuevo se echan los morros partidos en trozos, y previamente frotados con limón se tapan con una servilleta limpia y se dejan cocer suavemente durante hora y media o más si no están tiernos.

Una vez cocidos se escurren bien y se guisan según la receta.

Cocidos por este procedimiento quedan muy blancos.

MORROS DE TERNERA A LA VIZCAÍNA

INGREDIENTES Y CANTIDADES

Morros de ternera	1 kilo.

Salsa roja

Cebollas	3.
Pimientos secos	8.
Ajos	2 dientes.
Perejil	2 ramas.
Aceite	1 decilitro.
Harina	25 gramos.
Sal y pimienta negra.	

MODO DE HACERLO

Se limpian los morros lavándolos en agua fría repetidas veces y cuidando de quitarles las cerdas que puedan tener.

Una vez limpios se escaldan y cuecen, como queda explicado en la receta anterior. Mientras cuecen los morros se hace la salsa.

En una cazuela se pone el aceite y se echan las cebollas picadas, los dientes de ajo y el perejil y se deja freír muy despacio para que se ponga tierna la cebolla sin tomar mucho color. Cuando empieza a dorarse se agrega harina, se dora también y se añade medio litro de caldo de haber cocido los morros, se sazona de sal y pimienta y se deja que hierva lentamente cuidando de que no se agarre.

Se lavan los pimientos y se echan en un cazo con agua caliente para que se ablanden.

Cuando están se raspan con una cuchara procurando sacar toda la pulpa y echándola en la cacerola de la salsa, se machacan los pellejos en el mortero agregando un poco de agua para desleírlo y se echa también a la salsa.

Se deja que dé un hervor y se pasa por tamiz apretando con la seta para que pase la cebolla y quede una salsita espesa. Se rectifica de sal y se deja al calor.

Se cortan los morros en trozos regulares, se colocan en una cazuela de barro refractario y se vierte la salsa por encima. Se mueve para que la salsa se extienda bien por todo y se deja cocer muy despacio unos tres cuartos de hora.

Se sirve en la misma cazuela.

MORROS DE TERNERA CON MAYONESA

INGREDIENTES Y CANTIDADES

Morros de ternera	750 gramos.	Mayonesa	1/4 litro.
Lechuga o escarola	1.		

MODO DE HACERLO

Se cuecen los morros en la forma indicada anteriormente, y una vez escurridos y fríos se colocan en una fuente, se cubren de mayonesa y se adorna alrededor de la fuente con lechuga picada.

Este plato, hecho en pequeña cantidad, se puede utilizar como entremeses.

CALLOS

Modo de limpiar los callos.

Los callos requieren una limpieza esmeradísima.

Los más sabrosos y gelatinosos son los de vaca, y las manos de vaca, complemento de los callos, son también preferidas.

Sobre una tabla se ponen los callos y se raspan con un cuchillo poco afilado, se cortan en trozos pequeños y se echan en un barreño con agua que se muda varias veces. Se echan después en un barreño con vinagre, sal y unos limones cortados en trozos.

Se restriegan muy bien los callos hasta que queden perfectamente blancos.

Se vuelven a lavar varias veces en varias aguas hasta que quede ésta completamente transparente.

INGREDIENTES Y CANTIDADES

Callos de vaca	2 kilos.	Cebolla	1.
Patas o mano	1.	Zanahorias	2.
Perejil, laurel, pimienta en grano y sal.			

MODO DE HACERLO

Los callos se deben cocer en víspera, pues necesitan varias horas de cocción.

Una vez limpios los callos se cortan en trozos pequeños e iguales, se parte la mano en varios trozos y se pone todo junto en una olla cubiertos de agua fría.

Se acerca al fuego y se deja cocer cinco minutos. Se apartan entonces, se escurren y se vuelven a poner al fuego cubiertos de agua fría con todos los ingredientes citados.

Se vuelven a poner al fuego y cuando rompen a hervir se dejan cocer moderadamente durante cuatro o cinco horas, hasta que estén tiernos.

CALLOS A LA ESPAÑOLA

INGREDIENTES Y CANTIDADES

Callos de vaca	2 kilos.	Chorizo	150 gramos.
Mano de vaca	1 pieza.	Jamón curado	150 gramos.
Manteca de cerdo	50 gramos.	Puré de tomate	2 cucharadas.
Cebolla picada	2 cucharadas.	Harina	2 cucharadas.
Pimentón	1 cucharada.	Sal, pimienta y guindilla.	

MODO DE HACERLO

Se limpian los callos y pata como se ha explicado.

Ya cocidos, se retiran de la cacerola y se ponen en una cazuela mientras se prepara la salsa.

En una cacerola se pone la manteca, se calienta y se dora la cebolla picada y después el tomate; rehogado un poco, se agrega la harina y el pimentón, se deslíe con medio litro de caldo de cocer los callos, se deja dar unos hervores y se sazona de sal, pimienta y un poco de guindilla.

Se corta el jamón en trozos y se pone en la cazuela con los callos, se pone también el chorizo cortado en seis trozos y se vierte la salsa hecha por encima.

Se deja que rompa a hervir y se mete en el horno para que cueza lentamente durante una hora.

Se sirve muy caliente.

Durante la cocción conviene vigilarlo, pues con facilidad se agarra al fondo de la cazuela.

MENUDO DE TERNERA A LA ANDALUZA

INGREDIENTES Y CANTIDADES

Callos de ternera	1 1/2 kilo.	Cebolla	
Manos de ternera	3.	picada	1 cucharada.
Garbanzos	1/4 kilo.	Ajos	1 cabeza.
Chorizo	150 gramos.	Aceite	1/2 decilitro.
Huesos de jamón	1.	Morcilla	100 gramos.

Sal, pimienta negra, pimentón, hierbabuena y laurel.

MODO DE HACERLO

Después de limpiar y preparar los callos como queda explicado anteriormente, se colocan en una olla y se cubren de agua fría. Se acercan al fuego y cuando empiezan a hervir se añaden los garbanzos, remojados la víspera; una cebolla picada, una cucharada de pimentón, una hoja de hierbabuena y otra de laurel; se añade también un hueso de jamón y sal.

Se deja hervir con calma, y a mitad de la cocción se hace el refrito.

En una sartén se pone el aceite y se fríe un poco de cebolla, un tomate picado, sin piel ni pepitas; ya frito se vierte en la olla sobre los callos, se agregan los chorizos y la morcilla, se rectifica de sal y unos granos de pimienta negra y se deja cocer suavemente hasta que estén muy tiernos y jugosos.

Para servirlos, se echan en una fuente y se pone alrededor o encima el chorizo y morcilla, trinchado en rodajas.

CALLOS A LA RIOJANA

INGREDIENTES Y CANTIDADES

Callos de vaca	2 kilos.	Nueces	16.
Manos de vaca	1 kilo.	Salsa de tomate	4 cucharadas.
Manteca de cerdo	50 gramos.	Pimentón picante	2 cucharadas.
Chorizo riojano	150 gramos.	Ajo	2 dientes.
Jamón magro	150 gramos.	Perejil	1 rama.
Laurel	2 hojas.	Sal, pimienta y nuez moscada.	

MODO DE HACERLO

Se escogen los callos que sean muy carnosos y se preparan de la forma acostumbrada. Una vez escaldados, se ponen en una olla cubiertos de agua fría, añadiéndoles una cebolla, dos hojas de laurel, ralladura de media nuez moscada y sal. Se dejan hervir suavemente de cinco a seis horas, añadiéndoles agua bien caliente cuando lo necesiten. Cuando están cocidos se les quita parte del caldo y se reserva.

En una sartén se pone manteca de cerdo y se rehoga el jamón cortado en trozos.

Ya rehogado, se añade la cucharada de harina, y cuando está dorada se echa el tomate y se vierte todo sobre los callos.

En un mortero se machaca un diente de ajo, la rama de perejil y dieciséis nueces, hasta hacer una pasta, que se deslíe con la mitad del caldo reservado y se echa sobre los callos.

Aparte se sirven los pimientos picantes en el resto del caldo reservado y cuando han cocido diez minutos se pasan por un colador sobre la olla en la que están los callos; se agrega el chorizo, se rectifica de sal y muy despacio se deja cocer con el condumio durante una hora, hasta que queden muy tiernos y con una salsa espesita.

CALLOS A LA MADRILEÑA

INGREDIENTES Y CANTIDADES

Manos de ternera	1 kilo.	Chorizo	150 gramos.
Callos de ternera	1/2 kilo.	Pimentón	25 gramos.
Morros de ternera	1/2 kilo.	Cebollas	150 gramos.
Aceite	5 cucharadas.	Ajo	2 dientes.
Jamón	150 gramos.	Laurel	1 hoja.
Sal y perejil.			

MODO DE HACERLO

Se limpian las manos, morros y callos en la forma explicada en las recetas anteriores y se escaldan durante cinco minutos.

Se refrescan en agua fría y se vuelven a poner en una cacerola cubiertos de abundante agua fría y se añade una cebolla, una zanahoria y unos granos de pimienta, una rama de perejil, laurel, sal y una cabeza de ajo.

Se acerca al fuego, y cuando rompe a hervir se espuma y se deja cocer moderadamente durante cuatro horas.

En una cacerola se pone el aceite, se calienta y se echa un diente de ajo picado, una cebolla picada y se deja dorar; se agrega el jamón cortado en trozos y el chorizo en rodajas, se rehoga y se agrega el pimentón y una cucharada de harina, se deslíe con medio litro de caldo de la cocción de los callos.

Se sacan los callos de la cacerola en la que han cocido, se cortan en trocitos y se ponen en una cazuela; se corta también el morro y las patas y se pone todo en la cazuela de barro, se vierte por encima el refrito, se rectifica de sal y se cubre con caldo de la cocción de los callos. Se acerca al fuego y cuando rompe a hervir se retira, se tapa y se mete en el horno, dejándolo cocer moderadamente durante una hora.

MANOS Y PATAS DE VACA Y DE TERNERA

Modo de prepararlas.

Se lavan perfectamente, quitándoles bien las cerdas, y se ponen a remojar en agua fría durante varias horas.

Se parten a lo largo con un cuchillo afilado, se atan con varias vueltas de hilo para que no se deshagan al cocer y se escaldan, poniéndolas en una cacerola al fuego con abundante agua fría; se acercan al fuego y se dejan hervir fuertemente durante cinco minutos, se escurren y se refrescan en agua fría.

Se ponen en una cacerola cubierta de agua fría y se añade sal (por cada litro de agua, treinta gramos), y cuando rompe el hervor se tapan y se dejan cocer a fuego moderado hasta que estén tiernas (unas tres horas) y puedan deshuesarse fácilmente.

Se quitan los hilos, se deshuesan y se guisan según la receta.

MANOS DE TERNERA REBOZADAS

INGREDIENTES Y CANTIDADES

Manos de ternera	3.	Cebollas	2.
Harina	200 gramos.	Zanahorias	1.
Cerveza	1/4 litro.	Aceite	1/4 litro.
Huevos	2.	Limones	2.
Mostaza	1 cucharadita.		
Laurel, sal, pimienta negra y perejil.			

MODO DE HACERLO

Se limpian las manos de ternera como queda indicado más arriba y se ponen en un puchero con agua abundante, sal, una zanahoria, una cebolla, laurel, varios granos de pimienta negra y se dejan cocer hasta que estén blandas.

Se escurren, se dejan enfriar un poco y se les quita todos los huesos, se cortan en trozos regulares y se ponen en un plato, donde se rocían con zumo de limón y perejil picado.

En un recipiente se pone la harina, dos yemas de huevo y la cerveza; se sazona de sal y pimienta y se mezcla bien hasta obtener una pasta algo espesa, a la que se añaden las claras batidas a punto de nieve.

Se rebozan los trozos de manos de ternera, echándolos a freír en una sartén con cuarto litro de aceite bien caliente.

Se escurren y se vierten en una fuente (sobre una servilleta) adornada con perejil rizado.

MANOS DE CERDO EMPARRILLADAS A LA COLBERT

INGREDIENTES Y CANTIDADES

Manos de cerdo	3.	Patatas	600 gramos.
Mantequilla	100 gramos.	Perejil	1 ramo.
Aceite fino	1 decilitro.	Zanahorias	1.
Limón	1.	Laurel	1 hoja.
Pan rallado	50 gramos.	Cebolla	1.
Sal.			

MODO DE HACERLO

Se eligen manos de delante, que son más carnosas; se chamuscan con hierro candente, se frotan con limón y se lavan en agua fresca. Se cortan por la mitad en todo su largo y se atan las dos mitades, dándoles varias vueltas de hilo para dejarlas en su forma primitiva.

En una olla con abundante agua fría se ponen a cocer, añadiéndole una cebolla, una zanahoria, una hoja de laurel y sal, y se dejan cocer moderadamente de tres a cuatro horas.

Se sacan del agua con una espumadera y se dejan enfriar un poco y se quitan los huesos de la canilla, se rebozan en aceite y en miga de pan rallado, que se aplasta bien para que no se caiga.

Se pone una parrilla sobre el fuego, y cuando están los barrotes bien calientes se ponen la manos, dejándolas dorarse por ambos lados.

Se colocan en una fuente calentada.

Se tornean las patatas, después de mondadas, en forma de huevo pequeño y se ponen a cocer con agua fría y sal hasta que se puedan atravesar con un alfiler.

Se escurren y se ponen alrededor de la fuente. En una cacerola se pone la mantequilla, se agrega sal, un poco de perejil y zumo de limón; cuando está derretida se mezcla y se sirve en una salsera calentada.

RIÑONES

Modo de limpiar los riñones.

Los riñones tienen que ser muy frescos; los de ternera, cerdo y cordero son más finos que los de vaca, que suelen tener sabor fuerte.

Para evitar que los riñones de vaca o ternera tengan un sabor desagradable conviene prepararlos antes del modo siguiente:

se limpian perfectamente de gordos, pellejos y sebo. Se cortan en pedazos regulares y se ponen en una sartén con una pizca de grasa a saltear a fuego vivo; se escurren muy bien y se guisan según la receta.

Otro método que se emplea es limpiarlos de sebo y pellejos, cortarlos en rajas regulares y ponerlos en un colador, zambullirlos en agua hirviendo un segundo y secarlos con una servilleta.

A los riñones de ternera, lechal, cordero o cerdo bastarán quitarles bien el sebo y pellejos y lavarlos con agua fresca.

RIÑONES DE TERNERA A LA 'ROBERT'

INGREDIENTES Y CANTIDADES

Riñones	500 gramos.	Vino blanco	1/2 vaso.
Mantequilla	70 gramos.	Mostaza	1 cucharada.
Perejil, limón, sal y pimienta.			

MODO DE HACERLO

Se dejan los riñones bien limpios de sebo, gordo y pellejos y se preparan de una de las maneras explicadas. Se secan con un trapo y se reservan.

En una cacerola con mango se ponen cuarenta gramos de mantequilla, se calienta y se echan los riñones partidos en trozos y se saltean a lumbre viva. Se sazona de sal y pimienta y se sacan con una espumadera, y bien escurridos se ponen en un plato. En la grasa sobrante se echa el vino blanco y se deja hervir dos minutos; se retira la cacerola del fuego y se añade la mostaza, el resto de la mantequilla, perejil picado y un poco de zumo de limón.

Se remueve con un tenedor para ligarlo, se echan los riñones y se calienta sin que rompa el hervor y se sirven.

RIÑONES SALTEADOS A LA ESPAÑOLA

INGREDIENTES Y CANTIDADES

Riñones	1/2 kilo.	Pimentón	1/2 cucharadita.
Manteca de cerdo	150 gramos.	Huevo cocido	1 yema.
Vino blanco	1 decilitro.	Tomates	750 gramos.
Piñones	15 gramos.	Cebolla	100 gramos.
Ajo	1 diente.	Sal, pimienta y nuez moscada.	

MODO DE HACERLO

Se prepara una salsa de tomate del modo siguiente: se pone la mitad de la manteca de cerdo en una sartén, se calienta y se echa la cebolla picada, el ajo, perejil, y cuando está un poco rehogado se echa el tomate picado y se deja cocer lentamente durante una hora.

Se sazona entonces y se añaden los piñones machacados en el mortero, una yema del huevo cocida desleída con un poco de agua y media cucharada de pimentón. Se deja cocer un poco y se pasa por el chino, apretando bastante con la mano para que pase todo y resulte una salsa fina y espesa.

Se escogen los riñones de ternera o cordero, y después de limpios de grasa y telilla se cortan en lonchas finas y se saltean en manteca de cerdo a lumbre viva durante siete u ocho minutos.

Se pone en una cacerola al fuego el vino y se cuece hasta reducirlo a la mitad, se añade la salsa de tomate y una pizca de nuez moscada, se rectifica de sal y se deja que dé un hervor.

Se echan los riñones en la salsa y sin que hierva se calienta y se sirve en una fuente calentada, adornada con triángulos de pan frito.

RIÑONES EN 'COCOTTE'

INGREDIENTES Y CANTIDADES

Riñones	500 gramos.	Aceite	2 cucharadas.
Mantequilla	75 gramos.	Champiñones	100 gramos.
Tocino magro	100 gramos.	Jugo de carne	3 cucharadas.
Patatas	100 gramos.	Perejil, sal y pimienta.	

MODO DE HACERLO

Se eligen dos riñones de ternera, que se conservan enteros, dejándoles la grasa.

En una *cocotte* de porcelana se ponen veinte gramos de mantequilla y dos cucharadas de aceite, y cuando está caliente se echan los riñones, que se rehogan por todas partes; se tapa la *cocotte* y se mete en el horno.

Se pican las patatas y se moldean en forma de diente de ajo.

Se corta el tocino a cuadraditos y se echa en una cacerolita con agua fría, se pone al fuego y se deja hervir cinco minutos, se saca y se seca con un trapo.

En una cacerola se echan veinte gramos de mantequilla y se saltean los cuadraditos de tocino y se añaden los champiñones; se rehoga el conjunto durante cinco minutos y se añade a los riñones.

Se pone en una sartén treinta y cinco gramos de mantequilla y se doran las patatas mondadas hasta que tomen color dorado; entonces se echan ya todos los ingredientes en la *cocotte*, se deja cocer tapado en el horno durante veinte minutos, se retira entonces del horno y se pone al fuego, se rocía con el jugo de carne y se deja dar un hervor, se espolvorea de perejil picado y se sirve en la misma *cocotte*.

RIÑONES DE CORDERO SALTEADOS AL JEREZ

INGREDIENTES Y CANTIDADES

Riñones	3/4 kilo.	Mantequilla	25 gramos.
Aceite	1 decilitro.	Caldo concentrado	2 decilitros.
Jerez	1 copa.	Harina	1 cucharadita.
Sal y pimienta blanca.			

MODO DE HACERLO

Se limpian los riñones de la piel y grasa y se cortan en rodajas finas, se sazonan de sal y pimienta blanca y se incorporan a una sartén en donde haya un decilitro de aceite bien caliente. Se saltean al fuego vivo durante cinco minutos y se echan en un colador para que escurran (el caldo que salga no se aprovecha).

Se ponen los riñones salteados en una cacerola limpia y se les agrega una copa de jerez, dejándolo cocer dos minutos justos.

En un cacillo se pone el caldo y la harina amasada con la mantequilla y se deja cocer unos minutos; se sazona de sal y pimienta y se vierte sobre los riñones, dejándolos al calor, pero sin hervir más.

Se sirven en una fuente con dos montones de patatas paja a los lados.

RIÑONES DE CORDERO A LA AMERICANA

INGREDIENTES Y CANTIDADES

Seis riñones de cordero.

MODO DE HACERLO

Se quita la telilla que envuelve a los riñones y el sebo y se parten por la mitad a lo ancho, se aplastan un poco y se ensartan en una aguja especial; se sazona de sal y un poco de limón y se embadurnan en aceite crudo puesto en un plato.

Se pone una parrilla sobre fuego de carbón vegetal y cuando están bien calientes los barrotes se ponen los riñones y se dejan asar por un lado, dándoles la vuelta para que se doren por ambos lados. Se sacan las agujas y se ponen en una fuente larga, adornándola con dos montoncitos de berros en los extremos y unos tomates asados a los lados.

SESOS

Modo de prepararlos.

Los sesos necesitan siempre una limpieza y cocción previas, cualquiera que sea el modo de guisarlos.

Para desangrarlos se ponen a remojar en agua fría durante un rato, después se meten en agua templada durante diez minutos y se les quita la telilla que los envuelve y se vuelven a poner en agua fría.

Para cocerlos se ponen en una cacerolita bien cubiertos de agua fría con unas tiritas de cebollas y zanahorias, una rama de perejil, media hoja de laurel y se agrega una cucharadita de vinagre bueno o vino blanco.

Se dejan calentar, y cuando rompe a hervir se aparta a un lado y se deja cocer con calma durante quince minutos o más, según sean de cordero, ternera o vaca.

Se escurren y se conservan tapados para que se conserven blancos.

SESOS EMPANADOS A LA INGLESA

Se cuece un seso de vaca en la forma indicada en la receta anterior, y ya frío se corta en lonchas finas, se pasan por harina, huevo batido y miga de pan rallado, y se fríen lentamente en una sartén con cincuenta gramos de mantequilla.

Se sirven en una fuente redonda, con servilleta, formando círculo y en el centro un ramo de perjil frito.

SESOS DE TERNERA
A LA MANTECA NEGRA

Se cuecen dos sesos de ternera en la forma indicada, y ya fríos se cortan en lonchas más bien gruesas y se colocan en una fuente resistente al fuego.

Se ponen a derretir en una sartén ciento cincuenta gramos de mantequilla partida en pedazos y una rama de perejil, se deja dorar hasta que la mantequilla tome color avellana. Entonces se retira del fuego y se echa por encima del seso.

Se echan en la sartén tres cucharadas de vinagre, se calienta hasta dar unos hervores y se echa también sobre los sesos. Se pone a calentar todo y se sirve en la misma fuente, bien caliente.

MOLLEJAS DE TERNERA

Modo de prepararlas.

Las mollejas se ponen a remojar en agua fresca cambiándola varias veces, hasta dejarlas completamente limpias de sangre.

Para blanquearlas se ponen en una cacerola al fuego, bien cubiertas de agua fría, y cuando rompe a hervir se espuman, se deja cocer tres minutos, se escurren, se refrescan en agua fría y se despojan de los pellejos y sebo. Se colocan sobre una servilleta, se tapan con otra y se pone encima una tabla con peso para que tengan buena forma. Se dejan una hora y se preparan.

MOLLEJAS DE TERNERA EMPANADAS

Una vez limpias y prensadas se cortan en trozos regulares, se rebozan en huevo y se pasan por pan rallado. Ya empanadas, se fríen en aceite fino bien caliente.

MOLLEJAS DE TERNERA A LA SUPREMA

INGREDIENTES Y CANTIDADES

Mollejas	1/2 kilo.	Caldo	1/4 litro.
Mantequilla	50 gramos.	Yemas	2.
Harina	2 cucharadas.	Champiñones	1 lata.
Cebolla	1 pequeña.		

Perejil, laurel, sal y pimienta blanca.

MODO DE HACERLO

Se lavan, escurren y se preparan como queda explicado anteriormente.

Se parten por la mitad.

En un cazo al fuego se pone la mantequilla, se derrite y se agrega la harina, dejándola cocer unos minutos, sin que tome color. Se deslíe con el caldo un poco de sal y pimienta blanca y se introducen las mollejas, media cebolla y una rama de perejil, dejando cocer el conjunto a fuego muy lento durante tres cuartos de hora.

Se retira de la salsa la cebolla y perejil, se agregan los champiñones, se liga la salsa con las dos yemas y se sirve en seguida.

MOLLEJAS DE TERNERA A LA PARISIÉN

Medio kilo de mollejas de ternera, preparadas como la receta *Mollejas de ternera empanadas*. Se presentan sobre unos fondos de alcachofas rellenos de un picadillo de jamón, lengua a la escarlata y trufa, ligado con medio decilitro de jugo de carne.

En el centro de la fuente, un montón de patatas paja.

Se sirve aparte salsa de tomate, aromatizada con una copa de jerez.

AVES Y CAZA

PREPARACIÓN DE LAS
AVES PARA ASARLAS

Después de bien desangradas las aves se zambullen durante un minuto en agua hirviendo, sujetándolas las patas para que queden bien cubiertas por el agua.

En seguida se despluman con la mayor facilidad.

Si se ha de conservar algún tiempo, no conviene utilizar este procedimiento, pues al mojar la carne adelanta la descomposición.

Una vez desplumadas se vacían por dentro de los intestinos y por la parte del buche; se quitan todos los cañones y se flamean con llama de alcohol.

Se limpia con un paño, cortando entonces las puntas de las alas, las patas y el pescuezo, tirando de la piel hacia abajo para que pueda llegar a la espalda, doblando las alas hacia atrás sujetando el pellejo. Se doblan las patas colocándolas a los costados del ave y se sujeta todo con hilo de bala.

Para rellenar el ave se hace por el buche, para lo cual se conserva entero el pellejo del pescuezo, cortando ésta a ras de los hombros.

Una vez relleno, se tira del pellejo hacia atrás, cosiendo en la espalda para que no se escape aquél.

No se debe estirar mucho la piel, porque al cocer encoge y puede romperse. Una vez preparado el ave, se unta bien de grasa, introduciendo en el interior una cucharada de ésta y un poco de sal; se coloca sobre una parrilla y ésta en una tartera, donde se ponen unas cucharadas de caldo, y se introduce en el horno, que debe calentar bien, pero sin arrebato; durante la cocción en el horno se le dará vueltas para que se dore por todos los lados, rociándole de cuando en cuando con su grasa, nunca con caldo.

Para conocer cuándo está en su punto se introduce un tenedor en la juntura del muslo y la pechuga; si está, debe penetrar fácilmente. Si al pinchar en el muslo brota una gota blanca, está asado; si la gota fuera rosa, indica que está poco hecho, y hay que dejarlo más tiempo.

Una vez asado, se saca del horno, se deja reposar un cuarto de hora y se trincha, quitando antes los kilos.

MODO DE SALTEAR UN AVE

Para saltear o sofreír un ave se emplea una saltera o sartén grande con la cantidad de grasa indicada en la receta, se pone al fuego y cuando se calienta se echan los trozos del ave debidamente trinchado, salteándolos a lumbre viva, sacudiendo la sartén por el mango y procurando que los trozos no se amontonen, sin que cubran el fondo de la sartén; ya dorado, se sacan primero los trozos de pechuga y después los muslos, que como trozos más gruesos, tardan más en pasarse.

PATO CON ACEITUNAS

INGREDIENTES Y CANTIDADES

Pato de 1 1/2 kilos,1		Vino de Jerez	1 decilitro.
Aceite	1/2 decilitro.	Aceitunas	1/4 kilo.
Harina	20 gramos.	Zanahorias	100 gramos.
Cebollas	50 gramos.	Manteca	1 cucharada.
Caldo	1/2 litro.	Perejil, sal y pimienta.	

MODO DE HACERLO

Se elige un pato joven, para que sea tierno.

Se prepara como para asarlo, cuidando de chamuscarle bien las plumillas.

En una cacerola proporcionada se pone el aceite y una cucharada de manteca, se acerca al fuego y se pone el pato, la cebolla partida en trozos y las zanahorias.

Se sofríe, dándole vueltas al pato hasta que quede bien dorado por igual, cuidando al darle vueltas de no pincharlo y acercando o separando la cacerola para que no se queme la grasa.

Cuando el pato esté bien dorado se saca a un plato y la cebolla y zanahoria; en la grasa se echa una cucharada de harina, y cuando está dorada se deslíe con el caldo y se agrega el vino. Se vuelve a poner el pato en la cacerola, se añaden las cebollas y zanahorias, una buena rama de perejil, sal y unos granos de pimienta.

Cuando hierve fuerte se separa a un lado o se mete tapado en el horno para que cueza durante una hora.

De cuando en cuando se le da vueltas, poniéndolo siempre de costado para que se cuezan bien los muslos.

Mientras se hace el pato, se preparan las aceitunas. Se eligen aceitunas gordas y se deshuesan, empezando a cortar por arriba y sacando toda la pulpa en una pieza. Cuando están todas se cubren de agua hirviendo y se acerca al fuego para que cuezan fuerte durante cinco minutos. Se separan y se aclaran, secándolas perfectamente.

Cuando el pato está en su punto se saca y se deja reposar al calor, colando la salsa, raspando bien el fondo y las paredes de la cacerola. Deben quedar tres decilitros de salsa bien ligada. Se calienta bien y se echan las aceitunas, sin dejar que hiervan, pero teniéndolas cerca del fuego.

Se trincha el pato y se coloca en una fuente, se colocan las aceitunas alrededor y se cubre con la salsa.

PATO A LA NARANJA

INGREDIENTES Y CANTIDADES

Pato joven bien cebado	1	Harina	30 gramos.
Caldo hecho con los despojos del pato	2 decilitros.	Jugo de ternera	1 cucharada.
		Naranjas	3
Manteca de cerdo	100 gramos.	Curaçao blanco o Cointreau	1 copita.
Mantequilla	30 gramos.	Sal y pimienta.	

MODO DE HACERLO

Se vacía el pato, se reserva el higadillo, se chamusca y se ponen a cocer los despojos para hacer un caldo concentrado.

Se descorteza una naranja, quitándole toda la piel blanca; se parte en varios trozos y se introducen en el pato; se unta todo con manteca de cerdo y sobre una parrilla puesta sobre una tartera se pone a asar al horno durante tres cuartos de hora.

De vez en vez se le da la vuelta para que se dore por igual, rociándolo con su salsa; se añade sal y un poco de pimienta.

Se descortezan dos naranjas, quitando sólo la piel amarilla; se zambullen en agua hirviendo y se machacan en el mortero, añadiendo el higadillo crudo y la copa de curaçao.

Se calienta el caldo, se agrega el jugo de carne, la mantequilla, amasada con la harina; el majado de naranja y el jugo del pato desengrasado. Se pone al fuego y cuando rompe el hervor se pasa por un colador fino.

Se quita la naranja del pato, se trincha éste, se coloca en una fuente calentada y se guarnece con unas rodajas finas de naranja.

Se sirve aparte, en salsera, la salsa bien caliente.

PAVO TRUFADO ASADO (CALIENTE)

INGREDIENTES Y CANTIDADES

Pavo de 2 1/2 kilos	1.	Huevo	1.
Manteca de cerdo	50 gramos.	Trufas	1 latita.
Magro de cerdo	1/2 kilo.	Jerez	1/2 copa.
Carne de ternera	1/4 kilo.	Leche	3 cucharadas.
Miga de pan rallada	100 gramos.		
Sal, pimienta y nuez moscada.			

MODO DE HACERLO

Se pica en la máquina la carne de ternera y el magro; pasada una vez, se vuelve a picar otras dos veces para que quede muy fina.

En un recipiente se mezcla el picadillo con la miga de pan rallada y esponjada con la leche, sal y pimienta blanca y un poco de ralladura de nuez moscada.

Se amasa bien y se incorpora el huevo y el jerez, añadiendo en éste el jugo de las trufas, y por último, éstas cortadas en cuadraditos.

Bien mezclado todo, se rellena el pavo en la forma explicada; se ata bien con hilo de bala, dándole buena forma; se embadurna con la manteca de cerdo, se espolvorea de sal y se pone de costado en una placa de horno, dejándolo cocer durante una hora, dándole vueltas para que se vaya asando y tomando color por todos lados.

En los últimos diez minutos se pone la pechuga hacia arriba, se riega con su jugo y a la hora en punto se saca del horno.

Se pone el pavo en una cacerola, se tapa y se deja sudar media hora.

Mientras tanto se desengrasa el jugo de asar el pavo y a éste se añade un cuarto de litro de caldo (que puede ser hecho de los despojos) y se deja hervir unos minutos, se pasa por tamiz fino y se reserva al calor.

Se trincha el pavo después del reposo, desprendiendo primero los muslos, después las alas y cortando la pechuga en filetes; se saca el relleno y se corta en lonchas.

Se corta la parte de atrás del caparazón y sobre éste se colocan las piezas trinchadas y alrededor lonchas de relleno; en el fondo de la fuente se echa un poco de salsa, se adornan los extremos con dos ramos de berros y se sirve el resto de la salsa en una salsera.

POLLO A LA BUENA MUJER

INGREDIENTES Y CANTIDADES

Pollo bien cebado	1.	Manteca de cerdo	100 gramos.
Patatas	3/4 kilo.	Mantequilla	40 gramos.
Cebollitas	12.	Coñac	1 copita.
Tocino	150 gramos.	Trufas	2.
Jerez	1 copita.	Harina	100 gramos.
Tomates	200 gramos.	Zanahorias	1.
Cebolla	1.	Sal.	

MODO DE HACERLO

Se limpia y chamusca el pollo y se seca con un paño, se ata con hilo de bala, se sazona de sal y se pone en una cacerola con la manteca, el tomate, la cebolla y la zanahoria; se mete en el horno y, rociándolo de vez en vez con su grasa, se deja asar a horno fuerte durante media hora para que se dore bien.

Se saca del horno, se quita el hilo, se trincha en seis trozos y se coloca en una cocotera; se quita la mitad de la grasa de asar el pollo y se echa en la cacerola; el jerez, se deja hervir dos minutos y se vierte encima del pollo, pasándolo por un colador.

Se mondan las patatas y se cortan en forma de avellana con la cucharilla especial, se corta el tocino en dados pequeños y se fríen en una sartén hasta que estén dorados, se sacan escurridos y en la grasa del tocino se fríen las patatitas hasta que toman color.

Se pelan las cebollitas, se ponen en una cacerolita cubiertas de agua, la mitad de la mantequilla y un poco de azúcar y se cuecen hasta que consuman el agua y tomen color dorado.

Alrededor del pollo se ponen las patatas, el tocino y las cebollitas, colocándolos encima del pollo; se agrega la otra mitad de la mantequilla y el coñac, se coloca la tapa de la cocotera, se cubre la juntura con una pasta hecha con harina y agua y se mete en el horno durante media hora.

Se sirve en la misma cocotera, puesta sobre una fuente con servilleta, y se destapa al llegar a la mesa.

POLLO EN 'COCOTTE' A LA BORDELESA

INGREDIENTES Y CANTIDADES

Pollo	1.	Coñac	1 copa.
Manteca de cerdo	100 gramos.	Vino tinto	1 decilitro.
Aceite	1 decilitro.	Perifollo	1 rama.
Mantequilla	40 gramos.	Cebolla	1.
Chalotas	6.	Tomates	100 gramos.
Setas	1 lata.	Trufas	4.
Sal y pimienta.			

MODO DE HACERLO

Una vez limpio y flameado el pollo, se ata para darle buena forma se meten las trufas en el interior y se sazona de sal.

En una cacerola se pone la manteca de cerdo, se echa el pollo y la cebolla cortada en trozos y se rehoga hasta que adquiere un bonito color; entonces se agrega el coñac, el vino, los tomates y un decilitro de agua y se cuece lentamente durante hora y media.

Se sacan las setas de la lata, se lavan, se cortan en trozos y se escurren.

Se pone el aceite en una sartén, y cuando esté caliente se echan las setas, salteándolas hasta que estén doradas. Se escurre el aceite de la sartén y se agregan a las setas las chalotas picadas, la mantequilla y el perifollo picado también; se saltean un poco más y se sazonan con sal y pimienta.

Se trincha el pollo en seis trozos, se coloca en una cocotera, se rodea con setas y se cubre con la salsa del pollo pasada por el colador. Se coloca la tapadera, se tapan las junturas con un poco de masa y se deja cocer durante un cuarto de hora.

Se sirve como el anterior.

POLLO A LA MOLINERA

INGREDIENTES Y CANTIDADES

Pollo grande y bien cebado	1.	Fécula	1 cucharada.
		Tocino	5 lonchas.
Cebolla	1.	Caldo	1/4 litro.
Higadillos	125 gramos.	Vino blanco	1/4 litro.
Champiñones		Jerez	1 copa.
de lata	125 gramos.	Coñac	1 cucharada.

➡

Mantequilla	50 gramos.	Aceite	3.
Manteca	100 gramos.	Perejil	1 rama.
Trufas	2 cucharadas.	Sal y pimienta.	

MODO DE HACERLO

Se lavan los champiñones y se rocían con unas gotas de limón, se reservan algunas cabezas y se pica el resto.

Se pone una sartén al fuego con veinticinco gramos de mantequilla y una cucharada de aceite fino, se calienta, se echa el picadillo de setas, una cebolla trinchada fina y los higadillos picados menuditos. Se sazona de sal y pimienta, se rehogan a fuego vivo y se agrega un poco de vino de Jerez y coñac; se mueve para mezclarlo y se echa en un plato, dejándolo enfriar.

Una vez limpio y flameado el pollo, se cortan las trufas en láminas finas, se untan de mantequilla derretida y levantando con cuidado el pellejo de la pechuga se introducen con cuidado las trufas, repartiéndolas por toda la pechuga.

Se rellena el pollo por el hueco del pecho con el picadillo y se sujeta el pellejo hacia atrás, en la espalda, con unas puntadas, dejando el pellejo un poco flojo para que al cocer no reviente, y se arma el pollo como para asar.

Se ponen al fuego setenta y cinco gramos de manteca de cerdo, se calienta y se rehoga el pollo muy lentamene, cuidando de dorarlo por igual, sin dejarlo tostar.

Bien dorado, se retira y se pone en una fuente. Se fríen en la grasa sobrante las lonchas de tocino; cuando están doradas, se escurren y se reservan con el pollo.

En la misma grasa se fríen las cabezas de champiñones cortadas en dos pedazos, se vuelven a poner el pollo y el tocino, el vino blanco, una copa de jerez y una rama de perejil, se sazona de sal y pimienta y se pone a hervir. Cuando rompe el hervor, se tapa y se mete a horno fuerte para que cueza durante cuarenta minutos.

Terminada la cocción, se trincha el pollo y se coloca como si fuera entero, adornando alrededor con las lonchas de tocino. Se pasa la salsa por el chino y se vierte un poco por encima del pollo; el resto se sirve en la salsera. Se adorna la fuente con unos ramos de berros.

POLLOS ASADOS EN SU JUGO

Se limpian dos pollos gorditos y se atan con bramante para darles bonita forma.

Se embadurnan de manteca de cerdo y se colocan en una parrilla puesta sobre una tartera, se añade una hoja de laurel y varios dientes de ajo, se sazona de sal y se meten en el horno con calor moderado. A los cinco minutos se abre el horno y se vuelven los pollos del otro lado, regándolos con su misma grasa se deja ocho minutos y se vuelven a poner derechos, dejándolos en esta posición un cuarto de hora.

Cuando están dorados se sacan, se desengrasa el jugo y se agrega en éste una copita de jerez, se deja cocer cinco minutos y se echa un decilitro de caldo, se deja cocer diez minutos y se pasa por tamiz, poniendo un poco en la fuente y el resto en una salsera aparte.

Se sirven los pollos trinchados, adornada la fuente con unos cogollos de lechuga y aparte una patatas *soufflés*.

CAPÓN RELLENO A LA ANDALUZA

INGREDIENTES Y CANTIDADES

Capón de tres kilos	1.	Jerez oloroso	1 copa.
Carne de cerdo	500 gramos.	Piñones	20 gramos.
Tocino	150 gramos.	Pasas	25 gramos.
Pan rallado	100 gramos.	Telilla de cerdo	300 gramos.
Huevos	2.	Sal, canela y pimienta.	

MODO DE HACERLO

Preparado el capón y flameado, se limpia con un paño y se procede a rellenarlo.

Se quitan las pipas de las pasas y se pican, se pican también los piñones y el magro y tocino en la máquina y la miga de pan empapada en un poco de leche, y en un recipiente se mezcla con los huevos, el jerez, un poco de sal, canela y pimienta; se añaden los piñones y pasas y se rellenan por el buche, sujetando la piel del pescuezo en la espalda del capón con unas puntadas, se cose también por abajo para que no se escape el relleno.

Se arma como las demás aves y se envuelve por completo en la telilla de cerdo o en una loncha fina de tocino, y se deja en reposo al fresco durante cuarenta y ocho horas.

Se asa al horno como las demás aves.

GALLINA A LA ITALIANA

INGREDIENTES Y CANTIDADES

Gallina de 1 1/2 kilo	1.	Harina	1 cucharada.
Jamón	125 gramos.	Caldo	2 decilitros.
Cebollas	125 gramos.	Vino	1 vaso.
Champiñones	60 gramos.	Limón	1/2.
Mantequilla	30 gramos.		
Perejil, laurel, sal y pimienta blanca.			

MODO DE HACERLO

En el caldo del cocido se echa la gallina y se deja cocer durante una hora. Se pincha para ver si está cocida, y si el jugo sale blanco, se retira del caldo.

Se pica muy menuda la cebolla y un ajo, y en una cacerola puesta al fuego se pone la mantequilla, y cuando está caliente se echa la cebolla y el ajo; se doran un poco y se agregan los champiñones cortados en trocitos, se espolvorean de harina y se agrega el caldo y el vino, dejándolo cocer destapado unos cinco o seis minutos.

Ya cocida la gallina, se trincha como si fuera un pollo asado, se coloca en una cacerola, se desengrasa la salsa, se añade el jamón y se vierte por encima de la gallina; se sacude la cacerola y se tapa, dejándolo cocer muy despacio unos diez minutos.

Se colocan los trozos de gallina en una fuente, se cubre con la salsa, a la que se añade un poco de zumo de limón, y se sirve.

GALLINA EN SALSA SUPREMA A LA CUBANA

INGREDIENTES Y CANTIDADES

Gallina de 1 1/2 kilo	1.	Zanahorias	1.
Arroz	200 gramos.	Perejil	1 rama.
Mantequilla	100 gramos.	Trufa	1.
Harina	35 gramos.	Caldo	2 litros.
Nata de leche	1 decilitro.	Huevos	2.
Cebollas	2.	Sal y pimienta.	

MODO DE HACERLO

Se prepara la gallina como para asar, se coloca en una cacerola y se cubre con los dos litros de caldo, la cebolla, zanahoria y una rama de perejil; se sazona de sal, se tapa y se acerca al fuego.

Cuando rompe a hervir se espuma muy bien, se vuelve a tapar y se deja cocer moderadamente durante hora y media.

Terminada la cocción, se pone medio litro de caldo de gallina (pasado por un colador) en una cacerola, se acerca al fuego y al romper a hervir se echa el arroz y se deja cocer a hervor moderado unos veinte minutos.

En una cacerolita se pone la mantequilla, y cuando está derretida se echa la harina y se deja cocer dos minutos, sin que tome color; se deslíe con medio litro del caldo de la gallina y se deja cocer moderadamente unos veinte minutos. Se pasa por el colador, se vuelve a calentar y se añaden dos yemas de huevo y la nata.

En una fuente se pone el arroz, encima se coloca la gallina trinchada y se cubre con la salsa, poniendo unas rodajas de trufas y el resto picado muy menudo y espolvoreado.

PULARDA ASADA

La pularda es una polla de buena raza, cebada con exceso.

Su carne es muy delicada.

Para asarla se hace exactamente como con el pollo.

Poularde trufada (véase *Pollo o Pavo trufado*).

PICHONES

Modo de prepararlos.

Después de destriparlos y quitadas las plumas, se pasan por llama de alcohol, se les corta la cabeza y las patas, se limpian con un paño y se les vuelve a introducir el higadillo. Se arman y asan como los pollos y se trinchan después de asados, partiéndolos por la mitad a lo largo, de forma que cada porción tenga un muslo y una pechuga.

PICHONES AL DIAMANTE

INGREDIENTES Y CANTIDADES

Pichones	3.	Manteca de cerdo	50 gramos.
Zanahorias	150 gramos.	Aceite	3 cucharadas.
Cebollitas	150 gramos.	Vino Diamante	4 decilitros.
Perejil	1 rama.	Sal.	

MODO DE HACERLO

Se eligen unas zanahorias pequeñísimas, se raspan y se reservan, se les quita la primera capa a las cebollitas, que deben ser de las llamadas francesas, muy pequeñitas, se lavan y se secan con un paño.

En una cacerola cuya tapa ajuste bien se pone la manteca y las dos cucharadas de aceite, se calienta y se echan los pichones preparados de antemano y se rehogan un poco; en seguida se echan las zanahorias y cebollas y una rama de perejil, se sazona de sal y pimienta y se dejan estofar a fuego moderado por espacio de media hora, moviendo de cuando en cuando el contenido de la cacerola para que se dore por igual y no se quemen las verduras.

Se añade entonces el vino, y cuando rompe el hervor se tapa la cacerola y se mete a horno moderado durante una hora, rociándolo de cuando en cuando con su salsa.

Una vez a punto, se sacan los pichones y se dejan en un plato, se liga la salsa con media cucharadita de maizena.

Se trinchan los pichones y se colocan en una fuente, alrededor las zanahorias y cebollitas, que han de conservarse enteras, y se vierte sobre ellos la salsa.

PICHONES EN COMPOTA

INGREDIENTES Y CANTIDADES

Pichones corrientes	3.	Aceite	1/2 litro.
Tocino de veta	150 gramos.	Harina	20 gramos.
Cebollitas francesas	300 gramos.	Vino blanco	2 decilitros.
Consomé de ave	1/2 litro.		
Sal, pimienta, perejil y laurel.			

MODO DE HACERLO

Se preparan los pichones, y una vez armados y sujetos con hilo de bala se les introducen los higadillos.

En una cacerola puesta al fuego se echa el aceite y se fríe el tocino cortado en cuadraditos; cuando se han dorado, se dejan en un plato.

En la grasa de éstos se fríen los pichones hasta dejarlos doraditos por todos los lados; entonces se sacan y se dejan con los tocinitos.

Limpias las cebollas, se fríen en la grasa de los tocinos, y cuando están ligeramente doradas se espolvorean con la harina, sacudiendo la cacerola para que se una bien, sin que se dore, y se añade el consomé, se agrega el vino y cuando rompe a hervir se echa sobre los pichones y los tocinos puestos en otra cacerola. Se acerca al fuego y cuando hierve fuerte se tapa herméticamente la cacerola, poniendo un papel blanco fuerte y encajando la tapadera, y se pone a horno moderado, dejándolo cocer con calma hasta que los pichones están muy tiernos, mirando de cuando en cuando por si se hubiera consumido el líquido.

Cuando están en su punto se trinchan los pichones, colocando las cebollitas en el centro y los medios pichones en forma de corona, bordeando la fuente con unos triángulos de pan frito. Se desengrasa la salsa, se pasa por el chino y se vierte por encima.

PICHONES A LA DOGARESA

INGREDIENTES Y CANTIDADES

Pichones tiernos	3.	Jerez	1 copa.
Carne de vaca picada	150 gramos.	Patatas	600 gramos.
Trufa	1.	Huevo	1.
Tela de cerdo	100 gramos.	Cebolla	1.
Puré de tomate	1 cucharada.	Mantequilla	15 gramos.
Champiñones	200 gramos.	Manteca	100 gramos.
Sal, pimienta y nuez moscada.			

MODO DE HACERLO

Limpios y chamuscados los pichones, se parten por la mitad a lo largo, se aplanan con la hoja de un cuchillo y se sacan los pequeños huesos del interior.

En un plato se mezcla la carne picada con la trufa, también picada; el huevo, sal, pimienta y nuez moscada; con este picadillo amasado se rellena la parte interior de cada medio pichón y se envuelve en un trozo de tela de cerdo, previamente remojada en agua templada.

En una cacerola se ponen cincuenta gramos de manteca, y cuando está derretida se colocan los medios pichones y se meten en el horno para que tomen color dorado; entonces se agrega la cebolla picada, el jerez, el tomate y los champiñones, previamente limpios. Se añade un decilitro de agua, se sazona de sal y se cuecen bien tapados despacio durante una hora y media.

Se mondan las patatas y se cortan con la cucharilla especial en forma de avellana.

En una sartén, con la manteca de cerdo restante, se fríen lentamente hasta que tomen color dorado; entonces se escurre la grasa y se saltean con la mantequilla.

En una fuente redonda se colocan los medios pichones en forma de corona, en el centro los champiñones y rodeando aquéllos las patatas avellana.

CODORNICES AL NIDO

Seis codornices, asadas servidas en un nido de patatas paja.

Se despluman, se vacían y se flamean al alcohol; se cubre la pechuga con una lonchita fina de tocino atada con bramante. Se arma como los pollos, se unta de manteca y se asa al horno durante quince o dieciocho minutos.

Una vez asadas se retiran, se les quita el atado que sujeta el tocino y se ponen dentro del nido las pechugas hacia arriba, cubriendo éstas con lonchas de tocino.

NIDO DE PATATAS PAJA

Se cortan tres cuartos de kilo de patatas, después de mondadas, en rodajas del grueso del canto de un duro, y éstas en tiritas finas. Se lavan, se escurren y se ponen en un colador con tres cucharaditas de sal fina. Cuando han soltado el jugo, se escurren bien, se secan y se espolvorean con tres cucharaditas de maizena. Se mezcla bien y se forran los moldes, templados antes en aceite bien caliente.

Se pone el aceite a calentar en una cacerola y se introduce el nido cuando está fuerte, dejándolo que se dore. Se deja escurrir el aceite y se desprende del molde dándole unos golpecitos en el borde.

El molde del nido consta de dos partes; una mayor, que se rellena, y otra más pequeña, que se ajusta encima para darle la forma.

Para desmoldarlos hay que abrir el molde antes.

FAISÁN ASADO CON SALSA DE PAN

El faisán, para que esté tierno, ha de ser muerto de varios días. En invierno hará falta más tiempo y en verano menos, pero nunca será menos de tres días, pues resultaría duro e insípido.

Se colocará al aire libre colgado por las patas, cuidando de que esté resguardado de la lluvia.

Una vez desplumado, se destripa y se pasa por la llama de alcohol, se limpia con un trapo y se introduce una cucharada de manteca de cerdo en el interior.

Se arma como un pollo y se envuelve en una hoja fina de tocino o telilla de cerdo y, por último, en una hoja de papel blanco engrasado con manteca, se pone sobre una parrilla y ésta sobre la tartera y se mete en el horno con calor moderado.

Se deja asar, calculando cuarenta y cinco minutos por kilo de peso, dándole vueltas de cuando en cuando. Unos minutos antes de terminar su cocción se quita el tocino y se deja que tome color dorado (si es telilla de cerdo, se deja).

Al sacarlo del horno se pincha para comprobar si está bien hecho; si no estuviera en su punto habrá que dejarlo un rato más en el horno; se trincha como un pollo y se presenta en una fuente adornada con berros y la salsa de pan en una salsera.

SALSA DE PAN A LA INGLESA

INGREDIENTES Y CANTIDADES

Leche	2 1/2 decilitros.	Nata cruda	2 cucharadas.
Cebolla	1.	Mantequilla	25 gramos.
Pan rallado	60 gramos.	Sal y pimienta cayena.	

MODO DE HACERLO

Se pone a hervir la leche, añadiéndole sal, la cebolla y un poco de cayena; se agrega el pan rallado y, pasado por el tamiz, se deja cocer durante un cuarto de hora. Se retira la cebolla y, fuera del fuego, se añaden la mantequilla y la nata.

Se sirve en seguida.

FAISÁN EN 'COCOTTE'

INGREDIENTES Y CANTIDADES

Faisán	1.	Jerez	1 copa.
Champiñones	200 gramos.	*Marrons glacés*	12.
Mantequilla	75 gramos.	Trufas	2.
Coñac	1 copa.	Nata	1 decilitro.
Sal y pimienta.			

MODO DE HACERLO

Limpio y preparado el faisán, se arma como un pollo, se introducen los *marrons glacés* y las trufas, se sazona con sal y se pone en una cacerola con la mantequilla y se mete en el horno hasta que adquiera color dorado.

Entonces se añaden los champiñones limpios, el vino y coñac y se deja cocer diez minutos más.

Se vierte todo en la cocotera, se sazona, se cubre con la tapadera, se tapa la juntura con una tira de pasta quebrada y se mete a horno moderado durante dos horas.

Se sirve en la misma cocotera, puesta sobre una fuente con servilleta, y se destapa en la mesa.

PERDICES ESCABECHADAS

INGREDIENTES Y CANTIDADES

Perdices	2.	Laurel	2 hojas.
Aceite	1 decilitro.	Agua	1 1/2 litros.
Vino	1 1/2 decilitro.	Zanahorias	3.
Vinagre	1/2 decilitro.		
Apio, perejil, tomillo, cebollas, ajo, sal y pimienta en grano.			

MODO DE HACERLO

Una vez limpias las perdices, se flamean con alcohol, se limpian con un paño y se arman como los pollos.

En una cacerola se pone el aceite, se calienta y se rehogan las perdices durante dos minutos; se quita todo el aceite y se vuelven a poner las perdices en la cacerola, agregándoles el vinagre, los granos de pimienta, el laurel, unos rabos de perejil, un trozo de apio y un poco de tomillo, atado todo junto en forma de ramo con hilo; se tapa y se deja cocer diez minutos y se añaden las cebollitas mondadas y las zanahorias raspadas; se agrega el agua, se sazona de sal y se deja cocer tapado durante hora y media, espumando el caldo con esmero para que salga claro.

Cuando están cocidas, se pueden conservar poniéndolas en tarros de cristal y cubriéndolas con el caldo, echando en la superficie un poco de aceite fino para que quede cubierta, y cuando está frío se tapa y se deja en sitio fresco.

Para servirlas se cortan por la mitad a lo largo, se ponen las cebollitas alrededor alternando con las zanhorias, adornando el borde de la fuente en rodajas de limón, y se rocían con un poco del propio jugo.

PERDIZ ESTOFADA

INGREDIENTES Y CANTIDADES

Perdices	2.	Zanahorias	2.
Aceite	2 jícaras.	Ajos	2 dientes.
Tocino gordo	150 gramos.	Perejil	1 rama.
Cebollas blancas	2.	Jerez	1 vaso grande.
Clavillo, laurel, sal y pimienta.			

MODO DE HACERLO

En una sartén se pone el aceite y el tocino cortado en cuadraditos. Una vez preparadas las perdices, se rehogan en el aceite hasta dorarlas; se añade al mismo tiempo la cebolla, y cuando está bien dorada se pone todo en una olla de barro; se añaden los demás ingredientes y se tapa herméticamente, poniendo en la boca un papel fuerte y encima una cacerola con agua.

Se deja cocer hora y media a hervor en su agua, y cuando están tiernas se sacan y se trinchan por la mitad; se colocan en una fuente calentada.

Se pasa la salsa por el chino y se vierte por encima, adornando la fuente con picatostes.

PERDICES A LO BRIAND

INGREDIENTES Y CANTIDADES

Perdices	3.	Zanahoria	1.
Salchichas	150 gramos.	Cebolla	1.
Trufas	2.	Jerez	1 decilitro.
Huevo	1.	Harina	15 gramos.
Champiñones	1 lata.	Aceite	.1 decilitro.
Manteca	25 gramos.	Pan	150 gramos.
Tocino graso	75 gramos.	Sal y pimienta.	

MODO DE HACERLO

Se limpian las perdices y se flamean al alcohol.

Se quita la piel y las salchichas y se ponen en un plato, se mezclan la yema de un huevo y los champiñones y una trufa, picados finos. Bien mezclado todo, se rellenan las perdices y se cosen, armándolas como los pollos; se envuelve cada una en una loncha fina de tocino, que se sujeta con un hilo. Preparadas así, se colocan en una cacerola y se añade la zanahoria y cebolla en pedacitos, se agrega la harina, el jerez y un decilitro de agua; se sazonan de sal y unos granos de pimienta y se cuecen tapadas durante dos horas.

Cuando están en su punto se dejan enfriar un poco, se trinchan por la mitad a lo largo y se colocan en una fuente refractaria.

Se desgrasa la salsa, se pasa por un colador, se agrega la trufa bien picada y se vierte sobre los trozos de perdiz.

Se mete unos minutos en el horno y se sirve, adornando la fuente con unos picatostes.

PERDICES CON COLES

INGREDIENTES Y CANTIDADES

Perdices tiernas	3.	Zanahorias	200 gramos.
Coles de Bruselas	1 kilo.	Cebollas	200 gramos.
Tocino	200 gramos.	Ajos	2 dientes.
Jamón curado	125 gramos.	Salchichas	12.
Manteca de cerdo	150 gramos.	Sal, pimienta y laurel.	

MODO DE HACERLO

Se escogen unas coles pequeñitas y se ponen a cocer en agua hirviendo. A los cinco minutos se apartan y se escurren, poniéndolas nuevamente a cocer con agua hirviendo, sal y cincuenta gramos de manteca; a los diez minutos se ponen en un colador para que escurran, y se reservan.

Se preparan las perdices como para asarlas, se pican la cebolla y zanahorias en trocitos pequeños, el jamón en trozos grandes y el tocino en cuadraditos. En una cacerola se ponen cien gramos de manteca, se acerca al fuego y se echan las cebollas y zanahorias, el tocino y las perdices, el jamón y las salchichas; se agrega laurel, sal y pimienta; se va rehogando todo, y cuando empiezan a dorarse las cebollas se agrega un poco de agua hirviendo, añadiéndola poco a poco, hasta que las perdices están tiernas (una media hora).

Se sacan las salchichas y el jamón y se pasa la salsa por encima. Bien escurridas las coles, se ponen en una fuente resistente al fuego; en el centro, las perdices, trinchadas por la mitad; se vierte la mitad de la salsa por encima y se deja cocer unos minutos para que las coles tomen el sabor de la salsa.

Cuando se va a servir, se colocan alrededor los trozos de jamón y las salchichas, se vierte el resto de la salsa por encima y se sirve bien caliente.

'CIVET' DE LIEBRE

INGREDIENTES Y CANTIDADES

Liebre pequeña y tierna	1.	Zanahorias	2.
Cebollitas	24.	Nabos	2.
Tocino	200 gramos.	Cebollas	2.
Manteca de cerdo	100 gramos.	Pan	100 gramos.
Harina	25 gramos.	Vino tinto	1 litro.
Champiñones	1 lata.	Ajos	2 dientes.
Aceite	1 decilitro.	Laurel, tomillo, perejil y sal.	

MODO DE HACERLO

Se despelleja la liebre y se recoge con cuidado toda la sangre en una taza, añadiéndole unas gotas de vinagre.

Se corta en trozos la liebre, poniéndolos en un recipiente de barro, cubriéndolos con la mitad del vino, laurel, tomillo, los ajos, una cebolla cortada en trozos, las zanahorias y nabos, igualmente picados.

Se rocía con el aceite, se le añaden los clavillos de especia y se deja en este adobo en sitio fresco unas doce horas.

En una cacerola se pone la mitad de la manteca y el tocino cortado en cuadraditos, se acerca al fuego y, cuando tiene color dorado, se agregan los trozos de liebre, escurridos y secos con un paño, rehogándolos muy bien; se incorpora la cebolla picada y, a continuación, la harina. Cuando toma algo de color se agrega el vino sobrante, se sazona de sal y pimienta y se echa un manojito formado con perejil, laurel y tomillo atado con hilo, y se deja cocer tapada y a fuego lento unas dos horas.

Se rehogan en el sobrante de manteca de cerdo las cebollas y champiñones, y cuando están dorados se agregan al guiso media hora antes de terminar la cocción.

Cuando está cocida se incorpora la sangre reservada en una taza, calentándola progresivamente con unas cucharadas de salsa.

Se sirve adornando la fuente con unos triángulos de pan frito.

CONEJO A LA CAZADORA

INGREDIENTES Y CANTIDADES

Conejos	2.	Ajos	1 diente.
Champiñones	300 gramos.	Coñac	1 copa.
Jamón	150 gramos.	Aceite	150 gramos.
Tocino	100 gramos.	Vino blanco	1 jícara.
Cebollas	2.	Perejil, pimienta, sal y tomillo.	

MODO DE HACERLO

Se corta el conejo en trozos, después de limpio; se parte el tocino en pedacitos, el jamón en cuadraditos y se pica la cebolla.

Se pone el aceite en una sartén, se agrega el tocino, la cebolla picada, el jamón y el ajo; cuando están dorados se sacan a un lado. Se sazonan los trozos de conejo y se fríen en la grasa sobrante, se escurre el aceite de la sartén, rociando los trozos con el coñac y el vino blanco y se ponen en una cazuela.

Se pelan los tomates y se quitan las pepitas, se pican y se echan en la cazuela; se agrega un poco de tomillo, pimienta, sal y los avíos fritos anteriormente; se tapa el guiso y se deja hacer durante media hora; un cuarto de hora antes se agregan los champiñones, si son de lata.

Se fríen unos trozos de pan, y cuando el conejo está hecho se pasa a una fuente, se pone alrededor y se guarnece la fuente con el pan frito.

PASTEL DE LIEBRE
(Para doce personas)

INGREDIENTES Y CANTIDADES

Liebre	1.	Coñac	2 copas.
Tocino	400 gramos.	Harina	450 gramos.
Carne de cerdo	300 gramos.	Manteca	150 gramos.
Carne de ternera	300 gramos.	Huevos	4.
Jamón	100 gramos.	Trufas	2.
Fécula de patatas	25 gramos.	Cebollas	1.
Sal y pimienta.			

MODO DE HACERLO

Se despelleja la liebre y se deshuesan los muslos, la espalda y lomos, sacando unas tiras de carne de dos centímetros de grueso por seis de largo. Se hacen tiras el jamón y la trufa y se añaden seis tiras de tocino. Todo ello se coloca en un recipiente y se rocía con una copa de coñac; dejándolo macerar durante veinte minutos.

Se limpian bien los huesos de la liebre, sacando toda la carne que se pueda, y con la ternera y carne de cerdo se pica en la máquina; a este picado se añaden dos huevos, la otra copa de coñac, una de jerez y la fécula de patata, mezclando todo con una cuchara.

En un recipiente se pone la harina, y en el centro de ella se echan cinco gramos de sal, seis cucharadas de agua, la manteca de cerdo y dos huevos, reservando un poco de yema, que se mezcla con una cucharada de agua.

Se mezclan los ingredientes y se hace una masa fina, que se deja reposar diez minutos. Se espolvorea la mesa con un poco de harina y se estira la masa hasta dejarla del grueso de un centímetro, y con ella se forra el interior del molde desmontable de forma cuadrilonga, especial para estos pasteles.

En el fondo, sobre la pasta, se colocan unas tiras de tocino cubriéndolo todo y encima una capa de picadillo. Sobre ésta se colocan unas tiras de carne, jamón y trufa, cubriendo ésta con otra capa de picadillo y repitiendo la operación hasta terminar;

entonces se cubre con una capa de pasta, uniendo los extremos con el huevo reservado; se adorna la superficie con tiras de masa y en el centro se abre un hueco de dos centímetros de diámetro, y a su alrededor se pone un anillo de pasta. Se pasa un pincel mojado en huevo por toda la superficie y se mete en el horno con calor moderado por espacio de dos horas.

Se desmolda en una fuente con servilleta y se puede comer caliente o frío.

SALSAS

En la técnica de la cocina, una de las cosas fundamentales es saber hacer las salsas.

Como este recetario es para las amas de casa, daremos las fórmulas asequibles a la cocina casera o familiar, en vez de al estilo cocinero. Para que las salsas salgan finas, el batidor de varillas de alambres es insustible, así como el colador chino es muy necesario si se quiere cocinar bien.

Aun cuando las salsas son muchas, se consideran cuatro como las salsas fundamentales, a saber: la salsa besamel, salsa española, salsa mayonesa y salsa vinagreta. De estas salsas base salen todas las otras, que llevan distintos nombres, según los aditamentos que se les ponen.

SALSA BESAMEL

INGREDIENTES Y CANTIDADES

Mantequilla	50 gramos.	Leche	3/4 litro.
Harina	50 gramos.	Sal, pimienta y nuez moscada.	

MODO DE HACERLO

Se pone la leche al fuego en una cacerolita para que rompa a hervir.

En un perol esmaltado se pone la mantequilla y la harina, y se deja cocer un par de minutos para que la harina no sepa a cruda, pero cuidando que no se dore, dándole vueltas con una cuchara.

Se separa el perol del fuego y se vierte de golpe la leche hirviendo sobre la harina, moviendo rápidamente con las varillas hasta ponerla fina y se sazona de sal, pimienta y nuez moscada. Bien mezclada y sin grumos se vuelve a poner al fuego, dejando cocer el conjunto unos cinco minutos.

Según el empleo que se ha de dar a la besamel, se hará más o menos consistente; por lo tanto, se añadirá más leche o más harina, según sea ésta.

Si ha de esperar se conservará al baño de María, y para que no forme nata se ponen encima algunos trocitos de mantequilla, y cuando se vaya a utilizar se revuelve con el batidor para mezclarla.

SALSA CREMA

Se hace una besamel como la anterior, añadiéndole dos yemas batidas cuando está hecha, dejándole dar un par de hervores para que las yemas no sepan a crudas.

Al incorporarle las yemas se bate de prisa con las varillas.

SALSA BLANCA
(Especial para pescados cocidos o verduras)

INGREDIENTES Y CANTIDADES

Mantequilla	70 gramos.	Agua	1/4 litro.
Harina	1 cucharada.	Alcaparras	3 cucharadas.
Sal, pimienta blanca y nuez moscada.			

MODO DE HACERLO

Se pone la mitad de la mantequilla en un perol, se derrite y se agrega en seguida la harina. Se deja cocer sin que se dore.
Se deslíe con el agua hirviendo, moviendo rápidamente para que no se apelotone, y se deja hervir cinco minutos despacio.

Si espesa mucho se añade un poco más de agua.

Se sazona de sal, pimienta y nuez moscada, se retira del fuego y se agrega el resto de mantequilla y las alcaparras, se mueve con las varillas para ligar la mantequilla a la salsa y se sirve en seguida.

SALSA AURORA

Se hace una besamel como el las recetas anteriores, y ya hecha se agrega un decilitro de salsa de tomate espesa.

SALSA DE OSTRAS
(Para pescados cocidos al caldo corto)

Se hace una besamel como las recetas anteriores, añadiéndole el caldo que suelten al abrirse unas docenas de ostras y una copa de vino blanco; se deja cocer hasta ponerla en buen punto, se pasa por el chino y se agregan las ostras, perejil picado, unas gotas de limón, sal y pimienta.

SALSA HOLANDESA

INGREDIENTES Y CANTIDADES

Mantequilla	150 gramos.	Yemas	2.
Leche	5 cucharadas.	Limón	1/2.
Harina de arroz	1 cucharadita.	Sal y pimienta blanca.	

MODO DE HACERLO

En un perol se ponen veinticinco gramos de mantequilla, la cucharadita de harina (que puede sustituirse por harina fina de trigo), las yemas y las cucharadas de leche (tres). Se deslíe moviendo con las varillas hasta dejarla bien ligada, se pone sobre el fuego muy moderado y se deja cocer hasta que quede como unas natillas.

Se retira del fuego y se agrega poco a poco el resto de la mantequilla, batiendo sin parar como si fuera mayonesa e introduciendo las dos cucharadas de leche restante con cuidado.

Se sazona de sal y pimienta y se agregan unas gotas de limón.

SALSA MORNAY

INGREDIENTES Y CANTIDADES

Mantequilla	50 gramos.	Queso gruyère rallado	25 gramos.
Cebollas	25 gramos.	Queso de Parma	25 gramos.
Zanahorias	1.	Leche	1/2 litro.
Harina	20 gramos.	Sal, pimienta y nuez moscada.	

MODO DE HACERLO

En un perol se pone la mitad de la mantequilla y se agrega la cebolla picada muy menuda y la zanahoria en rodajitas finas, se agrega un poco de sal, se deja cocer lentamente unos minutos sin que tome color y se agrega una rama de perejil y la harina; se rehoga y se añade la leche hirviendo, la sal, pimienta, y a un lado del fuego se deja cocer lentamente media hora.

Se pasa la salsa por el chino, se añaden las dos clases de queso y se calienta de nuevo, se aparta del fuego, añadiéndole el resto de la mantequilla, batiendo para incorporarla y que quede bien ligada.

SALSA MORNAY
(Para pescados y verduras).

INGREDIENTES Y CANTIDADES

Mantequilla	60 gramos.	Harina	30 gramos.
Leche	1/2 litro.	Queso	40 gramos.
Sal, pimienta y nuez moscada.			

MODO DE HACERLO

Si es para pescados se pone mitad de leche y mitad de caldo de pescado.

Se pone al fuego un perol con la mantequilla y harina, se cuece durante unos minutos, sin dejarla dorar, se agrega la leche hirviendo, sal, pimienta y nuez moscada, se deja cocer despacio diez minutos.

Se retira del fuego y se añade el queso rallado. Se mezcla bien y se utiliza.

SALSA ESPAÑOLA

INGREDIENTES Y CANTIDADES

Morcillo de ternera	1/2 kilo.	Harina	50 gramos.
Carne de vaca	1/4 kilo.	Cebolla	1.
Manteca de cerdo	50 gramos.	Zanahoria	1.
Perejil, laurel, pimienta y clavo.			

MODO DE HACERLO

Se pone al fuego una cacerola con la manteca de cerdo y se añade la cebolla cortada en rajas finas y la carne en trozos, se añaden dos decilitros de agua y se deja cocer hasta que el caldo se haya consumido. Entonces se pone a un lado de la chapa y muy despacio se deja cocer para que vaya tomando color, moviendo de vez en vez para que no se queme. Cuando el jugo está dorado oscuro se añaden otros tres decilitros de agua y se agrega la zanahoria cortada, una rama de perejil, un clavillo, dos granos de pimienta, sal y una hoja de laurel, se acerca al fuego y se deja cocer a lumbre viva unos cinco minutos. Se espuma con cuidado y se deja cocer despacio hasta que la carne esté sumamente tierna. Se saca y se pasa el jugo por el chino; se tuesta la harina hasta que tome color dorado, se añade a la salsa y se deja hervir un poco para que se ligue.

Con la carne se puede hacer un relleno o servirla con salsa de tomate.

También puede servirse con su propia salsa.

SALSA MEDIO GLASA

Esta salsa, estimada en las buenas cocinas, es muy a propósito para servir con aves y carnes asadas.

Se confecciona con una salsa española, dejándola cocer más tiempo antes de ligarla con la harina tostada, y después de bien espumada se la completa con una copa de vino de Oporto o Jerez.

'VELOUTÉ' DE PESCADO

INGREDIENTES Y CANTIDADES

Cabezas de merluza	1 kilo.	Hoja de laurel	1.
Vino blanco	1 decilitro.	Mantequilla	25 gramos.
Cebollas picadas	2.	Harina	25 gramos.
Zanahorias	2.	Agua	1 litro.
Sal y pimienta.			

MODO DE HACERLO

En una cacerola se ponen los ingredientes, menos la mantequilla y harina. Se tapa y se deja cocer muy despacio, hasta que están muy tiernos.

Se retiran del fuego, se pasa por un paño húmedo. En un perolito se pone la mantequilla y la harina, se deja cocer sin que tome color, se deslíe con el caldo de pescado y se deja cocer muy lentamente durante ocho o diez minutos.

SALSA AL VINO BLANCO

INGREDIENTES Y CANTIDADES

Mantequilla	100 gramos.	Limón	1/2.
Yemas	3.	Vino blanco	1 decilitro.
Chalotes	4.	Sal.	

MODO DE HACERLO

En una cacerolita al fuego se pone el vino blanco y los chalotes picados y se deja hervir hasta reducir el vino a la mitad. Se retira del fuego, se deja enfriar un poco y se pasa por el chino, mezclándole las yemas una a una, moviendo bien con las varillas; se vuelve a poner en la misma cacerolita y ésta al baño de María sobre el fuego, moviendo de prisa con un batidor hasta obtener una crema espesa. En este punto se retira del fuego y sin cesar de batir se incorpora la mantequilla a trocitos, se sazona de sal y unas gotas de limón y se sirve.

SALSA BEARNESA

INGREDIENTES Y CANTIDADES

Vinagre	4 cucharadas.	Yemas	3.
Vino blanco	4 cucharadas.	Perifollo	1 cucharada.
Mantequilla	100 gramos.	Perejil.	
Chalotes	15 gramos.	Estragón, sal y pimienta.	

(Si no hubiese chalotes, se sustituyen por cebolla picada y dientes de ajo.)

MODO DE HACERLO

En una cacerolita se pone el vinagre, el vino, los chalotes, perifollos, perejil y estragón picados muy menuditos, se sazona de sal y pimienta en grano y se acerca al fuego, dejándolo cocer hasta dejar reducido el líquido a dos cucharadas.

Se retiran del fuego y se dejan enfriar un poco, añadiendo las yemas, batiendo mucho. Se pone al baño de María sobre el fuego y se va agregando la mantequilla a trocitos, sin dejar de batir.

Cuando está como una mayonesa se rectifica de sal y se pasa por el chino sobre la salsera calentada.

SALSA DE MOSTAZA
(Propia para pescados cocidos)

INGREDIENTES Y CANTIDADES

Mantequilla	50 gramos.	Mostaza Louit	2 cucharadas.
Harina	15 gramos.	Yemas de huevo	1.
Caldo de pescado	1/4 litro.	Sal.	

MODO DE HACERLO

En un perolillo se ponen treinta y cinco gramos de mantequilla y la harina, se deja cocer durante unos minutos y se agrega el caldo de pescado. Cuando rompe a hervir se aparta, se agrega la yema, que se templa antes con una cucharada de salsa caliente, se vuelve a poner al fuego y se deja hasta que rompa a hervir.

Se deslíe la mostaza con el resto de la mantequilla, se templa con una cucharada de salsa y se incorpora, bien mezclada la salsa se deja al baño de María para que no se enfríe, ya que no debe hervir con la mostaza.

SALSA MAYONESA

INGREDIENTES Y CANTIDADES

Yemas	2.	Vinagre	2 cucharadas.
Aceite fino	3 decilitros.	Limón.	
Sal	8 gramos.	Pimienta.	

MODO DE HACERLO

Se cascan los huevos y con cuidado se separan las yemas de las claras, echando aquéllas en un recipiente hondo de fondo circular y de tamaño proporcionado. Se revuelven un poco las yemas y se les agregan unas gotas de limón o vinagre y un poco de sal, se trabaja un poco con las varillas y a continuación se añade el aceite, primero a gotas y sin cesar de batir, y cuando la yema va engordando se puede echar un chorrito fino hasta agotarlo todo; de vez en vez se le añaden algunas gotas de limón o vinagre, pues esto impide que se corte al acumularse el aceite.

Ya terminada, se sazona de sal y pimienta y se agregan dos cucharadas de agua hirviendo, lo cual impide que se corte si tiene que espesar.

Cuando se quiere adelgazar mucho y aumentarla, se puede poner una clara batida a punto de nieve.

También puede aromatizarse con una copa de buen coñac cuando se va a servir con algún marisco, como langosta, langostinos, etcétera.

SALSA TÁRTARA

Es una mayonesa condimentada con mostaza y a la que se agregan pepinillo, chalota, huevos duros y perejil, todo picado muy medudito, y se adelgaza un poco con un poco de caldo de pescado, si es para servir con pescado cocido, o con un poco de agua hirviendo, si es para verdura.

SALSA MAYONESA A LA FRANCESA

Se hace una mayonesa como en la receta anterior, a la que se agregan dos cucharadas de puré espeso de tomate, dos cucharadas de mostaza y unas trufas picadas muy menuditas.

SALSA MAYONESA GELATINOSA

Para platos fríos y moldeados.

Se hace una mayonesa como en las recetas anteriores y se le agrega por cada cuarto de litro de mayonesa diez gramos de cola de pescado, del modo siguiente: en un cazo se pone la cola de pescado (remojada de antemano en agua fría) con medio decilitro de agua hirviendo, se disuelve la cola y se incorpora en seguida la mayonesa, que estará hecha y condimentada previamente. Se mezcla bien y se deja enfriar, utilizándola antes de que se cuaje completamente, pues una vez dura es difícil volverla a ablandar, ya que al calentarse está expuesta a cortarse.

SALSA VINAGRETA

En un principio, la vinagreta se compone de aceite, vinagre y sal bien batidos; la proporción corriente es de tres cucharadas de aceite por una de vinagre, aunque esto depende del gusto de cada uno. Generalmente se le añaden algunos condimentos, huevo duro, perejil y cebolla muy picadita, no echando el huevo hasta el momento de servir la salsa para que no se deshaga.

También se le añaden alcaparras y pepinillos, pero esto depende muchas veces de la receta y según la aplicación que se de a la salsa.

SALSA VINAGRETA PARA PESCADOS COCIDOS

INGREDIENTES Y CANTIDADES

Aceite	2 decilitros.	Huevos cocidos	3.
Vinagre	2 cucharadas.	Alcaparras	2 cucharadas.
Cebolla picada	2 cucharadas.	Perejil	1 cucharada.
Anchoas	2.	Sal, pimienta y estragón.	

MODO DE HACERLO

Se lavan perfectamente las anchoas, se secan y se machacan en el mortero, añadiendo la cebolla picada, perejil y estragón. Cuando se ha hecho una pasta fina se agregan las yemas de los huevos cocidos, se mezclan a la pasta y se pasan por un tamiz. Se echa lo pasado en un bol o taza de loza y poco a poco se va agregando aceite hasta que trabe como una mayonesa; se va agregando a medida el vinagre, se sazona de sal y pimienta y cuando está hecha la salsa se agregan las alcaparras.

SALSAS 'CHAUD-FROID'

Estas salsas se utilizan mucho en platos de alta cocina, en alimentos que antes se cuecen o se asan, y van envueltos en una salsa que lleva gelatina.

Estos platos generalmente son servidos en cenas frías y suelen ser de una presentación muy bonita y muy apetecible.

Una salsa besamel o un *velouté* de pescado pueden servir de fondo, añadiendo una cantidad apropiada de gelatina (que varía según la receta) y moviendo la salsa con las varillas de un lado a otro hasta que está fría y con un poco de consistencia para bañar el preparado a que se vaya a aplicar después.

Los *chaud-froid* se llaman a la suprema cuando llevan nata cruda.

SALSA 'CHAUD-FROID' DE PESCADOS

INGREDIENTES Y CANTIDADES

Leche	1/2 litro.	Harina	50 gramos.
Caldo de cocer		Nata	1 decilitro.
pescado	1/2 litro.	Cola de pescado	15 gramos.
Mantequilla	60 gramos.	Sal.	

MODO DE HACERLO

En un perol se pone la mantequilla, se deja derretir y se agrega la harina, dejándola cocer unos minutos con la mantequilla sin que tome color; se agrega la leche hirviendo y el caldo, se deja hervir doce minutos y entonces se agrega la cola de pescado, remojada de antemano en agua fría, dejándola cocer cinco minutos más; se retira del fuego y se incorpora la nata. Se pone sobre hielo y se mueve para que se cuaje por igual, cuando va teniendo consistencia se bañan los filetes de pescado preparados previamente y se deja cuajar del todo.

Se decoran según la receta.

CALDO DE PESCADO

INGREDIENTES Y CANTIDADES

Agua	1 1/2 litro.	Puerro	1.
Zanahoria	1.	Los recortes de pescado.	
Apio	1 trozo.	Sal, pimienta blanca y perejil.	

MODO DE HACERLO

En una cacerola se ponen todos los ingredientes, se acerca al fuego y se deja cocer moderadamente durante media hora. Pasado este tiempo se cuela, y en este caldo se pueden cocer los filetes del pescado durante dos minutos; se dejan enfriar en el caldo y se sacan. Ya puede utilizarse el caldo.

SALSA 'CHAUD-FROID' DE AVE

INGREDIENTES Y CANTIDADES

Velouté de ave	1/2 litro.
Gelatina	1/2 litro.
Nata cruda	2 decilitros.

MODO DE HACERLO

Se pone en una cacerola al fuego el *velouté* de ave y la gelatina y se deja hervir hasta reducirlo a tres cuartos de litro. Se retira del fuego y se añade la nata de leche, revolviendo para mezclarla. Se pasa por una estameña y se utiliza como en la receta anterior.

SALSA DE TOMATE

En una sartén se pone medio decilitro de aceite, se calienta y se añade una cebolla picada fina, un diente de ajo y una rama de perejil. Se deja dorar un poco y se agrega un kilo de tomates previamente escaldados y sin piel. Se añade media cucharadita de azúcar y se deja cocer lentamente hasta espesarlo, se pasa por el chino apretando mucho con la mano, se vuelve a poner al fuego y se sazona de sal, dejándolo cocer hasta dejarlo del espesor que se quiera.

GELATINAS Y PLATOS FRÍOS

Aunque este recetario es solamente casero y sencillo y la gelatina se emplea principalmente para platos de lujo o de estilo cocinero, damos a continuación algunas fórmulas, pues sabemos la afición que tienen algunas señoras a los platos adornados con gelatina. Por otra parte, es conveniente saber también alguna receta para aquellos casos en los que por prescripción médica se indica a algunas personas para su alimentación el empleo de un alimento de tan fácil digestión.

Las gelatinas para adorno de platos montados de carne o pescado se hacen muchas veces utilizando como primer ingrediente caldo de la cocción de algunas verduras, como puerros, zanahorias, tomates y apio, se aromatiza con una copa de jerez, marsala, oporto, etcétera, y se adiciona cola de pescado en proporción de veinticinco a treinta gramos por cada medio litro de caldo.

Estas recetas de gelatinas estarán explicadas en sus recetas correspondientes.

GELATINA DE CARNE
(Como alimento)

INGREDIENTES Y CANTIDADES

Carne de morcillo	1 kilo.	Cebollas	2.
Huesos blancos	1 kilo.	Zanahorias	2.
Manos de ternera	2 piezas.	Puerros	3.
Corteza de tocino	125 gramos.	Apio	1 trozo.
Carne de vaca picada	150 gramos.	Perejil o laurel	1 rama.
Vino blanco	1 vaso.	Claras	2.

MODO DE HACERLO

En un puchero proporcionado se ponen la corteza de tocino raspada y lavada las zanahorias y cebolla cortada en rodajas, la carne de morcillo cortada en trozos, los huesos, puerros, apios, perejil, laurel y las patas de ternera partidas en trozos.

Se pone el puchero al lado del fuego y se deja que se caliente. Cuando empieza a evaporarse se añaden tres litros de agua fría y un poco de sal, se pone al fuego vivo y se deja que rompa a hervir. Entonces se espuma completamente con cuchara de metal y en seguida se echa un vaso de agua fría para parar el hervor. Se vuelve a espumar con mucho esmero y se vuelve a dejar que rompa a hervir de nuevo, se separa a un lado para que cueza lentamente y a hervor continuado por espacio de cinco horas. Se pasa el caldo por un colador y se deja enfriar hasta el día siguiente. Entonces se raspa la superficie si tiene grasa y se pone la gelatina en una cacerola con la carne picada (que debe ser completamente magra), las claras de huevos batidas a punto de nieve, las cáscaras y el vino blanco. Se deja calentar despacio y moviendo para que no se agarre, y cuando rompe a hervir se separa a un lado y se deja que apenas levante hervor durante un cuarto de hora.

Se moja en agua templada una servilleta y se estruja bien, se sujetan las cuatro puntas separadas formando una bolsa, se echa todo el contenido de la cacerola y se deja filtrar sin moverla ni tocarla.

Puede filtrarse por segunda vez, si no sale clara la gelatina, volviendo a echar en la servilleta la que haya pasado, poniendo debajo de la bolsa un recipiente limpio. Una vez filtrada se echa en molde de cristal para que cuaje.

GELATINA DE TERNERA
(Para adorno)

INGREDIENTES Y CANTIDADES

Manos de ternera o vaca	1 kilo.	Claras	2.
Zanahorias	3.	Perejil	1 rama.
Nabos	3.	Laurel	1 hoja.
Cebollas	2.	Jerez	1 copa.
Apio	1.	Sal y pimienta en grano.	

MODO DE HACERLO

En una olla se ponen los huesos de ternera partidos en trozos pequeños, las cebollas, zanahorias, nabos, apio, laurel y perejil; se cubren con tres litros de agua fría y se pone al fuego para que rompa a hervir. Se espuma cuidadosamente, se añade un vaso de agua fría y se vuelve a espumar, y cuando rompe de nuevo el hervor se sazona de sal y se deja hervir muy lentamente, pero continuo, durante cuatro horas.

Quedará reducido el caldo a tres cuartos de litro, se pasa por un colador fino y se deja enfriar para ver si tiene consistencia. Si no la tiene, habrá que añadirle un par de hojas de cola de pescado remojándolas de antemano en agua fría, y volviendo a calentar la gelatina se le añade antes de clarificarla.

Se pone al fuego nuevamente, se añaden las dos claras batidas, las cáscaras de huevo, la copa de jerez y dos granos de pimienta, y se deja cocer muy despacio un cuarto de hora.

Se pasa por una servilleta húmeda, como en la receta anterior, y ya filtrada se utiliza como haga falta.

GELATINA DE AVE

INGREDIENTES Y CANTIDADES

Dos despojos de gallina y 1 pechuga.

Perejil	1 rama.	Manos de ternera	3/4 kilo.
Vino blanco	1 copa.	Zanahorias	2.
Claras de huevo	2.	Puerros	2.
Agua	3 litros.	Sal.	

MODO DE HACERLO

Se ponen a cocer en un puchero todos los ingredientes, dejándolo hervir con calma y a hervor continuo durante tres o cuatro horas. Pasado este tiempo se pasa por el chino y el caldo obtenido (medio litro) se pone de nuevo en un cacillo, se añade el vino, dos claras batidas a punto de nieve y se deja hervir cinco minutos más. Se separa del fuego, se pasa por un paño mojado y se utiliza.

Conviene probar la consistencia de la gelatina dejando enfriar dos cucharadas en un plato, porque si es preciso se le agrega alguna hoja de cola de pescado al poner el caldo a clarificar.

PASTEL DE 'FOIE-GRAS'

INGREDIENTES Y CANTIDADES

Carne de cerdo	300 gramos.	Tocino	100 gramos.
Telilla de cerdo	150 gramos.	Trufas	2.
Hígado de cerdo	250 gramos.	Jerez	1/2 decilitro.
Carne de ternera	150 gramos.	Coñac	2 copas.
Fécula de patata	25 gramos.	Huevos	2.
Miga de pan	100 gramos.	Leche	1/2 decilitro.
Puré de *foie-gras*	200 gramos.		
Higadillos de ave	3.		
Sal, pimienta y nuez moscada.			

MODO DE HACERLO

Se hierven los higadillos con agua y sal durante cinco minutos, se pasan por agua fría y se cortan en tiras.

Se cortan el láminas las trufas y la mitad del tocino en lonchas finas y se rocían con el coñac.

El resto del tocino, con la carne de cerdo, la ternera y el hígado se parten en trozos y se pica en la máquina. Ya picado, se mezcla con la miga de pan empapada en leche y se vuelve a pasar por la máquina otras dos veces para que quede una pasta muy fina. A esta pasta se agrega el jerez, la fécula, el coñac, las trufas y el *foie-gras*, se sazona de sal, pimienta y nuez moscada, se mezcla bien y se añaden los huevos. Se unta de manteca un molde de *cake*, se forra con la telilla de cerdo remojada en agua templada y se echa una capa de pasta en el fondo, se ponen unas tiras de higadillo, tocino y trufas y se cubre con otra capa de pasta, repitiendo la operación hasta terminar la pasta, se cubre con el resto de la telilla de cerdo.

En una cacerola se mete el molde y se cuece al baño de María en el horno durante hora y media, se saca después y se cubre con una tablilla de madera que ajuste en el molde para poner peso encima y prensarlo. Cuando empieza a salir grasa, se escurre ésta y se deja en sitio fresco durante seis horas. Transcurrido este tiempo se mete un poco el molde en agua caliente y se desmolda, se corta en lonchas y se sirve en una fuente, adornándolo con huevo hilado o lechuga picada.

ESPUMA DE 'FOIE-GRAS'

INGREDIENTES Y CANTIDADES

Pasta		*Gelatina de vaca*	
Foie-gras	500 gramos.	Morcillo de vaca	250 gramos.
Mantequilla	100 gramos.	Zanahoria	1.
Trufas	2.	Puerros	1.
Nata cruda	2 decilitros.	Claras	2.
Jerez	1 copa.	Huevo duro	1.
Sal.			

MODO DE HACERLO

Se pasa el *foie-gras* por el tamiz, se echa en un recipiente de loza, se agrega la mantequilla fundida poco a poco, moviendo con una cuchara para obtener una pasta fina y blanca. Se sazona de sal y se añade la trufa picada y la nata batida a punto fuerte. Bien mezclado todo se vierte sobre un molde redondo de flan que se tendrá entre hielo picado y se deja en sitio fresco hasta que la pasta haya adquirido consistencia.

Se corta en trozos la carne de vaca, la zanahoria, el puerro y un trocito de apio. Se añade una rama de perejil, las claras de huevo y el jerez. Se mezcla bien, se adiciona medio litro de agua, y se acerca al fuego. Cuando está muy caliente se agrega la cola de pescado remojada de antemano en agua fría y moviendo sin parar con la varilla se deja que rompa a hervir. Entonces se retira a un lado y se deja cocer lentamente veinte minutos.

Transcurrido este tiempo se retira y se pasa por una servilleta mojada en agua fría y retorcida.

Se escoge un molde de dos centímetros mayor que el otro, se pone rodeado de hielo picado y cuando está muy frío se echan cinco cucharadas de gelatina; cuando está cuajada se fijan unos adornos de trufa y huevo duro, con una cucharada de gelatina. Bien cuajado el molde de *foie-gras* se saca, introduciéndolo un momento en agua templada, y con ayuda de dos tenedores se coloca en el centro de la flanera camisada de gelatina, cuidando que quede alrededor del mismo un espacio de un centímetro, que llenará con la gelatina. Se termina de llenar hasta el borde y se deja cuajar bien.

Para desmoldarlo se mete un momento en agua templada, se seca con un paño y se desmolda en una fuente, rodeándolo con el resto de gelatina cuajada y picada.

TARTALETAS DE 'FOIE-GRAS' A LA BELLAVISTA

INGREDIENTES Y CANTIDADES

Puré de *foie-gras*	250 gramos.
Mantequilla	100 gramos.

Gelatina

Huesos de vaca	400 gramos.	Carne magra	100 gramos.
Claras de huevo	2.	Cola de pescado	30 gramos.
Jerez	1 copa.	Zanahoria	1.
Nabo	1.	Puerro	1.
Tomate	1.	Hielo	2 kilos.
Sal.			

MODO DE HACERLO

En una olla se ponen los huesos, la cebolla, zanahoria, nabo, sal y dos litros de agua, dejándolo hervir durante dos horas para obtener medio litro de caldo.

Se cuela por un colador y se pasa a otra cacerolita, donde se agrega un tomate, un puerro, la copa de jerez, una zanahoria cortada en trocitos, la carne picada a máquina y las dos claras. Se mezcla con el batidor y se deja que rompa el hervor, añadiendo la cola de pescado remojada de antemano en agua fría y se deja cocer muy moderadamente veinte minutos. Pasado este tiempo se filtra por una servilleta mojada.

En un tazón de loza se pone el *foie-gras* y la mantequilla, mezclándola con la espátula, y se pone sobre el hielo para que se cuaje. Se sazona de sal y se mete en una manga con boquilla rizada. Se ponen en hielo picado nueve moldes de tartaletas, se vierte en cada uno dos cucharadas de gelatina y cuando está cuajada se coloca una lámina de trufa en el fondo, que se fija con un poco de gelatina líquida, pero fría; cuando ha cuajado ésta se reparte el *foie-gras* de la manga entre las tartaletas, procurando que el *foie-gras* no toque las paredes, y se terminan de llenar los moldes con gelatina líquida y fría. Se dejan cuajar y se desmoldan pasándolas ligeramente por agua templada.

RODAJAS DE 'FOIE-GRAS' A LA GELATINA

INGREDIENTES Y CANTIDADES

Gelatina	1/2 litro.	*Foie-gras*	250 gramos.
Trufas	1.	Sal.	

MODO DE HACERLO

Se prepara una gelatina como en la receta anterior, se cortan las trufas en láminas y éstas en estrellas o rombos.

Con un cuchillo de hoja estrecha pasado por agua hirviendo de vez en vez se corta el *foie-gras* en rodajas de un centímetro de gruesas (conviene que el embutido sea ancho) y se van colocando unas al lado de otras sobre una placa, procurando que no se toquen. Sobre cada rodaja se coloca en el centro un adorno de trufa, que se fija con un poco de gelatina.

Se coloca la placa en un sitio que esté muy plano para que la gelatina no se corra y con una cuchara se van bañando las rodajas de *foie-gras* en gelatina líquida, pero fría, hasta dejarlas bien cubiertas, se pone la placa en sitio fresco o sobre hielo si corre prisa y se deja cuajar. Tardará alrededor de dos horas.

Se recorta alrededor la gelatina que sobre, y el sobrante de bañar las rodajas se deja cuajar y se pica.

En una fuente (si puede ser, de metal) se pone la gelatina picada cubriendo el fondo y encima se colocan simétricamente las rodajas de *foie-gras*, levantándolas con cuidado de la placa pasando por debajo la hoja de un cuchillo.

Se sirve muy frío.

POLLO A LA GELATINA

INGREDIENTES Y CANTIDADES

Pollo	1.	Cola de pescado	10 hojas.
Jerez	1 copa.	Trufas	1.
Nabo	1.	Cebolla	1.
Zanahorias	2 Apio	1 trozo.	
Claras	2.	Perejil, pimienta en grano y sal.	

MODO DE HACERLO

Se limpia y se chamusca el pollo, se vacía y se frota con limón. En una olla se pone el nabo, zanahoria, cebolla, apio, perejil y dos litros de agua, se echa sal y se pone el pollo, se acerca al fuego y se deja hervir durante dos horas hasta que esté tierno, pero no deshecho. Se retira del caldo y se envuelve en papel de barba para que se conserve blanco.

En una cacerola se ponen las claras de huevo, unas hojas de perejil, el jerez y unos granos de pimienta, se mezcla bien y se añaden tres cuartos de litro de caldo de haber cocido el pollo, se pone al fuego, se mueve con el batidor y cuando está muy caliente se incorporan las hojas de cola de pescado previamente remojadas en agua fría (desde una hora antes). Cuando rompe el hervor se retira a un lado para que hierva muy lento durante veinte minutos, moviendo de cuando en cuando. Pasado este tiempo, se pasa por un trapo mojado en agua fría.

Se prepara un molde de forma ovalada, rodeándolo de hielo; en el fondo se echan unas cucharadas de gelatina, y cuando haya cuajado se hacen unos adornos con la trufa, fijándolos con un poco de gelatina. Cuando está también cuajado, se parte el pollo en cuartos, se despoja de la piel y se quitan los huesos más salientes. Se coloca sobre la gelatina, se termina de llenar el molde y se deja cuajar sobre el hielo.

El resto de la gelatina se echa en un plato, se deja cuajar y se pica.

Cuando el molde está consistente se pasa por un poco de agua templada y se desmolda en una fuente poniendo alrededor gelatina picada.

Si no hubiese bastante gelatina, puede adornarse con lechuga finamente picada.

Puede hacerse sin moldear de la siguiente forma: se colocan los trozos de pollo con un poco de gusto en una fuente honda o ensaladera de cristal, se adornan con las trufas recortadas, que se fijan con un poco de gelatina que se deja cuajar.

Cuando la gelatina está muy fría se vierte por encima de los trozos de pollo con cuidado de que éstos no se muevan; poco a poco se va echando toda hasta que queden bien cubiertos con una capa transparente.

Se deja en sitio fresco unas diez o doce horas o se mete en la nevera o hielo si corre prisa.

Se sirve en la misma fuente y aparte una ensalada de verduras.

PAN RELLENO

INGREDIENTES Y CANTIDADES

Un molde de pan de	1/2 kilo.	Anchoas en filetes	1 lata.
Jamón	125 gramos.	Huevos duros	4.
Lengua a la escarlata	125 gramos.	Pepinillos	4.
Mantequilla	125 gramos.	Sal.	
Ternera fiambre	125 gramos.		

MODO DE HACERLO

Se sacan de la lata los filetes de anchoas, se secan con un paño para quitarles el aceite y se pican en pedacitos. Se pican también en trocitos cuadrados el jamón, la lengua y la ternera y se pican los pepinillos.

Se corta una de las extremidades del pan y con un cuchillo se va sacando la miga, dejando las paredes de un centímetro de grueso, cuidando de no perforar la corteza.

Se pone la mantequilla en un recipiente, se bate con la espátula; cuando está hecha pomada se incorporan las anchoas y los trocitos de carne, los huevos duros picados y los pepinillos. Con este preparado se rellena el pan; a medida que se va rellenando se apisona bien para que el relleno quede apretado. Una vez lleno, se tapa con la extremidad que se cortó; se sujeta con unas vueltas de hilo, se envuelve en una servilleta húmeda y se deja en sitio fresco hasta el día siguiente. Si hay nevera, puede dejársele en ella.

Puede servirse como fiambre cortado en rodajas de medio centímetro y colocadas en fuente de cristal, adornada con lechuga picada y huevo hilado.

RIZOS DE JAMÓN DE YORK

INGREDIENTES Y CANTIDADES

Lonchas de jamón York	8.	Mantequilla	50 gramos.
Foie-gras	200 gramos.	Jerez	1 copa.
Gelatina	1/2 litro.	Sal.	

MODO DE HACERLO

Se prepara una gelatina como cualquiera de las recetas anteriores. Cuando está filtrada se echa en una fuente y se deja enfriar. Ya cuajada y consistente, se cortan con cortapastas unos triángulos o rodajas, que se cortan por la mitad, para adornar el borde de una fuente redonda. Los recortes y el resto de gelatina se pican sobre la tabla y se reserva.

En un tazón se mezcla *foie-gras* con la mantequilla, agregándole una cucharada de coñac o jerez oloroso y la trufa picada.

Se escogen ocho lonchas de jamón muy bien cortadas e iguales, se colocan en la mesa y se reparte el preparado de *foie-gras*. Se extiende con un cuchillo, se enrollan como si fueran cigarros y se sujetan con un palillo.

Se pone en una fuente de metal un lecho de gelatina picada, se colocan los rizos sobre ella en forma de estrella y en el centro se coloca más gelatina haciendo un poco de montículo. Se colocan los costroncitos de gelatina en el borde de la fuente y se deja en la nevera o en sitio fresco. Cuando está frío se quitan los palillos.

FIAMBRE DE TERNERA

INGREDIENTES Y CANTIDADES

Ternera	3/4 kilo.		Jamón	125 gramos.
Tocino graso	250 gramos.		Jerez	1 copa.
Miga de pan	100 gramos.		Trufas	1.
Sal.				

MODO DE HACERLO

Se limpia la ternera, quitándole pellejos y nervios, y se pica con el jamón y tocino en la máquina. Cuando ha pasado una vez se agrega la miga de pan empapada de leche y estrujada y se vuelve a picar otra vez. Cuando está hecho una pasta fina se pone en un recipiente, añadiéndole el huevo batido y el vino de Jerez. Se sazona de sal y pimienta y se pone en un molde de forma cuadrilonga, untado de mantequilla; se coloca éste en una tartera con agua caliente y se mete al horno con calor moderado hasta que esté cocido. Se conoce que está cuando al pinchar brota una gota blanca; si es rosada indica que no está aún.

Una vez cocido se saca del horno y se deja enfriar un poco, y entonces se le pone una tabla que ajuste dentro con peso encima y se deja enfriar completamente; ya frío se vuelca en una fuente y se sirve adornada con lechuga picada o huevo hilado.

FIAMBRE DE ATÚN

INGREDIENTES Y CANTIDADES

Atún o bonito	1 kilo.		Jamón	150 gramos.
Huevos	2.		Tocino	150 gramos.
Pan rallado	3 cucharadas.		Zanahorias	4.
Jerez	1 copa.			
Sal, pimienta blanca y especias.				

MODO DE HACERLO

Se cortan en tiras de un dedo de anchas el jamón, el tocino y la zanahoria previamente cocida.

Limpio y despellejado el bonito o atún, se quitan las espinas y se pica en la máquina. Hecho una pasta fina se añaden tres cucharadas colmadas de pan rallado, la copa de jerez y los dos huevos batidos y se sazona con sal y pimienta y un pellizco de especias.

Encima de la mesa se extiende un paño blanco de tela fina y bien aclarado; en el centro se pone una tercera parte de la pasta hecha con el bonito y encima se colocan la mitad de las tiras hechas con el jamón, tocino y zanahorias, bien colocadas; se cubre con otra parte del picadillo y vuelven a colocarse las otras tiras, cubriendo todo con la última parte del bonito.

Se envuelve bien en la servilleta, se ata en los extremos, se cose, apretando lo más posible, y se pone a cocer durante una hora en un caldo compuesto de agua, una cebolla, una zanahoria, un puerro, perejil, vino blanco, laurel, sal y unos granos de pimienta.

Transcurrida la hora se saca del caldo, se escurre, se deja enfriar un poco y se coloca en una fuente con una tabla y unas pesas a todo lo largo.

Para servirlo se quita la servilleta, se coloca en la tabla, se corta en lonchas y se adorna alrededor de la fuente con huevos duros y pepinillos.

LANGOSTINOS A LA RUSA

INGREDIENTES Y CANTIDADES

Langostinos	12	Cola de pescado	10 gramos.
Mayonesa	4 cucharadas.	Mantequilla	
Pan de molde	4 rebanadas.	de anchoas	50 gramos.
Sal, pimienta y perejil.			

MODO DE HACERLO

Se cuecen los langostinos durante cinco minutos y una vez cocidos se dejan enfriar, quitándoles la cáscara.

Se prepara una mantequilla de anchoas (véase *Mantequilla de anchoas*), se corta el pan en rebanadas de un centímetro, se descorteza y se embadurna en la mantequilla preparada. Con una queya y un decilitro de aceite se hace una mayonesa espesa, condimentada con un poco de sal y pimienta. Cuando está hecha se adiciona la cola de pescado previamente remojada y disuelta en dos cucharadas de agua hirviendo, añadiéndola a la mayonesa poco a poco cuando esté templada.

Se toman los langostinos, se introducen en la salsa cuando empiece a cuajar y bien cubiertos se colocan separados unos de otros en una fuente y se deja que se cuajen. Ya en su punto se levantan pasando por debajo la hoja de un cuchillo y se coloca cada uno sobre un canapé de los preparados.

Se colocan en una fuente larga y se adorna con una cenefa de perejil rizado.

'ASPIC' DE LANGOSTINOS

INGREDIENTES Y CANTIDADES

Trufas   1.
Langostinos 12.
Huevo duro 1.

Gelatina de pescado

Cabezas de merluza	1 kilo.	Zanahorias	1.
Vino blanco	2 decilitros.	Tomate	1.
Cola de pescado	40 gramos.	Cebolla	1.
Perejil	1 rama.	Laurel	1 hoja.
Agua	1 litro.	Claras	3.
Sal.			

Ensalada de verduras

Zanahorias	150 gramos.
Judías verdes	200 gramos.
Patatas	250 gramos.
Guisantes desgranados	200 gramos.

Mayonesa

Huevos	2.	Gelatina	1 decilitro.
Aceite	1 1/2 decilitro.	Mostaza	1 cucharada.
Vinagre	1 cucharada.	Sal y pimienta.	

MODO DE HACERLO

Se cuecen los langostinos durante cinco minutos; se sacan del agua, se descascarillan y se reservan.

Se prepara el caldo de pescado para hacer la gelatina, mejor la víspera.

En una cacerola se ponen las cabezas de merluza y todos los ingredientes, menos la cola de pescado y las claras. Se deja hervir media hora y se pasa por un colador.

Se mide el caldo y se deja reducir a tres cuartos de litro; se pone en una cacerola y se agregan las claras, las cáscaras machacadas y la cola de pescado remojada de antemano en agua fría, y se deja hervir cinco minutos, se filtra por un paño mojado y se reserva.

Se pican las hortalizas a cuadraditos pequeños y se cuecen en agua hirviendo con sal; una vez cocidas se escurren perfectamente.

Se preparan doce moldes de tartaletas poniendo en cada uno una cucharada de gelatina líquida y fría, se colocan sobre hielo y cuando está cuajada se hace un adorno con trufa picada y clara de huevo, se echa encima otra cucharada de gelatina y cuando se ha cuajado se pone un langostino en forma de rosco y se termina de llenar el molde con gelatina. Se dejan sobre el hielo hasta el momento de desmoldarlo.

Se prepara un molde liso redondo proporcionado para moldear la ensalada.

Se cubre el fondo con gelatina y cuando está cuajada se hace un adorno igual al de los *aspic* de langostinos con trufa y clara de huevo cocido, se fija con un poco de gelatina líquida y se deja cuajar.

Se pone en un tazón grande una cucharada de mostaza, un poco de sal y una cucharada de vinagre, se bate con las varillas, se agregan las dos yemas y se va añadiendo el aceite a chorrito fino sin dejar de batir. Cuando ha absorbido todo el aceite y está espesa se añade un decilitro de gelatina ya hecha, líquida y fría poco a poco.

En seguida se mezcla la salsa con el conjunto de verduras.

En el molde adornado se echan dos o tres cucharadas de gelatina líquida y en seguida las verduras mezcladas, se pone en hielo y se deja cuajar.

Pocos minutos antes de servir se desmoldan los *aspic* y la ensalada, metiéndolos en agua templada, colocándolo en una fuente redonda, en el centro el molde de ensalada y alrededor los de los langostinos, rellenando los huecos con gelatina picada.

HUEVOS 'MAINTENON'

INGREDIENTES Y CANTIDADES

Huevos	8.	Guisantes	200 gramos.
Aceite	1/4 litro.	Puré de tomate	1 cucharada.
Cola de pescado	15 gramos.	Pimiento morrón	1.
Lengua a la escarlata	100 gramos.	Mostaza	1 cucharada.
Pepinillos	2.	Vinagre	1 cucharada.
Mantequilla	15 gramos.	Sal y pimienta.	

MODO DE HACERLO

En una cacerola, bien cubiertos de agua fría, se ponen a cocer seis huevos durante quince minutos; pasado este tiempo se retiran, se pasan por agua fría y se descascarillan.

En un recipiente se ponen dos yemas, sal, el vinagre y la mostaza, se mezclan un rato y poco a poco se va añadiendo el aceite moviendo rápidamente con el batidor para hacer una mayonesa espesa. Seguidamente se añade la cola de pescado diluida en una cucharada de agua hirviendo, el puré de tomate, la mitad de los guisantes, previamente cocidos, la lengua y el pimiento cortado en cuadraditos pequeños. Se agrega el perejil picado, se rectifica de sal y se añaden, por último, los huevos picados, reservando seis discos iguales cortados del centro de los huevos.

Se preparan seis moldes o tazas redondas untándolas con la mantequilla, en el centro del fondo se coloca un disco de huevo de los reservados, alrededor se forma un cordón de guisantes y se espolvorea con la trufa picada muy fina, se llenan con la mayonesa y se dejan enfriar entre hielo.

Una vez cuajados se pasan por agua templada y se desmoldan en fuente con servilleta adornándola con lechuga picada.

HUEVOS A LA LEOPOLDINA

INGREDIENTES Y CANTIDADES

Huevos	7.	Espárragos	2 manojos.
Judías verdes	200 gramos.	Pepinillos	2.
Tomates redondos	3.	Aceite	1/4 litro.
Atún en aceite	100 gramos.	Cola de pescado	10 gramos.
Vinagre	1 cucharadita.	Mostaza	1 cucharada.
Sal.			

MODO DE HACERLO

Se ponen a cocer las judías con agua hirviendo con sal, cortados los bordes y partidas por la mitad; ya cocidas se refrescan y se ponen a escurrir.

Se pone una cacerola al fuego con seis huevos cubiertos de agua fría y se dejan cocer quince minutos; transcurrido este tiempo se pasan por agua fría y se les quita la cáscara.

Se cortan los espárragos a cinco centímetros de largo, se pelan y se ponen a cocer con agua hirviendo con sal. Ya cocidos se refrescan y se ponen a escurrir.

En un recipiente se pone la yema de un huevo, sal, la mostaza y el vinagre. Se bate durante un rato y se va añadiendo el aceite a chorro finito sin dejar de batir rápidamente hasta que se haga una salsa mayonesa espesa. Ya hecha se adiciona la cola de pescado disuelta en una cucharada de agua caliente.

Se parten los tomates por la mitad, se vacían y se rellenan con el atún muy picadito, se coloca un huevo en cada uno y se ponen en una fuente formando corona. Se cubren los huevos con la mayonesa; cuando empieza a cuajarse, y en el centro, se ponen las judías aderezadas con un poco de aceite y vinagre.

Cuando está cuajada la mayonesa se hace encima de cada huevo un adorno de pepinillo y se termina de decorar el plato poniendo entre los tomates unos manojitos de espárragos.

HUEVOS A LA 'COLETTE'

INGREDIENTES Y CANTIDADES

Huevos	6.	Pescado cocido	250 gramos.
Gelatina	1/4 litro.	Mayonesa	1 decilitro.
Gambas	12.	Trufas	1.
Sal.			

MODO DE HACERLO

Se prepara una gelatina de carne del modo siguiente: se ponen a cocer quinientos gramos de huesos de ternera, una cebolla, una zanahoria, un nabo, sal y dos litros y medio de agua, dejándolo hervir durante dos horas hasta obtener tres cuartos de litro de caldo.

En una cacerola se ponen dos claras de huevo, doscientos gramos de carne magra de vaca picada a máquina, se añade un puerro, una copa de jerez, una zanahoria cortada en rodajas y un tomate. Se agrega el caldo preparado de antemano, se acerca al fuego y se remueve con el batidor. Cuando está bien caliente se añaden cuarenta gramos de cola de pescado bien remojado en agua fría y se deja cocer despacio un cuarto de hora. Se pasa por un lienzo húmedo y se deja enfriar.

Se cuece el pescado con agua, un poco de vino blanco, sal, unos granos de pimienta, cebolla y una rama de perejil. Se deja cocer diez minutos, se retira y se deja enfriar en el agua; se quitan las espinas, se desmenuza finamente y se reserva.

Se ponen a cocer los huevos durante quince minutos, se pasan por agua fría, se descascarillan y se parten por la mitad a lo largo, se vacían y se reservan las yemas.

Se hace una mayonesa con una yema y dos decilitros de aceite, añadiéndole vinagre, sal y pimienta blanca. Cuando está muy espesa se agrega un decilitro de la gelatina preparada de antemano, líquida y fría, se mezcla con el picadillo de pescado y se rellenan las claras, colocándolo muy abultado en forma abombada y se espolvorea con la trufa picada. Cuando está el relleno muy consistente se baña con una cucharada de gelatina para abrillantarlo y se deja en sitio fresco.

Se pasan por tamiz las yemas cocidas y se mezclan con un decilitro de gelatina, se agrega un poco de perejil picado y se echa en un plato. Ya cuajado se cortan unos triángulos o medios discos con un cortapastas.

En una fuente redonda se cubre el fondo con el resto de la gelatina muy picadita, se colocan los huevos encima, alrededor los costrones de yema y las gambas cocidas y descascarilladas entre los huecos.

Se sirve muy frío.

HUEVOS RELLENOS A LA REINA

INGREDIENTES Y CANTIDADES

Pechuga de pollo	1.	Gelatina	1 litro.
Mantequilla	75 gramos.	Jerez	2 cucharadas.
Trufas	2.	Zanahorias	1/4 kilo.
Huevos	6.	Sal.	

MODO DE HACERLO

Se prepara con tiempo la gelatina. Se pone a cocer en una olla medio kilo de huesos blancos, la pechuga de pollo, una zanahoria, una cebolla, un puerro, un tomate, perejil, sal y tres litros de agua; se acerca al fuego, se espuma y se deja cocer hasta que la pechuga esté tierna; entonces se saca y se deshuesa, echando los huesos a la olla y reservando la carne. Cuando han pasado tres horas y está reducido a un litro, se separa del fuego y se deja aparte.

En una cacerola se pone el jerez, tres claras, trescientos gramos de carne magra de vaca picada y el litro de caldo. Se mezcla bien y se deja calentar. Antes de romper el hervor se agrega la cola de pescado previamente remojado en agua fría, se remueve con el batidor y se deja hervir moderadamente veinte minutos y se deja enfriar.

Se pica sobre la tabla la pechuga cocida y se pasa dos veces para que quede muy fina.

Se cuecen los huevos durante quince minutos, se pasan por agua fría, se descascarillan, se cortan por la mitad a lo largo y se quitan las yemas.

En un recipiente se pone la mantequilla y se bate con la espátula. Cuando está fina se agregan las yemas pasadas por un tamiz, la pechuga y el caldo de las trufas; se sazona de sal y pimienta blanca y se agrega un decilitro de gelatina líquida y fría, se pone sobre hielo o en la nevera y cuando empieza a tomar consistencia se rellenan las claras,dándoles forma abombada y del tamaño del huevo entero. Se dejan enfriar y se adornan con tres triángulos de trufa que se fijan con un poco de gelatina. Se vierte por encima de ellos una cucharada de gelatina fría y se dejan que tomen consistencia.

El resto de gelatina se pica sobre la tabla y se cubre el fondo de una fuente, se colocan los huevos en corona y en el borde un cordón de gelatina hecho con una manga con boquilla gruesa. En el centro se ponen unos cestitos de zanahorias llenos de trufa picada.

CESTITOS DE ZANAHORIA

Se eligen zanahorias gruesas y frescas, se raspan y se cortan unas rodajas de tres centímetros de altas y muy derechas. Con la punta de un cuchillo se saca el centro y se hace una cavidad, dejando un bordecito.

Se ponen a cocer en agua hirviendo con sal y cuando están tiernas que se pueden atravesar con un alfiler se sacan, se escurren y se llenan de trufa picada, se bañan con una cucharada de gelatina y se dejan enfriar. Ya preparado el plato se colocan entre la gelatina, haciendo muy bonito efecto.

Se sirve muy frío.

PECHUGAS DE GALLINA A LA SUPREMA

INGREDIENTES Y CANTIDADES

Pechugas	3.	Zanahorias	1.
Huesos blancos	500 gramos.	Puerros	1.
Cebollas	1.	Vino blanco	1 copa.
Apio	1 trozo.	Sal y pimienta en grano.	

MODO DE HACERLO

Se hace un caldo con los huesos puestos en una olla, partidos en trozos, la zanahoria, apio, puerro, cebolla, vino, sal y tres litros de agua; se deja cocer durante cuatro horas. Pasado este tiempo se cuela el caldo, que debe quedar reducido a litro y medio, y se ponen a cocer en él las pechugas hasta que están muy tiernas. Se les quita la piel y se cortan cada una en dos partes, y bien limpias de pellejo y huesos se bañan en salsa *chaud-froid* y se reservan.

SALSA 'CHAUD-FROID'

INGREDIENTES Y CANTIDADES

Caldo de las pechugas	1/2 litro.	Harina	30 gramos.
Mantequilla	40 gramos.	Nata	1 decilitro.
Cola de pescado	15 gramos.	Huevos	2 yemas.
Sal.			

MODO DE HACERLO

En un cazo se pone la mantequilla, se derrite, se agrega la harina y se rehoga sin que tome color. Se añade el caldo hirviendo poco a poco removiendo con el batidor, se deja cocer despacio diez minutos y se añade la cola de pescado bien remojada de antemano en agua fría.

Una vez mezclada ésta se agregan las yemas y se retira del fuego, y ya preparada se adiciona la nata cruda y sin montar y se rectifica de sal.

Se pone a enfriar la salsa moviendo para que no forme nata, y cuando empieza a cuajar se introducen en ella los trozos de pechuga para que queden bien envueltos y se van colocando en una fuente, poniéndolos a enfriar sobre hielo si no hay nevera; ya cuajados se adorna con unos rombos o triángulos de trufa que se fija con un poco de gelatina líquida.

GELATINA

INGREDIENTES Y CANTIDADES

Caldo de las pechugas	3/4 litro.	Tomate	1.
Cola del pescado	50 gramos.	Jerez	1 copa.
Claras de huevo	3.	Estragón	Unas hojas.
Sal.			

MODO DE HACERLO

En una cacerola sobre el fuego se ponen las claras, el jerez, estragón, tomate, se mezcla bien y se agrega el caldo de las pechugas. Cuando está a punto de hervir se añade la cola de pescado remojada de antemano en agua fría. Cuando rompe el hervor se separa a un lado y se deja cocer moderadamente quince minutos. Se separa del fuego y se filtra por un lienzo mojado.

Se ponen a enfriar y cuando empieza a cuajarse se bañan las pechugas puestas sobre una rejilla, echando la gelatina con una cuchara, y cuando están bien cubiertas se dejan enfriar y cuajar.

El resto de la gelatina se derrite y se echa en una fuente llana y cuando está bien consistente se levanta de la fuente, se pone sobre la mesa y se cortan unos círculos por la mitad y con ellos se decora el borde de la fuente.

Los recortes de gelatina se ponen sobre un paño y se pican cubriendo el fondo y sobre este lecho de gelatina picada se colocan las pechugas.

Se sirve muy frío.

GALANTINA DE GALLINA

INGREDIENTES Y CANTIDADES

Gallina de 1 1/2 kilos	1.	Carne de cerdo	300 gramos.
Ternera picada	200 gramos.	Jamón	150 gramos.
Trufas	1 latita.	Tocino	200 gramos.
Pan (migas)	100 gramos.	Huevos	2.
Leche	1/2 decilitro.	Sal.	

MODO DE HACERLO

Conviene adquirirla sin vaciar para que la piel se conserve entera.

Una vez desplumada (sin sumergirla en agua hirviendo), se quitan los cañoncitos y se flamea; se limpia con una paño y se cortan las patas y la mitad de las alas; se coloca en la mesa con la pechuga hacia abajo, y con un cuchillito fino se hace un corte empezando en la base de la cabeza y llegando a la espina dorsal; se saca la tráquea, se despelleja el cuello y se corta (cuidando no cortar la piel y con mucho cuidado) desde el cuello hasta la cola; sirviéndose de un cuchillo fino y bien afilado se hace una cortada, se abre y se vacía por allí. Una vez vaciada, ayudándose siempre del cuchillo, se va separando la piel y la carne del caparazón, se descoyuntan los juegos de los muslos dándoles la vuelta y tirando del hueso, se termina por las alas.

De la carne de los muslos se sacan unas tiras y otras de la pechuga, se cosen por dentro de las aberturas de las ancas y las alas y queda en disposición de rellenarla.

Se hacen cuatro tiras del jamón y otras tantas del tocino, se cortan en láminas las trufas, se unen a las de la carne de los muslos y pechuga y se rocían con una copa de coñac.

Se hace un picadillo a máquina con el sobrante de carne de la gallina, el jamón, tocino, ternera y carne de cerdo; se pasa dos o tres veces por la máquina para obtener una pasta fina, se sazona de sal, pimienta y se agrega la miga de pan empapada en la leche y los huevos. Se amasa perfectamente para mezclar todos los ingredientes y se procede a rellenar la gallina.

Encima de la mesa se extiende un paño blanco fino untado en manteca, se coloca abierta la gallina y se pone una capa del picadillo; sobre ésta se colocan las tiras de jamón, trufa, pechuga y tocino, se pone encima el resto del picadillo y se unen los bordes, dándoles a la gallina bonita forma, se baja por detrás la piel del cuello y se cose con hilo de bala.

Ya preparada la gallina se coloca en el paño, se envuelve en éste y se atan los extremos, haciendo otras ataduras en el centro cada cuatro centímetros de distancia y se coloca en una cacerola con agua que la cubra, se agrega un puerro, un nabo, zanahoria, cebolla y los huesos de la gallina, se sazona de sal y se cuece moderadamente durante dos horas.

Se saca la cacerola y se dejan pasar diez minutos, se quitan las ataduras y se vuelve a enrollar en el mismo paño más apretada, se vuelve a atar como antes y se prensa, teniendo cuidado de poner la costura hacia abajo. Se deja prensar de ocho a diez horas con dos o tres kilos de peso.

Pasado este tiempo se retira de la servilleta y se deja en sitio fresco.

Para presentarla se coloca en una fuente, se cubre con gelatina semilíquida y cuando está cuajada se fijan con un poco de gelatina unos adornos de trufas volviendo a cubrir de gelatina el conjunto hasta que esté muy brillante. Se deja en sitio frío y cuando está cuajado se levanta con cuidado con dos cuchillos y se coloca en otra fuente sobre una capa de gelatina picada, adornando el borde de aquélla con unos costrones de gelatina.

GELATINA

Se desgrasan tres cuartos de litro de caldo de la gallina, se agregan tres claras de huevo, una copa de vino madeira y se acerca al fuego. Antes de que hierva se agregan cuarenta gramos de cola de pescado bien remojada en agua fría escurrida, se deja hervir y se retira a un lado, dejándola cocer suavemente durante veinte minutos; se separa del fuego, se agrega una cucharadita de extracto de carne y se filtra con un paño húmedo.

Se pone sobre hielo y cuando empieza a cuajarse se baña la gallina, se echa el resto en una fuente y cuando está consistente se cortan unos costrones y los recortes se pican para el fondo de la fuente.

TIMBAL DE HÍGADO

INGREDIENTES Y CANTIDADES

Relleno

Hígado de tenera	300 gramos.	Mantequilla	60 gramos.
Tocino con veta	50 gramos.	Leche	1 decilitro.
Huevos	2.		

Pasta quebrada

Harina	250 gramos.	Mantequilla	75 gramos.
Agua	1 decilitro.		

Harina, sal, pimienta y nuez moscada.

MODO DE HACERLO

Sobre la mesa se coloca la harina, se ahueca en el centro y se pone el agua y la mantequilla, se adiciona cinco gramos de sal y se hace una masa fina y compacta que se deja reposar un rato.

En una sartén se ponen la mantequilla, el tocino y el hígado cortado en cuadraditos pequeños, se rehoga durante dos minutos, se echa una cucharada de jerez en la sartén donde se rehogó el hígado, se raspan el fondo con la cuchara y se echa en el mortero y cuando está hecha una pasta fina se reserva.

En un cazo se ponen treinta gramos de mantequilla y una cucharada de harina, se rehoga muy bien y se deslíe con un decilitro de leche hirviendo, se deja cocer cinco minutos y se mezcla con la pasta de hígado, se añaden los huevos batidos, cinco para tortilla, se sazona con sal, nuez moscada y pimienta y se pasa el conjunto por un tamiz, apretando la seta para que pase todo.

Se extiende la pasta sobre la mesa espolvoreada de harina y con el rodillo se lamina delgada; se forra el interior de un aro de pastelería puesto sobre una placa previamente untado de mantequilla, se pincha el fondo, se llena con la pasta de hígado y se mete en el horno con calor moderado, dejándolo cocer veinte minutos.

Se cubre entonces con un papel untado de grasa para que no se endurezca la superficie y se deja en el horno hasta que esté en su punto. Suele tardar en conjunto una hora.

Se saca del horno y después de unos minutos se quita el aro de pastelería y se deja en sitio fresco para que se enfríe perfectamente.

Una vez frío se hacen unos detalles sobre el hígado con mantequilla hecha pomada, puesto en manga de pastelería con boquilla rizada.

PASTELILLOS DE CARNE

INGREDIENTES Y CANTIDADES

Relleno

Carne de cerdo picada	200 gramos.	Jamón	100 gramos.
Huevo	1.	Trufas	1.
Jerez	1 copa.	Mantequilla	50 gramos.

Pasta quebrada

Harina	300 gramos.	Manteca	100 gramos
Huevo	1.	Agua	1/2 decilitro.
Perejil, sal y pimienta.			

MODO DE HACERLO

Encima del mármol se pone la harina, se forma un círculo con ella y en el centro se coloca el huevo, el agua, sal y mantequilla; se amasa hasta obtener una masa compacta y fina que se deja reposar durante una hora tapada con una servilleta.

Una vez terminada de reposar se echa sobre la mesa espolvoreada de harina y se estira con el rodillo hasta dejarla de medio centímetro de grueso o algo menos. Con un molde de tartaleta puesto boca abajo se van cortando unos discos y se forran las tartaletas, dejando un número igual de ellos para que sirvan de tapadera.

Se hace el relleno poniendo una sartén al fuego con la mantequilla, la carne de cerdo picada y el jamón cortadito en trocitos, se rehoga bien y se agrega una cucharada de pan rallado, que se deja dorar con la carne, se agrega el vino, sal y pimienta y una yema de huevo.

Preparado el relleno, con una cuchara se llenan las tartaletas preparadas, se pone la tapadera encima y se unen los bordes, haciéndoles un cordoncillo fino. Se pintan de huevo y se meten en el horno hasta que estén dorados, unos veinte o veinticinco minutos.

Se sacan del horno, se desmoldan y se colocan en una fuente sobre una servilleta.

LOMO DE CERDO A LA MAYONESA

INGREDIENTES Y CANTIDADES

Lomo de cerdo	600 gramos.	Nabos	1.
Aceite	200 gramos.	Mantequilla	35 gramos.
Huevos	4.	Pepinillos	2.
Manteca de cerdo	100 gramos.	Jerez	1 decilitro.
Patatas	200 gramos.	Cola de pescado	10 gramos.
Zanahorias	100 gramos.	Salsa india	1 cucharada.
Guisantes	200 gramos.	Lechuga	1.
Sal.			

MODO DE HACERLO

Se escoge el lomo de la cinta, se limpia bien la grasa, se ata para darle bonita forma y se pone en una cacerola con la manteca de cerdo, los recortes del lomo, la cebolla y el jerez; se mete en el horno y se deja cocer tapado durante una hora. Cuando está en su punto se saca y se deja enfriar, quitándole el hilo.

Se ponen a cocer las patatas, el nabo y las zanahorias cortadas en cuadraditos en agua hirviendo con sal. Cuando están cocidas se escurren y se dejan enfriar.

En un recipiente se pone una yema con un poco de sal, se bate con el vinagre y la salsa india y después, poco a poco, se va añadiendo el aceite, batiendo sin parar con las varillas hasta que ha absorbido todo el aceite; entonces se le incorpora la cola de pescado previamente remojada en agua fría y disuelta en una cucharada de agua caliente.

Se cuecen los guisantes, se escurren y se pasan por tamiz, se mezclan con la mantequilla, se sazona con sal y pimienta y se reservan.

Se cuecen tres huevos durante doce minutos, se enfrían, se descascarillan y se parten por la mitad cortándoles un poco las puntas para que se tengan de pie; se quitan las yemas, se pasan por el tamiz y se mezclan con la pasta formada con los guisantes y la mantequilla. Bien mezclado todo con la espátula se pone en una manga con boquilla rizada un poco gruesa y se llenan las cazuelitas formadas con las claras.

En una fuente redonda se colocan en el fondo, a modo de zócalo, las verduras cocidas y escurridas, cubriéndolas con la mayonesa.

Se trincha el lomo en seis rodajas que bañan de mayonesa y se colocan con simetría sobre la ensaladilla, formando corona; entre cada rodaja se coloca una cazuelita de huevo y encima de cada rodaja de carne una rodajita de pepinillo.

Alrededor de la fuente se pone un cordón de lechuga picada menudísima.

FILETES DE MERLUZA A LA BELLAVISTA

INGREDIENTES Y CANTIDADES

Merluza en filetes	1 1/2 kilo.	Agua	1/2 decilitro.
Mayonesa	1/4 litro.	Gelatina para	
Cola de pescado	35 gramos.	adornar	1/2 litro.
Puerros	1.	Tomates	1.
Zanahorias	1.	Jerez	1 copa.
Huevos	2.	Sal, laurel, apio y estragón.	

MODO DE HACERLO

Se escoge una merluza gruesa y se cortan seis hermosos filetes muy iguales, que se aplastan sobre la tabla. Con la espina, la piel y los recortes de las faldas se hace un caldo, añadiéndole una cabeza de merluza, un puerro, una zanahoria, laurel y un litro de agua, se deja cocer una hora o más y se cuela. Debe quedar reducido a medio litro.

Se ponen en una cacerola dos claras batidas, un tomate cortado en dos, un trozo de apio, unas hojas de estragón y una copa de jerez; se agrega el caldo y se acerca al fuego. Cuando está muy caliente se agregan treinta y cinco gramos de cola de pescado previamente remojada en agua fría y se deja que rompa a hervir. Entonces se agrega un decilitro de agua fría y se deja que hierva nuevamente. Se retira a un lado, se deja hervir un cuarto de hora y se pasa por una servilleta mojada. Si el caldo está descolorido se agregan dos o tres gotas de azúcar quemada para que se ponga ligeramente dorado. Se deja enfriar en una fuente plana y se reserva.

En una besuguera untada de aceite se ponen los filetes de merluza, se sazonan de sal y un poco de zumo de limón se tapan con un papel engrasado y se meten en el horno durante diez minutos, se sacan, se escurren y se dejan enfriar sobre una rejilla.

Se hace una mayonesa con dos yemas, un cuarto de litro de aceite fino y se sazona con sal y un poco de limón. Cuando está muy espesa se agrega la cola de pescado desleída en medio decilitro de agua hirviendo. Se separa la tercera parte de la mayonesa y con el resto se bañan los filetes de merluza, dejando que se cuaje la mayonesa. La mayonesa reservada se separa en dos partes, en una se echan dos o tres gotas de verde vegetal (tinte) y en la otra se ponen dos o tres de carmín, para darle una tonalidad verde claro y rosa y se dejan que cuajen bien. Se pica la gelatina sobre la tabla y se forma un lecho en el fondo de una fuente ovalada de metal; sobre éste se ponen los filetes bañados levantándolos con la hoja de un cuchillo, se colocan tres a un lado y tres al otro. Sobre cada uno se hace una rosa de mayonesa coloreada puesta en mangas pasteleras con boquilla gruesa rizada; y con el resto de gelatina, puesta también en manga, se hace un detalle en el centro y un cordón alrededor.

CONSERVAS

LENGUA DE VACA A LA ESCARLATA

INGREDIENTES Y CANTIDADES

Lengua de vaca	1.	Cebollas	1 kilo.
Sal de nitro	50 gramos.	Amoníaco	1/2 cucharadita.
Telilla de cerdo	100 gramos.	Sal fina	2 kilos.
Zanahoria	1 kilo.		

Tripa de buey especial de 40 centímetros de largo, 1.
Carmín vegetal, especias, pimienta en grano, perejil, tomillo y laurel.

MODO DE HACERLO

Después de limpiar la lengua de tendones y piltrafas se sumerge en agua hirviendo durante dos minutos, rascándola a continuación con un cuchillo para quitarle toda la piel.
A continuación se pincha muchas veces con una aguja gorda y se golpea sobre la tabla con un mazo para hacerla flexible.

Se pone en una fuente y se frota con la sal de nitro por todas partes durante seis o siete minutos, y a continuación se hace la misma operación con doscientos gramos de sal común durante seis o siete minutos.

En un barreño de barro se pone en el fondo un plato boca abajo, se cubre de sal, se pone encima la lengua y se cubre ésta completamente con la sal, dejándola así durante ocho días. Transcurrido este tiempo, se saca, se limpia y se cubre de agua fría, poniéndola a hervir durante unos diez minutos. Se deja enfriar bien, se seca y se envuelve en la telilla de cerdo, se introduce en la tripa bien preparada de antemano y se ata el extremo con un hilo.

Se pone en una cacerola bien cubierta de agua fría, se agrega la cebolla partida, la zanahoria, una hoja de laurel, tomillo y perejil y se deja hervir durante cuatro horas.

Transcurrido este tiempo se saca, se escurre bien y se deja secar; una vez seca y fría se pinta con un poco de carmín mezclado con el amoníaco.

POSTRES DE COCINA

Aunque no es el propósito de este recetario hacer profesionales, dedicamos una parte a los postres, por ser una de las ramas más atrayentes de la cocina la confección de tartas y pasteles por la propia dueña de la casa. Por otra parte, y aunque no resulte mucho más económico, tiene la ventaja de hacerlos con mejores materias que los que se encuentran en el mercado.

UTENSILIOS

Una placa de mármol, rodillos de madera, moldes de bizcochos, flanero, tartaletas, cortapastas, manga de pastelería, boquillas de varias clases, placas para horno con borde más alto y más bajo, rejilla, espátula de madera y acero, batidores de cucharas de madera, perol para batir, etc. A todos los utensilios que se emplean en hacer repostería no se les debe dar otro uso. El sabor a grasa y condimentos, por bien fregados que estén, puede prestar algún sabor a los dulces, especialmente en cucharas de madera y espátulas.

El horno es muy interesante que sea bueno. La mayor parte de las recetas de repostería se hacen en el horno, y éste debe funcionar bien para no exponer al fracaso el preparado que se haga.

EMPLEO DEL HORNO

Las temperaturas del horno son varias:

Horno flojo o suave, de cien a ciento cincuenta grados, especial para merengues y algunas pastas.

Horno moderado, de cincuenta a doscientos grados, para bizcochos, masas de levadura y pastas.

Horno fuerte, de doscientos a doscientos cincuenta grados, para el hojaldre.

Horno muy fuerte, de doscientos veinticinco a doscientos setenta y cinco grados, temperatura propia para algunos asados y el pan.

El azúcar es uno de los primeros elementos empleados en la confección de dulces.

Se emplea el azúcar corriente.

El azúcar glas o de lustre.

El almíbar.

El azúcar glas se prepara moliendo el azúcar en un mortero de piedra hasta dejarlo hecho polvo finísimo. Cuando se emplea para cubrir bizcochos o pasteles se mezcla con una pasta de fécula (crema) de arroz o maizena, con lo que blanquea más.

El almíbar o jarabe se hace cociendo el azúcar con agua y una cucharada de glucosa por cada medio kilo de azúcar.

Se pone en un cazo el azúcar, la glucosa (a falta de ésta se pone zumo de limón) y el agua suficiente para disolverla (por medio kilo de azúcar, cuarto litro de agua). Cuando hierve se separa a un lado para que hierva despacio, se espuma cuidadosamente y se limpian las paredes del perol con un pincel mojado en agua fría.

Cuando el agua se evapora, va tomando consistencia y pasa por diferentes grados o puntos que se pueden ver en el pesajarabes, o simplemente probando la consistencia con los dedos.

Punto de jarabe (dieciocho grados). Se conoce si al meter la espumadera y sacarla forma una ligera capa que tapa los agujeros.

Punto de hebra fina o hilo (veintinueve grados). Se saca un poco de jarabe en una cuchara, se mojan el dedo índice y pulgar, se juntan, y al separarlos ha de quedar un hilito fino que se rompe en seguida.

Punto de hebra fuerte (treinta y dos grados). Haciendo la misma prueba, el hilo hace más consistencia.

Punto de bola (treinta y seis grados). Al hervir forma unas burbujas redondas.

ARROZ CON LECHE A LA CREMA

INGREDIENTES Y CANTIDADES

Arroz	250 gramos.	Azúcar	50 gramos.
Leche	1 litro.	Mantequilla	250 gramos.
Huevos	3.	Cáscara de limón.	

MODO DE HACERLO

Previamente limpio el arroz se pone a cocer cubierto de agua fría durante cinco minutos. Se separa del fuego, se echa en un colador y se refresca en agua fría.

Se pone a hervir la leche, con un trocito de cáscara de limón y cuando rompe a hervir se echa el arroz y se deja cocer durante veinte minutos. A media cocción se echan ciento veinticinco gramos de azúcar. Ya cocido se separa del fuego, se agregan las yemas batidas (templándolas antes un poco) y la mantequilla. Se remueve bien con la espátula y se vierte en una fuente.

Se baten las claras a punto de nieve y cuando están consistentes se agregan setenta y cinco gramos de azúcar poco a poco, mezclándolas con la espátula. Se pone en una manga con boquilla rizada y se decora la fuente.

ARROZ CON LECHE

INGREDIENTES Y CANTIDADES

Arroz	250 gramos.	Azúcar	200 gramos.
Leche	1 litro.	Vainilla o limón.	

MODO DE HACERLO

En una cacerola se pone el arroz, se cubre de agua fría y se pone a cocer durante cinco minutos. Se refresca con agua fría y se vuelve a la cacerola echándole la leche hirviendo con la vainilla o una cáscara de limón. A media cocción se echan ciento cincuenta gramos de azúcar, dejándolo cocer durante veinte minutos.

Se echa en una fuente y se deja enfriar. Ya frío se cubre con cincuenta gramos de azúcar bien extendida y se tuesta con un hierro candente.

También puede espolvorearse de canela molida en vez de azúcar tostada.

ARROZ EMPERATRIZ

INGREDIENTES Y CANTIDADES

Arroz	150 gramos.	Leche	1/2 litro.
Frutas confitadas	150 gramos.	Cola de pescado	15 gramos.
Azúcar	125 gramos.	Coñac o ron	1 copa.
Nata	1/4 litro.		

MODO DE HACERLO

En un tazón se ponen a macerar las frutas picadas con coñac.

Se pone en una cacerola el arroz, se cubre de agua y se deja hervir durante cinco minutos. Pasado este tiempo se separa del fuego, se pone en un colador debajo del agua fría para lavarlo, se vuelve a echar en la misma cacerola, sin agua, se agrega la leche, el azúcar y la cáscara de limón, se acerca al fuego y se deja cocer durante veinte minutos a hervor moderado.

Una vez cocido se saca y se deja enfriar.

Se remoja la cola en agua fría durante una hora, después se saca y se pone en un cacillo como medio decilitro de agua caliente; ya disuelta se deja en un sitio templado.

Una vez frío el arroz se retira la cáscara de limón y se agregan las frutas maceradas con el licor, en seguida la cola disuelta ya fría y, por último, la nata batida. Se remueve lentamente con la espátula, y cuando empieza a espesar se rellena el molde y se deja en sitio fresco o entre hielo. Bien cuajada se desmoldan en un plato de cristal y se cubre con una salsa de fresas.

'BAVAROISE' DE FRESAS

En un cazo se ponen cien gramos de fresas y cien gramos de azúcar, un decilitro de agua y una cascarita de limón. Se acerca al fuego y se deja hervir diez minutos. Pasados éstos se le añade una cucharadita de maizena disuelta en dos cucharadas de agua, se deja cocer un minuto y se retira.

Se pasa por el chino, oprimiendo con la mano para que pase la fresa y se colorea con dos gotas de carmín vegetal.

Se deja enfriar y se cubre el arroz, poniendo alrededor algunas fresas escogidas de antemano.

'BAVAROISE' DE ALBARICOQUES

INGREDIENTES Y CANTIDADES

Albaricoques	750 gramos.	Cola de pescado	15 gramos.
Nata cruda	1/4 litro.	Curaçao	1/2 copita.
Azúcar	300 gramos.	Hielo	2 kilos.

MODO DE HACERLO

Se escogen unos albaricoques muy maduros, se pelan y se pasan por el tamiz. En un cazo de porcelana se mezcla el puré obtenido de albaricoques y trescientos gramos de azúcar, se acerca al fuego y se deja que rompa a hervir. Se espuma cuidadosamente y se deja cocer unos seis minutos.

Se agrega el curaçao y la cola de pescado previamente echada en agua una hora antes y diluida en tres cucharadas de agua hirviendo. Se mezcla todo, se pasa por un colador y se deja enfriar sobre hielo.

Se bate la nata sobre el hielo y cuando forma un cuerpo espeso se deja de batir.

Cuando el dulce de albaricoque empieza a cuajarse se mezcla la nata con una espátula, se unta un molde con un poco de aceite de almendras dulces y rodeado de hielo picado, y se llena con el preparado, dejándolo cuajar. Para desmoldarlo se mete unos instantes en agua templada y se vuelca en un plato de cristal. Puede adornarse con nata y unas cerezas confitadas.

'BAVAROISE' ARLEQUÍN

INGREDIENTES Y CANTIDADES

Huevos	5.	Cola de pescado	25 gramos.
Leche	1/2 litro.	Chocolate rallado	50 gramos.
Nata	200 gramos.	Jarabe de grosella	1 copa.
Azúcar	200 gramos.	Una naranja mandarina.	
Vainilla	1/2 barrita.		

MODO DE HACERLO

Se ponen en un cazo las yemas de los huevos y ciento cincuenta gramos de azúcar, se remueve y se añade la leche previamente hervida con la vainilla y se acerca al fuego moviendo sin cesar hasta que queda una capa espesa sin que hierva. Todavía cerca del fuego se agregan quince gramos de cola de pescado previamente remojada en agua; se remueve con el batidor y se pasa por un colador. Se hacen dos partes iguales de la crema, y a una de ellas se agregan los cincuenta gramos de chocolate diluido en tres cucharadas de agua hirviendo y puesto al fuego.

Bien mezclado a la crema se ponen las dos a enfriar en dos recipientes rodeados de hielo picado.

En un cazo se ponen seis cucharadas de agua, el jarabe de grosella y cincuenta gramos de azúcar. Se pone al fuego, y cuando está bien caliente se aparta y se agrega el resto de la cola de pescado bien remojada en agua fría, se deja cocer despacio hasta que esté diluida y se echa en un molde de barbarúa, puesto sobre hielo, la mitad de la gelatina, y cuando está cuajada se ponen los gajos de mandarina bien quitadas las pieles y colocados con simetría; se echa el resto de gelatina y cuando está nuevamente cuajada se reserva.

Cuando empiezan a cuajarse las dos cremas se agrega la nata batida repartida por igual y se echa la crema blanca, dejándola que se cuaje, y a continuación la de chocolate, se deja en hielo unas dos horas y cuando está muy consistente se introduce el molde en agua templada unos instantes y se desmolda en plato de cristal.

'BAVAROISE' DE CAFÉ

INGREDIENTES Y CANTIDADES

Leche	1/2 litro.	Mantequilla	25 gramos.
Yemas	4.	Azúcar	150 gramos.
Maizena	1 cucharada.	Extracto	
Cola de pescado	25 gramos.	de café	2 cucharadas.
Hielo	2 kilos.		

MODO DE HACERLO

Se mezclan las yemas con la maizena y un poco de leche, y se agrega el azúcar y el resto de leche hirviendo, se acerca al fuego y se deja cocer un minuto, quedando una crema un poco espesa; se separa del fuego y se agrega el extracto de café o nescafé y la mantequilla, se mezcla bien y se deja enfriar.

Se tiene previamente remojada en agua fría durante una hora la cola de pescado, se escurre y se disuelve en un cazo con dos cucharadas de agua hirviendo. Ya disuelta se echa en la crema, mezclándola bien con la espátula.

Se pone un molde barbarúa sobre hielo picado y cuando está frío se echa la crema y se deja cuajar durante una hora. Ya consistente, se mete el molde en agua templada y se desmolda sobre un plato de cristal.

'BAVAROISE' AL CHANTILLÍ

INGREDIENTES Y CANTIDADES

Nata cruda	1/4 litro.	Leche	3 decilitros.
Azúcar	100 gramos.	Cola de pescado	10 gramos.
Yemas	4.	Vainilla	1 barrita.
Maizena	1 cucharada.	Hielo	2 kilos.

MODO DE HACERLO

En un cazo se pone el azúcar y la maizena con las yemas y se agrega la leche hirviendo poco a poco, cocida de antemano, con la barrita de vainilla. Se pone el cazo al fuego, se deja que rompa a hervir y se aparta, dejándola en sitio fresco a enfriar. Se bate la nata sobre hielo y cuando forma cuerpo espeso se deja de batir.

Se pone la cola en remojo una hora antes y ya remojada se pone en un cazo con medio decilitro de agua hirviendo para que se disuelva; se retira a un lado y se deja que se enfríe un poco.

Se mezcla la crema con la nata moviendo cuidadosamente con la espátula.

'MENJA BLANC'
(Receta catalana)

INGREDIENTES Y CANTIDADES

Almendras molidas	200 gramos.	Cola de pescado	20 gramos.
Azúcar	200 gramos.	Kirsch	1 copa.
Nata	100 gramos.	Limón	1.
Leche	1/2 litro.	Hielo	2 kilos.

MODO DE HACERLO

Se cuece la leche y cuando está hirviendo se añade la almendra molida y se deja enfriar. A las seis horas se vierte esta mezcla en un paño puesto sobre un cazo y se exprime bien para extraer todo el jugo de la almendra.

Se deslíe la cola de pescado (puesta de antemano en remojo) en dos cucharadas de agua hirviendo; se mezcla a la leche obtenida de las almendras y se añade el azúcar. Se rodea con hielo picado en un molde proporcionado untado de aceite de almendras. Cuando está muy frío se agrega a la mezcla la nata y el kirsch, se remueve todo y se echa en el molde, se rodea de hielo y se deja cuajar, ya hecho se mete el molde un momento en agua tibia y se desmolda en plato de cristal.

CREMA DE CHOCOLATE

INGREDIENTES Y CANTIDADES

Leche	1 litro.	Harina de flor	100 gramos.
Huevos	4.	Cáscaras de limón	1 trozo.
Azúcar	200 gramos.	Cacao	75 gramos.

MODO DE HACERLO

En un recipiente se mezcla la harina con un poco de leche fría y se deslíe hasta que quede una mezcla fina.

En una cacerola proporcionada se pone a hervir la leche con la cáscara de limón; al romper el hervor se añade la harina desleída y moviendo continuamente se deja cocer cinco o seis minutos.

Se mezclan las yemas con el azúcar y el cacao y poco a poco se añaden unas cucharadas de la leche con la harina para que se vayan templando los huevos, después se vierte poco a poco sin dejar de remover.

Se vuelve a acercar al fuego y al ir a romper a hervir se retira, volcando la crema en la fuente donde se va a servir.

Se deja enfriar y se adorna la superficie con merengue.

MERENGUE

INGREDIENTES Y CANTIDADES

Claras	4.	Azúcar	75 gramos.

MODO DE HACERLO

Se ponen en un cazo las claras y se adicionan unas gotas de limón o vinagre y se bate fuertemente hasta que tengan consistencia; ya en este punto se agrega poco a poco el azúcar, mezclándola con la espátula, se pone en una manga con boquilla rizada y se decora la fuente.

CREMA DE CHANTILLÍ CON BIZCOCHOS

INGREDIENTES Y CANTIDADES

Leche	1 litro.	Canela	1 rama.
Maizena	50 gramos.	Bizcochos	50 gramos.
Huevos	4.	Nata batida	200 gramos.
Azúcar	200 gramos.		

MODO DE HACERLO

Se mezclan los huevos con la maizena y el azúcar y se añade la leche hervida previamente con la canela, mezclándola poco a poco; se acerca al fuego y al romper a hervir se retira.

En una fuente se colocan los bizcochos y se vierte despacio la crema para que éstos no se muevan, dejándola en sitio fresco. Ya fría se mezcla la nata con cincuenta gramos de azúcar glas y se adorna la fuente colocando sobre la nata unas fresas de Aranjuez o unas cerezas confitadas.

CREMA DIABÓLICA

INGREDIENTES Y CANTIDADES

Huevos	6.	Guinda en dulce	50 gramos.
Azúcar	150 gramos.	Coñac	1 decilitro.
Azúcar glas	75 gramos.	Bizcochos espuma	50 gramos.

MODO DE HACERLO

En un recipiente se ponen seis yemas, tres claras, el azúcar corriente y el limón rallado, se baten fuertemente cerca del fuego hasta que aumenten mucho y blanqueen, quedando como una mayonesa espesa; entonces se añade una cucharada de coñac.

Se preparan seis copas de champaña, colocando en el fondo unos bizcochos que se empapan con el resto del coñac, se reparte la crema en las copas y se cubren completamente, sobresaliendo del borde, se adorna con el merengue, se ponen unas cerezas en dulce y se sirven en seguida.

CREMA CON HUEVOS SOPLADOS

INGREDIENTES Y CANTIDADES

Huevos	4.	Azúcar glas	50 gramos.
Leche	1 litro.	Azúcar corriente	75 gramos.
Maizena	10 gramos.	Vainilla	1/2 barrita.
Avellanas tostadas y picadas.			

MODO DE HACERLO

Se separan las yemas de las claras, se baten éstas a punto de nieve y ya montadas se agrega el azúcar glas.

Se pone a hervir la leche con la barra de vainilla y cuando rompe a cocer se retira a un lado para que siga hirviendo suavemente.

Con dos cucharadas grandes se forma un huevo con las claras batidas y se dejan caer en la leche, se deja cocer medio minuto y se les da la vuelta para que cuajen por los dos lados.

Se sacan con una espumadera y se van poniendo en una fuente sobre una servilleta para que apuren la leche que les queda.

Cuando están todos, con la leche sobrante se hace la crema. Se mezclan en un cazo las yemas, el azúcar y la maizena, y se añade la leche hirviendo poco a poco; se acerca al fuego y se deja calentar de nuevo hasta llegar a punto de hervir. Se retira a un lado, se le agregan veinte gramos de mantequilla muy fresca y se mueve con el batidor para que se enfríe y no forme nata.

Se ponen los huevos en una fuente de cristal un poco honda; cuando está la crema fría se vierte por encima, se espolvorea con la avellana tostada y picada.

GACHAS REALES

INGREDIENTES Y CANTIDADES

Huevos	4.	Harina en flor	55 gramos.
Leche	1 litro.	Fresas	100 gramos.
Azúcar	225 gramos.	Cáscara de limón.	

MODO DE HACERLO

Se pone a hervir la leche con la cáscara de limón, separando medio decilitro.

En un tazón se ponen las yemas, ciento treinta gramos de azúcar y la harina y se deslíe con la leche fría reservada. Cuando hierve la leche puesta a fuego se adiciona la mezcla, se deja hervir despacio y sin dejar de mover con la espátula unos seis minutos.

Se separa del fuego y se vuelca en una fuente dejándola enfriar. Se baten las claras con unas gotas de limón o vinagre y cuando están consistentes se agregan poco a poco setenta y cinco gramos de azúcar, incorporándola con la espátula.

Se pone en una manga pastelera con boquilla rizada y se decora la superficie de la fuente colocando las fresas entre el merengue.

CREMA DE SAINT-HONORÉ

INGREDIENTES Y CANTIDADES

Azúcar	150 gramos.	Nata	1/2 litro.
Maizena	25 gramos.	Leche	3 decilitros.
Yemas	3.	Vainilla	1/2 barrita.

MODO DE HACERLO

En un cazo se pone el azúcar y la maizena, se agregan las yemas y poco a poco se incorpora la leche cocida con la vainilla, hirviendo. Se acerca al fuego y se deja hervir un minuto.
Se separa del fuego y se bate un poco para enfriarla, se pone en la nevera o sitio fresco y cuando está completamente fría se adiciona la nata previamente batida sobre hielo y mezcladas ambas cremas con la espátula. Se pone en un plato de cristal para servirla.

CREMA TOSTADA

INGREDIENTES Y CANTIDADES

Leche	1 litro.	Limón	1 cáscara.
Maizena	75 gramos.	Mantequilla fresca	25 gramos.
Huevos	4.	Azúcar	250 gramos.

MODO DE HACERLO

En un cazo se mezcla la maizena, las yemas y ciento cincuenta gramos de azúcar, se remueve con las varillas y se agrega poco a

poco la leche previamente hervida con la cáscara de limón.
Se vuelve a poner al fuego y cuando rompe a hervir se separa
y se mueve rápidamente con las varillas para que pierda calor,
se le agrega la mantequilla y cuando está templada se vierte en
un plato de cristal.

Una vez completamente fría se cubre con una capa de azúcar
(empleando cincuenta gramos) y se tuesta con una plancha
de hierro bien caliente toda la superficie presentando un color
de caramelo oscuro.

Se baten dos claras, añadiendo al empezar unas gotas de limón
o vinagre, y cuando están a punto de nieve fuerte se le agrega el
resto de azúcar, incorporándola con la espátula; se pone en una
manga con boquilla rizada y se hace un adorno alrededor de la
fuente y un detalle en el centro.

FLAN
(Corriente)

INGREDIENTES Y CANTIDADES

Leche	1/2 litro.	Azúcar	200 gramos.
Huevos	4.	Vainilla o cáscara de limón.	

MODO DE HACERLO

En una flanera se ponen cincuenta gramos de azúcar y unas
gotas de limón y se acerca al fuego. Se hace un almíbar de
caramelo. Se coge el molde y se mueve en todos sentidos para
que se embadurne el fondo y paredes con el azúcar quemada.
Se deja enfriar.

Ponemos a hervir la leche con la vainilla. En un recipiente se
mezclan los huevos con el azúcar, se baten un poco y se agrega
poco a poco la leche hervida y caliente.

Se vierte en el molde preparado y frío y se pone a cocer al baño
María en el horno durante treinta y cinco o cuarenta minutos.
Se pincha con una aguja de calceta y si sale limpia se saca del
horno, se deja enfriar y se desmolda en plato de cristal.

FLAN DE CHOCOLATE AL CHANTILLÍ

INGREDIENTES Y CANTIDADES

Leche	1/2 litro.	Nata	300 gramos.
Huevos	5.	Azúcar glas	50 gramos.
Cacao	25 gramos.	Mantequilla	25 gramos.
Azúcar	175 gramos.		

MODO DE HACERLO

Se pone a hervir la leche y se adiciona el cacao. Se unta de mantequilla un molde de flan en forma de corona.

En un recipiente se mezclan los huevos y el azúcar, se baten un poco y se agrega poco a poco la leche hervida en el cacao. Se remueve un poco y se vierte la mezcla con el molde preparado, poniéndolo a cocer al baño de María, en el horno durante cuarenta minutos.

Se saca, se deja enfriar un poco y se desmolda en una fuente de cristal un poco amplia.

Se mezcla la nata con el azúcar glas, se llena el hueco del molde y alrededor se hace una greca con la nata puesta en una manga con boquilla rizada.

FLAN 'MOKA' CON MERENGUE

INGREDIENTES Y CANTIDADES

Leche	1/2 litro.	Nescafé	2 cucharadas
Azúcar	175 gramos.	Azúcar glas	50 gramos.
Huevos	6.		

MODO DE HACERLO

En un recipiente se mezclan seis yemas y cuatro claras con ciento veinticinco gramos de azúcar. Se baten un poco y se agrega la leche previamente hervida y a continuación dos cucharadas de nescafé. Se remueve un poco y se cuela, vertiendo la crema en un molde preparado con cincuenta gramos de azúcar hecha caramelo.

Se pone a cocer al baño de María en el horno y cuando está cuajada se saca para dejarlo enfriar; una vez frío se desmolda en fuente de cristal.

Se baten las dos claras sobrantes a punto de nieve y cuando han tomado consistencia se agrega el azúcar glas incorporándola con la espátula.

Se pone en una manga de pastelería con boquilla rizada y se hace un dibujo de rayas sobre el flan y alrededor una cenefa de flores hechas con la manga.

FLAN DE MAIZENA
(Sin huevo).

INGREDIENTES Y CANTIDADES

Leche	1 litro.	Ron	1 copita.
Azúcar	125 gramos.	Maizena	100 gramos.
Sal	2 gramos.	Mermelada	
Anís molido	10 gramos.	de albaricoque	200 gramos.
Pasas de Corinto	60 gramos.		

MODO DE HACERLO

Se reservan unas cucharadas de leche fría y el resto se pone a cocer con todos los ingredientes menos la maizena; se deja cocer cinco minutos y se añade ésta desleída con las cucharadas de leche reservadas y se deja hervir diez minutos más.

Se humedecen dos tazones grandes de loza y se reparte la crema entre los dos. Se pone al fresco durante seis horas y en la nevera un par de horas y ya cuajado se desmolda en platos de cristal poniendo alrededor mermelada.

FLAN DE BIZCOCHO

INGREDIENTES Y CANTIDADES

Leche	1/2 litro.	Huevos	4
Bizcochos de soletilla	9.	Azúcar	125 gramos.
Canela en rama.			

MODO DE HACERLO

En un molde se echan cincuenta gramos de azúcar, dos cucharadas de agua y unas gotas de limón. Cuando toma punto de caramelo se mueve el molde para que se embadurne el fondo y paredes y se deja enfriar.

En un cazo se mezclan los huevos con el azúcar restante, se baten bien, se le añade la leche hirviendo con la canela poco a poco, se baten un poco más y se retira la canela.

En el fondo del molde se colocan unos bizcochos, se vierte un poco de crema y se van colocando por capas hasta terminar y se pone a cocer al baño de María al horno como en las recetas anteriores. Se deja enfriar y se desmolda en plato de cristal.

'CAKE' DE ALMENDRAS

INGREDIENTES Y CANTIDADES

Almendra molida		Pasas	400 gramos.
Diamante	100 gramos.	Huevos	5.
Azúcar	200 gramos.	Levadura	
Mantequilla	250 gramos.	Royal	1 cucharadita.
Harina	200 gramos.	Ron	2 cucharadas.

MODO DE HACERLO

En un recipiente se pone la mantequilla, se ablanda con la espátula y se agrega el azúcar, se mezcla bien batiéndola un poco, se incorporan los huevos uno a uno, no echando el segundo hasta haber mezclado el primero y así sucesivamente. Incorporados los huevos se añade la almendra molida y la harina mezclada con la levadura; se bate con la espátula y, por último, las pasas de Corinto maceradas en el ron y enharinadas y el ron en que maceraron las pasas, pasando por un coladorcito.

Bien mezclado el conjunto se vierte en un molde de *cake* preparado de antemano y se mete en el horno en la parte de abajo. Cuando ha subido se coloca en la parte superior del horno para que se doren bien. Tardará una hora en hacerse por completo a horno moderado.

Cuando se desmolda se espolvorea de azúcar glas.

Estos bizcochos duran tiernos muchos días. Envueltos en papel y en una lata pueden durar hasta diez meses.

CARLOTA RUSA

INGREDIENTES Y CANTIDADES

Leche	1/2 litro.	Cola de pescado	15 gramos.
Avellanas	75 gramos.	Huevos	5.
Azúcar	200 gramos.	Azúcar glas	25 gramos.
Nata	30 gramos.	Bizcochos de soletilla	100 gramos.
Hielo	2 kilos.	Aceite de almendras	1 cucharada.

MODO DE HACERLO

Se unta con aceite de almendras un molde de carlota, se colocan en el interior los bizcochos de soletilla bien ajustados formando una pared y se reserva.

Se ponen en una cacerola al fuego las avellanas mondadas, cien gramos de azúcar y tres cucharadas de agua y se deja cocer hasta que tenga color de caramelo muy dorado. Se echan en un mármol, ligeramente untado de aceite de almendras y cuando está frío se pasa por la máquina de rallar y se machaca con un mortero para obtener un polvo fino.

En un cazo se ponen las yemas y el azúcar, se mezclan ambas cosas y se agrega la leche hervida con una cáscara de limón, se acerca al fuego y se deja que se vaya calentando poco a poco sin dejar de mover hasta que resulta una crema algo espesa, pero sin llegar a hervir. Se quita del fuego, se añade la cola de pescado previamente remojada en agua fría y se pone a enfriar rodeándola de hielo picado. Cuando empieza a cuajarse se añaden avellanas molidas (praliné) y la mitad de la nata, se mezcla delicadamente con la espátula y se llena el molde preparado con los bizcochos, se rodea de hielo picado y se deja durante dos horas. Pasado este tiempo se desmolda en una fuente redonda, se mezcla la nata restante con el azúcar glas, se pone en una manga con boquilla rizada y se forma un adorno en el centro de la carlota en forma de pirámide.

CARLOTA DE CREMA AL CHANTILLÍ

INGREDIENTES Y CANTIDADES

Leche	1/2 litro.	Fruta confitada	125 gramos.
Maizena	10 gramos.	Cola de pescado	15 gramos.
Nata	400 gramos.	Azúcar corriente	100 gramos.
Bizcochos	100 gramos.	Huevos	3.
Azúcar glas	100 gramos.	Hielo	2 kilos.

MODO DE HACERLO

Se ponen en un cazo las yemas, el azúcar y la maizena, se revuelve un poco, se agrega la leche previamente hervida con la vainilla. Se acerca al fuego, se deja que rompa a hervir y se retira. A continuación se le añade la cola de pescado remojada de antemano en agua fría. Se pasa la crema por un colador y se pone a enfriar rodeada de hielo picado.

Se unta un molde de carlota con el aceite de almendras y se forra el interior de las paredes con bizcochos de soletilla puestos de pie uno al lado de otro.

Cuando la crema empieza a cuajarse se añade una cucharada de coñac, los bizcochos que hayan quedado pulverizados y una tercera parte de la nata; se mezcla despacio con la espátula y se llena el interior del molde preparado con los bizcochos. Se rodea con el hielo picado, se deja en sitio fresco durante dos horas y, pasado este tiempo, se pasa por agua tibia y se desmolda. Se mezcla la nata restante con el azúcar glas, se pone en una manga con boquilla rizada y se adorna por encima haciendo un adorno alrededor; se termina de decorar intercalando las frutas confitadas y se sirve.

TOCINO DE CIELO

INGREDIENTES Y CANTIDADES

Yemas 12.
Agua 1/4 litro.

Azúcar 350 gramos.
Vainilla 1 barrita.

MODO DE HACERLO

Prepárese un molde bajo y ancho que ajuste la tapa; a falta de éste, sirve una fiambrera con tapa de grapas.

En un cazo se pone el azúcar y el agua y la barrita de vainilla, se acerca al fuego y cuando empieza a hervir se espuma y se deja cocer muy despacio unos ocho o diez minutos. Cuando tiene punto de hebra floja se separa un decilitro de almíbar y el resto se echa hirviendo sobre las yemas que estarán batidas con dos cucharadas de agua fría; se mezcla bien y se reserva a un lado.

Se pone a hervir el decilitro de almíbar hasta que tenga punto de bola y se baña con este almíbar el interior del molde. Se echan las yemas preparadas, se tapa el molde y se pone en una cacerola con agua fría que llegue hasta la mitad del molde. Se tapa la cacerola y se deja que rompa a hervir en la placa, se tiene hirviendo cinco minutos y se mete en el horno en el mismo baño de María, dejándolo un cuarto de hora.

Se saca, se pincha en el centro y si está cuajado se deja enfriar; entonces se desmolda en plato de cristal.

GELATINA DE FRUTAS

INGREDIENTES Y CANTIDADES

Manzanas	2.	Azúcar	500 gramos.
Plátanos	2.	Cola de pescado	50 gramos.
Mandarinas	2.	Limón	1.
Agua	1 litro.		

MODO DE HACERLO

Se pelan las frutas y se guardan las pieles de naranja, el limón y las manzanas. En un cazo de porcelana se pone el agua, el azúcar y las pieles reservadas de la fruta, dejándolo cocer muy despacio media hora. Se espuma perfectamente y se echan las manzanas mondadas, se dejan cocer tres minutos y se agregan los plátanos y las naranjas mondadas. Se deja cocer otros tres minutos, se retira el cazo del fuego, se sacan las frutas y se filtra el caldo por una tela húmeda.

El líquido obtenido se colorea con tres gotas de carmín y dos de amarillo vegetal y se deja enfriar; ya fría la gelatina, pero todavía líquida, se echa en el fondo de un molde como medio centímetro de gelatina, se rodea de hielo y cuando está cuajada se colocan con simetría unas rodajas de plátano, gajos de naranja y de manzana, se fijan con un poco de gelatina y se echa otra capa que los cubra como medio centímetro, se corta el resto de las frutas en cuadraditos y se ponen en el centro en forma de montículo, se vierte toda la gelatina y se llena el molde dejándolo rodeado de hielo durante dos horas.

Bien consistente se mete por un momento en agua templada, se separan los bordes con la hoja de un cuchillo para que entre el aire y se desmolda en fuentes de cristal.

GELATINA DE YEMAS

INGREDIENTES Y CANTIDADES

Yemas   4.
Azúcar   4 cucharadas.

Cola de pescado   15 gramos.

MODO DE HACERLO

Se baten las cuatro yemas con el azúcar hasta ponerlas espumosas, se adiciona la cola de pescado disuelta en dos cucharadas de agua hirviendo, se mezcla todo y se vierte en un molde untado con un poco de aceite de almendras dulces, se rodea de hielo picado y se deja cuajar.

Cuando está consistente se mete un momento en agua tibia y se seca con un paño, desmoldándolo en plato de cristal.

GELATINA DE FRUTAS BELLAVISTA

INGREDIENTES Y CANTIDADES

Fresones   100 gramos.
Melocotones
  al natural   6 mitades.
Plátanos   2.
Cerezas   250 gramos.

Azúcar   125 gramos.
Curaçao   1 copita.
Carmín vegetal 2 gotas.
Hielo   2 kilos.

MODO DE HACERLO

Se sacan los huesos a las cerezas y se ponen en un cazo con un cuarto de litro de agua y se acercan al fuego dejándolas cocer cinco minutos. Se sacan las cerezas y al líquido se agrega la cola de pescado remojada en agua fría y el curaçao. Cuando la cola está diluida se agregan dos gotas de carmín para darle un tono rosado y se pasa todo por un colador fino. Se coloca un molde de forma de rosca entre hielo picado y cuando está muy frío se echan seis cucharadas de gelatina y se deja cuajar; entonces se colocan los fresones con rodajas de plátano alternadas y se agregan otras cucharadas de gelatina.

Cuando esta capa está cuajada se pone otra de fruta alternando los colores y se cubre otra vez con gelatina. Por último, se ponen las cerezas, se cubren con la gelatina restante y se deja en el hielo durante una hora para que se cuaje.

Se desmolda metiéndolo un momento en agua templada y volcándolo en plato de cristal.

GELATINA DE CREMA

INGREDIENTES Y CANTIDADES

Leche	1/2 litro.	Cola de pescado	4 hojas.
Azúcar	125 gramos.	Vainilla	1 barrita.
Yemas	4.	Hielo	1 kilo.

MODO DE HACERLO

Se pone a cocer la leche con vainilla y el azúcar. Se baten las cuatro yemas añadiéndole poco a poco la leche hirviendo, se deja al lado del fuego para hacer una crema fina que hierva y se agregan las hojas de cola de pescado previamente remojadas en agua fría. Cuando está bien disuelta la cola se echa la crema en un molde, se deja enfriar un poco y se rodea el molde de hielo picado o se mete en la nevera; bien cuajado se pasa un paño templado por el fondo y se desmolda en un plato de cristal.

MASAS FRITAS Y AL HORNO

BUÑUELOS VIENESES

INGREDIENTES Y CANTIDADES

Harina	225 gramos.	Azúcar	15 gramos.
Agua	1/2 decilitro.	Sal	2 gramos.
Levadura prensada	5 gramos.	Huevos	1.
Mantequilla	25 gramos.		

MODO DE HACERLO

Se hace primero la masa levadura. Se deslíe la levadura en medio decilitro de agua templada y se agregan noventa gramos de harina, haciendo una bola de masa que se deja levar en sitio templado.

En un recipiente se pone la harina y en el centro se ponen el azúcar, la sal y el huevo, se hace una masa que se trabaja rompiéndola y sobándola hasta que forma correa; entonces se añade la mantequilla y la masa levadura mezclándola bien y espolvoreándola con harina para que no quede pegajosa; se tapa y se deja en sitio templado para que leve el doble de su volumen.

Se vuelca sobre la mesa y se hacen doce trozos que se estiran con el rodillo, y en cada uno se coloca un trozo de melocotón o albaricoque en dulce y se envuelve haciendo una bola espolvoreada con harina para que una mejor.

Se dejan en sitio templado y cuando han vuelto a aumentar se fríen en aceite poco caliente hasta que estén dorados y se espolvorean de azúcar glas.

BUÑUELOS DE MANZANA

INGREDIENTES Y CANTIDADES

Harina	250 gramos.	Coñac	2 copas.
Azúcar	100 gramos.	Sal	3 gramos.
Levadura prensada	15 gramos.	Manzanas	4.
Agua	2 decilitros.	Aceite para freírlos.	

MODO DE HACERLO

Se mondan las manzanas y se cortan en rodajas del grueso de un poco menos de medio centímetro, se colocan en un recipiente hondo, se rocían con el azúcar y las dos copas de coñac y se dejan en maceración durante una hora.

En otro recipiente se deslíe la levadura en agua templada, se agrega la harina y se forma una masa con la cuchara, se sazona de sal y se agrega el jarabe formado en las manzanas con el coñac y el azúcar, se mezcla bien y se tapa, se coloca en sitio templado y se deja levar la masa el doble de su volumen.

Se secan con un paño las rodajas de manzana, se pasan por harina y se envuelven en la pasta preparada y se van echando en la sartén con abundante aceite caliente hasta que estén muy doraditos.

Bien escurridos en un paño se colocan en una fuente con servilleta espolvoreados con azúcar glas.

BUÑUELOS AL PLÁTANO

INGREDIENTES Y CANTIDADES

Huevos	2.	Azúcar glas	2 gramos.
Harina	200 gramos.	Plátanos	5.
Leche	2 decilitros.	Sal	5 gramos.
Aceite suficiente para freírlos.			

MODO DE HACERLO

En un recipiente se ponen las yemas con la sal, se mezclan un poco, se agrega la harina y poco a poco la leche fría, moviendo con una cuchara para que no se formen grumos. Cuando ha quedado una pasta fina y cremosa se agregan las claras batidas a punto de nieve.

Se cortan los plátanos en rodajas de medio centímetro de gruesas y se van echando una a una en la pasta, sacándolas con una cuchara y echándolas en la sartén con abundante aceite caliente, y muy doraditas se sacan, se espolvorean de azúcar glas y se sirven calientes en una fuente con servilleta.

BUÑUELOS DE VIENTO

INGREDIENTES Y CANTIDADES

Harina	75 gramos.	Mantequilla	25 gramos.
Huevos	2.	Azúcar	25 gramos.
Leche	1 decilitro.	Sal	3 gramos.
Agua	1/2 decilitro.	Coñac o ron	1 cucharada.
Cáscara de limón.			

MODO DE HACERLO

En un cazo se pone la leche, el agua, mantequilla, sal, azúcar y coñac, se agrega una cáscara de limón, se acerca al fuego; cuando rompe a hervir se echa de golpe la harina, se remueve con la espátula hasta que la masa se despegue de las paredes del cazo y se apelotone en la espátula. Se retira del fuego y se deja enfriar.

Una vez fría la masa se agrega un huevo, se trabaja con la espátula y cuando lo absorbe la masa se echa el otro. Una vez incorporados los huevos se agrega media cucharadita de levadura Royal, se mezcla bien y se forman los buñuelos tomando una bolita de pasta del tamaño de una nuez muy pequeña, se pasa a otra cuchara y se redondean dejándolos caer en la sartén con abundante aceite no muy caliente. (No deben echarse más de cuatro o cinco). Cuando ha aumentado el doble y dan la vuelta ellos solos se acercan al centro del fuego para que tomen un bonito color dorado. Bien escurridos se sacan y se ponen en un escurridor de fritos.

Cuando están todos hechos se cortan con unas tijeras por un lado y se rellenan de crema pastelera.

CREMA PASTELERA PARA RELLENOS

INGREDIENTES Y CANTIDADES

Huevos	2	Azúcar	75 gramos.
Harina	75 gramos.	Mantequilla	25 gramos.
Leche	1/2 litro.	Cáscara de limón.	

MODO DE HACERLO

En un tazón se ponen los huevos y el azúcar, se baten un poco, se añade la harina y se deslíe el conjunto con un poco de leche fría. Se pone a hervir la leche con la cáscara de limón, y cuando rompe el hervor se agrega la harina desleída, se deja cocer poco a poco y sin dejar de mover con la espátula unos seis minutos. Pasados éstos se retira del fuego y se añade la mantequilla, se mezcla bien y se deja enfriar. Cuando está fría y muy espesa se pone en una manga con boquilla lisa y más bien fina y se introduce la crema en los buñuelos por el corte hecho con las tijeras.

Se van colocando en un plato con una servilleta o pañito de encaje, se espolvorean con azúcar glas y se sirven.

BUÑUELOS CLÁSICOS
(Valencianos)

INGREDIENTES Y CANTIDADES

Levadura	50 gramos.	Azúcar	100 gramos.
Harina	1/2 kilo.	Aceite para freír	1/2 litro.
Agua templada	1/2 litro.		

MODO DE HACERLO

En un barreño se pone el agua templada, se deslíe en ella la levadura y poco a poco se va echando la harina batiendo la pasta con la mano. Cuando está todo incorporado se trabaja durante un rato, se tapa el barreño con un paño y se deja en sitio templado hasta que suba el doble.

Se pone a calentar el aceite y se van friendo los buñuelos, que se hacen cogiendo con las manos un poco de masa y abriéndose en el centro un agujero; se dejan caer en la sartén, y bien doraditos se sacan, se espolvorean con azúcar y se sirven para el chocolate.

BUÑUELOS DEL AMPURDÁN

INGREDIENTES Y CANTIDADES

Harina	350 gramos.	Saliandria	10 gramos.
Mantequilla	40 gramos.	Rasolis	
Azúcar	50 gramos.	(aguardiente)	1/4 copita.
Levadura prensada	10 gramos.	Limón	1.
Aceite para freírlos.		Leche	1/2 decilitro.

MODO DE HACERLO

En un cazo se pone la levadura y se deslíe con la leche templada; se añaden ciento cincuenta gramos de harina y se hace una bola de masa que se deja levar en sitio templado. Se pone a hervir la saliandria durante cinco minutos, el líquido obtenido se cuela y se reserva.

Se pone la harina en un recipiente, se añaden los huevos, el azúcar, la mantequilla derretida, el rasolis y el líquido obtenido del cocimiento de la saliandria.

Se incorpora la masa levadura y se mezcla el conjunto con una espátula. Se tapa el recipiente y se deja reposar en sitio templado durante tres horas.

Transcurrido este tiempo se espolvorea la mesa con harina, se echa la masa, se toman trocitos espolvoreados de harina, se hacen unas rosquillas de un dedo de gruesas y se fríen en aceite no demasiado caliente.

Muy doraditos se sacan, se escurren y se espolvorean de azúcar glas.

ROSQUILLAS DE LIMÓN

INGREDIENTES Y CANTIDADES

Huevos	2.	Zumo de limón	1 cucharada.
Aceite frito	4 cucharadas.	Levadura Royal	1 cucharadita.
Azúcar	4 cucharadas.	Harina	20 gramos.
Agua	1 cucharada.		

La ralladura de la cáscara de un limón entero.

MODO DE HACERLO

En un recipiente se baten los huevos con el azúcar, la ralladura de limón y el agua; cuando han aumentado bastante se agrega el aceite frito con un poco de cáscara de limón y frío, y, por último, el zumo de limón.

Bien mezclado todo se agrega la harina y se hace una masa blandita que se trabaja con las manos espolvoreándola de harina, y se hacen unas rosquillas dándoles un corte circular poco profundo antes de echarles en la sartén, se fríen en abundante aceite no demasiado caliente y se espolvorean con azúcar glas.

HUESILLOS

INGREDIENTES Y CANTIDADES

Harina   200 gramos.
Aceite   1 decilitro.
Ralladura de limón y naranja.

Leche fría   1 decilitro.
Azúcar   100 gramos.

MODO DE HACERLO

Se mezcla la leche con el aceite, el azúcar y se añade la ralladura de limón y de naranja y la harina. Se amasa hasta dejarla fina y se cortan unas bolitas que se alargan, dándole forma de pequeño cigarro. Se les da un pequeño corte para que abran al freír y se van friendo en aceite abundante no muy caliente hasta que queden dorados.

ROLLOS DE ACEITE

INGREDIENTES Y CANTIDADES

Huevos   1.
Aceite frito   4 cucharadas.
Leche fría   3 cucharadas.
Anís   1 cucharada.

Canela   1 papel.
Azúcar   50 gramos.
Harina   250 gramos.
Ralladura de limón.

MODO DE HACERLO

Se mezcla el aceite con la leche, el huevo, el anís, el azúcar, canela y ralladura de limón. Se mezcla bien con la espátula y se agrega la harina para hacer una masa fina que no se pegue a las manos. Se deja descansar un rato y se pone sobre la mesa estirándola con el rodillo hasta dejarla muy fina. Se cortan tiras de cinco centímetros de largas por dos de anchas y se enrolla en un palito de un dedo de grueso, echándolas en el aceite muy caliente, se dejan freír hasta que estén doradas, se sacan de los palitos y se espolvorean con azúcar glas.

ROSAS

INGREDIENTES Y CANTIDADES

Leche	1/4 litro.	Huevo	1.
Harina	125 gramos.	Agua de azahar	1 cucharada.
Azúcar	25 gramos.	Ralladura de una naranja.	
Ralladura de un limón.			

MODO DE HACERLO

En un cazo se ponen las dos ralladuras con la mitad de la leche, se acerca al fuego y se deja que hierva, se separan del fuego y se deja enfriar. Se bate el huevo con el azúcar y el agua de azahar, se añade la harina y se deslíe todo echando poco a poco la leche fría. Debe quedar como una crema espesa; se deja reposar una hora y se pasa por el colador.

Se pone abundante aceite en una cacerola o cazo alto y cuando está frito se mete dentro del molde para que se caliente bien. Bien caliente se introduce en la pasta sin que le cubra y en seguida se mete el aceite caliente desprendiéndose en seguida y dejando que se dore; se repite la operación hasta agotar la masa, calentando siempre el molde; cuando todas están fritas se espolvorean con azúcar glas y se sirven.

CUCURUCHOS DE CREMA

INGREDIENTES Y CANTIDADES

Masa

		Crema	
Aceite frío y frito	1 decilitro.	Leche	1/2 litro.
Leche fría	2 decilitros.	Yemas	2.
Azúcar	75 gramos.	Azúcar	75 gramos.
Harina	350 gramos.	Maizena	80 gramos.

Merengue

Claras	2.
Azúcar	50 gramos.
Canela molida	25 gramos.

MODO DE HACERLO

Se pone en un recipiente el aceite frito y la leche, se echa el azúcar y se mezcla todo; poco a poco se agrega la harina, removiendo primero con la espátula y después con las manos, se hace una masa que no se pegue a las manos y se deja reposar media hora.

Se pone la masa sobre la mesa espolvoreándola de harina y se estira con el rodillo hasta dejarla del grueso de una cartulina, y se cortan unos cuadrados de masa con los que se forran unos moldes en forma de cucuruchos de unos cinco centímetros de altos, se recorta la masa que sobre y se van friendo en abundante aceite hasta que están dorados. Se sacan los moldes, se forran otros y se repite la operación hasta agotar la masa.

En un cazo se pone a hervir la leche con una cáscara de limón. En otro cazo se mezcla la maizena con el azúcar y las yemas, adicionando la leche cuando haya hervido. Se vuelve a poner al fuego y al romper a hervir se retira y se deja enfriar.

En un perol se ponen las dos claras con unas gotas de limón y se baten fuertemente hasta que tomen consistencia. Cuando están a punto de nieve se añade poco a poco el azúcar, incorporándola con la espátula para que se deshaga el batido. Se deja descansar cinco minutos y se pone en una manga pastelera con boquilla rizada.

Para preparar los cucuruchos se pone la crema ya fría en una manga con boquilla lisa y se van rellenando uno a uno poco más de la mitad, terminando de llenar el hueco del merengue. Cuando todos están rellenos se espolvorean con un poco de canela tamizada.

Se sirven en un plato con servilleta.

PESTIÑOS ANDALUCES

INGREDIENTES Y CANTIDADES

Aceite	1 decilitro.	Anises	15 gramos.
Vino	1 decilitro.	Harina	300 gramos.
Aceite abundante para freírlos.		Miel	250 gramos.

MODO DE HACERLO

Se pone en una sartén el decilitro de aceite con una cáscara de limón y se deja freír hasta que la cáscara queda refrita; entonces se retira del fuego y se echan los anises en el aceite caliente.

En un barreño se pone el aceite ya frío, se mezcla el vino y se añaden doscientos cincuenta gramos de harina, se hace una masa fina que se echa sobre la mesa espolvoreada de harina, se deja reposar media hora y, transcurrida ésta, se estira la masa con el rodillo hasta dejarla del grueso del canto de una moneda, se cortan unas tiras de cinco centímetros de largo por tres de ancho y se van colocando en una tabla o mesa espolvoreada de harina previamente. Se deja reposar media hora y se fríen en abundante aceite; poniéndolas a escurrir se dejan enfriar.

En un cazo se pone la miel y tres cucharadas de agua, se deja que rompa a hervir y se retira a un lado del fuego para que hierva muy despacio. En este almíbar se van introduciendo los pestiños, dejándolos bañar bien en la miel poniéndolos a escurrir en la rejilla. Cuando todos están bañados se espolvorean de azúcar glas y se dejan en una fuente.

BORRACHUELOS

INGREDIENTES Y CANTIDADES

Aceite frito	1 1/2 decilitro.	Anises	5 gramos.
Vino blanco	1 decilitro.	Canela	5 gramos.
Anís cazalla	1 cucharada.	Miel	300 gramos.
Zumo de naranja	2 cucharadas.	Azúcar glas	50 gramos.
Harina		Ajonjolí	3 gramos.
(aproximadamente)	500 gramos.		

MODO DE HACERLO

Se pone a freír el aceite con una cáscara de naranja y cuando está muy torrada ésta se separa del fuego y se echan en la sartén los anises y el ajonjolí y se dejan que se queden templados.

En un barreño se pone el aceite templado, el vino y el zumo de la naranja, y se añade la ralladura de la cáscara de ésta, la canela y la cucharada de cazalla. Se mezcla todo y se añade la harina poco a poco, haciendo una masa fina y compacta, pero no muy dura, que se soba un rato para hacerla más fina.

Se toman trozos del tamaño de una nuez grande y se aplastan con los dedos, haciendo unas tiras de cinco centímetros que se van colocando sobre la mesa espolvoreada de harina; cuando están hechas todas se empieza a freír.

Se pone al fuego una sartén grande con abundante aceite y cuando está bien caliente se retira a un lado para que pierda un poco de calor. Se van tomando las tiras y una a una se juntan los extremos y se dejan caer en el aceite, donde se dejan freír hasta que estén dorados. Se sacan, se ponen a escurrir y a enfriar.

En un cazo se pone la miel con las cuatro cucharadas de agua y se deja hervir tres minutos; se aparta a un lado y se van bañando los borrachuelos, poniéndolos a escurrir en la rejilla.

En cuanto están se pasan todos por azúcar glas y se colocan en una fuente.

MARAVILLAS

INGREDIENTES Y CANTIDADES

Harina	225 gramos.	Anís o coñac	1 copita.
Azúcar	25 gramos.	Huevos	2.
Mantequilla	50 gramos.	Sal	5 gramos.

MODO DE HACERLO

En un recipiente se ponen todos los ingredientes, se mezclan y se añade la harina para hacer una masa fina y lisa que se deja reposar un rato.

Se extiende en la mesa con el rodillo, dejando la masa al grueso de medio centímetro escaso.

Se cortan en tiras estrechas, se doblan las puntas y se fríen en abundante aceite caliente hasta dejarlas doradas.

Se espolvorean de azúcar glas.

Pueden hacerse en forma de rosquillas.

CREPES

INGREDIENTES Y CANTIDADES

Harina	100 gramos.	Huevos	2.
Azúcar	35 gramos.	Limón	1.
Mantequilla	40 gramos.	Leche	1/4 litro.

MODO DE HACERLO

Se pone la harina en un recipiente, se añaden los huevos, el azúcar, veinticinco gramos de mantequilla derretida, una pizca de sal y ralladura de limón; se añade la leche hervida y fría. Se mezcla bien y se pasa por un colador fino.

Se unta ligeramente una sartén pequeña con mantequilla y se echan dos cucharadas del preparado, se mueve la sartén para que cubra todo el fondo. Cuando está cuajada se vuelve rápidamente para que se dore un poco por el otro lado y se van extendiendo sobre el mármol hasta que están todas hechas siguiendo el mismo procedimiento.

Se pueden rellenar de crema pastelera o mermelada de albaricoque, doblándolas y espolvoreándolas de azúcar glas.

También pueden servirse enteras adornadas con nata o mermelada.

CREPES SUSANA

INGREDIENTES Y CANTIDADES

Huevos	2.	Curaçao	1 copa.
Harina	50 gramos.	Leche	1/4 litro.
Mantequilla	150 gramos.	Naranjas	1.
Azúcar	50 gramos.	Coñac	3 copas.
Azúcar glas	25 gramos.		

MODO DE HACERLO

En un cazo se pone la harina, los huevos, media cucharada de azúcar, un poco de ralladura de naranja, veinticinco gramos de mantequilla derretida, sal y media cucharadita de curaçao; se mezcla bien, se adiciona la leche fría y un polvito de sal y se pasa por un colador fino.

Se preparan veinticinco gramos de mantequilla y con ella se unta ligeramente la sartén para hacer los crepes como en la receta anterior, y, una vez hechos todos, se reservan. En un cacillo se pone media copa de coñac y se enciende; una vez quemado el alcohol se deja enfriar perfectamente.

Se bate la mantequilla (cien gramos) con el azúcar, una cucharada de zumo de naranja y el resto de curaçao. Se trabaja con la espátula y cuando está muy fina se pone una capa sobre cada crepe y se dobla como un pañuelo.

Se colocan en el centro de una fuente, se espolvorean de azúcar glas, alrededor se echa el coñac y se prende fuego al servirlo.

CREPES DE NATA CON DULCE DE BATATA

INGREDIENTES Y CANTIDADES

Harina	250 gramos.	Leche	1/4 litro.
Azúcar	75 gramos.	Nata cruda	1/4 litro.
Sal	5 gramos.	Huevos	4.

MODO DE HACERLO

En un recipiente se pone la harina y en el centro el azúcar, la sal y los huevos. Se mezclan estos ingredientes y se les añade la mitad de la nata, se une a los demás y se agrega la leche, mezclando poco a poco la harina, se añade, por último, el resto de nata y se pasa por un colador, dejando reposar un poco esta crema.

En una sartén para crepes, de bordes muy bajos, se unta el fondo con un poco de tocino fresco, se calienta, se hacen los crepes como en las recetas anteriores y se van colocando sobre el mármol.

Cuando todos están hechos se pone una cucharada de dulce de batata en el centro de cada uno y se doblan las puntas para que no se salga, quedando como un cuadrado.

Se colocan boca abajo en una fuente formando una hilera, se espolvorean de azúcar glas y con un hierro candente se marca una línea a todo el largo.

TORRIJAS

INGREDIENTES Y CANTIDADES

Un molde de pan.

MODO DE HACERLO

Se cortan en rebanadas gruesas de dos centímetros y se mojan en leche azucarada, se escurren y se fríen en abundante aceite bien caliente para que se queden doradas y no se quemen demasiado.

Ya fritas y escurridas se bañan en un almíbar hecho con cuarto litro de agua y doscientos gramos de azúcar, se deja hervir seis minutos y se introducen las torrijas una a una para que empapen bien el almíbar. Se escurren y se ponen en una fuente espolvoreándolas con azúcar glas y un poco de canela molida.

ROSCOS ESPAÑOLES

INGREDIENTES Y CANTIDADES

Harina	250 gramos.	Almendras	50 gramos.
Huevos	2.	Azúcar	100 gramos.
Leche	2 cucharadas.	Sal	5 gramos.
Mantequilla	50 gramos.		

MODO DE HACERLO

En un recipiente se ponen las yemas, una clara, la leche, la mantequilla y el azúcar: se mezcla todo y se va echando la harina para hacer una masa fina y compacta que se pueda extender con el rodillo. Se deja descansar un rato y se extiende para dejarla del grueso de medio centímetro, se dobla en cuatro partes como si fuera un pañuelo y se vuelve a estirar otra vez, repitiendo esta operación tres veces más. La última se deja del grueso de un centímetro y se cortan unos círculos de ocho centímetros de diámetro, y en el centro de cada uno se corta otro con el cortapasta más pequeño, quedando en forma de rosco.

Se escaldan previamente las almendras, se les quita la piel y se parten en trocitos pequeños. Se bate ligeramente la clara y con un pincel se barnizan, se cubren de almendra, se coloçan en la placa engrasada y espolvoreada de harina y se meten al horno hasta que estén dorados.

ROSQUILLAS DE SAN ISIDRO

INGREDIENTES Y CANTIDADES

Harina	250 gramos.	Huevos	3.
Azúcar	100 gramos.	Anís	1 copa.
Levadura Royal	5 gramos.	Anís en grano	1 cucharadita.
Aceite frito	5 cucharadas.		

MODO DE HACERLO

En un recipiente se ponen los huevos y el azúcar y se baten fuertemente hasta que adquieran el punto de cinta. En este punto se incorpora el aceite frito y frío, los anises tostados y machacados, la copa de anís y, por último, la harina con la levadura mezclada. Se mueve bien y se hace una masa blanca que se divide en doce partes. Con las manos engrasadas se hacen unas bolas y en el centro se hace un orificio para darles forma de rosquillas y se van poniendo en una placa engrasada separadas unas de otras.

Se dejan reposar en la placa una hora y, pasada ésta, se baña con huevo batido y se cuecen a horno fuerte de diez a doce minutos.

BAÑO BLANCO
(Corresponde al anterior).

INGREDIENTES Y CANTIDADES

Azúcar glas	150 gramos.	Anís	1 cucharada.
Claras	1.	Agua	1 cucharadita.
Zumo de limón	1 cucharadita.		

MODO DE HACERLO

Se pone el azúcar, la clara y el zumo de limón, se baten diez minutos con cucharas de madera. Cuando blanquea se agrega el anís y el agua.

Se bañan las rosquillas por encima y se ponen a secar a la entrada del horno, cuidando que no tomen color.

POLVORONES SEVILLANOS

INGREDIENTES Y CANTIDADES

Harina	750 gramos.	Aguardiente	1 copa.
Manteca de cerdo	375 gramos.	Canela molida	2 cucharadas.
Azúcar	150 gramos.	Azúcar glas para espolvorearlos.	

MODO DE HACERLO

Se seca la harina en el horno, moviéndola de cuando en cuando para que se tueste ligeramente por igual, y se deja enfriar. Se bate la manteca con el azúcar hasta ponerla espumosa y se le añade el aguardiente y canela, y poco a poco la harina.

Se amasa con las manos y se deja reposar veinte minutos. Se pone la masa sobre la mesa, se extiende hasta dejarlo del grueso de un centímetro, se cortan los polvorones con un vasito pequeño y cortapastas ovalado, se pone sobre una placa espolvoreada de harina y se cuecen a horno bien caliente durante diez minutos. Cuando están dorados y se deshacen al presionarlos, se sacan de la placa y se espolvorean de azúcar glas, envolviéndolos en papeles.

TORTAS DE POLVORÓN

INGREDIENTES Y CANTIDADES

Manteca de cerdo	1/2 kilo.	Huevos	2.
Harina blanca	1 kilo.	Azúcar molida	1/8 kilo.
Almendras tostadas		Zumo de limón	1 cucharada.
y molidas	1/4 kilo.	Ralladura de limón.	

MODO DE HACERLO

Se bate la manteca con el azúcar hasta ponerla espumosa y se añaden los huevos batidos. Se mezclan bien con la manteca y se agrega poco a poco la harina ligeramente tostada y fría, mezclada con las almendras molidas; se mezcla bien todo, se agrega el zumo de limón, la ralladura y se hace una masa fina.

Se forman las tortas del tamaño que se quiera y se ponen en una placa engrasada previamente y espolvoreada con harina.
Se cuecen a horno moderado y se espolvorean de azúcar glas y canela molida.

TORTAS DE ACEITE

INGREDIENTES Y CANTIDADES

Harina	200 gramos.	Aguardiente	1 copa.
Azúcar	100 gramos.	Aceite	1 jícara.
Huevos	1.	Sal	1 polvo.

MODO DE HACERLO

Se mezclan todos los ingredientes y se amasan, añadiéndole la ralladura de la cáscara de un limón. Se hacen unas tortas delgadas y se cuecen al horno, espolvoreándolas de azúcar.

PERRUNILLAS

INGREDIENTES Y CANTIDADES

Manteca de cerdo	1/2 kilo.	Huevos	1.
Harina	1 1/2 kilo.	Azúcar molida	300 gramos.
Yemas	3.	Canela	5 gramos.
Cáscara de limón rallada.			

MODO DE HACERLO

Se bate mucho la manteca con el azúcar y cuando está espumosa se agregan las yemas, el huevo y, por último, la harina. Se trabaja bien la masa y se toman trozos del tamaño de un huevo, dándoles forma redonda u ovalada. Se barnizan con un poco de clara batida, se agrega un poco de azúcar y se cuece al horno fuerte hasta que se doren.

TORTAS DE MANTECA

INGREDIENTES Y CANTIDADES

Manteca de cerdo	240 gramos.	Aceite frito y frío	1 decilitro.
Azúcar	8 cucharadas.	Huevo	1.
Jerez	1/2 decilitro.		
Harina, aproximadamente 900 gramos.			

MODO DE HACERLO

Se trabaja la manteca con la espátula para ponerla fina, y poco a poco se va echando el azúcar sin dejar de trabajarla.
A continuación se agrega el jerez, aceite y la yema de huevo poco a poco, y cuando está todo mezclado se va agregando la harina también poco a poco hasta hacer una masa consistente y fina. Se forman unas tortas de cinco centímetros de diámetro, aplastadas, y se van colocando en una placa engrasada y espolvoreada de harina. Se barnizan en la clara batida ligeramente y se cuecen a horno moderado durante quince minutos. Bien doradas, se sacan y se ponen a enfriar, colocándolas en fuentes.

MANTECADOS

INGREDIENTES Y CANTIDADES

Harina	850 gramos.	Sal	5 gramos.
Manteca de cerdo		Jerez	1/2 decilitro.
derretida.	1 taza.	Azúcar glas	250 gramos.

MODO DE HACERLO

Se mezclan la manteca, el jerez y la sal, y se va añadiendo la harina poco a poco hasta hacer una masa suelta con las manos. Se hacen unas bolas que se aplastan y se va poniendo en una placa engrasada y espolvoreada de harina. Se cuecen a horno bien caliente durante un cuarto de hora y al sacarlas del horno se envuelven en abundante azúcar glas.

BOLLOS DE ACEITE

INGREDIENTES Y CANTIDADES

Harina	500 gramos.	Leche fría	1/2 jícara.
Aceite	250 gramos.	Anís	1/2 copa.
Azúcar	1/2 jícara.	Levadura Royal	1 cucharadita.
Corteza de limón.			

MODO DE HACERLO

En un recipiente se pone la harina mezclada con la levadura, el azúcar, el anís y la leche.

Se pone a freír el aceite, cuando hace humo se echa la cáscara de limón y cuando está oscura se saca y se echa de golpe el aceite hirviendo sobre la harina que tenemos en el recipiente.

Se remueve la mezcla con la espátula y se amasa en seguida hasta que quede una pasta lisa. Se moldean los bollos y se aplastan un poco formando unas tortas, o bien se hacen alargados y se ponen en una placa pastelera, se cuecen a horno moderado, se sacan cuando están dorados, espolvoreándolos con azúcar.

TORTAS DE CHICHARRONES

INGREDIENTES Y CANTIDADES

Chicharrones	500 gramos.	Huevos	1.
Harina	750 gramos.	Manteca	1 cucharada.
Azúcar	250 gramos.	Ralladura de limón	1/2 cucharadita.
Sal	10 gramos.		

MODO DE HACERLO

Se pican muy bien los chicharrones. En un recipiente se pone la harina, se hace un hueco en medio, se echan en él todos los ingredientes y se amasan hasta formar una masa fina y compacta.

Se espolvorea de harina una placa de horno y se moldean las tortas cogiendo una bola de masa y aplastándolas con la mano hasta dejarlas de un centímetro y medio de grueso. Se espolvorean de azúcar y se cuecen al horno moderado hasta que están doradas.

Se retiran de la placa con cuidado para que no se partan.

MANTECADOS HARINADOS EN FRÍO

INGREDIENTES Y CANTIDADES

Manteca de cerdo	175 gramos.	Azúcar glas	200 gramos.
Harina	500 gramos.	Canela	5 gramos.

MODO DE HACERLO

Se bate la manteca de cerdo con el azúcar glas hasta ponerla como merengue.

Se pone a secar la harina en el horno, dándole vueltas para que se dore ligeramente por igual.

Cuando la manteca está bien batida se agrega a la canela y se va introduciendo la harina tostada poco a poco hasta obtener una masa suelta, se extiende la masa con las manos hasta dejarla de un centímetro de gruesa y con una copa se cortan los mantecados y se dejan secar. Se espolvorean con un poco de azúcar y se envuelven en papeles de seda cortadas las puntas en flecos.

MASA DE LEVADURAS

'BUNS'
(Bollitos de pasas para el té)

INGREDIENTES Y CANTIDADES

Harina	350 gramos.	Leche	
Mantequilla	150 gramos.	templada	1 1/2 decilitro.
Azúcar	60 gramos.	Sal	5 gramos.
Levadura prensada	15 gramos.	Harina	1 cucharada.
Ralladura de limón y pasas de Corinto.			

MODO DE HACERLO

Con noventa gramos de harina y la levadura desleída en medio decilitro de leche templada se hace una bola de masa blanda, que se deja reposar en sitio templado hasta que aumenta el doble.

Con la harina restante se forma un círculo en un recipiente y en el centro se pone la sal, el azúcar, un decilitro de leche y la ralladura de limón. Se va recogiendo la harina, se hace una masa fina y se trabaja bien para ponerla correosa.

En este punto se extiende la masa sobre la mesa espolvoreada de harina y se pone en el centro la mantequilla, amasándola para incorporarla, uniéndole la masa levadura, se mezcla todo bien, se espolvorea la harina y se deja en una fuente tapada con un paño en sitio templado para que aumente el doble.

Ya levada se echa de nuevo sobre la mesa y se incorporan las pasas de Corinto.

Se mezcla bien y se hace un cilindro con la masa, cortándola en trozos iguales que se redondean en forma de bola y se colocan en una placa bien untada de mantequilla, se pone ésta tapada con un paño en sitio templado y se deja subir una parte más. Se barnizan con un pincel mojado en huevo batido y se mete la placa en el horno con calor moderado aproximadamente un cuarto de hora.

Bien doraditas se sacan y se quita de la placa. Se sirven en plato o bandeja con servilleta.

'MUFFINS'
(Para tomar con mantequilla y mermelada)

INGREDIENTES Y CANTIDADES

Harina	300 gramos.	Huevos	2.
Mantequilla	50 gramos.	Azúcar	20 gramos.
Levadura prensada	10 gramos.	Leche templada	2 decilitros.

MODO DE HACERLO

En un recipiente se pone la harina y en el centro se echa la leche templada con la levadura desleída en ella, los huevos, mantequilla, azúcar y sal. Se mezclan los ingredientes y se va recogiendo la harina con la cuchara para hacer una masa blanda que se tapa y se deja levar un rato.

Cuando ha aumentado una parte se llenan unos moldes de *muffins*, que son como flaneros, más bajos y anchos, y se meten al horno durante veinte minutos. Se sacan del horno y se dejan enfriar en los moldes.

Cuando se van a comer se parten por la mitad, se tuestan y se sirven para el té acompañados de mantequilla o mermelada.

SUIZOS

INGREDIENTES Y CANTIDADES

Harina	325 gramos.	Leche	1 decilitro.
Levadura	10 gramos.	Huevos	2.
Mantequilla	100 gramos.	Sal	5 gramos.
Azúcar	30 gramos.		

MODO DE HACERLO

Se pone la harina en un recipiente, se hace un hueco en el centro y se pone la leche templada, en la que se deslíe la levadura prensada. Se añaden los huevos, la mantequilla, la sal y el azúcar, se mezcla todo y se recoge poco a poco la harina para hacer una masa fina y blanda. Se hace una bola, se marcan dos cortes con el cuchillo en forma de cruz y se deja en una vasija espolvoreada de harina, se tapa con un paño y se deja en sitio templado hasta que sube al borde.

Se espolvorea la mesa con harina, se vuelca en ella la masa después de aumentada y se trabaja un poco más.

Se forman los suizos tomando porciones de masa, dándoles la forma y colocándolos a distancia uno de otro en placa pastelera bien engrasada, se cubren con un paño y se dejan las placas en sitio templado hasta que los suizos aumentan el doble; entonces se da un corte a lo largo y en él se echa una cucharadita de azúcar corriente, se barnizan dos veces con huevo batido y se meten las placas al horno caliente hasta que toman color dorado.

'BRIOCHES'

INGREDIENTES Y CANTIDADES

Harina fuerte	300 gramos.	Sal	5 gramos.
Levadura prensada	10 gramos.	Azúcar	10 gramos.
Mantequilla	150 gramos.	Huevos	3.
Agua templada	1/2 decilitro.		

MODO DE HACERLO

Se hace primero una masa levadura poniendo noventa gramos de harina en un recipiente y añadiéndole la levadura desleída en medio decilitro de agua templada. Con estos ingredientes se hace una bola de masa blanda se pone en sitio templado para que aumente el doble.

Mientras leva la primera masa se hace la masa del *brioche*.

En un recipiente se pone la harina sobrante, se hace un hueco en medio, se ponen los huevos batidos con dos cucharadas de agua y se hace una masa que se trabaja bastante hasta ponerla correosa. Se extiende sobre la mesa y se incorpora la mantequilla amasada con el azúcar y la sal, se mezcla con la masa, añadiendo, por último, la masa levadura, que se introduce bien, procurando que esté bien mezclada.

Se envuelve esta masa en harina y se pone en un recipiente en sitio templado durante cinco horas para que aumente el doble de su volumen.

Transcurrido este tiempo se untan los moldes de *brioches* con mantequilla y se pone en cada uno una bola de masa, se hace un hoyo en el centro y se pone encima otra bola más pequeña; se colocan en una placa y en sitio templado para que aumenten el doble.

Se barnizan con huevo batido y se cuecen a horno bien caliente hasta que tomen color dorado.

CRUASANES

INGREDIENTES Y CANTIDADES

Harina fuerte   400 gramos.
Mantequilla   100 gramos.
Levadura   15 gramos.
Huevo para barnizar.

Leche   3 decilitros.
Sal   5 gramos.
Azúcar   5 gramos.

MODO DE HACERLO

Se pone la harina en un recipiente, se hace un hueco en el centro y se echa la sal, el azúcar y la levadura desleída en un poco de leche templada. Se hace una masa como si fuera pan, añadiendo la leche poco a poco para hacer una masa más bien blanda. Se echa en un barreño espolvoreado con harina y tapado, se pone en sitio templado para que leve el doble.

Cuando la fermentación haya hecho su efecto se echa la masa en un mármol espolvoreado de harina y se trabaja un poco la masa estirándola en todas direcciones para que quede de un grueso por igual de un centímetro.

Se ablanda un poco la mantequilla y se coloca en el centro de la masa, se dobla como si fuera un paquete, dándole unos golpes con el rodillo para que se una la mantequilla a la masa.

Se procede entonces como para el hojaldre, dejando reposar la masa diez minutos al fresco y estirándola después para dejarla delgada, se toman las extremidades de arriba y se doblan hasta las dos terceras partes de la masa, se toman las de abajo y se doblan encima, quedando de este modo doblado en tres.

Se deja reposar un rato al fresco y se da vuelta a la masa, repitiendo la operación de estirarla y doblarla otras dos veces más.

Se deja reposar cinco minutos y se procede a hacer los cruasanes.

Se pone la masa sobre la mesa espolvoreada de harina, se espolvorea también la masa y se estira un poco, cortándola por la mitad, y cada mitad en tantos trozos como cruasanes se quieran hacer, cada trozo se estira con el rodillo para hacer un cuadrado que se enrolla empezando por una de las puntas, de modo que termina quedando encima la otra punta. La forma ha de ser como la de un cigarro, más abultado en el centro.

Se coloca con cuidado en placas preparadas previamente con mantequilla, procurando que la punta del cruasán quede encima, y se doblan las puntas hacia adentro para darle forma de media luna.

Se deja en sitio templado hasta que aumenten el doble, y cuando han aumentado se barnizan con un pincel con huevo batido, y se cuecen a horno fuerte unos quince minutos.

ENSAIMADAS

INGREDIENTES Y CANTIDADES

Harina	500 gramos.	Azúcar	75 gramos.
Levadura prensada	20 gramos.	Sal	5 gramos.
Agua templada	1 1/2 decilitro.	Huevos	2.
Manteca de cerdo	50 gramos.	Aceite crudo	5 cucharadas.

MODO DE HACERLO

Con cien gramos de harina, la levadura y medio decilitro de agua templada se hace una masa levadura como en las recetas anteriores y se pone a levar en agua templada. Cuando flota en la superficie estará en su punto.

En un recipiente se pone el resto de la harina, se hace un hueco y en medio se pone la sal, el azúcar, los huevos y el agua; se mezclan estos ingredientes y se pone la masa levadura, que se deslíe en ellos. Se va recogiendo la harina y se hace una masa compacta, añadiéndole una cucharada de aceite y después otra.

Se parte en trozos iguales toda la masa, se embadurna el rodillo de aceite y el mármol y se estiran los pedazos hasta dejarlos al grueso de un papel de barba, se barnizan con un pincel mojado en la manteca de cerdo derretida y se enrollan y estiran untando los dedos en aceite, se hace un rodete y se van poniendo a distancia en placas pasteleras. Cuando todas están hechas se ponen las placas en un cajón, tapadas y en sitio templado y se dejan durante doce horas para que aumente el doble.

Se riegan con un poco de agua fría, se espolvorean de azúcar y se cuecen en horno fuerte durante un cuarto de hora.

ENSAIMADAS DE MALLORCA

INGREDIENTES Y CANTIDADES

Leche	1 vaso.	Harina	1 kilo.
Levadura prensada	40 gramos.	Huevos	5.

Manteca de cerdo muy fresca y la suficiente sal.

MODO DE HACERLO

Se deslíe la levadura en la leche templada, se añaden los huevos, la harina y un poco de sal y se hace una masa muy fina bien trabajada, dejándola fermentar tapándola en sitio templado.

Cuando ha adquirido el doble de su volumen se extiende en la mesa dejándola muy fina, se pone una buena capa de manteca de cerdo y se enrolla. Se forman las ensaimadas en forma de espiral y se ponen en placas, se dejan reposar en sitio bien templado y al abrigo del aire, y cuando han aumentado nuevamente se meten en el horno.

TORTELES

Se hace una masa como la anterior y al extenderla sobre la mesa impregnada de aceite y dejarla fina se pone un cordón de pasta de mazapán, se enrolla y se estira para afinar un poco el cilindro; se hace en forma de rosco uniendo los extremos.

'SAVARIN'

INGREDIENTES Y CANTIDADES

Harina	350 gramos.	Levadura prensada	10 gramos.
Huevos	3.	Azúcar	25 gramos.
Leche	2 decilitros.	Sal	3 gramos.
Mantequilla	100 gramos.	Ralladura de limón.	

Almíbar

Azúcar	250 gramos.
Agua	2 decilitros.
Coñac	2 copas.

MODO DE HACERLO

Se hace una masa de levadura con cien gramos de harina y la levadura prensada desleída en tres cucharadas de agua templada.

Hecha una bola más blanda se pone en un recipiente con agua templada y se deja hasta que suba a flote.

Se pone el resto de harina en un recipiente, se añade el azúcar, la sal y los huevos batidos. Poco a poco se va añadiendo la leche. Cuando la levadura está en su punto se incorpora a la masa y con los dedos se deshace y se mezcla bien con la espátula para que se quede bien disuelta. Ha de quedar como una crema muy espesa y correosa. Se tapa con un paño y se deja reposar en sitio templado hasta que quede aumentada el doble.

En este punto se le agrega poco a poco la mantequilla derretida, incorporándola con la espátula de madera.

Se embadurna con mantequilla un molde de *savarin* de veinticinco centímetros de diámetro y se llena hasta la mitad con la masa; si queda puede ponerse un moldecito pequeño, pero no llenarlo más de la mitad; se mete en el horno bajo de la cocina cuyo calor no pase de templado, y si no hay se puede poner a un lado del fogón donde haya calor suave para que suba la masa.

Cuando ésta ha llenado el molde se mete en el horno con calor fuerte para que se cueza, quedando desprendido del molde y dorado.

Se desmolda y se baña en caliente con el almíbar.

Modo de hacer el almíbar.

En un cazo se pone el agua, el azúcar y unas gotas de limón; cuando rompe a hervir se espuma y se deja cocer cinco minutos, se retira del fuego y se agregan las copas de coñac.

Se pone el *savarin* sobre una rejilla y debajo de ésta un plato para recoger el almíbar que escurre; con una cuchara se baña el *savarin* hasta que se quede bien empapado. Entonces se coloca en un plato de cristal y se rellena el hueco con quinientos gramos de nata batida puesta en manga pastelera. Se termina de adornar con cerezas confitadas.

'BABA' AL RON

INGREDIENTES Y CANTIDADES

Harina	250 gramos.	Pasas de Corinto	100 gramos.
Mantequilla	125 gramos.	Levadura prensada	15 gramos.
Azúcar	25 gramos.	Huevos	3 gramos.
Sal	3 gramos.	Leche templada	1/2 decilitro.

MODO DE HACERLO

Se disuelve la levadura con la leche templada y se unta perfectamente el molde con mantequilla.

En un recipiente se pone la harina, se forma un hueco en su centro y se pone en él la leche con la levadura, la sal, azúcar, huevos y la mantequilla. Bien mezclados los ingredientes se recoge la harina y se hace una masa bien blanda y muy correosa. Se agregan las pasas y se echa en el molde hasta la mitad.

Se pone en sitio caliente y cuando ha aumentado el doble se mete a horno moderado durante veinticinco minutos.

Se desmolda y en caliente se baña con el jarabe al ron y bien empapada se coloca en fuente redonda de cristal.

JARABE AL RON

En un cazo se ponen doscientos gramos de azúcar y un decilitro de agua. Cuando rompe a hervir se espuma bien y se deja hervir dos minutos. Se agrega una buena copa de ron y se emplea en caliente, bañando el *baba* con una cuchara hasta que lo baña todo.

COCAS DE SAN JUAN

INGREDIENTES Y CANTIDADES

Harina	400 gramos.	Almendras	50 gramos.
Huevos	4.	Levadura prensada	15 gramos.
Azúcar	125 gramos.	Manteca de cerdo	50 gramos.
Mantequilla	50 gramos.	Canela en polvo	15 gramos.
Piñones	50 gramos.	Fruta confitada	150 gramos.
Anís en grano	15 gramos.	Leche	1 decilitro.
Limón rallado.			

MODO DE HACERLO

En un recipiente se pone el decilitro de leche templada y se deslíe en ella la levadura, se añaden cien gramos de harina y se hace una bola de masa blanda que se deja en sitio templado hasta que aumente el doble.

En otro recipiente se pone el resto de harina, se abre un hoyo en el centro y se ponen en él los huevos, la manteca, setenta y cinco gramos de azúcar, la ralladura de medio limón y el anís tostado y machacado. Se amasa todo y se trabaja bastante para hacer una masa fina. Cuando la masa levadura ha aumentado el doble se juntan las dos, se amasa bien, espolvoreando la masa con harina.

Bien trabajada y fina se hace dos trozos la masa, se estiran con el rodillo formando dos cocas ovaladas de centímetro y medio de grueso y se colocan encima de una placa untada de grasa. Se humedece la superficie con un pincel mojado en agua y se adorna con los piñones, almendras y fruta confitada, colocando todo con arte. Se dejan las placas en sitio templado cubiertas con un paño para que reposen durante dos horas, al cabo de las cuales se espolvorean con azúcar y se meten en el horno con calor moderado hasta que estén doradas.

ROSCÓN DE REYES

INGREDIENTES Y CANTIDADES

Harina fuerte	500 gramos.	Huevos	2.
Mantequilla	100 gramos.	Leche	1/4 litro.
Azúcar	75 gramos.	Agua de azahar	1 cucharadita.
Levadura		Sal	5 gramos.
prensada	20 gramos.	Ralladura de limón.	

MODO DE HACERLO

Con cien gramos de harina, tres cucharaditas de leche templada y la levadura se hace una bola de masa blanda, como en las recetas anteriores, y se deja levar.

En un recipiente se pone la otra harina formando un hueco y se ponen los huevos, el azúcar y el resto de la leche, el agua de azahar y la ralladura de limón. Con estos ingredientes se hace una masa que se trabaja mucho para ponerla fina y correosa. Entonces se extiende la masa con las manos y en el centro se pone la mantequilla y se mezcla bien la masa. Cuando está incorporada se hace la misma operación con la masa levadura y una vez mezclada se pone en un recipiente grande, se espolvorea de harina, se tapa y se deja en sitio templado. A las tres horas se rompe la masa, dándole unas vueltas en el mismo recipiente y se vuelve a dejar en reposo otras tres horas.

Se vuelca la masa sobre la mesa espolvoreada de harina y se hacen dos partes. Con las manos enharinadas se hacen dos bolas y se colocan en placas engrasadas, aplastándolas y dándoles forma de tortas. Se hace en el centro un hueco de cinco centímetros, se adorna con unas tiras de calabazate confitadas y naranja y se deja levar una parte más.

Se barnizan con huevo batido, se espolvorea de azúcar gruesa y se cuece a horno moderado hasta que están doradas (unos veinte minutos).

PANECILLOS DE VIENA

INGREDIENTES Y CANTIDADES

Harina fuerte	500 gramos.	Azúcar	10 gramos.
Levadura prensada	15 gramos.	Agua	1 1/2 decilitros.
Leche	1 1/2 decilitro.	Sal	3 gramos.
Mantequilla	50 gramos.		

MODO DE HACERLO

Se prepara una masa levadura con cien gramos de harina, medio decilitro de agua templada y la levadura disuelta en ella. Se hace una bola de masa blanda y se pone en un cazo de agua templada hasta que flota en la superficie, que es cuando está en su punto, mientras se prepara la masa.

En un barreño se pone el resto de harina en círculo y en el centro se ponen todos los ingredientes y se hace una masa fina que se trabaja bien, golpeándola contra la mesa y sobándola mucho para que se ponga correosa. Una vez en su punto se extiende con las manos y se incorpora la masa levadura, se trabaja un poco para que se mezcle bien y se pone en el barreño espolvoreado con harina y envuelto en un paño. Se deja reposar en sitio templado y cuando ha levado el doble se vuelca sobre la mesa espolvoreada de harina y se vuelve a trabajar, dejándola nuevamente en reposo en el barreño espolvoreado con harina y tapado.

Cuando ha subido por segunda vez se vuelve a poner en la mesa y se hace un rollo largo con la masa, se corta en partes iguales y se forman las barritas de viena en forma redonda. A éstas se les hace un corte en forma de cruz y a las largas tres cortes al sesgo, se ponen sobre una placa y se tapan con un paño. Cuando han aumentado el doble se bañan con un pincel mojado en agua y se meten al horno bastante caliente unos diez o doce minutos.

PAN BLANCO

INGREDIENTES Y CANTIDADES

Harina	1 kilo.	Agua	6 1/2 decilitros.
Levadura	40 gramos.	Sal	20 gramos.

MODO DE HACERLO

Con cuarto de kilo de harina, la levadura y un decilitro de agua se hace una bola de masa que se envuelve en un paño espolvoreado de harina y se deja guardado en sitio libre de corriente de aire.

Al día siguiente se pone la masa hecha en un barreño, se añade la sal y el resto de agua, se mezcla bien y se va incorporando el resto de harina para hacer la masa, que se trabaja con fuerza para que quede fina y correosa. En este punto se pone la masa sobre la mesa espolvoreada de harina y se hace el pan cortando trozos de cincuenta gramos. Se forman panecillos a gusto de cada cual y se van colocando sobre una tabla cubierta con un paño blanco y bien abrigada se deja aumentar el doble; entonces se coloca el pan en placas, se mete a horno bien fuerte, dejándolo cocer un cuarto de hora.

Antes de meterlas al horno se pueden barnizar con una brocha mojada en agua.

BOLAS DE BERLÍN

INGREDIENTES Y CANTIDADES

Harina	375 gramos.	Levadura prensada	10 gramos.
Mantequilla	160 gramos.	Huevos	2.
Azúcar glas	50 gramos.	Leche	6 cucharadas.
Azúcar en polvo	15 gramos.	Dulce	
Sal.		de membrillo	200 gramos.
Aceite suficiente para freírlas.			

MODO DE HACERLO

En un cazo se pone la levadura y la leche templada, se deslíe y se agregan cincuenta gramos de harina, formando una bola blanda que se pone en sitio templado para que aumente el doble de su volumen.

En otro recipiente se pone la harina restante, los huevos, el azúcar corriente y la mantequilla derretida; se agregan cinco gramos de sal y se trabaja la masa con la espátula hasta que forme liga y se despegue del recipiente. Entonces se agrega la levadura y se sigue trabajando durante diez minutos. Se tapa la masa y se deja reposar durante tres horas. Pasado este tiempo se echa la masa sobre la mesa espolvoreada de harina y se enrolla formando un cilindro; se cortan unos trocitos del tamaño de una nuez, se aplanan y en el centro se pone un trozo de carne de membrillo espolvoreado de azúcar glas, se humedece ligeramente con agua y se tapa con otro trozo igual que el primero, se redondea en forma de bola, se colocan encima de una hoja de papel de barba espolvoreada con harina y se dejan reposar en sitio templado unos veinticinco minutos.

Se pone al fuego una sartén con abundante aceite; cuando está bien frito se retira a un lado y cuando está poco caliente se van echando las bolas y dejándolas freír hasta que están muy doradas. Se ponen a escurrir, se espolvorean de azúcar glas y se sirven.

BOLLOS AMERICANOS

INGREDIENTES Y CANTIDADES

Azúcar	75 gramos.	Huevo	1.
Harina	350 gramos.	Leche	1/2 decilitro.
Mantequilla	75 gramos.	Sal	2 gramos.
Levadura Royal	1 cucharadita.		

MODO DE HACERLO

En un perol de tamaño proporcionado se pone la mantequilla y el azúcar y se bate durante cinco minutos; se agrega el huevo y se sigue batiendo otros cinco minutos, se añade la leche y, por último, la harina mezclada con la levadura Royal. Se trabaja esta masa sobre la mesa y se deja reposar tapada durante media hora. Pasado este tiempo se forman redondos que se colocan en una placa pastelera engrasada espolvoreada de harina y se cuecen a horno bastante caliente durante veinte minutos.
Al sacarlos se espolvorean de azúcar glas.

PAN DE MILÁN

INGREDIENTES Y CANTIDADES

Harina	550 gramos.	Levadura prensada	35 gramos.
Pasas de Corinto	100 gramos.	Mantequilla	150 gramos.
Azúcar	125 gramos.	Coñac	1 copa.
Huevos	3.	Fruta confitada	150 gramos.
Leche	1 decilitro.	Sal	7 gramos.

MODO DE HACERLO

Se ponen en un recipiente ciento cincuenta gramos de harina formando un círculo, y en el centro se pone la levadura desleída en la leche templada, se mezcla todo y se hace una masa blanda que se deja en sitio templado para que aumente el doble.

En un barreño se pone el resto de la harina, se forma un hueco en el centro y se pone la mantequilla derretida, los huevos, la sal, limón rallado y el azúcar, se mezcla con una cuchara. Se va recogiendo la harina y se forma una masa fina. Se agregan las pasas, la fruta confitada cortadita y el coñac. Se mezcla todo y se agrega la masa levadura. Se trabaja y se incorpora por igual. Cuando se desprende de la mesa se echa en un molde de *cake* bien engrasado y espolvoreado de harina, pero no se debe llenar del todo, porque aumenta mucho.

Se pone el molde en sitio templado y cuando ha subido hasta el doble se mete en el horno con calor moderado de cuarenta y cinco a cincuenta minutos.

PAN DE NUECES

INGREDIENTES Y CANTIDADES

Nueces mondadas	75 gramos.	Harina	3 tazas.
Pasas de Corinto	100 gramos.	Azúcar	1 taza.
Huevo	1.	Bicarbonato	
Leche	1 taza.	de sosa	1 cucharadita.
Levadura	2 cucharaditas.		

MODO DE HACERLO

Se pican las nueces en la tabla hasta hacerlas polvo; se pican las pasas también y se mezclan con el bicarbonato y la levadura. En un recipiente se pone la leche, el azúcar, el huevo y la harina.

Bien mezclado todo se añaden las pasas y nueces picaditas, se mezcla el conjunto con la espátula y se vierte en un molde de *cake* bien untado de manteca, cuidando no llenarlo hasta poco más de la mitad y se deja tapado en sitio templado. Pasados veinte minutos se mete en el horno con calor moderado hasta que sube y se dora.

Tarda aproximadamente una hora, se desmolda y se deja enfriar, se corta en lonchas de medio centímetro y se sirve con mantequilla.

PREPARADOS DE HOJALDRE

MILHOJAS

INGREDIENTES Y CANTIDADES

Harina fuerte	250 gramos.	Huevo	1.
Manteca de cerdo	20 gramos.	Agua	1/2 decilitro.
Mantequilla	225 gramos.	Zumo de medio limón.	

Sal, un pellizco.

MODO DE HACERLO

Se tamiza la harina sobre un mármol, se hace un montón y en el centro se abre un hueco, se coloca en él el huevo, la manteca de cerdo, sal, el zumo de limón y el agua. Se mezclan estos ingredientes y se recoge la harina con la mano haciendo una masa fina y poco trabajada, de consistencia blanda, que se hace una bola, se marcan dos cortes encima y se deja reposar en sitio fresco media hora.

Mientras tanto se trabaja un poco la mantequilla con la mano para dejarla de la misma consistencia que la masa, se envuelve en la harina y se deja en sitio fresco.

Se vuelve a poner la masa sobre el mármol, se espolvorea la mesa y el rollo con harina y se estira la masa lo suficiente para poner en el centro la mantequilla, y que se puede doblar sobre sí misma doblando también los extremos de forma que quede la masa cerrada como en un paquete. Se le dan unos golpecitos con el rodillo para que adhiera la mantequilla a la masa y se deja otro rato al fresco como un cuarto de hora.

Se espolvorea nuevamente el mármol y la masa, colocando el rodillo en el centro se extiende con cuidado hacia arriba y volviendo a colocar en el centro se estira hacia abajo, quedando la masa como una tira que se iguala en los bordes empujándola con un cuchillo, pero sin cortar. Se dobla la masa en tres dobleces y se vuelve a extender y doblar como la vez anterior; hecho esto se deja tapado en sitio fresco durante un cuarto de hora.

Transcurrido este tiempo se vuelve a repetir la operación anterior y se vuelve a dejar en reposo otro cuarto de hora.

Por tercera vez se hace lo mismo, quedando en total dadas seis medias vueltas.

Se corta en tres partes la masa y cada una de ellas se extiende por igual hasta dejarla de un grueso de medio centímetro, se igualan los bordes y se ponen sobre una placa ligeramente untada de manteca de cerdo y se deja en sitio frío o sobre hielo. Transcurrido un cuarto de hora se mete al horno fuerte hasta que suba y se doren. Se coloca uno de los trozos en una bandeja, se pone buena capa de crema pastelera (véase *Crema para rellenar*), se coloca encima el segundo y se pone una capa de chantillí. Se cubre con la tercera parte, se espolvorea de azúcar glas y se coloca en una fuente con servilleta.

Si se quieren hacer pequeñas, subdividir los trozos de masa estirada, cortándolos con cortapastas.

Los recortes sobrantes pueden servir para hacer alguna pasta.

PALMERAS

Se emplea masa de hojaldre a cinco vueltas.

Se estira la masa hasta dejarla del grueso de la mitad de medio centímetro. Se espolvorea la mesa y la masa con azúcar glas, se pinta ésta con pincel mojado en huevo batido y se enrolla empezando por las puntas hasta el centro de la masa.

Se cortan trozos de un centímetro de ancho, se espolvorean de azúcar glas y se ponen de plano sobre la placa poco engrasada.

Se cuecen a horno fuerte hasta estar doradas.

LACITOS

Preparar una masa como en la receta anterior. Se estira hasta dejarla del grueso de la mitad de medio centímetro y se cortan en tres tiras iguales de unos tres dedos de ancho cada una. Se espolvorean con azúcar glas, espolvoreando también la mesa, se pinta de huevo batido y se colocan una encima de otra. Con un cuchillo fino se cortan tiras de un centímetro de ancho; a estas tiras se les da una vuelta en el centro y se ponen en una placa ligeramente engrasada y a conveniente distancia unas de otras para que al cocer en el horno no se deformen.

Se cuecen a horno fuerte.

ROSQUILLAS DE ALCALÁ

Se prepara una masa como en las recetas anteriores.

Se extiende con el rodillo hasta dejarla del grueso de medio centímetro y con un cortapastas liso se hacen unos círculos de seis centímetros de ancho y en el centro se hace otro de dos centímetros para darle forma de rosco. Se colocan en una placa de pastelería separadas unas de otras y se meten en el horno a calor fuerte unos veinte minutos. Se bañan de yema blanda, se dejan secar en la boca del horno y ya secas se cubren con glasa.

Para la yema blanda se hace un almíbar con ciento setenta y cinco gramos de azúcar y medio decilitro de agua. Cuando adquiere punto de bola floja se echa sobre seis yemas limpias de claras, se agrega una cucharadita de glucosa y se mueve despacio al lado del fuego hasta que espesa.

Glasa

Con ciento setenta y cinco gramos de azúcar y un decilitro de agua se hace un almíbar a punto de hebra floja. Se separa del fuego y se bate con un tenedor hasta que está blanco, se bañan las rosquillas y se dejan secar.

'PETIT CONDES'

Se prepara una masa de hojaldre como en las recetas anteriores, o sea a seis medias vueltas. Se estira con el rodillo hasta dejarlo de un centímetro de grueso; se cortan unos discos de seis centímetros de diámetro, se bañan con glasa real y se espolvorean de almendra picada. Se colocan en una placa pastelera a conveniente distancia y se cuecen a horno moderado durante un cuarto de hora. Ya doraditas se sacan y se espolvorean de azúcar.

Glasa real

En una taza se ponen cien gramos de azúcar glas, media cucharadita de zumo de limón y una clara de huevo, se mezcla con la espátula hasta obtener una pasta fina y blanca. Se cubren los discos, se extienden con un cuchillo y se echan las almendras.

PAJAS AL QUESO

Se prepara una pasta de hojaldre como en las recetas anteriores.

En la cuarta vuelta sencilla se espolvorea la mesa y la masa con queso rallado fino, se vuelve a doblar la masa y se espolvorea de huevo con queso. Se le dan otras dos vueltas más, o sea ocho vueltas sencillas, y en la última se estira el grueso del canto de un duro, se corta la masa en tiras de diez centímetros de ancho y éstas en tiritas muy finas que se colocan en placas untadas de mantequilla y se cuecen a horno fuerte.

Son muy buenas para el té.

PASTAS PARA MERIENDAS

MARGARITAS

INGREDIENTES Y CANTIDADES

Avellanas tostadas	200 gramos.
Claras	4.
Azúcar	200 gramos.

Fondant			*Glasa*		
Azúcar	125 gramos.		Azúcar glas	125 gramos.
Agua	1/2 litro.		Zumo de limón	1 cucharadita.
Zumo de limón	1/2 cucharada.		Clara	1.

MODO DE HACERLO

Se ralla o muele la avellana tostada con el azúcar, se agregan las claras, se mezcla con espátula y se pone en la manga pastelera con boquilla número 14.

Se hacen unos discos sobre una placa untada de mantequilla y espolvoreada de harina y se mantiene en horno unos quince minutos.

Cocidas y frías se pegan de dos en dos con un poco de *fondant*, al que se agrega una cucharadita de leche condensada.

Se colocan en un lado y se forma encima una margarita con la glasa puesta en un cucurucho de papel.

Fondant

En un cazo se pone el azúcar y el agua, se acerca al fuego y cuando rompe a hervir se espuma bien y se deja cocer hasta que adquiere punto de hebra fuerte; se separa del fuego y se añade el zumo de limón, se bate con una espátula y se hace una pasta blanca como la nieve.

Se moja la palma de la mano, se trabaja sobre el mármol para que quede una masa muy fina, se pone en el cazo y se añade una cucharada de agua caliente, se mezcla bien, se agrega la cucharada de leche condensada, se bate bien y se mete el cazo en el recipiente de agua caliente para que no se endurezca.

Glasa

En un tazón de porcelana se ponen el azúcar, el zumo de limón y la clara, se mezcla durante diez minutos con una cuchara de madera y cuando está completamente blanco se pone un cucurucho de papel blanco y se forman las margaritas.

Una vez hechas todas se tiñe el *fondant* que queda con dos gotas de amarillo vegetal, y se hacen los centros de las margaritas.

LENGUAS DE GATO

INGREDIENTES Y CANTIDADES

Harina	100 gramos.	Azúcar glas	100 gramos.
Mantequilla	50 gramos.	Claras	2.
Ralladura de limón o naranja.			

MODO DE HACERLO

En un recipiente se pone la mantequilla y el azúcar, se agrega la ralladura y se mezcla con el batidor. Bien mezclado todo se agregan las dos claras, se sigue batiendo y se añade por último la harina. Se remueve bien y se deja reposar la masa doce minutos.

Se pone la pasta en una manga con boquilla lisa del grueso de un cigarro y se marcan unas tiras de seis centímetros de largo, separadas unas de otras, y se meten al horno fuerte para que se doren en seguida. Se quitan de la placa antes de que se enfríen para que no se rompan.

LENGUAS DE GATO
(Otra)

INGREDIENTES Y CANTIDADES

Harina	150 gramos.	Mantequilla	150 gramos.
Azúcar glas	150 gramos.	Claras	3.
Vainilla, una pizca.			

MODO DE HACERLO

Se mezclan la harina y el azúcar en una fuente, se añade vainilla y la mantequilla derretida; ya mezclado se incorporan las claras batidas a punto de nieve y bien unido todo, sin moverlo demasiado, se marcan las lenguas, poniendo la pasta en la manga con boquilla lisa y de un largo de seis centímetros un poco separadas. Se meten al horno fuerte y cuando empiezan a tomar color se sacan y se retiran de la placa antes de que se enfríen.

PASTAS DE CHOCOLATE

INGREDIENTES Y CANTIDADES

Harina	250 gramos.	Almendra molida	125 gramos.
Mantequilla	150 gramos.	Claras	2.
Azúcar glas	200 gramos.	Cacao	10 gramos.

MODO DE HACERLO

Sobre la mesa se pone la harina en montón y en el centro se hace un hueco, donde se pone la mantequilla algo blanda y las almendras. Se mezclan ambas cosas y se agrega el cacao, el azúcar y las claras; mezclando todo se recoge la harina y se hace una masa algo blanda; se pone en una manga pastelera con boquilla ancha y rizada y se marcan unas pastas en una placa engrasada. Se pone la placa al horno bien caliente durante un cuarto de hora.

Bien doradas se sacan y se levantan de la placa.

PASTAS DE CERVEZA

INGREDIENTES Y CANTIDADES

Mantequilla	100 gramos.	Azúcar	50 gramos.
Harina	200 gramos.	Sal	5 gramos.
Cerveza	1/2 decilitro.		

MODO DE HACERLO

Se bate la mantequilla para ponerla blanda, se añade la sal y la cerveza, se mezcla y se agrega la harina, haciendo una masa blanda y poco trabajada.

Se pone en una manga con boquilla ancha rizada y se marcan unas tiras de tres centímetros de anchas y cinco de largas y se espolvorean con azúcar, metiéndolas al horno bien caliente.

Bien doradas se levantan y se sacan de la placa.

PANECILLOS DULCES

INGREDIENTES Y CANTIDADES

Harina	225 gramos.	Azúcar	25 gramos.
Mantequilla	65 gramos.	Leche	1/2 decilitro.
Levadura Royal	5 gramos.	Sal	5 gramos.
Yemas	2.		

MODO DE HACERLO

Se mezcla la levadura con la harina y la sal.

En un recipiente se pone la harina, se ahueca en el centro, se ponen las yemas, treinta gramos de mantequilla, azúcar y la leche, haciendo una masa compacta y fina.

Se extienden con el rodillo y se cortan unos cuadrados de seis centímetros, se cortan éstos en triángulos, se extiende un poco de mantequilla blanda con el pincel y se enrollan como si fueran cigarrillos.

Se untan de huevo batido y se colocan en una placa de horno engrasada.

Se meten al horno moderado durante veinticinco minutos.

TEJAS DE NARANJA

INGREDIENTES Y CANTIDADES

Azúcar glas	100 gramos.	Claras	2.
Harina	100 gramos.	Naranjas en dulce	50 gramos.
Mantequilla	100 gramos.	Ralladura de naranja.	

MODO DE HACERLO

Se corta en trozos pequeñitos la naranja confitada. En un recipiente se pone la mantequilla algo blanda, se trabaja un poco con la espátula y se incorpora el azúcar; bien mezcladas ambas cosas se agregan las claras, la naranja picadita y un poco de ralladura de naranja. Se mezcla todo y se agrega la harina; sin trabajarla mucho se hace una masa blanda. Se pone en una manga con boquilla lisa y se hacen unas pastas cortas sobre la placa pastelera engrasada y se cuecen a horno fuerte unos cinco minutos.

Se sacan doradas, se levantan de la placa y se van haciendo las tejas, poniéndolas sobre un rodillo hasta que se enfríen.

TEJAS DE AVELLANA

INGREDIENTES Y CANTIDADES

Avellanas molidas	150 gramos.	Azúcar glas	150 gramos.
Claras	4.	Maizena	20 gramos.
Ralladura de limón.			

MODO DE HACERLO

En un recipiente se ponen las claras, el azúcar y las ralladuras de limón. Se bate un rato con las varillas y se incorpora la avellana tostada y molida mezclada con la maizena. Se remueve con la espátula y se preparan las tejas.

En una placa untada de mantequilla se echan unas cucharaditas de pasta separadas unas de otras. Con la yema del dedo humedecida se aplastan un poco y se meten al horno con calor fuerte unos cinco minutos; cuando están doradas se sacan; se levantan de la placa y se van poniendo en el rodillo de madera y curvándolas, dándoles la forma de teja.

Cuando están frías se quitan y se colocan en plato de cristal.

PASTAS DE ALMENDRAS MALLORQUINAS
(Almendrados)

INGREDIENTES Y CANTIDADES

Almendras crudas	250 gramos.	Claras	2.
Azúcar	200 gramos.	Almendras amargas	2.

MODO DE HACERLO

Se escaldan las almendras y se les quita la piel, se ponen en una placa y se meten un momento al horno para que se sequen bien.

En una máquina se pican reservando unas diez almendras, que se dejarán enteras. La almendra molida se mezcla con el azúcar y las claras batidas a punto de nieve fuerte, se pone a cucharadas sobre la placa pastelera engrasada con mantequilla, colocando media almendra en el centro de cada pasta.

Se cuecen al horno durante veinte minutos.

PALITOS DE ALMENDRA

INGREDIENTES Y CANTIDADES

Almendras tostadas	100 gramos.	Huevo	1.
Mantequilla	100 gramos.	Maizena	10 gramos.
Harina	50 gramos.		

MODO DE HACERLO

En un recipiente se mezcla el huevo, la mantequilla, el azúcar y la maizena, se bate un poco para mezclar los ingredientes, se añaden las almendras molidas y, por último, la harina. Se remueve con la espátula y se echa en una manga con boquilla lisa ancha y se forman encima de la placa pastelera ligeramente engrasada unos palitos de cinco centímetros de largo, como macarrones gruesos.

Se cuecen a horno fuerte y cuando están dorados se sacan.

Se sirve en un plato de cristal con pañito de encaje.

PASTAS BRETONAS

INGREDIENTES Y CANTIDADES

Fruta confitada	200 gramos.	Harina	250 gramos
Almendras crudas	75 gramos.	Huevos	2.
Azúcar	10 gramos.	Mantequilla	50 gramos.

MODO DE HACERLO

Se escaldan las almendras, se pelan y se ponen en una placa pastelera, metiéndolas al horno para que se sequen, sin que lleguen a tomar color; ya secas se pasan por la máquina para molerlas.

En un recipiente se pone la harina y en el centro se ahueca poniendo el azúcar, ralladura de limón, la mantequilla, un huevo y una clara (reservando la otra yema), las almendras molidas y la fruta cortada en trozos menudísimos. Se mezclan los ingredientes y se recoge la harina haciendo una masa compacta y fina. Se espolvorea la mesa con un poco de harina y se extiende la masa con el rodillo hasta dejarla de un centímetro de gruesa; con un cortapasta rizado se cortan unos discos de cuatro centímetros de diámetro, que se ponen en una placa pastelera untada de mantequilla; se barnizan con un pincel mojado en la yema batida con media cucharada de agua y se cuecen a horno bien caliente hasta que están muy dorados.

SABLES

INGREDIENTES Y CANTIDADES

Harina	300 gramos.	Yemas	4.
Mantequilla	100 gramos.	Sal	3 gramos.
Azúcar glas	125 gramos.	Ralladura de limón.	

MODO DE HACERLO

En un recipiente se pone la harina, se abre un hueco en el centro y se echan todos los ingredientes y la ralladura de medio limón. Se mezclan éstos y poco a poco se recoge la harina hasta hacer una masa compacta.

Se estira la masa con el rodillo hasta dejarla del grueso de menos de medio centímetro y se cortan unos discos de doce centímetros, y éstos en cuatro partes, quedando en forma de abanicos, marcar unos adornos en la parte ancha y se barnizan de huevo batido con un pincel en la parte lisa y se cuecen a horno fuerte unos diez minutos.

PALERMOS

INGREDIENTES Y CANTIDADES

Harina	75 gramos.	Cáscara de naranja	
Fécula de arroz	50 gramos.	confitada	100 gramos.
Mantequilla	100 gramos.	Levadura	5 gramos.
Azúcar	150 gramos.	Huevos	4.
Almendras crudas	25 gramos.		

MODO DE HACERLO

En un perol se echan los huevos y el azúcar, se pone cerca del fuego y se bate hasta obtener una pasta espesa y esponjosa que al levantarla haga relieve o cinta al caer.

Con la espátula se incorpora la fécula y harina mezclada y se agregan la naranja cortada en tiritas finísimas y cinco gramos de mantequilla derretida.

Se mezclan con cuidado para que no decaiga y se llenan hasta la mitad unos moldes de tartaletas previamente untados de mantequilla y espolvoreadas de harina.

Se cubren por encima con la almendra cruda fileteada y se cuecen a horno moderado durante veinte minutos.

Al desmoldarlos se espolvorean con azúcar glas y se ponen en cápsulas de papel rizado.

VIRUTAS

INGREDIENTES Y CANTIDADES

Harina   125 gramos.   Huevos   2.
Azúcar glas   125 gramos.   Leche   2 cucharadas.
Ralladura de limón.

MODO DE HACERLO

Se mezclan la harina y el azúcar y se ponen en un recipiente, en el centro de la harina se echan los huevos, la leche y la ralladura de limón. Bien mezclados estos ingredientes, se va echando poco a poco la harina y se hace una masa ligera. Se ponen en una placa de pastelería embadurnada de grasa unas tiras de doce centímetros de largas. Se pone la placa al horno fuerte y cuando empieza a dorarse se sacan, se levantan de la placa y se enrollan a un lapicero en forma de espiral hasta que se enfríen.

Hay que hacerlo en caliente, porque una vez frío se rompen.

PASTAS DE PRALINÉ AL CHOCOLATE

Se hace una pasta como las de lenguas de gato y, puesta en manga pastelera con boquilla lisa, se marcan unos discos pequeños sobre una placa de pastelería engrasada. Al sacarla del horno se pegan de dos en dos, uniéndolas con un poco de chocolate praliné y se adornan por una de las caras con unas rejillas hechas con chocolate cobertura líquida puesto en un embudito de papel de barba.

Chocolate praliné.

En un cazo se ponen setenta y cinco gramos de azúcar, se acerca al fuego y cuando empieza a tomar color se agregan setenta y cinco gramos de almendras mondadas, se mezclan con una espátula de madera y cuando la almendra toma un color rosado se tira y se vierte sobre el mármol, previamente embadurnado de aceite de almendras dulce.

Una vez frío se pasa por la máquina de moler y el polvo obtenido se pone en un mortero y se machaca hasta ponerlo fino.

Se ponen en un cazo cien gramos de chocolate cobertura y cerca del fuego se deja ablandar hasta que se vuelva líquido; se mezcla el polvo de almendras obtenido y con esto se rellenan las pastas.

PASTAS DE FRESA

INGREDIENTES Y CANTIDADES

Harina	125 gramos.	Mantequilla	25 gramos.
Azúcar glas	125 gramos.	Leche	2 cucharadas.
Claras de huevo	2.	Ralladura de limón.	

MODO DE HACERLO

En un recipiente se pone la mantequilla líquida, el azúcar y la ralladura de limón; se mezclan con el batidor y se agregan las claras, se sigue mezclando y, por último, se echan la leche y la harina. Se hace una masa y se marcan unas bolitas en una placa de pastelería untada de mantequilla y se cuecen al horno fuerte unos cinco minutos. Cuando están doradas se sacan y se levantan de la placa rápidamente para que no se rompan al enfriar.

Ya frías se pegan de dos en dos con una capa de dulces de fresas, se espolvorean de azúcar y se sirven.

DULCE DE FRESA

INGREDIENTES Y CANTIDADES

Fresas	1/4 kilo.	Agua	1/2 decilitro.
Azúcar	100 gramos.	Maizena	5 gramos.
Cola de pescado	5 gramos.		

MODO DE HACERLO

Se pasa la fresa por un tamiz y la pulpa obtenida se pone en un cazo de porcelana, se agrega el azúcar, el agua y se acerca al fuego; se deja cocer cinco minutos; pasados éstos se añade la maizena disuelta en dos cucharadas de agua fría y la cola del pescado remojada de antemano en agua fría, y una vez disuelta se retira el cazo del fuego.

Antes de que esté completamente fría se rellenan las pastas.

MINUTOS
(Pasta para té)

INGREDIENTES Y CANTIDADES

Huevos	2.	Mantequilla	50 gramos.
Azúcar	5 cucharadas.	Pasas de Corinto	50 gramos.
Harina	180 gramos.	Levadura	1 cucharadita.
Leche	2 cucharadas.		

MODO DE HACERLO

Se baten los huevos con el azúcar y la leche, y cuando está el batido muy esponjoso se añade la harina y la mantequilla algo blanda. Se hace una masa fina que no se pegue a las manos, aunque esté blanda, y se incorporan las pasas espolvoreadas de harina.

Se toman pequeñas porciones y se hacen unas pastas redonditas, se pintan con un poco de huevo y se meten al horno.

Doraditas, se sacan y se sirven en un plato de cristal.

GALLETAS SALADAS

INGREDIENTES Y CANTIDADES

Harina	300 gramos.	Leche	1 taza de té.
Aceite fino	1/2 taza de té.	Sal	5 gramos.

MODO DE HACERLO

En una fuente se pone el aceite, la leche y la sal; se va añadiendo la harina poco a poco y cuando esté la pasta en condiciones de amasar se pone sobre la mesa espolvoreada de harina. Cuando está hecha una masa fina se deja reposar durante una hora; después se extiende con el rodillo y se cortan unos cuadrados de seis centímetros y medio de gruesos.

Se colocan en una placa espolvoreada de harina y se cuecen a horno moderado durante veinte minutos.

GALLETAS INGLESAS
(Para el té)

INGREDIENTES Y CANTIDADES

Azúcar molida	125 gramos.	Harina	2 cucharadas.
Nata de leche	250 gramos.	Yemas	2.
Almendras molidas	125 gramos.	Huevos	1.
Mantequilla	125 gramos.	Cáscara de limón.	

MODO DE HACERLO

En un perol se ponen todos los ingredientes menos la harina y se trabaja con la espátula hasta que todo quede unido. Se añade poco a poco la harina y se amasa hasta dejar una masa fina y lisa.

Se extiende sobre la mesa espolvoreada de harina, dejándola del grueso de medio centímetro, y se cortan unas galletas con un cortapastas, se pinchan varias veces y se cuecen sobre una placa ligeramente untada de grasa, en el horno con calor más bien fuerte, durante veinticinco minutos. Muy doraditas se sacan.

GALLETAS DE HUEVO DURO

INGREDIENTES Y CANTIDADES

Huevos	3.	Harina	200 gramos.
Mantequilla	100 gramos.	Azúcar	100 gramos.

MODO DE HACERLO

Se cuecen dos huevos durante doce minutos, se sacan, se refrescan y se cortan las claras sacando las yemas.

En un plato se ponen las yemas cocidas, una yema cruda y el azúcar y se hace una masa, moviéndola con la espátula.

En otro recipiente se hace una masa poco trabajada con la mantequilla y la harina. Se mezclan las dos masas para hacer una plancha que se extiende con el rodillo hasta dejarla de más de medio centímetro, se cortan unas galletas con un cortapastas redondo de cinco centímetros de diámetro y se cuecen a horno bien caliente de quince a veinte minutos. Bien doradas se secan y se sirven en un platito con pañito de encaje.

GALLETAS DE NATA

INGREDIENTES Y CANTIDADES

Nata de leche cocida	1 taza.	Harina de flor	2 tazas.
Azúcar	1 taza.	Ralladura de limón.	

MODO DE HACERLO

En un recipiente se pone la nata de leche bien escurrida, se agrega el azúcar y la ralladura de limón, se incorpora la harina con la espátula, se echa en la manga con boquilla rizada y se marcan unas galletas sobre una placa espolvoreada de harina. Se cuecen a horno bien caliente y doraditas se sacan, retirándolas de la placa en seguida.

GALLETAS 'PETIT-BEURRE'

INGREDIENTES Y CANTIDADES

Harina	300 gramos.	Leche	1 decilitro.
Mantequilla	130 gramos.	Sal	3 gramos.
Azúcar	60 gramos.		

MODO DE HACERLO

Se bate la mantequilla, sal, leche y azúcar durante un rato. Cuando está muy esponjosa se agrega la harina y se hace una bola con la masa, que se deja reposar tapada con un paño durante una hora en sitio fresco.

Pasado este tiempo se extiende la masa con el rodillo al grueso de medio centímetro y se cortan unas galletitas con el cortapastas cuadrado, se pincha con una aguja de hacer calceta y se cuecen a horno moderado.

GALLETAS SOSAS
(Para tomar con mantequilla)

INGREDIENTES Y CANTIDADES

Masa de pan	200 gramos.	Mantequilla	50 gramos.
Huevo	1.	Harina	125 gramos.
Azúcar	20 gramos.		

MODO DE HACERLO

En un recipiente se pone la masa y se mezcla con la mantequilla, la yema y la harina, echándola poco a poco.

Formada una masa fina y compacta se deja reposar un rato después se estira sobre la mesa cortando cuadrados de cinco centímetros, se pincha varias veces, se barniza con la clara batida y se cuecen a horno moderado hasta que están doradas.

CORTADITOS DE MAZAPÁN

INGREDIENTES Y CANTIDADES

Almendras molidas	250 gramos.	*Relleno*	
Azúcar	250 gramos.	Batatas	150 gramos.
Agua	2 cucharadas.	Azúcar	100 gramos.
		Canela en polvo	1 cucharada.
		Ralladura de limón.	

MODO DE HACERLO

Se machacan en un mortero las almendras molidas con unas cucharaditas de azúcar para hacer pasta fina.

En un recipiente se pone esta pasta, se agrega el azúcar y el agua y se amasa bien. Cuando ha quedado una masa moldeable se extiende en el mármol con el rodillo, haciendo unas tiras de cinco centímetros de ancho y quince o veinte de largo, dejándole el grueso de un centímetro escaso. Sobre esta tira de pasta se extiende un cordón de dulce de batata, se espolvorea ésta de canela molida y se enrolla a lo largo.

Se barniza con un poco de clara batida, y con un cuchillo se marcan unos cortes cada tres centímetros, sin que llegue hasta el fondo. Se colocan en una placa y se meten en la parte alta del horno unos tres minutos. Apenas se doren por arriba se sacan y se dejan enfriar. Ya fríos se cortan por las marcas hechas y se sirven en un plato de cristal.

CROCANTES AL CHOCOLATE

INGREDIENTES Y CANTIDADES

Pasta

Huevos	1.
Chocolate *fondant*	125 gramos.
Harina	30 gramos.
Azúcar glas	50 gramos.

Crema

Nata de leche	2 cucharadas.
Agua	1 cucharada.

MODO DE HACERLO

Se prepara la masa, que debe tener una elaboración rápida. Se echa el huevo en un recipiente y se agrega el azúcar, batiendo con una cuchara de madera hasta que blanquea y adquiere punto de cinta. Entonces se incorpora la harina con la espátula. Se unta de mantequilla una placa de pastelería. Se toma una cucharadita de la pasta y ayudándose con otra se deja caer sobre la placa para formar las galletas. Hay que separarlas tres centímetros una de otra, porque al cocer aumente y pueden unirse.

Se mete la placa al horno colocándola en la parte de arriba. Cuando los bordes de las galletas están dorados y el centro rubio se pone sobre la mesa y con la punta redonda de la espátula de acero se levantan de un golpe, enrollándolas en seguida cuando están calientes.

Se dejan enfriar y se mojan los extremos en chocolate.

Preparación del chocolate.

En un perolito se pone el chocolate partido en trozos pequeños, se agrega el agua y se pone al baño de María; se acerca al fuego suave y se deja un cuarto de hora. Cuando el chocolate está completamente fundido se retira del fuego y se le añade la crema, batiendo vigorosamente con la espátula, se deja enfriar un poco y se utiliza.

CROCANTES DE ALMENDRAS

INGREDIENTES Y CANTIDADES

Huevos	2.	Mantequilla	125 gramos.
Harina	250 gramos.	Almendras	50 gramos.
Azúcar	125 gramos.	Ron	1/2 copita.
Sal	2 gramos.		

MODO DE HACERLO

En un recipiente se pone la harina, se hace un hueco en el centro y se pone la sal, el ron y los huevos.

Se mezclan éstos con la sal y poco a poco se va recogiendo la harina, se agrega entonces la mantequilla y con todo se hace una masa fina.

Sobre la mesa espolvoreada de harina se extiende la masa y se hacen unas tiras de un centímetro de grueso y unos siete centímetros de ancho, se untan con huevo batido y se cubre de almendras crudas peladas y picadas gruesas. Se ponen en una placa engrasada y enharinada, cociéndolas al horno moderado. Cuando salen del horno se cubren de glasa blanca y se cortan al través en caliente a tiras de siete centímetros de largas por tres de anchas.

GLASA BLANCA

INGREDIENTES Y CANTIDADES

Azúcar	125 gramos.
Agua	1 decilitro.
Clara	1/2 cucharada.

MODO DE HACERLO

Se pone al fuego el azúcar con el agua en un cacillo; cuando rompe a hervir, se espuma cuidadosamente y se deja a un lado. Cuando tiene punto de hebra se incorpora la clara batida a punto de nieve poco a poco y sin dejar de remover el almíbar con la espátula.

Cuando está mezclado todo y espeso se cubren las tiras de masa y rápidamente se cortan con cuchillo fino.

Se dejan secar cerca del horno y se colocan en platos con servilleta.

GLORIAS

INGREDIENTES Y CANTIDADES

Pasta

Aguardiente	1 decilitro.
Aceite frito	1 decilitro.
Harina	225 gramos.
Corteza de limón.	

Relleno

Boniatos	1/2 kilo.
Azúcar	150 gramos.
Almendras molidas	50

MODO DE HACERLO

Se hace el relleno para que esté frío.

Se cuecen los boniatos con piel y cuando están tiernos se les quita y se ponen a secar a la boca del horno. Se pasa por un tamiz y el puré obtenido se mezcla con el azúcar y se pone en un cazo al fuego. Se deja cocer suavemente unos cinco minutos, se agrega la almendra molida y una cucharadita de canela, se retira del fuego y se echa en un plato para que enfríe.

En un barreño se pone el aguardiente, el aceite frito y un poco de ralladura de limón. Se agrega la harina poco a poco y se hace una masa compacta que se estira con el rodillo hasta dejarla del grueso de medio centímetro. Con un cortapastas de seis centímetros de diámetro se cortan unos discos, se pone en la mitad una cucharadita del relleno y se dobla la otra mitad, dándoles forma de media luna gruesa. Se pintan con un pincel mojado en clara de huevo, se colocan en una placa pastelera engrasada y se cuecen a horno fuerte unos quince minutos.

Cuando están doradas se quitan de la placa, se envuelven en azúcar glas y se sirven en platos de cristal.

'PETIT FOURS'

INGREDIENTES Y CANTIDADES

Almendra molida	200 gramos.		Agua	1/2 decilitro.
Azúcar	200 gramos.		Limón	1 cáscara.

MODO DE HACERLO

Se pone el agua y el azúcar en un cazo, se agrega la cáscara de limón y se deja hervir tres minutos, se incorpora sobre la almendra molida y se trabaja primero con la espátula y, ya más frío, con las manos, para hacer una masa fina. Se hacen tres partes, se tiñe una con tres gotas de verde vegetal, otra con carmín y la otra se deja blanca.

Se amasan separadamente para fijar el color, espolvoreando la masa con azúcar glas, y se hacen unas bolas de tamaño que se quiera; se bañan en caramelo. Cuando están frías se ponen en cápsulas de papel rizado y se sirven.

CARAMELO

INGREDIENTES Y CANTIDADES

Azúcar	250 gramos.	Agua	1 decilitro.
Limón	1 cucharadita.		

MODO DE HACERLO

En un cacillo se pone el azúcar y el agua, se acerca al fuego y cuando rompe a hervir se espuma esmeradamente y se deja cocer lentamente a un lado sin moverlo con cuchara. Cuando empieza a espesar se añade una cucharadita de zumo de limón o vinagre bueno y se deja que tome punto de caramelo. (Se nota en que al hechar una gota sobre el mármol se endurece.)

Se toman los *petit fours,* se pinchan con un tenedor o aguja de hacer media, se bañan en almíbar y se pone sobre el mármol a que se sequen.

Ya fríos se ponen en cápsulas.

'PETIT FOURS'
(Otros)

INGREDIENTES Y CANTIDADES

Almendras molidas	500 gramos.	Patata cocida	400 gramos.
Azúcar	500 gramos.	Huevos	2.
Amarillo vegetal	1/2 cucharadita.		

MODO DE HACERLO

Se cuecen las patatas sin piel, enteras. Ya cocidas se sacan del agua y se dejan un momento en la entrada del horno para que se sequen, cuidando de que no se doren; se pasan por tamiz para hacer un puré fino y se reserva.

En un recipiente se pone el puré, los huevos, el azúcar, el amarillo vegetal y la almendra molida. Se amasa bien para mezclarlo todo y hacer una masa y se moldean unas bolas que se envuelven en azúcar glas.

Se dejan secar al aire y al día siguiente se ponen en cápsulas de papel.

'PANELLETS'
(Receta catalana)

INGREDIENTES Y CANTIDADES

Azúcar	400 gramos.	Cerezas confitadas	100 gramos.
Piñones	100 gramos.	Boniatos blancos	500 gramos.
Huevos	2.	Jarabe de grosella	1/2 copa.
Avellanas	100 gramos	Almendra molida	400 gramos.
Harina	50 gramos.	Chocolate rallado	50 gramos.

MODO DE HACERLO

Se cuecen los boniatos y ya cocidos se ponen a secar al horno. Se les quita la piel y se pasan por el tamiz.

En un recipiente se pone la pasta de boniatos, la almendra molida, las dos yemas de huevos y el azúcar, se adiciona un poco de ralladura de limón y se amasa bien.

Encima de un mármol espolvoreado con harina se amasa y se forma un cilindro que se corta en cuatro partes. En una de ellas se mezcla el chocolate rallado, en otra el jarabe de grosella, se hacen unas bolas del tamaño de una nuez, pero más alargadas, se pone una cereza confitada encima y se espolvorean de azúcar. Las otras dos partes se hacen bolas del mismo tamaño, se rebozan en clara y se envuelven en piñones y en avellana picada.

Hechos todos los *panellets* se ponen en placas engrasadas espolvoreadas con harina y se meten a horno bien caliente seis o siete minutos.

ALMENDRADOS DE CASTELLÓN

INGREDIENTES Y CANTIDADES

Claras	2.		Almendras	30 gramos.
Azúcar	30 gramos.		Canela	1 cucharada.
Ralladura de limón.				

MODO DE HACERLO

Se escaldan las almendras durante unos minutos, se les quita la piel y se pican.

En un recipiente se mezclan las almendras, el azúcar y las claras batidas a punto de nieve. Se añade la canela y la ralladura de limón.

Bien mezclado todo se echan montoncitos sobre las obleas colocadas sobre una placa de horno y se cuecen a horno moderado hasta que estén doradas.

ALMENDRAS GARRAPIÑADAS

INGREDIENTES Y CANTIDADES

Almendras	1/4 kilo.	Azúcar	1/4 kilo.
Carmín vegetal, unas gotas.			

MODO DE HACERLO

En un cazo o perol se ponen las almendras, el azúcar y el carmín; se mueve sin parar con una cuchara de madera para que el azúcar se adhiera a las almendras.

Se vierte sobre el mármol y se despegan unas de otras.

ALMENDRAS ACARAMELADAS
o
AVELLANAS ACARAMELADAS

INGREDIENTES Y CANTIDADES

Almendras peladas	1/4 kilo.	Azúcar	1/4 kilo.
Agua	1/2 decilitro.		

MODO DE HACERLO

Se pone a la lumbre en un cazo el agua y el azúcar y se deja cocer hasta que empieza a tomar color; entonces se echan las almendras peladas y se dejan hasta que están hechas caramelo. Se separa el cazo del fuego y se vierte sobre el mármol.

HUESOS DE SANTO

INGREDIENTES Y CANTIDADES

Pasta		*Relleno*	
Azúcar	500 gramos.	Yemas	12.
Almendras molidas	400 gramos.	Azúcar	175 gramos.
Patatas	200 gramos.	Agua	1 decilitro.
Agua	1/4 litro.	Ralladura de limón.	

MODO DE HACERLO

Se ponen a cocer las patatas con piel y, cuando están tiernas, se sacan del agua, se escurren y se les quita la piel, se pasan por el tamiz o prensapuré y se reservan.

En un cazo se pone el agua y el azúcar, se agrega la cáscara de limón y se deja hervir hasta que adquiera punto de hebra fuerte. Ya en este punto se agrega la almendra molida y se mezcla con la espátula, después se incorpora el puré de patatas, se le da unas vueltas y se retira del fuego. Se deja enfriar y se echa en el mármol, donde se amasa y se estira on el rodillo hasta dejarlo de menos de medio centímetro de grueso; se cortan unos trozos de cinco o seis centímetros de largo y se enrollan en unos canutillos de caña de dos centímetros de diámetro. Se colocan en placas y se meten en la estufa para que se sequen. Entonces se retiran del horno, se les quita la caña, se rellenan con la yema y se pasan por *fondant*.

Relleno.

En un cazo se pone el azúcar y se deja hervir hasta que adquiera punto de hebra fuerte y se agregan las yemas pasadas por tamiz. Se remueve con el batidor y cuando cuajan se retiran y se dejan enfriar.

'FONDANT'

INGREDIENTES Y CANTIDADES

Azúcar	200 gramos.	Agua	1 decilitro.
Zumo de limón	1 cucharadita.		

MODO DE HACERLO

En un cazo se pone al fuego el azúcar y cuando rompe a hervir se espuma bien y se deja cocer hasta que adquiera el punto de hebra fuerte. Se separa del fuego, se agrega el limón y se trabaja con la espátula hasta que se forma una pasta muy blanca.

Se echa en el mármol y con la palma de la mano mojada en agua fría se amasa hasta que quede una masa espesa, blanca y fina.

Se pone esta masa en un cacillo, se agrega una cucharada de agua caliente y se pone al baño de María para que se ponga líquido. Se bañan los huesos de santo y se dejan secar al aire.

PASTELES MEDINA

INGREDIENTES Y CANTIDADES

Pasta azucarada		*Relleno*	
Harina	250 gramos.	Huevos	4.
Azúcar	100 gramos.	Azúcar glas	100 gramos.
Mantequilla	100 gramos.	Almendra molida	50 gramos.
Yemas	1.	Mantequilla	50 gramos.
Leche	1 cucharada.	Maizena	2 cucharadas.

MODO DE HACERLO

En un recipiente se pone la harina con los ingredientes de la pasta y se hace una mesa sin trabajar mucho.

Se estira con el rodillo y se forran unos moldes de barquitos untados de grasa, se cubren con el relleno, se espolvorean previamente de azúcar glas antes de servirlos.

Relleno.

Se mezclan los huevos batidos con la almendra molida, se añade ralladura de limón, la maizena, mantequilla líquida y se remueve todo. Con esta pasta se rellenan los barquitos, se espolvorean con abundante azúcar y se meten al horno de quince a veinte minutos.

TARTALETAS DE NUECES

INGREDIENTES Y CANTIDADES

Harina	150 gramos.	Huevos	4.
Nueces montadas	200 gramos.	Mermelada de	
Mantequilla	100 gramos.	albaricoque	100 gramos.
Azúcar	150 gramos.	Limón	1.

MODO DE HACERLO

En un recipiente se pone la harina formando un círculo y en el centro se ponen cincuenta gramos de azúcar, un huevo, cincuenta gramos de mantequilla y la ralladura de limón. Se amasa y se hace una masa fina y compacta; sobre la mesa espolvoreada de harina se estira con el rodillo y se hacen doce discos, con los que se forran doce tartaletas, previamente engrasadas, se pincha el fondo y se reserva.

Se muelen las nueces y se mezclan en un plato con la mantequilla sobrante, tres yemas, el azúcar restante y las claras batidas a punto de nieve. Se remueve con la espátula para mezclarlo y con una cuchara se llenan las tartaletas y se ponen a horno moderado durante veinte minutos.

Ya doradas se sacan y se desmoldan; cuando están frías se bañan con la mermelada.

Preparación de la mermelada.

Se pasa por el chino la mermelada para que quede fina, se agregan tres cucharadas de azúcar y una cáscara de limón, se pone en un cazo y se acerca al fuego; cuando rompe a hervir se espuma cuidadosamente.

En un lado del fuego se deja cocer despacio ocho minutos, moviendo de cuando en cuando con la espátula para que no se agarre al fondo.

Se retira del fuego y con una cuchara se bañan las tartaletas y se deja enfríar.

TARTALETAS DE FRUTAS

INGREDIENTES Y CANTIDADES

Harina	250 gramos.		Azúcar	75 gramos.
Mantequilla	75 gramos.		Huevos	1.

MODO DE HACERLO

Se hace un círculo con la harina y en el centro se ponen los ingredientes y se hace una masa fina y compacta.

Se estira con un rodillo hasta dejarla del grueso del canto de un duro y se cortan unos discos con los que se forran las tartaletas, se pincha en el fondo, se llenan hasta la mitad de crema pastelera, se meten al horno durante media hora y cuando están doradas se sacan.

Cuando están frías se ponen encima unos fresones o fresas y se bañan en una cucharada de mermelada de albaricoque preparada como en la receta anterior.

BARQUITAS DE UVAS

INGREDIENTES Y CANTIDADES

Pasta sablée para 100 barquitas

Huevos	1.		*Guarnición*	
Mantequilla	125 gramos.		Uvas	1.200 gramos.
Harina	250 gramos.		Jalea de grosella	500 gramos.
Azúcar	125 gramos.			
Sal fina	5 gramos.			

MODO DE HACERLO

Se coloca la harina sobre la mesa, en el centro se abre un hueco donde se colocan los demás ingredientes, haciendo con todo una masa que no se pegue a las manos, trabajándola poco.

Se estira con el rodillo dejándola al grueso de dos milímetros, se forra con ella el interior de unas tartaletas en forma de barquitas muy pequeñas. Se adapta bien al molde, se pincha el fondo y se llenan de arroz, metiéndolas en el horno, que debe calentar bien.

Cuando están doradas se sacan, se quita el arroz y se llenan con una cucharada de jalea de grosella, colocando dos granos de uva perfectamente limpios e iguales.

CREMA PASTELERA

INGREDIENTES Y CANTIDADES

Leche	1/4 litro.	Huevos	1.
Azúcar	75 gramos.	Harina	40 gramos.
Ralladura de limón.			

MODO DE HACERLO

En un cacillo se pone a hervir la leche con la ralladura de limón. Se bate el huevo, se agrega la harina y el azúcar y se deslíe con un poco de leche fría; cuando la leche hierve se añade la mezcla anterior y se deja hervir cinco minutos. Se separa del fuego y se echa en las tartaletas con una cuchara.

TARTALETAS DE ARROZ CONDE

INGREDIENTES Y CANTIDADES

Pasta		*Arroz con leche*	
Harina	250 gramos.	Leche	1/2 litro.
Mantequilla	100 gramos.	Arroz	100 gramos.
Huevos	1.	Azúcar	100 gramos.
Azúcar	100 gramos.	Mantequilla	50 gramos.
Leche	2 cucharadas.	Yemas	2.
Sal	2 gramos.		
Corteza de limón.			

MODO DE HACERLO

Se pone la harina en un recipiente, se forma un círculo y se echan los ingredientes, amasando para hacer una masa fina.

Se deja reposar una hora y pasada ésta se estira y se forman las tartaletas. Se pincha el fondo y se llenan con garbanzos o judías crudas y se meten en el horno hasta que están doradas. Se quitan las legumbres, se llenan de arroz con leche y se cubren con medio melocotón en dulce, se bañan con un pincel en mermelada de albaricoque preparada como en las recetas anteriores, y se sirven.

ARROZ CON LECHE

Se pone el arroz en un cazo, se cubre de agua fría y se deja cocer cinco minutos; pasados éstos se escurre en un colador y se refresca en el grifo, se echan en él medio litro de leche hirviendo, se agrega la mantequilla, el azúcar y la cáscara de limón, se deja hervir veinte minutos y se echan las yemas, se mezcla bien, se deja dar un hervor y se deja enfriar; ya frío se llenan las tartaletas.

TARTALETAS DE NARANJA

INGREDIENTES Y CANTIDADES

Harina	150 gramos.	Azúcar	100 gramos.
Almendras molidas	100 gramos.	Azúcar glas	25 gramos.
Almendras crudas	50 gramos.	Huevo	1 yema.
Naranja confitada	100 gramos.	Claras	2.
Mantequilla	50 gramos.		

MODO DE HACERLO

Con la harina puesta en un recipiente se hace un círculo y en el centro se pone la yema, la mantequilla, una cucharada de azúcar, una cucharada de agua templada y la ralladura de limón. Se mezclan los ingredientes y se recoge la harina, haciendo una masa que se deja reposar una hora. Se estira sobre la mesa hasta dejarla del grueso del canto de un duro y se corta en discos, con los que se forran unas tartaletas.

Se mezcla la almendra molida con las claras de los huevos un poco batidas con el azúcar restante y se agrega la naranja confitada y picada muy menudita, se revuelve con la espátula y se llenan las tartaletas; encima de éstas se esparcen las almendras crudas fileteadas y se meten al horno bien caliente unos veinte minutos.

Cuando están bien doradas se espolvorean con azúcar glas.

LIONESAS

INGREDIENTES Y CANTIDADES

Harina	150 gramos.	Mantequilla	100 gramos.
Huevos	7.	Azúcar glas	25 gramos.
Leche	3/4 litro.	Azúcar corriente	150 gramos.
Maizena	50 gramos.	Cáscara de limón.	

MODO DE HACERLO

En un cazo sobre el fuego se pone un cuarto de litro de leche, cincuenta gramos de mantequilla y una cáscara de limón. Cuando rompe a hervir se deja dos minutos y se echa de golpe la harina, trabajando con la espátula hasta que esté cocida y quede como una crema espesa; entonces se agregan tres huevos y se sigue trabajando la pasta hasta que se haga correosa. Se pone en la manga pastelera una boquilla rizada un poco gruesa y se marcan las lionesas sobre la placa untada de mantequilla, se espolvorean con azúcar corriente y se meten al horno moderado de veinte a veinticinco minutos.

Se pone a hervir en un cazo el medio litro de leche, reservando medio decilitro, donde se deslíe la maizena, las cuatro yemas y el azúcar. Cuando hierve la leche se agrega la mezcla anterior y se deja hervir un minuto para obtener una crema espesa que se aromatiza con un poco de vainilla.

Cuando las lionesas están cocidas se cortan por un lado y se rellenan con la crema, sirviéndose de una manga con boquilla lisa ancha, se colocan en un plato y se espolvorean con azúcar glas.

PIONONOS DE SANTA FE

INGREDIENTES Y CANTIDADES

Bizcocho		Crema	
Yemas	3.	Leche	1/4 litro.
Claras	5.	Azúcar glas	25 gramos.
Azúcar	60 gramos.	Azúcar	60 gramos.
Almidón o		Canela	15 gramos.
harina en flor	65 gramos.	Yemas	2.
Leche	2 cucharadas.	Harina	2 cucharadas.
Ralladura de limón.			

MODO DE HACERLO

En un perol cerca del fuego se baten las yemas con el azúcar hasta que esponje bastante, agregándole en dos veces las dos cucharadas de leche, según va tomando consistencia el batido. Entonces se retira el perol del fuego y se agrega el almidón, y a continuación las claras batidas a punto de nieve, mezclándolas con la espátula.

Se extiende esta pasta en una placa pastelera sobre un papel blanco y de un centímetro de alto. Se mete a horno bien caliente y a los diez minutos, cuando empieza a dorarse, se retira, se desmolda y se quita el papel. Se hace un jarabe con cincuenta gramos de azúcar y tres cucharadas de agua, se deja hervir diez minutos y se retira.

Con una brocha se humedece el bizcocho, extendiendo encima una capa de crema; se espolvorea con un poco de canela y se cortan tiras de tres centímetros de ancho, que se enrollan y se colocan una junto a otra en una placa engrasada, dejando hacia arriba uno de los cortes. Se extiende por encima una capa de crema, se espolvorea con azúcar glas y se mete al horno fuerte unos momentos para que se dore el azúcar, se retira del horno y se sirve en una bandeja sobre servilleta.

BIZCOCHOS MEDINA

INGREDIENTES Y CANTIDADES

		Guarnición	
Huevos	8.	Mantequilla	250 gramos.
Harina	8 cucharadas.	Azúcar	200 gramos.
Azúcar	8 cucharadas.	Yemas	2.
Mantequilla	50 gramos.	Agua	1 decilitro.

MODO DE HACERLO

Se baten las yemas y dos claras con el azúcar hasta que blanqueen y queden esponjadas; se agrega la harina, después la mantequilla derretida y por último se adicionan las claras restantes batidas a punto de nieve.

Bien mezcladas con la espátula se echa en una placa con borde de un centímetro de alta, pero sin llegar hasta arriba la pasta, pues luego sube mucho (conviene poner en la placa un papel engrasado en el fondo). Bien extendida la pasta se mete en el horno bien caliente y se deja quince minutos.

Al salir del horno se corta en trozos de cinco centímetros en cuadro.

Crema.

En un recipiente se bate la mantequilla con la espátula para ponerla suave y fina.

En un cazo se pone el agua y el azúcar, se acerca al fuego y se deja cocer despacio hasta que adquiere punto de hebra; entonces se vierte despacio sobre las yemas y se deja enfriar; ya frío se va agregando poco a poco la mantequilla sin dejar de batir. Cuando se ha incorporado toda se pone en una manga y se decoran los bizcochos.

RELÁMPAGOS DE CHOCOLATE

INGREDIENTES Y CANTIDADES

Harina	1 taza de té.	Mantequilla	40 gramos.
Agua	1 taza de té.	Huevos	2.
Azúcar	1 cucharada.		

MODO DE HACERLO

En un cazo se pone el agua, el azúcar, la mantequilla y un poco de sal. Se acerca al fuego y cuando rompe a hervir se echa de golpe la harina y se trabaja con la espátula para obtener una pasta fina (tiene que despegarse de las paredes del cazo). Se retira del fuego y se deja reposar un poco. Cuando está templado se añade un huevo y cuando éste se ha incorporado a la masa se agrega el otro. A veces es preciso añadir otro poco de huevo, para lo cual se bate un poco el tercero y se va añadiendo a cucharadas hasta que se ve que la masa está en su punto. Esto se conocerá si al sacar la cuchara de la pasta se queda ésta en forma puntiaguda. Ya en este punto se pone la pasta en una manga pastelera con boquilla lisa del grueso de un cigarrillo y sobre una placa engrasada se marcan los relámpagos en forma de una tira de cuatro centímetros de largo y separados unos de otros. Se meten en el horno durante veinte minutos y doraditos se sacan.

Se dejan enfriar un poco y se cortan a lo largo, se rellenan de crema pastelera al chocolate y se cubren con una capa de *fondant* de chocolate.

Crema pastelera.

En un cacillo se pone al fuego cuarto litro de leche, reservando un poco en una taza, en donde se deslíen dos yemas, media cucharadita de cacao soluble, setenta y cinco gramos de azúcar y dos cucharadas de maizena. Cuando hierve la leche se agrega la pasta formada y se deja hervir un minuto.

'FONDANT' DE CHOCOLATE

INGREDIENTES Y CANTIDADES

Azúcar	125 gramos.	Chocolate	3 onzas.
Mantequilla	100 gramos.	Agua	4 cucharadas.

MODO DE HACERLO

Se pone en un cazo el agua y el azúcar, se acerca al fuego y se deja que hierva para hacer un almíbar a punto de hebra fuerte.

Se ralla el chocolate y se pone a calentar en un cazo en la boca del horno. Cuando está deshecho se agrega poco a poco el almíbar y se bate para ponerlo fino. Cuando está solamente templado se añade la mantequilla hecha pedacitos y se sigue batiendo con la espátula para que se haga una crema fina. Se pone al baño de María para que se conserve fluido y se bañan los relámpagos, echándoles por encima el *fondant* con una cuchara.

Se dejan en sitio frío para que se cuajen y brillen al endurecerse.

PASTELES RUSOS

INGREDIENTES Y CANTIDADES

Almendra tostada y picada	100 gramos.
Claras de huevo	4.
Almendra molida	150 gramos.
Maizena	1 cucharada.
Azúcar glas	150 gramos.
Azúcar glas (para espolvorear)	50 gramos.

Crema

Azúcar	100 gramos		
Yemas	4.	Maizena	15 gramos.
Mantequilla	200 gramos.	Leche	1/4 litro.

MODO DE HACERLO

Se baten las claras a punto de merengue y cuando están consistentes se agrega una cucharada de azúcar glas y maizena. Se remueve con la espátula y se reparte en dos placas con bordes untadas de mantequilla y espolvoreadas de harina, se iguala con la espátula y se mete a horno muy moderado durante media hora. Deben quedar las planchas muy doraditas. Cuando están se sacan del molde y se dejan enfriar, se cubre una de ellas con crema, se tapa con la otra y se cortan con un cuchillo fino en cuadrados de tres centímetros. Se unta un poco de crema por fuera con la espátula y se envuelve en almendra tostada y picada, se espolvorea de azúcar glas y se sirve.

Crema.

En un poco de leche fría se disuelven las yemas, la maizena y el azúcar. Se pone al fuego y el resto de la leche se pone a hervir; cuando está cociendo se echa la mezcla preparada, se deja hervir un minuto y se retira dejándolo enfriar.

Se bate la mantequilla para ponerla fina y esponjosa y poco a poco se le va incorporando la crema fría, sin dejar de batir con las varillas. Cuando todo está unido se rellenan las planchas de bizcocho.

PASTILLAS DE CAFÉ CON LECHE

INGREDIENTES Y CANTIDADES

Azúcar en polvo	250 gramos.	Mantequilla	125 gramos.
Café muy concentrado	1 vaso.	Vino blanco	1 copita.
Nata fresca sin batir	1 vaso.		

MODO DE HACERLO

En un cazo se pone el azúcar, la mantequilla y el vino. Se acerca al fuego y se deja hervir al fuego vivo durante diez minutos, se añade el vaso de café bien concentrado y el vaso de nata fresca sin batir, se deja cocer moviendo sin parar hasta que, echando una gota en un vaso de agua, se endurece; entonces se aparta del fuego, se vierte sobre un mármol ligeramente frotado con aceite de almendras dulces, se corta en trozos cuadrados y, cuando están fríos, se envuelven en un papel.

BOMBONES NIÑA

INGREDIENTES Y CANTIDADES

Azúcar	500 gramos.	Mantequilla	100 gramos.
Cacao	200 gramos.	Nata	100 gramos.
Glucosa	1 cucharada.	Aceite de almendras,	un poco.

MODO DE HACERLO

Se mezcla todo en un cazo y se pone a cocer a fuego muy lento hasta que tome punto de bola (se echa un poco en agua fría y se ve si con los dedos se puede formar una bola).

Llegado a este punto se echa sobre el mármol, ligeramente untado de aceite de almendras, dándole forma cuadrada un centímetro y medio de alto; se deja enfriar y ya frío se corta con un cuchillo en cuadraditos y se envuelven en papel.

TRUFAS DE CHOCOLATE

INGREDIENTES Y CANTIDADES

Chocolate bueno	140 gramos.	Azúcar glas	500 gramos.
Leche	2 cucharadas.	Chocolate	
Yemas	2.	en polvo	100 gramos.
Mantequilla	100 gramos.		

MODO DE HACERLO

Se derrite el primer chocolate al baño de María con dos cucharadas de leche, se añade la mantequilla derretida también al baño de María, el azúcar glas y las dos yemas de huevo.

Se trabaja un buen rato esta pasta y se deja durante veinticuatro horas en sitio fresco. Se forman unas bolas, se envuelven en cacao o chocolate en polvo y se ponen en cápsulas de papel.

YEMAS ACARAMELADAS

INGREDIENTES Y CANTIDADES

Crémor tártaro	1/2 gramo.	Yemas	8.
Azúcar caramelo	200 gramos.	Azúcar	125 gramos.
Aceite de almendras	1 cucharadita.		

MODO DE HACERLO

En un cazo se pone al fuego un decilitro de agua y los ciento veinticinco gramos de azúcar, se acerca al fuego y se deja que rompa a hervir, se espuma y se deja cocer despacio hasta que toma punto de bola; entonces se echa sobre las yemas que estarán batidas en otro cazo, se acerca éste al fuego y sin dejar de mover con viveza se deja hasta que espesa y se despega del cazo.

Se deja enfriar y ya fría se echa sobre el mármol espolvoreado de azúcar glas y se forma un rollo que se corta en doce partes, formando unas bolas con las manos ligeramente untadas de aceite de almendras dulces.

Se ponen en un cazo los doscientos gramos de azúcar con un decilitro de agua y el crémor tártaro. Se acerca al fuego y al romper a hervir se espuma cuidadosamente, se deja cocer hasta que toma punto de caramelo blanco, se prueba echando unas gotas en agua fría; si se forman unas bolitas blandas, está en su punto. Se pasan las yemas por este jarabe, se sacan con un tenedor y se colocan en el mármol ligeramente untado de aceite de almendras. Cuando están frías se meten en cápsulas de papel.

YEMAS DE SANTA TERESA

INGREDIENTES Y CANTIDADES

Yemas	6.	Canela en rama	1 trozo.
Azúcar	90 gramos.	Limón (piel)	1 tira.
Agua	1/2 decilitro.		

MODO DE HACERLO

En un cazo se ponen el azúcar, agua, canela y limón, se arrima al fuego y se hace un jarabe a punto de hebra fuerte.

Una vez en su punto se echa sobre las yemas en un cazo pequeño, se mueve con la espátula y se acerca al fuego, dejándolo cuajar despacio y sin dejar de mover. Cuando la pasta se desprende del cazo se echa en un plato y se deja enfriar.

Bien frío se envuelve en azúcar corriente, haciendo una especie de cordón grueso. Con un cuchillo se cortan doce partes, se les da forma y se meten en cápsulas de papel.

YEMAS DE COCO

INGREDIENTES Y CANTIDADES

Coco rallado   125 gramos.   Clara 1.
Azúcar, la misma medida en cucharadas que de coco.

MODO DE HACERLO

Se mide el coco con una cuchara y se mezcla con otra cantidad igual en medida de azúcar molida.

Se agrega la clara poco batida y se trabaja, mezclando bien todos los ingredientes.

Se deja reposar la masa extendida sobre una fuente durante veinticuatro horas. Pasado este tiempo se forman unas bolas que se pasan por azúcar molida y se meten en cápsulas. También pueden pasarse por almíbar a punto de caramelo.

YEMAS ECONÓMICAS

INGREDIENTES Y CANTIDADES

Azúcar	500 gramos.	Patata cocida	460 gramos.
Almendras molidas	500 gramos.	Huevos	2.
Amarillo vegetal	unas gotas.		

MODO DE HACERLO

Se cuecen las patatas, se mondan y se pasan por el tamiz para hacer un puré fino. Se baten los huevos, se agregan el azúcar y unas gotas de amarillo vegetal, se mezcla a las patatas y se añade la almendra molida. Se amasa todo para hacer una pasta homogénea y fina y se hacen unas bolitas que se envuelven en azúcar y se dejan secar al aire. Al día siguiente se ponen en cápsulas de papel.

YEMAS VARIADAS

INGREDIENTES Y CANTIDADES

Yemas de huevo   12.
Azúcar   250 gramos.

MODO DE HACERLO

En un perol (que no sea de aluminio) se pone el azúcar y las yemas y sin dejar de mover ambas cosas se pone al fuego hasta que se despegue del cazo. Se coloca esta pasta sobre un mármol, donde se espolvorea de azúcar glas, se amasa (debe quedar blanca y jugosa) y se hace un rollo delgado, se corta en tres partes, se amasa separadamente y se hacen bolitas. A algunas de estas yemas se les toca con un hierro candente y les queda una mancha de caramelo.

Otra de las partes separadas se amasa con unos pedacitos diminutos de frutas confitadas y se redondean igualmente.

Se preparan unos dátiles y ciruelas en dulce, se hace una hendidura, se quita el hueso y en su lugar se pone una yema, dándole forma alargada. Y, por último, se clava en algunas una avellana tostada o piñones mondados.

Cuando todas están hechas se bañan en caramelo como en la receta *Yemas acarameladas* y se dejan enfriar. Luego se ponen en cápsulas de papel.

BIZCOCHOS, BUDÍN, TARTAS

BIZCOCHO DE ALMENDRAS
(Para el té)

INGREDIENTES Y CANTIDADES

Azúcar	125 gramos.	Huevos	4.
Harina	100 gramos.	Mantequilla	50 gramos.
Almendra molida	60 gramos.	Ralladura de limón.	

MODO DE HACERLO

En un perol de batir se ponen los huevos, el azúcar y la ralladura de limón. Cerca del calor se empieza a batir y cuando está muy bien montado, que quede espeso y esponjoso, se retira del calor y se incorpora la harina mezclada con la almendra removiendo con la espátula. Ya mezclado se incorpora la mantequilla derretida fría.

Se tiene preparado de antemano un molde redondo untado de mantequilla y espolvoreado con harina, se echa el batido y se mete a horno moderado durante veinticinco minutos.

Una vez cocido se desmolda, se espolvorea la superficie con azúcar glas, formando con un cuchillo unas rayas en forma de rejilla.

BIZCOCHO DE ALMENDRAS
(Otro)

INGREDIENTES Y CANTIDADES

Huevos	6.	Harina	15 gramos.
Azúcar	150 gramos.	Mantequilla	1 cucharada.
Fécula de patata	100 gramos.	Levadura Royal	6 gramos.
Almendras tostadas molidas	100 gramos.		

MODO DE HACERLO

Se mezclan las almendras molidas con la fécula de patata y la levadura y se reserva. En un perol se baten las claras a punto de nieve fuerte; se adicionan las yemas y el azúcar y, por último, la fécula mezclada con la almendra molida. Con una espátula se mueve muy despacio y se vierte en un molde previamente untado de mantequilla espolvoreado de harina. Se mete al horno con calor moderado durante treinta y cinco minutos.

BIZCOCHOS BORRACHOS
DE GUADALAJARA
(Receta típica)

Se baten en un perol doce yemas de huevo con nueve onzas de azúcar blanca. Cuando están muy blanqueadas se añade una libra de harina de flor y después doce claras batidas a punto de nieve.

Se hacen unas cajas de papel de barba y se colocan sobre la placa del horno, se van llenando hasta la mitad y se cuecen al horno.

Cuando están dorados se dejan enfriar y se desmoldan; se bañan con un almíbar hecho a punto de hebra floja con libra y media de azúcar. Cuando está hecho se añade un cuartillo de vino de Málaga y se espolvorea de buena canela.

BIZCOCHOS DE ALMENDRAS AL COÑAC

INGREDIENTES Y CANTIDADES

Huevos	2.	Coñac	1 copita.
Harina	50 gramos.	Azúcar glas	25 gramos.
Azúcar	75 gramos.	Mantequilla	50 gramos.
Almendras molidas	75 gramos.		

MODO DE HACERLO

Se bate la mantequilla con el azúcar cuando está cremosa se añaden las yemas, la harina mezclada con la almendra molida y la copa de coñac. Bien mezclado todo se bate un poco, se agregan las claras batidas a punto de nieve y se va echando este batido en unos moldes tartaletas o cápsulas de papel untados de mantequilla. Se meten en el horno sobre una placa y cuando están doraditos se sacan, se desmoldan y se meten en cápsulas, se espolvorean con azúcar glas y se sirven.

BIZCOCHO ECONÓMICO

INGREDIENTES Y CANTIDADES

Huevos	1.	Azúcar	4 cucharadas.
Leche	1 taza de café	Aceite fino	4 cucharadas.
Harina	3 tazas de café.	Levadura Royal	1 cucharadita.
Ralladura de limón.			

MODO DE HACERLO

En un perol se pone el aceite frito con una cáscara de limón, la leche y el azúcar; se mezcla todo y se agrega la ralladura de un limón y la harina mezclada con la levadura. Se baten un poco, se añade el huevo y se sigue batiendo para obtener una pasta fina.

Se prepara un molde untado de grasa, forrado con papel blanco; se echa el batido y se mete al horno con calor moderado durante una hora.

Cuando se abre por el centro está en su punto el bizcocho. Ya dorado se saca del horno, se desmolda y se espolvorea la superficie con azúcar glas.

BIZCOCHITOS DE ALBARICOQUE

INGREDIENTES Y CANTIDADES

Bizcocho

		Almíbar para calar el bizcocho	
Azúcar	65 gramos.	Azúcar	100 gramos.
Harina	65 gramos.	Agua	1/2 decilitro.
Huevos	2.	Jerez	1/2 decilitro.

Relleno

		Para cubrir	
Mermelada de albaricoque	100 gramos.	Almendras	75 gramos.
Azúcar	50 gramos.	Azúcar glas	50 gramos.

MODO DE HACERLO

Se baten los huevos con el azúcar cerca del fuego hasta ponerlos esponjosos; se añade entonces la harina mezclándola con la espátula y se vierte en una placa pastelera, preparada con un papel blanco para hacer una plancha de bizcocho, y se mete al horno durante quince minutos.

Se saca del horno, se desmolda y se corta en dos mitades. En un cazo se ponen el azúcar y el agua con un poco de zumo de limón, se deja hervir cinco minutos y se espuma bien, se separa del fuego y se añade el jerez. Con una cuchara se bañan las dos mitades del bizcocho.

Se pone en un cazo la mermelada pasada por un tamiz y el azúcar, se añade una cáscara de limón y se deja cocer cinco minutos; se deja enfriar, y con una espátula se pone una capa bien extendida sobre uno de los bizcochos, se tapa con la otra y se cortan en trozos de cinco centímetros en cuadrado. Se untan por encima los lados con mermelada y se reservan. Se escaldan las almendras con agua hirviendo, se les quita la piel y se ponen al horno en una placa. Cuando están doradas se sacan y se pican sobre la tabla. Cuando están muy menuditas se embadurnan los bizcochos, se espolvorean con azúcar glas y se sirven sobre una servilleta o pañito de encaje.

BIZCOCHO MOJICÓN

INGREDIENTES Y CANTIDADES

Harina	60 gramos.	Mantequilla	30 gramos.
Fécula de patata	60 gramos.	Yemas	4.
Azúcar	100 gramos.	Claras	4.
Ralladura de limón.			

MODO DE HACERLO

En un perol se baten las yemas con el azúcar y la ralladura de limón. Cuando están muy aumentadas se le añade la harina y la fécula, mezclándolas con la espátula y la mantequilla derretida. Se revuelve bien y se incorporan las claras batidas a punto de nieve, mezclándolas con la espátula; se llenan hasta la mitad los moldes de mojicones y se cuecen a horno algo fuerte. Cuando están dorados se sacan (de diez a quince minutos). Al servirlos se espolvorean de azúcar glas.

BIZCOCHO DE COCO

INGREDIENTES Y CANTIDADES

Huevos	2.	Coco rallado	50 gramos.
Mantequilla	75 gramos.	Coñac	1 copa.
Harina	100 gramos.	Azúcar	150 gramos.

MODO DE HACERLO

Se ponen en un recipiente las yemas, el azúcar y una cucharada de agua fría. Se baten bien y se añaden el coñac, la harina y el coco rallado, mezclando todo con la espátula.

Se baten las claras a punto de nieve y se agrega a la pasta del bizcocho, y por último, se adiciona la mantequilla derretida. Bien mezclado todo se vierte en un molde untado de mantequilla, espolvoreado de harina, y se pone a cocer a horno moderado unos veinticinco minutos. Bien doradito se saca, se desmolda y se espolvorea de azúcar glas.

BIZCOCHO DE CHOCOLATE

INGREDIENTES Y CANTIDADES

Azúcar	150 gramos.	Huevos	2.
Harina	150 gramos.	Levadura Royal	1 cucharadita.
Mantequilla	75 gramos.	Leche	1/2 decilitro.
Cacao en polvo	25 gramos.		

MODO DE HACERLO

En un perol se ponen la mantequilla y el azúcar. Se baten ambas cosas hasta que esté hecha una pasta cremosa, se añade un huevo y después otro. Bien mezclado todo se echa el cacao y la leche y, por último, la harina mezclada con la levadura.

Se prepara un molde bien engrasado con mantequilla y espolvoreado de harina, se echa el preparado y se mete en el horno con calor moderado unos treinta minutos.

Cuando está cocido se saca del horno, se deja enfriar un poco y se desmolda en plato de cristal. Se cubre la superficie con azúcar glas y se sirve.

BIZCOCHO DE NATA

INGREDIENTES Y CANTIDADES

Nata de leche	1 decilitro.	Huevos	2.
Harina	2 decilitros medidos.	Ralladura de limón.	
Azúcar	1 decilitro medidos.	Mantequilla para untar	
Coñac	1 cucharadita.	el molde.	

MODO DE HACERLO

En un recipiente se pone la nata y el azúcar, se mezcla bien y se añaden los huevos y la harina con media cucharadita de levadura, se remueve con la espátula durante unos minutos, se agrega la ralladura de limón y la cucharadita de coñac, se prepara un molde redondo untado de mantequilla y espolvoreado de harina, se vierte en él el preparado y se cuece a horno moderado durante una hora. Al principio conviene taparlo con una hoja de papel untado de mantequilla; cuando sube se quita para que se dore.

Cuando está en su punto se desmolda, se espolvorea de azúcar glas y se sirve en plato con servilleta.

BIZCOCHO AL RON

INGREDIENTES Y CANTIDADES

Bizcocho		_Almíbar_	
Harina	125 gramos.	Azúcar	125 gramos.
Azúcar	100 gramos.	Agua	1 decilitro.
Huevos	4.	Ron	1 copa.
Mantequilla	25 gramos.	Canela	1 astilla.

MODO DE HACERLO

Se hace el bizcocho batiendo en un perol cerca del fuego los huevos con el azúcar; cuando ha tomado un punto como una mayonesa (unos veinte minutos), se agrega la harina moviendo con la espátula y, por último, la mantequilla derretida, pero fría. Bien mezclado todo se vierte en un molde untado de mantequilla y espolvoreado de harina y se cuece a horno moderado durante veinte o veinticinco minutos.

Se saca del horno cuando está separado de las paredes del molde, se coloca en una rejilla y ésta sobre un plato. Se ponen en un cazo el azúcar, el agua y una astilla de canela, se deja que rompa a hervir y se espuma, se deja cocer despacio cinco minutos y se separa del fuego, se añade la copa de ron y se vierte poco a poco sobre el bizcocho hasta que lo embeba todo.

Se coloca en un plato de cristal, se espolvorea de buena canela molida y se sirve.

BIZCOCHOS DE SOLETILLA

INGREDIENTES Y CANTIDADES

Huevos	6.	Azúcar	200 gramos.
Harina	225 gramos.	Azúcar glas	50 gramos.
Ralladura de limón.			

MODO DE HACERLO

Se separan las yemas y se baten con el azúcar y la ralladura de limón hasta que estén muy esponjosas. Se adiciona la harina y, por último, las claras batidas a punto de nieve. Bien hecha la mezcla con la espátula, se pone en una manga con boquilla lisa y sobre papel blanco se marcan unos bizcochos, separados unos de otros cinco centímetros. Se espolvorean de azúcar glas y se meten en el horno bien caliente, puesto el papel sobre una placa de pastelería. Cuando están dorados se sacan, se dejan enfriar y se guardan en latas.

BIZCOCHOS DE ESPUMA

INGREDIENTES Y CANTIDADES

Harina corriente	75 gramos.	Azúcar glas	50 gramos.
Fécula de maíz o patata	100 gramos.	Huevos	5.
Azúcar corriente.			

MODO DE HACERLO

Se baten las yemas con el azúcar y las claras aparte con unas gotas de vinagre o limón. Cuando están consistentes se añade una cucharada de azúcar glas, se unen las claras y las yemas y se incorporan las dos harinas mezcladas, removiendo despacio con la espátula. Se pone el batido en una manga con boquilla lisa y se marcan unas tiras sobre un papel de barba, se espolvorean con azúcar y se meten a horno moderado unos diez minutos. Doraditos, se sacan, y cuando están fríos se guardan en una lata, sin quitarlos del papel.

BIZCOCHO GENOVESA

INGREDIENTES Y CANTIDADES

Huevos	4.	Azúcar	125 gramos.
Harina	125 gramos.	Mantequilla	50 gramos.
Ralladura de limón.			

MODO DE HACERLO

En un perol cerca del fuego se ponen los huevos, el azúcar y la ralladura de limón. Se baten fuertemente con las varillas durante veinte minutos. Cuando está el batido muy aumentado y al subir el batidor forma como una cinta, se mezcla la harina despacio con la espátula y a continuación la mantequilla derretida.

Se echa el batido en un molde untado de mantequilla y espolvoreado de harina y se cuece a horno moderado de veinte a veinticinco minutos.

Este bizcocho es el que sirve de base a toda clase de tartas.

BIZCOCHO DE SAN LORENZO

INGREDIENTES Y CANTIDADES

Azúcar	200 gramos.	Mantequilla	60 gramos.
Huevos	6.	Mermelada	300 gramos.
Castañas	250 gramos.	Agua de azahar	1 cucharada.
Maizena	190 gramos.		

MODO DE HACERLO

Se quita la cáscara a las castañas y se ponen a cocer durante tres minutos; se quita la piel y se echan a medida en cuarto litro de leche y se dejan cocer despacio hasta que estén tiernas y se puede pasar por el tamiz.

En un perol cerca del fuego se pone el azúcar, el agua de azahar y los huevos, y se bate fuertemente al calor para que queden muy esponjosos.

Cuando el batido está en este punto se agrega el puré de castañas y la maizena poco a poco y se echa en un molde redondo, bien untado de mantequilla.

Se cuece al baño de María en el horno hasta que está bastante consistente. Se saca y se clava una aguja de calceta, y si sale limpia, se deja enfriar.

Ya frío, se corta en lonchas y se cubren éstas con mermelada, espolvoreando por encima azucarillos pulverizados.

BIZCOCHO DE COCO

INGREDIENTES Y CANTIDADES

Bizcocho

Azúcar	250 gramos.
Huevos	6.
Almendra molida	50 gramos.
Harina	230 gramos.

Relleno

Azúcar	230 gramos.
Agua	1/2 decilitro.
Coco rallado	230 gramos.

Baño

Azúcar	230 gramos.
Vinagre	1/2 cucharadita.

Clara de huevo	1.
Agua	1 decilitro.

MODO DE HACERLO

Se baten los huevos con el azúcar, y cuando adquiere punto de cinta (a los veinte minutos) se agrega la harina y almendra molida, incorporándola con la espátula; se echa en un molde de bizcocho untado de mantequilla y se mete en el horno una media hora. Cuando se separa de las paredes del molde estará en punto. Se desmolda y se deja enfriar.

Cuando está frío, se cortan los discos; en el de abajo se extiende el relleno de dulce de coco, se vuelve a reconstruir el bizcocho y se cubre con el baño blanco, poniéndolo en la puerta del horno para que se seque.

Relleno.

En un cazo se pone el azúcar y el agua y se deja hervir, se espuma cuidadosamente, y cuando adquiere punto de hebra se agrega el coco rallado; se mezcla bien y se utiliza.

Baño.

Se hace un almíbar a punto de hebra fuerte, se bate una clara a punto de nieve y se le echa el almíbar y unas gotas de vinagre; se bate un rato y se baña el bizcocho.

Si estuviera claro, se puede acercar al fuego para que espese, pero batiendo siempre.

BIZCOCHO DE NUECES

INGREDIENTES Y CANTIDADES

Bizcocho

Harina	150 gramos.
Azúcar	150 gramos.
Nueces mondadas	100 gramos.
Mantequilla	75 gramos.
Huevos	5.
Ralladura de limón.	

Fondant

Azúcar	200 gramos.
Agua	1 decilitro.
Zumo de limón	1 cucharada.

MODO DE HACERLO

En un perol se ponen los huevos y el azúcar con la ralladura de limón y se baten cerca del fuego hasta que forme una crema (espesa como una mayonesa); entonces se incorpora la harina, moviendo con la espátula.

Se separan seis u ocho bonitas nueces y el resto se pica y se adiciona al batido, y por último se añade la mantequilla derretida, pero fría. Bien mezclado todo con la espátula se echa en un molde, previamente untado de mantequilla y espolvoreado de harina, y se mete en la parte baja del horno (que debe estar bien caliente) de veinte a veinticinco minutos.

Una vez cocido el bizcocho, se desmolda y se deja enfriar.

En un cazo se pone el azúcar y el agua, se acerca al fuego y cuando rompe a hervir se espuma y se deja cocer hasta que forma punto de hebra fuerte. Se retira del fuego, se agrega el zumo de limón y se remueve con la espátula para formar una pasta muy blanca. Se vuelca sobre el mármol y se trabaja con la mano, humedecida en agua fría, hasta dejar una masa blanca muy fina. Se pone de nuevo en un cazo, se agrega una cucharada de agua caliente y se pone al baño de María, moviéndolo con cuchara de madera. Cuando está un poco líquido se baña el bizcocho echando en el centro despacio y dejando que se cubra, se adorna con las nueces y se coloca en un plato sobre servilleta.

BIZCOTELAS DE CHOCOLATE

INGREDIENTES Y CANTIDADES

Bizcocho

Harina	150 gramos.
Azúcar	125 gramos.
Huevos	4.
Ralladura de limón.	

Baño de chocolate

Chocolate cobertura	200 gramos.
Azúcar	200 gramos.
Agua	150 gramos.

Yema blanda

Yemas	6.
Azúcar	175 gramos.
Agua	1/2 decilitro.

MODO DE HACERLO

Se hace primero el bizcocho como el de soletilla (véase la receta). Una vez hecho el batido, se marcan los bizcochos redondos, del tamaño de cinco centímetros de diámetro. Una vez cocidos al horno, se levantan de papel y se juntan dos piezas, poniendo entre ellas una capa de yema blanda, hecha del modo siguiente:

En un cazo se ponen las seis yemas y se deslíen con una cucharada de agua fría. Aparte se pone el azúcar con medio decilitro de agua y se hace un almíbar a punto de hebra floja, se vierte sobre las yemas poco a poco, se vuelve a acercar al fuego y cuando espesa, se retira.

Una vez rellenas las bizcotelas, se dejan enfriar mientras se hace el baño.

En un cazo se pone el azúcar y el agua y se deja hervir hasta que adquiere punto de hebra floja. Se pone el chocolate en la boca del horno, y cuando está muy blando se mezcla con el almíbar, se remueve bien y se pone al baño de María para que esté bien caliente, sin hervir. Se bañan una a una las bizcotelas y se colocan sobre una rejilla hasta que están secas.

Se sirve en una fuente de cristal, sobre una blonda.

BRAZO DE GITANO

INGREDIENTES Y CANTIDADES

Harina	125 gramos.	Huevos	5.
Azúcar	125 gramos.	Ralladura de limón.	

MODO DE HACERLO

En un perol se baten las yemas con el azúcar y un poco de ralladura de limón. Cuando están muy esponjosas se agregan las claras batidas a punto de nieve; se mezclan con la espátula y se añade la harina, moviendo despacio. Se tiene preparada de antemano una placa de pastelería con un papel blanco engrasado y espolvoreado de harina, y sobre ella se echa el batido, extendiéndolo al grueso de medio centímetro. Se mete al horno con calor moderado durante diez minutos y se saca, desprendiéndolo del molde sobre otro papel espolvoreado de harina, puesto sobre la mesa.

Se extiende sobre la placa de bizcocho una capa de crema pastelera o nata batida y se enrolla, envolviéndolo en el papel hasta que se enfríe.

Ya frío, se cortan un poco las esquinas para igualarlos y se espolvorean con azúcar glas, y con el canto de un cuchillo se hacen unas rayas al sesgo, se coloca sobre una bandeja con servilleta y se sirve.

CREMA PASTELERA

INGREDIENTES Y CANTIDADES

Leche	1/2 litro.	Azúcar	75 gramos.
Yemas	3.	Mantequilla	25 gramos.
Maizena	2 cucharadas.		

MODO DE HACERLO

En un perol se ponen las yemas, el azúcar y la maizena; se mezcla bien y se adiciona la leche, previamente hervida, con una cáscara de limón. Se revuelve con el batidor y se acerca al fuego. Cuando rompe a hervir se aparta, se agrega la mantequilla y se deja enfriar.

Es conveniente hacer antes la crema que el bizcocho, para poderle enrollar caliente.

BIZCOCHOS MEDINA

INGREDIENTES Y CANTIDADES

Bizcocho

Huevos	8.
Harina	8 cucharadas.
Azúcar	8 cucharadas.
Mantequilla	50 gramos.

Guarnición

Mantequilla	200 gramos.
Azúcar	200 gramos.
Yemas	2.
Agua	1 decilitro.

MODO DE HACERLO

Se baten las yemas y dos claras con el azúcar hasta que blanqueen y se queden esponjosas, se agrega la harina, después la mantequilla derretida y, por último, se adicionan las claras restantes, batidas a punto de nieve. Bien mezcladas con la espátula, se echa en una placa con borde de un centímetro de alto, pero sin llegar hasta arriba la pasta, pues luego sube mucho (conviene poner en la placa un papel engrasado en el fondo). Bien extendida la pasta, se mete en el horno bien caliente y se deja quince minutos.

Cuando está dorada, se saca y se desmolda, se quita el papel y se corta en dos hojas iguales. Sobre una de ellas se extiende una capa de crema manteca, se tapa con la otra y se corta en trozos de tres centímetros, primero en tiras y después en cuadrados. Cada trozo se decora con crema manteca y se sirve en platos de cristal.

Crema.

En un recipiente se bate la mantequilla con la espátula para ponerla suave y fina.

En un cazo se pone el agua y el azúcar, se acerca al fuego y se deja cocer despacio hasta que adquiere punto de hebra. Entonces se vierte despacio sobre las yemas y se deja enfriar; ya frío, se va agregando poco a poco la mantequilla y sin dejar de batir. Cuando se ha incorporado toda, se pone en una manga y se decora el bizcocho.

BOCADITOS DE DAMA

INGREDIENTES Y CANTIDADES

Bizcocho

Harina	75 gramos.	Azúcar	
Fécula de patata	75.	de cuadradillo	375 gramos.
Azúcar	100 gramos.	Agua	1 1/2 decilitro.
Huevos	2.	Zumo de limón	1 cucharada.
Mantequilla	100 gramos.		
Levadura Royal	1 cucharadita.		
Ralladura de limón.			

MODO DE HACERLO

Bizcocho.

Se bate la mantequilla con el azúcar y la ralladura de limón; se añaden uno a uno los huevos y, por último, la harina y la fécula, a las que se agrega la levadura. Se mezcla todo con la espátula y se llenan hasta la mitad unas tartaletas untadas de mantequilla. Se cuecen a horno fuerte durante diez minutos, y cuando están doradas, se sacan, se dejan enfriar un poco y se unen dos, poniendo entre ellos una capa de dulce de albaricoque o fresa, y una vez rellenos se cubren de *fondant*.

Fondant.

En un cazo se pone el azúcar y el agua, con una cáscara de limón; se deja hervir hasta que forme punto de hebra fuerte.

Se trabaja un poco con la espátula, se agrega el limón y se vuelca sobre el mármol, donde se sigue trabajando hasta que se ponga una masa blanca y dura.

Con la palma de la mano, mojada en agua fría, se amasa hasta ponerla muy fina; entonces se pone en un cazo limpio, se añade una cucharada de agua caliente y se pone a calentar al baño de María.

Se agregan dos o tres gotas de carmín para darle color rosado y se bañan los bocaditos. Se dejan, y se meten en cápsulas de papel para servirlos.

'CAKE' DE CHOCOLATE

INGREDIENTES Y CANTIDADES

Mantequilla	125 gramos.	Cacao	25 gramos.
Azúcar	125 gramos.	Huevos	3.
Harina	125 gramos.	Levadura Royal	1 cucharadita.
Sal.			

MODO DE HACERLO

En un recipiente se pone la mantequilla y el azúcar, batiendo muy bien hasta que quede esponjosa; entonces se añaden los huevos uno a uno, y cuando están bien mezclados se añade la harina mezclada en el cacao y la levadura.

Bien mezclado el conjunto, se echa en un molde *cake* (rectangular, de veinte centímetros por doce de ancho), forrado de papel untado de mantequilla, y se mete en el horno con calor moderado durante una hora.

Ya cocido, se desmolda y se espolvorea la superficie con azúcar glas.

'PLUM CAKE' INGLÉS

INGREDIENTES Y CANTIDADES

Mantequilla	150 gramos.	Cáscara de naranja confitada	25 gramos.
Azúcar blanca	75 gramos.	Harina	150 gramos.
Azúcar morena	75 gramos.	Huevos	4.
Fruta confitada	50 gramos.	Levadura	1 cucharadita.
Piñones	25 gramos.	Ron	1 copita.
Almendras	50 gramos.		
Pasas de Corinto	50 gramos.		

MODO DE HACERLO

Se cortan en lonchitas finas la cáscara de naranja y la fruta en trocitos, se quitan los rabitos a las pasas y todo junto se pone en maceración con una copa de ron durante una hora antes.

Se bate la mantequilla hasta hacerla cremosa, se añaden las dos clases de azúcar mezcladas y los huevos, uno a uno; bien incorporados éstos al conjunto, se añade la harina mezclada con levadura.

Se sacan las frutas y pasas del ron bien escurridas y se secan con un paño, se pasan por harina y se mezclan con la pasta.

Se echan los piñones y la mitad de las almendras tostadas y un poco partidas, junto con la ralladura de limón, y por último, el ron en que estuvieron macerando las frutas, pasado por un colador.

Con una espátula se remueve ligeramente para mezclarlo todo y se vierte en un molde de *cake*, previamente forrado de papel de barba y untado de mantequilla.

En el momento de meterlo en el horno se echa por encima el resto de las almendras peladas, pero crudas.

Se deja cocer a horno moderado durante una hora. Al sacarlo del horno se deja enfriar, se desmolda y se espolvorea de azúcar glas.

'CAKE' DE AVELLANA

INGREDIENTES Y CANTIDADES

Mantequilla	200 gramos.	Galleta María rallada	100 gramos.
Azúcar	200 gramos.	Levadura Royal	1 cucharadita.
Harina	100 gramos.	Ralladura de limón	1 cucharadita.
Huevos	4.	Avellana tostada	
Coñac	1 copita.	y molida	250 gramos.

MODO DE HACERLO

Se bate la mantequilla con el azúcar hasta ponerla cremosa y se incorporan ciento cincuenta gramos de avellana tostada y molida, la harina, la levadura y la galleta pulverizada y se mezcla bien. Sin dejar de batirse, se incorporan los huevos uno a uno, y bien trabajada la pasta se hacen dos partes; una de ellas se coloca con unas gotas de amarillo vegetal y la otra con dos cucharaditas de cacao. Cada una se pone en una placa pastelera untada de mantequilla y espolvoreada de harina, y se cuece a horno lento durante veinte minutos.

Se desmoldan y se hacen tres tiras; cada bizcocho se unta con una capa ligera de mermelada de manzana, y se van poniendo por capas alternando los dos colores, dejando encima una de cacao. Se unta por fuera con una ligera capa de mermelada y se cubre de avellana picada muy fina, se espolvorea con azúcar glas y se sirve.

BUDÍN CABINET

INGREDIENTES Y CANTIDADES

Leche	1/2 litro.	Ciruelas y cerezas	
Azúcar	125 gramos.	confitadas	50 gramos.
Huevos	4.	Naranja confitada	50 gramos.
Bizcochos soletilla	200 gramos.		

MODO DE HACERLO

En un recipiente hondo se desmigan los bizcochos y se añaden las frutas confitadas cortadas en tiritas finas.

En un perol se baten las yemas con el azúcar y la ralladura de limón, se añade la leche hirviendo, se mezcla bien y se echa sobre el bizcocho y las frutas.

Se deja en reposo un cuarto de hora y, añadiendo las claras batidas a punto de nieve, se mezcla con la espátula y se vierte el preparado en un molde untado de mantequilla, espolvoreado de harina, y se pone en una placa al baño de María en el horno moderado una media hora.

Transcurrido este tiempo se pincha con una aguja de calcetar para ver si está cuajado.

Si la aguja sale seca, se retira del horno y se deja enfriar en el mismo baño.

Bien frío, se desmolda en un plato de cristal, se adorna con merengue puesto en una manga con la boquilla rizada y unas cerezas. Se cubre con salsa de vino blanco y se sirve.

SALSA

INGREDIENTES Y CANTIDADES

Vino blanco	1 decilitro.
Azúcar	100 gramos.
Yemas	2.

MODO DE HACERLO

Se mezclan los ingredientes y se pone al baño de María sobre el fuego, sin dejar de mover. Cuando espesa un poco se vierte sobre el pudín.

BUDÍN DE NARANJA

INGREDIENTES Y CANTIDADES

Pan blanco	300 gramos.	Coñac	1 copa.
Mermelada de naranja	100 gramos.	Azúcar	100 gramos.
Leche	1/2 litro.	Huevos	2.

Ralladura de naranja, ralladura de limón, azúcar para bañar el molde.

MODO DE HACERLO

Se ponen tres cucharadas de azúcar en un flanero, se agregan dos de agua, se acerca al fuego y se deja hervir. Cuando se ha consumido el agua se deja que tome color el caramelo oscuro, se retira del fuego y se baña el fondo y las paredes del molde se deja enfriar y se reserva.

Se desmiga el pan en pedacitos pequeños, se pone en una fuente honda, se cubre con el medio litro de leche. Se deja esponjar durante un par de horas y cuando se ha absorbido la leche se aplasta con un tenedor, se agregan los huevos batidos, la copa de coñac, la ralladura de medio limón y media naranja. Bien mezclado todo con la espátula, se agrega la mermelada de naranja y se mezcla al conjunto. Se vierte todo en el flanero preparado de antemano y se pone a cocer al baño de María durante una hora. Transcurrida ésta, se mete en el horno durante tres cuartos de hora para terminar de hacerlo. Se pincha con aguja de calceta, y si sale limpia, se saca, se deja enfriar un poco y se desmolda en plato de cristal.

BUDÍN DE CASTAÑAS

INGREDIENTES Y CANTIDADES

Castañas	750 gramos.	Azúcar para bañar	
Azúcar	300 gramos.	el molde	3 cucharadas.
Mantequilla	100 gramos.	Leche	2 1/2 vasos.
Huevos	6.	Vainilla.	
Nata	1/4 kilo.		

MODO DE HACERLO

Se prepara un molde más bien bajo y ancho, con azúcar tostada, como en la receta anterior.

Se quita la cáscara a las castañas y se echan en un perol con agua hirviendo, dejándolas cocer a fuego vivo hasta que se puedan despellejar bien (unos cinco o seis minutos). Se sacan poco a poco, se pelan y se van echando en otra cazuela con medio litro de leche hirviendo con la vainilla. Cuando todas están peladas, se dejan cocer muy lentamente hasta que la absorben toda. Si entonces no están blandas, se añade otro poco más de leche, pero en pequeñas cantidades. Ya cocidas, se pasan por el tamiz o pasapurés. Se pone el puré en la cazuela donde cocieron las castañas y se agrega el azúcar y la mantequilla hecha pedacitos. Se mueve con la espátula para que no se agarre, se separa del fuego y se deja enfriar. Entonces, se añaden una a una las yemas y, por último, las claras batidas a punto de nieve. Bien mezclado con la espátula, se vierte en el molde preparado de antemano con el azúcar tostada y se deja cocer al baño de María, se tapa para que no se tueste por encima y a la media hora se pincha para ver si está cuajado. Cuando la aguja sale limpia, se saca del horno, se deja enfriar un poco, se desmolda en plato de cristal y se adorna con cuarto kilo de nata montada, puesta en una manga con boquilla rizada.

BUDÍN DE TAPIOCA

INGREDIENTES Y CANTIDADES

Leche	1/2 litro.	Azúcar para bañar	
Azúcar	100 gramos.	el molde	3 cucharadas.
Tapioca	75 gramos.	Huevos	4.
Mantequilla	50 gramos.	Ralladura de limón.	

Baño

Jalea de grosella	4 cucharadas.
Agua caliente	1 vaso.
Ron o coñac	1 copa.

MODO DE HACERLO

Se pone a hervir la leche con la corteza de limón, y cuando rompe a hervir se agrega la tapioca en forma de lluvia, se deja hervir despacio tres o cuatro minutos, se separa del fuego y se echa en una fuente honda. Se agregan las yemas una a una, se bate con la espátula, se agrega la mantequilla y el azúcar, se sigue batiendo con brío y, por último, se adicionan las claras batidas a punto de nieve. Mezclado todo, se vierte en un molde preparado con azúcar tostada y se pone a cocer al baño de

María en la placa y después en el horno hasta que esté cuajado. Se pincha con la aguja, y cuando sale seca se separa del horno, se deja enfriar un poco y se desmolda en plato de cristal. Se cubre con el dulce de grosella y se sirve.

Baño.

Se disuelve la jalea de grosella en medio litro de agua caliente, se agrega el ron, al calor, pero sin hervir. Se separa, y cuando está tibio se vierte sobre el pudín.

BUDÍN DE MANZANAS
(Económico)

INGREDIENTES Y CANTIDADES

Suizos	5.	Manzanas reineta	750 gramos.
Leche	1/4 litro.	Nata batida	
Azúcar	1 taza.	para el adorno	250 gramos.

MODO DE HACERLO

Se cortan las manzanas, después de peladas, en lonchas finas. Se pican los suizos, también fino.

En un molde de flan se echan tres cucharadas de azúcar y se dora para caramelizar el fondo y las paredes del molde, se deja enfriar, y cuando empieza a crujir el azúcar se pone una capa de lonchas de manzana, encima otra de suizos, y así hasta terminar las manzanas. Se calienta la leche con el azúcar y se vierte en el molde hasta que asoma por encima, se aplasta un poco con una tapadera más pequeña que entre en el molde y haga presión y se pone a cocer al baño de María durante una hora. Se mete después en el horno destapado para que se dore por encima, y cuando sube (otra media hora) se saca y se deja enfriar en el molde. Es mejor hacerlos de vísperas. Al día siguiente se desmolda en el plato de cristal y se cubre de nata batida.

BUDÍN DE MANZANAS CON MERENGUE

INGREDIENTES Y CANTIDADES

Manzanas (tamaño grande)	8.	Azúcar	100 gramos.
		Claras	3.
Huevos	4.	Azúcar glas	100 gramos.
Bizcocho de soletilla	100 gramos.	Mantequilla	50 gramos.
Leche	1/2 decilitro.	Pasas de Corinto.	

MODO DE HACERLO

Se prepara un molde alto y liso, bien untado de mantequilla.

Se ponen a cocer las manzanas en muy poca agua, cortadas en rodajas, después de peladas. Cuando están cocidas, se escurren bien y se pasan por tamiz.

Se ponen a remojar los bizcochos con el medio decilitro de leche para formar una masa blanda y se mezcla con el puré de manzanas puesto en un recipiente. Se quitan los rabitos a las pasas de Corinto, se lavan y secan con un paño, se enharinan y se reservan.

En el recipiente de las manzanas se agregan las yemas, el azúcar y las claras batidas a punto de nieve; se mezcla todo bien y se adicionan las pasas enharinadas, se incorporan con la espátula y se vierte en el molde preparado de antemano. Se pone a cocer al baño de María en la placa de la cocina durante una hora, después se mete en el horno hasta que quede cuajado. Entonces se saca, se deja enfriar y se desmolda en un plato de cristal.

Merengue.

Se baten las claras con unas gotas de vinagre hasta que toman punto de nieve fuerte. Entonces se agrega el azúcar tamizada poco a poco, incorporándola con espátula para que no decaiga el batido.

Se pone en la manga pastelera y se decora el budín.

BUDÍN INGLÉS

INGREDIENTES Y CANTIDADES

Sebo de riñonada	350 gramos.	Ron	1 1/2 decilitro.
Pan blanco	300 gramos.	Canela en polvo	5 gramos.
Harina	200 gramos.	Sal	6 gramos.
Pasas de Corinto	350 gramos.	Nuez moscada	1/2 ralladura.
Frutas confitadas	350 gramos.	Leche	1 1/2 decilit.
Azúcar	200 gramos.	Cáscara de naranja	1/2.
Huevos	4.	Cáscara de limón	1/2.

MODO DE HACERLO

Se corta en tiritas muy finas la cáscara de limón y naranja, se pican menuditas las frutas confitadas y todo junto con el azúcar, las pasas, la sal, canela y ron se deja macerar por espacio de doce horas.

Se corta el pan en tiritas finas, se remoja con la leche, se añade el sebo cortado con unas tijeras en trocitos pequeños y limpios de nervios y se añade la harina, las frutas en maceración, los huevos y se revuelve todo con la espátula, se adiciona la ralladura de nuez moscada y bien mezclado todo se echa en un paño embadurnado de mantequilla y espolvoreado con harina, se ata bien apretado y se mete en una cacerola de agua hirviendo se cubre el paquete formado por el budín y se deja cocer despacio durante seis horas. Debe quedar siempre cubierto por el agua; así es que cuando se consuma se añadirá más agua hirviendo. Pasado este tiempo, se saca, se desenvuelve, se moldea en un molde untado de mantequilla y se pone al horno para que se dore un poco. Al sacarlo del horno se desmolda en fuente de metal, se corta en lonchas, se espolvorea con azúcar, se rocía de ron, prendiendo fuego al servirlo. Se sirve en llamas.

BUDÍN DE SÉMOLA
(En frío)

INGREDIENTES Y CANTIDADES

Leche	1/2 litro.	Nata	1/4 litro.
Azúcar	150 gramos.	Cola de pescado	8 gramos.
Sémola	40 gramos.	Kirsch	1 copa.
Ralladura de limón.			

Se pone a remojar la cola en agua fría durante una hora, y pasada ésta se pone en un cazo con medio decilitro de agua hirviendo y se deja a un lado del fuego.

Se pone a hervir la leche con la cáscara de limón y cuando rompe a cocer se echa la sémola en forma de lluvia y se deja hervir despacio cinco minutos. Se retira del fuego y se mezcla el azúcar, poniéndolo a enfriar; ya templada se incorpora la cola, templada también, la copa de kirsch y la nata batida, se mezcla todo y se echa en un molde *savarin* y se pone en hielo hasta que esté cuajado.

Para desmoldarlo se mete un momento en agua templada, se saca el molde y se vuelca en un plato de cristal. El hueco del centro se llena de dulce de albaricoque y se adorna alrededor con tiras de melocotón y cerezas confitadas.

DULCE DE ALBARICOQUE

INGREDIENTES Y CANTIDADES

Mermelada de albaricoque	150 gramos.	Azúcar	50 gramos.
Cáscara de limón.		Agua	1/2 decilitro.

MODO DE HACERLO

Se pasa la mermelada por el chino.

En un cazo se pone la mermelada pasada, el agua, el azúcar y la cáscara de limón, y se acerca al fuego, dejándola cocer lentamente cinco minutos. Al romper a hervir se espuma con cuidado. Cuando está frío se vierte en el hueco del centro del budín.

PASTEL GRACHONERA DE IBIZA

INGREDIENTES Y CANTIDADES

Leche	1/2 litro.	Azúcar	200 gramos.
Ensaimadas	5.	Manteca de cerdo	30 gramos.
Huevos	4.	Canela	5 gramos.

MODO DE HACERLO

Se cuece la leche y se deja enfriar, se baten los huevos, se mezclan con la leche, se añaden las ensaimadas desmigadas, el azúcar y ralladura de limón.

Se unta un molde con la manteca y se echa el preparado; se mete a horno moderado hasta que está, se pincha con una aguja de calcetar, y si sale limpia, está cocido. Al desmoldarlo en plato de cristal se espolvorea con canela molida.

TARTA DE ALBARICOQUE

INGREDIENTES Y CANTIDADES

Bizcocho		_Guarnición_	
Huevos	4.	Albaricoques maduros	1/2 kilo.
Harina	125 gramos.	Azúcar	200 gramos.
Azúcar	125 gramos.	Mantequilla	150 gramos.
Mantequilla	25 gramos.	Azúcar	100 gramos.
		Agua	1/2 decilitro.
		Almendras	50 gramos.

MODO DE HACERLO

En un perol cerca del fuego se ponen los huevos y el azúcar y se baten fuertemente hasta que el batido adquiera punto de cinta; entonces se retira el batidor y con la espátula se incorpora la harina y, por último, la mantequilla derretida. Mezclado despacio para que no decaiga el batido, se echa en un molde redondo de veinte centímetros, bien engrasado y espolvoreado con harina, se mete en el horno con calor moderado durante veinticinco minutos. Bien dorado, se saca y se desmolda, poniéndolo a enfriar.

Se quita la piel a los albaricoques y se pasan por un tamiz; la pulpa obtenida se pone en un cazo con ciento cincuenta gramos de azúcar, se acerca al fuego y se deja cocer despacio durante ocho minutos. Cuando rompe el hervor, se espuma cuidadosamente y se deja a un lado para que siga cociendo los ocho minutos. Se separa cuidadosamente del fuego y se deja a un lado.

Cuando está fría la tarta, se baña el bizcocho con el siguiente jarabe:

Azúcar	50 gramos.	Agua	1/2 decilitro.
Jerez	1 copa.		

Se pone a hervir el agua y el azúcar durante cinco minutos, se aparta y se agrega el jerez. Este jarabe se va echando a cucharadas hasta que lo absorbe todo, y entonces se cubre la superficie del bizcocho con la mermelada, poniéndolo a enfriar.

Se escaldan las almendras, se mondan y se meten en una placa al horno para que se tuesten; ya tostadas, se pican en la tabla y con ellas se cubren los costados del bizcocho. Cuando la tarta está completamente fría se adorna con la mantequilla puesta en una manga con boquilla rizada.

Preparación de la mantequilla.

Se pone al fuego medio decilitro de agua y cien gramos de azúcar, se deja hervir, sin removerlo, unos cinco minutos. Se retira del fuego y se deja enfriar. Mientras se bate la mantequilla con la espátula y cuando está fina se va añadiendo el almíbar hecho anteriormente y completamente frío. Poco a poco, y sin dejar de batir, se le incorpora todo. Se pone en una manga y se hace un adorno de flores alrededor y una grande en el centro.

TARTA REAL

INGREDIENTES Y CANTIDADES

Huevos	6.	Maizena	100 gramos.
Yemas	4.	Cabello de ángel	150 gramos.
Azúcar	100 gramos.		

MODO DE HACERLO

Se baten las yemas y los huevos con el azúcar, y cuando está hecha una pasta espesa se agrega la maizena, incorporándola con espátula.

En un molde (que no sea desmontable) se prepara el fondo con un disco de papel y se unta todo con mantequilla. Se vierte el batido, que llegue a un dedo del borde; se tapa y se pone a cocer al baño de María muy moderadamente, a poco hervor, una media hora o más.

Se pincha para ver si está cocido, se retira del fuego y se deja enfriar en el mismo baño. Cuando está frío se corta en dos discos, se extiende en el de abajo una capa de cabello de ángel y se vuelve a reconstruir la tarta; se baña con dulce de yema adornándola con glasa real y unas frutas confitadas.

DULCE DE YEMA

INGREDIENTES Y CANTIDADES

Yemas   6.
Azúcar   150 gramos.
Agua   1/2 decilitro.

MODO DE HACERLO

En un cacillo se pone el azúcar y el agua, se arrima al fuego y se deja hervir cinco o seis minutos; al romper a cocer se le agregan unas gotas de buen vinagre.

Cuando ha adquirido el almíbar punto de hebra, se echa poco a poco, y sin dejar de batir, sobre las yemas puestas en otro cazo (de porcelana) cerca del fuego; se mueve con las varillas y se deja al calor suave hasta que espesa. Entonces se retira y se baña la tarta, extendiendo la yema con la espátula.

GLASA REAL

INGREDIENTES Y CANTIDADES

Azúcar glas   150 gramos.
Claras de huevo   1.
Esencia o zumo de limón   1/2 cucharadita.

MODO DE HACERLO

En un tazón de loza se ponen los ingredientes y se baten durante diez minutos con la espátula o cuchara de madera.

Cuando ha quedado como una crema espesa, blanca o brillante, se pone en unos cucuruchos hechos con papel de barba y se hacen sobre la superficie y costados de la tarta unos dibujitos finos.

TARTA DE CHOCOLATE A LA INGLESA

INGREDIENTES Y CANTIDADES

Mantequilla   100 gramos.   Harina   75 gramos.
Azúcar   100 gramos.   Huevos   4.
Chocolate   175 gramos.

Se ralla el chocolate y se deja en un plato. Se bate la mantequilla durante diez minutos para hacerla como una pasta espesa y blanca, se añade el azúcar, se sigue batiendo otro rato, se adicionan las yemas de los huevos y chocolate rallado. Se mezcla bien el conjunto y se agrega la harina tamizada, y después de incorporada bien con la espátula se remueve la pasta otros diez minutos; por último, se añaden las cuatro claras batidas a punto de nieve. Bien unidos todos los ingredientes, se echa el batido en un molde de tarta desmontable preparado previamente, untado de mantequilla y espolvoreado de harina y se cuece a horno moderado durante treinta y cinco minutos.

Se prueba si está cocido clavando en el centro la aguja de calcetar, y si sale limpia, se retira del horno y se deja enfriar. Cuando está frío, se desmolda en la rejilla y se baña con baño de chocolate.

BAÑO DE CHOCOLATE

INGREDIENTES Y CANTIDADES

Chocolate de cobertura	100 gramos.
Azúcar	150 gramos.
Agua	6 cucharadas.

MODO DE HACERLO

Se parte en trocitos pequeños el chocolate y se pone a derretir en un cacillo en la entrada del horno.

En otro cazo se pone el azúcar y el agua, se hierve hasta que tenga punto de hebra y se vierte poco a poco sobre el chocolate derretido en el otro cazo, se remueve con la espátula y cuando está muy fino se pone a un lado del fuego o al baño de María. Cuando la tarta está fría, se baña echando el chocolate en el centro, dejándolo extenderse y ayudando un poco con la espátula de acero. Se deja enfriar y se sirve en plato de cristal, con servilleta.

TARTA MILHOJAS

INGREDIENTES Y CANTIDADES

Harina fuerte	200 gramos.	Yemas	1.
Agua	1 decilitro.	Sal	5 gramos.
Harina corriente	100 gramos.	Mantequilla	250 gramos.

MODO DE HACERLO

Se hace un hojaldre (véase receta de *Hojaldre*), dándole cinco vueltas dobles.

Se extiende dándole el grueso de cuarto de centímetro y se cortan cinco planchas iguales, que se ponen en una placa de pastelería humedecida en agua fría y se pinchan, poniéndolas a cocer a horno fuerte. Cuando están doradas, se sacan.

En una de las planchas se extiende una capa de crema pastelera, se pone otra encima y se cubre de merengue, se tapa con otra y se vuelve a poner la crema y en el otro merengue. Se tapa con merengue todo alrededor, se cubre también la superficie, se espolvorea de azúcar glas y almendra picada y se mete a horno fuerte para que se dore unos momentos.

TARTA DE ALMENDRAS

INGREDIENTES Y CANTIDADES

Azúcar	250 gramos.	Mantequilla	25 gramos.
Almendras	250 gramos.	Huevos	6.
Harina	125 gramos.	Coñac	1 cucharada.

MODO DE HACERLO

Se prepara un molde ancho y más bien bajo, untado de mantequilla.

Se escaldan las almendras durante dos o tres minutos, se les quita la piel y se secan, poniéndolas en la boca del horno; ya secas, se rallan con una máquina de rallar.

Se baten los huevos con el azúcar hasta ponerlos esponjosos, y cuando tiene el batido punto de cinta se añade la almendra rallada revuelta con la harina y una cucharada de coñac. Se mezcla con la espátula, se vierte en el molde preparado de antemano y se mete en el horno con calor moderado durante veinticinco o treinta minutos.

Cuando se saca del horno se cubre de merengue, se espolvorea con azúcar y se mete al horno fuerte para que se dore unos momentos.

MERENGUE

INGREDIENTES Y CANTIDADES

Claras   3.
Azúcar   150 gramos.
Vinagre   3 gotas.

MODO DE HACERLO

Se baten las claras con las gotas de vinagre, y cuando están consistentes se añade el azúcar poco a poco, incorporándola con la espátula.

Se pone en una manga con boquilla rizada y se cubre por completo.

TARTA DE MELOCOTÓN
(Melba)

INGREDIENTES Y CANTIDADES

Bizcocho		*Guarnición*	
Huevos	6.	Mermelada	
Azúcar	125 gramos.	de albaricoque	250 gramos.
Harina	125 gramos.	Melocotones	
Mantequilla	25 gramos.	al natural	1 lata.
		Cerezas confitadas	100 gramos.
		Azúcar	50 gramos.
		Mantequilla	150 gramos.
		Azúcar glas	150 gramos.

MODO DE HACERLO

En un perol cerca del fuego se baten bien los huevos con el azúcar y cuando está hecha una crema espesa (cinta) se añade la harina, que se incorpora con la espátula, y en seguida la mantequilla líquida, pero fría. Bien mezclado todo, se vierte en un molde de veinte centímetros, engrasado y espolvoreado de harina, y se cuece a horno moderado durante veinticinco minutos.

Ya dorado, se desmolda en una rejilla, dejándolo enfriar.

Se pasa por un tamiz la mermelada, se le agregan los cincuenta gramos de azúcar y se pone al fuego cinco minutos. Se separa del fuego y se deja enfriar.

Se corta el bizcocho en dos discos, se cubre el de abajo con una capa de mermelada y se vuelve a reconstruir; se cubre todo él con la mermelada, extendiéndola bien con la espátula de acero.

Encima del bizcocho se colocan seis medios melocotones con el hueco del hueso hacia arriba; en el centro de la tarta se colocan cuatro formando un grupo, un poco alto (se colocan boca abajo).

Se bate la mantequilla hasta ponerla fina; poco a poco se va añadiendo el azúcar glas y de cuando en cuando una cucharadita de agua.

Cuando ha absorbido toda el agua se pone en una manga pastelera con boquilla rizada y se decora la tarta.

Se empieza por cubrir completamente el grupo central de los melocotones en espiral, que se remata con una florecita.

En cada hueco de los melocotones se colocan dos cerezas y se adornan con unas florecitas de mantequilla. Entre los melocotones se ponen unos detalles de mantequilla que suben de los costados de la tarta.

TARTA DE MAZAPÁN

INGREDIENTES Y CANTIDADES

Huevos	4.	Almendra	
Azúcar	125 gramos.	molida	125 gramos.
Harina	125 gramos.	Azúcar	125 gramos.
Mantequilla	25 gramos.	Almendras	
Albaricoque	1/4 kilo.	fileteadas	100 gramos.
Azúcar	100 gramos.	Azúcar glas	50 gramos.
Agua	4 cucharadas.		

MODO DE HACERLO

En un perol se echan los huevos, ciento veinticinco gramos de azúcar y se bate hasta hacer una crema espesa; entonces se añade la harina, incorporándola con la espátula, y por último, la mantequilla derretida, pero fría. Se echa en un molde untado de mantequilla y espolvoreado de harina y se cuece a horno moderado durante veinticinco minutos.

Se escogen unos albaricoques maduros, se pelan y se pasan por el tamiz; la pulpa obtenida se pone en un cazo con los cien gramos de azúcar y una cáscara de limón; cuando rompe a hervir se separa a un lado del fuego y se espuma, se deja hervir despacio cinco minutos y se aparta, dejándolo enfriar.

Se parte el bizcocho en dos discos, se pone en el de abajo una capa de mermelada, se cubre con la otra parte y se extiende de mermelada, se ponen las almendras fileteadas y se espolvorean con azúcar glas.

Se prepara el mazapán.

En un cazo se echan ciento veinticinco gramos de azúcar y las cuatro cucharadas de agua; se acerca al fuego y cuando rompe a hervir se espuma cuidadosamente y se deja que tome punto de hebra. Se retira del fuego, se deja enfriar un poco y se echa despacio sobre las almendras molidas, moviendo con la espátula. Se deja enfriar un poco esta pasta, se echa sobre el mármol y se amasa, espolvoreando la masa con azúcar glas.

Se extiende con el rodillo hasta dejar la masa muy fina y se corta un cuadrado de unos veinte centímetros, haciendo con el cortapastas un adorno en el borde, se espolvorea con azúcar glas y se coloca sobre la tarta.

Con los recortes del mazapán se hacen dos partes; a una se agregan dos o tres gotas de tinte vegetal carmín y a la otra parte unas gotas de verde vegetal; se amasan separadamente para fijar el color y se moldean unas florecitas con sus hojas verdes, que se colocan sobre el pañuelo colocado en la tarta.

ALMENDRAS FILETEADAS

Se escaldan las almendras dos o tres minutos en agua hirviendo, se les quita la piel y se cortan con un cuchillo fino en filetitos delgados. Se extienden en una placa y se meten a horno moderado, y en cuanto toman color dorado se sacan y se utilizan.

TARTA PONCHE CAPUCHINA

INGREDIENTES Y CANTIDADES

Bizcocho

Huevos	3.
Fécula de patata	150 gramos.
Azúcar	70 gramos.
Frutas confitadas	150 gramos.
Cerezas en dulce	100 gramos.

Almíbar

Azúcar	350 gramos.
Agua	2 decilitros.
Huevos	4.
Coñac	2 copas.

MODO DE HACERLO

Se prepara el bizcocho la víspera.

Se baten las yemas con el azúcar hasta que están muy blanqueadas; entonces se agrega la fécula y después las claras batidas a punto de nieve. En un molde engrasado se echa el batido y se cuece a horno moderado unos veinticinco minutos; ya en su punto, se saca y se deja hasta el día siguiente.

Se prepara el almíbar poniendo el azúcar y el agua en un cazo al fuego; al hervir se espuma cuidadosamente y se deja que tome punto de hebra. Se separa del fuego y se deja enfriar.

Se corta el bizcocho en tres discos y en cada uno se reparten las frutas confitadas cortadas en trocitos pequeños. Se vuelve a reconstruir el bizcocho y se pone en el molde donde se hizo, untado de mantequilla.

Se baten los cuatro huevos durante un rato y se incorporan el almíbar y las dos copas de coñac. Bien mezclado, se echa este líquido sobre el bizcocho puesto en el molde y se pone a cocer al baño de María por espacio de una hora.

Cuando está cuajado se saca del baño y se deja enfriar antes de desmoldarlo; frío, se desmolda en plato de cristal y se adorna con merengue y las cerezas confitadas.

MERENGUE

INGREDIENTES Y CANTIDADES

Claras	3.
Azúcar	150 gramos.
Vinagre	3 gotas.

Se baten las claras con unas gotas de vinagre. Cuando están consistentes se añade poco a poco el azúcar, incorporándola con la espátula.

Se pone en una manga con boquilla rizada y se decora la tarta con el merengue y las cerezas confitadas.

TARTA PONCHE VILLALAR

INGREDIENTES Y CANTIDADES

Bizcocho

Huevos	4.
Harina	100 gramos.
Azúcar	75 gramos.
Ralladura de limón.	

Guarnición

Mantequilla	300 gramos.
Azúcar	200 gramos.
Agua	1 decilitro.
Yemas	2.

Jarabe

Ron	1 copa.
Azúcar	150 gramos.
Agua	1 decilitro.

MODO DE HACERLO

Se prepara una plancha de bizcocho.

Se baten las yemas con el azúcar hasta que blanquean, se agrega la ralladura de limón y la harina, incorporándola con la espátula, y, por último, las claras batidas a punto de nieve. Se mezcla con cuidado y se echa en una placa de pastelería cubierta con un papel de barba de un centímetro de altura y se cuece a horno bien caliente durante unos ocho o diez minutos. Se desmolda y se deja separado de la placa, quitándole el papel. Se deja reposar un poco y se corta en cuatro partes iguales en forma de tiras (tomando antes la medida) y se dejan enfriar separadas.

Se hace un almíbar con los doscientos gramos de azúcar y el decilitro de agua, se deja hervir tres minutos, se espuma bien y se retira, echándolo poco a poco sobre las dos yemas puestas en un recipiente de loza y se deja enfriar. Se bate la mantequilla con la espátula y cuando está muy espumosa y blanca se va agregando poco a poco el almíbar de las yemas y se sigue batiendo hasta que se incorpora toda; se pone en sitio fresco y se prepara el ponche.

Se ponen en un cazo los cien gramos de azúcar, las cuatro cucharadas de agua y cuando rompe a hervir se separa a un lado, se deja enfriar un poco y se añade la copa de ron.

Se separa la mitad de la mantequilla preparada. Con el jarabe y una cuchara se baña la primera parte del bizcocho, se extiende una capa de mantequilla preparada, se cubre con otra y se repite la operación en las otras dos partes, cubriendo todo con la última. Se iguala bien, se extiende una capa de mantequilla que cubra la superficie y los costados del bizcocho, se iguala con la espátula de acero mojada en agua templada y se decora la superficie y los costados con el resto de mantequilla, preparada del modo siguiente:

De la mantequilla separada se hacen dos partes: a una de ellas se añaden unas gotas de carmín para darle un tono pálido, y si se prefiere, una cucharadita de azúcar quemada desleída en otra de agua, para darle tono un poco tostado. Cada color se pone en una manga con boquilla rizada fina y se hacen unos adornos que cubran toda la superficie del bizcocho y los costados. Se coloca con cuidado en fuente larga o cuadrada, sobre una blonda, y se sirve.

TARTA PONCHE NIZA

INGREDIENTES Y CANTIDADES

Bizcocho

Huevos	4.
Harina	100 gramos.
Azúcar	75 gramos.
Mantequilla	25 gramos.
Azúcar glas	30 gramos.
Almendras fileteadas	100 gramos.

Jarabe

Agua	4 cucharadas.
Azúcar	100 gramos.
Anís	1 copa.

Crema

Leche	1/4 litro.
Huevos	2.
Mantequilla	40 gramos.

Maizena	2 cucharadas.
Azúcar	100 gramos.
Cáscara de limón.	

MODO DE HACERLO

Se prepara el bizcocho.

Se baten las yemas con el azúcar hasta que blanqueen, se agrega la harina, incorporándola con la espátula, y las claras a punto de nieve.

Cuando todo está mezclado, se añade la mantequilla derretida.

Se echan en una placa de pastelería cubierta con papel de barba y untada de mantequilla y se extiende con la espátula hasta dejarlo de un centímetro de altura, se mete en el horno con calor moderado durante diez minutos. Cuando empieza a dorar, se saca, se vuelca en la mesa y se despega el papel, volviéndose a poner encima, y se deja reposar mientras se prepara la crema y el jarabe.

En un cacillo se pone el agua y el azúcar y se acerca al fuego; cuando hierve tres minutos se retira y se echa la copa de anís.

En otro cazo se pone a hervir la leche con la cáscara de limón (reservando una tacita fría). En un tazón se ponen las yemas, el azúcar y la maizena, se mezcla todo y se agrega la leche fría, haciendo una papilla fina. Cuando hierve la leche que está en el cazo se incorpora la papilla, moviendo con las varillas para hacer una crema fina y espesa. Cuando hierve un minuto se retira, se deja enfriar un poco y se echa la mantequilla hecha pedacitos, batiendo con la espátula para ligarla bien.

Se coloca el bizcocho sobre un paño o servilleta con la parte por donde estaba adherido el papel hacia arriba. Con una brocha se unta con el jarabe para que empape un poco. Se extiende una capa de crema y se enrolla, empezando por uno de los extremos, ayudándose con la servilleta.

Cuando está enrollado, se templa el resto del jarabe y se echa con una cuchara para que lo vaya absorbiendo poco a poco.

Se embadurna con crema todo el bizcocho y se cubre totalmente con las almendras fileteadas, se espolvorea con el azúcar glas y se coloca en una fuente larga de cristal.

Almendras fileteadas (véase *Tarta de mazapán*).

TARTA MARÍA JESÚS

INGREDIENTES Y CANTIDADES

Bizcocho

Huevos	4.
Harina	125 gramos.
Azúcar	125 gramos.
Mantequilla	50 gramos.
Cacao	1 cucharadita.

Guarnición

Chocolate cobertura	75 gramos.
Mantequilla	200 gramos.
Azúcar	100 gramos.

➡

Relleno

Chocolate	100 gramos.		Yemas	1.
Maizena	1 cucharada.		Leche	2 decilitros.
Claras	1.		Azúcar	75 gramos.

MODO DE HACERLO

Se hace el bizcocho.

Se baten los huevos con el azúcar en un perol cerca del fuego hasta que forme punto de cinta; entonces se añade la harina, que se incorpora con la espátula, el cacao y, por último, la mantequilla derretida.

Se mezcla despacio y se vierte en un molde de veinte centímetros untado de mantequilla y espolvoreado de harina y se cuece al horno moderado durante veinticinco minutos.

(Se nota que está cuando se desprende de la pared del molde.)

Se desmolda sobre la rejilla y se deja enfriar.

Se prepara el relleno.

En un cazo se mezcla la yema, el chocolate rallado y la maizena; se deslíen con la leche y se pone al fuego, sin parar de moverla. Cuando rompe a hervir se agrega el azúcar y se deja enfriar. Ya tibio, se agrega la clara batida a punto de nieve.

Se corta el bizcocho en tres discos; en el de abajo se extiende una capa de crema, se cubre con la segunda, se extiende otra y se coloca la de encima, y con la mano se comprime un poco para que las capas queden bien soldadas.

Se pone a derretir el chocolate cobertura en un cazo en la boca del horno, y cuando está muy blando se pone al baño de María, agregando ciento cincuenta gramos de mantequilla y el azúcar glas, batiendo con la espátula, y cuando está hecha una crema líquida y muy fina se baña la tarta, echando en el centro el chocolate y dejando que la vaya cubriendo toda. Se deja enfriar y endurecer. El resto del baño de chocolate se deja enfriar y se bate añadiéndole los cincuenta gramos de mantequilla. Se pone la tarta en un plato de cristal y con la mantequilla puesta en una manga con boquilla rizada se hace un adorno de florecitas en el borde de la tarta junto al plato.

TARTA MOKA

INGREDIENTES Y CANTIDADES

Bizcocho

Mantequilla	75 gramos.
Harina	125 gramos.
Azúcar	125 gramos.
Huevos	4.

Crema moka

Mantequilla	250 gramos.
Azúcar	200 gramos.
Café	30 gramos.
Agua	1/2 decilitro.

MODO DE HACERLO

Se hace un bizcocho, como en las recetas anteriores.

Se pone el café molido en una manga.

En un cazo pequeño se pone una cucharada grande de azúcar, se arrima al fuego y se deja tostar. Cuando está muy oscura (quemada) se añade el decilitro de agua y se deja que rompa a hervir. Entonces se echa sobre el café que está en la manga y se exprime para extraer todo el aroma del café.

Se vuelve a acercar al fuego y se echa azúcar, y cuando está derretida se separa y se deja enfriar.

Se pone la mantequilla en un recipiente de loza y se bate con espátula hasta hacerla pomada fina. Entonces se va añadiendo el café ya frío y poco a poco, sin dejar de batir, cuando ha absorbido todo, se pone en sitio fresco y se prepara la tarta.

Se corta el bizcocho en tres discos; en el de abajo se extiende una capa de crema *moka*, se pone el segundo y se repite la operació:1. Cuando se coloca el de arriba se oprime un poco con las manos para que quede bien unido el bizcocho.

Se pone una buena capa de crema en la superficie y se extiende con la espátula de acero mojada en agua templada para que quede muy lisa, se cubren los costados con un poco de mantequilla y se pone almendra tostada y picada que la cubra; por último, se pone el resto de crema manteca en una manga con boquilla rizada y se hace un adorno sobre la superficie.

TARTA A LA ALEMANA

INGREDIENTES Y CANTIDADES

Mantequilla	50 gramos.	Canela molida	2 gramos.
Harina	200 gramos.	Huevos	1.
Azúcar	50 gramos.	Manzanas	1/2 kilo.
Leche templada	2 cucharadas.		

MODO DE HACERLO

En un recipiente se pone la harina y en el centro de ella, formando un hueco, se echan los ingredientes. Se mezclan éstos y se va recogiendo la harina hasta formar una masa no muy dura, que se deja reposar una hora.

Una vez reposada, se estira la masa hasta dejarla del grueso del canto de un duro y se extiende sobre una placa pastelera engrasada.

Se corta con un cuchillo, dejándola una tira de quince centímetros de ancha por veinticinco de larga, y en el centro se van colocando escalonadas y muy juntas unas medias rodajas de manzanas reineta peladas y cortadas no muy finas. Se enrollan los bordes de la pasta hasta el borde mismo de las manzanas, untando toda la superficie de huevo batido, y se espolvorea de azúcar.

Con los recortes de pasta se hacen unas tiritas muy finas, con las que se hace un adorno sobre la manzana. Se abrillanta con huevo batido y se pone a horno fuerte unos veinte minutos.

Una vez cocida y muy dorada, se coloca sobre la fuente y se sirve.

TARTA MONTE-CARMELO

INGREDIENTES Y CANTIDADES

Harina	125 gramos.	Leche condensada	1 bote.
Azúcar	125 gramos.	Mantequilla	50 gramos.
Huevos	4.	Azúcar glas	30 gramos.
Almendras	50 gramos.		

MODO DE HACERLO

Se hace un bizcocho, como en las recetas anteriores, y se cuece a horno moderado durante veinticinco minutos.

En una cacerola de agua fría se pone la lata de leche condensada y se deja hervir despacio durante tres horas. Se deja enfriar en el mismo agua y se saca.

Se corta el bizcocho en tres discos, se extiende una capa de dulce de leche en el último, se cubre con otro y se repite la operación, reconstruyendo el bizcocho. Se oprime un poco el disco de arriba para que se unan bien todos, se untan los costados con un poco de dulce y se cubren con almendras tostadas y picadas.

Se espolvorea con azúcar glas y se sirve.

TARTA (PASTEL) DE ALBARICOQUE

INGREDIENTES Y CANTIDADES

Pasta

Harina	200 gramos.
Azúcar	75 gramos.
Mantequilla	50 gramos.
Huevo	1.
Leche	1 cucharada.
Ralladura de limón.	

Guarnición

Albaricoques	1/2 kilo.
Azúcar	100 gramos.

MODO DE HACERLO

Se escogen albaricoques maduros y del mismo tamaño.

Encima de un mármol se pone la harina formando un círculo y en el centro se pone el azúcar, la mantequilla, la yema y la leche; se agrega la ralladura de limón y se mezclan estos ingredientes, recogiendo la harina y haciendo una masa fina, se hace una bola y se deja descansar un rato. Se estira con el rodillo hasta dejarla de menos de medio centímetro de grueso y se forra un aro de pastelería puesto sobre una placa untada de mantequilla en el interior, se pincha el fondo y se colocan los albaricoques (partidos por la mitad y mondados) con el hueso hacia abajo y cubiertos de azúcar.

Con los recortes de pasta se hace una trenza y se pone en el borde, humedeciendo la pasta con un poco de agua.

Se mete en el horno que caliente bien, y cuando está dorada se saca (unos treinta y cinco minutos), se desmolda, sacando el aro, y se coloca en un plato con servilleta.

TARTA DE MANZANAS Y NUECES

INGREDIENTES Y CANTIDADES

Pasta

Harina	200 gramos.
Mantequilla	50 gramos.
Azúcar	50 gramos.
Huevos	1.
Kummel	1/2 copita.

Guarnición

Azúcar	50 gramos.
Manzanas	1/2 kilo.
Leche	1/4 litro.
Yemas	3.
Nueces	100 gramos.
Maizena	20 gramos.
Canela	5 gramos.

MODO DE HACERLO

Se hace primero la masa.

En un recipiente se pone la harina en círculo y en el centro se echa un huevo, la mantequilla, el azúcar y un poco de sal y el *kummel*; se mezclan primero los ingredientes y después se va recogiendo la harina para hacer una masa fina y compacta, que se deja descansar media hora. Entre tanto se hace el relleno.

Se mondan las manzanas y se cortan en rodajas finas; se ponen en un cazo con cien gramos de azúcar y se deja cocer a fuego lento para que se haga una pasta (mermelada).

En un tazón se ponen las tres yemas, la maizena, el azúcar restante, la canela y las nueces mondadas y molidas. Se mezcla todo y se deslíe con unas cucharadas de agua fría. Se pone a hervir el resto de leche y cuando rompe a hervir se agrega la mezcla anterior, la mermelada de manzana y dos claras batidas a punto de nieve. Se mezcla con el batidor y se deja cocer cinco minutos.

Se estira la masa con el rodillo y se forra un aro de pastelería puesto sobre la placa pastelera, se hace un adorno en el borde con la misma masa, se pincha en el fondo, se echa la crema y se mete en el horno durante treinta y cinco minutos. Bien doradita se saca, se espolvorea con azúcar glas y se sirve en fuente con servilleta.

TARTA DE MANZANA

INGREDIENTES Y CANTIDADES

Manzanas	1/2 kilo.	*Jalea*	
Azúcar	50 gramos.		
Mantequilla	75 gramos.	Azúcar	125 gramos.
Harina	250 gramos.	Agua	1/4 litro.
Huevos	1.	Cola de pescado	6 gramos.
Leche	1 cucharada.	Peladuras de manzana y limón.	
Canela molida.			

MODO DE HACERLO

Se mondan las manzanas, se parten por la mitad, se quita el corazón y se cortan en medias rajas del grueso del canto de un duro. Se ponen en una fuente con agua y zumo de limón.

Se pone la harina en un recipiente, se abre un hueco y se echa en el centro la mantequilla, leche, azúcar y yema.

Se hace una masa fina y compacta que se deja reposar un rato, después se estira con el rodillo hasta dejarla del grueso de medio centímetro; se forra un aro bajo de veintidós centímetros puesto sobre placa de pastelería y untado de mantequilla; se hace un cordón con el borde y se pincha el fondo. Se colocan las rodajas de manzanas en redondo cubriendo todo el fondo y se mete al horno bien caliente hasta que está dorada (una media hora).

Se sacan, se levanta el aro, se coloca en una fuente y se deja enfriar.

Se cuecen las peladuras de las manzanas, y si sobra algún trozo, durante un cuarto de hora.

Se cuela el caldo y se pone en otro cazo con el azúcar, una cáscara de limón, se deja que rompa a hervir, se espuma y se adiciona la cola de pescado remojada de antemano, se deja cocer cinco minutos y se deja enfriar. Ya fría la tarta se echa por encima la jalea y se pone en sitio fresco para que se cuaje.

Esta misma tarta se puede hacer con guindas y con fresones.

TARTA DE PUNTA DE DIAMANTES

INGREDIENTES Y CANTIDADES

Pasta

Mantequilla	50 gramos.	Almendras molidas	150 gramos.
Azúcar	25 gramos.	Agua	3 cucharadas.
Harina	150 gramos.	Yemas	2.
Relleno de cabello		Azúcar	100 gramos.
de ángel	100 gramos.	Maizena	5 gramos.

Merengue

Claras	3.
Azúcar	100 gramos.

MODO DE HACERLO

Se prepara una pasta como en la receta anterior y se forra un molde bajo desmontable de dieciocho centímetros. Se pincha el fondo, se llena de judías o garbanzos y se mete en el horno, durante veinte minutos.

Ya dorado, se saca del horno, se quitan las judías y se deja enfriar un poco. En un cazo se pone el azúcar y el agua con una cáscara de limón, se espuma al hervir y se echan las almendras molidas y las dos yemas desleídas con la cucharadita de maizena. Se mueve rápidamente con las varillas y se separa del fuego.

Se pone en el fondo de la tarta una capa de crema, se deja enfriar y se echa el cabello de ángel bien alisadito, se cubre con otra capa de crema y se termina cubriendo con la mitad del merengue, alisando con la espátula de acero. La otra mitad se pone en una manga con boquilla rizada y se decora la superficie con unas flores y cordones de merengues, se espolvorea con azúcar glas y se mete al horno fuerte para que se dore el merengue.

Se sirve en plato de cristal.

TARTA 'SAINT-HONORÉ'

INGREDIENTES Y CANTIDADES

Pasta para el fondo

Harina	125 gramos.
Azúcar	10 gramos.
Sal	2 gramos.
Mantequilla	40 gramos.
Agua	2 cucharadas.
Levadura	3 gramos.

Petisú

Mantequilla	50 gramos.
Azúcar	10 gramos.
Sal	2 gramos.
Harina	90 gramos.
Agua	1 1/2 decilitros.
Huevos	2.
Cáscara de limón.	

Caramelo

Azúcar	125 gramos.
Agua	1/2 decilitro.
Nata.	

MODO DE HACERLO

Se prepara la pasta del fondo.

Se pone en un recipiente la harina, se forma un hueco en el centro, se ponen los ingredientes, haciendo una masa fina que se deja reposar un rato.

Pasta petisú.

Se pone al fuego en un cazo el agua con el azúcar, sal, mantequilla y una cáscara de limón; cuando rompe a hervir se echa de golpe la harina y se mueve con la espátula, dejándola a un lado del fuego hasta que la pasta, separándose de las paredes del cazo, se hace una bola en la espátula; entonces se retira, y se deja enfriar. Cuando está fría se añaden uno a uno los huevos, no echando el segundo hasta que la pasta haya absorbido el primero. Se trabaja muy bien para que resulte muy fina, se pone en una manga pastelera con boquilla lisa y pequeña y se reserva.

Preparación de la tarta.

Se estira la pasta hasta dejarla de medio centímetro de gruesa y se corta con un aro de veinte centímetros. Este disco se coloca en una placa pastelera untada de mantequilla y espolvoreada de harina; al borde del disco se marca un círculo de pasta de *petisú* con boquilla rizada un poco gruesa y se mete a horno moderado hasta que sube y está doradito.

En otra placa se marcan unos pequeños con boquilla fina y lisa y se cuecen a horno moderado hasta que estén dorados (unos quince minutos).

Caramelo.

Se pone al fuego, el agua con el azúcar y una cucharadita de zumo de limón, se deja hervir, se espuma y cuando tiene punto de caramelo se deja a un lado.

Se rellena el hueco de pastel de nata batida (chantillí) y se bañan de caramelo los bordes y los *petisús*, pegando éstos uno al lado del otro sobre el círculo de pastel con un poco de caramelo.

Con el resto de nata puesto en una manga se hacen unos adornos sobre el relleno para que quede más alto y decorativo.

Se sirve sobre un plato con servilleta.

DULCES DE FRUTAS

Estas recetas son de platos de dulces hechos con diferentes frutas, pero nada tienen que ver con las frutas confitadas o dulces para conservar. Todas ellas son para consumirlas en corto plazo.

DULCE DE ALBARICOQUE

INGREDIENTES Y CANTIDADES

Albaricoques	1 kilo.
Azúcar	600 gramos.
Limón	1 cáscara.

MODO DE HACERLO

Se escogen unos albaricoques maduros, se cortan en pedazos y se pasan por el pasapuré. La pulpa obtenida se pone en un cazo de porcelana, se añade el azúcar y la cáscara de limón y se acerca al fuego.

Al romper a hervir se espuma cuidadosamente y se deja que continúe cociendo muy despacio durante ocho minutos. Se retira al cabo de este tiempo y se deja enfriar un poco; por último, se sirve en una dulcera de cristal.

DULCE DE BATATA

INGREDIENTES Y CANTIDADES

Batatas	1/4 kilo.	Yema	1.
Azúcar	150 gramos.	Canela en polvo	1 cucharadita.

MODO DE HACERLO

Se lavan las batatas y se ponen a cocer con agua hasta que están tiernas. Se sacan del agua, se les quita la piel con un cuchillo de madera y se pasan por un tamiz. El puré obtenido se pone en un cazo con el azúcar y se acerca al fuego, dejándolo cocer y moviéndolo con la espátula para que no se agarre, se agrega la yema. Sigue cociendo otro poco y se retira, añadiéndole fuera del fuego la canela molida. Se deja enfriar no mucho y se utiliza.

MANZANAS ASADAS

INGREDIENTES Y CANTIDADES

Manzanas	6.	Vino de Jerez	1 copa.
Azúcar	6 cucharadas.	Maizena	1 cucharadita.
Mantequilla	30 gramos.	Agua	1/4 litro.

MODO DE HACERLO

Se escogen seis manzanas de tamaño grande y muy iguales; se les quita el corazón, haciéndoles un hueco por el tallo con la punta de un cuchillo fino, pero sin atravesar por completo la manzana; se pone en cada una una bolita de mantequilla, una cucharada de azúcar y se colocan de pie en una fuente refractaria, se rocían con jerez y se meten al horno.

Se pone en el fondo de la fuente un decilitro de agua y se deja que se asen.

Cuando están tiernas se retiran de la placa, se ponen sobre una fuente y se traba el jugo que ha quedado de asarlas con la cucharadita de maizena disuelta en dos cucharadas de agua fría. Se agregan dos o tres gotas de azúcar quemada y cuando dé un hervor se echa por encima de las manzanas.

MANZANAS A LA CREMA

INGREDIENTES Y CANTIDADES

Manzanas	6.	Jerez	1 copa.
Azúcar	200 gramos.	Mantequilla	25 gramos.
Huevos	2.	Leche	1/2 litro.
Melocotones	6 mitades.	Maizena	2 cucharadas.
Cerezas confitadas	6.		

MODO DE HACERLO

Se eligen seis manzanas reinetas muy iguales. Se limpian con un paño y con un cuchillo fino se hace un corte circular por el tallo y se saca el corazón y las pepitas, sin llegar hasta el fondo; en este hueco se echa una cucharadita de jerez y otra de azúcar, se colocan en una placa engrasada con mantequilla y se meten al horno hasta que estén asadas.

Se sacan del horno y se dejan enfriar.

Se hace una crema poniendo en un cazo las yemas mezcladas con la maizena y setenta y cinco gramos de azúcar, y echando la leche hirviendo con un poco de cáscara de limón se pone al fuego y se deja cocer un minuto, se vierte esta crema en un plato de cristal, echando antes una cucharadita dentro de cada manzana, se colocan éstas simétricamente encima de la crema y sobre ellas, en forma de tapadera, medio melocotón boca abajo.

Se baten las claras a punto de nieve fuerte y cuando están consistentes se agregan cincuenta gramos de azúcar poco a poco, se pone en la manga y se decoran las manzanas, poniendo sobre cada una una cereza. Se hace un cordón de merengue alrededor del plato y se sirve.

DULCE DE MANZANAS

INGREDIENTES Y CANTIDADES

Azúcar	150 gramos.	Agua	1/4 litro.
Manzanas	250 gramos.	Naranja	1 cáscara.

MODO DE HACERLO

Se corta en trozos la manzana, quitando los centros, y se pone a cocer con el agua. Cuando está cocida y el agua se ha consumido se pasa por un tamiz.

En un cazo se pone la pulpa de manzana con el azúcar y la cáscara de naranja, se deja cocer ocho minutos y se saca, dejándola enfriar.

DULCE DE MANZANAS
(Otro)

INGREDIENTES Y CANTIDADES

Manzanas reineta	4.	Agua	1/2 litro.
Guindas confitadas	50 gramos.	Azúcar	250 gramos.
Huevos	4.		

MODO DE HACERLO

Se pelan las manzanas y se parten por la mitad, quitándoles el corazón y las pepitas. Se frotan con limón y se ponen a cocer en un almíbar hecho con medio litro de agua y el azúcar.

Se dejan cocer hasta que estén tiernas, sin deshacerse, y se sacan con cuidado, poniéndolas en una fuente.

Se baten las yemas y se adiciona el almíbar sobrante, se pone en un perolito y a un lado del fuego se deja calentar hasta que espese como una crema. Se vierte sobre las manzanas y se adornan con guindas.

FRESAS 'ROMANOFF'

INGREDIENTES Y CANTIDADES

Fresas	500 gramos.	Nata batida	300 gramos.
Naranjas	3.	Hielo picado	2 kilos.
Curasao	2 copas.		

MODO DE HACERLO

Se ponen a enfriar las fresas en un recipiente rodeado de hielo y se rocían con el jugo de las naranjas, una copa de curasao y cincuenta gramos de azúcar.

Cuando están muy frías se ponen en una compotera de cristal, se cubren con parte de la nata y el resto se pone en una manga con boquilla rizada y se hacen unos detalles. Se rocía con la otra copa de curaçao y se sirve muy frío.

DULCE DE MELOCOTÓN

INGREDIENTES Y CANTIDADES

Melocotones	1 kilo.
Azúcar	500 gramos.

MODO DE HACERLO

Se escogen melocotones muy maduros, se pelan y se parten en trozos.

En un caldero se ponen por capas los trozos de melocotón y el azúcar, se acerca al fuego y se deja que rompa a hervir.

Se espuma y se deja a un lado para que cueza muy despacio, moviendo con la espátula para que no se agarre al fondo. A la media hora se retira del fuego y se prueba el punto que tiene; si al coger un poco entre los dedos forma un hilillo al separarlos, se deja enfriar y se pone en una dulcera.

DULCE DE CEREZAS

INGREDIENTES Y CANTIDADES

Cerezas	1 kilo.
Azúcar molida	1 kilo.

MODO DE HACERLO

Se escogen las cerezas muy sanas y maduras, quitándoles los rabos y los huesos.

Se pesan las cerezas y la misma cantidad de azúcar.

Se colocan en una cazuela de barro, por capas alternas, las cerezas y el azúcar, empezando y terminando por ésta, y se deja en maceración durante veinticuatro horas.

Pasado este tiempo se echan en un cazo y se ponen al fuego durante veinte o treinta minutos, moviendo sin parar con la espumadera para evitar que se pegue al fondo. El dulce estará cuando cogiendo un poco con los dedos, al separarlos forme un hilillo. Se deja enfriar y se guarda en frascos.

CEREZAS INFERNALES

INGREDIENTES Y CANTIDADES

Cerezas	600 gramos.	Agua	1 copa de las de vino.
Azúcar	300 gramos.	Kirsch o ron	1 decilitro.

MODO DE HACERLO

Se hace un almíbar con el azúcar y el agua y se cuecen en él las cerezas (que deben ser gruesas) durante ocho o diez minutos.

En seis recipientes de metal se reparten las cerezas, se rocían con el licor y se prende fuego. Se sirven encendidas puestas en una bandeja.

DULCE DE CASTAÑAS

INGREDIENTES Y CANTIDADES

Castañas	3/4 kilo.	Leche	1/2 litro.
Chocolate rallado	150 gramos.	Vainilla	1/2 barrita.
Ron	1 copa.	Hielo	2 kilos.
Azúcar molida	200 gramos.	Huevos	2.
Mantequilla	100 gramos.	Nata batida	200 gramos.

MODO DE HACERLO

Se quita la cáscara a las castañas y se ponen a cocer durante diez minutos.

Se sacan del agua, se les quita la piel y se van echando en la leche. Cuando todas están peladas se agregan dos decilitros de agua, la vainilla y una pizca de sal y se ponen a cocer.

Cuando están cocidas se escurren y se pasan por el tamiz. El puré obtenido se pone en un recipiente y se añade el chocolate rallado, el azúcar, las yemas, la mantequilla y el ron. Se trabaja bien con la espátula para hacer una masa fina y unida y en este punto se agregan las claras batidas a punto de nieve. Bien mezclado todo se echa en un plato de cristal que sea hondo, se rodea de hielo o se mete en la nevera, y cuando está bien frío se decora con la nata batida, puesta en una manga con boquilla rizada.

'MARRONS GLACÉS'

INGREDIENTES Y CANTIDADES

Castañas	1 kilo.	Vainilla	1 barra.
Azúcar	1.200 gramos.	Limón	1/2.
Agua	1 1/4 litro.	Crémor tártaro	1 gramo.

MODO DE HACERLO

Se escogen unas castañas gruesas y tempranas, se les quita la cáscara y se echan en una cacerola cubiertas de agua fría, se acerca la cacerola al fuego y se deja calentar lentamente, sin que llegue a hervir, durante media hora. Se van sacando las castañas poco a poco y con cuidado se les quita la piel y a a medida que se van mondando se van envolviendo en unos pedacitos cuadrados de gasa muy clara y se atan con un hilo.

En una cacerola se pone litro y medio de agua con la pulpa de medio limón y se echan las castañas envueltas, dejándolas cocer moderadamente hasta que estén tiernas; entonces se sacan con una espumadera de alambre, se escurre el agua de la cacerola y se echa en ella azúcar, litro y cuarto de agua, el crémor tártaro y la vainilla. Se deja hervir y se espuma y a continuación se echan las castañas envueltas y se dejan cocer despacio diez minutos, se retira la cacerola del fuego y se deja en sitio templado durante veinticuatro horas.

Al día siguiente se acerca la cacerola al fuego y se deja hervir cinco minutos, repitiendo esta operación otros tres días más y dejando siempre la cacerola con las castañas en sitio templado.

El último día, después del hervor de cinco minutos, se sacan las castañas, se dejan enfriar, se las quita con cuidado la gasa y se colocan sobre un mármol para que se sequen.

Se pasa el almíbar por un colador y se acerca al fuego, y cuando toma un punto de hebra floja se retira a un lado y se bate con un tenedor de madera para que se empanice.

Se van bañando las castañas y se sacan con un tenedor, se colocan sobre el mármol y cuando estén frías se envuelven en papel de estaño. El mármol es conveniente que esté ligeramente untado de aceite de almendras dulces para que no se peguen las castañas y· así evitar que se rompan.

MANDARINAS CON SORPRESA

INGREDIENTES Y CANTIDADES

Mandarinas	6.	Cola de pescado	15 gramos.
Leche	1/4 litro	Hielo	2 kilos.
Huevos	2.	Azúcar glas	50 gramos.
Azúcar	100 gramos.	Maizena	15 gramos.
Curasao	1 cucharada.		

MODO DE HACERLO

Se escogen unas mandarinas grandes de cáscara gruesa, se les corta con la punta de un cuchillo una circunferencia por la parte del tallo, se vacían con cuidado para no romper la piel y se ponen en un recipiente con hielo picado para que se enfríe.

En un cazo se ponen las yemas de huevo, el azúcar y la maizena, se mezcla el conjunto y se adiciona la leche hervida. Se acerca al fuego, se remueve con la espátula de madera hasta obtener una crema algo espesa, sin que hierva. Se retira del fuego y se agrega la cola de pescado remojada previamente en agua fría.

Se pasa esta crema por un colador y se rodea de hielo picado, agregándole cinco cucharadas de zumo de naranja y el curasao. Cuando empieza a cuajarse se llenan las mandarinas y se dejan cuajar del todo entre el hielo.

Se baten las claras, añadiéndoles unas gotas de limón y cuando están consistentes se agrega poco a poco cincuenta gramos de azúcar, incorporándola con espátula. Cuando la crema de naranja está consistente se decoran con el merengue puesto en una manga con boquilla rizada y se colocan en una fuente con servilleta.

CUAJADO DE NARANJAS

INGREDIENTES Y CANTIDADES

Azúcar	100 gramos.	Limón	1/2
Huevos	4.	Azúcar	2 terrones.
Naranja	3.		

MODO DE HACERLO

Se prepara un molde de flan con veinticinco gramos de azúcar, que se deja hacer caramelo, y se baña el fondo y paredes.
Se frota uno de los terrones por las cáscaras de las naranjas para que quede impregnado el zumillo de la cáscara.

Se frota el otro terrón por la cáscara del limón y se ponen los dos en un tazón exprimiendo encima el zumo de las naranjas y de medio limón. Se deja derretir el azúcar y se cuela el líquido por un colador fino.

Se baten los huevos con el resto del azúcar, se adiciona el líquido (zumo) de las naranjas y el limón y se vierte todo en el molde preparado, poniéndose luego a cocer al baño de María en el horno.

Cuando está cuajado se deja enfriar y se desmolda en plato de cristal.

DULCE DE NARANJA

INGREDIENTES Y CANTIDADES

Seis naranjas y su peso en azúcar.
Sal gorda   1 cucharada.

MODO DE HACERLO

Se ralla un poco toda la parte amarilla de la cáscara de las naranjas y se parten por la mitad, estas mitades, en tiras finas. Se quitan todas las pepitas, se colocan en una cacerola, cubriéndolas de agua fría y una cucharada de sal gorda.

Se dejan hervir media hora, se retiran, se escurren y se colocan en otro recipiente bien cubiertas de agua fría. Se tienen así durante tres días, cambiándoles el agua cada veinticuatro horas.

Al cuarto día se escurren, se pesan y se añade su mismo peso en azúcar. Se pone a hervir suavemente el conjunto durante hora y media y se retira del fuego, dejándolo enfriar.

DULCE DE LIMÓN

INGREDIENTES Y CANTIDADES

| Limones | 2. | Azúcar | 250 gramos. |
| Huevos | 2. | Mantequilla | 50 gramos. |

MODO DE HACERLO

Se escogen unos limones muy grandes y se ralla toda la corteza amarilla, poniendo la ralladura en un recipiente. Se exprime el juego de los limones y se mezcla con la ralladura.

En un cazo se baten las dos yemas de los huevos con ciento setenta y cinco gramos de azúcar, añadiéndoles el zumo de los limones. Se coloca el cazo al baño de María y éste en el fuego y se va añadiendo poco a poco la mantequilla derretida que debe ser fresquísima.

Se baten las dos claras a punto de nieve y cuando están muy consistentes se agregan al preparado poco a poco; se deja cocer al baño de María durante un cuarto de hora y se retira, dejándolo enfriar.

COMPOTA DE PERAS

INGREDIENTES Y CANTIDADES

Peras	1 kilo.	Vino tinto	1 copa.
Azúcar	250 gramos.	Canela	1 rama.
Agua	1/2 litro.	Cáscara de limón	1 trozo.

MODO DE HACERLO

Se mondan las peras y se parten por la mitad o en cuatro partes, si son grandes; se les quita el corazón y se ponen en una cacerola con el agua, el azúcar, vino, canela y la cáscara de limón.

Se deja hervir hasta que estén tiernas, sin deshacerse, y se sirven con su jarabe.

COMPOTA DE CIRUELAS

INGREDIENTES Y CANTIDADES

Ciruelas	1/2 kilo.	Agua	1/2 litro.
Azúcar	250 gramos.	Canela	1 barra.

MODO DE HACERLO

Se escogen ciruelas claudias y se dejan remojar en agua fría durante dos horas.

En un perol se pone el agua, el azúcar y la canela y se deja que rompa a hervir; se echan las ciruelas y se dejan cocer moderadamente hasta que estén tiernas.

COMPOTA DE MEMBRILLO

INGREDIENTES Y CANTIDADES

Membrillo	1 kilo.	Azúcar	600 gramos.
Canela	1 barra.		

MODO DE HACERLO

Se mondan los membrillos y se parten en trozos. En un perol se ponen cubiertos con un litro de agua, el azúcar y la canela, y se dejan cocer moderadamente hasta que la fruta esté cocida.

Se deja y se sirve en dulcera o compotera.

CONFITURA DE CABELLO DE ÁNGEL

Se parte por la mitad una calabaza de unos dos kilos aproximadamente y estas dos mitades en trozos grandes. Se les quitan las pepitas y las fibras y se ponen en un caldero cubierto de agua y se acercan al fuego dejándolo hervir una hora. Al cabo de este tiempo se separa del fuego y se deja enfriar.

Cuando está templado se separa la corteza con una cuchara, se desprende el cabello de la cáscara y se echa en agua fría por espacio de diez horas. Se escurre bien apretándolo con las manos y se pesa, poniendo igual cantidad de azúcar que de cabello, una rama de canela y una corteza de limón cortada en tiritas finas y se pone al fuego, dejándolo cocer diez minutos. Se retira, se deja enfriar durante veinticuatro horas, se vuelve a cocer otros diez minutos y se vuelve a dejar otras veinticuatro horas.

Al tercer día se hierve otros diez minutos y cuando está fría se pone en dulcera y se sirve.

Puede conservarse ocho días en sitio fresco.

CONFITURA DE TOMATE

MODO DE HACERLO

Se toman dos kilos de tomate grandes, carnosos y poco maduros; se ponen en una cacerola y se cubren de agua hirviendo con un puñado de sal y se dejan cocer unos minutos. Se separan del fuego, se echan en agua fría y se les quita la piel, se parten por la mitad y se exprimen para que suelten el agua y las simientes. La pulpa obtenida se pesa, poniendo la misma cantidad de azúcar, el zumo de un limón y la corteza rallada de dos limones.

Se deja cocer moderadamente durante treinta y cinco minutos y se deja enfriar, poniéndolo en dulcera de loza o cristal.

CONFITURA INGLESA DE NARANJA

MODO DE HACERLO

Se parten por la mitad seis naranjas y seis limones, se exprime el jugo y se ponen las pepitas en una taza, cubriéndolas de agua.

Se cortan los limones y naranjas en tiritas finas, se ponen en una cacerola y se cubren de agua, dejándolas reposar durante veinticuatro horas. Pasado este tiempo se quita ésta y se vuelven a poner en una cacerola, agregándoles el jugo extraído, el agua de las pepitas y éstas envueltas en una gasa, se añade un litro de agua y se ponen a hervir durante una hora. Se deja reposar veinticuatro horas y pasado este tiempo se sacan las pepitas envueltas, se ponen las naranjas a fuego agregando dos litros de agua y dos kilos de azúcar y se deja hervir moderadamente hasta que al sacar un poco en un plato forme jalea.

Se separa del fuego y se echa en frascos de cristal.

CONFITURA DE CALABACINES

INGREDIENTES Y CANTIDADES

Calabacines	1 kilo.	Azúcar	1 1/2 kilo.
Manzanas	1 kilo.	Vino blanco	1/4 litro.
Limón	1.		

MODO DE HACERLO

Se escogen unos calabacines pequeños, se mondan y se cortan en trozos. Se mondan las manzanas, se quitan los corazones y se parten en trozos.

En una cacerola se ponen ambas frutas y el azúcar, se exprime el limón encima y se adiciona el vino blanco, se agrega también la ralladura fina de un limón y se deja todo en maceración durante veinticuatro horas.

Al día siguiente se pone la cacerola al fuego y se deja cocer hasta que ambas frutas estén muy tiernas y tengan punto de hebra.

Se deja enfriar y se pone en dulcera.

CONFITURA DE ZANAHORIAS Y NARANJAS

INGREDIENTES Y CANTIDADES

Zanahorias	500 gramos.	Naranjas	3.
Azúcar	500 gramos.	Limón	1.

MODO DE HACERLO

Se escogen unas zanahorias tiernas, se raspan y se ponen a cocer hasta que estén tiernas, se escurren en agua y se pasan por el tamiz. El puré obtenido se pone en un cazo y se agrega la ralladura de las tres naranjas, el zumo de ellas y del limón, se adiciona el azúcar y se deja cocer moderadamente durante treinta y cinco minutos.

Se deja enfriar y se pone en plato de cristal.

CONFITURA DE MELÓN

MODO DE HACERLO

Se escoge un melón mediano, se corta por la mitad y se quitan las fibras y semillas; se quita la cáscara y se corta a rajas, colocándolo en un barreño.

Se cubre con dos litros de agua y un buen puñado de sal gorda. Se deja durante veinticuatro horas en maceración. Transcurrido este tiempo se saca del agua, se escurre bien y se echa en agua fría, dejándolo durante ocho o diez horas, cambiándole el agua varias veces para quitar la sal.

Pasado este tiempo se ponen en una cacerola cubierta de agua fría, se acerca al fuego y se deja cocer hasta que estén blandas; las rajas se pinchan con una aguja de calceta para ver si están en su punto y se ponen a escurrir.

En una cacerola se pone medio litro de agua y setenta gramos de azúcar y se deja hervir durante cinco minutos, se echa la fruta escurrida y se deja cocer despacio durante treinta y cinco minutos.

Se separa del fuego, se deja enfriar y se pone en un plato de cristal.

CARNE DE MEMBRILLO

MODO DE HACERLO

Se escogen unos membrillos amarillos y sanos y se ponen a cocer en un caldero con abundante agua. Cuando la piel de los membrillos empieza a agrietarse y estén tiernos, se sacan del agua, se pelan y se cortan en trozos, pasándolos por un tamiz o pasapurés. La pulpa obtenida se pesa y se añade el mismo peso de azúcar. Se ponen en un perol ambas cosas y se dejan cocer veinticinco minutos, sin dejar de mover con la espátula para que no se agarre al fondo.

Se prueba el punto y si al echar un poco en un plato se cuaja en seguida, entonces se retira del fuego, se llenan unos moldes de loza o cristal y se dejan enfriar.

Para servirlos se desmoldan en plato de cristal.

JALEA DE MEMBRILLO

MODO DE HACERLO

Se lava un kilo de membrillos muy sanos, se parten en tres o cuatro pedazos, dejándoles las pepitas y la piel, y se ponen a cocer en dos litros de agua.

Se dejan cocer media hora y se cuela por una servilleta, exprimiendo ésta para que pase todo el zumo.

Obtenido éste, se pone en un cazo con un kilo de azúcar y veinte gramos de cola de pescado, remojada de antemano en agua fría, y se deja hervir lentamente durante una hora, espumándolo cuidadosamente.

Se separa del fuego, se deja enfriar un poco y se vierte en un recipiente de cristal, donde se sirve.

JALEA DE GROSELLAS

MODO DE HACERLO

Se quita a las grosellas el rabito verde y se ponen en un perol, acercándolas al fuego para que se deshagan. Se retiran del fuego y se pasan por el colador chino o por un tamiz fino puesto sobre un recipiente.

Una vez recogido todo el jugo se pesa, poniendo la misma cantidad de azúcar, se echan ambas cosas en un perol y se dejan cocer fuerte una hora.

Se apartan del fuego y se echa en compoteras, dejándola cuajar.

JALEA DE FRESAS

MODO DE HACERLO

Se pasa un kilo de fresas maduras por el tamiz, añadiéndole un poquito de agua para que se pase mejor, y obtenido el jugo se añade medio kilo de azúcar y veinticinco gramos de cola de pescado remojada en agua fría, una cáscara de limón y dos gotas de carmín vegetal.

Se acerca al fuego, se remueve con la espátula y se deja cocer durante media hora, espumándola bien. Se retira del fuego y se deja enfriar un poco, echándolo en un recipiente de cristal.

PERAS AL CARAMELO

INGREDIENTES Y CANTIDADES

Peras	6.		Mantequilla	25 gramos.
Maizena	15 gramos.		Yemas	2.
Leche	1/2 litro.		Azúcar	150 gramos.

MODO DE HACERLO

Se escogen seis peras iguales, se mondan sin quitarles el rabo, se ponen en una placa espolvoreada de azúcar y se meten al horno hasta que están asadas y dorado el azúcar.

En un cazo se pone la maizena, las yemas y setenta y cinco gramos de azúcar, se mezclan con el batidor y se agrega la leche hirviendo. Se acerca al fuego y se deja un minuto; se retira del fuego y se echa en una fuente redonda.

Se colocan las peras con simetría alrededor de la fuente.

Se recoge el azúcar que quedó en la placa de asar las peras, se añade una cucharada de azúcar y tres de agua y se deja dar un hervor hasta que se deshace el caramelo y con una cuchara se echa por encima de las peras.

HELADOS

Los helados son postres que tienen mucha aceptación, y como su confección, a base de cremas o natillas y jugos de fruta, no tiene ninguna complicación, daremos algunas ideas generales para que sirvan de norma.

La heladora mecánica es un cubo de madera muy gruesa con un agujero de desagüe y con un recipiente de metal llamado sorbetera, donde se echa el preparado que se va a helar. Este recipiente tiene la tapa con una abertura en el centro, por donde pasa la espiga de metal de las aspas giratorias; estas aspas se mueven por medio de un manubrio adaptado a la heladora.

Conviene cerciorarse antes de hacer el helado de que la heladora funciona; el cubo de madera debe ponerse en agua un rato para que ajuste bien y observar si las aspas descansan sobre los ejes. Una vez asentada la sorbetera en la hendidura del fondo del cubo, se coloca alrededor de aquélla el hielo picado menudo y sal gorda en abundancia hasta llenarlo.

La proporción por cada kilo de hielo es de doscientos cincuenta gramos de sal gorda. Para una heladora de dos litros se necesitan unos seis kilos de hielo y uno y medio kilos de sal gorda; pero si quiere conservar el helado dos o tres horas, conviene llevar algún kilo más para reponer el que se va derritiendo. La crema o líquido que se va a helar debe estar hecha y fría para ponerla en la sorbetera.

Los helados de crema tardan menos en cuajar que los líquidos.

Una vez puestos en la sorbetera fría se pone la tapa y se da vueltas por espacio de media hora, sin apresurarse.

Da gran finura al helado cuando empieza a congelarse adicionar una o dos claras batidas a punto de nieve. Se vuelve a tapar y se sigue dando vueltas hasta la completa congelación del helado. Entonces se destapa, se quitan las aspas, se apisona con una cuchara para rellenar el hueco que han dejado las aspas y se tapa nuevamente, poniendo un tapón de corcho en el agujero por donde sale la espiga de las aspas.

Una vez tapado, se cubre todo con hielo, se tapa con una manta doblada y se deja en sitio fresco.

Para presentar el helado en comida de familia, lo más práctico es servirlo individualmente en conchas de cristal o copas apropiadas. También se puede servir sacando grandes cucharadas de helado y poniéndolas en una fuente en forma de pirámide de grandes bolas, pero esta operación debe hacerse en sitio fresco, pues en las cocinas hay el peligro de que puede derretirse demasiado.

La mejor presentación es en copas de helado adornadas con merengue, frutas confitadas y luego espolvorearlo de almendras o pistachos.

Moldear los helados para comidas no ofrece gran dificultad, si se tienen moldes apropiados con tapas que ajusten.

Una vez congelado el helado, se llenan los moldes, se pone un papel de barba para que ajuste y una vez cerrado se untan de manteca los bordes de la tapa, a modo de soldadura para que al congelarse ésta por efecto del frío no deje entrar la sal en el molde.

Se meten éstos en el hielo y se dejan por espacio de dos horas. Pasado este tiempo se sacan del hielo, se lavan en agua fría, se tienen un momento en agua al temple natural, se secan al sacarlo y se desmoldan en el plato donde se vayan a servir.

Conviene que las cremas lleven bastante dulce, porque al helarse pierden mucho y resultan más sosas, y un helado falto de dulce no es agradable.

HELADO DE ALBARICOQUE

INGREDIENTES Y CANTIDADES

Albaricoque	500 gramos.
Azúcar	375 gramos.
Zumo de limón.	

MODO DE HACERLO

Quítense los huesos de los albaricoques y después pásense por un tamiz fino.

Con el azúcar, medio litro de agua y un poco de corteza de limón se hace un almíbar y se mezcla con la pulpa de albaricoque, añadiendo el zumo de limón.

Se pone en la heladora.

HELADO DE CREMA DE AVELLANA

INGREDIENTES Y CANTIDADES

Avellanas mondadas	250 gramos	Leche	1 litro.
Azúcar	250 gramos.	Yemas	4.
Claras	2.		

Se escaldan las avellanas en agua hirviendo y se mondan. Se separan unos cincuenta gramos, que se tuestan al horno, y el resto se machaca en el mortero hasta formar una pasta fina, añadiendo a medida el azúcar, y se deslíe poco a poco con la leche hirviendo.

Se baten las yemas y las claras y se incorpora poco a poco la mezcla anterior, acercándola a fuego suave para hacer una crema, sin que hierva.

Cuando está hecha se deja enfriar y se coloca en la heladora bien cargada de hielo picado.

Se puede servir en pirámide en una compotera, espolvoreando con avellana tostada y molida.

HELADO DE MELÓN

INGREDIENTES Y CANTIDADES

Un melón duro y aromático		Canela	1 trocito
Azúcar	250 gramos.	Agua	1/4 litro.
Limón	1.		

MODO DE HACERLO

Se corta el melón un poco más arriba de la mitad y se le quitan las fibras y pepitas. Con un cuchillo se va cortando la pulpa y sacándola a un plato, dejando las cáscaras muy alisadas y pasando la pulpa por el chino.

Con el azúcar y el agua se hace un almíbar ligero y se añade el puré obtenido de la pulpa del melón, se añade el zumo de limón, la ralladura de media cáscara y la barrita de canela, se deja hervir cinco minutos y se retira, dejándolo enfriar. Una vez frío se pone en la sorbetera y se pone a helar. Cuando está helado se pone en la parte mayor del melón tapándolo con la otra mitad, y se sirve rodeado de una servilleta.

HELADO MANTECADO

INGREDIENTES Y CANTIDADES

Leche	1 litro.	Maizena	2 cucharadas.
Canela	1 palo.	Azúcar	325 gramos.
Yemas	6.	Mantequilla	30 gramos.

MODO DE HACERLO

Se pone a cocer la leche con la canela en rama.

En un perol aparte se ponen las yemas, la maizena, el azúcar y la mantequilla. Se trabaja bien con la espátula de madera, añadiendo la leche hirviendo poco a poco y sin dejar de batir se acerca a un fuego suave hasta que esté hecha la crema, y que se conoce en que la espátula queda cubierta con una ligera capa de ella. Entonces se retira del fuego, pues no debe hervir, y se añade la mantequilla.

Se deja enfriar, se pasa por el colador, colocándolo en la heladora, poniendo alrededor bastante hielo picado y sal gorda.

A medio helar se le añaden dos claras batidas a punto de nieve dura, volviendo a tapar y moviendo la heladora hasta que esté helado. En este momento se sacan las aspas, se aprieta bien el helado y se deja bien abrigada la heladora para que se endurezca. Se puede moldear si se quiere, o se sirve en copas adornadas con guindas.

'BISCUIT GLACÉ' A LA VAINILLA

INGREDIENTES Y CANTIDADES

Azúcar	125 gramos.		Vainilla	1 barrita.
Nata	300 gramos.		Hielo	1/2 barra.
Huevos	6.		Sal	2 kilos.

MODO DE HACERLO

En una cacerolita se pone el azúcar, la barrita de vainilla y cuarto litro de agua, se pone al fuego y se deja hervir diez minutos, espumándolo bien. En un perol de cobre o esmaltado se ponen las seis yemas y poco a poco se añade el jarabe hecho, se bate bien a un lado de la lumbre hasta que se hace una masa esponjosa, sin que llegue a hervir. En este punto se retira del fuego, se pone sobre hielo y se sigue batiendo hasta que está completamente frío. Se añade la nata mezclándola con la espátula y sin removerla mucho se llena un molde de *biscuit*, que estará de antemano sobre hielo picado; se cubre con papel de barba, se pone la tapadera, se suelda con mantequilla o manteca de cerdo la juntura y se mete en hielo picado y sal durante tres horas, renovando el hielo a medida que se derrita. Transcurrido este tiempo se saca el molde, se lava en agua al temple natural y se seca con un paño, se destapa y se pone boca abajo en una fuente sobre servilleta, se destornilla por el otro lado para que entre el aire y se levanta el molde para que quede el helado en el plato, y se sirve en seguida.

HELADO DE TURRÓN

INGREDIENTES Y CANTIDADES

Leche	1/2 litro.	Huevos	5.
Turrón de Jijona	300 gramos.	Azúcar	50 gramos.
Hielo y sal gorda.			

MODO DE HACERLO

En una cacerola se ponen las yemas, el azúcar y el turrón molido, se mezcla bien y se agrega la leche hirviendo poco a poco y batiendo siempre. Se acerca al fuego y se deja unos minutos, antes de romper a hervir se retira y se deja enfriar.

Ya frío se pone en la heladora, se rodea de hielo y se trabaja hasta que empieza a cuajar; entonces se añaden dos claras batidas a punto de nieve, se vuelve a trabajar la heladora y se sigue dando vueltas hasta que esté hecho un helado consistente.

Se sirve en conchas.

HELADO MELBA

INGREDIENTES Y CANTIDADES

Melocotones al natural	6.
Un bizcocho Genovesa de	100 gramos.
Almíbar	1 decilitro.
Licor	2 copas.
Helado mantecado	1/2 decilitro.
Almendras	50 gramos.

MODO DE HACERLO

En una ponchera colóquese un trozo cuadrado de bizcocho ligeramente empapado en coñac, marrasquino u otro licor; encima de este bizcocho póngase unos medios melocotones al natural bañados en un poco de almíbar; entre ellos y el centro del bizcocho repártase como medio litro de mantecado muy helado, rodéese la ponchera de hielo y sírvase adornado con unas almendras finamente cortadas.

HELADO CREMA CAFÉ BLANCO

INGREDIENTES Y CANTIDADES

Leche	1 litro.	Azúcar	275 gramos.
Yemas	6.	Café en grano	75 gramos.

MODO DE HACERLO

En una cacerola se ponen las yemas y el azúcar y se baten fuertemente para mezclarlo.

Se calientan los granos de café en una sartén limpia como si se fuera a tostar. Cuando están muy calientes se echan en la leche, que estará hirviendo en otra cacerola, y se dejan hervir cinco minutos. Entonces se aparta del fuego y se vierte poco a poco en la cacerola de las yemas y el azúcar, se mezcla todo y se pone al fuego hasta que la crema espese un poco sin que llegue a hervir.

Se retira y se deja enfriar.

Cuando está fría se pasa por un colador, se pone en la sorbetera y se hiela.

Se sirve en conchas o en copas de cristal para helados.

HELADO SORPRESA

INGREDIENTES Y CANTIDADES

Bizcocho		*Helado crema de vainilla*	
Huevos	4.	Yemas	6.
Azúcar	125 gramos.	Leche	1 litro.
Harina	125 gramos.	Maizena	30 gramos.
Mantequilla	50 gramos.	Azúcar	250 gramos.
Jerez	1 copa.	Vainilla	1/2 barrita.

Merengue		*Guarnición*	
Claras	6.	Cerezas confitadas	100 gramos.
Azúcar tamizada	150 gramos.	Melocotón en dulce	100 gramos.

MODO DE HACERLO

Se hace primero el bizcocho.

En un perol se ponen los huevos y el azúcar cerca del fuego, se baten hasta formar una masa esponjosa, que al levantar el batidor caiga en forma de cinta.

En este punto se agrega la harina, removiendo con la espátula despacio, y por último, se añade la mantequilla derretida, pero fría. Esta mezcla se echa en un molde de bizcocho redondo de veinticinco centímetros para que salga grande, pero poco alto, y se mete al horno moderado durante media hora. Ya en su punto se saca del horno y se desmolda sobre una fuente, dejándolo enfriar.

Se hace una crema poniendo a hervir la leche con la vainilla. Aparte se mezcla en un cazo la maizena, las yemas y el azúcar, y cuando la leche ha hervido se añade poco a poco a la mezcla, se pone al fuego nuevamente y al romper a hervir se retira y se deja enfriar; ya frío se pone en la heladora bien rodeado de hielo picado y sal gorda y se deja cuajar. Cuando está helado se llena con éste un molde redondo de dieciocho centímetros por seis de alto, bien apretadito, se tapa con un papel y después con una tapadera que ajuste, soldando la juntura con un poco de manteca, y se mete entre hielo picado durante dos horas.

Mientras se endurece el helado se baten las claras a punto de nieve y cuando han tomado consistencia se añaden poco a poco ciento veinticinco gramos de azúcar bien tamizada, incorporándola poco a poco con la espátula.

Preparación del plato.

Se coloca el bizcocho en una fuente de metal, se rocía con la copa de jerez.

Se desmolda el helado bien consistente y se coloca en el centro del bizcocho.

Se pone el merengue en una manga con boquilla rizada y se cubre por completo el helado; en el zócalo del bizcocho que queda al descubierto se ponen unos adornos de merengue y se decora con las frutas confitadas. Se espolvorea el conjunto con los veinticinco gramos de azúcar glas y se mete un par de minutos al horno muy fuerte para que el merengue quede un poco dorado. Se saca del horno y se sirve en seguida.

HELADO CREMA DE CHOCOLATE

INGREDIENTES Y CANTIDADES

Leche	1/2 litro.	Nata	300 gramos.
Yemas	3.	Azúcar	150 gramos.
Chocolate	100 gramos.	Hielo.	
Claras	2.	Sal gorda.	

MODO DE HACERLO

En un perol se ponen las yemas, el azúcar y el chocolate rallado, se mezclan estos ingredientes y se agrega la leche previamente hervida, poco a poco, se acerca al fuego y se deja hasta que empiece a espesar, sin que hierva. Se retira, se pone a enfriar y una vez frío se pone en la sorbetera rodeada de abundante hielo picado y sal gorda, y se da vueltas a la manivela hasta que empieza a helarse. En este punto se agregan dos claras batidas a punto de nieve con una cucharada de azúcar glas, se vuelve a tapar y se sigue trabajando hasta que está muy consistente.

Se sirve en copas adornado con nata batida.

HELADO CREMA PRALINÉ DE ALMENDRAS

INGREDIENTES Y CANTIDADES

Leche	1/2 litro.	Azúcar	200 gramos.
Huevos	4.	Aceite de almendras	1 cucharadita.
Almendras tostadas	75 gramos.	Hielo y sal gorda.	

MODO DE HACERLO

Se hace primero el praliné.

En una cacerolita se ponen las almendras mondadas y tostadas, cincuenta gramos de azúcar y tres cucharadas de agua; se acerca al fuego vivo y se deja cocer hasta que el líquido adquiera color dorado oscuro. Se unta ligeramente un plato con unas gotas de aceite de almendras dulces y se echa el contenido de la cacerolita. Se deja enfriar completamente y una vez frío se muele en la máquina hasta dejarlo hecho un polvo fino.

Se mezcla el azúcar con los huevos batidos, menos dos claras que se conservan, y se añade poco a poco la leche caliente. Se acerca al lado del fuego moviendo sin parar hasta que empiece a espesar, sin llegar a hervir, se retira entonces y se deja enfriar, se agrega el praliné, se echa en la sorbetera y se rodea de hielo picado y sal gorda. Al empezar a helarse se agregan las dos claras reservadas, batidas a punto de nieve y se sigue trabajando hasta que esté consistente.

Se sirve en conchas acompañado de unas lenguas de gato.

HELADO DE LECHE MERENGADA

INGREDIENTES Y CANTIDADES

Leche	1 litro.	Canela	1 rama.
Claras	4.	Canela en polvo	20 gramos.
Azúcar	300 gramos.	Limón	1 cáscara.

MODO DE HACERLO

Se pone a hervir la leche con la cáscara de limón, la rama de canela y doscientos cincuenta gramos de azúcar. Cuando ha cocido cinco minutos se separa del fuego y se deja enfriar.

Se baten las claras con una gota de limón o vinagre hasta que adquieran punto de nieve; entonces se agregan los cincuenta gramos de azúcar y poco a poco se incorpora la leche fría y pasada por un colador. Se pone en la sorbetera rodeada de hielo picado y sal gorda y se deja helar.

Se sirve en copas espolvoreadas de canela molida.

HELADO COPA VILLALAR

INGREDIENTES Y CANTIDADES

Leche	3/4 litro.	Avellanas tostadas	50 gramos.
Bizcochos espuma	200 gramos.	Azúcar	300 gramos.
Huevos	5.	Limón	1.
Nata batida	300 gramos.	Hielo y sal gorda.	

MODO DE HACERLO

Se ponen los bizcochos en sitio caliente o al aire para que se pongan muy secos. Una vez secos se pulverizan.

Se mezclan las yemas con los doscientos gramos de azúcar y se incorpora la leche previamente hervida con la cáscara de limón, se acerca al fuego y se mueve sin parar hasta que la espátula empiece a empañarse. Se retira del fuego, se adiciona el bizcocho pulverizado y la avellana tostada y molida.

Se llenan seis copas de champaña de helado, se adorna con la nata puesta en una manga con boquilla y se cubre con azúcar hilado.

AZÚCAR HILADO

MODO DE HACERLO

En un perolito se ponen cien gramos de azúcar, cuatro cucharadas de agua y media cucharadita de zumo de limón.

Se acerca al fuego y se deja hervir hasta obtener un jarabe a punto de caramelo claro, se aparta del fuego y se deja reposar un poco.

Sobre una tabla se sujetan unos palitos, tres o cuatro, que sobresalgan de ella unos veinticinco centímetros, a una distancia de veinte centímetros.

Se meten las puntas de dos tenedores en el almíbar y se hace un zigzag sobre los palitos hasta gastar todo el almíbar y se van haciendo unos hilos finos de caramelo, se deja enfriar, se levanta de los palitos y se reparte sobre las seis copas.

COPA DE ESPUMA DE CHOCOLATE
(Helado de invierno)

INGREDIENTES Y CANTIDADES

Crema de vainilla	1/2 litro.	Mantequilla	200 gramos.
Chocolate Louit	4 onzas.	Huevos	4.
Azúcar glas	100 gramos.	Nata batida	200 gramos.

MODO DE HACERLO

Se prepara una crema de vainilla con medio litro de leche, dos huevos, una cucharada de maizena y cien gramos de azúcar. Se deja enfriar y se reparte entre seis copas de helado.

Cerca del fuego se ponen en un recipiente las onzas de chocolate para que se ablanden y se baten con la espátula de madera, añadiéndole la mantequilla y el azúcar glas, se agregan las yemas de los huevos y se trabaja todo hasta que se ponga una pasta esponjosa y fina. Se incorporan las claras batidas a punto de nieve, se introduce en una manga pastelera con boquilla rizada y se decoran las copas.

Se ponen en sitio fresco y se sirven sin helar.

SORBETE AL RON

INGREDIENTES Y CANTIDADES

Azúcar	250 gramos.	Limón	1
Agua	1/2 litro.	Jerez	1 copa.
Ron Bacardí	3 copas.		

MODO DE HACERLO

Con el azúcar y el medio litro de agua se hace un almíbar que se deja hervir durante cinco minutos, quitándole bien la espuma. Se retira del fuego y se deja enfriar.

Ya frío se añade la copa de jerez y el zumo de limón, se echa en la sorbetera y se hiela.

Una vez helado se sirve en copas altas, añadiéndole en este momento las tres copas de ron, mezclándolas bien en el sorbete.

SORBETE MARIE BRIZARD

INGREDIENTES Y CANTIDADES

Azúcar	150 gramos.	Zumo de limón	3 cucharadas.
Agua	1/2 litro.	Claras	2.
Zumo de naranja	1/4 litro.	Anís de Marie Brizard	2 copas.

MODO DE HACERLO

Se hace un almíbar con el azúcar y el agua, dejándolo hervir durante ocho minutos espumándolo bien.

Se separa del fuego y se deja enfriar; ya frío, se mezcla con el zumo de la naranja y el limón y se pone en la sorbetera.

A medio hacer se agregan las dos claras, batiéndolas a punto de nieve, y se sigue trabajando hasta que esté cuajado, pero no muy duro.

Cuando se va a servir se agregan las dos copas de Marie Brizard, se mezcla bien y se sirve en copas altas con pajas.

SORBETE DE PIÑA

INGREDIENTES Y CANTIDADES

Una piña de tamaño regular.
Una botella de champaña dulce.
Azúcar   200 gramos.
Kirsch   1 copa.
Agua   1/4 litro.

MODO DE HACERLO

Con el agua y el azúcar se hace un jarabe como en las recetas anteriores. Se monda la piña, se pasa por una máquina de picar y quedará un puré que se mezcla con el almíbar, se pone al fuego, dejándolo dar un hervor, se retira y se deja enfriar, ya frío se agrega una botella de champaña y una copa de kirsch y se pone en la heladora, dándole vueltas hasta que esté cuajado, pero no muy duro.

Se sirve en copas altas.

HORCHATA DE CHUFAS

INGREDIENTES Y CANTIDADES

Chufas   200 gramos.   Azúcar molida   225 gramos.
Agua   1 litro.

MODO DE HACERLO

Se lavan las chufas en varias aguas y se ponen a remojar por espacio de doce horas.

Se vuelven a lavar y se escurren bien.

Se machacan en un mortero y se pasan por la máquina de moler, se añade el agua, dejándolas en maceración durante tres horas.

Se pasan por un lienzo, apretándolo bien para extraer todo el jugo de las chufas; entonces se añade el azúcar; cuando ésta se haya disuelto se vuelve a colar y se pone a helar en la sorbetera.

Se sirve en copas altas.

CUARTA PARTE

ENTREMESES Y ENSALADILLAS RECETAS ESPECIALES PARA APERITIVOS Y MERIENDAS

En los entremeses y ensaladillas se incluyen los aperitivos y meriendas, ya que muchas recetas sirven indistintamente para una cosa y otra.

La costumbre de servir variadamente platos en los aperitivos y meriendas se ha generalizado tanto que se incluyen algunos fritos, cuya única diferencia está en el tamaño.

Algunos de estos entremeses se sirven calientes y en platos con servilletas, y, en cambio, las ensaladillas se sirven muy frías.

Con un poco de habilidad se pueden preparar en casa sabrosos platos, aprovechando a veces sobrantes de carne o pescado de la comida.

Los entremeses de embutidos y fiambres se deben trinchar a última hora, y si necesariamente se han de preparar con anticipación se tendrán en sitio fresco, cubiertos con servilletas ligeramente húmedas.

Las aceitunas, pepinillos, *pikcles*, etcétera, no deben sacarse de su envase hasta el momento de servirlos, pues pierden vista, y lo mismo sucede con las conservas de pescados, sardinas, anchoas, etcétera.

Muchos entremeses calientes sirven también como platos de almuerzo; naturalmente, se sirven en mayor cantidad y en fuentes grandes.

EMPAREDADOS Y CANAPÉS

MODO DE HACERLO

El canapé es una rebanada de pan natural, emparrillada o frita, que se cubre con una guarnición a capricho. La forma de los canapés es variada; pueden ser ovalados, redondos o cuadrados.

El pan que se emplea para canapés es el llamado de molde, de miga apretada y de forma cuadrada.

La elaboración de este pan es fácil; por lo tanto, puede hacerse en casa la víspera de cuando se vaya a emplear, con objeto de que esté un poco seco y se pueda cortar con facilidad, sin que se desmigue.

Una vez descortezado el pan se procede a subdividirlo en óvalos, discos o cuadrados de unos tres o cuatro centímetros de diámetro, escogiendo formas distintas para cada guarnición.

Ya cortados se ponen en una placa y se meten al horno o se emparrillan, según la receta; se dejan enfriar y se untan de mantequilla, adornándolos después a capricho. También pueden hacerlo los canapés de una pasta quebrada que se cuece en el horno y se adornan como los de pan.

PASTA QUEBRADA PARA CANAPÉS

INGREDIENTES Y CANTIDADES

Harina	300 gramos.	Manteca de cerdo	50 gramos.
Sal	4 gramos.	Leche	4 cucharadas.
Yemas	2.		

MODO DE HACERLO

Se forma un círculo con la harina y en el centro se ponen los ingredientes.

Se mezclan éstos y se va recogiendo la harina poco a poco para hacer una masa compacta. Se deja reposar un rato (treinta minutos) y se estira con el rodillo sobre la mesa espolvoreada de harina. Con un cortapasta liso se cortan círculos de cuatro a cinco centímetros de diámetro, se pinchan para que no suban y se meten al horno hasta que estén dorados.

Una vez fríos se pueden adornar los canapés.

Nota. Puede suceder que haya que agregar más harina o que haga falta menos; eso depende de la clase que sea, pues algunas harinas absorben más líquido que otras.

Lo mejor es reservar un poco de harina a un lado, hacer la masa y agregarlo si hace falta.

De este modo no hay que agregar más líquido, que estropearía las proporciones de la receta.

PAN DE MOLDE PARA CANAPÉS Y EMPAREDADOS

INGREDIENTES Y CANTIDADES

Harina	1/2 kilo.	Mantequilla	50 gramos.
Levadura prensada	50 gramos.	Leche	1/4 litro.
Huevo	1.		

MODO DE HACERLO

Con noventa gramos de harina, la levadura y medio decilitro de agua templada se forma una masa levadura.

Se disuelve la levadura en el agua, se agrega la harina y se amasa para hacer una bola, que se deja levar en un plato puesto en sitio caliente. El resto de la harina se pone en un recipiente, se hace un hueco en el centro y se echa el huevo, la leche, la mantequilla y diez gramos de sal. Se mezclan estos ingredientes con la cuchara y poco a poco se va recogiendo la harina hasta hacer una masa muy correosa y fina, trabajándola bien. Se mezcla entonces la masa levadura y se une muy bien.

Se llena hasta la mitad un molde de pan, se tapa con un paño y se deja en sitio templado hasta que leve una parte más. Entonces se mete en el horno (tapado el molde) con calor fuerte durante treinta minutos. Debe taparse el molde con su tapa o una placa con peso encima para que no suba de la bordura del molde.

Se hace la víspera de cuando se vaya a utilizar.

Este pan se utiliza también para preparar emparedados.

CANAPÉS DE OSTRAS

INGREDIENTES Y CANTIDADES

Pan de molde	500 gramos.	Mantequilla	50 gramos.
Pimienta	20 gramos.	Ostras	20.
Mostaza.			

MODO DE HACERLO

Se abren las ostras descuajándolas sobre una taza, aprovechando el agua. Se ponen en una cacerola con el agua que han soltado, pasándola por una servilleta, se acerca al fuego y cuando están muy calientes se separan, sin que llegue a hervir. Se escurren y se dejan enfriar.

Se cortan unos canapés redondos de seis centímetros de diámetro y un centímetro de grueso, friéndolos en aceite.

Cuando están dorados se sacan y se dejan enfriar. Se mezcla la mantequilla con la mostaza y bien sazonada de sal y pimienta se extiende sobre los canapés, poniendo una ostra en cada uno.

CANAPÉS COSTA AZUL
(Para veinte canapés)

INGREDIENTES Y CANTIDADES

Mantequilla   100 gramos.
Anchoas   6 piezas.
Aceitunas rellenas de anchoas.
Un pan de molde previamente descortezado, se corta en
rebanadas cuadradas de un centímetro de grueso.

Tomate   1/2 kilo.
Pimienta blanca.
Aceite, sal y vinagre.

MODO DE HACERLO

Se lavan las anchoas con agua fría y se secan con un trapo; se
sacan en filetes y se machacan en el mortero hasta que resulte
una pasta fina. Se agrega entonces la mantequilla y un poco de
pimienta, se mezcla bien y se pasa por un tamiz. Se recoge
raspando bien el tamiz y se reserva en sitio fresco.

Se escaldan los tomates durante dos minutos en agua
hirviendo. Ya fríos se les quita la piel, se parten por la mitad
y se exprime el caldo y las pepitas. La pulpa se corta en
cuadraditos pequeños y se aliña con sal, un poco de aceite
y unas gotas de vinagre.

Se preparan los canapés extendiendo sobre ellos la mantequilla
de anchoas, y en el centro de cada uno se coloca un pequeño
montículo de tomate y en medio una aceituna rellena de anchoa.

CANAPÉS DE ANCHOAS
(Para veinte canapés)

INGREDIENTES Y CANTIDADES

Mantequilla   100 gramos.
Anchoas en filetes   20 filetes.

Huevos cocidos   3.
Perejil picado.

MODO DE HACERLO

Se cortan las rebanadas de un centímetro de grueso y se
descortezan. Se prepara una mantequilla de anchoas como en la
receta anterior.

Sobre una parrilla se tuesta el pan hasta dejarle un bonito color.
Se deja enfriar y se extiende la mantequilla sobre ellos; se pica el
huevo por separado la clara de la yema y se pone en un lado del

canapé y en el otro lado la clara marcando la división con un filete de anchoa.

Se puede hacer una variación poniendo el huevo picado todo junto en la mitad del sesgo y en el otro un picadillo de pimiento en conserva, marcando la división de colores con un filete de anchoa.

CANAPÉS DE CAVIAR

MODO DE HACERLO

Se cortan unas rebanadas de pan moreno de un centímetro de grueso y quitadas las cortezas se untan bien con mantequilla, cubriendo éstas con una capa de caviar aderezado con unas gotas de limón.

CANAPÉS DE QUESO
(Para doce canapés)

INGREDIENTES Y CANTIDADES

Pan de centeno	12 rebanadas.	Mantequilla	50 gramos.
Huevos	5.	Queso de Parma	60 gramos.
Sal y pimienta blanca.			

MODO DE HACERLO

Se puede hacer también con pan blanco.

Se descorteza el pan y se cortan doce rebanadas rectangulares de un centímetro de grueso.

Se ponen en una parrilla, se tuestan ligeramente por ambos lados y se untan de mantequilla por encima.

En una sartén o perolito se ponen veinticinco gramos de mantequilla y se echan los huevos, moviendo para que no se agarren al fondo. Se añade la mitad del queso y cuando está hecho el revuelto se pone sobre los canapés formando un poco de montículo, se espolvorea con el resto del queso y se meten en el horno, que debe estar muy fuerte, para que se doren en un minuto.

Se sirven en seguida sobre una servilleta o blonda.

CANAPÉS 'WELLHS-RAVERIT'

INGREDIENTES Y CANTIDADES

Queso de Chester	150 gramos.	Cerveza	2 decilitros.
Maizena	5 gramos.	Pimienta y sal.	

MODO DE HACERLO

En un cazo se pone el queso cortado en pedacitos pequeños y un decilitro y medio de cerveza, un poco de pimienta cayena y sal.

Se deja cocer cinco minutos, removiendo con el batidor y añadiendo la maizena desleída en medio decilitro de cerveza.

Se deja cocer un minuto y hecha una pasta espesa se retira y se cubren las tostadas cortadas del pan de molde de medio centímetro de grueso.

Cubiertos de esta pasta se meten al horno en una placa engrasada, y a los cinco minutos se retiran y se sirven en fuente sobre servilleta.

El horno debe estar fuerte.

CANAPÉS DE CHORIZO DE PAMPLONA

PASTA QUEBRADA
(Para veinte canapés)

INGREDIENTES Y CANTIDADES

Mantequilla	50 gramos.	Harina	150 ramos.
Chorizo de Pamplona	100 gramos.	Leche	2 cucharadas.

MODO DE HACERLO

Se hace una masa con la harina, leche y mantequilla, como se explicó en la receta anterior de pasta quebrada, y se hacen unos discos de seis centímetros de diámetro, con cortapastas rizados. Se pinchan bien para que no suban y se dejan cocer en horno moderado hasta que tengan un bonito color (unos veinte minutos).

Se dejan enfriar y se untan con un poco de mantequilla, poniendo una rodaja de chorizo.

Se bate la mantequilla en un tazón para hacerla pomada, se sazona con un poco de sal y pimienta blanca y se pone en una manga con boquilla rizada fina, marcando con un cordón alrededor de la rodaja de chorizo en el borde del canapé, rellenando el hueco con gelatina semilíquida y fría, echándola con una cucharilla. Se pone en sitio fresco para que cuaje la gelatina y quede brillante y se sirven en platitos con servilleta, adornándolo alrededor con gelatina picada.

GELATINA

MODO DE HACERLO

Para adornar los canapés se hace una gelatina con dos cubitos de caldo comercial y medio litro de agua hirviendo; disueltos los caldos se agrega una copa de jerez, una clara de huevo batido y 30 gramos de cola de pescado remojada de antemano durante una hora en agua fría. Se deja hervir cinco minutos y se filtra sobre una fuente o plato, que se coloca en sitio fresco. Cuando está fría se echa en los canapés, dejando cuajar el resto. Una vez solidificada se pone sobre la tabla y se pica con un cuchillo para adornar el plato.

Estos canapés pueden hacerse variados, poniendo otros embutidos, como salchichón, de aves, *foie-gras* o también con trocitos de queso de crema de gruyère, etcétera.

CANAPÉS VILLALAR

INGREDIENTES Y CANTIDADES

Pasta quebrada

Harina	350 gramos.
Mantequilla	100 gramos.
Leche	1/2 decilitro.
Sal y pimienta blanca.	

Guarnición

Mantequilla	50 gramos.
Queso Roquefort	50 gramos.
Guisantes	
desgranados	100 gramos.
Verde vegetal	2 o 3 gotas.
Pimienta blanca.	

Pasta de huevo

Huevos cocidos	4 yemas.
Mantequilla	50 gramos.
Zumo de limón	1/2 cucharadita.
Pimienta blanca, sal y tomate.	

Se preparan las dos pastas; se escogen guisantes tiernos poniéndolos a cocer en agua hirviendo con sal durante cinco o seis minutos. Ya tiernos se lavan en agua fría, se escurren y se pasan por un tamiz. Se recoge lo pasado y se mezcla con mantequilla batiendo con la espátula.

En un mortero se machaca el queso hasta ponerlo en pasta fina y se une a los guisantes con la mantequilla, pasando todo nuevamente por el tamiz y recogiendo lo pasado, que debe quedar muy fino, se sazona de sal, pimienta blanca y se mejora el color, poniendo dos gotas de verde vegetal y se dejan en sitio fresco.

Una vez cocidos los huevos se separan de las yemas pasando éstas por el tamiz, recogiendo todo lo pasado, mezclándole la mantequilla batiendo con la espátula para obtener una crema fina. Se sazona con sal fina, pimienta blanca y un poco de jugo de limón, dejándolo en sitio fresco.

Se prepara una pasta quebrada como en las recetas anteriores y se cortan unos canapés redondos de unos tres centímetros de diámetro con cortapastas rizados y se cuecen a horno moderado. Ya cocidos se dejan enfriar y cuando están fríos se decoran.

Se ponen las pastas en dos mangas de pastelería con boquilla rizada y se marcan dos rosas una al lado de la otra de cada color en el centro de los canapés. En medio de cada una se pone un pequeñísimo dado de tomate.

Se sirven en platos de cristal muy fríos.

EMPAREDADOS

MODO DE HACERLO

Los emparedados se hacen con dos rebanadas de pan de molde descortezado, embadurnado de mantequilla, entre los cuales se pone una loncha de jamón o cualquier embutido, etcétera.

Pueden hacerse con variadísimos rellenos, pero la forma de hacerlos es siempre la misma.

Se hace el pan de molde, según la receta dada anteriormente; debe ser hecho la víspera, para que se pueda cortar bien. Con un cuchillo de hoja especial se corta en rebanadas de medio centímetro de grueso. También puede cortarse en máquina.

Una vez cortadas se untan las rebanadas por un lado, se pone el relleno sobre una de ellas y se cubre con la otra, haciendo un poco de presión por igual para que se peguen. Se colocan sobre una tabla y se corta con un cuchillo fino la corteza de alrededor, luego se parten por la mitad, al sesgo, de modo que queden de forma triangular. Cuando están hechos se van colocando sobre una bandeja por capas iguales y se cubre con una servilleta ligeramente húmeda y una tabla de un kilo de peso encima.

Cuando se van a servir se colocan en una bandeja o plato con servilleta.

MEDIASNOCHES O PANECITOS

Aunque generalmente se encargan en las pastelerías, su ejecución no es difícil y al hacerlo en casa se les da la forma que se quiere, según el relleno o guarnición que se vaya a poner.

Estos panecitos son muy a propósito para un té, una merienda o aperitivo y hasta para llevar comida de campo. Según para lo que se destine se harán de mayor o menor tamaño, teniendo en cuenta que para aperitivo se hacen alargados y muy pequeños.

PANECITOS VARIADOS

INGREDIENTES Y CANTIDADES

Relleno

Harina	350 gramos.	Puntas de espárragos	1 lata.
Aceite	1/2 decilitro.	Aceite fino	3 1/2 decilitros.
Leche	1 1/2 decilitro.	Lechuga	1.
Huevo	1.	Huevos para mayonesa	2.
Sal	5 gramos.	Limón	1.
Levadura	15 gramos.	Pepinillos pequeños	2.
Sal y pimienta blanca.			

MODO DE HACERLO

En un recipiente se pone la harina y en el centro se deslíe la levadura con medio decilitro de leche templada, se agrega el huevo, el resto de la leche y el aceite frito, se pone sal y azúcar y se amasa todo para hacer una masa fina y blanda. Se espolvorea de harina y se tapa, dejándolo en sitio templado. Cuando ha subido el doble se vuelve a amasar y a hacer unos panecillos muy pequeños, tomando porciones de masa del tamaño de una nuez, se les da forma alargada y se colocan en una placa untada de grasa; se vuelve a poner en sitio templado y se dejan que aumenten de nuevo: entonces se barnizan con huevo batido y se meten a horno bien caliente hasta que estén dorados. Se sacan del horno y se dejan enfriar.

Con las yemas se hace una mayonesa en la forma acostumbrada, se adereza de limón, sal y pimienta blanca y se hacen tres partes.

Se sacan las puntas de los espárragos, se escaldan en agua hirviendo y se ponen a escurrir; una vez escurridos se coloca un trozo dentro de cada panecillo bañado con una cucharada de mayonesa espesa.

Se saca el cogollo de la lechuga (la parte blanca), se pica muy menudito y se mezcla con otra parte de mayonesa, que se adereza con limón, pimienta y una cucharadita de cebolla picada muy fina.

Se escogen unos pepinos muy tiernos y pequeños, se pelan y se cortan en rodajas finas, se ponen con sal en un escurridor y se dejan durante una hora; pasada ésta; habrá soltado un líquido, se quitan de allí, se lavan, se secan y se secan bien, mezclándolos con la tercera parte de la mayonesa.

Los panecitos se dividen en tres porciones.

Se abren por la mitad y se guarnece una de ellas con los espárragos, otra con la lechuga y otra con los pepinos.

Pueden ponerse otras muchas clases de relleno.

Se sirve en fuentes distintas sobre servilleta.

MEDIASNOCHES DE JAMÓN, 'FOIE-GRAS', ETCÉTERA.

INGREDIENTES Y CANTIDADES

Primera masa		*Segunda masa*	
Harina	900 gramos.	Harina	250 gramos.
Levadura	10 gramos.	Manteca o	
Agua templada	1/2 decilitro.	mantequilla	150 gramos.
		Leche	1 1/2 decilitro.
		Sal	4 gramos.
		Huevo	1.

MODO DE HACERLO

Primera masa.

En un recipiente se pone la harina, se hace un hueco en el centro y se deslíe la levadura con el medio decilitro de agua templada. Se hace una masa fina y con ella una bola, a la que se hace una cruz con un cuchillo y se deja en sitio caliente para que leve.

Segunda masa.

En otro barreño se ponen los doscientos cincuenta gramos de harina y en el centro se abre un hoyo y se echa el huevo, la leche, sal y azúcar; se amasa bien dándole golpes y sobándola para que haga una masa correosa; se agrega entonces la mantequilla y, por último la levadura ya fermentada; bien mezclado todo se envuelve la masa en harina y se deja en sitio templado para que suba el doble.

Ya levada la masa se echa de nuevo en la mesa, donde se trabaja un poco y se hacen las mediasnoches, poniéndolas en placas pasteleras untadas de grasa y se cuece como las anteriores.

Estas mediasnoches se parten por la mitad y se untan de mantequilla, poniendo entre ambas mitades una loncha de jamón en dulce o se untan de *foie-gras* una mitad y la otra de mantequilla.

MEDIASNOCHES
(Receta económica)

INGREDIENTES Y CANTIDADES

Leche	3 decilitros.	Sal	10 gramos.
Aceite	1 decilitro.	Levadura prensada	20 gramos.
Huevos	2.	Harina	750 gramos.
Azúcar	100 gramos.		

MODO DE HACERLO

En un recipiente se pone la harina y en el centro se ponen los ingredientes, la levadura disuelta en un poco de leche templada, los huevos sin batir, el aceite frito y frío, el azúcar y la sal; se mezclan estos ingredientes, y poco a poco se va tomando la harina hasta hacer una masa muy fina, un poco blanda. Se deja en un barreño espolvoreado de harina tapado con un paño y en sitio templado hasta que leve una parte (unas dos horas). Entonces se vuelca la masa en la mesa, se trabaja nuevamente y se hacen los bollos de la forma que se quiera, teniendo en cuenta que aumentan el doble.

Se colocan en placas de pastelería untadas de grasa y se dejan tapadas en sitio templado. Cuando han aumentado el doble se barnizan con un pincel y huevo batido dos veces y se meten al horno bien caliente. Cuando están doradas se sacan; tardan unos veinte minutos.

Se dejan enfriar para cortarlas por el medio, y se untan de mantequilla poniéndoles la guarnición.

PASTAS VARIADAS PARA GUARNICIONES

MANTEQUILLA DE ANCHOAS

INGREDIENTES Y CANTIDADES

Mantequilla	200 gramos.
Pasta de anchoas	50 gramos.
O anchoas saladas	100 gramos.

MODO DE HACERLO

Se lavan las anchoas para quitarles la sal. Se secan y se hacen los filetes, que se machacan en el mortero hasta que se haga una pasta fina; se agrega entonces la mantequilla y un poco de pimienta molida, se pasa por un tamiz, se recoge lo pasado y se conserva en sitio fresco.

Cuando se hace con pasta de anchoas se mezcla la mantequilla con aquélla, se bate y se conserva en sitio fresco.

MANTEQUILLA DE MOSTAZA

INGREDIENTES Y CANTIDADES

Mantequilla	125 gramos.
Mostaza	25 gramos.

MODO DE HACERLO

Se bate la mantequilla en un tazón y se agrega la mostaza; se mezcla bien y se guarda en sitio fresco.

MANTEQUILLA DE TRUFAS

INGREDIENTES Y CANTIDADES

Trufas	50 gramos.
Mantequilla	125 gramos.

Se machacan las trufas hasta reducirlas a pasta y se agrega la mantequilla, se mezclan ambas cosas, se pasa por un tamiz y se reserva al fresco.

MANTEQUILLA DE LANGOSTA

MODO DE HACERLO

Se machaca en el mortero la parte cremosa de la cabeza de la langosta cocida, los huevos y el coral. Cuando está hecho una pasta se agrega igual volumen de mantequilla. Se pasa por un tamiz y se agregan dos gotas de carmín vegetal.

MANTEQUILLA DE CANGREJOS

INGREDIENTES Y CANTIDADES

Mantequilla	125 gramos.
Cangrejos	6 piezas.

MODO DE HACERLO

Se cuecen los cangrejos, se les quitan las colas de la cáscara y éstas, con los demás despojos, se machacan en el mortero hasta que estén hechas una pasta fina. Se agrega la mantequilla, se mezcla bien y se pasa por un tamiz apretado bien con la seta de madera.

Se recoge lo pasado y se deja en sitio fresco.

Como estas mantequillas de mariscos deben tener un color rosado vivo, si resultan algo descoloridas se pueden colorear con dos o tres gotas de carmín vegetal.

MANTEQUILLA VERDE

INGREDIENTES Y CANTIDADES

Mantequilla	100 gramos.	Alcaparras	1 cucharada.
Espinacas	50 gramos.	Perejil	1 ramo.
Estragón	6 hojitas.	Sal y pimienta cayena.	

MODO DE HACERLO

Se escaldan durante tres minutos todas las verduras. Pasados éstos se refrescan en agua fría y se ponen en un paño blanco, retorciéndolo para que escurran el agua.

Se echan entonces en el mortero y se machacan hasta hacer una pasta fina, se añade la mantequilla y se sazona con sal y pimienta cayena. Se pasa todo por un tamiz, se revuelve con una cuchara y se deja en sitio fresco.

PASTA DE ATÚN EN ACEITE

INGREDIENTES Y CANTIDADES

Atún	50 gramos.	Yemas cocidas	3.
Mantequilla	50 gramos.	Perejil picado.	

MODO DE HACERLO

En un mortero se machaca el atún hasta ponerlo en pasta fina, se agregan los huevos duros pasados por tamiz, tres cucharadas de aceite de la conserva y la mantequilla; bien mezclado todo se añade el perejil picado.

PASTA DE SARDINAS EN ACEITE

INGREDIENTES Y CANTIDADES

Sardinas en lata	50 gramos.
Aceite de las sardinas	3 cucharadas.
Mantequilla	50 gramos.
Cebolla picada	1 cucharada.
Huevo cocido	1.

MODO DE HACERLO

Se les quita la piel y las espinas a las sardinas. Se machacan en un mortero, añadiéndoles la mantequilla, el huevo duro picado y el aceite.

Se pica sumamente fina la cebolla y se agrega al preparado, moviendo bien para mezclarlo.

Se reserva y se emplea a su tiempo.

PASTA DE SALMÓN EN CONSERVA

INGREDIENTES Y CANTIDADES

Salmón	150 gramos.
Aceite fino	5 cucharadas.
Yemas cocidas	3.

MODO DE HACERLO

Se machaca en un mortero el salmón, se agregan las yemas cocidas y duras pasadas por un tamiz y el aceite; se mezcla todo bien, se sazona y se emplea.

PRESENTACIÓN DE CANAPÉS GUARNECIDOS CON ESTOS PREPARADOS

Una vez preparado el canapé, bien sea frito, emparrillado o al natural, se dejan enfriar, se untan de mantequilla y se guarnecen con cualquiera de estos preparados, poniéndoles forma un poco redondeada y adornándolos por encima con perejil triturado, huevo picado, alcaparras en vinagre, trufas picadísimas, pepinillos cortados en rodajitas y unos detallitos de tomates.

Todos estos canapés deben servirse muy fríos en fuentes con servilletas y adornados con ramos de perejil muy fino.

BANDERILLAS

Es un conjunto de fiambres, embutidos, queso, huevo duro, aceitunas, etcétera, ensartado con un palillo, teniendo como base una rodajita de pan. Las guarniciones de las banderillas se ponen a capricho de quien las hace.

Modelo 1. Un trocito de pan, un trocito de chorizo de Pamplona, un trocito de huevo duro, un trocito de queso gruyère y una anchoa doblada.

Modelo 2. Un trocito de pan, una rodaja de salchichón, una aceituna rellena, un trozo de jamón y otro de atún en aceite.

Modelo 3. Un trocito de pan, un trozo de jamón, un trozo de pimiento morrón, otro de salmón y una punta de espárrago.

De este modo se pueden hacer infinidad de modelos y sabrosas banderillas para aperitivos.

BARQUITAS DE PATATAS, BERENJENAS O PEPINOS

INGREDIENTES Y CANTIDADES

Berenjenas	3.	Vinagre	1 cucharada.
Huevos	2.	Cebollas	50 gramos.
Anchoas	2.	Mostaza	1 cucharada.
Aceite	1 decilitro.	Perejil, sal y pimienta.	

Se escogen tres berenjenas pequeñas, se pelan y se parten por la mitad a lo largo. Se colocan en una tartera, se espolvorean con sal, se rocían con un poco de aceite y se meten al horno hasta que están asadas. Cuando están, se sacan y con una cuchara de madera se vacía para dejarles forma de barquita. Se colocan en una fuente y se reservan.

Se cuecen los huevos, se les quita la cáscara y se pican muy menuditos sobre la tabla hasta hacerlos harina; se machacan las anchoas y se mezclan con los huevos y la cucharada de cebolla picada en la máquina, se sazona de sal y pimienta y se rellenan las barquitas con esta pasta.

Se ponen en una taza el aceite, el vinagre, la mostaza y el perejil picado, se mezcla todo y se vierte esta salsa sobre las berenjenas. Se sirve muy frío en fuentes pequeñas.

PEPINOS A LA TÁRTARA

INGREDIENTES Y CANTIDADES

Pepinos	3.	Yemas de huevo	1.
Atún	75 gramos.	Aceite	1 cucharada.
Mantequilla	75 gramos.	Coñac	1 cucharada.
Salsa de tomate	2 cucharadas.	Sal y pimienta.	

MODO DE HACERLO

Se escogen unos pepinos muy rectos y tiernos y se pelan, se cortan por la mitad a lo largo y se vacían con cuidado.

Se pone una cacerola con agua y sal al fuego, y cuando rompe a hervir se echan los pepinos y se dejan cocer unos quince minutos a fuego vivo.

Se retiran con una espumadera sobre una servilleta para que escurran bien y se enfríen.

Se pone el atún en el mortero, se machaca y se agrega la mantequilla. Cuando está hecha una pasta, se rellenan los pepinos hasta el borde.

Con la yema de huevo y aceite se confecciona una mayonesa, aderezándola con sal, pimienta y las tres cucharadas de puré de tomate, se sazona y se aromatiza con una cucharadita de coñac y se reserva.

Se bañan los pepinos con la salsa hasta que queden bien cubiertos; el resto se pone en el fondo de la fuente y los pepinos formando corona.

La fuente debe ser redonda.

FONDOS DE TOMATE PARA ENTREMESES

MODO DE HACERLO

Se escogen unos tomates pequeñitos de igual tamaño y lisos. Se les corta un redondel pequeño por la parte del tallo, y con una cuchilla de legumbres se saca un poco la pulpa y las pepitas; se aderezan de sal y se ponen boca abajo encima del mármol.

Pasada una hora se rellenan según la receta.

También pueden hacerse tomates de un tamaño algo mayor partidos por la mitad, vaciándolos con la cuchilla y aderezándolos de sal y poniéndolos a escurrir.

Se rellenan o aderezan según la receta.

TOMATES A LO CYRANO

INGREDIENTES Y CANTIDADES

Tomates pequeñitos 20.
Atún o salmón 150 gramos.
Mantequilla 75 gramos.
Anchoas 75 gramos.
Sal, vinagre, aceite y perejil.

MODO DE HACERLO

Se ponen los tomates escogidos de los de Canarias en una fuente, se vacían y se ponen a escurrir.

Se machaca el atún o salmón hasta ponerlo en pasta fina, agregándose mantequilla. Se sazona de sal y pimienta y se agrega una cucharada de perejil picado. Se mezcla bien y se rellenan los tomatitos, poniendo la pasta en la manga pastelera con boquilla lisa, se colocan en fuentecitas de entremeses y se rocían con aceite y vinagre. Se hacen tiritas finas con las anchoas y se cruzan encima de los tomates.

Se sirven en rabaneras y alrededor se pone una cenefa de perejil picado.

TOMATES AL HORNO

INGREDIENTES Y CANTIDADES

Tomates	6.	Ajo	2 dientes.
Miga de pan rallado	50 gramos.	Aceite	1 decilitro.
Perejil picado	1 cucharada.	Sal y pimienta.	

MODO DE HACERLO

Se escogen unos tomates de tamaño regular muy finos y encarnados, pero no demasiado maduros; se cortan en dos mitades iguales y con cuidado se les quita el agua y las pepitas, se pone un poco de sal y pimienta y se colocan boca abajo para escurrir.

Se pone aceite en una sartén y cuando esté bien caliente se echan los tomates y se fríen dos minutos. Se sacan con una espumadera y se colocan en una tartera de horno boca arriba.

Se mezcla el pan rallado con el ajo picado y el perejil, se sazona de sal y pimienta y se reparte entre los tomates. Se rocían con el aceite frito y se meten al horno durante veinte minutos para que terminen de hacerse.

Se sacan del horno y se ponen a enfriar para servirlos muy fríos, rociados con limón y espolvoreados de perejil picado.

TOMATES A LA AMERICANA

INGREDIENTES Y CANTIDADES

Tomates	3.	Mostaza	1 cucharada.
Mantequilla	90 gramos.	Sal y pimienta.	

MODO DE HACERLO

Se escogen tres tomates grandes, lisos y poco maduros, se cortan en rodajas de un centímetro de grueso.

Se unta una parrilla con un poco de grasa y se asan los tomates por ambos lados durante seis o siete minutos. Se pone en una cacerola la mantequilla y la mostaza y se acerca al fuego para que se derrita sin que hierva.

En una fuente bien calentada se echa la mitad de la mantequilla, se ponen los tomates bien colocados y se rocían con el resto de la salsa.

Se sirven calientes.

FONDOS DE ALCACHOFAS PARA ENTREMESES

MODO DE HACERLO

Se escogen unas alcachofas tiernas y de tamaño mediano. Se les quitan las hojas duras y se tornean los fondos, cortándolos a tres centímetros de alto, igualándolas por el tallo con el cuchillo para que se sostengan derechas. Se vacían con la punta del cuchillo para dejarles forma de cazuelita y se frotan con limón todas ellas, echándolas a medida que se van limpiando en un barreño con agua, zumo de limón y sal.

Se pone agua en una cacerola y cuando rompe a hervir se agrega una papilla hecha con unas cucharadas de harina, un poco de vinagre y agua fría. Al romper de nuevo el hervor se echan las alcachofas, dejándolas hervir destapadas a fuego lento durante veinte minutos.

La proporción del *blanco* es de una cucharada de harina y otra de vinagre por litro de agua.

ALCACHOFAS A LA SAINT-MORITZ

INGREDIENTES Y CANTIDADES

Alcachofas	12.	Mostaza	1 cucharada.
Queso de Burgos	100 gramos.	Avellana picada	50 gramos.
Salsa mayonesa	2 decilitros.	Lechuga	1 cogollo.

MODO DE HACERLO

Se cuece una docena de alcachofas como explico anteriormente. Ya cocidas se dejan escurrir sobre un paño.

Se machaca el queso hasta hacerlo una pasta, se mezcla la mayonesa aderezada con la mostaza y el cogollo de la lechuga muy picadito. Con esta pasta se rellenan las alcachofas en pirámide y se espolvorean con las avellanas picadas.

FONDOS DE ALCACHOFAS"
A LA MOSCOVITA

MODO DE HACERLO

Se preparan doce alcachofas como en la receta anterior. En agua hirviendo con sal se cuecen por separado cien gramos de judías verdes, patatas, guisantes y zanahorias, cortadas todas en cuadraditos, y los guisantes desgranados ya cocidos, se escurren bien y se aderezan con sal, aceite y vinagre.

Se deja un rato y se adicionan unas cucharadas de mayonesa muy espesa sazonada con pimienta. Se llenan los fondos de alcachofa, y con la ensaladilla sobrante se cubre el fondo de la fuente, colocando encima las alcachofas.

Se adorna la fuente con lechuga picada.

CANELONES DE PIMIENTOS

INGREDIENTES Y CANTIDADES

Pimientos encarnados	2.	Aceite	1 decilitro.
Mostaza	1 cucharada.	Mantequilla	50 gramos.
Vinagre	1 cucharada.	Salmón	100 gramos.
Anchoas	6 filetes.	Chorizo de	
Perejil, sal y pimienta.		Pamplona	75 gramos.

MODO DE HACERLO

Se pica el salmón hasta dejarlo en pasta fina, se amasa con la mantequilla, se prueba para sazonarlo de sal y pimienta y se reserva al fresco. Se asan los pimientos y se envuelven en un paño para que se ablanden, se les quita la piel y se hacen seis tiras de cada pimiento. La pasta de salmón se reparte en las seis tiras extendidas encima de la mesa y se enrollan, dándoles forma de un canelón. Se coloca una anchoa arrollada en el centro, se ponen los canelones en una fuente pequeña, adornando el borde con medias rodajas de chorizo de Pamplona.

TARTALETAS

MODO DE HACERLO

Las tartaletas son de la misma pasta quebrada con que se hacen los canapés, pero moldeadas en forma de cazuelitas, para lo cual se utilizan unos moldes de esa forma que se forran interiormente con dicha pasta. Una vez moldeados se pica el fondo para que no suba y se llena una tercera parte de ella con arroz o judías antes de meterlas en el horno, donde se tendrán hasta que estén doradas. Entonces se sacan del horno, se vacían de la legumbre y una vez frías pueden rellenarse con diferentes ensaladillas o rellenos.

Las tartaletas se hacen de varios tamaños y formas, pues las hay redondas rizadas y lisas y en forma de barquita, aunque desde luego para utilizarlas como aperitivo se harán pequeñísimas, de tres centímetros de diámetro lo más.

Cuando se utilizan para meriendas o rellenas de dulces se hacen algo mayores, de unos cinco centímetros de diámetro.

TARTALETAS A LA INGLESA
(Para veinticuatro tartaletas pequeñitas)

INGREDIENTES Y CANTIDADES

Harina	200 gramos.	Queso gruyère	150 gramos.
Mantequilla		Leche	1/4 litro.
o manteca	75 gramos.	Mantequilla	50 gramos.
Leche o agua	2 cucharadas.	Harina	2 cucharadas.
Huevo	1.	Pimienta cayena.	

MODO DE HACERLO

En un recipiente se pone la harina, se abre un poco en el centro, haciendo un hueco, y se pone la mantequilla, la leche, el huevo y la sal. Con una cuchara de madera se va recogiendo la harina poco a poco hasta formar una masa compacta y fina. Se hace una bola y se envuelve en un paño, dejándolo reposar una hora.

Pasado este tiempo se espolvorea la mesa de harina, se echa la masa y se estira con el rodillo hasta dejarla fina. Se forran los moldes de tartaletas, se pincha el fondo y se echa un poco de arroz. Se meten al horno con calor moderado durante veinte minutos.

Se pone en una cacerola la mantequilla, se añade la harina y un poco de sal y se rehoga, se agrega la leche, removiéndolo con las varillas para que quede una crema fina, se deja cocer diez minutos sin dejar de mover y cuando está muy espesa se añade el queso cortado en trozos pequeñísimos, un poco de nuez moscada, sazonándolo con sal y pimienta.

Se deja enfriar un poco y de esta pasta se rellenan las tartaletas, se rocían de mantequilla derretida y se espolvorean de queso rallado, metiéndolas a continuación en el horno, que deberá estar fuerte, para que se gratinen en dos minutos.

Se sirven muy calientes.

TARTALETAS DE ALMEJAS A LA MAYONESA
(Para veinticuatro tartaletas)

INGREDIENTES Y CANTIDADES

		Guarnición	
Harina	200 gramos.	Espinacas	100 gramos.
Manteca de cerdo	50 gramos.	Almejas	24.
Agua	1 cucharada.	Huevos	1.
Leche	2 cucharadas.	Aceite	1 decilitro.
Sal	5 gramos.	Vinagre, sal y pimienta.	

MODO DE HACERLO

En un recipiente se pone la harina y en el centro se hace un hueco, donde se echa la manteca un poco blanda, el vinagre, el agua y la sal. Se amasa todo hasta hacer una masa fina y se deja reposar un rato.

Se estira la masa con el rodillo hasta dejarla fina y se forran las tartaletas en la forma explicada anteriormente.

Se escogen las espinacas, quitándoles los tallos y lavándolas en varias aguas. Se ponen a cocer en agua hirviendo con sal y a los diez minutos de hervir se apartan, se lavan en agua fría y se escurren muy bien, estrujándolas en el colador para que apuren el agua.

Con dos cucharadas de aceite se rehogan y se reparten, cubriendo el fondo de las tartaletas.

Se hace una mayonesa con la yema del huevo y el aceite, y se reparte entre todas las tartaletas cubriendo las espinacas, colocando sobre la mayonesa una almeja en cada una.

TARTALETAS DE TERNERA O POLLO

INGREDIENTES Y CANTIDADES

Relleno

Harina	200 gramos.	Jamón	100 gramos.
Yemas	2.	Ternera o pollo	100 gramos.
Manteca		Salsa de tomate	3 cucharadas.
de cerdo	50 gramos.	Cebolla picada	1 cucharada.
Leche	2 cucharadas.	Manteca de cerdo	2 cucharadas.
Sal	2 gramos.	Vino	1 cucharada.
		Sal y pimienta.	

MODO DE HACERLO

En un recipiente se forma un círculo con la harina en el centro, se ponen los ingredientes y se va recogiendo poco a poco hasta hacer una masa fina y compacta.

Se deja en reposo media hora y se estira sobre la mesa espolvoreada de harina hasta dejarla del grueso de una peseta; se forran las tartaletas, se igualan los bordes, se pincha el fondo, se rellena con un picadillo de jamón, ternera o pollo.

Se cubre con un redondel de pasta del mismo grueso y se unen los bordes untados con huevo batido.

Se barniza con el mismo huevo la superficie, se colocan en una placa pastelera y se cuecen a horno bien caliente durante un cuarto de hora.

Bien doraditos se desmoldan y se sirven en una fuente con servilleta.

Si se emplea ternera o pollo se cuece previamente, y ya frío se pica finamente sobre la tabla y el jamón se pica menudito.

En una sartén se pone la manteca y se echa la cebolla finamente picada; cuando empieza a tomar color se agrega el jamón, se rehoga un poco y se echa la salsa de tomate y el vino. Se deja cocer cinco minutos, se sazona de sal y pimienta y se utiliza.

BARQUITAS MEDINA

INGREDIENTES Y CANTIDADES

Pasta

Harina	150 gramos.
Mantequilla	50 gramos.
Agua	1/2 decilitro.
Sal y pimienta blanca.	

Relleno

Huevo cocido	1.
Foie-gras	200 gramos.
Mantequilla	60 gramos.
Carmín	2 gotas.
Pepinillos en vinagre	3.

MODO DE HACERLO

En la mesa se pone la harina en un montón, y con la mano se va abriendo un hueco en el centro y en él se echa la mantequilla, la sal y la pimienta. Se va recogiendo la harina con una cuchara y después se amasa con la mano hasta obtener una pasta fina que se deja reposar media hora.

Pasado este tiempo se estira la masa con el rodillo hasta dejarla del grueso de un papel fuerte y se forran unos moldes de tartaletas en forma de barquita de unos tres o cuatro centímetros. Con un tenedor se pincha el fondo, se llenan hasta la mitad de arroz, se meten en el horno hasta que se doren. Después se sacan y se dejan enfriar.

Se pasa el *foie-gras* por el tamiz, añadiendo la mantequilla; recogido, se pasa también por separado la clara y la yema del huevo cocido.

Se llena el fondo de la barquita con el *foie-gras*, alisándolo con un cuchillo, y se hace un cordoncito con la yema por un lado, y por el otro, con la clara, poniendo tres rodajas finas de pepinillo a lo largo de la barquita.

Se sirve en una bandeja con una servilleta.

CROQUETAS DE CANGREJOS O QUISQUILLAS

INGREDIENTES Y CANTIDADES

Picadillo

Quisquillas	375 gramos.
o Cangrejos	3 docenas.
Mantequilla	25 gramos.
Carmín	3 gotas.

Besamel

Mantequilla	25 gramos.
Leche	1/4 litro.
Harina	50 gramos.

Pan rallado, huevo para rebozar y aceite abundante para freírlas. (Véase *Fritos*).

MODO DE HACERLO

Se cuecen las quisquillas o los cangrejos en agua hirviendo con sal unos tres minutos, se escurren bien y se pelan, guardando las colitas, que se pican menuditas.

En el mortero se machacan las cabezas y despojos de los cangrejos hasta hacer una pasta (véase *Mantequilla de cangrejos*); se añade la mantequilla y las tres gotas de carmín vegetal. Bien mezclado todo se pasa por un tamiz y se reserva.

En un cazo se pone la mantequilla, se añade la harina, se deja cocer un poco sin que tome color y se agrega la leche hirviendo, se mueve rápidamente con las varillas para que no se apelotone la harina, se agregan los trocitos de cola y la mantequilla confeccionada con los despojos de los cangrejos y se deja cocer lentamente sin dejar de mover unos seis minutos. Se vierte en la fuente y se deja enfriar varias horas (debe quedar una pasta de color rosado).

Ya fría se moldean unas croquetas pequeñísimas, se pasan por harina, después se envuelven en huevo batido y, por último, en pan rallado. Se fríe en aceite bien caliente.

Bien doraditas se sacan en un escurridor de fritos y se colocan después en una fuente o plato con servilleta. Se sirven muy calientes.

CROQUETAS DE POLLO

INGREDIENTES Y CANTIDADES

Pechuga de pollo 100 gramos.
Harina   4 cucharadas.
Cebolla picada   1 cucharada.
Pan rallado.
Sal, pimienta blanca y nuez moscada.

Mantequilla   40 gramos.
Leche   1/2 litro.
Huevo   1.

MODO DE HACERLO

Se cuece la pechuga en agua con trozos de cebolla, una zanahoria, una rama de perejil y sal.

Cuando está muy tierna se deshuesa y se pica muy finamente. El caldo se puede guardar y aprovechar para sopa.

En un cazo se pone la mantequilla, se acerca al fuego y cuando está derretida se añade la cucharadita de cebolla picada muy finamente; se agrega la harina antes de que tome color la cebolla y se deja cocer unos dos minutos, cuidando que no se dore. Se añade entonces la leche hirviendo, revolviendo fuertemente con el batidor para que no se apelotone la harina, se agrega el pollo, se deja cocer durante diez minutos. Se sazona de sal, pimienta blanca y nuez moscada y se vuelca sobre una fuente; bien extendida se deja enfriar durante un par de horas.

Se bate el huevo, añadiendo una cucharada de aceite, una de harina, se pasan por el huevo batido preparado y en seguida se empapan con miga de pan rallado friéndolas en abundante aceite.

Se sirven en una fuente o plato sobre servilleta.

CROMESQUIS

Los cromesquis son como las croquetas, pero sin rebozar en huevo y pan rallado. Una vez moldeada la croqueta en forma redonda o cuadrada, se envuelve en pasta de fritura y se fríe en aceite abundante y caliente.

CROMESQUIS DE QUESO

INGREDIENTES Y CANTIDADES

Mantequilla	40 gramos.	Harina	75 gramos.
Queso rallado	100 gramos.	Leche	1/2 litro.
Sal, pimienta blanca y nuez moscada.			

MODO DE HACERLO

En una cacerola se pone la mantequilla, se arrima al fuego y se agrega la harina, dejándola cocer unos cinco minutos sin tomar color. Entonces se echa la leche hirviendo removiendo con un batidor, se sazona de sal, pimienta blanca y nuez moscada rallada y se añade la mitad del queso rallado. Se deja cocer lentamente durante diez minutos y se termina de echar el queso rallado. Se mezcla bien y se vierte sobre una fuente, extendida la pasta para que se enfríe.

Ya fría se moldean unas croquetas en forma redonda, se pasan por pasta de fritura y se fríen en aceite bien caliente; y bien doraditas se escurren sobre un paño y se sirven en una fuente sobre servilleta.

PASTA DE FRITURA

MODO DE HACERLO

En un recipiente se ponen una yema, setenta y cinco gramos de harina, ocho cucharadas de agua, sal y una cucharadita de aceite fino. Se mezcla bien, se agrega una clara batida a punto de nieve y se utiliza.

CROMESQUIS DE SESOS

INGREDIENTES Y CANTIDADES

Manteca de cerdo	40 gramos.	Harina	50 gramos.
Leche	1/4 litro.	Sesos	1.
Cebolla picadísima	1 cucharadita.	Sal y pimienta blanca.	

En una cacerolita se pone la manteca muy fresca y se deja derretir, se echa la cebolla y se rehoga. Antes que tome color se echa la harina y se deja cocer un poco, agregando en seguida la leche hirviendo, teniendo cuidado de mover continuamente para que no se hagan grumos; se sazona de sal y pimienta y se agrega el seso cocido y cortado en cuadraditos, muy pequeños. Se deja cocer cinco minutos y se echa sobre una fuente alargada, dejando enfriar la pasta.

Ya fría se moldean en bolas alargadas y se fríen siguiendo el mismo procedimiento de la receta anterior.

DELICIAS DE QUESO Y JAMÓN

Las delicias llevan siempre queso en sus composiciones. Es un preparado que se moldea en forma de croquetas diminutas rebozándolas en huevo y pan rallado fresco, pero en la pasta no lleva harina.

Es un entremés aperitivo muy delicado, pero ha de prepararse a última hora, pues las claras, una vez batidas, hay que mezclarlas en seguida a los ingredientes y freírlas. Hay que servirlas muy calientes.

INGREDIENTES Y CANTIDADES

Clara de huevo	6.
Queso rallado gruyère	200 gramos.
Jamón	100 gramos.
Pan rallado	100 gramos.
Huevos	2.
Pimienta y sal.	
Aceite para freírlas.	

MODO DE HACERLO

Se baten las claras a punto de nieve fuerte, se añade el queso rallado y el jamón picado, sal y pimienta. Debe quedar una pasta con la consistencia suficiente para poder moldear unas bolitas o croquetas pequeñísimas. Se pasan por pan rallado, por huevo y pan rallado otra vez y se fríen en aceite caliente.

'PETISÚS' AL QUESO

INGREDIENTES Y CANTIDADES

Mantequilla	50 gramos.	Agua	1 1/2 decilitro.
Harina	90 gramos.	Queso rallado	25 gramos.
Queso en trocitos	50 gramos.	Huevos	2.
Levadura	1/2 cucharada.		
Sal, pimienta y nuez moscada.			

MODO DE HACERLO

En un perolito se pone al fuego el agua, la mantequilla en trozos y la sal. Cuando rompe a hervir se echa de golpe la harina y se mueve deprisa con la espátula, se acerca al fuego otra vez y se le da vueltas hasta que se despegue del cazo. Entonces se retira del fuego otra vez y se le añade un poco de pimienta blanca, ralladura de nuez moscada y poco a poco los huevos. Cuando la pasta ha absorbido el huevo se incorpora el queso rallado y la mitad del queso partido en trocitos.

Se echa la pasta en una manga con la boquilla lisa y sobre una placa de pastelería, untada de grasa, se van haciendo unas bolitas pequeñas, dejando algún espacio entre ellas para que al cocer y aumentar de volumen no se peguen. Con un pincel se pinta la parte de arriba con huevo batido y desmenuzando el queso reservado se esparce sobre los *petisús* y se meten en el horno bien caliente. Deben hacerse en quince o veinte minutos. Cuando están dorados se sacan y se sirven en platos de cristal con servilletas y muy calientes.

Estos *petisús* se pueden hacer un poco mayores y rellenarlos con una besamel muy espesa, como los *petisús* de crema.

'MALAKOFFS'

Son unas rebanadas de queso rebozadas y fritas que se sirven muy calientes y al partirlos han de resultar muy cremosos. Para que se frían bien y no se estropeen debe estar el aceite de freírlos muy abundante y caliente para que se doren antes de reventarse. Deben freírse de prisa.

Pueden hacerse de gruyère, Holanda o Chester. La crema de Gruyère, por su forma cuadrada, permite cortar los *Malakoffs* muy iguales.

INGREDIENTES Y CANTIDADES

Crema de gruyère	250 gramos.	Leche	1 vaso.
Huevos	2.	Pan rallado	100 gramos.
Harina	50 gramos.	Aceite para freírlos.	

MODO DE HACERLO

Se cortan unas rebanadas de queso de un centímetro de grueso y de unos cuatro o cinco de largo y ancho.

en un recipiente hondo se cubren de leche y se dejan durante dos horas. Transcurridas éstas, se sacan con un tenedor, se pasan por harina y se rebozan en huevo batido y pan rallado, haciendo un poco de presión con la mano para que queden bien rebozados. En aceite bien caliente se echan y se les da vueltas en seguida, pues fríos pierden mucho.

BUÑUELOS DE BACALAO A LA ESPAÑOLA

INGREDIENTES Y CANTIDADES

Bacalao	1/2 kilo.	Harina	75 gramos.
Leche	1/2 litro.	Huevos	2.
Aceite fino	3 cucharadas.	Ajo, perejil y pimienta.	
Aceite para freírlos.			

MODO DE HACERLO

Se escoge el bacalao de la parte del centro para que sea gordo y jugoso, se corta en trozos y se pone a desalar la víspera (unas veinticuatro horas), cambiándole el agua varias veces.

Al día siguiente se pone en una cacerola, se cubre con agua fría, y se acerca al fuego. Cuando empieza a subir una espuma precursora del hervor, se retira del fuego, se saca del agua, se le quitan espinas y pellejos y se machaca en el mortero hasta ponerlo en pasta fina, añadiendo al mismo tiempo medio diente de ajo.

Se echa entonces en un recipiente hondo, se le añade el aceite y se mezcla bien, después se espolvorea la harina, se agregan las yemas y un poco de perejil fresco picado. Se añade poco a poco la leche hervida y fría, se sazona de sal y pimienta y, por último, se echan las claras batidas a punto de nieve, mezclando el conjunto con la espátula.

Se pone a calentar el aceite y se van echando los buñuelos con una cuchara, ayudándose con otra. Bien dorados se sacan y después de escurrirlos se sirven sobre fuente adornada con perejil y rodajas de limón.

BUÑUELOS DE JAMÓN

INGREDIENTES Y CANTIDADES

Harina	125 gramos.	Manteca	60 gramos.
Jamón	60 gramos.	Agua	1/4 litro.
Huevos	3.	Queso rallado	25 gramos.
Sal y pimienta.			

MODO DE HACERLO

En un perolito se pone el agua y la mantequilla y se acerca al fuego. Cuando rompe el hervor se echa de golpe la harina; retirándolo del fuego, se revuelve, hasta ponerla fina, la masa. Se vuelve a acercar al fuego y se deja cocer durante cinco o seis minutos, revolviéndolo con una cuchara para que no se agarre. Se retira del fuego y se agrega el jamón picado y el queso, se sazona de sal y pimienta y se acerca otra vez al fuego para que se seque más. Estará a punto cuando se desprenda de la cuchara y no se pegue al perol. Cuando más se seque al fuego, más ahuecan los buñuelos al freírlos. Cuando está la masa en su punto se retira del fuego y se echa en un recipiente de loza un poco hondo. Se deja enfriar y se añaden los huevos uno a uno, moviendo la masa con la espátula. Se dejan reposar en sitio templado hasta el momento de freírlos.

Veinte minutos antes de servirlos se fríen en abundante grasa poco caliente al principio. Se toma un poco de masa con una cucharilla y se empuja con otra dentro de la sartén. Cuando se han echado los suficientes y empiezan a aumentar se acerca al fuego más vivo para que se doren. Ya dorados se sacan y escurridos se sirven sobre servilleta.

EMPANADILLAS DE CHORIZO AL HORNO

INGREDIENTES Y CANTIDADES

Harina	250 gramos.	Vino	1/2 decilitro.
Huevos	1.	Mantequilla	100 gramos.
Chorizo o jamón	150 gramos.	Sal y pimienta.	

Se corta el chorizo en rodajas finas, se les quita la piel y se reservan. En un recipiente se echa el huevo, se revuelve un poco, se separan dos cucharadas y se reservan en una tacita. En el recipiente se agrega el vino y la mantequilla, seis gramos de sal y pimienta y se agrega la harina, mezclando primero con una cuchara y después con la mano hasta obtener una masa fina, que se debe trabajar poco para que no forme liga.

Se deja reposar una hora envuelta en una servilleta espolvoreada de harina en sitio fresco.

Pasado este tiempo se espolvorea la mesa, se echa la masa y se estira con el rodillo hasta dejarla fina, se van colocando las medias rodajas de chorizo, doblando la pasta encima y cortándola en forma de media luna pequeñita. Con un pincel se barniza con el huevo, y se cuecen a horno bien caliente durante un cuarto de hora.

Se sirve sobre plato de cristal con servilleta.

GAMBAS CON GABARDINA

INGREDIENTES Y CANTIDADES

Gambas	1/2 kilo.	Harina	150 gramos.
Agua	1 decilitro.	Vinagre	1 cucharada.
Claras de huevo	1.		

MODO DE HACERLO

En una cacerola se pone al fuego agua, se añade sal y se deja hervir. Al romper el hervor se echan las gambas lavadas, se dejan cocer tres minutos, se sacan y se ponen a escurrir. Cuando están frías se les quita la cáscara, pero dejándoles la cola, y se reservan en un plato.

En un tazón se echa la harina y el agua poco a poco y una cucharadita de vinagre; se sazona de sal y se bate con la espátula para hacer una crema bien espesa. Se agrega la clara batida a punto de nieve y se van cogiendo las gambas de la cola, rebozándolas en la pasta y echándolas en la sartén con abundante aceite y bien caliente. Cuando están doradas se sacan y se ponen a escurrir, sirviéndolas bien calientes.

ENSALADILLAS

Estas ensaladillas, cuando se utilizan como entremeses, se sirven en rabaneras o platos de cristal.

Cuando se toman como una ensalada al principio, se prepara en mayor cantidad y en una fuente o ensaladera.

MACEDONIA DE VERDURAS

INGREDIENTES Y CANTIDADES

Judías verdes	100 gramos.	Salsa mayonesa	3 decilitros.
Patatas	200 gramos.	Zanahorias	3 piezas.
Guisantes		Alcaparras	20 gramos.
desgranados	200 gramos.	Puntas de	
		espárragos	1/4 kilo.

MODO DE HACERLO

Se cortan las verduras en cuadraditos, a los espárragos se les cortan las puntas y se desgranan los guisantes.

En una cacerola se pone a hervir agua con sal y cuando rompe el hervor se echan las judías verdes, zanahorias y guisantes; al cuarto de hora se echan las patatas también cortadas en cuadraditos y se dejan cocer hasta que estén tiernos todos los componentes; entonces se apartan y se ponen a escurrir, se cuecen aparte los espárragos y se reservan.

Se hace una mayonesa con dos yemas y tres decilitros de aceite, se sazona con vinagre y cuando las verduras están escurridas se mezclan con una parte de la mayonesa, se pone en unos platitos y se cubren con el resto de la mayonesa, adornando los platillos con las puntas de los espárragos y las alcaparras. También se puede adornar con unos detalles de tomate fresco, anchoas y pepinillos hechos rodajitas.

ENSALADA RUSA

La ensaladilla rusa es un conjunto de hortalizas cocidas con unos aditamentos de carne, pescado y ave y condimentada con una salsa mayonesa.

Generalmente se le llama ensaladilla rusa a la macedonia de hortalizas, agregándole algún marisco, como langostinos, gambas, etcétera, y todo bien cubierto de mayonesa. Por esto se añadirán o suprimirán elementos, según gusto de cada uno; pero la remolacha no se puede suprimir, pues le da el color característico; y si se quiere hacer más completa se le añadirá caviar.

HORTALIZAS

INGREDIENTES Y CANTIDADES

Zanahorias	100 gramos.	Coliflor	100 gramos.
Nabos	100 gramos.	Remolacha	150 gramos.
Guisantes	150 gramos.	Setas frescas	125 gramos.
Judías verdes	150 gramos.	Patatas	200 gramos.
Puntas de espárragos	150 gramos.		

ADITAMENTOS

INGREDIENTES Y CANTIDADES

Lengua fiambre	100 gramos.	Salmón	100 gramos.
Jamón	100 gramos.	Alcaparras	50 gramos.
Pechuga de ave	100 gramos.	Caviar	50 gramos.
Salchichón	50 gramos.	Pepinillos	4.
Langostinos	150 gramos.		

MAYONESA

INGREDIENTES Y CANTIDADES

Yemas	3.	Aceite	5 decilitros.
Vinagre	3 cucharadas.		

Sal, pimienta blanca y un poco de mostaza.

MODO DE HACERLO

Las zanahorias, judías y nabos se cortan en trocitos alargados, las patatas en cuadraditos, de la coliflor se desgajan las flores y se desgranan los guisantes. Todas estas verduras se pueden cocer juntas en agua hirviendo con sal, echando primero las que tardan más en cocer, como zanahoria, nabos y judías verdes, y por último los espárragos, la coliflor y las patatas.

Aparte se cuecen las remolachas enteras, poniéndolas cubiertas de agua fría y dejándolas cocer hasta que estén tiernas.

Las setas se limpian bien y se cortan en tiritas, poniéndolas a cocer con agua, un poco de mantequilla y unas gotas de limón.

Todas estas hortalizas han de estar escurriendo un rato en un colador y después se extienden sobre un paño blanco para que queden bien secas.

Se hace la mayonesa en forma indicada (véase *Salsa mayonesa*).

Se corta la remolacha en tiritas finas, reservándose unas rodajas para el adorno y un bonito cogollo de la coliflor.

Se cuecen las gambas o langostinos y se les quita la cáscara.

Se cortan los fiambres en trocitos pequeños y se hace la ensaladilla.

En una fuente se mezclan las hortalizas con el resto de los componentes y la mitad de la mayonesa; bien mezclado todo se traslada a otra fuente y se cubre con el resto de la salsa, procurando que quede bien cubierta. Con un cuchillo o espátula se alisa la superficie y se decora, poniendo en el centro el cogollo de coliflor y dos pepinillos hechos rodajas, la remolacha, el caviar y las alcaparras. Se hace una cenefa alrededor y se deja en sitio fresco, pues debe servirse fría.

ENSALADA MARGARITA

INGREDIENTES Y CANTIDADES

Coliflor pequeña	1.	Patatas	1/2 kilo.
Aceite fino	2 decilitros.	Remolacha	1/4 kilo.
Yemas	1.	Huevos	3.
Vinagre	1 cucharada.	Sal, pimienta y mostaza.	

MODO DE HACERLO

Se cuecen las patatas con piel, poniéndolas en agua fría y un poco de sal. Cuando están tiernas se les quita la piel y se cortan en cuadraditos.

Se cuecen las remolachas poniéndolas con agua fría, y cuando están cocidas se les quita la piel y se cortan en rodajas iguales.

Se cuecen dos huevos durante doce minutos y se dejan enfriar en agua antes de descascarillarlos. Una vez fríos se cortan a lo largo por la mitad y se sacan las yemas, picándolas menuditas, reservando las claras para el adorno.

Se cuece la coliflor en un puchero con agua hirviendo con sal. Cuando está tierna, se saca, se refresca y se pone a escurrir.

Se hace una mayonesa bien condimentada. En una fuente redonda se ponen las patatas y en el centro la coliflor, formando media esfera, se cubre todo con la mayonesa y se decora alrededor con rodajas de remolacha.

Encima de la coliflor, en el centro, se forma una margarita con las claras cortadas en tiras a lo largo, como si fueran hojas. En el centro se ponen las yemas del huevo picadas menudísimas, a modo de semilla.

ENSALADA A LA ARLESIANA

INGREDIENTES Y CANTIDADES

Tomates	4.	Aceitunas	12
Judías verdes	125 gramos.	Anchoas	1 lata.
Patatas	150 gramos.	Alcaparras	1 cucharada.
Aceite	1 decilitro.	Perejil picado	1 cucharada.
Sal, vinagre y pimienta.			

MODO DE HACERLO

Se cuecen las patatas con agua y sal, se pelan y se cortan en rodajas. Se cuecen las judías verdes con agua hirviendo y sal; ya cocidas se refrescan y se cortan en trocitos cuadrados.

Se cortan los tomates en rodajas y se deshuesan las aceitunas.

En un plato de cristal un poco hondo se colocan los tomates y las patatas formando una cruz; se rellenan los huecos con las judías verdes y se adornan por encima con los filetes de anchoas y las aceitunas.

Se hace una salsa vinagreta y se vierte por encima.

ENSALADA DE PATATAS Y REMOLACHAS

INGREDIENTES Y CANTIDADES

Patatas	4.	Cebolla	1 cucharadita.
Remolachas	4.	Vinagre	2 cucharadas.
Aceite	1 decilitro.	Perejil, sal y pimienta.	

MODO DE HACERLO

Se escogen las patatas de tamaño mediano y muy iguales y se ponen a cocer en agua fría con sal.

Se escogen las remolachas de un tamaño aproximado al de las patatas y se ponen en agua fría, se acercan al fuego y se dejan cocer hasta que estén tiernas.

Ya cocidas ambas cosas se les quita la piel y se cortan en rodajas finas lo más iguales posible.

En una fuente blanca o de cristal se colocan a lo largo una fila de rodajas de remolacha; apoyando una sobre otra, al lado se coloca otra igual de patatas, de manera que queden a listas blancas y moradas.

En una fuente se prepara una vinagreta bien condimentada en la forma acostumbrada y se vierte por encima de las rodajas un rato que tomen el aliño. Se sirve en frío.

ENSALADILLA DE PIMIENTOS ASADOS

INGREDIENTES Y CANTIDADES

Pimientos encarnados	6.	Aceite	1 decilitro.
Cebolla	1.	Sal.	
Vinagre	2 cucharadas.		

Se buscan seis pimientos gordos y encarnados y un tomate.

MODO DE HACERLO

Sobre la chapa o dentro del horno a temperatura fuerte se asan los pimientos y el tomate hasta que tienen la piel oscura y se desprende fácilmente, entonces se ponen en un plato o fuente honda, se tapan y se dejan sudar durante un par de horas, al cabo de las cuales se les quita la piel y semilla y se hacen tiritas finas los pimientos, mientras que el tomate se pica fino.

En una fuentecita o rabanera se colocan los pimientos, se agregan el tomate picado por encima y se adorna con unos aros de cebolla, echando por encima aceite, vinagre y sal, habiéndose mezclado de antemano en un tazón.

ENSALADA VICTORIA

INGREDIENTES Y CANTIDADES

Lechuga	2.	Cebolla picada	1 cucharada.
Pimientos morrones	2.	Aceite	1 decilitro.
Huevos	1.	Vinagre	2 cucharadas.
Atún en aceite	100 gramos.	Alcaparras	1 cucharada.

MODO DE HACERLO

Se escoge una lechuga grande y blanca, y después de quitar las hojas verdes se lava y pica, dejándola escurrir.

Se cortan los pimientos morrones en cuadraditos y el atún en trozos pequeñitos.

Se pone a cocer el huevo durante doce minutos, dejándolo en agua fría un rato antes de descascarillarlo.

En una ensaladera se mezcla el atún, la lechuga, el pimiento, las alcaparras y la cebolla picadísima, un poco de pimienta; se mezcla todo y se espolvorea con el huevo duro picado sobre la tabla sumamente fino.

Se adereza con aceite y vinagre.

ENSALADA PRIMAVERA

INGREDIENTES Y CANTIDADES

Judías verdes	200 gramos.	Aceite	1 decilitro.
Espárragos	1 manojo.	Vinagre	2 cucharadas.
Alcachofas	6.	Mostaza	1 cucharadita.
Salsa *Perrins*, sal y pimienta.			

MODO DE HACERLO

Se escogen las judías pequeñas y finas, se limpian y se ponen a cocer en agua hirviendo con sal y destapadas. Una vez tiernas se refrescan y se ponen a escurrir.

Se quitan las hojas a las alcachofas, se tornean los fondos y se cuecen en agua hirviendo con sal y zumo de limón. Una vez cocidas se refrescan igualmente.

Se cortan los espárragos dejándolos de unos siete centímetros de largo, se raspan un poco y se cuecen con agua hirviendo y sal. En un tazón se pone la mostaza, un poco de salsa *Perrins*, añadiendo sal, pimienta, aceite y vinagre, mezclándolo bien.

En una fuente para ensaladas, se ponen en el centro las judías formando un montículo, alrededor los fondos de alcachofas y los espárragos, se vierte por encima la vinagreta y se sirve muy fría.

BEBIDAS PARA COMIDAS Y MERIENDAS

SIDRA 'CUP'

INGREDIENTES Y CANTIDADES

Sidra	4 botellas.	Melocotones	250 gramos.
Agua de seltz	2 sifones.	Peras	150 gramos.
Naranja	1.	Curasao	2 copas.
Limón	1.	Coñac	2 copas.
Plátanos	3.	Azúcar	5 cucharadas.

Pepinos verdes, varias tiras de piel.

MODO DE HACERLO

Se preparan las frutas cortándolas en cuadraditos. El limón y la naranja se cortan en lonchas después de quitarles la piel. En un recipiente se echan las frutas y el azúcar, disueltas en tres cucharadas de agua, la naranja, el limón, los licores y el agua de seltz. Se deja en sitio fresco durante un par de horas, y a la hora de servirlo se agrega la sidra y unos trocitos de hielo.

Se sirve en jarras de *cup*.

DIAMANTE 'CUP'

INGREDIENTES Y CANTIDADES

Vino blanco Diamante	6 botellas.	Manzanas	3 piezas.
Coñac	2 copas.	Plátanos	3 piezas.
Azúcar	3 cucharadas.	Melocotón	150 gramos.
Agua	3 cucharadas.	Ciruelas	150 gramos.
Canela	1 barrita.	Peras	150 gramos.
Limón	1 pieza.		

MODO DE HACERLO

Se corta la piel amarilla del limón en tiras finas y se exprime el zumo en una taza.

Se disuelve el azúcar con el zumo y el agua y bien disuelto se echa en un recipiente con la fruta picada, la canela, el coñac y la piel del limón; se añade el limón y el vino y se deja en maceración en sitio fresco una hora.

En ese momento se rodea de hielo y se deja otra media hora antes de servirlo en jarras de *cup* con trocitos de hielo.

CHAMPAÑA 'CUP'

INGREDIENTES Y CANTIDADES

Champaña semiseco	2 botellas.	Coñac	1 copa.
Diamante	1 botella.	Melocotón natural	6.
Agua de seltz	1 sifón.	Plátanos	3.
Jarabe de grosella	1/4 litro.	Manzanas	3.
Zumo de limón	2 copas.		

MODO DE HACERLO

Se pica la fruta y se pone en un recipiente rodeado de hielo, adicionándole el limón, el jarabe, el coñac y el Diamante. Al servirlo se agregan las botellas de champaña y se sirve en jarras con trocitos de hielo.

'CUP' CORRIENTE

INGREDIENTES Y CANTIDADES

Vino blanco	4 botellas.	Plátanos	2.
Coñac	1/4 litro.	Limón	1.
Manzanas	4.	Naranja	1.
Melocotones	3.		

MODO DE HACERLO

Se ponen a macerar las frutas cortadas en trocitos pequeños en el vino durante una hora, se agrega la piel de limón y la naranja cortada en tiras finas. Se añade el coñac y un poco de hielo, y a la media hora se sirve en jarra de *cup*.

Si se quiere menos seco se pueden agregar unas cucharadas de azúcar disueltas en otras tantas de agua.

SANGRÍA

INGREDIENTES Y CANTIDADES

Vino blanco	2 botellas.	Melocotones	1 kilo.
Vino tinto	2 botellas.	Azúcar	150 gramos.
Canela	1 barrita.	Agua	1/4 litro.

MODO DE HACERLO

Se pelan los melocotones y se cortan en trocitos pequeños; se agrega el azúcar y el agua templada y se deja que se derrita el azúcar. Se pone en una sorbetera o recipiente rodeado de hielo las dos clases de vino mezcladas y se adiciona la barra de canela. Se añaden los melocotones con el azúcar y se deja macerar todo junto durante una hora.

Al servirlo se agregan unos trocitos de hielo.

NARANJADA

INGREDIENTES Y CANTIDADES

Naranjas	12.
Agua	1 litro.
Azúcar	200 gramos.

MODO DE HACERLO

Se exprimen las naranjas y se pasa el zumo por un colador.

Se corta muy finita la piel de las naranjas y se pone en un barreño, echando encima el agua hirviendo con el azúcar, y se tapa bien, dejándolo enfriar tapado. Ya frío se cuela esta agua, se mezcla el zumo de la naranja, se prueba si está bien de azúcar y se sirve en vasos, poniendo en cada uno una pequeña rodaja de naranja. Si se quiere muy fría, antes de servirla se pone en una sorbetera rodeada de hielo. Se puede hacer lo mismo con limones, aumentando la proporción de azúcar.

LIMONADA PARA COMIDAS

INGREDIENTES Y CANTIDADES

Vino blanco	2 litros.	Coñac	1 decilitro.
Agua	1 litro.	Limones	2.
Jerez	1/2 litro.	Azúcar	50 gramos.

MODO DE HACERLO

En el agua se echa el azúcar para que se disuelva y se agrega el zumo de los limones y la piel cortada en tiritas. Se mezclan todos los demás ingredientes y se pone en un recipiente rodeado de hielo.

Se sirve en jarras durante la comida.

PONCHE ROMANO

INGREDIENTES Y CANTIDADES

Té	100 gramos.	Limones	3.
Agua	1 litro.	Naranjas	3.
Ron	6 copas.	Triple seco	3 copas.
Azúcar	300 gramos.		

MODO DE HACERLO

Se pone el té en un recipiente y se echa el litro de agua hirviendo, se tapa y se deja cinco minutos.

Se pasa por un colador y se pone en la sorbetera, se añade el ron, el triple seco, el zumo de las naranjas y los limones, se rodea de hielo y se sirve en copas de ponche muy frío.

MAZAGRÁN
(Para una copa).

INGREDIENTES Y CANTIDADES

Coñac o ron	1 copa.	Café frío	1 copa.
Limón	1 rodaja.	Azúcar	2 cucharadas.
Hielo	1 trozo.		

En una copa de las de agua se pone una copa de ron o coñac, una rodaja de limón y el hielo.

Se añade el café, el azúcar, y se termina de llenar la copa de agua.

REFRESCO DE ALBARICOQUE

INGREDIENTES Y CANTIDADES

Mermelada	1 lata.	Agua	1/2 litro.
Limón	1.	Hielo.	

MODO DE HACERLO

La mermelada de albaricoque se pasa por el chino, agregándole agua y una corteza de limón; se pone a hervir dos minutos, se separa del fuego, se vuelve a pasar, se añade el zumo de limón y se deja enfriar. Cuando está frío se sirve en copas con trocitos de hielo.

REFRESCO DE GROSELLA

INGREDIENTES Y CANTIDADES

Grosellas	1/4 kilo.	Azúcar	200 gramos.
Frambuesas	1/4 kilo.	Agua	2 litros.
Limones	2.		

MODO DE HACERLO

Se exprimen las grosellas y frambuesas y se mezclan con el zumo de los limones, se añade el agua templada con el azúcar desleída; mezclando todo, se deja enfriar y se agregan trocitos de hielo.

BEBIDAS CALIENTES

'GROGS'

INGREDIENTES Y CANTIDADES

Agua hirviendo	3/4 litro.	Limón	1.
Coñac	1/4 litro.	Azúcar	100 gramos.

MODO DE HACERLO

Disolver el azúcar con el agua hirviendo. Agregando después el coñac y servirlo bien caliente con una rodaja de limón.

PONCHE
(Para una persona)

INGREDIENTES Y CANTIDADES

Leche	1 vaso.	Nescafé	1 cucharada.
Coñac y ron	1 copa.	Azúcar	50 gramos.
Huevo	1.		

MODO DE HACERLO

Se bate la yema con el azúcar hasta ponerla espumosa y se añade *nescafé*. Se pone a hervir la leche con una cáscara de limón, y cuando hierve se echa poco a poco sobre la yema y sin dejar de batir, se adiciona el ron y la clara batida a punto de nieve.

Se mezcla bien y se sirve caliente.

VINO CALIENTE

En un cazo se ponen ciento veinticinco gramos de azúcar, una cáscara de limón, una barra de canela y una taza de agua; se acerca al fuego, se calienta hasta el hervor para que se disuelva el azúcar. Se añade una botella de vino blanco o tinto, se deja calentar y se sirve en copas de metal.

COMBINADOS

'PORTO - FLIP'

En un recipiente se ponen unos trozos de hielo picado, una cucharada de azúcar, una copa de oporto y una yema de huevo. Batir muy bien y servir en copas con un poco de ralladura de nuez moscada por encima.

'GIN - FIZZ'

Se prepara en coctelera.

Media cucharada de azúcar en polvo, el zumo de un limón, dos cucharadas de clara de huevo y una copa de buena ginebra. Agítese fuertemente y viértase en copa grande, terminándola de llenar con agua de Seltz.

COMBINADO DE VERMUT

Prepárese en coctelera.

Unos trocitos de hielo, una copa de vermut, unas gotas de angostura, una cucharadita de curasao y otra de jarabe de limón. Mezclar bien y servirlo en copas con una cascarita de limón.

COMBINADO DE CHAMPAÑA

Prepárese en coctelera.

Unos trocitos de hielo, unos trocitos de cáscara de limón, unas gotas de angostura, una cucharadita de cointreau, una copa de champaña. Muévase despacio y sírvase en copas.

COMBINADO DE FRUTAS DE CEREZA

Unas cerezas escarchadas se ponen a macerar en una copa de coñac durante una hora.

Preparar en coctelera.

Una copa de jerez, una copa de zumo de naranja, una copa de zumo de limón, una copa de jarabe de granadina, unos trocitos de hielo, las frutas maceradas con el coñac. Agítese y sírvase en copas.

COMBINADOS VARIADOS

Prepárese en coctelera.

Media copita de triple seco, media copita de *kirsch*, media copita de coñac, una copita de soda.

Mézclese con unos trocitos de hielo picado y sírvase con unos trocitos de plátanos no muy maduros.

* * *

Prepárese en coctelera.

Media copita de ginebra, media copita de curasao, media copita de vermut, media copita de coñac.

* * *

Prepárese en coctelera.

Media copita de crema de cacao, media copita de triple seco, media copita de coñac, media copita de ginebra.

Mézclese con trocitos de hielo y sírvase en copas.

* * *

Prepárese en coctelera con unos trocitos de hielo.

Media copita de ginebra, una copita de vermut, media copita de jarabe de grosella, media copita de coñac.

* * *

Prepárese en coctelera con unos trocitos de hielo.

Una yema de huevo, media copita de jerez, media copita de curasao, media copita de coñac, media copita de calisay.

Agítese bien y sírvase en copas.

Prepárese en coctelera con unos trocitos de hielo.

Media copita de ginebra, media copita de vermut, media copita de crema de cacao, una gota de pipermín.

BEBIDAS AROMÁTICAS

CAFÉ

La manera de hacer un buen café es empleando la cafetera exprés, que extrae al café todo su aroma.

También puede hacerse poniendo el café molido en una manga y echando el agua hirviendo muy despacio sobre éste.

Otro procedimiento es hacerlo en una olla de barro, poniendo a hervir el agua y en el momento de romper el hervor se echa el café y se aparta, se tapa y se deja reposar cinco minutos.

La cantidad de café que se debe emplear es de una cucharada de café molido por taza.

El café no debe hervir ni recalentarse, pues pierde su aroma.

TÉ

Para preparar el té se prepara antes la tetera, echándole agua hirviendo para calentarla; pasado un rato se quita esta agua y se pone una cucharadita de té por cada taza, agregando el agua hirviendo y dejando reposar tapado cinco minutos.

Al servir el té se sirve al mismo tiempo un jarrito con agua hirviendo para aquellas personas que prefieran tomarlo más claro.

CHOCOLATE

Se mide la leche y se echa una onza por taza, partida en varios trozos; se pone todo en la chocolatera y se va calentando poco a poco, hasta que el chocolate se haya disuelto, dándole vueltas con el molinillo.

Se deja que hierva y al subir se retira, y se vuelve a acercar al fuego para que suba por segunda vez. Al retirarlo de la lumbre se bate rápidamente con el molinillo para ponerlo espumoso.

HIERBAS AROMÁTICAS, COCIMIENTOS DE MANZANILLA, TILA, HIERBALUISA

Se pone a hervir taza y media de agua, y al romper el hervor, se echa una cucharadita llena de cualquiera de estas hierbas; se tapa y se deja hervir despacio cinco minutos. Se separa del fuego y se cuela por un colador fino, poniendo una cucharadita de azúcar.

QUINTA PARTE

CONTENIDOS
E ÍNDICE

PRIMERA PARTE

Arroz 28

AVES Y CAZA: 18
Manera de preparar las aves
19
Modo de trinchar un ave 21
Tiempo que se tarda en asar
algunas aves y piezas de caza
19
Carnes: cómo se dividen 9
Cerdo (raciones) 8
Cordero (división) 11
Ternera (división) 10
Vaca (división) 9
Carnes: modo de freír,
emparrillar y brasear 14
Carnes: tiempo que tardan
algunos preparados en
hacerse (carne de vaca,
ternera, cordero lechal y
cabrito, cerdo...) 13
Cantidades de algunos
alimentos que deben
calcularse por persona 38
Caracoles, manera de limpiar
y preparar 25
Claras de huevo 36
Cola de pescado o gelatina 36
Condimentos 37
Consejos para el empleo de
algunos alimentos: pan
rallado 33
Despojos: lengua de vaca o
ternera, modo de limpiarla
15
Callos: manera de limpiar y
cocer los callos de vaca o
ternera 15
Hígado: cómo se limpia 16
Manos o patas de vaca,
ternera y cerdo, manera de
limpiarlas o cocerlas 16
Mollejas: cómo se limpian 17
Riñones: cómo se limpian 16
Sesos: cómo se limpian 17
Diferentes tipos de harina de
trigo 35

Época del año en que
abundan algunos pescados
26
Época de veda de algunos
mariscos 25
Equivalencia de pesos y
medidas 33
Huevos: modo de comprobar
su frescura 26
Mantequilla clarificada 34
Modo casero de hacer
mantequilla 34
Modo de desleír las yemas sin
que se corten 35
Modo de ligar las salsas 35
Modo de preparar el aceite
para fritos 34
Modo de recalentar el
pescado frío 36
Modo de sustituir la nata en
los platos 36
Modo de utilizar la
mantequilla en los guisos
34

PREPARACIÓN DE
PESCADOS Y MARISCOS: 21
Almejas 25
Langosta 24
Langostinos 24
Percebes 25
Pescados al horno 23
Pescados cocidos 22
Pescados emparrillados 22
Pescados fritos 23

PREPARACIÓN Y
CONSERVACIÓN DE
ALGUNOS ALIMENTOS: 38
Aceite para frituras 39
Adobo en crudo para lengua
o cualquier carne 40
Escabeche para pescados
fritos 40
Manteca de cerdo 38
Modo de preparar el sebo 39
Pasta de hígado de cerdo 43

Puré de carne para tostadas, emparedados, mediasnoches, etcétera 41
Puré de jamón o lengua 42
Salmuera para conservar la carne, etcétera 40
Terrinas 42
Terrinas de hígado de ternera 42

Términos que se emplean para designar algunas operaciones 29
Utensilios de cocina imprescindibles en una casa (para seis personas) 32
Vegetales: modo de preparar las verduras y legumbres 27

SEGUNDA PARTE
RECETARIO
MINUTAS DIARIAS DE COMIDAS
Y CENAS PROPIAS DE CADA ESTACIÓN

Las recetas de este libro están calculadas para seis personas.

PRIMAVERA

Minuta primera:
Acelgas en menestra manchega 51
Pecho de ternera a la provenzal 52
Minuta segunda:
Puré de patatas al queso 53
Timbal de merluza 54
Minuta tercera:
Potaje de garbanzos 55
Filetes sobre canapés 56
Minuta cuarta:
Verduras estofadas 57
Pastelillos de bacalao 58
Minuta quinta:
Budín de coliflor 59
Hígado de ternera a la francesa 60
Minuta sexta:
Patatas en ajo pollo 61
Besugo a la donostiarra 62
Minuta séptima:
Arroz a la primavera 63
Salsa 63
Manos de ternera a la vinagreta 64
Salsa a la vinagreta 64
Minuta octava:
Acelgas con puré de patatas 65

Salmonetes a la oriental 66
Tomate concasé 66
Minuta novena:
Judías blancas en ensalada 67
Salsa vinagreta 67
Bacalao de Alcántara 68
Minuta décima:
Habas a la hortelana 69
Huevos fritos con migas 70
Minuta undécima:
Conjunto de verduras moldeadas con mayonesa 71
Calamares en su tinta 72
Minuta duodécima:
Zanahorias con arroz blanco 73
Arroz blanco 73
Budín de salmón 74
Salsa 74
Minuta decimotercera:
Macarrones con espinacas 75
Lengua de vaca estofada 76
Minuta decimocuarta:
Puré de guisantes 77
Emparedados de jamón con ensalada 78
Minuta decimoquinta:
Menestra de verduras 79
Cordero asado 80
Minuta decimosexta:
Puré de cuaresma 81

CONTENIDOS

Tortilla de habas 82
Minuta decimoséptima:
Patatas con bacalao 83
Aguja de ternera a la
  jardinera 84
Minuta decimoctava:
Calabacín al horno 85
Manos de ternera rebozadas 86
Minuta decimonovena:
Guisantes en salsa verde con
  arroz blanco 87
Aleta de ternera rellena, con
  ensalada 88
Minuta veinte:
Sopa de macarrones 89
Merluza imperial 90
Minuta veintiuna:
Zanahorias con jamón 91
Calamares rellenos 92
Triángulos 92
Minuta veintidós:
Alcachofas al natural 93
Croquetas a la milanesa con
  salsa estofada 94
Salsa estofada de tomate 94
Minuta veintitrés:
Garbanzos a la catalana 95
Ragú de cordero 96
Minuta veinticuatro:
Guisantes con lechuga 97
Soldaditos de pavía 98
Minuta veinticinco:
Coliflor margarita 99
Morcillo de ternera en salsa
  100
Minuta veintiséis:
Guisantes con tocino 101
Bacalao encebollado 101
Minuta veintisiete:
Budín de verdura 102
Besamel 102
Estofado de vaca con patatas
  103
Minuta veintiocho:
Menestra a la lombarda 104
Huevos fritos al nido con
  tomate 104
Minuta veintinueve:
Espinacas a la crema 105

Salsa besamel 105
Rizos de ternera con arroz
  blanco 106
Arroz blanco 106
Minuta treinta:
Calabacines rellenos 107
Bacalao al gratín 108

VERANO
Minuta primera:
Patatas y remolachas a la
  moderna 113
Filetes de carne a la alemana
  114
Minuta segunda:
Calabacines al horno 115
Pescadilla en rollitos 116
Minuta tercera:
Arroz a la marinera 117
Rollo de vaca con zanahorias
  118
Zanahorias salteadas 118
Minuta cuarta:
Judías verdes con mayonesa
  119
Croquetas de sesos 120
Minuta quinta:
Macarrones al gratín 121
Cebollas rellenas 122
Minuta sexta:
Judías verdes a la castellana
  123
Sardinas rebozadas 124
Minuta séptima:
Patatas con besamel 125
Hígado de ternera con arroz
  blanco 126
Arroz blanco 126
Minuta octava:
Lechugas al queso 127
Empanadillas de patatas
  128
Minuta novena:
Marmitako 129
Filetes empanados 130
Minuta décima:
Tomates al horno 131
Huevos escalfados con
  besamel 132

Minuta undécima:
Patatas a la lionesa 133
Merluza al rojo y blanco 134
Besamel 134
Salsa de tomate 134
Minuta duodécima:
Gazpacho andaluz 135
Conchas de menudillos de
 aves con puré de patatas 136
Salsa de tomate 136
Puré de patatas 136
Minuta decimotercera:
Pisto 137
Carne fiambre 137
Patatas salteadas 138
Minuta decimocuarta:
Judías verdes a la lionesa 139
Atún o bonito a la vinagreta
 140
Minuta decimoquinta:
Ensalada de pepinos 141
Morcillo de ternera a la
 portuguesa 142
Minuta decimosexta:
Guisantes a la inglesa 143
Conchas de pescado
 gratinadas 144
Minuta decimoséptima:
Tallos de acelgas a la
 napolitana 145
Empanadillas al horno 146
Minuta decimoctava:
Patatas en ensalada 147
Filetes de gallo encapotados
 148
Minuta decimonovena:
Calabacines empanados 149
Atún encebollado 150
Minuta veinte:
Patatas al jugo 151
Tortilla de judías verdes
 con jamón y salsa de tomate
 152
Minuta veintiuna:
Ensalada rusa 153
Merluza a la bilbaína 154
Minuta veintidós:
Ajo blanco 155
Nidos de patatas 156

Minuta veintitrés:
Patatas al tocino 157
Fiambres de pescado con
 ensalada 158
Minuta veinticuatro:
Judías verdes con tomate 159
Bacalao al gratín 160
Minuta veinticinco:
Tomates rellenos a la italiana
 161
Atún mechado con patatas
 risolés 162
Patatas risolés 162
Minuta veintiséis:
Fritada de pimientos y
 tomates 163
Conchas de salmón a la
 parisién 164
Puré de patatas 164
Minuta veintisiete:
Arroz a la milanesa 165
Pimientos rellenos 166
Minuta veintiocho:
Patatas a la judía 167
Sardinas a la marinera 168
Minuta veintinueve:
Ñoquis de patatas 169
Morros y sesos de ternera a la
 vinagreta 170
Minuta treinta:
Calabacines al gratín 171
Besamel 171
Rape estofado 172

OTOÑO
Minuta primera:
Garbanzos a la vinagreta 177
Albóndigas 178
Minuta segunda:
Berenjenas a la crema 179
Pastelillos de patatas 180
Minuta tercera:
Patatas en salsa verde 181
Ternera guisada 182
Minuta cuarta:
Sopa mallorquina 183
Huevos rellenos al foie-gras 184
Minuta quinta:
Macarrones con tomate 185

CONTENIDOS

Carne rellena con acelgas
  salteadas 185
Acelgas salteadas 186
Minuta sexta:
Porrusalda 187
Tortillas rellenas en salsa 188
Minuta séptima:
Patatas y judías verdes a la
  extremeña 189
Merluza rellena con salsa de
  tomate 190
Minuta octava:
Berenjenas al horno 191
Rape a la malagueña 192
Minuta novena:
Judías a la madrileña 193
Budín de salmón 194
Minuta décima:
Puré de patatas 195
Conchas de huevo a la
  florentina 196
Minuta undécima:
Patatas con arroz y almejas
  197
Cordero al chilindrón 198
Minuta duodécima:
Coliflor al natural 199
Timbal de carne duquesa 200
Minuta decimotercera:
Cocido a la catalana 201
Minuta decimocuarta:
Sopa dorada 202
Salmonetes al horno 203
Minuta decimoquinta:
Judías a la bilbaína 204
Timbal de salchichas 205
Minuta decimosexta:
Sopa de rape 206
Croquetas de jamón a la
  española 207
Minuta decimoséptima:
Potaje de coles 208
Merluza abuñolada 209
Minuta decimoctava:
Puré de judías 210
Mediasnoches rellenas al
  gratín 211
Minuta decimonovena:
Arroz con bacalao 212

Hígado a la asturiana 213
Minuta veinte:
Sopa sabrosa 214
Sardinas al horno 214
Minuta veintiuna:
Cocido a la andaluza 215
Salsa 216
Ensalada de pimientos 216
Minuta veintidós:
Fideos con almejas 217
Budín de hígado 218
Salsa 219
Minuta veintitrés:
Arroz a la italiana 220
Merluza a la asturiana 221
Minuta veinticuatro:
Fideos a la catalana 222
Huevos con pimientos 223
Minuta veinticinco:
Macarrones escondidos 224
Pecho de ternera asado con
  coles de bruselas 225
Minuta veintiséis:
Acelgas en adobillo 226
Pescadillas al vino gratinadas
  227
Minuta veintisiete:
Patatas estofadas 228
Espaldillas de carnero con
  nabos 229
Minuta veintiocho:
Sopas de ajo costradas 230
Merluza con tomate 231
Minuta veintinueve:
Arroz con riñones 232
Boquerones huecos.-Ensalada
  233
Minuta treinta:
Patatas castellanas 234
Huevos fritos con pimientos
  asados 234

INVIERNO
Minuta primera:
Judías al Caserío 239
Filetes de hígado de cerdo
  empanados, con ensalada 240
Minuta segunda:
Repollo relleno 241

Tortilla de patatas 242
Minuta tercera:
Macarrones con setas 243
Rollos de vaca con puré de
  patatas 244
Puré de patatas 244
Minuta cuarta:
Patatas y zanahorias guisadas
  245
Croquetas de salmón o bonito
  246
Minuta quinta:
Lentejas Villalar 247
Carne de vaca a la moderna
  248
Patatas doradas 248
Minuta sexta:
Cardo salteado 249
Congrio en cazuela 250
Minuta séptima:
Arroz con menudillos 251
Caldereta de cordero 252
Minuta octava:
Lombarda a lo San Quintín
  253
Besugo al minuto 254
Minuta novena:
Potaje blanco 255
Carne de vaca mechada 256
Minuta décima:
Sopa de cebolla tostada 257
Calamares a la marinera 258
Minuta undécima:
Canelones con besamel 259
Pasta de huevo 260
Bacalao a la vizcaína 260
Minuta duodécima:
Patatas y zanahorias al vino
  262
Rape en salsa de almendras
  263
Minuta decimotercera:
Judías con chorizo 264
Ternera en blanquete 265
Minuta decimocuarta:
Coliflor con besamel 266
Empanada al horno 267
Minuta decimoquinta:
Cocido castellano 268

Minuta decimosexta:
Lentejas guisadas 270
Besugo a la española 271
Minuta decimoséptima:
Tallarines con pescado 272
Budín de ternera con salsa de
  aceitunas 273
Salsa de aceitunas 273
Minuta decimoctava:
Sopa de coles a la asturiana
  274
Mediasnoches rellenas de
  gambas 275
Minuta decimonovena:
Garbanzos y judías con
  acelgas 276
Lomo de cerdo con leche 276
Minuta veinte:
Coliflor al ajoarriero 277
Pescadilla en salsa verde 278
Minuta veintiuna:
Macarrones con carne a la
  maltesa 279
Fritos variados:
Bolas de patatas 280
Crepes de merluza 280
Gambas con gabardina 281
Minuta veintidós:
Cardo en salsa blanca 282
Besugo a la donostiarra 283
Minuta veintitrés:
Lentejas a la burgalesa 284
Morcillo de ternera
  encebollada con patatas chip
  285
Patatas chip 285
Minuta veinticuatro:
Sopa de cola de buey 286
Conchas de besamel 287
Minuta veinticinco:
Patatas rellenas 288
Merluza frita a la bilbaína
  289
Minuta veintiséis:
Sopa de verduras 290
Croquetas de huevo 291
Minuta veintisiete:
Arroz con pichones 292
Bacalao a la riojana 293

Minuta veintiocho:
Repollo al natural 294
Zarzuela de pescado 295
Minuta veintinueve:
Patatas en cazuela con
  bacalao 296
Chuletas de ternera a la

parrilla con ensalada 297
Minuta treinta:
Sopa de gambas 298
Rosca de carne 299
Salsa 299
Virutas de oro 299

TERCERA PARTE
ÍNDICE DE RECETAS POR ORDEN ALFABÉTICO

ARROZ
Arroz 328
Arroz abanda 330
Arroz a la americana 332
Arroz blanco a la cubana 332
Arroz con bacalao 212
Arroz con cordero 331
Arroz a la italiana 220
Arroz a la italiana (en rosca)
  334
Arroz a la marinera 117
Arroz a la milanesa 165
Arroz con menudillos 251
Arroz murciano 331
Arroz con pichones 292
Arroz a la primavera 63
Arroz con salmón (en rosca)
  333
Arroz a la valenciana (paella)
  329

AVES
Aves y caza 508
Capón relleno a la andaluza
  515
Gallina a la italiana 516
Gallina en salsa suprema
  a la cubana 516
Pato con aceitunas 509
Pato a la naranja 510
Pavo trufado asado 511
Pichones en compota 518
Pichones al diamante 518
Pichones a la dogaresa
  519
Pollo asado en su jugo 515

Pollo a la buena mujer 512
Pollo en cocotte a la
  bordelesa 513
Pollo a la molinera 513
Pularda asada 517

CAZA
Civet de liebre 525
Codornices al nido 520
Conejo a la cazadora 526
Faisán asado con salsa
  de pan 521
Faisán en cocotte 522
Pastel de liebre 527
Perdices a lo Briand 524
Perdices con coles 524
Perdices escabechadas 522
Perdiz estofada 523

BUDINES
Budines 348
Budín de coliflor 59, 352
Budín de espinacas a la crema
  356
Budín de espinacas Princesa
  357
Budín de hígado 218
Budín de hígado de ternera
  354
Budín de legumbres arlequín
  358
Budín de macarrones 353
Budín de merluza asalmonada
  348
Budín de salmón 74, 185
Budín de ternera y ave 351

Budín de ternera con salsa de
aceitunas 273, 350
Budín de ternera al jerez 349
Budín de verduras 102

CALDOS-CONSOMÉS
Caldo de cocido clásico 303
Caldo a la francesa 304
Caldo rápido 305
Caldo de verduras 305
Cocido a la andaluza 215
Cocido castellano 268
Cocido a la catalana 201
Consomé 305
Consomé de ave 307
Consomé doble 306
Consomé a la italiana 308
Consomé Madrid 307
Consomé sencillo 306
Consomés y sopas 303
Consomé royal (sopa al flan)
311

CARNES
Aguja de ternera a la
jardinera 84
Albóndigas 178
Aleta de ternera rellena 88,
463
Carré de cerdo asado 481
Carne fiambre 137
Carne rellena con acelgas
salteadas 185
Cerdo (chuleta de) empanado
484
Cerdo (solomillo de) al jerez
482
Cerdo (lomo de) con leche
276
Cerdo (lomo de) con
manzanas 483
Cerdo (lomo de) trufado 482
Cordero asado 80
Cordero (caldereta) 252
Cordero al chilindrón 198
Cordero a la parmesana
(chuletas) 489
Cordero (noissettes) a la
Marengo 488

Cordero (pierna) rellena
485
Cordero (costilla) a la inglesa
(Mutton-chop) 473
Espaldilla de carnero con
nabos 229
Filetes de carne a la alemana
114
Filetes sobre canapés 56
Morcillo de ternera
encebollado 285
Morcillo de ternera a la
portuguesa 142
Morcillo de ternera en salsa
100
Pecho de ternera con coles de
Bruselas 225
Ragú de cordero 96
Rizos de ternera con arroz
blanco 106
Rollo de vaca con puré de
patatas 244
Rollo de vaca con zanahorias
118
Rosca de carne 299
Ternera en blanquete 265
Ternera (chuletas) a la parrilla
297
Ternera (escalope) con salsa
de avellana 466
Ternera guisada 182
Ternera (filetes) empanados
130 y 467
Ternera (chuletas) medio glasa
468
Ternera al jugo 462
Ternera (medallones) a la
Montpensier 465
Ternera a la provenzal 52
Timbal de carne duquesa 200
Timbal de salchichas 196
Tournedós a la Alsaciana 476
Tournedós duquesa 474
Tournedós a la Royal 475
Tournedós Rossini 473
Vaca o buey entrecot a la
bordelesa 470
Vaca o buey entrecot a la
mayordoma 470

Vaca o buey entrecot (preparación) 469

Vaca (redondo) a la burguesa 480

Vaca (solomillo) braseada 478

Vaca (solomillo) al horno 477

Vaca Chateaubriand (solomillo) 472

Vaca rosbif 471

Vaca a la moderna 248

Vaca estofada con patatas 103

Vaca mechada 256

DESPOJOS

Callos 485

Callos a la andaluza (menudo de ternera) 497

Callos a la española 496

Callos a la madrileña 498

Callos a la riojana 497

Hígado a la asturiana 213

Hígado de ternera a la francesa 60

Hígado de ternera con arroz blanco 126

Hígado (filetes) empanados 240

Lengua de cordero a la cosmopolita 492

Lengua de ternera en salsa picante 491

Lengua de vaca a la escarlata 565

Lengua de vaca estofada 76

Lenguas de vaca y ternera 490

Lengua de vaca a la moderna 491

Manos de cerdo emparrilladas a la Colbert 500

Manos y patas de vaca o ternera 499

Manos de ternera a la vinagreta 64

Manos de ternera rebozadas 86, 499

Mollejas de ternera 506

Mollejas de ternera empanadas 506

Mollejas de ternera a la parisién 507

Mollejas de ternera a la suprema 506

Morros de ternera 493

Morros de ternera con mayonesa 495

Morros de ternera a la vizcaína 494

Morros y sesos de ternera a la vinagreta 170

Riñones 501

Riñones con arroz 232

Riñones en cocotte 503

Riñones de cordero a la americana 504

Riñones de cordero salteados al jerez 504

Riñones salteados a la española 502

Riñones de ternera a la Robert 501

Sesos empanados a la inglesa 505

Sesos de ternera a la manteca negra 505

Sesos de ternera Orly 408

ENSALADAS

Ensalada de pimientos 216

Ensalada de pepinos 141

Ensalada rusa 153

FRITOS

Bolas de patata 280

Buñuelos de jamón a la Pignatelli 411

Conchas de besamel 287

Conchas de pescado gratinadas 144

Conchas de huevo a la florentina 196

Conchas de menudillos 136

Conchas de salmón a la parisién 164

Crepes 410

Crepes de merluza 280

Criadillas de ternera a la milanesa 412

Croquetas 406
Croquetas de ave 407
Croquetas a la española 207 y
  407
Croquetas de huevo 291
Croquetas a la milanesa 94
Croquetas de sesos 120
Croquetas de salmón o bonito
  246
Chuletas de cordero con
  besamel 408
Empanadillas 409
Empanadillas de ave y jamón
  410
Empanadillas de patatas 128
Emparedados de jamón 78
Gambas con gabardina 281
Mediasnoches rellenas de
  gambas 275
Mediasnoches rellenas al
  gratín 211
Nidos de patatas 156
Lenguado Orly 409
Sesos Orly 408
Pastelillos de bacalao 58
Rizos de jamón 409
Triángulos 92
Virutas de oro 299

GAZPACHOS
Gazpacho andaluz 135
Ajo blanco 155

GELATINAS Y PLATOS FRÍOS
Aspic de langostinos 551
Carne fiambre 137
Espuma de foie-gras 543
Fiambre de atún 549
Fiambre de pescado 158
Fiambre de ternera 549
Filetes de merluza a la
  Bellavista 563
Gelatina de gallina 558
Gelatina 557 y 560
Gelatina de ave 542
Gelatina de carne 540
Huevos a la colette 554
Huevos Maintenón 552
Huevos a la Leopoldina 553

Huevos rellenos a la reina 555
Langostinos a la rusa 550
Lomo de cerdo a la mayonesa
  562
Pan relleno 547
Pastel de foie-gras 542
Pastelillos de carne 561
Pechugas de gallina a la
  suprema 556
Pollo a la gelatina 546
Rizos de jamón de York 548
Rodajas de foie-gras a la
  gelatina 545
Tarteletas de foie-gras a la
  Bellavista 544
Timbal de hígado 560

HOJALDRES, PASTA
  Y PASTA QUEBRADA
Empanada al horno 267
Empanadillas al horno 146
Hojaldre (elaboración) 413,
  415
Pasteles a la inglesa 420
Pastel de liebre 421
Pastel de perdices 420
Pastelillos de jamón y ternera
  418
Pastelillos de vigilia 419
Volován (guarnición) 416

HORTALIZAS, VERDURAS
  Y TUBÉRCULOS
Acelgas en adobillo 226
Acelgas en menestra
  manchega 51
Acelgas con puré de patatas
  65
Acelgas salteadas 186
Acelgas (tallos) a la
  napolitana 145
Alcachofas a la Maintenon
  423
Alcachofas a la Nizarda 424
Alcachofas al natural 93
Alcachofas (buñuelos) 424
Berenjenas duquesa 425
Berenjenas a la crema 179
Berenjenas al horno 191

CONTENIDOS

Berenjenas y patatas 464
Berenjenas Soufflés 426
Calabacines al gratín 171 y 427
Calabacines empanados 149 y 427
Calabacines a la turca 426
Calabacines al horno 85, 115
Calabacines rellenos 107
Cardo a la italiana 430
Cardo a la polonesa 429
Cardo en salsa blanca 282 y 428
Cardo en varias salsas 429
Cardo salteado 249
Cebollas fritas 431
Cebollas rellenas 122
Cebollas rellenas al gratín 430
Coles de Bruselas a la crema 432
Coles de Bruselas a la francesa 431
Coles de Bruselas a la Mornay 431
Coliflor al ajoarriero 277 y 434
Coliflor al natural 199
Coliflor margarita 99
Coliflor duquesa 434
Coliflor a la crema 433
Coliflor con bechamel 266
Coliflor rebozada 433
Conjunto de verduras moldeadas 71
Champiñones al gratín 456
Champiñones a la Polonesa 458
Champiñones rellenos 455
Espárragos a la andaluza 436
Espárragos (puntas) a la crema de queso 436
Espárragos a la vinagreta 435
Espinacas a la crema 105
Espinacas (flanes) 462
Espinacas a la española 437
Espinacas a la francesa 438
Espinacas a la inglesa 438
Espinacas (tartaletas) 438
Guisantes a la escocesa 440

Guisantes a la inglesa 143
Guisantes a la primavera 441
Guisantes con jamón a la española 439
Guisantes con lechuga 97
Guisantes con tocino 101
Guisantes en salsa verde 87
Habas a la asturiana 441
Habas a la hortelana 69
Habas con tocino 442
Judías verdes a la castellana 123
Judías verdes a la lionesa 139
Judías verdes a la mayordoma 443
Judías verdes con jamón 443
Judías verdes con mayonesa 119
Judías verdes con tomate 159
Judías verdes rehogadas a la española 444
Lechugas al queso 127 y 445
Lechugas con salsa holandesa 444
Lechugas rellenas con salsa Mornay 446
Lombarda a lo San Quintín 253
Menestra a la lombarda 104
Menestra de verduras 79
Nabos a la crema 446
Patatas Ana 451
Patatas (conchas) 447
Patatas (pastelillos) 180
Patatas a la judía 167
Patatas a la lionesa 133 y 448
Patatas a la mayordoma 448
Patatas a la parisién 449
Patatas al jugo 151
Patatas al tocino 157
Patatas en ajo pollo 61
Patatas en cazuela con bacalao 296
Patatas castellanas 234
Patatas con arroz y almejas 197
Patatas con besamel 125
Patatas con bacalao 83
Patatas chip 285

Patatas Delfina 449 y 479
Patatas doradas 248
Patatas duquesa 487
Patatas en ensalada 147
Patatas en salsa verde 181
Patatas estofadas 228
Patatas fondantes 451
Patatas paja (nidos) 520
Patatas rellenas 288
Patatas y remolachas a la moderna 113
Patatas y judías verdes a la extremeña 189
Patatas rellenas al gratín 452
Patatas salteadas 138
Patatas San Florentino 450
Patatas soufflés 471
Patatas Susana 452
Patatas y zanahorias guisadas 245
Patatas y zanahorias al vino 262
Pimientos y tomates (fritada) 163
Pimientos rellenos a la bilbaína 166, 453
Pisto 137
Remolachas 454
Repollo al natural 294
Repollo relleno 241
Porrusalda 187
Salsifis al gratín 454
Setas a la casera 457
Setas a la provenzal 457
Tomate concasé 66
Tomates a la florentina 460
Tomates fritos a la americana 459
Tomates al horno 131
Tomates napolitanos 460
Tomates rellenos con champiñones 459
Tomates rellenos a la italiana 161
Tomates soufflé 458
Verduras estofadas 57
Zanahorias con arroz blanco 73
Zanahorias a la crema 461
Zanahorias con jamón 91

HUEVOS

Huevos en cocoteras 383
Huevos cocottes con higadillos al gratín 383
Huevos escalfados a la americana 373
Huevos escalfados con besamel 132
Huevos escalfados bohemia 371
Huevos escalfados Clamart 375
Huevos a la flamenca 370
Huevos escalfados a la florentina 369
Huevos escalfados a la portuguesa 373
Huevos escalfados Rossini 372
Huevos duros Aurora 382
Huevos duros Herminia 381
Huevos duros a la presidencia 372
Huevos (flanes) a la portuguesa 384
Huevos fritos encapotados 363
Huevos fritos con migas 70
Huevos fritos al nido con tomate 104
Huevos fritos al nido 364
Huevos fritos con jamón 365
Huevos fritos Montse 366
Huevos fritos con pimientos 223 y 226
Huevos fritos a la sevillana 365
Huevos fritos en sorpresa 363
Huevos moldeados 384
Huevos moldeados al madeira 385
Huevos mollets o al cristal 376
Huevos mollets a la alicantina 378
Huevos mollets a la Bella Otero 380
Huevos mollets nizarda 379
Huevos mollets princesa 376
Huevos mollets Villeroy 377

Huevos al plato 366
Huevos al plato a la manteca
negra 368
Huevos al plato al queso 368
Huevos al plato a la turca 366
Huevos al plato turbigo 368
Huevos rellenos al foie-gras
184
Tortillas 386
Tortilla a la bretona 387
Tortilla a la francesa 386
Tortilla de habas 82
Tortilla a la italiana 388
Tortilla de jamón 386
Tortilla de judías verdes con
jamón y salsa de tomate 152
Tortilla de patatas 242
Tortillas rellenas en salsa 188
Tortilla de setas 387

PASTA
Canelones 343
Canelones napolitanos 344
Canelones (relleno) 343
Canelones con besamel 259
Canelones de vigilia 345
Fideos con almejas 217
Fideos a la catalana 222
Macarrones escondidos 224 y
336
Macarrones con espinacas 75
Macarrones al gratín 121
Macarrones a la italiana 335
Macarrones a la maltesa 335
y 279
Macarrones con setas 243 y
337
Macarrones con tomate 185
Nouilles a la alsaciana 339
Nouilles con jamón y tomate
338
Nouilles con queso y
mantequilla 339
Nouilles (pasta para) 338
Nouilles (pasta para)
económica 338
Ñoquis al gratín 345
Ñoquis de patatas y jamón
346

Ñoquis de sémola 347
Raviolis 340
Raviolis con besamel
gratinados 341
Raviolis a la italiana 342
Tallarines (pasta económica)
338
Tallarines con pescado 272

PESCADOS Y MARISCOS
Almejas a la marinera 405
Atún encebollado 150
Atún mechado con patatas
risolés 162
Atún a la vinagreta 140
Atún en marmitako 129
Bacalao de Alcántara 68
Bacalao encebollado 101
Bacalao al gratín 108, 160
Bacalao a la riojana 293
Bacalao a la vizcaína 260
Besugo a la donostiarra 62 y
283
Besugo a la española 271
Besugo al minuto 254
Boquerones huecos 233
Calamares a la marinera 258
Calamares rellenos 92
Calamares en su tinta 72
Congrio en cazuela 250
Gallos en filetes encapotados
148
Gambas con gabardina 281
Gambas (mediasnoches con)
275
Langosta a la americana 402
Langosta al archiduque 403
Langostinos con salsa tártara
404
Lenguados Colbert 391
Lenguados Marguery 389
Lenguados a la molinera 391
Lenguados al vino blanco 392
Lenguados Orly (rizos) 393
Lubina 393
Merluza abuñolada 209
Merluza a la asturiana 221
Merluza a la bilbaína 154 y
289

Merluza en filetes Bellavista 394 y 563
Merluza imperial 90
Merluza Montecarlo 397
Merluza rellena con salsa de tomate 190
Merluza al rojo y blanco 134
Merluza con tomate 231
Merluza Valesca (en filetes) 396
Mero emparrillado 397
Pescadilla en rollitos 116
Pescadilla en salsa verde 278
Pescadillas al vino gratinadas 227
Rape estofado 172
Rape a la malagueña 192
Rape en salsa de almendras 263
Rodaballo 398
Rodaballo escalfado con salsa holandesa 399
Rodaballo al champán 400
Salmón 400
Salmón emparrillado 400
Salmonetes fritos 401
Salmonetes al horno 203
Salmonetes a la oriental 66
Sardinas al horno 214
Sardinas a la marinera 168
Sardinas rebozadas 124
Soldaditos de Pavía 98
Timbal de merluza 54
Truchas fritas 401
Truchas con mantequilla 401
Zarzuela de pescado 295

POTAJE DE LEGUMBRES
Fabada asturiana 327
Garbanzos a la catalana 95
Garbanzos y judías con acelgas 276
Garbanzos a la vinagreta 177
Judías a la bretona 323
Judías al caserío 239
Judías blancas a la bilbaína 204 y 323
Judías blancas en ensalada 67

Judías blancas con salchichas 325
Judías con cordero, lomo y salchichas «casolet» 326
Judías con chorizo 264
Judías a la madrileña 193
Judías a la maconesa 324
Lentejas a la burgalesa 284
Lentejas guisadas 270, 327
Lentejas Villalar 247
Potaje blanco 255, 322
Potaje de coles 208
Potaje de garbanzos 55
Potaje de garbanzos con espinacas 322
Potaje de garbanzos con arroz 321
Potaje de legumbres secas 321

PURÉS
Puré de cuaresma 81
Puré de guisantes 77, 314
Puré de judías 210
Puré de patatas 136, 164, 195, 244 y 450
Puré de patatas al queso 53
Puré de zanahorias 313

REPOSTERÍA (DULCES Y POSTRES DE COCINA, CONFITERÍA Y HELADOS)
Almendras acarameladas 640
Almendras de Castellón 640
Almendras garrapiñadas 640
Almendras fileteadas 686
Arroz emperatriz 568
Arroz con leche 568
Arroz con leche a la crema 567
Azúcar hilado 723
Babá al ron 611
Bavaroise de albaricoques 569
Bavaroise de fresas 569
Bavaroise arlequín 570
Bavaroise de café 571
Bavaroise al chantillí 572
Baño Blanco 599
Baño de chocolate 682
Barquitas de uvas 644

Bizcochitos de albaricoque 658
Bizcocho al ron 661
Bizcochos de almendra al coñac 657
Bizcochos de almendras para el té 656
Bizcochos borrachos de Guadalajara 657
Bizcocho de coco 659 y 664
Bizcocho de chocolate 660
Bizcocho económico 658
Bizcochos de espuma 662
Bizcocho Genovesa 663
Bizcocho Medina 648 y 668
Bizcocho mojicón 659
Bizcocho de nata 660
Bizcocho de nueces 665
Bizcocho de San Lorenzo 663
Bizcochos de soletilla 662
Bizcotelas de chocolate 666
Bocaditos de dama 669
Bolas de Berlín 614
Bollos de aceite 602
Bollos americanos 615
Bombones niña 652
Borrachuelos 594
Brazo de gitano 666
Brioches 606
Budín de castañas 673
Budín cabinet 672
Budín inglés 677
Budín de manzanas 675
Budín de manzanas con merengue 676
Budín de naranja 673
Budín de sémola 677
Budín de tapioca 674
Buñuelos del Ampurdán 589
Buñuelos clásicos 589
Buñuelos de manzana 586
Buñuelos de plátano 587
Buñuelos vieneses 586
Buñuelos de viento 588
Buns 604
Cake de avellana 671
Cake de chocolate 670
Cake inglés (plum-cake) 670
Caramelo 638

Carlota de crema al chantillí 581
Carlota rusa 581
Carne de membrillo 711
Cerezas infernales 703
Cocas de San Juan 611
Compota de ciruelas 708
Compota de membrillo 708
Compota de peras 708
Confitura de cabello de ángel 709
Confitura de calabacines 710
Confitura inglesa de naranja 709
Confitura de melón 711
Confitura de tomate 709
Confituras de zanahorias y naranjas 710
Copa de espuma de chocolate 723
Cortaditos de mazapán 634
Crema de chantillí con bizcochos 574
Crema de chocolate 573
Crema diabólica 574
Crema con huevos soplados 575
Crema pastelera para rellenos 588, 645 y 667
Crema Saint-Honoré 576
Crema tostada 576
Crepes 595
Crepes de nata con dulce de batata 597
Crepes Susana 596
Crocantes de almendra 636
Crocantes de chocolate 635
Cruasanes 607
Cuajado de naranjas 706
Cucuruchos de crema 592
Dulce de albaricoque 678 y 699
Dulce de fresas 630
Dulce de batata 699
Dulce de castañas 704
Dulce de cerezas 703
Dulce de limón 707
Dulce de manzanas 701
Dulce de naranja 707

Dulce de yema 681
Ensaimadas 608
Ensaimadas de Mallorca 609
Flan 577
Flan de bizcocho 579
Flan de chocolate al chantillí 578
Flan de maizena 579
Flan de moka con merengue 578
Fondant 642
Fondant de chocolate 650
Galletas de huevo duro 632
Galletas inglesas 632
Galletas de nata 633
Galletas Petit-Beurre 633
Galletas saladas 631
Galletas sosas 634
Gelatina de crema 585
Gelatina de frutas 583
Gelatina de frutas Bellavista 584
Gelatina de yemas 584
Glasa blanca 636
Glasa real 681
Glorias 637
Helado de albaricoque 715
Helado biscuit glacé a la vainilla 717
Helado crema de avellanas 715
Helado crema café blanco 719
Helado crema de chocolate 720
Helado crema praliné de almendras 721
Helado copa Villalar 722
Helado leche merengada 722
Helado mantecado 716
Helado Melba 718
Helado de melón 716
Helado de turrón 718
Helado sorpresa 719
Horchata de chufas 725
Huesillos 591
Huesos de santo 641
Jalea de grosellas 712
Jalea de fresas 713
Jalea de membrillo 712

Jarabe al ron 611
Lacitos 619
Lenguas de gato 623
Lionesas 646
Mantecados 602
Mantecados harinados en frío 603
Manzanas asadas 700
Manzanas a la crema 700
Mandarinas con sorpresa 705
Marrons glacés 704
Margaritas (pastas) 622
Maravillas (fritos) 595
Merengue 573
Menja Blanc 572
Milhojas 618
Minutos (pastas) 631
Muffins 605
Pajas al queso 620
Palermos 628
Palitos de almendra 627
Palmeras 619
Pan blanco 614
Pan de Milán 616
Pan de nueces 616
Panecillos dulces 625
Panecillos Viena 613
Panellets 639
Pastas de almendras mallorquinas 626
Pastas bretonas 627
Pastas de cerveza 624
Pastas de chocolate 624
Pastas de fresa 630
Pastas de praliné al chocolate 629
Pastel grachonera de Ibiza 678
Pasteles Medina 642
Pasteles rusos 650
Pastillas de café con leche 651
Peras al caramelo 713
Pestiños andaluces 593
Perrunillas 601
Petit condes 620
Petits fours 637, 638
Piononos de Santa Fe 647
Polvorones sevillanos 599
Plum cake inglés 670

Relámpagos de chocolate 649
Rosas 592
Rollos de aceite 591
Roscos españoles 598
Roscón de Reyes 612
Rosquillas de Alcalá 619
Rosquillas de San Isidro 598
Sables 628
Savarín 609
Sorbete Marie Brizard 724
Sorbete de piña 725
Sorbete al Ron 724
Suizos 605
Tarta de albaricoque 679
Tarta a la alemana 692
Tarta de almendras 683
Tarta de chocolate a la inglesa 681
Tarta de manzana 695
Tarta de manzanas y nueces 694
Tarta María-Jesús 690
Tarta de mazapán 685
Tarta de melocotón (melba) 684
Tarta milhojas 683
Tarta moka 692
Tarta Monte Carmelo 693
Tarta (pastel) de albaricoque 694
Tarta ponche capuchina 687
Tarta ponche Niza 689
Tarta ponche Villalar 688
Tarta de punta de diamantes 696
Tarta real 680
Tarta Saint-Honoré 697
Tartaletas de arroz Conde 645
Tartaletas de frutas 644
Tartaletas de naranja 646
Tartaletas de nueces 643
Tejas de avellana 626
Tejas de naranja 625
Tocino de cielo 582
Tortas de aceite 600
Tortas de chicharrones 603
Tortas de manteca 601
Tortas de polvorón 600
Torrijas 597

Torteles 609
Trufas de chocolate 652
Virutas 629
Yemas acarameladas 652
Yemas de coco 654
Yemas económicas 654
Yemas de Santa Teresa 653
Yemas variadas 654

SALSAS

Salsa de aceitunas 273 y 351
Salsa Aurora 530
Salsa besamel 102, 529
Salsa bearnesa 534
Salsa blanca 530
Salsa de cocido a la andaluza 215
Salsa crema 530
Salsa chaud-froid de ave 539
Salsa chaud-froid de pescado 538
Salsa Chateaubriand 472
Salsa española 532
Salsa holandesa 531
Salsa mayonesa 535
Salsa mayonesa gelatinosa 536
Salsa mayonesa a la francesa 536
Salsa mayordoma 470
Salsa medio glasa 533
Salsa Mornay 531
Salsa Mornay para pescado 532
Salsa de mostaza 535
Salsa de ostras 530
Salsa de pan a la inglesa 521
Salsa Perigueux 352
Salsa primavera 63
Salsa de la rosca de carne 299
Salsa tártara 536
Salsa de tomate 539
Salsa de tomate estofada 94
Salsa de tomate 134, 136
Salsa vinagreta 67, 536
Salsa vinagreta para pescados 537
Salsa al vino blanco 534

SOPAS

Sopa de ajo costrada 230
Sopa aterciopelada 310
Sopa de cebolla tostada 257
Sopa de cola de buey 286
Sopa de coles a la asturiana 274
Sopa de crema de coliflor 313
Sopa dorada 202
Sopa al flan 311
Sopa florentina 312
Sopa de macarrones 89
Sopa mallorquina 183
Sopa solferino 309
Sopa sabrosa 214
Sopa de tapioca 309
Sopa de verduras 290

SOPAS DE PESCADO

Sopa de almejas 319
Sopa de ajo con pescado 316
Sopa Bullabesa 315
Sopa caldeirada 318
Sopa al cuarto de hora 317
Sopa Donosti 312
Sopa de gambas 298
Sopa de gambas con mayonesa 318
Sopa porrusalda 320
Sopa de rape 206 y 315

SOUFFLÉS

Modo de hacerlos 359
Soufflé de coliflor 361
Soufflé de langosta 360
Soufflé de patatas 361
Soufflé de pollo 360

CUARTA PARTE
ENTREMESES Y ENSALADILLAS
PARA APERITIVOS Y MERIENDAS

A

Aditamentos 764
Alcachofas a la Saint Moritz 749

B

Banderillas 745
Barquitas Medina 754
Barquitas de patatas, berenjenas o pepinos 745
Buñuelos de bacalao a la española 760
Buñuelos de jamón 761

C

Canapés 729
Canapés de anchoas 732
Canapés de caviar 733
Canapés Costa Azul 732
Canapés de chorizo de Pamplona 734
Canapés de queso 733
Canapés de ostras 709
Canapés Villalar 735
Canapés Wells-Rarebit 734

Canelones de pimientos 750
Cromesquis 756
Cromesquis de queso 757
Cromesquis de sesos 757
Croquetas de cangrejos o quisquillas 755
Croquetas de pollo 756

D

Delicias de queso y jamón 758

E

Empanadillas de chorizo al horno 761
Emparedados 736
Ensalada a la Arlesiana 766
Ensalada Margarita 765
Ensalada de patatas y remolachas 767
Ensalada de primavera 768
Ensalada rusa 763
Ensalada Victoria 768
Ensaladillas 763
Ensaladilla de pimientos asados 767

F
Fondos de alcachofas para entremeses 749
Fondos de alcachofas a la moscovita 750
Fondos de tomate para entremeses 747

G
Gambas con gabardina 762
Gelatina 735

H
Hortalizas 764

M
Macedonia de verduras 763
Malakoffs 759
Mantequilla de anchoas 741
Mantequilla de cangrejos 742
Mantequilla de langosta 742
Mantequilla de mostaza 741
Mantequilla de trufas 741
Mantequilla verde 742
Mayonesa 764

Mediasnoches (receta económica) 740

Mediasnoches o panecillos 738
Mediasnoches de jamón, etc. 739

P
Pan de molde para canapés y emparedados 730
Panecillos variados 738
Pasta de atún en aceite 743
Pasta de fritura 757
Pasta quebrada para canapés 730
Pasta de salmón (en conserva) 744
Pasta de sardinas en aceite 743
Pepinos a la tártara 746
Petisús al queso 759

T
Tartaletas 751
Tartaletas de almejas a la mayonesa 752
Tartaletas a la inglesa 751
Tartaletas de ternera o pollo 753
Tomates a la americana 748
Tomates a lo Cyrano 747
Tomates al horno 748

BEBIDAS PARA COMIDAS, FIESTAS Y MERIENDAS

Sidra Cup 770
Diamante Cup 770
Champaña Cup 771
Cup corriente 771
Sangría 772
Naranjada 772
Limonada para comidas 773
Ponche romano 773
Mazagrán (para una copa) 773
Refresco de albaricoque 774
Refresco de grosella 774
Bebidas calientes:
Grogs 775
Ponche (para una persona) 775
Vino caliente 775

Combinados:
Porto-Flip 776
Gin-Flizz 776
Combinado de vermut 776
Combinado de champaña 776
Combinados de cerezas 777
Combinados variados 777
Bebidas aromáticas.
Café 779
Té 779
Chocolate 779
Hierbas aromáticas.
Conocimientos de manzanilla, tila, hierbaluisa 780

ÍNDICE

A

Acelgas
con puré de patatas, 65
en adobillo, 226
en menestra manchega, 51
salteadas, 186
tallos de, 145
Aguja de ternera a la
jardinera, 84
Ajo blanco, 155
Albóndigas, 178
Alcachofas
a la *Maintenon*, 423-424
a la Nizarda, 424
a la Saint Moritz, 749-750
al natural, 93
buñuelos de, 424-425
fondos de alcachofas a la
moscovita, 750
fondos de alcachofas para
entremeses, 749
Aleta de ternera, 88
rellena braseada, 463-464
Almejas
manera de cocerlas, 25
sopa de, 319-320
Almendrados de Castellón,
640
Almendras
acarameladas, 640-641
fileteadas, 686
garrapiñadas, 640
Arroz, 28-29
a la americana, 332-333
a la italiana, 220
a la italiana en rosca, 334
a la marinera,117
a la milanesa, 165
a la primavera, 63
a la valenciana, 329-330
abanda, 330-331
blanco, 73, 106, 126
blanco a la cubana con
huevos, 332
con bacalao, 212
con cordero, 331-332
con leche, 568, 645

con leche a la crema, 567-
568
con menudillos, 251
con pichones, 292
con salmón en rosca, 333
empeatriz, 568-569
murciano, 331
Aspic de langostinos, 551-552
Aterciopelada, sopa, 310
Atún
a la vinagreta, 140
encebollado, 150
fiambre de, 549-550
mechado con patatas *risolés*,
162
Avellanas acarameladas, 640-
641
Azúcar hilado, 723

B

Baba al ron, 611
Bacalao
a la riojana, 293
a la vizcaína, 260-261
al gratín, 108, 160
de Alcántara, 68
encebollado, 101
pastelillos de, 58
Banderillas, 745
Baño blanco, 599
Baño de chocolate, 682
Barquitas
de patatas, berenjenas o
pepinos, 745-746
de uvas, 644
medina, 754
Bavaroise
al chantillí, 572
arlequín, 570-571
de albaricoques, 569-570
de café, 571-572
de fresas, 569
Bebidas
café, 779
champaña *cup*, 771
chocolate, 779
combinado de champaña, 776

combinado de vermut, 776
cup corriente, 771
diamante *cup,* 770-771
gin-fizz, 776
grogs, 775
hierbaluisa, 780
limonada para comidas, 773
manzanilla, 780
mazagrán, 773-774
naranjada, 772
ponche romano, 773
ponche, 775
porto-flip, 776
refresco de albaricoque, 774
refresco de grosella, 774
sangría, 772
sidra *cup,* 770
té, 779
tila, 780
vino caliente, 775
Becada, 18
manera de prepararla, 19-21
tiempo de asado, 19
Berenjenas, 464
a la crema, 179
al horno, 191
duquesa, 425
soufflés, 426
Besamel, 102, 105, 134, 171, 529-530
Besugo
a la donostiarra, 62, 283
a la española, 271
al minuto, 254
Bizcochitos de albaricoque, 658-659
Bizcocho
al ron, 661
borrachos de Guadalajara, 657
de almendras al coñac, 657
de almendras, 656, 657
de chocolate, 660
de coco, 659-660, 664
de espuma, 662
de Medina, 648-649
de nata, 660-661
de nueces, 665
de San Lorenzo, 663-664
de soletilla, 662
económico, 658
genovesa, 663
Medina, 668
mojicón, 659
Bizcotelas de chocolate, 666
Bocaditos de dama, 669
Bolas de Berlín, 614-615
Bollos americanos, 615
Bollos de aceite, 602
Bombones niña, 652
Bonito a la vinagreta, 140
Boquerones huecos, 233
Borrachuelos, 594-595
Brazo de gitano, 666-667
Brioches, 606-607
Budín (dulce)
cabinet, 672
de castañas, 673-674
de manzanas con merengue, 676
de manzanas, 675
de naranja, 673
de sémola, 677-678
de tapioca, 674-675
inglés, 677
Budín (salado)
de coliflor, 59, 352-353
de espinacas a la crema, 356-357
de espinacas princesa, 357-358
de hígado, 218-219
de hígado de ternera, 354
de legumbres arlequín, 358-359
de macarrones, 353
de merluza asalmonada, 348-349
de salmón, 74, 194
de ternera al jerez, 349-350
de ternera con salsa de aceitunas, 273, 350-351
de ternera y ave con salsa *periguex,* 351-352
de verduras, 102, 355-356
Bullabesa, sopa, 315-316
Buns, 604
Buñuelos (dulces)

al plátano, 587
clásicos, 589
de manzana, 586-587
de viento, 588
del Ampurdán, 589-590
vieneses, 586
Buñuelos (salados)
de bacalao a la española, 760
de jamón, 761
de jamón a la Pignatelli, 411-412

C

Cake
de almendras, 580
de avellana, 671
de chocolate, 670
Calabacines
a la turca, 426-427
al gratín, 171, 427-428
al horno, 85, 115
empanados, 149, 427
rellenos, 107-108
Calamares
a la marinera, 258
en su tinta, 72
rellenos, 92
Caldeirada, 318
Caldo
a la francesa, 304
de cocido clásico, 303
de verduras, 305
rápido, 305
Callos
a la madrileña, 498-499
a la riojana, 497-498
Canapés
Costa Azul, 732
de anchoas, 732-733
de caviar, 733
de chorizo de Pamplona, 734-735
de ostras, 731
de queso, 733
Villalar, 735-736
Wellhs-Raverit, 734
Canelones, 343
con besamel, 259-260

de pimientos, 750,
de vigilia, 345
napolitanos, 344
relleno para, 343
Capón, 18
manera de prepararlo, 19-21
relleno a la andaluza, 515
Caracoles,
manera de limpiarlos y prepararlos, 25-26
Cardo
a la italiana, 430-431
a la polonesa, 429
en salsa blanca, 282, 428-429
en varias salsas, 429
salteado, 249
Carlota
de crema al chantillí, 581-582
rusa, 581
Carne
fiambre, 137-138
rellena con acelgas salteadas, 185-186
Carne de membrillo, 711-712
Carne de vaca
a la moderna, 248
mechada, 256
Carnero con nabos, espaldilla de, 229
Carré de cerdo asado, 481
Cebolla tostada, sopa de, 257
Cebollas
fritas, 431
rellenas, 122
Cerdo, 12-13
carré asado, 481
chuletas empanadas con salsa de alcaparras, 484
lomo a la mayonesa, 562-563
lomo con leche, 276
lomo con manzanas, 483-484
lomo trufado, 482-483
manos de, 16
manos emparrilladas a la *Colbert*, 500-501

pastelillos de carne, 561-562
solomillo al jerez, 482
tiempo de cocción, 14
Cerezas infernales, 703
Cestitos de zanahoria, 556
Champiñones
al gratín, 456
al natural, 456
rellenos, 455
Chateaubriand, 472
Chuletas
de cerdo empanadas con
salsa de alcaparras, 484-485
de cordero a la parmesana,
489-490
de ternera a la castellana,
468
de ternera a la parrilla, 297
de ternera medio glasa, 468-
469
Cocas de San Juan, 611-612
Cocido , 303-304
a la andaluza, 215
a la catalana, 201
castellano, 268-269
Codorniz
al nido, 520
manera de prepararla, 19-21
tiempo de asado de, 19
Cola de buey, sopa de, 286
Coles
de Bruselas a la crema,
432
de Bruselas a la francesa,
431-432
de Bruselas a la *Mornay*,
431
potaje de, 208
sopa de, 274
Coliflor
a la crema, 433
al ajoarriero, 277, 434-435
al natural, 199
budín de, 59, 351
con besamel, 266
duquesa, 434
margarita, 99-100
rebozada, 433
soufflé de, 361-362

Compota
de ciruelas, 708
de membrillo, 708
de peras, 708
Conchas
de besamel, 287
de huevo a la florentina, 196
de menudillos de aves con
puré de patatas, 136
de pescado gratinadas, 144
de salmón a la *parisién*, 164
Condimentos, 37-38
Conejo, 18
a la cazadora, 526-527
tiempo de asado, 19
Confitura
de cabello de ángel, 709
de calabacines, 710
de melón, 711
de tomate, 709
de zanahoria y naranjas,
710-711
inglesa de naranja, 709-710
Congrio en cazuela, 250
Consejos para el empleo de
algunos alimentos, 33-38
Consomé, 305
a la italiana, 308
de ave, 307
doble, 306-307
Royal, 311
sencillo, 306
Copa de espuma de chocolate,
723
Cordero
al chilindrón, 198
asado, 80
caldereta de, 252
chuletas a la besamel, 408
chuletas a la parmesana, 489
divisiones, 11-12
lengua a la cosmopolita, 492
mutton chops, 487-488
noisettes a la marengo, 488-
489
pierna rellena, 485-486
riñones a la americana, 504-
505
riñones salteados al jerez, 504

silla de cordero asada, 486-487

tiempo de cocción, 14

Cortaditos de mazapán, 634-635

Crema

con huevos soplados, 575

de chantillí con bizcochos, 574

de chocolate, 573

de coliflor, sopa de, 313

de Saint-Honore, 576

diabólica, 574

pastelera para rellenos, 588-589, 645,

pastelera, 667

tostada, 576-577

Crepes, 410-411, 595-596

de nata con dulce de batata, 597

de merluza, 280-281

Susana, 596

Criadillas de ternera a la milanesa, 412-413

Crocantes

al chocolate, 635

de almendras, 636

Cromesquis

de queso, 757

de sesos, 757-758

Croquetas

a la española, 407-408

a la milanesa en salsa estofada, 94

de ave, 407

de bonito, 246

de cangrejos o quisquillas, 755

de huevo, 291

de jamón a la española, 207

de pollo, 756

de salmón, 246

de sesos, 120

Cruasanes, 607-608

Cuajado de naranjas, 706

Cucuruchos de crema, 592-593

de chocolate, 650

D

Delicias de queso y jamón, 758

Donosti, sopa, 312-313

Dulce

de albaricoque, 678, 699

de batata, 699

de castañas, 704

de cerezas, 703

de fresa, 630-631

de limón, 707

de manzanas, 701, 702

de melocotón, 702-703

de naranja, 707

de yema, 681

E

Empanada al horno, 267

Empanadillas

al horno, 146

de ave y jamón a la besamel, 409

de chorizo al horno, 761-762

de patatas, 128

Emparedados, 736-737

de jamón, 78

Ensaimadas, 608

de Mallorca, 609

Ensalada

arlesiana, 76

de patatas y remolachas, 767

de pepinos, 141

de pimientos, 216

de pimientos asados, 767-768

Margarita, 765-766

primavera, 768-769

rusa, 153-154, 763-765

Victoria, 768

Entrecot

a la bordelesa, 470-471

a la mayordoma, 470

Equivalencia de pesos y medidas, 33

Escalopes de ternera con salsa de avellana, 466-467

Espaldilla de carnero con nabos, 229

Espárragos

a la andaluza, 436-437

a la vinagreta, 435-436
puntas a la crema de queso, 436
Espinacas
a la crema, 105
a la española, 437
a la francesa, 438
a la inglesa, 438
budín de, 356-357
flanes de, 462-463
tartaletas de, 438-439
Espuma de *foie-gras*, 543-544
Estofado de vaca con patatas, 103

F
Fabada asturiana, 327
Faisán, 18
asado con salsa de pan, 521
en *cocotte*, 522
manera de prepararlo, 19-21
tiempo de asado, 19
Fiambre
de atún, 549-550
de pescado con ensalada, 158
de ternera, 549
Fideos
a la catalana, 222
con almejas, 217
Filetes
de carne a la alemana, 114
de gallo encapotados, 148
de merluza a la bellavista, 563-564
de ternera empanados con coles de Bruselas, 467-468
empanados, 130
sobre canapés, 56
Flan, 577
de bizcocho, 579-580
de chocolate al chantillí, 578
de maizena, 579
de *moka* con merengue, 578-579
sopa al, 311
Florentina, sopa, 312
Fondant, 642
Fondos
de alcachofas a la

moscovita, 750
de alcachofas para entremeses, 749
de tomate para entremeses, 747
Fresas *Romanoff*, 702
Fritada de pimientos y tomates, 163

G
Gachas reales, 575-576
Galantina de gallina, 558-560
Galletas
de huevo duro, 632-633
de nata, 633
inglesas, 632
petti-beurre, 633
saladas, 631-632
sosas, 634
Gallina
a la italiana, 516
en salsa suprema a la cubana, 516-517
galantina, 558-560
pechugas a la suprema, 556-557
Gallo, filetes de, 148
Gambas
con gabardina, 281, 762
mediasnoches rellenas de, 276
sopa de, 298, 318-319
Garbanzos
a la catalana, 95
a la vinagreta, 177
con arroz, potaje de, 321
con espinacas, potaje de, 322
potaje de, 55
y judías con acelgas, 276
Gazpacho andaluz, 135
Gelatinas
de ave, 542
de carne, 540-541
de crema, 585
de frutas bellasvista, 584
de frutas, 583
de ternera, 541-542
de yemas, 584
Glasa blanca, 636

Glasa real, 681
Glorias, 637
Guisantes
 a la escocesa, 440
 a la inglesa, 143
 a la primavera, 441
 con jamón a la española,
  439-440
 con lechuga, 97
 con tocino, 101
 en salsa verde, 87
 puré de, 314

H
Habas
 a la asturiana, 441-442
 a la hortelana, 69
 con tocino, 442
 tortilla de, 82
Helado
 biscuit glacé a la vainilla,
  717-718
 copa villalar, 722
 crema café blanco, 719
 crema de chocolate, 720-
  721
 crema praliné de almendras,
  721
 de albaricoque, 715
 de crema de avellana, 715-
  716
 de leche merengada, 722
 de melón, 716
 de turrón, 718
 mantecado, 716-717
 melba, 718
 sorpresa, 719-720
Hígado
 a la asturiana, 213
 budín de, 218-219
 manera de limpiarlo, 16
 timbal de, 560-561
Hígado de ternera
 a la francesa, 60
 budín de, 354
 con arroz blanco, 126
Hojaldre, 413-416
Horchata de chufas, 725
Huesillos, 591

Huesos de santo, 641
Huevos
 a la *colette,* 554-555
 a la flamenca, 370-371
 a la leopoldina, 553-554
 al plato, 366
 al plato a la manteca negra,
  368
 al plato a la romana, 367
 al plato a la turca, 366-367
 al plato al queso, 368
 al plato Turbigo, 368
 cocottes con higadillos al
  gratín, 383-384
 con pimientos, 223
 croquetas de, 291
 duros a la presidencia, 382-
  383
 duros Aurora, 382
 duros Herminia, 381
 en cocoteras, 383
 en *cocotte,* 27
 escalfados, 369
 escalfados a la americana,
  373-374
 escalfados a la bohemia,
  371-372
 escalfados a la florentina,
  369-370
 escalfados a la portuguesa,
  373
 escalfados *clamart,* 375
 escalfados con besamel, 132
 escalfados rossini, 372-373
 flanes de huevo a la
 portuguesa, 384-385
 fritos a la sevillana, 365
 fritos al nido, 364
 fritos al nido con tomate,
  104
 fritos con jamón, 365
 fritos con migas, 70
 fritos en sorpresa, 363
 fritos encapotados, 363-364
 fritos Montse, 366
 maintenón, 552-553
 manera de comprobar su
 frescura, 26-27
 modo de prepararlos, 27

moldeados, 384
moldeados al madeira, 385-386
mollets, 27, 376
mollets a la alicantina, 378-379
mollets a la Bella Otero, 380-381
mollets nizarda, 379-380
mollets princesa, 376-377
mollets villeroy, 377-378
rellenos a la reina, 555-556
rellenos al *foie-gras*, 184

J
Jalea
de fresas, 713
de grosellas, 712
de membrillo, 712
Jamón, emparedados de, 78
Jarabe al ron, 611
Judías blancas
a la bilbaína, 204, 323
a la bretona, 323-324
a la madrileña, 193
al caserío, 239
con chorizo, 264
con cordero, lomo y salchichas, 326
con salchichas, 325
en ensalada, 67
y garbanzos con acelgas, 276
Judías encarnadas
a la maconesa, 324
a la madrileña, 325
Judías verdes, 442-443
a la castellana, 123
a la lionesa, 139
a la mayordoma, 443
con jamón, 443
con mayonesa, 119
con tomate, 159
rehogadas a la española, 444
Juliana, sopa, 310-311

L
Lacitos, 619

Langosta
a la americana, 402-403
al archiduque, 403-404
manera de cocerla, 24
soufflé de, 360-361
Langostinos
a la rusa, 550-551
aspic de, 551-552
con salsa tártara, 404
manera de cocerlos, 24
Lechugas
al queso, 127, 445
con salsa holandesa, 444
modo de prepararlas, 444
rellenas con salsa *Mornay*, 446
Legumbres
budín de, 358-359
modo de prepararlas, 28
Lengua
de cordero a la cosmopolita, 492-493
de ternera en salsa picante, 491
de vaca a la escarlata, 565
de vaca a la moderna, 491-492
de vaca estofada, 76
Lenguados
a la molinera, 391
al vino blanco, 392-393
Marguery, 389-390
Orly, 409
rizos Orly, 393
Lenguas de gato, 623
Lentejas
a la burgalesa, 284
guisadas, 270, 327
Villalar, 247
Liebre, 18
civet de, 525-526
pastel de, 421-422, 527-528
tiempo de asado, 19
Lionesas, 646-647
Lombarda lo San Quintín, 253
Lomo de cerdo
a la mayonesa, 562-563
con leche, 276

con manzanas, 483-484
trufado, 482-483
Lubina, 393

M

Macarrones
  a la italiana, 335
  a la maltesa, 335-336
  al gratín, 121
  budín de, 353
  con carne a la maltesa, 279
  con espinacas, 75
  con setas, 243, 337
  con tomate, 185
  escondidos, 224, 336-337
  sopa de, 89
  Victoria, 337
Macedonia de verduras, 763
*Malakoffs,*759-760
Mandarinas con sorpresa, 705-706
Manos de cerdo emparrilladas a la *Colbert*, 500-501
Manos de ternera
  a la vinagreta, 64
  rebozadas, 86, 499-500
Mantecados, 602
Mantecados harinados en frío, 603
Manzanas a la crema, 700-701
Manzanas asadas, 700
Maravillas, 595
Margaritas, 622-623
Marmitako, 129
Marrons glacés, 704-705
Mayonesa, 535-536
Medallones de ternera a la *Montpensier*, 465-466
Mediasnoches, 739-740
  rellenas al gratín, 211
  rellenas de gambas, 275
Menestra
  a la lombarda, 104
  de verduras, 79
Menja Blanc, 572-573
Menudillos, arroz con, 252
Menudo de ternera a la andaluza, 497

Merengue, 573, 684, 687-688
Merluza
  a la asturiana, 221
  a la bilbaína
  a la parmesana, 393-394
  abuñolada, 209
  al rojo y blanco, 134
  asalmonada, budín de, 348-349
  con tomate, 231
  crepes de, 280
  filetes a la bellavista, 394, 563-564
  filetes Valesca, 396
  frita a la bilbaína, 289
  imperial, 90
  Montecarlo, 397
  rellena con salsa de tomate, 190
  timbal de, 54
Mero, 397
  emparrillado, 397-398
Milhojas, 618-619
Minutos, 631
Mollejas
  de ternera a la parisién, 507
  de ternera a la suprema, 506-507
  de ternera empanadas, 506
Morcillo de ternera
  a la portuguesa, 142
  en salsa, 100
  encebollado, 285
Morros
  de ternera a la vinagreta, 170
  de ternera a la vizcaína, 494
  de ternera con mayonesa, 495-496
Morros y sesos de ternera a la vinagreta, 170
Muffins, 605
Mutton chops, 487-488

N

Nabos a la crema, 446-447
Nidos de patatas, 156
Noisettes de cordero a la marengo, 488-489

Nouilles
  a la alsaciana, 339-340
  con jamón y tomate, 338-339
  con queso y mantequilla, 339
  económicos, 338
  forma de hacer la pasta, 338

Ñ
Ñoquis
  al gratín, 345-346
  de patatas, 169
  de patatas y jamón, 346-347
  de sémola, 347

P
Pajas al queso, 620-621
Palermos, 628-629
Palitos de almendra, 627
Palmeras, 619
Pan
  blanco, 614
  de Milán, 616
  de molde para canapés y emparedados, 730-731
  de nueces, 616-617
  relleno, 547-548
Panecillos
  de Viena, 613-614
  dulces, 625
Panellets, 639
Pasta de huevo, 260
Pasta quebrada para canapés, 730, 734
Pastas
  bretonas, 627-628
  de almendras mallorquinas, 626
  de cerveza, 624
  de chocolate, 624
  de fresa, 630
  de praliné al chocolate, 629-630
Pastas para guarniciones
  mantequilla de anchoas, 741
  mantequilla de cangrejos, 742
  mantequilla de mostaza, 741

mantequilla de trufas, 741-742
mantequilla verde, 742-743
pasta de atún en aceite, 743
pasta de salmón en conserva, 744
pasta de sardinas en aceite, 743
Pastel
  de *foie-gras*, 542-543
  de liebre, 421-422
  de perdices, 420
Pastel grachonera de Ibiza, 678-679
Pasteles
  a la inglesa, 420
  Medina, 642-643
  rusos, 650-651
Pastelillos
  de bacalao, 58
  de carne, 561-562
  de jamón y ternera, 418
  de patata, 180
  de vigilia, 419
Pastillas de café con leche, 651
Patatas
  a la inglesa, 285
  a la judía, 167
  a la lionesa, 133, 448
  a la mayordoma, 448, 478
  a la parisién, 449
  al jugo, 151
  al tocino, 157
  Ana, 451
  bolas de, 280
  chip, 285, 473
  con arroz y almejas, 197
  con bacalao, 83
  con besamel, 125
  conchas de, 447-448
  Delfina, 449-450, 479-480
  doradas, 248
  duquesa, 487
  empanadillas de, 128
  en ajo pollo, 61
  en cazuela con bacalao, 296
  en ensalada, 147
  en salsa verde, 181

estofadas, 228
fondantes, 451
nidos de, 156
ñoquis de, 169
paja, 520-521
pastelillos de, 18
puré de, 136, 164, 195, 244, 450
rellenas, 288
rellenas al gratín, 452
risolés, 162
salteadas, 138
San Florentino, 450
soufflé de, 361, 471
soufflés, 471
Susana, 452-453
tortilla de, 242
y judías verdes a la extremeña, 189
y remolachas a la moderna, 113-114
y zanahorias al vino, 262
y zanahorias guisadas, 245
Pato, 18
a la naranja, 510-511
con aceitunas, 509-510
manera de prepararlo, 19-21
tiempo de asado, 19
Pavo, 18
manera de prepararlo, 19-21
tiempo de asado, 19
trufado asado, 511-512
Pecho de ternera asado con coles de Bruselas, 225
Pechugas de gallina a la suprema, 556-557
Pepinos
a la tártara, 746-747
ensalada de, 141
Peras al caramelo, 713
Percebes
manera de cocerlos, 25
Perdiz
a lo *Briand*, 524
con coles, 524-525
escabechada, 522-523
estofada, 523
Perrunillas, 601
Pescadilla

en rollitos, 116
en salsa verde, 278
Pescadillas al vino gratinadas, 227
Pestiños andaluces, 593-594
Petisús al queso, 759
Petit Condes, 620
Petit fours, 638-639
Pichón, 18
a la dogaresa, 519-520
al diamante, 518
en compota, 518-519
manera de prepararlo, 19-21, 517
tiempo de asado, 19
Pierna de cordero rellena, 485-486
Pimientos
ensalada de, 216
rellenos a la bilbaína, 453-454
rellenos, 166
y tomates, fritada de, 163
Piononos de Santa Fe, 647-648
Pisto, 137
Plum cake inglés, 670-671
Pollo, 18
a la buena mujer, 512
a la gelatina, 546-547
a la molinera, 513-514
asado en su jugo, 515
en *cocotte* a la bordelesa, 513
manera de prepararlo, 19-21
soufflé, 360
tiempo de asado, 19
Polvorones sevillanos, 599-600
Porrusalda, 187, 320
Potaje
blanco, 255, 322-323
de coles, 208
de garbanzos, 55
de garbanzos con arroz, 321
de garbanzos con espinacas, 322
Poularda, 18
asada, 517
manera de prepararlo, 19-21

Puré
  de cuaresma, 81
  de guisantes, 77, 314
  de judías, 210
  de patatas al queso, 53
  de patatas, 136, 164, 195,
    244, 450
  de zanahorias, 313-314

R
Ragú de cordero, 96
Rape
  a la malagueña, 192
  en salsa de almendras, 263
  estofado, 172
  sopa de, 315
Raviolis, 340-341
  a la italiana, 342
  con besamel gratinados,
    341-342
Redondo de vaca a la
  burguesa, 480-481
Relámpagos de chocolate, 649
Remolachas, 454
Repollo
  al natural, 294
  relleno, 241
Riñones
  arroz, con, 232
  de cordero a la americana,
    504-505
  de cordero salteados al
    jerez, 504
  de ternera a la *Robert*, 501-
    502
  en *cocotte*, 503
  manera de limpiarlos, 16-
    17, 501
  salteados a la española, 502-
    503
Rizos
  de jamón, 409
  de jamón de York, 548
  de ternera con arroz blanco,
    106
Rodaballo, 398
  al champagne, 400
  escalfado en salsa
    holandesa, 399

Rodajas de *foie-gras* a la
  gelatina, 545-546
Rollo de vaca
  con puré de patatas, 244
  con zanahorias, 118
Rollos de aceite, 591
Rollos de vaca con puré de
  patatas, 244
Rosas, 592
Rosbif, 471-472
Rosca de carne, 299
Roscón de Reyes, 612-613
Roscos españoles, 598
Rosquillas
  de Alcalá, 619-620
  de limón, 590
  de San Isidro, 598-599

S
Sables, 628
Salmón
  budín de, 74, 194
  croquetas, de, 246
  emparrillado, 400-401
Salmonetes
  a la oriental, 66
  al horno, 203
Salmonetes fritos, 401
Salsas
  al vino blanco, 534
  Aurora, 530
  bearnesa, 534
  besamel, 529-530
  blanca, 282
  caldo de pescado, 538
  Chateaubriand, 472-473
  Chaud-Froid, 537-538, 557
  Chaud-Froid de ave, 539
  Chaud-Froid de pescados, 538
  crema, 357, 375, 423-424,
    530
  de aceitunas, 273, 351
  de alcaparras, 74
  de mostaza, 535
  de ostras, 530-531
  de pan a la inglesa, 521-522
  de tomate, 134, 136, 136,
    539
  española, 532-533

estofada de tomate, 94
holandesa, 399, 445, 531
maître d'hotel, 402
mayonesa, 535-536
mayonesa a la francesa, 536
medio glasa, 533
Mornay, 396, 531-532
periguex, 352
tomate *concasé*, 66
tártara, 404-405, 536
veloute de pescado, 533
vinagreta, 67, 435-436,
536-537
vinagreta para pescados
cocidos, 537
Salsifís al gratín, 454-455
San Quintín, lombarda a lo,
253
Sardinas
a la marinera, 168
al horno, 214
rebozadas, 124
Savarin, 609-610
Sesos
croquetas de, 120
de ternera a la manteca
negra, 505-506
de ternera a la vinagreta,
170
empanados a la inglesa, 505
manera de limpiarlos, 17
orly, 408-409
Setas
a la polonesa, 458
a la provenzal, 457
macarrones con, 243
tortilla de, 387
Silla de cordero asada con
patatas duquesa, 486-487
Soldaditos de Pavía, 98
Solferino, sopa, 309
Solomillo
de vaca asado al horno,
477-478
de vaca braseado con
patatas Delfina, 478
de cerdo al jerez, 482
Sopa *véase también* Consomé
al cuarto de hora, 317

al flan, 311
aterciopelada, 310
bullabesa, 315-316
caldeirada, 318
de ajo con pescado, 316-317
de ajo costrada, 230
de almejas, 319
de cebolla tostada, 257
de cola de buey, 286
de coles a la asturiana, 274
de crema de coliflor, 313
de gambas, 298
de gambas con mahonesa,
318-319
de macarrones, 89, 308-309
de rape, 206, 315
de tapioca, 309-310
de verduras, 290
Donosti, 312-313
dorada, 202
florentina, 312
juliana, 310-31
mallorquina, 183
porrusalda, 320
sabrosa, 214
solferino, 309
Sorbete
al ron, 724
de piña, 725
Marie Brizard, 724
Soufflé
de coliflor, 361-362
de langosta, 360-361
de patatas, 361
de pollo, 360
modo de hacerlo, 359-360
Suizos, 605-606

T
Tallarines *véase* Nouilles
Tallarines con pescado, 272
Tallos de acelgas a la
napolitana, 145
Tapioca, sopa de, 309-310
Tarta
a la alemana, 692-693
de albaricoque, 679-680
de almendras, 683-684
de chocolate, 681-682

de manzana, 695-696
de manzanas y nueces, 694-695
de mazapán, 685-686
de melocotón, 684-685
de punta de diamantes, 696-697
María Jesús, 690-691
milhojas, 683
moka, 692
Monte-Carmelo, 693
pastel de albaricoque, 694
ponche capuchina, 687
ponche Niza, 689-690
ponche Villalar,688-689
real, 680
Saint-Honoré, 697-698
Tartaletas
a la inglesa, 751-752
de almejas a la mayonesa, 752
de arroz conde, 645
de *foie-gras* a la bellavista, 544-545
de frutas, 644
de naranja, 646
de nueces, 643
de ternera o pollo, 753
Técnicas, 29-31
Tejas
de avellana, 626
de naranja, 625
Ternera
a la provenzal, 52
aguja a la jardinera, 84
al jugo, 462
aleta rellena y braseada, 463-464
aleta rellena, 88
budín de, 273
budín al jerez, 349-350
budín con salsa de aceitunas, 350-351
chuletas a la castellana, 468
chuletas a la parrilla, 297
chuletas medio glasa, 468-469
criadillas a la milanesa, 412
divisiones 10-11
en blanquete, 265

escalopes con salsa de avellana, 466-467
fiambre de, 549
filetes empanados con coles de Bruselas, 467-468
guisada, 182
lengua en salsa picante, 491
manos rebozadas, 499-500
medallones a la *Montpensier,* 465-466
mollejas a la parisién, 507
mollejas a la suprema, 506-507
mollejas empanadas, 506
morcillo a la portuguesa, 142
morcillo en salsa, 100
morcillo en salsa, 100
morcillo encebollado, 285
morros, 170, 493
morros a la vizcaína, 494
morros con mayonesa, 495-496
riñones a la *Robert,* 501-502
rizos con arroz blanco, 106
sesos de, 170
sesos a la manteca negra, 505-506
tapa a la *Briand,* 464-465
tiempo de cocción, 13-14
Timbal
de carne duquesa, 200
de hígado, 560-561
de merluza, 54
de salchichas, 205
Tocino de cielo, 582-583
Tomates
a la americana, 748-749
a la florentina, 460-461
a lo Cyrano, 747-748
al horno, 131, 748
fritos a la americana, 459
napolitanos, 46
rellenos a la italiana, 161
rellenos con champiñones, 45-460
soufflé, 458-459
Torrijas, 597

Tortas
  de aceite, 600-601
  de chicharrones, 603
  de manteca, 601
  de polvorón, 600
Torteles, 609
Tortilla
  a la bretona, 387-388
  a la francesa, 386
  a la italiana, 388
  de habas, 82
  de jamón, 386-387
  de judías verdes con jamón
    y salsa de tomate, 152
  de patatas, 242
  de setas, 387
Tortillas rellenas en salsa, 188
Tournedós
  a la alsaciana, 476-477
  a la royal, 475-476
  duquesa, 474-475
  Rossini, 473-474
Truchas
  con mantequilla, 401-402
  fritas, 401
Trufas de chocolate, 65

U
Utensilios, 32

V
Vaca
  a la moderna, 248
  callos a la española, 496
  callos a la madrileña, 498
  callos a la riojana, 497
  callos, 495-496
  chateaubriand, 472
  divisiones 9-10
  estofado de, 103
  lengua a la escarlata, 565
  lengua a la moderna, 491
  lengua, 76, 490
  manos de, 16

mechada, 256
menudo a la andaluza, 497
redondo a la burguesa, 480-
  481
rollo de, 118, 244
rosbif, 471
solomillo asado al horno,
  477-478
solomillo braseado, 478-479
tiempo de cocción, 13
tournedós a la alsaciana,
  476-477
tournedós a la royal, 475-
  476
tournedós duquesa, 474-475
tournedós Rossini, 473-474
Verduras
  budín de, 102
  caldo de, 305
  estofadas, 57
  menestra de, 79
  modo de preparlas, 27
  moldeadas con mayonesa, 71
  sopa de, 290
Virutas, 629
  de oro, 299-300
Volován, 416-418

Y
Yemas
  acarameladas, 652-653
  de coco, 654
  de Santa Teresa, 653
  económicas, 654
  variadas, 654-655

Z
Zanahorias
  a la crema, 461
  con arroz blanco, 73
  con jamón, 91
  puré de, 313-314
  salteadas, 118
Zarzuela de pescado, 295

Este libro se acabó
de imprimir en los talleres
Ibérica Grafic, S. A., Madrid (España),
en octubre de 2005.